삼대록계 국문장편소설

유씨삼대록

2

역주자 한길연(韓吉娟)은 서울대학교 국어국문학과를 졸업하고 동 대학원에서 석사학위 및 박사학위를 받았다. 서울대학교, 가톨릭대학교, 아주대학교 등에 출강하였으며, 현재 서울대학교에서 강의교수로 재직 중이다. 고전소설을 전공하고 있으며, 그 중에서도 대하소설(국문장편소설)을 주로 연구하고 있다. 고전소설을 과거의 화석화된 문학이 아닌 살아 생동하는 현재진행형의 문학으로 거듭날 수 있도록 하는 데 주력하고 있다. 논문으로는 「대하소설의 능동적 보조인물 연구」, 「대하소설의 의식성향과 향유층위에 관한 연구」, 「『유씨삼대록』의 죽음의 형상화 방식과 의미」 등이 있으며, 저서로는 『조선후기 대하소설의 다층적 세계』 등이 있다

이화한국문화연구총서 9

유씨삼대록 2

초판 인쇄 2010년 2월 20일 **초판 발행** 2010년 2월 25일
역주자 한길연 **펴낸이** 박성모 **펴낸곳** 소명출판 **출판등록** 제13-522호
주소 서울시 서초구 서초동 1621-18 란빌딩 1층
전화 02-585-7840 **팩스** 02-585-7848 **전자우편** somyong@korea.com **홈페이지** www.somyong.co.kr

값 27,000원

ISBN 978-89-5626-451-6 93810
ISBN 978-89-5626-445-5 (세트)

이 저서는 2005년 정부의 재원으로 한국연구재단의 지원을 받아 수행된 연구임(KRF-2005-078-AS0041)

이화한국문화연구총서 9

삼대록계 국문장편소설

유씨삼대록 2

한길연 역주

소명출판

| 일 러 두 기 |

가. 현대어역 및 주해

1. 현대어 번역문은 한글 맞춤법 체계에 의거해 자연스러운 현대 한국어 문장이 되도록 하였다.
2. 띄어쓰기와 관련해 한 인물에 대한 관직명이 연달아 나올 때는 붙여 썼다.
3. 띄어쓰기와 관련해 '공'이나 '부인'과 같은 호칭이 성(姓)과 연이어 나올 경우, 원래는 띄어 써야 하나 독서의 편의를 위해 예외적으로 붙여 썼다.
4. 현대어로 번역한 표현이 작품 원문의 형태와 많이 달라졌을 경우, 각주에서 원문의 표현을 밝혔다.
5 현대어로 번역한 본문에서 어려운 한자어는 한자를 병기했다.
6. 판독(判讀)이 어려운 어휘나 문장은 이본을 참조하여 보완하고 주석을 달아 그 사실을 밝혔다.
7. 이본을 참조해도 판독이 어려울 경우 그 사실을 각주에서 밝혔다.
8. 면이 바뀔 때는 바뀐 부분 첫 글자 위에 방점(˙)을 찍고 원문의 면수를 표시하였다.
9. 주해는 다음과 같은 경우에 하였다.
   1) 관직명, 인명과 같은 고유명사.
   2) 전고(典故)가 있는 한자어 및 지금은 사용하지 않는 한자어.
   3) 어학적 주석이 필요한 근대 국어 어휘나 표기 체계.
   4) 등장인물 및 그들 간의 관계, 앞 줄거리를 환기시킬 필요가 있을 경우.
10. 주석의 표제어는 현대어로 번역한 본문을 대상으로 하였다.
11. 문장 부호의 사용은 다음과 같다.
   1) 큰 따옴표(" ") : 직접 인용, 대화, 장명(章名).
   2) 작은 따옴표(' ') : 간접 인용, 인물의 생각, 독백.
   3) 『 』: 책명(冊名).
   4) 「 」: 편명(篇名)
   5) 〈 〉: 작품명
   6) ( ) : 한자어의 한자를 드러낼 경우.
   7) [ ] : 표제어와 그 한자어의 음이 같은 경우는 '( )'를, 음이 다른 경우는 '[ ]'를 사용함.
   8) { } : 원문 표현을 그대로 옮긴 경우.

나. 원문

1. 현대 맞춤법 체계에 의거해 띄어쓰기를 했다.
2. 한자는 병기하지 않았다.
3. 면이 바뀌는 곳은 면수 표시를 했다.
4. 판독이 불가능한 경우에는 □ 표시를 했다.

유씨삼대록 해제

『유씨삼대록』은 일찍이 『열하일기』에 소개되었듯 18세기 초반에 창작되어 널리 향유된 국문장편소설이다. 『유효공선행록』의 후편으로서 연작형 삼대록계 국문장편소설의 선편을 잡은 이 작품은 삼대록계 소설의 전형적인 구조를 갖추고 있으면서 상층 중심의 품격 높은 취향을 잘 보여준다.

『유씨삼대록』은 널리 향유된 작품인 만큼 현재 40여 종의 이본이 전한다. 그 중에서도 20권 20책의 국립중앙도서관본은 완본일 뿐만 아니라 여러 완본들 가운데서도 가장 표현이 풍부하고 다채롭다. 분량도 같은 20권 20책인 한국학중앙연구원본보다 수십 만 자 정도나 더 많다. 따라서 이 책에서는 국립중앙도서관본을 선본(善本)으로 보고 이를 현대어로 옮겼다.

『유씨삼대록』은 유씨 가문 주요인물들의 이야기가 3대에 걸쳐 유장하게 펼쳐진다. 『유씨삼대록』 안에서 1세대라 할 수 있는 유백경, 유우성

형제 등에 관한 이야기, 2세대인 유세기, 유세형 형제 등에 관한 이야기, 3세대인 유관, 유현 형제 등에 관한 이야기가 비슷하면서도 다양한 변주를 보이면서 전개되고 있다. 그 중에서도 '세'자 돌림 항렬인 유세기, 유세형, 유세창, 유세경, 유세필 그리고 설영, 현영, 옥영 등의 부부 이야기가 중심이 되어 펼쳐진다.

정인군자와 요조숙녀가 만나 별 갈등 없이 잘 살아가는 부부, 미리 약혼한 정혼자가 있음에도 불구하고 부마로 간택되어 공주와 혼인하게 됨으로써 숱한 갈등을 겪는 부부, 요조숙녀인 아내보다 뒤늦게 만난 활달한 여협(女俠)의 아내를 사모함으로써 갈등을 겪게 되는 부부, 서로 간에 별다른 결함이 없는데도 성격이 맞지 않아 갈등을 겪다가 죽을 고비를 넘기고서야 화합하는 부부, 시계조모(媤繼祖母)로 인해 정실 자리를 빼앗기기까지 하며 온갖 구박을 받다가 시계조모를 감화시킴으로써 비로소 함께할 수 있는 부부, 호탕한 성품의 남편이 강렬한 성품의 아내의 기를 꺾으려고 온갖 구박을 하다가 아내가 죽을 고비를 겪고서야 화합하는 부부 등 다양한 혼사장애담이 펼쳐진다. 이는 『유씨삼대록』이 가문의 창달과 번영에 관한 이야기로 한정되지 않고 인생살이의 다채로운 모습을 밀도 높게 보여줌으로써 '인생총서(人生叢書)'로 기능하고 있음을 보여준다.

특히 여타의 국문장편소설에서 주요인물들이 수복을 누리는 것과는 달리 『유씨삼대록』에서는 주요인물들이 요절하는 양상을 통해 죽음에 관한 문제를 집중적으로 조명하고 있다. 『유씨삼대록』을 '진양공주전'이라 평가하기도 할 만큼 살아서나 죽어서나 유씨 가문을 수호하면서 가장 전인적인 인물로 그려지는 진양공주가 25세에 요절하며, 남성인물들 중 가장 비중 있게 그려지는 인물인 진양공주의 남편 유세형이 48세에 요절하는 등 가문구성원들의 때 이른 죽음이 집중적으로 부각된다. 이밖에도 여타의 국문장편소설에서 대개 80세를 향유한 뒤 저 세상으로 가는 주요 인물들과는 달리, 40~60세의 나이에 죽음을 맞이하는 가문구성원들에 관한 이야기가 빠짐없이 비중 있게 서술되고 있다.

이를 통해 일상적인 죽음의 모습들이 곡진하게 형상화된다. 임종을 목전에 두고 죽어가는 자는 집안의 후원에서 가족들과 담담하게 시를 주고받으며 영원한 이별을 나누지만 다른 가족들은 슬픔을 이길 수 없어 뒤돌아서서 처절히 눈물을 흘리는 대목, 가족들이 손가락을 잘라 피를 내어 죽어가는 부모형제의 입에 넣고 자신의 목숨으로 대신하기를 간절히 빌지만 결국 부모형제는 죽어갈 수밖에 없는 대목, 가족들이 죽어갈 부모형제 앞에서 낮에는 억지로 웃음을 짓지만 밤에는 그 옆에 번갈아가며 잠을 자면서 남몰래 눈시울을 적시는 모습 등 죽음과 관련한 사소한 일상들이 섬세하게 그려진다. 『유씨삼대록』은 과장되지 않은 실제적인 삶의 모습을 충실히 재현하는 가운데 상층의 품격 높은 삶을 재현한 작품이라 할 수 있다.

더욱이 아픈 몸임에도 불구하고 친구가 관복을 입고 찾아보면 억지로 몸을 추슬러 관복을 입고 맞이하는 모습, 기운이 다해 죽어가는 찰나에 황제가 내림하면 관복을 이불 위에 덮고서 황제를 영접하는 모습, 장례식 때 황제가 조문 오면 죽은 사람의 명정(銘旌)을 내려 절하게 함으로써 황제에 대한 예를 다하는 모습 등 세세한 대목에서 당대의 예법을 충실히 재현하려 애쓰고 있다. 『유씨삼대록』은 현존하는 국문장편소설 중 당대 상층의 삶에 가장 밀착되어 있는 가운데 이를 격조 높게 형상화한 작품은 아닐까 생각한다.

이렇듯 의미심장한 작품일 뿐만 아니라 분량이 워낙 방대하기에 2005년부터 현대어 번역을 시작하여 2010년에서야 비로소 그 결실을 맺을 수 있게 되었다. 처음에 번역은 1권~9권은 한길연이, 10권~17권 79면은 김지영이, 17권 80면~19권은 한길연이, 20권은 정언학이 담당하였다. 이 과정에서 수십 차례의 회의를 통한 상호 검토와 교정이 있었다. 이후 이를 총 4책의 현대어본으로 출간할 계획을 세우면서 1책(1~5권)과 2책(6~10권)은 한길연이, 3책(11~15권)은 김지영이, 4책(16~20권)은 김지영, 한길연, 정언학이 다시 재검토를 하면서 수차례의 상호 교정 작업을 거쳤다.

아직도 한두 가지 미결로 남은 부분이 없는 것은 아니지만, 본 작업이 많은 사람들에게 『유씨삼대록』과 같은 걸작을 널리 알릴 수 있는 소중한 발판이 되었으면 한다. 그리하여 우리 고전에 대한 새로운 인식의 전환을 마련하는 데 작은 디딤돌이 되기를 기대한다.

2010년 1월

한길연

유씨삼대록 2
차례

현대어역

원문

유 씨 삼 대 록

6권

1 차설(且說).[1] 천자가 놀라시어 설초벽에게 마음속에 품은 것을 숨기지 말고 아뢰라 하시자, 초벽이 다시 머리를 조아리고 아뢰었다.

"신(臣)[2]은 본래 설경화의 어린 딸입니다. 부모가 함께 돌아가시자 혈혈단신의 아녀자가 강포한 자로부터 욕을 볼까 두려워 남장(男裝)을 하고 무예를 배워 풍양의 진중에 들어갔다가 산으로 도망하여 은거하면서 천신만고를 겪었습니다. 그러다가 유세창을 만나게 되었습니다. 유세창이 비록 제가 여자인 줄을 알지 못하고 지기(知己)[3]로 허락하였으나, 신이 여자의 몸으로 세창과 동행하여 먹고 자기를 한가지로 하였사오니 의리로 다른 사람을 좇지 못할 것이고 스스로 구하여 유세창에게 시집간다면 뽕나무밭과 달빛 아래에서 몰래 만나는 비루한 행실[4]과 다를 것이 없습니다. 그렇기에 뜻을 결정하여 인륜을 폐하고 몸을 깨끗하게 마치는 것이 소원입니다.

그러나 돌아보건대 부모의 혈맥이 다만 신첩(臣妾)[5]의 한 몸에 있기에
차마 사사로운 염치와 의리 때문에 죽어 종족을 멸망시키고 후사(後嗣)
를 끊게 하는 죄인이 되지는 못할 것입니다. 온갖 계책을 생각해도 방
2 법이 없으나 그윽이 생각하건대 폐하께서는 만민의 부모가 되시니 반
드시 신첩의 사정을 불쌍히 여기시고 윤리를 완전케 해 주실 것같았습
니다. 그런 까닭에 일만 번 죽기를 무릅쓰고 감히 방목(榜目)[6]에 이름
을 걸어 성총을 어지럽게 함으로써 저의 진정한 회포를 아룁니다."

---

1) 차설(且說) : 화제를 돌리려 할 때 그 첫머리에서 쓰는 말. 각설(却說)이라고도 함.
2) 신(臣) : 신하가 임금 앞에서 자신을 지칭할 때 쓰이는 말임.
3) 지기(知己) : 자신을 알아주는 친한 친구를 말함.
4) 뽕나무밭과 ~ 행실 : 이는 뽕나무 숲과 달빛 아래 남녀가 은밀히 만나는 것을 말함.
5) 신첩(臣妾) : 여자가 임금 앞에서 자신을 낮추어 부르는 말임.
6) 방목(榜目) : 과거 급제자의 이름을 적은 책.

상(上)[7]께서 매우 놀라고 기특하게 여기시어 영릉후인 유세창을 돌아 보셨다. 영릉후 또한 매우 놀라 안색이 흙빛이었다. 상이 유승상에게 명령하여 말씀하셨다.

"설씨녀의 재주와 용모와 의협심이 옛사람보다 뛰어나고 사정이 불쌍하니 짐(朕)[8]이 중매가 되어 세창과 혼인시킬 것이다. 경(卿)[9]은 육례(六禮)[10]를 갖추어 저 설씨녀를 맞이하고 평범한 며느리로 대접하지 마라. 저 사람이 타향에 떠도는 나그네가 되어 혼사를 말하기가 어려운 까닭에 과거에 급제하는 것을 계기로 뜻을 이루고자 하였으니 이 또한 묘책이다. 충성심이 세상을 덮을 만하고 문무 장원을 하였으니 삼백 칸 집과 가동(家童)[11]과 노비를 전례대로 사급하며 특별히 여학사(女學士) 여장군에 임명하여 영릉후 세창의 둘째 부인으로 정하나니 선생은 3
명심하라."

승상이 어이없어 하나 마지못해 성은에 감사를 드리자 영릉후가 반열에서 나와 아뢰었다.

"당초 산에서 유람하다가 설씨 여자를 만나니 당세에 기이하고 재주 있는 남자로 알아 다만 성스런 조정에 인재가 성대하게 될 것을 기뻐하

---

7) 상(上) : 임금의 높임말.

8) 짐(朕) : 임금이 자기 자신을 지칭할 때 쓰는 말.

9) 경(卿) : 임금이 신하를 부를 때 쓰는 말.

10) 육례(六禮) : 혼인의 여섯 가지 의식. 곧 납채(納采)·문명(問名)·납길(納吉)·납징(納徵)·청기(請期)·친영(親迎)을 말함. 납채는 신랑집에서 청혼을 하고 신부집에서 허혼(許婚)하는 의례이고, 문명은 납채가 끝난 뒤에 남자집의 주인(主人)이 서신을 갖추어 사자를 여자집에 보내어 여자의 생모(生母)의 성(姓)을 묻는 의례며, 납길은 문명한 것을 가지고 와서 가묘(家廟)에 점쳐 얻은 길조(吉兆)를 다시 여자집에 보내어 알리는 의례이고, 납징은 남자집에서 여자집에 빙폐(聘幣)를 보내어 혼인의 성립을 더욱 확실하게 해주는 절차이며, 청기는 성혼(成婚)의 길일(吉日)을 정하는 의례이고, 친영은 신랑이 신부집에 가서 신부를 맞이하여 신랑집에 돌아오는 의례임.

11) 가동(家童) : 집안 심부름을 맡아 하는 아이.

고 신의 평생 좋은 친구가 될까 기뻐하였습니다. 어찌 여자가 남자로 변장하였던 것을 알았겠습니까? 오늘 이 행동을 보니 놀라움을 이기지 못하겠습니다. 혼인은 풍속을 교화하는 대사이니 이같이 서로 친한 벗이었다가 혼인한다면 일세의 시비와 의심을 면치 못할 것입니다. 일이 비록 적으나 풍속을 교화하는 일에 관계되오니, 원컨대 어전에서 설씨녀의 앵혈(鶯血)[12]을 상세히 살펴 일을 명백히 한 후에 성지를 받들기를 원합니다."

상이 웃으며 말하였다.

"경이 의심이 많도다. 설씨 여자의 사람됨이 얼음같이 맑고 금옥과 같이 견고하니 어찌 경에게 사사로운 마음을 둘 자이겠는가? 그러나 경이
4 이 불안하다면 마땅히 즉시 살펴보리라."

드디어 상이 설초벽의 팔을 내어 보이라 하셨다. 설씨가 어전에서 옥 같은 팔을 빼어 상께서 보시기를 기다렸다. 눈 같은 살 위에 앵혈이 단사(丹砂)[13] 같자, 만조백관이 눈을 기울여 감탄하였다. 상이 칭찬하시고 즉시 설초벽에게 머리에 꽂는 금으로 된 꽃과 벼슬아치가 입는 붉은 색의 도포며 임금님이 하사한 아름다운 소년들이 좌우에서 받드는 일산을 주시고 십자로에 큰 집을 내리시어 영릉후와 혼인하라고 하셨다.

설초벽이 사은하고 대궐문을 나서자 그 재모와 풍채를 흠모하고 부러워하지 않는 사람이 없었다. 영릉후는 평생의 소망을 이루나 너무나 뜻밖이기에 도리어 기쁜 줄을 몰랐다. 승상이 모든 자식들을 거느리고 집에

---

12) 앵혈(鶯血) : 여자의 팔위에 찍는 앵무새 피로, 순결한 처녀일 때는 이 핏자국이 선명하게 보이고 남자와 동침을 하게 되면 이 핏자국이 없어지게 된다고 함. 남자의 경우에도 이는 똑같이 적용됨.

13) 단사(丹砂) : 새빨간 빛이 나는 육방 정계(六方晶系)의 광물. 수은과 황의 화합물로, 정제하여 물감이나 한방약으로 쓰임.

이르러 이 일을 전하였다. 집안의 모든 사람들이 깜짝 놀라 말이 없고 이부인은 아미(蛾眉)[14]를 찡그리고 말하였다.

"나는 옹졸한 부인이니, 이런 열협(烈俠)을 며느리로 삼겠느냐? 괴롭고도 괴롭다. 셋째 아이가 끝내 아름다운 자식이 아니구나."

양한림 부인[15]이 웃으며 말하였다.

"부녀자의 덕은 대가(大家)[16]와 덕요(德耀)[17]보다 더한 것이 없으니 여자에게 육도삼략(六韜三略)[18]이 가당치 않습니다."

사어사 부인[19]이 낭랑히 웃으며 말하였다.

"셋째 오라버니는 남씨 언니의 정숙하고 요조함이 분에 넘쳐 변방의 괴물을 얻으셨구려. 그렇기에 송죽헌에 밤낮으로 잠겨 그리 혹하여 계셨습니까?"

---

14) 아미(蛾眉) : 누에나방의 눈썹이란 뜻으로, 가늘고 길게 굽어진 미인의 아름다운 눈썹을 가리키는 말.

15) 양한림 부인 : 이부인의 둘째 딸인 유현영을 말함.

16) 대가(大家) : 후한(後漢) 시대 반표(班彪)의 딸인 반소(班昭)의 호(號)임. 남편이 조세숙(曹世叔)이기에 조대가(曹大家)라 불림. 반소는 큰 오빠인 반고(班固)가 서역 땅을 진압하러 가서는 돌아오라는 명을 받지 못하고 있자 대궐에 나아가 황제에게 글을 올려 늙은 오빠의 귀환을 요청하자 화제(和帝)의 희등(熹鄧)태후가 그녀의 지조를 아름답게 여궁으로 불러들여 스승으로 삼고 '대가(大加)'라는 호를 하사함. 반소는 반고가 『한서(漢書)』를 쓰다가 완성되기 전에 죽자 이를 이어서 완성했고, 『여계(女戒)』를 지었음.

17) 덕요(德耀) : 후한(後漢) 시대 양홍(梁鴻)의 처의 자(字)임. 힘이 센 추녀였으나 덕행이 매우 뛰어났음. 밥상을 눈썹에까지 들어올려 남편에게 바칠 정도로 남편을 지극하게 공경한 거안제미(擧案齊眉)의 고사로 유명함.

18) 육도삼략(六韜三略) : 『육도』와 『삼략』을 아울러 이르는 말이며 중국 고대 병학(兵學)의 최고봉인 '무경칠서(武經七書)' 중의 2서(書)임. 『육도(六韜)』의 '도(韜)'는 화살을 넣는 주머니, 싸는 것, 수장(收藏)하는 것을 말하며, 변하여 깊이 감추고 나타내지 않는 뜻에서 병법의 비결을 의미한다. 문도(文韜)·무도(武韜)·용도(龍韜)·호도(虎韜)·표도(豹韜)·견도(犬韜) 등 6권 60편으로 이루어지며 주(周)의 태공망(太公望)의 저서라고 전해짐, 『삼략(三略)』의 '략(略)'은 기략(機略)을 뜻하며 상략·중략·하략의 3편으로 이루어짐. 무경칠서 중 가장 간결한 병서로 사상적으로는 노자(老子)의 영향이 강하나 유가(儒家)·법가(法家)의 설도 다분히 섞여 있다. 이것도 태공망의 저서라는 설과, 한(漢)의 지장(智將) 장량(張良)이 황석공(黃石公)에게서 전수했다는 설도 있고 후한에서 수(隋)나라 무렵에 성립된 것이라는 설도 있음.

19) 사어사 부인 : 이부인의 셋째 딸인 유옥영을 말함.

영릉후가 웃으며 말하였다.

"나는 그 사람이 여자인 줄 몰랐었다. 사람됨과 재주가 매우 뛰어나나 내가 어찌 혹하기까지 했겠느냐마는 어린 누이가 보더라도 혹하지 않을 수는 없을 것이다."

이부상서 유세기가 가만히 웃으며 말하였다.

"어린 누이의 말이 망령되구나. 이미 성스런 교지(敎旨)[20]가 내려 오래지 않아 혼인할 것이니 설씨녀와도 형제의 의가 있다. 네가 어찌 말을 삼가지 않느냐?"

두 소저(小姐)[21] 또한 웃었다. 황명이 계시니 마지못하여 즉시 날을 가려 혼례식을 올렸다. 영릉후가 혼례복을 입고 백량(百兩)[22]으로 설씨를 맞았다. 설씨가 독좌[23]하고 있는데 평범한 신부가 아니었기에 만조백관의 여자와 황족들이 다투어 구경하려고 모였다. 손님들이 구름 같아 집이 좁고 붉은 빛과 푸른 빛이 찬란하여 꽃수풀과 같았다. 진양공주가 여러 시누이와 동서들을 거느리고 시어머니를 모셔 자리를 이루니 밝은 광채
6 와 아름다운 용모가 독보하여 천하에 비교할 사람이 없었고, 세 유씨[24]
와 소씨 등이 낱낱이 특출하여 기이한 꽃과 밝은 달 같았다. 모든 손님들이 먹기를 잊고 이를 구경하였다.

이윽고 신부가 이르러 교배(交拜)[25]를 다 끝내고 폐백을 받들어 시부모

---

20) 교지(敎旨) : 임금의 명령을 말함.

21) 소저(小姐) : 아가씨를 높여 부르는 말로 흔히 쓰이나 고전소설에서는 젊은 부인을 지칭할 때도 통용하여 씀.

22) 백량(百兩) : 『시경(詩經)』「소남(召南) 〈작소(鵲巢)〉 에 "여자가 시집을 감에 백량으로 맞이하도다[之子于歸, 百兩御之]."에서 온 말로 백승(百乘) 즉 백 대의 수레를 의미함. 제후간의 혼인에서 백승을 보내어 신부를 맞아들인다는 것인데, 우리 고전소설에서는 주로 정실부인을 맞아들인다는 표현으로 씀.

23) 독좌 : 새색시가 초례의 사흘 동안 들어앉아 있는 일.

24) 세 유씨 : 유씨 집안의 딸인 설영, 현영, 옥영 소저를 말함.

님께 드렸다. 모두 바라보니 미목(眉目)[26]이 빼어나 강산의 빼어난 정기를 거두었고 옥같은 얼굴이 맑고 깨끗하여 소상강(瀟湘江)[27] 맑은 얼음을 다듬은 듯, 붉은 입과 구름 같은 귀밑이 세상의 티끌에 물들지 않았으니 가는 허리와 날랜 어깨가 누가 반평생 남자로 변장하고 활 쏘며 칼춤 추던 여자라 하리오? 단장한 것이 없고 연분을 칠한 것도 없이 맑고 깨끗하며 곱고 높았으니, 일생을 규중에서 눈썹을 그리고 용모를 다듬던 붉게 꾸민 미녀들이 다 빛을 잃었다.

이 자리를 빌려 묻나니 유씨 문중에서 누가 이와 같은 사람이 있는가? 공주는 말할 것도 없고 그 절묘하게 고우며 연약한 자태를 지닌 사람은 진국공 부인 장씨를 들 수 있고 맑고 깨끗하며 세속을 벗어나 세속에 물들지 않은 사람은 양학사 부인[28]을 들 수 있는데, 설씨가 이 두 사람의 품질을 아울러서 알맞은 기질이 유씨 집안 모든 부녀자에서 빼어났다. 자리에 있던 모든 손님들이 입을 귀에 대고 칭찬하고 혹 설씨의 행동을 우습게 여겼던 사람도 다 흠모하기를 깨닫지 못하니 설씨의 사람됨을 알 것이었다.

신부의 숙소를 매화정 맞은 편 월하정에 정하였다. 영릉후가 수고를 하지 않아 이 같은 배우자를 만나자 평생의 소원이 흡족하니 온 마음이 들떠 해가 서쪽 고개를 넘자 문득 월하정으로 향하였다. 여러 형제들이 웃으며 말하였다.

"오래된 친한 벗으로서 부부 사이의 의를 맺게 되었으니 아우는 마음

25) 교배(交拜) : 혼인식 때 신랑신부가 맞절을 하는 예식.
26) 미목(眉目) : 눈썹과 눈, 또는 눈썹과 눈이 얼굴 모습을 좌우한다고 해서 얼굴을 뜻하기도 함.
27) 소상강(瀟湘江) : 중국 호남성(湖南省) 동정호(洞庭湖) 남쪽에 있는 소수(瀟水)와 상수(湘水)를 합쳐 부르는 말. 매우 빼어난 경치로 유명함.
28) 양학사 부인 : 학사 양관의 부인인 유설영을 말함.

을 다잡아 여장부에게 졸렬함을 드러내지 말게."

영릉후가 다만 미소 짓고 대답하지 않았다. 이 밤에 이부인이 촉을 밝히고 딸과 며느리들을 모아 담화하면서 남씨를 불러 그 손을 잡고 탄식하여 말하였다.

"셋째 아이의 기상이 한 처로 늙을 위인이 아니구나. 며늘아기의 맑은 덕으로 복을 다 누릴 수 있을까 하였더니 끝내 이런 일이 있으니 액운이라는 것은 인력으로 어쩌지 못하는 것이다. 신부가 매우 뛰어나 셋째 아이가 신부에게 혹하는 것이 평범하지 않을 것이니 며늘아기의 일
8 생이 어찌 염려되지 않겠느냐? 셋째 아이가 성품이 극히 매몰차서 사람의 단점을 보면 꾸짖기를 매섭게 하나 신부는 한낱 이 아이의 과도하고 편벽한 것과 같지 않을 것이다. 며늘아기는 모름지기 조심하여 아름다움을 상하지 말고 인의로 감화시켜 우리의 염려를 덜게 하여라."

남씨가 은혜에 감사하여 옷깃을 바르게 하고 사례하여 말하였다.

"제가 비록 어질지 못하오나 규방의 맑은 덕을 상하여 칠거지악(七去之惡)[29]을 범하겠습니까? 하물며 신부는 홍선(紅線)[30]의 의협과 목란(木蘭)[31]의 지략을 겸하여 높은 재주와 빛난 행실이 사람들로 하여금 흠모하고 감탄케 할 바입니다. 제가 옛사람의 행적을 깊이 사모하다가 이제 저런 여장부로 한 집에 상대하여 어깨를 나란히 하게 된 것을 영광

---

29) 칠거지악(七去之惡) : 아내를 버릴 수 있는 이유가 되는 일곱 가지 경우. 시부모에게 불순한 경우, 자식을 낳지 못하는 경우, 음탕한 경우, 질투하는 경우, 나쁜 병이 있는 경우, 도둑질한 경우를 말함.

30) 홍선(紅線) : 중국 당(唐)나라 때의 여협객.

31) 목란(木蘭) : 중국의 고악부(古樂府)인 〈목란사(木蘭辭)〉에 전해지는 상징적인 인물로 화목란(花木蘭)이라고도 함. 육조 시대 양(梁)나라에 목란(木蘭)이라고 하는 여성이 아버지를 대신하여 남장하고 전쟁에 나가, 12여 년 동안 용감히 싸운 후 은상(恩賞)을 얻어 여자의 모습으로 고향에 돌아온다는 줄거리로 되어 있음.

으로 알고 흠모하는 바입니다. 낭군께서 설씨에게 정이 중대한 것은 인지상정이니 어찌 감히 싫어하여 투기하는 더러움이 있겠습니까?"

인하여 진양공주를 향하여 웃고 말하였다.

"옥주(玉主)[32]의 신명하심을 제가 탄복합니다. 원컨대 저의 앞날을 점치시어 길흉을 가르쳐 주소서."

공주가 미소를 머금고 말하였다.

"진양이 진단 소옹(邵雍)[33]의 영험함이 없으니 부인의 앞날을 어찌 알 9
겠습니까? 전일에 우연한 희롱이 언참(言讖)[34]이 되었으니 바야흐로 부인이 제가 불길한 말을 한 것을 한탄하실지언정 탄복하실 것은 없습니다."

남씨가 낭랑하게 웃고 화평한 기색이 태연자약하였다. 부인이 남씨를 더욱 애중하고, 세 소저가 다 남씨를 찬양하고 신부의 활달하면서도 계책을 꾸민 것을 못마땅하게 여겨 한결같이 헐뜯고 얕잡아 보았다. 그러나 공주가 홀로 말이 없어 이부인에게 고하였다.

"〈관저(關雎)〉와 〈규목(樛木)〉[35]의 덕이 비록 아름다우나 각각 만난 바를 따라 경권(經權)[36]이 있는 것입니다. 신부의 행동이 명쾌하고 의사

---

32) 옥주(玉主) : 옥 같은 공주라는 뜻으로 공주를 높여 부르는 말임.

33) 소옹(邵雍) : 중국 송(宋)나라의 학자 · 시인. 호諡號)는 안락선생(安樂先生)이고 자(字)는 요부(堯夫)이며 시호는 강절(康節)임. 소강절(邵康節)이라 불릴 때도 많음. 이지재(李之才)로부터 도서 · 천문(天文) · 역수(易數)를 배워 인종(仁宗)의 가우연간(嘉祐年間 : 1056~1063)에는 장작감주부(將作監主簿)로 추대받았으나 사양하고, 일생을 낙양(洛陽)에 숨어 삶. 특히 도가사상의 영향을 받고 유교의 역철학(易哲學)을 발전시켜 특이한 수리철학(數理哲學)을 만들었음. 즉, 역(易)이 음과 양의 2원(二元)으로서 우주의 모든 현상을 설명하고 있음에 대하여, 그는 음(陰) · 양(陽) · 강(剛) · 유(柔)의 4원(四元)을 근본으로 하고, 4의 배수(倍數)로서 모든 것을 설명하였음. 『황극경세서(皇極經世書)』 62편을 저작하여 천지간의 모든 현상의 전개를 수리로서 해석하고 그 장래를 예시하였다고 함.

34) 언참(言讖) : 미래의 사실을 꼭 맞추어 예언하는 말.

35) 〈관저(關雎)〉와 〈규목(樛木)〉 : 〈관저〉와 〈규목〉은 모두 『시경(詩經)』 「주남(周南)」에 실린 노래로, 후비(后妃)가 아랫사람에게 덕을 드리워 집안이 화평한 것을 칭송하는 내용임.

가 호방하여 비록 여자의 행실이 아니나 또 뽕나무밭과 달밤 아래 몰래 만나는 천박하고 비루한 행실과는 하늘과 땅의 차이가 있습니다. 그 몸을 드러내는 것이 가장 정대하고 명쾌하거늘 양학사 부인의 명쾌하심과 양한림 부인[37]의 자혜로우심으로 신부를 용납하지 않으시는 것이 심하시니 편벽되심이 없지 않습니다."

이부인이 말하였다.

"옥주의 관대하고 인자하신 말씀이 마땅하시니, 너희들의 소견이 괴벽함을 면하지 못할 것이다."

세 시누이가 낭랑히 웃으며 말하였다.

"신부가 염치 좋은데도[38] 옥주께서 문에 들이기를 용납하시니 어찌 괴이하지 않습니까?"

공주가 미소를 머금고 대답하지 않았다. 밤이 깊어지자 각각 헤어졌다. 영릉후가 평생 친하던 벗이 변하여 화촉에 서로 모인 것이 신기하니 그 영광됨을 어디에 비길 곳이 있으리오? 천만 애정과 만종 풍류가 산이 낮고 바다가 얕을 정도였으니 부모가 당부하신 것과는 달리 조강지처와의 옛정을 잊게 되었다.

다음날 아침에 설씨가 한 벌 비단치마와 보라색 옷을 바르게 입고 봉관(鳳冠)[39]의 칠보를 물리친 뒤 패옥(佩玉)[40]을 바르게 하여 시부모에게 문안을 드렸다. 그 소담한 용모와 탈속한 기질이 신선을 바라보는 것 같기

---

36) 경권(經權) : 아주 고치지 못할 근본(根本) 되는 법과 때를 따라서 맞게 하는 처리(處理). 경법(經法)과 권도(權道).

37) 양한림 부인 : 한림 양선의 부인인 유현영을 말함.

38) 염치 좋은데도 : 비꼬는 말투로서 오히려 염치가 없다는 뜻임.

39) 봉관(鳳冠) : 고관(高官)의 부인들이 머리에 쓴 봉을 장식한 예관(禮冠).

40) 패옥(佩玉) : 허리에 차는 옥으로 특히 조복(朝服)의 좌우에 늘이어 차는 옥인데, 이 패옥 소리에 맞추어 걸음을 절도 있게 걸었다 함.

에 좌중이 감탄하였다. 승상이 설씨의 행동을 넘나게 여기면서도 여자 협객의 풍모가 있으니 한갓 소소한 여자의 자잘한 예절로 설씨를 책망하지 못하고, 또 용모과 재질이 세상에 독보하니 이미 며느리 항렬이 된 후에는 어찌 사랑하는 마음이 없으리오? 앞으로 나아오라 하여 은근히 훈계하여 말하였다.

"그대가 풍양의 작록을 물리쳐 충의를 나타내고 셋째 아이를 만나 종 11
신하기를 허락하나, 행사가 구차하지 않으며 충렬과 의협이 세상에 뛰어나고 재주가 고금에 희한하니 내가 매우 아름답게 여기는 바이다. 이제 천명을 받들어 그대가 우리 집안에 들어왔다. 셋째 아이의 조강지처가 사덕(四德)[41]이 맑고 요조하며 더욱이 자녀가 갖추었으니 정실을 업신여기고 가볍게 대하지 못할 것이다. 신부가 영웅의 도량과 열사(烈士)의 풍채가 있으니 구구한 속세의 태도를 더럽게 여기겠지만 행여라도 '차라리 닭의 입이 될지언정 소꼬리가 되지 않으리라.'[42]라는 뜻이 있어 선후를 알고도 복종하지 않는다면 나의 가법이 아니니 신부가 일생을 평안히 누리기 어려울 것이다. 모름지기 겸손하고 화락하게 셋째 아이의 조강지처와 함께 잘 지내어 꽃다운 이름을 상하지 말거라."

설씨가 두 번 절하여 명을 받들면서 문득 웃는 보조개가 열리는 것을 깨닫지 못하여 안색을 화평히 하고 공경하여 대답하였다.

"불초한 아이가 부친의 훈계와 모친의 가르침을 듣지 못하고 변방에서

---

41) 사덕(四德) : 부인의 네 가지 덕이란 뜻으로 부언(婦言)·부덕(婦德)·부공(婦功)·부용(婦容)을 말함.

42) 차라리 ~ 것이라 : 『사기(史記)』의 「소진전(蘇秦傳)」에 "차라리 닭의 입이 될지언정 소꼬리가 되지 않겠다[寧爲鷄口, 無爲牛後]."라는 구절이 나옴. 큰 인물을 추종하는 것보다는 작은 집단의 우두머리가 되는 것이 낫다는 말.

12 태어나 드세고 강한 사람만을 보고 자랐기에 행실이 무식하고 도리가 명백하지 못합니다. 그러나 옛사람의 어진 덕을 따라 본받고자 하니, 어찌 질투하고 총애를 다퉈 정실부인을 시기하는 일이 있겠습니까? 아버님의 말씀이 저를 알지 못하시는 것입니다. 다른 사람들은 부모가 주장하여 인륜의 대사를 정하나 저는 부모가 없고 의지할 친척도 없이 산간에 떠돌다가 다행히 영릉후를 만나게 되어 한평생 의지할 곳을 정하였습니다. 한 번 뜻을 정하였으니 어찌 일신의 영화를 위하며 사사로운 애정을 바라겠습니까? 부모의 후사를 잇고자 하여 오늘의 일이 있으나 진실로 세속 부녀자의 소임을 원하지 않습니다. 다만 조상의 뒤를 이을 한낱 자식을 얻는다면 영릉후와의 자취를 끊고 남은 생애 동안 산간에서 지내려 하옵니다. 어찌 총애를 다투고 여자의 도리를 길게 하겠습니까?"

승상이 그 말을 옳게 여기고 신부에게 남씨를 가리키며 말하였다.

"이 사람은 셋째 아이의 조강지처다. 신부가 마땅히 예의를 갖추어 보거라."

13 설씨가 눈을 들어 남씨를 보니 아리따운 용모가 수려하고 덕스런 성품이 평안하여 일세의 요조숙녀였다. 즉시 자리에서 물러나 두 번 절하고 사례하여 말하였다.

"제가 어쩔 수 없어 부인의 적국(敵國)[43]이 되었습니다. 부인께서 맑은 덕으로 용납하시나 제가 어찌 부끄럽지 않겠습니까? 그러나 피차 사대부 일맥이니 용서하시어 함께 화락함을 얻는다면 영광스럽지 않겠습

43) 적국(敵國) : 남편의 다른 아내나 첩을 말함. 남편의 사랑을 독차지하기 위해 서로 적이 되어야 하는 상황이기에 적국이라 표현한 것임.

니까?"

남씨가 아미를 낮추고 답례를 공손히 하여 말하였다.

"제가 부인의 높은 이름과 풍모를 우러러 보는 것이 우레가 귀를 놀라게 하는 것과 같았습니다. 천만다행으로 한 집에 모여 동렬로서 친하게 되니 어찌 불평한 마음이 있겠습니까? 앞으로 보시면 저의 옹졸함을 아실 것이니 한가한 말을 않겠습니다."

설씨가 남씨가 온유한 성품인 것을 감사하였다. 승상과 부인이 설씨의 쾌활한 행사를 무던하게 여기나 옥영 등은 입을 삐쭉거리며 침을 뱉어 비웃었다. 영릉후가 남씨의 태연자약함과 설씨의 활달함이 세속에서 빼어난 것을 영광스럽게 여겼다. 영릉후가 부모에게 문안인사를 끝내고 월하
정에 돌아와 설씨를 보자 설씨가 남씨를 칭찬하여 말하였다. 14

"낭군의 복이 높으십니다. 남부인을 보니 나의 상원(上元) 여군(女君)[44]을 잘 얻어주셨습니다. 용렬하고 어리석은 무리가 정실이라 하여 욕되게 구는 행동을 보지 않은 것이 어찌 다행스럽지 않겠습니까?"

영릉후가 웃으며 말하였다.

"남씨의 어질고 아름다움은 그대의 말 같거니와 그대의 빼어남은 나의 복이 아닌가? 내가 그대를 만난 후에는 만사에 관심이 없고 살아도 함께 지내고 죽어도 같은 무덤에 묻히기를 원하니 다른 사람은 생각하지 않소."

설씨가 정색하여 말하였다.

"이는 필부의 무식한 말이고 군자의 말이 아닙니다. 낭군의 행실이 이

44) 상원(上元) 여군(女君) : 둘째 부인이나 첩이 남편의 첫째 부인 곧 정실(正室) 부인을 높여 부르는 말.

와 같다면 제가 소매를 떨쳐 산간에 돌아가 차라리 부모의 혈통을 끊을지언정 남의 금슬에 마장(魔障)이 되지 않겠습니다."

영릉후가 황급히 웃고 말하였다.

"이 말을 일시 희롱이오. 남씨와 이미 부부가 되어 조강지처의 중대함이 있으니 어찌 남씨를 저버리겠는가?"

설씨가 말하였다.

"낭군께서 이미 저와 서로 마음을 알아주는 벗이 되었으니 어찌 만만한 여자가 되어 기나긴 날에 낭군의 절제를 받겠습니까? 낭군께서 남부인과 더불어 화락한 여가에 혹 한 달에 한 번 안부를 물으며 1년에 서너 차례 부부간의 의를 끊지 말고 좋은 날, 좋은 경치와 등불 앞, 달 아래 시서를 함께 논하는 것은 괜찮으나 숙소를 남부인의 처소인 정침(正寢)으로 정하여 조금도 가는 횟수가 줄어들지 않아야 제가 바야흐로 마음이 편할 것입니다. 그렇지 않다면 낭군의 뜻을 좇지 못할 것입니다."

영릉후가 기뻐하지 않으면서 말하였다.

"내가 그대와 더불어 벗의 정과 부부의 친함을 겸하였으니 평범한 부부가 아니오. 장부가 뜻을 두고 어찌 여자의 절제를 달게 여기겠소? 내가 가장 공평하게 정하여 그대와 남부인의 처소에 한 달에 보름씩 나누어 있을 것이니 그대는 고집하지 마시오."

설씨가 기쁘지 않았으나 나중을 보려고 아직 잠자코 있었다. 이로부터 설씨가 시부모를 지극한 효성으로 받들고 시누이를 정성으로 대접하며 남편을 바른 도로 섬기고 남씨와 동기같이 함께 화락하면서 조금도 거짓으로 꾸미는 일이 없이 일마다 명쾌하고 정대하였다. 집안에서 처음에 설

씨를 비웃던 사람들도 그녀를 사랑하고 공경하게 되었다. 남씨 또한 설 16
씨를 지극히 후대하면서 친했으니 조금도 혐의를 두지 않았다.

영릉후가 설씨를 애중해 하는 것은 비교할 데가 없었다. 남씨는 집안
살림을 관장하여 맡은 일이 많고 자녀가 겹겹이 있어 당 안이 요란하나
설씨는 거처가 고요하고 품은 재주가 심상치 않으니 자연 남자의 마음이
설씨에게 이끌려 비록 보름씩 나누어 있다고 하나 낮에는 30일을 온전히
월화정에 있고 매화정에 가는 날이라도 설씨가 여러 번 권한 후에야 일어
났다. 설씨가 이를 괴롭고 민망하게 여겼다. 남씨 또한 설씨가 어진 줄 알
고 영릉후가 남의 말을 기다리지 않아 스스로 공평하게 집안을 다스리니
자기가 원망할 것이 없으나 영릉후가 자신을 후대하는 가운데서도 마음
이 다르고 친한 가운데서도 옛 정이 없는 것을 보자 그윽이 탄식하고 슬
퍼하였다. 그러나 이를 밖으로 나타내지 않고 갈수록 부녀자의 도를 닦았
다. 영릉후 또한 남씨가 어진 것을 알았지만, 자연 사사로운 정에 이끌려
마음을 억지로 하기가 어려웠다. 이러구러 5~6개월이 지나갔다. 17

이부인이 깊이 살피고 속으로 생각하였다. 세형은 공주의 덕을 알지 못하고 외입하였기에 잘못을 깨달은 뒤에는 변하는 것이 있었지만 셋째 아이는 남씨가 어진 것을 알면서도 사사로운 정에 이끌려 마음은 그렇지 않은데도 남이 그르다 할까 보아 보름씩 갈라 있어 매사를 공평하게 하는 체하니 다시 일러 말하기 어렵고 설씨는 어질고 명철하여 장씨가 공교하게 꾸미는 것과 다르니 남씨가 평생을 회복하기 어렵다고 판단하였다. 그러자 온갖 근심으로 낯빛이 불안하였다. 마침 영릉후가 누이동생인 사어사 부인 옥영을 이끌고 들어오다가 모친의 기색을 보고 괴이하게 여겨 물었다.

"집안에 무슨 뜻대로 되지 않는 일이 있으십니까? 어머님의 기색이 어찌 불안하십니까?"

부인이 한찬 후에 탄식하여 말하였다.

"내가 재주가 없고 덕이 엷어 너희들이 과도한 복록을 누릴 복이 없구나. 세형의 편벽됨과 현영의 특이한 고생과 옥영의 망령된 거조를 내가 두루 보았다. 너는 성품이 호방하나 요긴한 사람이라 자식들 가운
18 데 내가 바라는 바가 많았다. 그런데 근래에 말과 행동이 많이 가식적
이고 조강지처를 저버리는 것이 심하구나. 다른 사람은 모르나 내가 어찌 모르겠느냐? 이 때문에 심사가 자연 불평한 것이다."

영릉후가 머리를 조아리고 절하여 말하였다.

"'효도를 함에 힘을 다해야 하고 충성을 함에 목숨을 바쳐야 한다.'45)라고 했으니 어찌 처자 때문에 부모님께 근심을 끼치겠습니까? 요즈음에 제가 조강지처를 저버리지 않았으나 앞으로 더욱 삼가겠습니다. 어머님께서 마음을 편하게 하신다면 불초자식이 죄를 갚겠습니다."

부인이 탄식하고 대답하지 않았다. 영릉후가 얼굴이 붉게 물들고 눈길이 나직하여 묵묵히 있었다. 한참 후에 부인이 다시 말하였다.

"내가 자연스레 너의 기색을 살폈던 것이다. 남씨의 탓이라고만 여기지 마라."

영릉후가 순순히 명을 받들고 일어나 바로 매화정에 들어가 침상에 누워 있기를 반나절이나 하였다. 남씨가 그 까닭을 알지 못하고 한쪽 귀퉁

---

45) 효도를 ~ 한다 : 『천자문(千字文)』에 "효도를 함에 힘을 다 해야 하고 충성을 함에 목숨을 바쳐야 한다[孝當竭力, 忠則盡命]."는 구절이 나옴. 『천자문』은 남조(南朝) 양(梁)나라의 주흥사(周興嗣)가 글을 짓고 동진(東晉)의 왕희지(王羲之)의 필적 중에서 해당되는 글자를 모아 만들었다고 하며 사언고시(四言古詩) 250구(句)를 합해서 1,000자가 각각 다른 글자로 되어 있음.

이에서 바느질을 하였다. 석양에 영릉후가 의관을 바르게 하고 단정히 앉아 안색을 엄숙하게 하고 말을 맹렬하게 하면서 부인을 꾸짖었다.

"부인이 말과 낯빛을 어지럽게 하고 행동거지가 아름답지 않소. 지아 19
비의 뜻을 모르고 부모님에게 화평한 빛을 보이지 아니하며 투기를 이기지 못하여 부모님께 염려를 끼치니 이 어찌 부녀자의 정숙하고 온순한 덕이리오?"

인하여 온갖 죄를 물으며 꾸짖는데, 그 매몰하고 박정함이 칼로 베고 돌을 자르는 듯하였으며 말끝에 차갑게 웃기를 그치지 않았다. 남씨는 단지 유순하고 정숙한 여자로, 남편의 이 같은 행동을 보자 눈물이 나는 것을 깨닫지 못하고 말하였다.

"제가 낭군을 좇은 지 10년이 거의 되었습니다. 늘 조심하고 공손하여 칠거지악(七去之惡)을 삼가고 삼종(三從)[46]을 지키어 죄를 지은 일이 없었습니다. 이제 낭군께서 엄하게 꾸짖기를 이와 같이 하시는데 다 제가 생각하지 못했던 말들이니 어찌 괴이하고 억울하지 않겠습니까? 죄가 있어 다스리신다면 순종할 것이지만 어찌 단지 죄를 받기만 하겠습니까? 곡절을 알지 못하니 더욱 걱정되고 괴롭습니다."

영릉후가 두 눈을 낮추어 묵묵히 있기를 한참 후에 소매를 떨치고 일어
났다. 설씨는 신기한 재주를 지닌 여자였다. 집안의 기색과 영릉후가 후 20
대하고 박대함이 고르지 않은 것을 짐작하고 스스로 탄식하여 말하였다.

"내가 본래 영웅호걸에 뜻을 두었는데 몸이 여자로 태어났으니 기구한 운명이다. 부모의 혈맥을 돌아보아 혼인의 구차함을 피하지 못하고 영

46) 삼종(三從) : 여자가 어려서는 부친을 따르고, 시집가서는 남편을 따르며, 늙어서는 아들을 따라는 것을 말함.

릉후를 좇았는데, 이제 군자가 집안을 잘 다스리지 못하고 사마상여(司馬相如)의 신의 없는 행실[47]이 있구나. 숙녀로 하여금 한이 유미(柳眉)[48]에 잠기게 하고 나의 반평생 의롭게 산 것이 부끄럽게 되며 총애를 좋아하는 무리가 되게 하니 이는 진실로 만세에 부끄럽구나. 어찌 구구하게 여기에 머물겠는가? 하물며 임금이 주신 집이 있으니 사당을 세워 부모의 제사를 받든다면 아들이 없다가 있고 끊어진 후사를 다시 잇는 것이리라. 마땅히 시부모님께 십자로 본부에 돌아가기를 청하여 저 부부를 편하게 하고 나의 효를 완전히 하리라."

설씨가 뜻을 정한 뒤 영릉후가 오자 맞이하여 흔쾌히 담소하다가 말하였다.

"지금 제가 다른 형제가 없고 이제 천자가 주신 집과 노복이 있어 돌아가신 부모님의 제사를 받들 수 있습니다. 마땅히 돌아가 집을 정돈하
21 고 모든 일을 준비한 후에 다시 모여도 늦지 않을 것입니다. 이를 먼저 낭군께 아룁니다."

영릉후가 대답하였다.

"내가 벌써 이 뜻이 있었네. 그대 말이 옳으니 어찌 따르지 않으리오? 사당을 세우고 제사를 지낸다면 효성스런 뜻이 지극할 것이니 나도 따라가 사위 된 도리를 하겠소."

설씨가 웃으며 말하였다.

"어찌 감히 낭군께서 누추한 집에 오시기를 바라겠습니까? 제가 비록

---

47) 사마상여(司馬相如)의 ~ 행실 : 전한(前漢)의 사마상여(司馬相如)은 탁문군(卓文君)을 부인으로 맞아 부부간의 정이 지극했으나 이후 무릉(武陵) 땅에서 한 여자를 첩으로 얻으려고 하였음. 이에 탁문군이 이를 슬퍼하면서 〈백두음(白頭吟)〉을 읊은 것으로 유명함.

48) 유미(柳眉) : 버들잎 같은 눈썹이라는 뜻으로 '미인의 눈썹'을 이르는 말.

재주가 없으나 이 일은 스스로 판단하여 행할 수 있으니 낭군께서는 염려하지 마십시오."

정당(正堂)[49]에 들어가자 승상이 마침 내당에 있었다. 설씨가 나아가 아뢰었다.

"불초한 며느리가 불행하게도 형제가 없어 부모의 제사를 주관할 사람이 없습니다. 생각하건대 이 집안에서 저는 없어도 관계없는 사람이니 일생을 허락하시어 천자께서 주신 집에 돌아가 부모의 제사를 받들고 마음의 안정을 얻게 해주십시오. 그렇게만 된다면 저 또한 성스런 덕을 뼈에 새기고 명심하면서 시절을 따라 아침저녁 문안을 받들 것입니다."

시부모가 놀라서 말하였다.

"며늘아기가 들어온 지 오래 되지 않았을 뿐 아니라, 여자는 시집가면 부모형제를 멀리 떠나기 마련이다.[50] 하물며 그대는 시집온 곳은 있으나 돌아갈 곳은 없는[51] 여자이니 어찌 십자로에 있는 빈 집에 가 일생 22
을 지내는 것이 옳겠는가? 사계절 제사와 일년 제사를 시댁에서 지내면서 왕래하여 받드는 것이 온당하다."

설씨가 서글피 눈물을 떨구면서 말하였다.

"아버님, 어머님의 귀한 가르침이 사리에 당연하십니다. 그러나 제가 이미 형제가 없고 다행히 부모 혈맥이 저 한 몸입니다. 또 비록 자랑하

---

49) 정당(正堂) : 집안의 한 중심에 있는 가장 중심이 되는 건물. 대청(大廳)이라고도 함.

50) 여자가 ~ 마련이다 : 『시경』「패풍(邶風)」 편의 〈천수(泉水)〉라는 시와 『시경』「위풍(衛風)」 편의 〈죽간(竹竿)〉이란 시 등에 "여자가 시집가는 것은 부모형제를 멀리 떠나는 것이다[女子有行, 遠父母兄弟]."라는 구절이 나옴.

51) 시집온 ~ 없는 : 시집온 곳 즉 시댁은 있어도 돌아갈 곳 즉 친정이 없다는 뜻임. 결국 돌아갈 친정이 없다는 의미임.

는 것은 아니지만 요행 제가 남자의 사업을 이루어 임금의 은혜로 하사 받은 집이 있으니 사계절 제사를 받들 만합니다. 비록 제가 여자이지만 효도하는 뜻이야 어찌 남녀가 다르겠습니까? 영릉후가 이미 〈관저(關雎)〉의 좋은 짝[52]이 있고 저는 계획에 없던 사람으로 집안을 요란하게 할 뿐입니다. 제가 있고 없고가 별로 중요하지 않으니 십자로의 집에 물러가 부모에게 자식 된 도리를 하면서 낳아주신 은혜를 갚겠습니다. 제 마음은 청정하게 근심 없이 즐기는 것으로 만족합니다. 어찌 여자의 도리로 저를 책망하시겠습니까?"

시부모가 감동하고 칭송하며 탄복하여 낯빛을 고치고 은근히 권유하여 말하였다.

"그대의 말이 지극히 옳으나 여자는 삼종지도(三從之道)[53]가 중요하니 셋째 아이가 어찌 듣겠느냐?"

설씨가 정색하여 말하였다.

"아버님, 어머님께서 허락하신다면 낭군이 어찌 막겠습니까? 제 마음
23 이 정해진 지 오래 되었으니 아버님, 어머님께서는 근심치 마소서."

승상이 그 뜻이 굳고 말이 옳으므로 드디어 허락하여 말하였다.

"그대가 뜻이 간절하므로 마지못해 허락하니 사당을 세워 제사를 받들고 자주 왕래하여 부녀자의 도리를 폐하지 마라."

설씨가 절하여 사례하고 물러나 그날 바로 시댁식구들과 이별하고 십자로 본부에 돌아갔다. 영릉후가 다만 설씨가 부모 사당을 세우고 하인들

---

52) 〈관저(關雎)〉 ~ 짝 : 『시경』 「주남(周南)」 편에 실린 시로 "꾸우꾸우 물수리 모래섬에 있네. 정숙한 아가씨 군자의 좋은 짝이네[關關雎鳩, 在河之洲. 窈窕淑女, 君子好逑]."라는 구절에서 나온 말임. 여기서는 영릉후의 정실인 남씨를 가리킴.

53) 삼종지도(三從之道) : 봉건 시대의 여자의 도리로, 어려서는 아버지를, 시집가서는 남편을, 남편이 죽은 뒤에는 자식을 좇는 것을 말함.

을 다스려 모든 일을 옳게 처리하고 돌아올까 여기고는 흔쾌히 설씨와 함께 십자로에 있는 집에 이르렀다. 이 집이 또한 나라에서 내려주신 문무장원각(文武壯元閣)[54]이기에 광활한 누대(樓臺)와 층층한 주함(朱檻)[55]이 10리에 둘러 있었다. 으뜸이 되는 높은 누각이 있어 '강선루'라고 현판에 쓰여 있기에 설씨가 드디어 이곳을 침소를 정하고 여러 노복의 알현하는 명함을 보아 각각 맡을 일을 지시하였다. 또 부모의 신위(神位)[56]를 사당에 봉안(奉安)[57]하고 제문을 지어 제사지낸 후에 중당(中堂)[58]에 이르렀다. 좌우 사람들로 하여금 술과 안주를 내오게 하여 옥잔에 향기로운 술을 부어 스스로 잡고 또 한 술잔에 부어 영릉후에게 주며 말하였다.

"그대는 잔의 술을 다 마시십시오. 제가 고할 말이 있습니다."

영릉후가 그 기색을 의심하나 마지못해 잔의 술을 마시고 연고를 물었 24
다. 설씨가 정색하고 바르게 앉아 아뢰었다.

"여자의 도리는 남편을 우러러보고 거취를 스스로 결정하는 것이 없어야 합니다. 하지만 제가 부녀자의 도리를 잘 알지 못하니 단지 낭군의 뜻만을 좇지 못할 것입니다. 오늘 한 잔 술로 이전에 부부가 되었던 의를 끊고 다시 형제와 친구의 정을 이어 서로를 알아주는 벗의 사귐을 열 것입니다. 낭군이 이미 온유하고 덕스러운 정실이 있는데도 겉으로는 친하고 안으로는 소원합니다. 이는 저를 구구한 정으로 욕되게 하는 것이니 어찌 이전에 서로를 알아주던 벗이라 할 수 있겠습니까? 제

---

54) 문무장원각(文武壯元閣) : 문과와 무과 모두 장원급제한 자에게 하사하는 집이란 뜻임.

55) 주함(朱檻) : 붉은 칠을 한 난간임.

56) 신위(神位) : 죽은 사람의 영혼이 의지할 자리로 곧 신주(神主)를 모셔 두는 자리를 말함. 죽은 사람의 사진이나 지방(紙榜) 따위를 이르기도 함.

57) 봉안(奉安) : 신주(神主)나 화상을 받들어 모심.

58) 중당(中堂) : 내당과 외당의 중간에 있는 건물로, 내당에 있는 여자들과 외당에 있는 남자들이 모일 때 주로 이곳을 사용하였음.

마음이 기쁘지 않는 것이 오래 되었을 뿐만 아니라 진실로 부모의 신위가 외로우신 것을 참지 못하여 시부모님께 아뢰고 돌아왔습니다. 이제부터 월하정에 가지 않을 것이고 한 달에 한 번씩 시댁에 나아가 시부모님의 성은에 사례하고 돌아오겠습니다. 앞으로 그대와 예전같이 모일 일이 없을 것입니다.

이것은 구태여 제가 괴벽하기 때문이 아니고 그대는 집에 정실부인이 있고 저는 다른 동기 없이 고독한 몸이기에 조상의 신위를 버리지 못한
25 까닭입니다. 몸이 이미 낭군과 같은 호걸과 짝하여 일생이 빛나고 영화가 지극하니 이 또한 그대의 은혜입니다. 어찌 구구하게 원앙금침에 동침하는 사사로운 정을 요구하겠습니까? 피차 마음을 떨쳐 그대가 남부인과 화락한 여가에 이따금 저를 돌아본다면 마땅히 웃음을 머금고 맞이하여 대접할 것입니다. 이미 진정을 다 고했으니 행여 괴이하게 여기지 말고 일찍 돌아가시오."

영릉후가 듣기를 다하자 마음이 어지럽고 가슴이 무너지는 듯하였다. 한참 동안 놀라 말을 못하다가 문득 잔을 던지고 발끈하여 얼굴빛이 변하면서 말하였다.

"그대가 비록 남자와 같은 호탕한 기상이 있고 재주가 비상하나 여자의 몸으로 천자에게 아뢰고 내게 돌아왔으니 명분과 순리대로 그대는 나의 아내이오. 감히 어찌 협기(俠氣)와 재주로써 강한 성품을 제멋대로 드러내며 행동하리오? 이제 스스로 물러와 남편을 배반하고자 하니 마땅히 나라에 아뢰어 특별한 처치를 하겠소. 내가 비록 용렬하나 아녀자의 구구한 협기를 제어하지 못하고 이를 달게 여기며 절제를 받으리오?"

설씨가 웃고 화평하게 깨우쳐 말하였다.

"낭군의 급한 노기가 이와 같으십니까? 전일에 형제와 친구의 정을 생 26
각해도 용서할 수 있을 것인데 하물며 삼강(三綱)[59]의 중대함이 있는데 용서할 수 없으십니까? 일찍 이 같을 줄 모르지 않았으나 부모님께서 저를 낳으시어 그대를 만났으니 이미 재주를 품고 산간에 숨어 천신만고를 겪고 온갖 의심과 난처한 상황 속에서도 그대를 좇았던 것은 부모님께서 남겨주신 몸을 상하게 하지 못하고 혈맥을 잇기를 바람이었습니다. 이미 낭군께 의탁하여 명분이 정해짐에 강포한 자들을 막고 한가한 집에서 사당을 받들어 제사를 지내며 일생을 남자와 같은 도리를 다하고자 하는 것도 부모님을 위함입니다. 뜻을 크게 결정하였으니 그대가 화가 났다고 하여 제가 마음이 움직이겠습니까? 나라에 고함은 말할 것도 없이 면전에서 법으로 다스려도 조금도 동요치 않으리니 그대는 쓸데없는 화를 그치고 군자의 관대함을 힘쓰소서."

영릉후가 설씨가 뜻이 굳세어 굴복하지 않는 것을 보자, 말로 깨우치지 못할 줄 알고 개연(慨然)히[60] 탄식하여 말하였다.

"내가 이미 그대로 만난 것이 평범한 부부와 다른데 이렇듯 마가 끼니
설마 어찌 하리오? 내가 지금은 돌아가나 시절을 따라 이곳에 이르러 27
서로 볼 날이 없지 않으리니 그때에는 막지 마시게. 남씨는 내가 조강지처로서의 정을 두텁게 하고 정실부인의 위치가 혁혁한데 알지 못하겠구려. 무엇이 부족하여 그대가 밀려나기에 이르렀는가?"

---

59) 삼강(三綱) : 유교(儒敎)의 도덕(道德)에 있어서 근본(根本)이 되는 세 가지 강목(綱目)으로 임금과 신하(臣下), 어버이와 자식(子息), 남편(男便)과 아내 사이에 마땅히 지켜야 할 도리(道理)로서, 곧 군위신강(君爲臣綱) · 부위자강(父爲子綱) · 부위부강(夫爲婦綱)을 말함.

60) 개연(慨然)히 : {가연이}. 이는 '개연(慨然)히'를 말하는 듯함. 이는 슬프거나 비분강개함을 나타냄.

설씨가 웃으며 말하였다.

"낭군께서 이곳에 자주 오고자 하는 것은 더욱 옳지 않습니다. 제가 이미 낭군의 총애를 피하고 제 집을 지키고자 하는데 어찌 낭군의 자취를 이곳으로 이끌리게 하겠습니까? 하물며 남부인은 요조숙녀로 낭군의 애정이 연리지(連理枝)와 비익조(飛翼鳥)[61] 같다가 도리어 애정이 성기고 좋지 않은 빛이 잦으니 이는 제가 있기 때문입니다. 제가 비록 염치가 없으나 부끄럽지 않겠습니까? 이곳에 낭군의 자취가 잦다면 제가 죽기로 맹세하건대 서로 보지 않으리니 낭군은 깊이 생각하십시오."

영릉후가 비록 노하고 한하나 저의 기색이 칼과 같고 말이 열렬하여 죽어도 그 뜻을 굽히지 않을 것을 알기에 어쩔 수 없어 오직 살살 달래고자 설씨의 말을 좇아 이날은 이별하고 자신의 집으로 돌아갔다.

설씨가 빈 집에 홀로 있으면서 병서(兵書)와 시사(詩詞)로 소일하고 한
28 달에 두 번씩 유씨 부중(府中)[62]에 나아가 시부모와 친척을 찾아뵈었으며, 남씨를 대하여 기쁘고 반가워함이 끝이 없었다. 혹 며칠을 머물러도 시어머니를 모시고 자면서 자신의 침소로 돌아가지 않자, 영릉후가 태산 같은 정을 드러낼 길이 없었다. 시부모와 시누이가 그 행동을 칭송하고 탄복하여 더욱 사랑하고 남씨가 그윽이 감동하여 생각하였다.

'저 사람이 만리타향에 친한 자가 남편뿐인데 도리어 부부의 정을 끊고

---

61) 연리지(連理枝)와 비익조(飛翼鳥) : 연리지는 뿌리가 다른 나뭇가지가 서로 엉켜 마치 한나무처럼 자라는 것으로 애초에는 효성이 지극함을 나타냈으나 현재는 남녀 사이 혹은 부부애가 진한 것을 비유함. 비익조는 암수에게 눈과 날개가 하나씩만 달려있어 짝을 지어야 날 수 있는 전설의 새임. 당(唐)나라 시인 백거이(白居易)의〈장한가(長恨歌)〉라는 시에서 "하늘에서는 비익조가 되기를 원하고 땅에서는 연리지가 되기를 원했네[在天願作飛翼鳥, 在地願爲連理枝]"라는 구절에서 나온 말임. 이 시는 현종과 양귀비의 애달픈 사랑을 노래한 것으로 유명함.

62) 부중(府中) : 부(府)라는 행정구역의 안이나 재상이 집무하던 관아 혹은 높은 벼슬아치의 집안을 말함.

돌아가신 부모의 사묘를 따라 빈 집에서 처량하게 지내는구나. 내가 구경(九卿)[63]의 집안에서 태어나 형제가 번성하고 많은 자녀를 낀 채 당에서 즐거운데도 도리어 남편의 자취가 드물고 정이 성긴 것을 한스러워한다면 어찌 부끄럽지 않겠는가?'

이후로는 남씨가 더욱 공손하고 조심하여 설씨와 친하기를 한 배에서 난 형제같이 하고 남편에게 더욱 삼가 마음속에 한 점 질투심이 없자, 밖으로 드러난 모습이 더욱 화평하였다. 일가가 그 현숙함을 탄복하고 설씨가 공경하고 화목하게 지내면서 조금도 적국 사이 같지 않았다. 그러나 홀로 영릉후는 설씨의 매정함을 한하였다. 또 당초에 남씨가 원망하는 마음을 품어 사색을 좋지 않게 하여 자신이 남씨를 소원하게 대하는 것을 29
모친이 알게 하니 이는 숙녀의 덕이 아니라 생각하여 한 번 남씨를 꾸짖은 뒤로는 다시 서로 보지 않아 해가 넘도록 말도 하지 않았다. 그러나 남씨가 갈수록 공손하고 모친이 썩 좋지 않게 여기시므로 마지못하여 다시 부인을 찾았다. 그러나 영릉후가 기색이 예전과 다르고 행동거지가 엄숙하여 아주 조그만 허물도 용서하지 않았다. 남씨가 남편의 성품이 변하였음을 알고 더욱 조심하고 시부모와 시누이가 남씨를 두둔하고 보호하여 무사하게 하였다.

하루는 양한림 부인 현영이 아우인 사어사 부인 옥영과 더불어 중당에서 바느질을 하면서 시사(詩詞)를 보고 있었다. 문득 남씨 · 강씨 등이 한데 모여 자리를 정하고 시누이의 글을 한가지로 보아 "요조숙녀는 군자의

---

63) 구경(九卿) : 아홉 사람의 장관(長官)이란 뜻으로 중국에서는 영의정 · 좌의정 · 우의정 3정승 다음가는 9관청의 대신을 총칭하는 말이었으며 조선에서는 중국의 예에 따라 2정승 버금가는 고관들을 총칭하는 말로서 의정부의 좌참찬(左參贊) · 우참찬, 육조(六曹)의 각 판서 및 한성판윤(漢城判尹)을 지칭하는 말이었음.

좋은 짝이로다. 올망졸망 마름풀을 이리저리 찾네."[64]라고 한 대목에 다다르자 강씨가 웃고 말하였다.

"문왕(文王)[65]이 숙녀를 사모하시는 것도 이러하시니 요즘 사람이 숙녀를 갈망하는 것은 괴이하지 않구려. 성인도 여색(女色)을 생각하시니 하물며 평범한 사람을 이르겠소?"

남씨가 웃으며 말하였다.

30 "부인의 말씀이 그르십니다. 문왕이 숙녀를 구하신 것은 한가지로 나라를 다스릴 방법을 생각한 것이니 어찌 호색하신 뜻이 있었겠습니까?"

말이 잠시 멈춘 사이에 주렴(珠簾)[66] 밖에서 인기척이 났다. 사어사 부인이 장막을 들고 보니 영릉후가 진공과 더불어 화단 사이를 배회하다가 난간에 다다른 것이었다. 모든 소저가 장막을 드리우고 고요히 앉아 있었다. 진공이 난간에 앉아 형제의 자리를 정하자 웃고 말하였다.

"아우가 근래에 설씨 제수씨에게 내침을 당하고 남씨 제수씨의 투기를 만났다 하니 이것이 바로 나의 예전 일과 흡사하구나. 그러나 남씨 제수씨의 정숙하고 요조함은 책 가운데 있는 진실한 어진 부인이다. 설씨 또한 구중궁궐에 몸을 감출 여자가 아니니, 정이 있다면 백 년을 함

---

64) 요조숙녀는 ~ 찾네 : 『시경』「주남(周南)」 편의 〈관저(關雎)〉라는 시에 "꾸우꾸우 물수리새 모래섬에 정답네. 요조숙녀는 군자의 좋은 짝이네. 올망졸망 마름풀을 이리저리 찾네. 요조숙녀를 자나깨나 찾네[關關雎鳩, 在河之洲, 窈窕淑女, 君子好逑. 參差荇菜, 左右流之, 窈窕淑女, 寤寐求之]."라는 구절에서 나온 것임.

65) 문왕(文王) : 주(周)나라 무왕(武王)의 아버지. 성(姓)은 희(熙). 이름은 창(昌). 은(殷)나라 주왕(紂王) 때 서백(西伯)이 되어 인자한 정치로써 백성들을 다스렸음. 주왕이 폭정을 하므로 제후들이 모두 서백을 좇아 군주(君主)로 받들었음. 뒤에 그의 아들 무왕이 은나라를 멸망시키고 즉위하자 문왕이라 시호(諡號)를 추증하였음. 『시경』「주남(周南)」 편의 〈관저(關雎)〉는 문왕과 그의 비인 태사(太姒)에 관한 노래라고 함.

66) 주렴(珠簾) : 구슬 따위를 꿰어 만든 발.

께 즐길 것이다. 네가 어찌 설씨가 거절하는 것을 달게 여기겠느냐? 또 비록 네가 설씨를 잊지 못하나 조강지처를 이유 없이 박대하느냐? 임사(任姒)[67]의 성스런 덕이 아니면 투기를 면하기는 어렵다. 설사 남씨 제수씨에게 작은 허물이 있다 해도 어렸을 때에 혼인하여 하루아침에 소원하게 대한다면 이는 경박한 자의 행실이니 너의 일이 중도(中道)를 얻지 못하였구나."

영릉후가 묵묵히 생각에 잠겨 있다가 사례하여 말하였다. 31

"형님의 밝은 가르침이 마땅하시니 제가 어찌 받들어 따르지 않겠습니까? 다만 남씨는 저와 결혼한 지 10년이 거의 다 되었고 여러 자녀가 있어 부부의 정이 평범하지 않으니 어찌 제가 박대하겠습니까? 그러나 설씨는 신이한 능력을 지닌 사람으로 저를 따라와 저의 아내라는 명분만을 가진 채 은총을 구하지 않으니 제가 그 의협심에 감동하고 재주를 사랑하여 설씨를 찾아가는 자취가 잠깐 잦았습니다. 그런데도 설씨는 더욱 저를 거절하고 겸손하여 양보하였습니다. 남씨가 만일 현숙하다면 설씨의 사정을 측은히 여기고 제가 설씨를 생각하는 것을 옳게 여길 것입니다.

허나 남씨는 그윽한 탄식과 처량한 안색을 어머님과 세 누이들에게 보이면서 박명한 사람인 체하여 어머님께서 근심하고 괴로워하게 하니 제가 또한 마음이 편치 않았습니다. 이것은 숙녀의 일이 아닙니다. 또 설씨가 맑은 마음과 높은 뜻으로 물러난 것도 모두 남씨의 빌미입니다. 공후(公侯)의 아내가 되어 어찌 이같이 천하고 비루한 행실을 하는 것이

67) 임사(任姒) : 주(周)나라 문왕(文王)의 모친인 태임(太任)과 왕비 태사(太姒)를 말함. 이들은 부덕이 훌륭했던 여성들로 후세에 칭송을 받음.

부끄럽지 않겠습니까? 다만 어머님께서 슬하의 자애를 돌아보시어 순
32 순히 훈계하시고 제가 또한 옛정을 잊지 않았습니다만 마음에 흡족하
지는 않습니다."

진공이 웃으며 말하였다.

"네 소견이 끝내 편벽되니 모름지기 남씨 제수씨에게 불평한 마음을 두지 마라. 나의 편벽함으로도 장씨에게 옛정을 버리지 않았다. 남씨 제수씨가 현숙한데 소소한 일로 흠 잡겠느냐? 성인이 아닌 후에야 허물이 없을 수 없지 않느냐?"

영릉후가 역시 웃으며 일어나고자 하였다. 그런데 문득 눈을 들어보니 장막 안에 사람의 그림자가 비치었다. 영릉후가 장막을 들고 보니 양학사 부인 현영과 남씨 등이 있었다. 자신의 말을 엿듣고 있는가 좋지 않게 생각하여 안색이 변하자 현영 소저가 정색하고 영릉후를 대하여 말하였다.

"저희들이 오늘 남씨 · 강씨 두 형님과 더불어 집안일을 하더니 두 오라버니가 이르시어 뜻밖에 말씀하시는 것이 이에 미치셨습니다. 바야흐로 일이 공교로움을 괴이하게 여겼더니 셋째 오라버니께서 저희들의 심정을 알아보려고 그 얼굴빛을 살펴보고는 불쾌히 여기시니 알지 못하겠습니다. 오라버니들께서 하시는 말씀을 저희들이 듣지 못하였
는데 셋째 오라버니께서는 남씨 형님이 들으시는 것을 꺼려하시는 것
33 같습니다. 아녀자를 꺼릴 대장부의 말을 없으니 많이 구차해하시는 것
을 저는 의아하게 여깁니다."

영릉후가 말이 막히자 진공이 칭찬하여 말하였다.

"둘째 누이가 바른 의견이 금옥과 같구나. 셋째 아우는 깃발을 눕히고 쟁을 치기를 그만두고[68] 물러나야 하겠구나."

영릉후가 다만 미소를 머금고 대답하지 않았다. 남씨는 안색이 한결같아 조금도 불평스런 기색이 없으니 시누이들이 흠모하고 이부인이 이 일을 듣고는 영릉후를 지성으로 깨우쳤다. 영릉후가 모친의 가르침에 감동하고 남씨의 행동에 탄복하여 옛정을 이어 화락하나 설씨와 더불어 뜻을 펴지 못하는 것을 한스러워하였다.

설씨가 세월이 오래 될수록 한 번 잡은 뜻을 더욱 굳게 하여 영릉후가
한 달에 두 번 가면 기쁜 낯으로 맞아 흔쾌히 접대하나 만일 지체하여 머
물면서 조금이라도 도에 지나침이 있으면 안색을 바르게 하고 멀리 떨어
져 거처하면서 조금도 용납하지 않았다. 영릉후가 본래 성품이 강직하고
굳세나 설씨에게 다다라는 위엄을 펴지 못하여 겨우 한 달에 5~6일을 묵
고는 돌아왔다. 거처하는 집이 다르고 부모가 계시니 출입과 거처를 마음
대로 못하여 정을 펴지 못하자 마음속으로 설씨를 연연해하면서 정이 각 34
별하였다. 그러나 어찌 할 수 없게 되자 자연 남씨에게 정이 흡족하여 남
씨는 자녀가 선량하고, 설씨는 다만 아들 하나, 딸 하나를 두어 마침내 곧
은 마음을 지켜 설상서의 제사를 이었다. 설씨가 자녀가 있은 후에는 더
욱 영릉후는 오는 것을 우습게 여겨 쓸쓸히 세상사를 잊고자 하였다. 영
릉후가 설씨가 세속에 마음이 없는 것을 알기에 괴이한 일이 있을까 하여
끝까지 설씨의 마음대로 하게 하여 설씨의 뜻을 거스름이 없었다. 남씨에
게는 굳센 장부이고 엄한 남자이나 설씨에게 이르면 온화하고 자잘함이
연약한 여자와 같았다. 설씨가 그 뜻을 알고 그윽이 감사하고 불안하여
또한 부녀자의 도리를 극진히 닦았다. 사람들마다 모두 영릉후의 복을 일
컬었다.

---

68) 깃발을 ~ 그만두고 : 전쟁에서 항복의 뜻을 나타내는 행동임.

설씨가 십자로에 있는 집이 번잡하고 요란한 것을 싫어하여 도성 남쪽
만세산 곁에 큰 집을 이루고 송죽과 화초를 심고 거처하니 그윽하고 높은
것이 은자(隱者)의 무리와 같았다. 황제가 공주를 통해 그 행적을 들으시
35 고 감탄하고 기이하게 여기시어 그 집 문에 '설씨충렬문'이라는 현판을
걸게 하시고 대궐의 후원에 불러 태후(太后)[69]와 황후(皇后)로 하여금 그
검무와 활솜씨를 구경하게 하시니 과연 신인(神人)의 조화와 같았다. 황제
와 황후가 매우 칭찬하시어 설씨의 별호를 '신사장군'이라 하시고 장군의
인(印)을 주어 황후를 모시라 하였다. 설씨가 굳이 사양하나 황제와 황후
의 뜻이 자못 은근하심에 마지못해 은혜에 감사드리고 물러났으니 일세
에 여장군이라 하여 유명하였다.

그 행적을 의논하자면 풍양의 봉록과 벼슬을 받지 않고 도주하니 충이요, 영릉후를 알아보고 따라오니 협기(俠氣)요, 한번 과거장에 들어가서 문무 장원을 하니 재주가 높음이요, 시댁에 들어가 남편의 총애를 받기를 사양하고 물러나 부모의 사당을 지키니 효와 의(義)가 한가지로 빛나는 것이었다. 높은 이름이 명나라 조정에서 상대할 사람이 없었다.

이때 승상과 부인이 영릉후의 금슬이 좋지 않은 것을 근심하였다가 설
씨의 스스로 물러나는 어질고 명철한 지혜로 남씨가 일생을 회복하게 된
36 것을 기뻐하였다. 영릉후가 설씨를 잊지 못하나 남씨를 조강지처로서의
정으로 돌아보아 마침내 신의를 지켜 오복이 다 갖추어짐에 이를 기뻐한
것이었다. 이에 사람들마다 남씨의 복을 일컫고 설씨를 칭찬하여 말하였
다.

"이 진실로 뱀의 머리이고 범의 꼬리니[70] 공주가 사람을 알아보는 것

69) 태후(太后) : 황제의 어머니를 높여 부르는 말. 황태후(皇太后)라고도 함.

이 이와 같이 신기하여 당초에 설씨를 용납하여 칭찬한 것이었구려."

승상 부부가 자녀를 다 결혼시킴에 당초에는 난처한 일들이 집집마다 있었으나 나중에는 무사하고 모두 다 화락하여 영화와 복록이 흠 잡을 것이 없었다. 그러나 홀로 춘방학사(春坊學士)[71] 세필이 박소저와 더불어 결혼한 지 4~5년이 지나도록 정이 흡족하지 못하였다. 박소저의 하늘이 내린 재주와 미모를 눈에 기특하게 여기면서도 무정하고, 그 아름다운 덕행을 옳게 여기나 흠모함이 없었다. 매일 부친을 모시고 서당에 있으며, 조정일로 궁궐에 출입하면서 세월을 보내나 한 번도 소저의 침소를 찾지 않았다. 이에 부모가 괴이하게 여기고 그 까닭을 물으면 학사 세필이 순순히 대답하였다.

"제가 나이가 어리고 기운이 약함에 옛사람이 30세에 처를 두는 것을 본받고자 합니다. 어찌 이유 없이 아내를 박대하겠습니까?" 37

부모도 당초에는 학사의 기질이 너무 맑고 빼어나며 골격이 너무 깨끗하여 꽃 같고 달 같은 소저를 짝으로 맞아 학사가 몸이 상할까 염려가 있어 구태여 아는 체 않고 도리어 무던하게 여겨 학사의 맏형인 이부상서 유세기가 행실을 닦고 몸을 삼가는 것만 같은 줄 알았다. 그런데 학사가 점점 해가 지나 나이가 차고 기골이 장대하자 맏형의 단정함과 둘째 형의 호방함을 겸하여 재치가 넘치고 풍류가 있었으니 희롱하는 말에 여색(女色) 등에 관해 무관심하지는 않았다. 그러나 유독 박소저에게 가면 한 덩이 얼음 같아서 점점 부부 사이가 소원하게 되었다.

모친인 이부인이 우려함을 마지않아 학사에게 박소저의 침소 해운정

---

70) 뱀의 ~ 꼬리니 : 지혜가 많다는 것을 비유한 말임.

71) 춘방학사(春坊學士) : 춘방은 황태자의 어전 즉 동궁을 말하기에, 춘방학사란 동궁을 보필하던 학사를 말함.

으로 가라고 권하면 학사가 흔쾌히 들어가 혹 4~5일씩 머물렀다가 서당으로 나갔다. 이부인이 학사를 막내아들로서 퍽이나 사랑하였기에 학사와 박소저의 금슬이 소원한 것을 근심하여 학사가 박소저의 침실에 가는 날이면 반드시 찬향·월섬[72] 등으로 탐지하여 고하라 하였다. 두 사람이
38 밤마다 엿보나 학사가 소저와 더불어 말함이 없고 즉시 누워 자는 체하다가 닭이 울면 일어나 부모에게 아침문안을 드리고 외당으로 갔다. 소저가 학사를 보면 몸을 수습하기를 심히 하였으니 이부인이 매우 불쌍히 여겨 사랑하기를 친딸같이 하고 학사를 보면 온갖 말로 따져 묻고 설득하였다. 학사가 그윽이 민망하게 여겨 호언장담하며 모친을 위로하여 말하였다.

"제가 이미 저 사람과 더불어 결혼하여 서로 허물을 보인 일이 없고 저 사람의 외모와 행동이 뛰어나 형수님들에게 떨어짐이 없으니 제가 어찌 아내에 대한 정이 박하겠습니까? 다만 스스로 세상에 물욕이 없어 구구히 상대할 뜻이 없습니다. 또 부부의 화락이 어찌 구태여 침상에 동침하는 것만을 이르겠습니까? 저 사람이 유순하고 제가 화평합니다. 남편이 주장하면 아내가 따르는 것이거늘, 어머님께서 이렇듯 염려하시니 제가 더욱 불안합니다. 원컨대 어머님께서는 하늘이 정한 운수대로 돌아가는 것을 기다리시고 이같이 번뇌하지 않으신다면 다행이겠습니다."

이부인이 더욱 놀라고 의심스러워 말하였다.

"네가 이미 며늘아기가 어질고 아름다운 줄 알면서도 이같이 하니 더
39 욱 괴이하구나. 정녕코 큰 병신이 아니면 금슬이 좋지 않은 것인데 어찌 말을 꾸며 어버이를 속이느냐?"

---

72) 찬향·월섬 : 승상 유우성의 첩임.

학사가 붉은 입술에 흰 이를 내비치고 웃으며 대답하였다.

"제가 이미 어머님께서 낳아주시고 길러주신 은혜를 받아 몸에 병이 없는 것은 아버님, 어머님께서 아실 것이고 저 사람을 미워함이 없는 것은 뭇사람들이 다 보는 바입니다. 이제 조정일에 바빠 내당에 자취가 잠깐 드문 것을 문득 의심하시니 실로 근심되어 도리어 저 사람이 괴롭게 여겨집니다."

이부인이 말하였다.

"너희 형들은 장가가서 슬하에 자녀가 널려 있는데, 너는 결혼한 지 4년에 부부간에 서로 말을 하는지조차 알 수 없으니 어찌 근심되지 않겠느냐? 큰아이[73]가 조금도 속세에 뜻이 없는데도 금슬이 좋아 한 달에 열흘은 모란정에 들어가 부부간에 서로 대하여 화평하고, 세형의 편벽함으로 3년을 공주를 박대하는 미친 거조가 있었으나 공주가 궁궐에서 나와 다시 만나자 흔쾌하였으니 그 밖에 모든 아이들도 부부간의 정이 진중하다.

그런데 네가 홀로 형제 중에 없는 짓을 하니 반드시 박대하는 것이다.

홀로 뜻이 맑고 높아 여자에 관심이 없는 척하니 이는 가식적인 것이 40
구나. 비록 규방에 구구하게 빠지지 않는다 하더라도 예사롭게 며늘아기를 대하면 될 것인데 말을 서로 나누지도 않으니 며늘아기의 근심스런 얼굴과 네 거동을 내가 어찌 몰라보겠느냐? 반드시 마음속에 품은 회포가 있고 정이 없는 것이니 부모 자식 간에 어찌 숨기는 게 있느냐?"

학사가 안색을 바르게 하고 뒤로 멈칫 물러서서 두 번 절하고 말하였

73) 큰아이 : 이부상서 유세기를 말함.

다.

"어찌 제가 감히 두 형님과 같기를 바랄 수 있겠습니까? 저는 일개 옹졸한 선비입니다. 그 중도를 알지 못하고 도리어 매몰하고 박정하였으니 앞으로는 십분 명심하여 어머님의 가르침을 받들겠습니다."

부인이 재삼 학사를 설득하였다. 원래 승상의 자녀 여덟 사람 중 문질(文質)[74]이 찬란하게 빛나 성현을 모실 만한 덕행이 있어 반 점 흠잡을 것이 없는 사람은 이부상서 유세기와 양한림 부인 유현영이니 선조 효문공[75]을 본받았다. 세상을 다 덮을 만한 영웅의 호탕한 풍류로 대장부의 골격이 오롯한 사람은 진공인 유세형과 양학사 부인 유설영이니 전부 다 부친인 승상을 본받은 것이었다. 재기(才氣)가 뛰어나고 기상이 영리하고
41 슬기로워 왕도(王導)[76]와 사안(謝安)[77]의 풍채를 겸한 자는 영릉후 유세창이고, 노성하고 침중하여 농담을 하는 것이 드물고 슬프고 노한 것을 드러내지 않아 누사덕(婁師德)[78]의 도량을 가진 사람은 부풍후 유세경이었다. 학사 세필의 기질은 아름다운 용모와 단정하고 엄숙한 기질이 오로지 모친을 닮아 준수하고 우아하고 단정하고 엄중하여 곡역후(曲逆侯)[79]의 아름다움과 유후(留侯)[80]의 미모를 가졌으니 이부인이 그 기질을 사랑

---

74) 문질(文質) : 겉으로 꾸민 모양(模樣)과 속에 든 본바탕.

75) 효문공 : 유소저 즉 유현영의 할아버지인 유연을 말함. 효문공은 유연의 시호(諡號)임.

76) 왕도(王導) : 진(晉)나라 원제(元帝) 때의 뛰어난 정치가. 승상과 태부(太傅)를 역임함.

77) 사안(謝安) : 동진(東晉) 효무제(孝武帝) 때의 공신으로 전진(前晉)의 왕 부견(符堅)의 백만대군을 격파한 것으로 유명함.

78) 누사덕(婁師德) : 당(唐)나라 측천무후(則天武后) 때의 유능한 신하. 성품이 온후하고 관대하며 인자하여 아무리 무례한 일을 당해도 조금도 흔들림 없이 표정이 똑같았음. 동생에게 남이 얼굴에 침을 뱉으면 어떻게 해야 하냐 동생은 잠자코 침을 닦으면 된다고 했으나 누사덕은 닦을 것도 없이 침이 마를 때가지 기다려야 한다고 충고하였다고 함. 즉 처세에는 인내심이 필요한 것을 이른 말로, 이와 관련하여 '타면자건(唾面自乾)'이란 고사성어가 전함.

79) 곡역후(曲逆侯) : 한(漢)나라 고조(高祖) 유방(劉邦)의 공신인 진평(陳平)을 말함. 처음에는 항우(項羽)를 따르다가 후에 유방을 섬겨 한나라 창업의 공을 세움. 이러한 공으로 뒤에 곡역후에 봉해짐.

하여 생전 흠 잡아 말함이 없었다.

그런데 아내를 취하여 금슬이 냉락한 것을 보자 이부인이 매우 근심하여 자주 훈계하였다. 학사가 박소저가 아름다운 줄은 아나 스스로 정이 맥맥하여 서로 보는 것을 매우 괴로워하였다. 그러나 어머님께서 염려하시므로 억지로 해운정에 머물러 10여 일 간 소저의 맑은 기질과 아리따운 용모를 대해도 한 번 말하지도 않고 기색이 추상과 같으니 소저가 매우 불안해하였다. 부인이 평생 말이 드물고 모든 일을 알지 못하는 사람같이
하나 학사에게 다다라서는 무심치 못하여 밤마다 탐지하여 그 속마음이 42
다른 것을 알자 학사를 보고 깨우치기를 마지않았다.

학사가 도리어 근심거리를 만난 것 같아 하루는 술을 잔뜩 취한 채 해운정으로 들어갔다. 박소저가 단의(禮衣)[81]와 붉은 치마를 입고 촉을 밝히고 시서에 깊이 골몰하니 아름다운 골격과 꽃다운 모습이 촛불 아래 환히 비치었다. 학사가 또한 흠모하여 나아가 손을 잡고 말하였다.

"부인이 성대한 가문에서 나고 자라 시서(詩書)와 『예기(禮記)』를 수련하였으니 성인께서 요조숙녀와 종과 북을 함께 울리며 즐긴다고 한 것[82]이 바로 우리 부부와 흡사하거늘 어찌 알지 못함이 심한가? 내가 그대와 결혼한 지 4년에 청산이 늙지 않았고 푸른 물이 장구히 흐르니

---

80) 유후(留侯) : 한(漢)나라 고조(高祖) 유방(劉邦)의 공신인 장량(張良)을 말함. 자(字)는 자방(子房). 항우(項羽)와 유방이 만난 '홍문의 회(會)'에서는 유방의 위기를 구하였음. 선견지명이 있는 책사(策士)로서 한나라의 도읍을 진(秦)나라의 고지(故地)인 관중(關中)으로 정하고자 한 유경(劉敬)의 주장을 지지하였음. 한나라 창업의 공으로 유후(留侯)에 책봉되었음. 외모가 아름다웠다 함.

81) 단의(禮衣) : 왕후의 복색 가운데 하나로. 세간에서는 공경대부(公卿大夫) 등 고관의 부인이 입는 옷이었음. 흰 바탕에 무늬가 있는 옷이라고도 하고 일설에는 붉은색 옷이라고도 함.

82) 요조숙녀와 ~ 것 : 『시경』「주남(周南)」, 〈관저(關雎)〉의 "요조숙녀와 종과 북을 함께 울리며 즐기네[窈窕淑女, 鐘鼓樂之]."라는 구절에서 나오는 말임. 여기에서부터 부부간의 금슬이 좋아 함께 즐기는 것을 '종고지락(鐘鼓之樂)'이라고 하게 되었음.

나의 뜻이 오히려 바쁘지 아니하구려. 그런데 근래에 부인이 근심하는 빛이 있으며 얼굴에는 근심이 맺히어 나의 박정함을 한탄하니 어머님께서 알게 되시어 여러 번 나를 꾸짖으셨소. 내가 마지못해 오늘밤에는 마음먹었던 것을 헐어 푸른 물에 즐기기를 청하니 부인은 막지 마오."

박소저가 천성이 빙옥 같고 성품이 추월(秋月) 같기에 남편이 후대하고
43 박대하는 것을 신경쓰지 않았다. 다만 학사의 행동이 남과 다름에 신세가 평범하지 못한 것을 슬퍼하나 일찍이 언행으로 나타내지 않았다. 그런데 이제 학사가 술이 취한 가운데 무례한 모습으로 들어와 이같이 조롱하며 능욕하자, 마음속으로 통탄하여 비단 소매를 뿌리치고 옷깃을 여미고는 정색하여 말하였다.

"제가 한미한 가문에서 배운 바 없이 자라 군자의 마땅한 짝이 아니기에 그 더럽게 여기는 것이 당연합니다. 이를 달게 여기어 깊은 규방에서 추선(秋扇)을 다시 손질함[83]이 없고 장문궁(長門宮)에서 기러기 소리를 흐느낌[84]이 없을 것입니다. 시부모님과 시누이들의 성대한 대우를

---

83) 추선(秋扇)을 ~ 손질함 : '추선'은 '추풍지선(秋風之扇)'이라고도 하는데, 가을철의 부채라는 말에서 볼 수 있듯, 남자의 사랑을 잃은 여자나 철이 지나서 쓸모없이 된 물건을 비유하여 이르는 말. 반첩여(班婕妤)와 조비연(趙飛燕)은 한(漢)나라 성제(成帝)의 후궁으로, 성제는 처음에는 반첩여를 매우 총애했지만 시간이 흐르자 조비연에게로 사랑이 옮겨가게 됨. 이에 그녀는 장신궁(長信宮)에 머물면서 과거 임금의 사랑을 받던 일을 회상하고 현재의 자신의 처지를 돌이켜 보게 됨. 그러다가 가을이 되어 쓸모없게 된 부채와 임금의 총애를 잃은 자신의 처지가 일치한다는 생각이 들어 〈원가행(怨歌行)〉이라는 제목의 시를 짓게 됨. 여기에서 '추선(秋扇)' 즉 가을철의 부채라는 말이 나옴. 이런 추선을 다시 다스린다는 것은 여자가 잃어버린 총애를 회복하기 위해 애쓰는 것을 말함.

84) 장문궁(長門宮)에서 ~ 흐느낌 : 장문궁은 한 무제(漢武帝)의 첫 번째 왕후였던 진아교(陳阿嬌)가 유폐되어 있던 궁. 무제의 사촌동생으로 장공주의 딸인 아교는, 금옥장교(金屋藏嬌)라는 말이 나올 정도로 10년 동안 금옥(金屋)이라는 좋은 궁에서 한 무제의 총애를 받게 됨. 그러나 이후 총애가 시들해지고 무제가 위자부(衛子夫)를 후궁으로 삼아 위자부가 임신까지 하게 되자 질투심 많은 아교는 무제의 총애를 만회하기 위하여 궁내에 무속인을 불러들여 요술(妖術)을

받아 이 생에서의 삶이 평안하고 친정이 구경(九卿)의 집안이며 형제가 번성하니 나아가고 물러옴에 즐거울 따름입니다. 어찌 구구하게 군자의 자취를 바라며 근심하는 낯빛을 시부모님 안전에서 짓겠습니까? 군자가 부귀에 정신을 잃으시어 사람을 능욕하고 헛된 말하기를 잘 하시니 제가 어리석으나 그윽이 복종하지 못하겠습니다."

학사가 모친이 권유하시기에 들어오나 정이 맥맥하고 심사가 괴롭기
에 소저에게 화를 풀고자 하여 한바탕 조롱하고 곤혹케 하고자 하였다. 44
그런데 갑자기 소저의 안색이 냉담하고 답변이 명쾌하여 부끄럽고 두려워하면서도 조금도 굴복하지 않는 것을 보자 그 정대한 모습에 항복하나 순종하지 않는 것을 좋지 않게 여겨 문득 정색하고 말하였다.

"그대가 이미 명문가에서 나고 자라 나의 은총을 뜬구름같이 여긴다면 내가 어찌 이곳에 오리오? 내가 부모의 명으로 억지로 이르렀거늘 말과 행동이 이렇듯 하여 남편을 능멸하니 오늘로부터 서로 이별하여 이곳에서 나가겠소. 다시 부모님께서 여기에 오기를 권유하시는 말씀이 귓가에 들리게 한다면 그대의 죄가 가볍지 않으리라."

소저가 눈길을 나직히 하고는 정색하고 답변하지 않자, 학사가 소매를 떨치고 밖으로 나갔다. 찬향 등이 자세히 탐지하고 돌아가 이부인에게 본 말을 자세히 아뢰자 부인이 놀라서 말하였다.

"막내 아이가 성정이 온중하여 세기와 흡사하리라 깊이 믿었소. 그런데 이제 술이 취하여 방탕하고 문득 정실을 욕하여 곤란하게 만들며 아
녀자를 구박하는 말이 이와 같으니 어찌 통탄스럽지 않으리오? 며늘아 45

행하게 됨. 이 일을 안 무제가 크게 노하여 황후직을 폐위시키고 장문궁(長門宮)이란 차가운 궁에 진아교를 유폐시킴. 이에 장문궁에서 가을날 기러기 소리를 듣고 흐느끼게 되었던 것임.

기의 말이 조금 강한 면이 없지만 부녀자의 덕에 어그러진 것은 없는데, 막내 아이가 핑계를 대고 며늘아기를 꺾으려 함이 이와 같구려. 앞으로 내가 며늘아기와 잘 지내라고 막내 아이에게 권유하면 반드시 막내 아이가 며늘아기를 욕하면서 그릇된 행동을 할 것이니 입 열기가 어렵겠소."

이부인이 한탄하기를 마지않았다. 문득 승상이 들어오다가 부인의 말을 듣고 까닭을 물었다. 부인이 일찍이 자녀와 모든 며느리의 행동이 매우 아름답기에 이상한 일 외에는 승상에게 전하지 않았고 승상 또한 선생[85]과 밤낮으로 함께 지내면서 본래 소탈하므로 집안일을 알지 못하는 사람 같았다. 그런데 부인이 이 밤 학사에 관한 일을 자세히 전하자 승상이 놀라서 말하였다.

"막내 아이가 매우 무게 있고 단정하였는데, 이제 집안에 잡된 일도 없이 어진 아내를 박대하는 것은 천만 뜻밖이니 어찌 불행하지 않으리오? 내일 저를 불러 참마음을 물어보겠소."

부인이 말하였다.

"제가 벌써 이루 말할 수 없이 권하여 혀가 닳기에 이르렀습니다. 그러나 막내가 갈수록 이렇게 박대하면서 도리어 며늘아기를 밉게 여기니 차라리 내버려두어 며늘아기나 편하게 하는 것이 옳을까 합니다."

46 승상이 웃으며 말하였다.

"부모의 가르침을 듣지 않고 아내에게 벌을 서게 만드는 자식을 두어 무엇에 쓰리오? 진실로 그러하다면 죽여 없애는 것이 옳구려."

부인이 묵묵히 탄식하였다. 다음날 아침에 모든 자식과 며느리가 문안

---

85) 선생 : 승상 유우성의 사촌형인 유백경을 말함.

을 드리려고 모이자 승상이 큰아들인 상서 유세기를 나아오라 하여 말하였다.

"내가 나랏일이 많고 형님을 모셔 내당에 출입하는 일이 드물고 또 성정이 소탈하여 작은 일을 묻지 않았기에 너희들의 규방의 일을 알지 못하는 것이 방외인과 같았다. 이제 들으니 막내 아이가 며늘아기를 박대하여 언행이 어그러지고 거만하다 하니 가장 한심하구나. 너희들은 알았느냐?"

상서가 머리를 조아리고 대답하였다.

"잠깐 들었기에 근심이 적지 않으나 막내 아우가 어머님의 가르침을 시행치 않으니 바로잡을 길이 없어 근심스럽습니다."

승상이 또 말하였다.

"부부간 후대하고 박대하는 것은 인력으로 못한다 하였다. 그러나 이유도 없이 이와 같은 것은 세필의 괴팍함 때문이다. 내가 박상서와는 어렸을 때부터 사귄 오래된 벗으로서의 친분만이 있는 것이 아니다. 돌아가신 아버님께서 박태우와 더불어 사생(死生)을 한가지로 하기로
한 의리가 있으니, 관중(管仲)과 포숙(鮑叔)[86]의 아래가 아니다. 그 자손 47
이 연이어 혼인하여 전일의 좋은 것을 이은 것은 바로 옛일을 잊지 않고자 함이었다. 그런데 도리어 며늘아기가 젊은 나이에 불행하니, 두

86) 관중(管仲)과 포숙(鮑叔) : 『사기(史記)』「열전(列傳)」 편 〈관안열전(管晏列傳)〉에 의하면 중국 제(齊)나라에서, 포숙은 자본을 대고 관중은 경영을 담당하여 동업하였으나, 관중이 이익금을 혼자 독차지하였음. 그런데도, 포숙은 관중의 집안이 가난한 탓이라고 너그럽게 이해하였고, 함께 전쟁에 나아가서는 관중이 세 번이나 도망을 하였는데도, 포숙은 그를 비겁자라 생각하지 않고 그에게는 늙으신 어머님이 계시기 때문이라고 그를 변명하였음. 이와 같이 포숙은 관중을 끝까지 믿어 그를 밀어 주었고, 관중도 일찍이 포숙을 가리켜 "나를 낳은 것은 부모이지만 나를 아는 것은 오직 포숙뿐이다[生我者父母, 知我者鮑子也]."라고 말하였음. 이와 관련하여 '관포지교(管鮑之交)'라는 고사성어가 전함.

집안의 어르신의 혼백이 저승에서 편치 않으실 것이다. 막내 아이가 어찌 효도하는 자식이겠느냐? 너희들이 앞으로 세필을 서당에 들이지 말고 해운정을 떠나지 말게 하거라."

상서 형제가 함께 일어나 절하며 말하였다.

"삼가 가르침을 받들겠습니다. 어찌 감히 명을 거역하겠습니까?"

승상이 다시 말을 하지 않고 일어났다. 이때 학사가 승상을 곁에서 모시고 앉아 있다가 부친이 기색이 매우 엄숙함을 보고 황공함을 이기지 못하고, 또 자신을 향하여 훈계하시는 말씀이 없자 더욱 불안하여 묵묵히 고개를 숙이고 앉아 있었다. 승상이 나가시는 것을 보고 모시고 함께 나가고자 하였다. 그러자 영릉후가 웃고 그 손을 잡아 머무르게 하면서 말하였다.

"오늘 엄명이 계시니 어떤 세필이라도 독서당 난간에 발을 걸고 누워 잠을 자지 못할 것이다. 어서 해운정으로 가거라."

48 학사가 선웃음을 짓고 억지로 발을 멈추어 서자, 모든 형들이 정색하고 저마다 인상을 썼다. 학사가 마음속으로 '박씨 때문에 이렇듯 괴롭구나.'라고 생각하자, 기색이 더욱 냉담하고 매정하여 가을서리와 겨울눈 같았다. 이부인이 이를 알고 깊이 학사를 훈계하여 말하였다.

"네가 이제 부모가 너를 사랑하여 너희 부부로 하여금 화락하게 하려 하는 것을 원망하고 며늘아기를 도리어 밉게 여긴다면 자식의 도리가 아니고 부모의 뜻을 모르는 것이다. 죄가 썩 가볍지 않으리니 편협하게 생각 말고 너희 부친의 명령을 따르거라."

학사가 절하고 사죄하여 말하였다.

"제가 어찌 부모님께서 저를 사랑해 주시는 것을 알지 못하고 도리어 박씨를 밉게 여기겠습니까? 다만 사람은 각각 마음먹은 바가 있으니 '신하를 아는 사람은 임금만한 사람이 없고 자식을 아는 사람은 부모만 한 사람이 없다.'[87]고 하였습니다. 부부 또한 군신과 한가지입니다. 아내를 아는 사람으로 남편만한 사람이 없으니 다른 사람은 모르더라도 제가 어찌 박씨의 일을 모르겠습니까? 오늘 어머님 앞에서 자세히 고하겠습니다.

박씨가 안색이 아름답고 재치 있는 생각이 총명하고 지혜로워 진실로 재주 있고 아름다운 여자입니다. 그러나 성품이 매우 강하고 말이 매우 독하여 저와 같은 졸렬한 선비로 하여금 감히 남편인 체 못하게 합 49
니다. 남자가 되어 아녀자의 절제를 달게 여기고 머리를 움츠리고 규방에 들어 있는 것은 차마 못할 일입니다. 하물며 박씨가 저를 박정한 낭군으로 알아 만나면 흘겨보며 능욕함이 심하고 또 제가 박씨와 더불어 화락할 복이 없어 정이 맥맥하니 피차 인연이 없는 것입니다. 마땅히 천명대로 되어가는 것을 볼 것인데 박씨가 스스로 간악한 낯빛으로 아버님, 어머님 안전에서 근심하는 빛을 보여서 아버님, 어머님께서 불쌍히 여기시게 하다가 저를 돌아보고 엄하게 꾸짖으시게 만드는 것입니다. 진실로 아버님, 어머님 앞에서 죽을지언정 부부간의 의리를 이어 화락하는 것은 어렵겠습니다."

이부인은 매우 꾸짖고 상서는 말이 없어 엄숙한 기색은 차가운 눈바람

---

87) 신하를 ~ 없다 : 『한비자(韓非子)』「십과편(十過篇)」에 나오는 구절임. 제(齊)나라 환공(桓公)을 오패(五霸)의 패자(霸者)로 만든 관중(管仲)이 병이 들었을 때 환공이 찾아가 "중보(관중)의 병이 중한 것 같습니다. 불행히 일어나지 못한다면 정치를 누구에게 맡겨야 합니까?"하고 물음. 관중이 말하기를, "저는 늙었으니 묻지 않으심이 좋습니다. 그렇지만 제가 듣건대 신하를 알아보는 것은 임금보다 나은 사람이 없고, 자식을 알아보는 데에는 아비보다 나은 사람이 없다고 하였습니다[臣老矣不可問也, 雖然臣聞之, 知臣莫若君, 知子莫若父]."라고 대답하였다 함.

이 뼛속까지 사무치는 듯하였다. 진공이 매우 꾸짖어 말하였다.

"네가 아버님의 엄한 가르침과 어머님의 깨우침을 받고도 시각이 채 지나지 않아서 불초한 마음을 제수씨에게 옮기니 이는 자식의 도리가 아니다. 금슬의 후하고 박함은 이르지도 말고 어둡고 무식한 것이 이와 같으니 부모님과 우리 형제들이 어찌 통탄하여 꾸짖지 않겠느냐?"

50 학사가 두려워 사죄하고 다시 말이 없었다. 이때 박소저가 자리에 있다가 서로 기색이 좋지 않을까 협실(夾室)[88]로 피하여 이 이야기를 자세히 듣고 마음속으로 탄식하여 생각하였다.

'내가 부모님의 총애를 받으면서 밝은 창 아래 든 궤석에 기대 시사(詩詞)에 깊이 몰두하였으며, 13세에 옷감을 짜고, 14세에 천을 마름질하여 옷을 만드는 일을 우습게 여겼다. 8~9세에 이미 여공(女功)을 다 배워 유씨 집안에 들어오자 부모님의 은혜가 산과 바다와 같이 넓었다. 그런데 학사가 나를 박대하기를 1년이나 하면서 한 번도 나에게 물어보는 일이 없다가 시어머님께서 열 번 말씀하시면 한 번 나를 보러 오면서도 괴로워하고 증오하는 기색이 매번 더 심하여 언행이 어젯밤의 지경에까지 이르게 되었고 나를 욕함이 오늘에 미치게 되었다. 시부모님께서 나를 사랑하시므로 나의 신세가 더욱 편하지 못하고 학사가 괴로운 기색을 짓고 있구나. 부형이 엄하게 가르침이 지극하니 학사가 만일 순종한다면 내 몸이 구차하고, 고집과 객기로 부모의 명을 순종하지 아니한다면 시아버님의 노기를 돋우어 학사가 매를 맞기에 이를 것이니 그때 내가 어찌 편하리오? 마땅히 물러가 부모를 모시고 일생을 마쳐 저의 마음을 편하게 하고 나의 욕됨을 면하리라.'

---

88) 협실(夾室) : 방에 딸린 곁방을 말함.

문득 시비가 들어와 아뢰었다.

"박상서 어른께서 파직당해 좌천되었습니다. 지금 운남(雲南)[89] 포정 51
사(布政司)[90]가 되어 가시는 고로 외당에 오시어 소저를 부르십니다."

부인과 여러 젊은이들이 깜짝 놀라고 소저는 혼이 날아갈 듯하여 급히 외당으로 나왔다. 이때 박공이 세 아들이 다 입신하여 부자(父子) 네 사람이 조정의 후한 녹을 받으면서 매우 곧고 정직하기에 맑은 말로 간하여 나라의 은혜를 갚고자 하였다. 이리하여 당시 사람들의 꺼리는 바가 되었다. 천자가 대동관(大東館)에 유렵(遊獵)[91]하고자 하시어 박공에게 어가(御駕)[92]를 호위하라 하시자 공이 옳지 않다고 간언하였다. 상이 노하시어 운남 포정사로 내치시면서 가족들 또한 함께 데리고 가라 하셨다. 공이 그날 즉시 상께 절하여 인사를 마치고 유씨 부중에 와 사돈과 사위를 보려 한 것이었다. 승상과 모든 사람들이 놀라기를 마지않았다. 소저가 나와 부친을 보자 부녀가 눈물로 옷깃을 적셨다. 승상 부자도 슬퍼하였다. 소저가 문득 옷깃을 여미고 승상에게 두 번 절하여 말하였다.

"제가 슬하에 의탁한 지 4년에 성대한 은혜가 넓고 넓은 하늘보다도 더
끝없는데도 만분의 일도 갚지 못하였습니다. 이제 부모가 만 리 밖으
로 떠나 돌아올 기약을 정할 수 없으니, 원컨대 저의 해골을 빌리어[93]
늙은 부친과 병든 모친의 심사를 위로하게 하신다면 제가 산과 바다와 52

---

89) 운남(雲南) : 중국 서남 변방에 있는 성(省). 묘(苗)・태(泰)・나라(儺儸)・회(回)의 제족이 60%를 차지하고 있음. 성도(省都)는 곤명(昆明).

90) 포정사(布政司) : 명청(明淸) 시대의 지방관으로, 정식명칭은 승선포정사(承宣布政使)임.

91) 유렵(遊獵) : 놀러다니면서 하는 사냥 혹은 놀이삼아 하는 사냥을 말함.

92) 어가(御駕) : 임금의 수레를 말하는데, 여기서는 곧 임금을 가리키는 말임.

93) 해골을 빌리어 : '걸해골(乞骸骨)'이라 하여 대부분 신하가 임금 앞에서 사직하기를 청할 때 쓰는 말인데, 여기서는 며느리가 며느리 소임을 그만두고 친정에 돌아가기를 청할 때 쓰는 말로 활용됨.

같은 은덕을 뼈에 새길까 합니다."

승상이 정색하고 말하였다.

"며늘아기는 우리집 사람이다. 여자는 한 번 시집가면 부모형제를 멀리 떠나게 되고 백 리 밖에 있어 부모의 장례에도 급히 가서 참석할 수 없기 마련이니,[94] 어찌 사사로운 정을 참지 못하여 이런 말을 하느냐? 운남이 거리가 만여 리이고 가는 길이 험난하니 어찌 아녀자가 행할 곳이겠느냐? 절대 불가하니 이런 생각을 마라."

소저가 계단 아래에 내려 머리를 조아리고 울며 말하였다.

"제가 슬기롭지 못하고 어리석으나, 오늘 귀녕(歸寧)[95]이 예법상 옳지 않는 것을 모르겠습니까? 그러나 그윽이 헤아리건대 제 한 몸이 존귀한 시댁에서 있든지 없든지 별 상관이 없으니 한 몸을 허락하시어 부모의 여년을 위로케 해 주십시오. 혹 천자가 마음을 돌이키시어 친정아버님이 변방의 나그네가 되시는 것을 면하신다면, 다시 성스런 가문의 슬하에 돌아와 아버님, 어머님의 넓은 은혜를 갚을 수 있을 것입니다."

말을 마치자 소저가 오열함을 마지않았다. 박공 또한 학사의 박정함과 소저의 마음을 대강 알기에 딸이 자신이 멀리 떠나는 것을 슬퍼하다가 이
53 와 같이 말하는 것을 보자 역시 승상에게 간절히 청하여 몇 년 후 올려 보낸다고 하였다. 승상이 비록 기쁘지 않으나 박공이 가면 불과 몇 년 사이에 돌아올 것이기에 잠깐 보내었다가 다시 모일 것을 생각하고 부녀간의 지극한 정을 막지 못해 말하였다.

---

94) 백 리 ~ 마련이니 : 『소학(小學)』에 "백 리 밖에 있어 부모의 장례에 급히 가서 참석할 수 없다[百里不奔喪]."라는 구절이 나옴. 여자는 시집가면 대개 백 리 밖에서 부모가 돌아가셨다는 소식을 듣기에 비록 급히 가서 부모의 장례에 참석하지 않더라도 의리상 그른 것이 없다고 보았음.

95) 귀녕(歸寧) : 시집간 여자가 친정에 가는 것을 말함. 친정 나들이와 같은 말임.

"사돈형님의 이번 길이 오래 걸리지 않을 것입니다. 며늘아기가 따라 가는 것이 진실로 불가하나 형님이 간절하게 청하시고 며늘아기가 지성으로 애걸하니 마지못해 허락합니다. 그러나 만 리 길을 행하고자 하는 것이 매우 망령스럽습니다."

학사를 돌아보고 말하였다.

"박형께서 청하시는 것을 너는 어찌 하겠느냐? 내 아이의 뜻을 듣고자 한다."

이때 학사가 소저가 부모를 따라가고자 하는 것을 마음속으로 불쾌하게 여기고 박공이 자신에게 청하지도 않은 채 다만 부친인 승상이 응낙하자 소저를 데려가는 것을 보고는 안색을 바르게 하고 머리를 조아린 채 대답하였다.

"사람이 각각 마음먹은 바가 있습니다. 박씨가 이미 조아(曹娥)의 효[96]를 본받고자 하니 제가 어찌 한결같이 삼종지도를 지키라고 꾸짖겠습니까? 하물며 아버님의 명이 계시니 저는 순순히 받들 따름입니다. 어찌 감히 다른 말이 있겠습니까?"

승상이 미소를 머금고 박공이 그 뜻을 아나 웃으며 말하였다.

"내가 사위인 자네에게 청할 줄을 어찌 모르겠는가마는 자네 아버님이 54
위에 계시기 때문이었네. 자네는 이를 허물 삼지 말고 허락하여 나의 심사를 위로해 주게나. 또 내 딸을 위하여 장부가 어찌 홀아비로 지내리오? 명문가 숙녀를 택하여 취하고 훗날 내 딸이 돌아오거든 버리지 말고 거두어주기를 바라네."

---

96) 조아(曹娥)의 효 : 조아는 동한(東漢) 때의 효녀. 14세에 익사한 아버지의 시신을 찾지 못하자 17일 간을 밤낮 울다가 강물에 투신하여 죽었다고 함. 따라서 '조아의 효'란 부모를 따르기를 목숨을 바칠 정도로 하는 지극한 효성을 말함.

학사가 절하면서 사례하여 말하였다.

"운남(雲南) 만 리 길은 임금님의 명령이 아니라면 중국의 재상이 갈 곳이 아닌데, 제가 지은 죄도 없이 아내를 변방 만 리에 이별하니 그윽이 의혹스럽습니다. 그러나 일의 형편이 이와 같고 아버님의 명령이 계시니 제가 무슨 말을 하겠습니까? 아내를 취하는 일 등은 부형이 계시니 제가 마음대로 할 바가 아닙니다. 오직 가르치신 바의 말씀을 저버리지 않겠습니다."

말을 마치자 학사가 별 같은 눈이 몽롱하고 얼굴이 찬 서리 같았다. 박공이 묵묵히 생각하다가 결정하지 못하였다. 그러나 소저가 결단코 가려 하기에 학사의 말을 귀 밖으로 흘려들었다. 박공이 딸의 결심이 보통이 아닌 것을 알고 다만 승상 부자와 이별하고 딸을 데려갔다. 소저가 내당
55 에 들어와 시부모와 동서, 시누이들과 이별하자, 이부인은 꿈에서도 전혀 생각하지 못한 일이기에 그 손을 잡고 눈물을 흘려 차마 떠나보내지 못하고 말하였다.

"며늘아기가 비록 친정부모님을 떠나보내는 정이 참담하나 우리가 며늘아기를 생각하는 마음을 저버리고 변방으로 가 이별하기를 달게 여기면서 나의 마음은 살피지 않느냐? 승상이 허락하신 것이 더욱 괴이하구나."

소저가 구슬 같은 눈물을 거두고 옷깃을 바르게 하고는 사례하여 말하였다.

"제가 비록 상식이 없으나 어찌 아버님, 어머님의 성대한 은혜를 저버리고 사사로운 정 때문에 친정부모님을 따르겠습니까마는 진실로 일생의 신세가 구구하여 군자의 마음을 어지럽게 하고 아버님, 어머님께

염려를 끼쳐 불효가 큽니다. 때를 타서 부모님을 따라 만 리 변방에서 저의 처량함을 위로하고 군자의 마음을 안정되게 하고자 하나니 감히 이유 없이 귀녕하는 것이 아닙니다. 또한 유씨 집안에서 제 한 몸이 있고 없고는 별로 상관이 없습니다. 어머님의 일월과 같은 밝으신 지감(知鑑)은 신령이 제 마음을 비추시는 것 같기에, 다만 엎드려 바라건대 어머님은 은혜를 배반하는 저의 불효를 용서해 주시기를 바랍니다."

부인이 깜짝 놀라 탄식하고 말하였다.

"며늘아기의 뜻을 모르는 것은 아니지만 이별하는 정이 아스라하니 어
찌 슬픔을 이기겠느냐? 내 아이가 박정한 것은 한 때 액운이다. 막내 56
아이가 말이 매정한 것이 어려서부터 이 같아 며늘아기의 옥과 얼음같
이 맑고 깨끗한 마음에 상처를 줌으로써 이번 길이 있게 되니 어찌 한
스럽고 안타깝지 않으리오? 그러나 꽃다운 몸을 만 리에 무사히 보존
하고 빨리 다시 모이기를 바란다."

소저가 절하고 사례하면서 눈물을 흘려 차마 떠나지 못하였다. 박공이 재촉하여 길 떠나기를 보채자, 소저가 마지못해 눈물을 드리워 시어머니인 이부인께 두 번 절하고 하직하였다. 부인이 몸을 보중할 것을 이르고는 눈물이 비와 같고 동서와 시누이들도 다 눈물을 뿌리며 박씨가 떠나는 것을 안타까워하였다. 공주 또한 박소저가 출발할 때에 와서 보고 운명이라 하면서 말을 하지 않았다. 소저가 집안사람들과 다 이별하고 외당에 나와 승상과 아주버님을 하직하고는 학사를 향하여 예를 마치고 훌훌 그 부친을 따라갔다.

학사가 평소에 소저를 박대한 것이 매우 심하였으나 소저가 이별하고 가는 모습을 보자 마음이 슬퍼져서 소저와 함께 박씨 집안에 이르렀다.

박공 일가가 뜻밖에 이번 일을 당하여 창황하고 심난한 중에 소저가 동행
57 한다는 말을 듣고 부인이 딸의 신세를 슬퍼하여 학사를 청해 울면서 말하였다.

"내가 막내 아이를 가르친 바가 없으니 막내 아이가 군자의 좋은 짝이 아닐 것입니다. 그대가 비루하게 여기는 것을 어찌 한하겠는가마는 부모의 자식 사랑이 구구함을 면치 못하여 평일 불쌍하게 여기는 것이 심장을 베이는 듯하였소. 이제 동행하는 것은 본래 내가 바라던 바였지만, 막내 아이가 자신의 신세를 아주 결정하였음을 알겠소. 어찌 가련하지 않소? 그대는 부귀와 번화함 가운데 있으나 타향에 떠도는 아내를 잊지 말고 훗날 살아 돌아오거든 거두어 주기를 바라오."

학사가 앉은 자리에서 물러나 절하고 사례하여 말하였다.

"제가 장인어르신의 알아주심에 힘입어 분에 넘치게 사위가 되니 따님의 요조하고 유한정정함은 평생 원하던 바이었습니다. 어찌 박대할 리가 있겠습니까? 제가 성품이 소활하고 사람됨이 규방에서의 울적함을 참지 못하므로 주변 사람들을 의심하게 만들었습니다. 그런데 장인어르신께서 뜻밖에 풍파를 만나 만 리로 떠나시고 아내가 스스로 행하여
58 이에 이르렀으니 제가 박대한 것이 아닙니다. 어찌 조강지처를 잊겠습니까?"

부인이 탄식하고 사례하면서 학사의 관옥(瓘玉)[97] 같은 풍모와 화류(樺榴)[98] 같은 풍채를 감탄하며 딸이 편협한 것인가 의심하였다.

---

97) 관옥(瓘玉) : 옥의 한 종류. 한(漢)나라 고조(高祖) 때의 명재상 진평(陳平)이 용모가 매우 빼어났는데, 관옥같이 아름답다 하여 '관옥승상(瓘玉丞相)'이라는 별칭을 얻었다 함.

98) 화류(樺榴) : 자단(紫檀)의 목재. 붉은빛을 띠고, 결이 곱고 몹시 단단하여, 건축(建築)·가구·미술품 등의 고급 재료(材料)로 많이 쓰임. 여기서는 매우 빼어남을 상징.

날이 늦어지자 박공이 가족을 거느려 운남으로 향하였다. 박공의 큰아들 종문과 둘째 아들 종상과 셋째 아들 종완이 다 어가(御駕)를 호위하여 대동관에 가고 그 밖의 네 아들도 다 사연이 있어 함께 따라가지 못하였다. 오직 어린 자식 몇 명과 소저와 부인이 떠나자 친척과 모든 벗들이 백리에 나와 이별하였다.

이때 박공이 남으로 가니, 한길에 포정사의 위엄이 거룩하여 광동(廣東)[99] 지방에 이르렀다. 이곳은 해마다 흉년이 들어 어지러움에 도적이 곳곳에 가득하였다. 이날 박공이 역관(驛館)[100]에 드는 것을 모든 도적이 탐지하여 행낭의 물건을 겁탈하고자 하였으니 때가 정덕(正德) 11년[101] 음력 추팔월(秋八月)[102]이었다.

박공이 별사에서 여남은 문객과 하인들과 더불어 밤을 지내고 부인과 소저는 하처(下處)[103]에 이르러 바야흐로 고향을 생각하면서 눈물을 뿌리고 슬퍼하였다. 밤이 깊어지자 부인은 자리에 나가 잠이 들고 소저는 홀 59
로 촛불을 대하여 시부모의 은혜로움과 학사의 박정함을 생각하면서 눈에 한 점 졸음도 없이 탄식하고 있었다. 그런데 문득 들으니 창밖에서 은은하게 사람 목소리와 마소 소리가 들리다가 점점 가까워졌다. 영리하고 지혜로운 소저는 강도가 겁탈하려는 것임을 알고 황급히 시비의 옷으로 바꿔 입고 급히 모친을 흔들어 깨워 함께 뒷문으로 달아났다. 이후 함성이 크게 일어나고 도적의 무리가 방중에 돌입하니 창과 검이 살대[104] 같

---

99) 광동(廣東) : 중국 광동성(廣東省)의 도성임.

100) 역관(驛館) : 역참(驛站)에서, 공무로 여행하는 관원이 묵던 집.

101) 정덕(正德) 11년 : 정덕은 명(明)나라 제11대 황제인 무종(武宗 : 1516~1520)의 연호로, 1516년을 말함.

102) 음력 추팔월(秋八月) : 가을 팔월이란 뜻임. 음력으로 따지기에 팔월이 가을이 되는 것으로 양력으로는 구월 경에 해당함.

103) 하처(下處) : 나그네가 객지에서 묵는 곳.

아 자고 있는 시녀의 무리를 어지럽게 죽이며 재물을 약탈하였다.

이때 박공은 별사에서 잠이 깊이 들었다가 문객의 무리가 급히 깨워 안채에 도적이 들었음을 고하자, 깜짝 놀라 황급히 휘하 사졸과 본관 관리를 소집하였다. 사졸과 관리들이 겨우 모이자 집을 에워싸고 도적을 잡으려 하였다. 그러나 도적이 벌써 숱한 인명을 살해하고 재물을 가지고 달아났기에 따라가도 잡을 수가 없었다. 안채에 들어가 보니 부인과 소저가
60 간 곳이 없었다. 황급히 두루 찾아다니다가 역점 뒤에 깊은 구렁에서 부인을 만났다. 공이 소저가 간 곳을 묻자 부인이 통곡하여 말하였다.

"딸아이가 나와 더불어 두렵고 놀라서 달아나다가 도적을 만났습니다. 도적이 저를 죽이려 하자 딸아이가 울며 자신의 몸으로 종이 되어 은혜를 갚을 것이니 어미를 살려달라고 빌었습니다. 이에 도적이 저는 놓아주고 딸아이를 잡아가니 간 곳을 모르겠습니다."

부인이 말을 마치자 통곡하였다. 공이 또한 발을 구르고 실성하여 말하였다.

"분명히 죽었을 것이 틀림없으니 무슨 면목으로 유승상을 보리오?"

공이 부인을 안전하게 있게 조치하고 관리를 흩어 각처로 딸을 찾아보았다. 20여 일이나 지나도 소저의 종적을 알 수 없자, 조정에서 정한 기한을 어기게 될까 봐 박공과 부인은 어쩔 수 없이 운남으로 향하고 본현의 현감(縣監)[105]을 비롯한 여러 지방관들에게 이 사연을 이르면서 딸을 찾아줄 것을 청하였다. 공이 조정 중신으로 잠깐 파직당해 좌천하나 명망이 높은 군자이고 소저가 유상국의 며느리요 유학사의 부인이라 하여 가는

---

104) 살대 : 기둥이나 벽 따위가 넘어가는 것을 막기 위하여 버티는 나무.
105) 현감(縣監) : 현(縣)의 우두머리 벼슬아치.

길에 지방관마다 마음을 다하여 찾았으나, 끝내 바람결에 흩날리는 낙엽
같아 찾을 곳이 없었다. 공의 부부가 매우 슬퍼하며 통탄하였으니, 부인
은 밤낮으로 부르짖어 울면서 침식을 전폐하고 공은 머리카락이 다 세었 61
다. 세월이 오래되어도 소식을 알 수 없자 결국 박공이 사람을 보내어 이
일을 유씨 문중에 고하였다.

이때 유학사가 박소저를 친정으로 돌려보내고 집안에 없게 되자, 속이 시원하여 말과 행동이 바야흐로 평안하였다. 이부인이 탄식하기를 마지 않고 동서와 시누이들이 박소저를 불쌍히 여기며 안타까워 하였다. 하루는 학사가 모친 이부인 앞에서 누이동생 사어사 부인 옥영과 더불어 바둑을 두며 웃고 말하였다.

"사서방이 근래에 누이를 곤욕스럽게 하지 않으니 누이가 마음이 호화로워 형을 이기려 하는구나. 만일 작년의 근심을 만나게 되면 오늘도 흥이 없으리라."

소저가 대답하였다.

"제가 남편이 박대하는 것을 한탄한 것이 아니라 그 모욕하는 것을 참지 못하였던 것입니다. 죽었다가 다시 살아나 그 건즐(巾櫛)을 받드니[106] 여자 된 것이 어찌 구차하지 않겠습니까?"

학사가 말하였다.

"모친과 두 누이는 사어사가 누이동생에게 정이 없는 줄 알고 근심하시나 나는 그것이 박대하는 것이 아닌 줄을 짐작하였다. 부부간에 애정이 없다면 상대하기 싫거든 어찌 하루도 떠나지 않고 지키고 앉아 조

106) 건즐(巾櫛)을 받드니 : 건즐은 수건과 빗을 말함. 건즐을 받든다는 것은 아내 노릇을 하는 것을 말함.

62 르겠느냐? 이러므로 누이동생을 속이려고 일시 호기로 희롱한 것인 줄 알았다.”

옥영 소저가 미소를 머금고 대답하지 않았다. 그러자 이부인이 서글피 말하였다.

“옥영은 지은 죄가 있으니 사서방이 제어하기 위해 보채는 행동이 있었다. 하지만 너는 박씨 며늘아기가 무슨 죄가 있기에 〈백두음(白頭吟)〉을 읊으면서[107] 탄식하게 하여 홍안에 박명하게 하고 집에 있지도 못하게 하여 부모를 따라가게 하였느냐? 어찌 슬프지 않으리오? 근래에 며늘아기가 없으니 네가 시원스럽게 여기는 모습은 차마 인정이 아니구나. 며늘아기가 너와 더불어 무슨 원수가 있느냐?”

학사가 말이 없어 머리를 조아리고 “예, 예”하고 공손히 순종하고 있는데, 승상이 형제와 더불어 들어왔다. 상서의 안색이 참담하여 자리를 정하자 운남 박공의 서찰을 내어 학사를 주었다. 학사가 보기를 다하자, 안색이 변하는 것을 깨닫지 못하였다. 승상이 한참 후에 탄식하여 말하였다.

“옛사람이 ‘증자(曾子)의 모친이 증자가 사람을 죽였다고 다른 사람들이 세 번이나 말하자 북을 던졌다.’[108]라고 말하였지만, 나는 세 번 전하

---

107) 〈백두음(白頭吟)〉을 읊으면서 : 〈백두음〉은 전한(前漢)의 사마상여(司馬相如)의 부인 탁문군(卓文君)이 지은 것으로 사마상여가 첩을 얻으려고 하자 이 시를 지어 결별의 뜻을 밝혀 사마상여가 첩 얻는 것을 단념하였다고 하는데 그 노래 가운데 “한 마음 한 뜻이 되어 흰 머리가 될 때가지 서로 떨어지지 않기를 바랐네[願得一心人, 白頭不相離].”라는 구절이 나옴. 여기에서는 새벽이 될 때가지 임이 오기를 기다리면서 홀로 〈백두음〉을 읊는다는 뜻임.

108) 증자(曾子)의 ~ 던졌다 : 증모는 증삼(曾參) 즉 증자(曾子)의 모친임. 증자는 중국 춘추시대(春秋時代)의 유학자로, 공자의 도(道)를 계승하였으며, 그의 가르침은 공자의 손자 자사(子思)를 거쳐 맹자(孟子)에게 전해져 유교사상사상(儒敎思想史上) 중요한 위치를 차지함. 동양 5성(聖)의 한 명임. 증자의 어머니는 사람들이 증자가 사람을 죽였다고 말하였지만 이를 믿지 않았음. 그러다가 세 번째 이 말을 듣고는 베 짜던 북을 던지고 달려가 보았다고 함. 증삼과 동명이인인 사람의 일을 사람들이 잘못 알고 전한 것인데, 그 모친도 계속해서 같은 말을 듣자 이에 현혹될

는 말을 기다려 북을 던지지 않을 것이다. 며늘아기가 그 모친을 구하
려고 도적을 따라가나 절개를 잃을 리가 만무하니 절개를 지켰다면 반
드시 죽었을 것이다. 어찌 참혹하지 않겠느냐? 당초에 부녀의 정을 막
지 못하고 또 박형이 오래 걸리지 않아 돌아올 것이므로 다만 만 리 길 63
을 근심할지언정 어찌 이런 일이 있을 줄 알았겠느냐?"

이부인은 눈물이 비와 같이 흐르면서 학사를 꾸짖어 말하였다.

"이는 다 네 탓이다. 며늘아기가 품격이 기이한 꽃과 같고 덕행이 금옥(金玉) 같으며 반 점 흠 잡을 것이 없는데도 네가 공연히 박대하고 괴로워하는 빛이 날로 더하다가 나중에는 욕설까지 매우 심하게 하였다. 마침내 며늘아기가 집에 머물지 못하고 이 환란을 만나게 하니 무슨 면목으로 훗날 박공을 보려 하느냐?"

승상이 역시 꾸짖어 말하였다.

"며늘아기의 맑고 깨끗하고 굳센 마음으로 너를 피하려 하여 떠났다가 환란을 만났으니 이 모두 너의 상식 없음으로 인해 며늘아기를 죽게 한 것이다. 어찌 통탄스럽지 않느냐?"

학사 또한 박씨를 가여워하며 엎드려서 말이 없었다. 승상이 이마에 슬픈 기색을 띠고 외당으로 나가자 모든 사람들이 각각 흩어졌다. 진공이 침전(寢殿)에 돌아와 박소저의 전후 일들을 자세히 전하자 공주가 탄식하여 말하였다.

"천명을 인력으로 어찌 면할 수 있겠습니까? 다만 아버님, 어머님께서
특별히 도련님을 꾸짖으시는 것은 훗날 박부인이 살아 돌아오더라도 64
박부인이 스스로 행하여 이 같은 환란을 만났다고 하면서 학사가 더욱

수밖에 없었다는 고사임.

박부인을 미워하는 일이 있을까 하여 밝으신 안목으로 앞날을 미리 염려하시고 학사의 뜻을 제어하시고자 하신 것입니다. 그러나 모든 일이 천명이 아닌 것이 없으니 어찌 학사 때문이겠습니까?"

진공이 칭찬하여 말하였다.

"어질도다! 그대의 명석함으로 부모님께서 생각하신 것을 다 아는구려. 나 또한 뒤늦게 깨달았으니 마땅히 함께 아우를 꾸짖어 그 마음을 제어하겠소."

공주가 미소짓고 말하였다.

"아버님, 어머님께서 멀리까지 내다보고 생각하신 것이 지극하시고 낭군께서 박부인 위한 후한 뜻이 있으십니다. 그러나 학사의 마음을 깨닫게 하지는 못할 것이고 한 번 어지러운 일을 면치 못할 것입니다."

진공이 고개를 끄덕이고 이 말을 형인 상서에게 전하자, 상서가 탄식하
고 공주를 칭찬하기를 마지않았다.이때 승상이 집안의 하인들에게 각처
에서 소저를 찾게 하나 종적을 탐지하여도 찾을 길이 없으므로 모든 사람
들이 참혹하게 여겼다. 학사가 비록 애정은 없으나 박소저에 대해 어찌
근심이 없겠는가? 소저의 사생(死生)이 어떻게 되어가는지를 알 수 없으나
65 절개를 지켰다면 죽었을 것이고, 죽지 않았다면 절개를 잃었을 것이니 한
평생 영원히 이별한 것이나 마찬가지였다. 마음속으로 생각하였다.

"내가 비록 저 사람을 박대하나 능멸하여 쫓아낸 일이 없었다. 그런데도 자기 스스로 비분강개하고 맑고 깨끗한 체하여 부모를 따라 만 리로 돌아가 이런 화를 만났으니 아녀자의 행동이 길하지 않음을 족히 알 것이다. 이제 부모가 나를 다시금 꾸짖으시고 모든 형제들이 다 내 탓을 삼는 것은 박씨가 행여 살아 돌아와 예전같이 되더라도 내가 깊이 치부

할 것을 방비하시는 것이니, 부모형제가 우리를 사랑하시어 집안을 온전하게 하시고자 함이다. 그러나 장부가 세상에 처하여 임금님이 요순(堯舜)[109]처럼 세상을 다스리게 보필하고 내 몸은 직설(稷契)[110]처럼 빛나게 해야 할 것이니, 어찌 박씨 한 사람이 있고 없고가 관계있겠는가? 하물며 내가 대대로 재상가 집안에서 나고 자라 금마옥당(金馬玉堂)[111]의 주인이 되어 수백 명의 잉첩(媵妾)[112]과 십이 금차(金釵)[113]를 갖추었고 천하에 재주가 뛰어나고 아름다운 사람이 적지 않거늘 무엇이 뜻과 같지 않아 도적에게 잡혀간 박씨를 유념하겠는가?"

이런 생각으로 이후에 학사가 행동거지와 기색이 태연하여 조정 일을 66
하는 여가에 풍월을 읊으며 시와 노래를 즐기고 입으로 박씨에 대해 말하지 않았다. 부모가 박씨를 더욱 불쌍히 여겼다. 학사의 행동이 엉뚱한데다가 학사가 벼슬한 몸으로 나이가 거의 20세인데도 홀아비로 두기가 어려워 승상이 부인에게 말하였다.

"며늘아기의 사생을 알지 못하고 막내 아이가 홀아비로 평생 혼자 낼 리가 없소. 재취를 하여 권도(權道)[114]로 집안일을 맡겼다가 요행 며

109) 요순(堯舜) : 고대 중국의 요(堯)임금과 순(舜)임금을 아울러 이르는 말로, 성군(聖君)의 대명사로 통용됨.

110) 직설(稷契) : 순(舜) 임금을 보필한 명신(名臣).

111) 금마옥당(金馬玉堂) : 한대(漢代)의 금마문(金馬門), 옥당전(玉堂殿)을 가리키는데, 이곳은 모두 학사(學士)들이 대조(待詔)하던 곳임. 전하여 후세에는 흔히 한림원(翰林院)의 대칭(代稱)으로 쓰임.

112) 잉첩(媵妾) : 혼인제도 중 하나인 잉첩은 시녀를 의미함. 잉첩제도는 『춘추호전(春秋胡傳)』에 그 예가 보임. 이에 따르면 옛날 제후는 아홉 명의 여자를 거느렸는데, 그 중 잉첩이 두 명이었음. 특히 잉첩제도는 조정과 상류층에서 많이 행해짐. 첩보다도 조금 더 낮은 위치임.

113) 십이 금차(金釵) : 첩이 많음을 상투적으로 표현하는 말임. 금차는 금으로 만든 비녀라는 뜻으로, 12명의 첩이 금비녀를 사용한다는 의미로 보기도 하고, 6명의 첩이 양쪽 머리에 금비녀 2개씩을 착용한다는 뜻으로 보기도 하고, 혹은 1명의 첩이 머리에 12개의 금비녀를 장식한다는 의미로 보기도 함.

114) 권도(權道) : 때에 따라 임시방편으로 쓰는 방도. 상도(常道)의 반대말.

늘아기가 살아서 돌아오거든 지위를 정하는 것이 마땅할 것이오."

부인이 슬퍼하며 기뻐하지 않고 말하였다.

"당신의 말씀이 마땅하십니다. 그러나 다른 사람이 없어도 며늘아기의 박명함이 지극하였는데 이제 재취한 후 행여 살아 돌아오면 막내 아이가 어찌 용납할 리가 있겠습니까? 아직 더 기다려 보다가 다시 의논해도 늦지 않습니다."

승상이 생각에 잠겨 대답하지 않았다. 그런데 일이 공교로워 이때 승상의 친구 순화는 전일 중서령(中書令)[115]을 지낸 순환경의 아들로 사람됨이 강직하고 청렴결백하여 그 부친을 닮았었다. 그런데 불행하여 순화
67 와 그 부인이 연달아 일찍 죽었다. 슬하에 한 딸이 있어 나이 15세에 결혼하지 못하였고 순화가 먼 친척의 아들을 얻어 후사를 이었다. 순화가 임종시에 승상을 청하여 소저를 부탁하면서 말하였다.

"제가 하늘에 죄를 얻어 후사를 양아들에게 의탁하고 오직 외로운 딸이 있어 아름답지 못하고 어리석습니다. 그러나 저의 혈속이니 의지할 곳이 없는 것을 가련하게 여깁니다. 형님이 거두시어 댁의 다섯 아드님 가운데 하나를 의지하여 딸아이의 일생을 매몰치 않게 하신다면 죽은 친구를 잊지 않는 것이고 저도 저승에서 눈을 감을 수 있을 것입니다."

이렇게 부탁하고 순화가 죽자 승상이 매우 슬퍼하여 상례 치르기를 극진히 하고 순공자 남매를 친자식같이 대하였다. 3년이 지나고 뜻밖에 학사 부부가 각각 떨어져 다시 모일 기약이 없자, 승상이 문득 순씨로 학사와 혼인시켜 죽은 친구의 부탁을 이루고자 하였다. 명분이 바르고 말이

115) 중서령(中書令) : 기무(機務)·조명(詔命)·비기(秘記) 등을 관장하는 중서성(中書省)의 장관.

순리에 맞으니 누가 감히 흠 잡으리오? 승상이 드디어 순씨 가문에 기별하고 육례(六禮)를 갖추어 순씨를 취하였다. 부인과 동서, 시누이들은 박씨를 생각하고 슬퍼하여 화락한 기운이 줄어들었다. 승상이 부인에게 말하였다.

"내가 부인 알기를 여중군자(女中君子)로 알았더니 진실로 아녀자입니 68
다. 막내 아이가 박씨를 정실부인으로 얻어 다른 아내가 없는데도 우리가 박씨에게 가기를 권하면 막내 아이가 괴로워한 것도 박씨의 운액이고, 박씨가 잠깐 귀녕하였다가 도적의 환란을 만난 것도 운명이오. 훗날 돌아온다고 하여도 막내 아이가 순씨가 있다고 해서 박씨를 더 박대할 까닭이 있겠소? 며늘아기가 돌아올 기약이 없고 남자가 홀아비로 살아갈 수는 없으니 지금은 순씨를 취하여 가사를 맡겼다가 요행 며늘아기가 돌아오면 정실부인으로 정할 것이오. 어찌 자잘하게 슬퍼하시오?"

부인이 얼굴빛을 고치고 사례하였다. 학사는 좋고 궂은 것을 모르는 사람같이 시키는 대로 혼례복을 입고 순씨를 맞아 돌아왔다. 신부가 독좌하기를 다 끝내고 시부모에게 폐백을 드리자 모두들 바라보았다. 신부의 키가 매우 커서 거의 8척이나 되니 학사보다 배나 크고, 허리가 굵으며, 어깨가 겨우 붙어 있고, 궁둥이가 치켜 올라갔으며, 목이 움츠러들고, 등이 넓었다. 살결은 부옇고 두꺼우며, 눈이 둥글고, 눈썹은 성기며, 이마가 툭 튀어나오고, 입술이 갈라졌으며, 코가 주저앉아 코라 할 것이 달리 없
었다. 말을 시작하면 웃음이 먼저 나오고, 동서로 두리번거리며 다리를 69
들어 던지고, 고개를 끄떡여 기운을 스스로 이기지 못하였다. 자리에 있던 모든 손님들이 묵묵히 말이 없었다. 승상이 한심하게 여겨 잠깐 웃자,

신부의 유모와 시녀 등이 다 기뻐하여 말하였다.

"승상 어르신께서 우리 소저를 보고 기뻐하시네."

이에 저희들도 따라 웃었다. 운수선생[116]이 또한 웃으며 말하였다.

"초공[117]이 여러 며느리를 얻었으나 일찍이 오늘같이 즐거워하는 것을 보지 못했네. 이 신부가 아름다움을 가히 알 것이네."

간의공이 이어서 말하였다.

"초공의 기뻐하는 기색이 다 신부 때문이다. 대개 이 집안의 부녀자들이 너무 아름답고 연약하여 수명에 흠이 되었지. 더욱이 세필은 그 부인 박씨가 매우 알맞고 아름다운 미인이나 박씨가 자색이 퍽 기묘하여 세필에게 항복하지 않았다 하던데, 오늘 신부의 근검하고 장대함이 진실로 맹광(孟光)[118]의 유(類)이기에 기뻐하는 것이니 괴이치 않도다."

그리고 학사를 나아오라 하여 말하였다.

"신부가 저리 기특하니 네 복이 줄어들까 염려되는구나. 삼가 중대하여 박씨에게 하듯 신부에게 한을 끼치지 마라."

70 좌중이 다 웃으며 복에 넘게 아름다운 신부라 하였다. 학사가 미소 짓고 밖으로 나갔다. 모두들 크게 웃으며 말하였다.

"세필이 고운 신부를 오래 보면 복에 해로울까 나가느냐?"

신부가 이 말을 듣고 화관(花冠)[119]을 기울이고 한 마디 크게 웃었다. 모든 사람들이 이 거동을 보고 일시에 웃었다. 이날 즐겁지 않은 혼인을

---

116) 운수선생 : 승상 유우성의 사촌형인 유백경을 말함.

117) 초공 : 승상인 유우성을 말함. 초공에 봉해졌기에 이와 같이 부르는 것임.

118) 맹광(孟光) : 후한(後漢) 시절 양홍(梁鴻)의 처. 힘이 센 추녀였으나 덕행이 매우 뛰어났음. 밥상을 눈썹에까지 들어올려 남편에게 바칠 정도로 남편을 지극하게 공경한 거안제미(擧案齊眉)의 고사로 유명함.

119) 화관(花冠) : 예장의 한 가지로 여자들이 썼던 칠보로 꾸민 관. 화관족두리.

지내고 기쁘지 않은 신부를 보나 신부가 예법을 우습게 여겨 사람마다 웃게 되니 도리어 즐거운 잔치가 되어 기뻐하는 소리가 낭자하였다. 종일토록 즐기고 석양에 잔치를 끝내자 신부의 숙소를 박씨가 있던 해운정에 정하였다. 부모도 학사가 어떻게 하나 보려고 아무 말도 하지 않았다. 그런데 괴이하고도 괴이한 것은 학사가 밤에 인사를 마치고는 해운정으로 가는 것이었다. 모두들 괴이하게 여겨 상서의 정대한 풍모와 진공의 노성한 성품으로도 참지 못하여 모친께 고하였다.

"막내 아우가 비록 기뻐하지는 않으나 또한 괴로워하지 않고 예전같이 신방에 가니 너무나 이상합니다. 어머님께서는 서모(庶母)[120]로 탐지하여 그 동정을 알아보게 하소서."

부인이 또한 웃고 찬향 · 월섬 등으로 가보라 하자 설영 소저도 웃고 71
말하였다.

"저도 마땅히 가서 신부의 아리따운 행실을 다시 보고 오라버니의 거동도 다 보고 오겠습니다."

그런 후에 찬향 등과 더불어 해운정에 이르러 바라보니 사창(紗窓)에 촛불그림자가 어른거리고 신부의 웃는 소리가 낭자하여 학사와 담소하고 있었다. 설영 소저가 어처구니없이 여겨 난간 가에 앉고 찬향 · 월섬 두 사람으로 하여금 방중의 상황을 살피게 하였다. 학사와 신부가 상대하자, 태을진군(太乙眞君)[121] 곁에 구두사자(九頭獅子)[122]가 모시고 있는 것 같았다.

호색은 사람이 다 지니고 있는 욕망이고 남녀가 마찬가지였다. 신부가

---

120) 서모(庶母) : 아버지의 첩.

121) 태을진군(太乙眞君) : 도교의 신 가운데 하나로 북극성을 주관하는 신.

122) 구두사자(九頭獅子) : 머리가 아홉 개 달린 사자로 일종의 괴물임.

학사의 옥 같은 모습과 빼어난 풍채를 가장 흠모하여 속으로 기쁜 마음이 있었다. 흔쾌한 웃음이 더욱 풍성하여 검은 이와 푸른 입술을 들썩이며 저녁에 좌중에서의 남녀 항렬과 종족의 파별을 물어 보고 이전에 듣던 바를 변정(辨正)하며[123] 옳고 그름을 이르고 고우며 곱지 않음을 시비하였다. 학사가 비록 어지럽게 여기고 모양 없이 여기나 오히려 박소저의 얼음같이 차갑고 옥같이 강한 성격을 보다가 한편으로 시원하게 여겨 순순히 대화를 나누다가 촛불을 끄고 비단 장막에 나아가 부부간의 도리를 그
72 만두지 아니하였다.

찬향 등이 이부인의 명으로 박소저의 침실 엿보기를 하루도 빼놓지 않았으나 끝내 학사와 동침하는 것을 보지 못하고 박소저가 앵혈(鶯血)을 변함없이 간직한 채로 떠났었다. 그런데 오늘 순씨의 추하고 기괴한 모습으로 이와 같이 학사와 동침하는 것을 보자 깜짝 놀라 탄식하고 설영 소저와 함께 돌아와 이 사연을 자세히 고하였다. 집안 사람들이 놀라면서 도리어 수상하게 여겼다. 부인이 길게 탄식하여 말하였다.

"이 또한 며늘아기의 팔자구나."

상서가 미소를 머금고 대답하였다.

"막내 아우가 박씨 제수씨를 소원하게 대하고 신부를 후하게 대함이 사람의 힘과 평범한 사람의 눈으로는 미칠 바가 아님을 알겠습니다. 학사가 신부를 진실로 아름답게 여기는 뜻이 아닙니다."

부인이 고개를 끄떡이며 탄식하였다. 다음날 신부가 문안하는데 마침 공주도 자리에 있었다. 신부가 모든 젊은 여자들과 섞이어 있는데, 신부의 모습이 같잖아서 차마 보지 못할 지경이었다. 모든 사람들이 웃지 않

123) 변정(辨正)하며 : 사리를 따져서 일을 바로잡음.

는 사람이 없으나, 공주와 소씨, 현영 소저 세 사람만은 안색이 태연자약하였다. 문득 조부인이 웃으며 말하였다.

"신부가 시댁에 들어왔으니 잘하는 바가 무엇인가?"

신부가 고개를 늘이고 입술을 물면서 대답하였다.

"집이 가난하고 부모가 계시지 않으니 배운 것으로 밥 짓기와 방아 찧 73
기를 잘 하고 그 밖의 일은 알지 못합니다."

이부인이 잠깐 웃고 조부인을 돌아보며 말하였다.

"이 아이가 순박하고 우직하여 연소배의 웃음거리가 됩니다. 형님은 부질없는 말로 묻지 않으시는 것이 다행일까 합니다."

조부인이 낭랑하게 웃고 말을 그치자 모든 젊은 여자들이 입을 가리고 웃음을 참았다. 유씨 집안의 여러 젊은이들이 들어와 남자는 왼쪽에, 여자는 오른쪽에 나눠 앉으니 빼어난 골격과 깨끗한 신채가 대청에 빛나는 중 학사는 더욱 나이가 어리므로 갓 피어난 연꽃과 갓 돋아난 반달 같아 아리땁고 고운 광채가 형제 중에서도 특출하였다. 순씨로 비교한다면 우주 사이로도 비하지 못할 것이었다.

박소저의 하늘이 내린 빼어난 미모와 난초같이 아름다운 자질을 나무
라고 저 추녀로 함께 즐기는 비위를 생각하면 학사가 도리어 더럽게 여
겨졌다. 모든 사람들이 그 부부의 후대하고 박대함을 알지 못한 채 탄
식할 뿐이었다. 학사 또한 모르지 않으나 억지로라도 순씨에게 정을
두어 남이 말하지 않아도 날마다 해운정에 갔다. 영릉후가 웃으며 말 74
하였다.

"막내 아우가 요사이야 묽디묽은 술도 끓인 차보단 낫고, 못생긴 마누라나 고약한 첩이라도 홀로 빈방을 지키는 것보단 낫다[124]는 것을 깨

달았구나. 신부가 퍽 복이 많다."

학사가 또한 웃고 해운정으로 갔다. 이러구러 여러 달이 지나 박씨의 생존을 알지 못하였지만 학사는 꿈에서도 박씨를 생각하지 않았다. 이부인이 세월이 흘러가면 흘러갈수록 박씨의 일을 뼈에 사무쳐하며 슬퍼하였다.

이때 산서(山西)[125]·산동(山東)[126]·하남(河南)[127]·하북(河北)[128]에서 연달아 폭도들이 창궐하였다. 백성들은 떠돌아다니고 도적은 곳곳에서 일어났다. 상이 근심하시어 대신을 모아 백성들을 다스릴 방책을 물으시자 태학사[大學士][129] 양공이 아뢰었다.

"도적이 병사를 일으키는 것은 관리가 탐혹하게 수탈하고 포악한 정치를 날로 행하여 백성이 원망하므로 산림에 깃들이는 무리가 되었기 때문입니다. 마땅히 덕행을 겸비한 대신을 보내어 어루만져 다스리고 안건을 잡아 해결한다면 군병을 몇 달이 지나지 않아 진정시킬 수 있을 것입니다."

---

124) 묽디 ~ 낫다 : 소식(蘇軾)이 지은 〈박박주(薄薄酒)〉란 시의 "묽디묽은 술도 끓인 차보단 낫고, 거칠고 거친 베라도 헐벗는 것보다는 나으며, 못생긴 마누라나 고약한 첩이라도 홀로 빈방을 지키는 것보단 낫다네[薄薄酒勝茶湯, 粗粗布勝無裳, 醜妻惡妾勝空房]."라는 구절에서 나온 말임.

125) 산서(山西) : 중국 동부의 성(省). 북쪽이 높고 남쪽이 낮은 황토층(黃土層) 고원지대로 산지·분지·고원을 형성하고 있음. 성도(省都)는 태원(太原)·진성(晉省).

126) 산동(山東) : 중국 황해(黃海) 연안의 성(省). 동부는 구릉성 반도, 중부는 태기(泰沂) 산맥과 접하고 그 외는 광대한 평야임. 기후는 온화함. 성도(省都)는 제남(濟南)·노성(魯省)임.

127) 하남(河南) : 황하(黃河) 이남의 땅 중 중국 본부 중앙에 위치하는 성(省).

128) 하북(河北) : 황하(黃河) 이북의 한 성(省). 동쪽은 발해(渤海)에 임하고 북쪽은 장성(長城)에 의하여 만주와 접함.

129) 태학사[大學士] : 대학사는 당(唐) 중종(中宗) 때 수문관(修文館)에 대학사 4명을 둔 것이 시초임. 송(宋)나라 때에는 소문관대학사(昭文館大學士)·집현전대학사(集賢殿大學士)를 두었으며 재상(宰相)을 겸하였음. 명(明)에 이르러 육조(六部)가 정치를 맡았고 대학사는 고문(顧問)을 맡았으며 간신히 오품(五品)의 관직에 위치했다가 선종(宣宗) 때에 삼양(三楊)인 양사기(楊士奇)·양영(楊榮)·양부(揚溥)가 사보상서(師保尙書) 겸 대학사가 되자 존귀해지게 됨. 중국에서는 대학사(大學士)라 하나 조선(朝鮮)에서는 태학사(太學士)라 불렀으며 홍문관대제학(弘文館大提學)을 달리 이르는 말임.

"지금 나라를 다스리고 백성을 안정시킬 덕행군자가 누구인가? 경(卿)이 천거하라."

양공이 아뢰었다.

"모든 신하가 다 장점이 있으나 덕행이 겸비하고 문질이 성문(聖門)에
나아갈 자는 유세기입니다. 폐하께서 마땅히 이 사람으로 하여금 변방 75
을 살펴 백성을 어루만지고 군사를 살펴 민심을 진정케 하고 덕스런 정치를 펴게 한다면 성난 기운을 쓰지 않아도 인의로 산동과 산서를 다스릴 것입니다."

상이 크게 기뻐하시어 말씀하셨다.

"선생의 뜻이 짐(朕)의 뜻과 같도다."

그날 즉시 이부상서 유세기로 '천하순무도점검(天下巡撫都點檢)'[130]에 임명하시고 상주국(上柱國)[131]을 더하시어 절월(節鉞)[132]을 주시고 포정사(布政司) 이하로는 선참후계(先斬後啓)[133]할 수 있는 상방검(尙房劍)[134]을 주셨다. 유세기가 굳이 사양하여 말하였다.

"신이 재주가 없고 학식이 고루하여 중요한 임무를 담당하지 못합니다. 뿐만 아니라 아비의 질병이 심각하오니 정리(情理)상 차마 멀리 떠나지 못합니다. 폐하께서는 각별히 지혜와 용맹을 갖춘 훌륭한 신하를

---

130) 천하순무도점검(天下巡撫都點檢) : 천하를 다니면서 살펴 어지러운 것을 진정시키고 점검하는 벼슬이란 뜻임.

131) 상주국(上柱國) : 공훈자에게 주기 위해 제정한 훈호(勳號)로, 정2품관에게 주는 것을 상주국, 종2품관에게 주는 것을 주국(柱國)이라 하였음. 이때 같이 제정한 공(公)·후(侯)·백(伯)·자(子)·남(男)의 5등작(五等爵)의 작위 수여와 함께 식읍(食邑)을 급봉(給封)하는 실리가 따랐음.

132) 절월(節鉞) : 임금이 지방에 관찰사(觀察使)·유수(留守)·병사·수사(水使)·대장·통제사 들이 부임할 때 임금이 내어 주던 절과 부월 절은 수기(手旗)와 같고, 부월(斧鉞)은 도끼같이 만든 것으로 군령(軍令)을 어긴 자에 대한 생살권(生殺權)을 상징(象徵)하였음.

133) 선참후계(先斬後啓) : 군율을 어긴 사람을 먼저 처형하고 나중에 임금에게 보고하라는 말.

134) 상방검(尙房劍) : 상방(尙房)에서 만든 보검. 상방은 상의원(尙衣院)이라고도 하는데, 대궐의 각종 의복·음식·기물 등을 관리하는 부서였음.

택하시어 맡기시고 신의 지극한 소원을 살피시기를 바랍니다."

상이 웃으며 말하였다.

"경은 녹을 받는 중신(重臣)인데 국가가 위급할 때에 사사로운 정을 말하는가? 짐이 아나니 그대 부친의 병은 오래된 병이라. 어찌 잠깐을 떠나지 못하리오? 다시 사양하지 말고 맡은 바 일을 잘 다스리고 돌아와 짐의 근심을 덜게 하라."

76 상서가 어쩔 수 없어 성은에 사례하고 명을 받들어 집으로 돌아왔다. 일가가 모두 이별하게 된 것을 깜짝 놀라고 운수선생이 상서의 손을 잡고 슬퍼하면서 말하였다.

"내 아이가 봉작이 높고 맡은 임무가 중대하니 아무리 빨라도 1년이나 걸릴 것이다. 내가 숙병이 때때로 매우 심각하니 만일 불행하다면 부자가 어찌 다시 볼 수 있으리오?"

상서가 안색을 바꾸어 온화하게 위로하여 대답하였다.

"제가 이제 슬하를 떠나오나 5~6개월 후에는 돌아올 것입니다. 어찌 1년이 되도록 있겠습니까? 바라건대 아버님께서는 무익하게 슬퍼하지 않으신다면 제가 마음을 잡아 국사를 마치고 아침저녁 문안을 받들 수 있을까 합니다."

선생이 억지로 힘써 웃으며 말하였다.

"남자가 입조하면 임금을 섬길 날은 많고 아비를 섬길 날은 적다 하니 어찌 하겠느냐? 떠나보내는 정을 참지 못하는 것뿐이다."

드디어 작은 잔치를 열어 이별하자 상서가 종일토록 부모를 모시고 위로하면서 서헌에서 모시고 잤다. 선생이 모란정에 가서 자기를 권하자 상서가 웃고 말하였다.

"내일 출발하게 되면 거의 해가 바뀌게 될 것입니다. 어찌 처자를 찾고 아버님의 침소를 떠나겠습니까?"

선생이 상서를 돌아보고 애중하기를 끝없이 하였다. 다음날 아침에 정 77
당(正堂)에 모여 네 분 부모에게[135] 하직 인사를 올리는데, 기운이 온화하
고 안색이 화평하였다. 또 중당에 나와 자기 부인을 청하여 부모를 잘 봉
양할 것을 부탁하면서 한 말도 사사로운 것이 없이 눈을 들어 보지 않고
강개하게 걸음을 돌이켰다. 이에 모든 사람들이 감탄하였다. 상서가 궐하
에서 절하면서 인사한 뒤 절월을 거느려 먼저 산서 · 하북 · 하남을 진정
시켰다. 천하순무도점검은 조정 대신(大臣)이지만 천자의 몸을 대신하여
상방검과 선참후계의 권한이 있기에 가는 길마다 위엄이 진동하였다. 위
엄과 덕을 동시에 갖춰 작은 과실에는 인의로 교화하였고, 비록 사형수라
도 사람을 사랑하고 형벌을 삼가서 강상(綱常)[136]의 죄인과 살인자만을
귀신같이 적발해 내었기에 한 고을에 사형수 중 수십 명씩 아니 살린 곳
이 없어 거의 만여 인의 목숨을 살렸다. 어진 덕이 천하에 진동하여 백성
들이 다 축수하며 말하였다.

"유공이 아니면 억만 백성이 어찌 살 수 있었겠는가?"

변방 백성들이 모두 우러러 말하였다.

"인을 행하는 것이 최고로 중요하며 법을 지키는 것은 그 다음이로구 78
나."

유점검이 이름을 천하에 떨치자, 그 공이 온 나라를 덮었다. 유점검의 깃발과 절월이 향하는 곳마다 백성들이 다 요순(堯舜) 시대의 사람이 되었

---

135) 네 ~ 부모 : 유세기의 경우 본래는 유우성의 장남이지만 유백경의 양자가 되었기에 유우성 · 이부인과 유백경 · 조부인 네 명의 부모가 있는 것임.

136) 강상(綱常) : 삼강(三綱)과 오상(五常). 곧 사람이 지켜야 할 도리(道理).

다. 이미 산서 · 하남 · 하북을 다스리고 간악한 관리와 백성의 재물을 약탈하는 관리를 사핵하며 산간의 도적을 토벌하는 과정에서 수만 명의 사람들을 얻었다. 이들을 어루만져 위로하고 예의도덕을 가르쳐 관군에 넣어 상을 받게 하였다.

유점검이 다시 산동에 이르렀다. 이곳은 옛날 노(魯)나라로 주공(周公)[137]이 봉토를 받은 땅이고 공자(孔子)[138]가 사시던 땅이었다. 그렇기에 남은 교화가 있어 집마다 예악의 소리가 울려 퍼지고[139] 향당의 늙은이를 공경하였다. 그러나 시절이 흉흉하고 굶주리고 헐벗은 자가 길에 깔려 있었다. 유점검이 즉시 창고를 열어 백성을 어루만지고 환과고독(鰥寡孤獨)[140]을 각별히 신경 써서 의식을 더해 주자 산동이 오래지 않아 기근이 없어졌다. 점검이 국사가 잠깐 한가하자, 이 고장에 유식하고 나이 많은 선비를 청하여 고장의 풍속을 알아내고 어진 선비가 있는가를 물었다. 그러자 모든 유생들이 말했다.

"이 땅은 공자가 나신 곳입니다. 사람마다 오륜(五倫)을 삼가니 각별히
79 어진 선비는 없지만 다만 작년 가을에 한 선비가 이곳에 와 학행을 닦

137) 주공(周公) : 주(周)나라의 정치가. 이름은 단(旦). 주왕조를 세운 문왕(文王)의 아들이며 무왕(武王)의 동생. 무왕과 무왕의 아들 성왕(成王)을 도와 주왕조의 기초를 확립하였고, 예악(禮樂)과 법도(法度)를 제정하여 주왕실 특유의 제도문물(制度文物)을 창시함. 그는 중국 고대의 정치 · 사상 · 문화 등 다방면에 공헌하여 유교학자에 의해 성인으로 존숭되고 있으며, 저서에 『주례(周禮)』가 있음.

138) 공자(孔子) : 이름은 구(丘), 자(字)는 중니. 노(魯)나라 추읍(鄒邑) 사람임. 춘추말기 사상가이자 교육가이며 유교학파의 창시자임.

139) 예악의 ~ 퍼지고 : 공자의 제자 자유(子游)가 춘추 시대 노(魯) 나라의 현읍(縣邑)인 무성(武城)의 읍재(邑宰)가 되어 백성들에게 예악(禮樂)을 가르쳤으므로, 곳곳마다 현가(絃歌)의 소리 즉 거문고 · 비파 등을 연주하며 시가(詩歌)를 읊는 소리를 들을 수 있었다 함. 이는 골골마다 독서하는 소리가 들려 유교가 크게 진작되리라는 말임. 『논어(論語)』 「옹야(雍也)」 편에 나오는 내용임.

140) 환과고독(鰥寡孤獨) : 늙은 홀아비와 홀어미, 고아 및 늙고 자식없는 사람 즉 의지할 데 없는 사람을 일컫는 말.

으니 그 얼굴과 재주가 당대에 하나입니다. 겸하여 인물이 더욱 기이한 중 거만하여 사람을 상대하지 않고 날마다 무릎을 꿇고 자리에 앉아 종일 독서하고 의식을 염려하지 않으며 뜻이 낙락하여 조금도 속세에 물들지 않고 주인 노파가 밥을 해서 겨우 굶주림을 면하나 또 관계치 않으니 진실로 한 대나무 그릇의 밥과 한 표주박의 물로 안빈낙도(安貧樂道) 하는 것[141]과 같습니다."

유점검이 듣기를 다하자 탄식하여 말하였다.

"성인(聖人)의 땅을 지나며 현자의 높은 이름을 들으니 인생이 헛되지 않음을 알겠습니다. 여러 선비들은 청컨대 나에게 인진(引進)하여[142] 현자를 보게 하시오."

여러 서생들이 대답하였다.

"그 사람이 벗을 사귀지 않고 물외에 뛰어나 시서(詩書)로 벗하기에 저희들이 한 번 겨우 보았으나 묵묵히 있기를 반일 동안 하다가 간략한 인사말로 사양하고 회답함이 없습니다. 선생이 하급관리로 청하시면 혹시 나와 알현할는지 모르겠습니다. 그러나 저희들이 인진하는 것은 어려울까 합니다."

점검이 얼굴을 고치고 말하였다.

"이 자는 높은 선비구려. 내가 어찌 감히 오기를 청하겠는가? 그 집을 가르쳐 주면 내가 나아가 높은 풍모를 우러러 보겠소."

---

141) 한 ~ 것 : 『논어(論語)』 「옹야(雍也)」 편에 "어질도다, 안회여. 한 소쿠리의 밥과 한 표주박의 물로 누추한 곳에 거처하며 산다면, 다른 사람은 그 근심을 견디어내지 못하거늘 안회는 즐거움을 잃지 않는구나. 어질도다, 안회여![賢哉回也, 一簞食一瓢飮在陋巷, 人不堪其憂, 回也不改其樂, 賢哉回也]."라는 구절에서 나온 말임. 이는 공자가 가난한 생활 속에서도 즐거움을 잃지 않는 자신의 제자 안연(顔淵)에 대해 찬미한 구절임.

142) 인진(引進)하여 : 인재(人材)를 끌어 등용(登用)함을 말함.

여러 서생들이 말하였다.

80 "그렇다면 만나기 쉽습니다. 성문 뒤에 초가집 세 칸이 있고 그 가운데 폭포가 있어 경치가 매우 아름답습니다. 그곳이 그 사람이 사는 집입니다."

점검이 듣기를 다하자 여러 서생에게 사례한 후 돌려보내고 다음날 미복(微服)[143]으로 여러 선비들이 알려준 대로 그 선비의 집에 찾아갔다. 세 칸 초가집이 물을 접해 있고 푸른 숲과 복숭아나무가 길을 덮어 거처가 그윽하고 아름다웠다. 꽃나무 수풀 중에 사립문을 반쯤 열어 두었으니 진실로 무릉도원이고 별천지였다. 안에서 백발 노파가 나오다가 점검을 보고 걸음을 멈추자, 점검이 공손히 인사하여 말하였다.

"지나가는 손님이 이곳 경치가 기이하므로 잠깐 다리를 쉬고자 합니다. 노파는 잠깐 객실을 빌려주시오."

노파가 말하였다.

"집이 좁고 제가 어린 딸 하나만을 데리고 있으니 손님을 머물게 하기 어렵습니다. 이곳으로부터 뒤로 들어가면 산수가 매우 빼어나고 경치가 더욱 아름다운 곳에 서당이 있으니 손님께서는 저를 따라오시오."

점검이 사례하고 노파를 좇아 10여 걸음에 한 초당에 이렀다. 그 초당
안에 한 서생이 문을 등지고 앉아 글을 읽으니 글 읽는 소리가 한가하고
81 맑아 단혈(丹穴)에서 어린 봉황[144]이 울며 곤륜산에 옥을 깨치는 듯하였
다. 점검이 마음속으로 흠모하여 노파에게 물었다.

"이 사람은 어떤 사람인가?"

---

143) 미복(微服) : 지위가 높은 사람이 무엇을 살피러 다닐 적에 남의 눈을 피하려고 입는 수수한 차림.

144) 단혈(丹穴)에서 ~ 봉황 : 단혈은 단혈산(丹穴山)을 말하는데, 『산해경(山海經)』에 단혈산에 새가 있는데 모양이 학 같고 오색의 빛이 나는데 이를 봉황이라고 한다는 기록이 나옴.

노파가 대답하였다.

"저 사람은 제 사위입니다. 성품이 고요하여 사람 보기를 싫어하나 상공께서 머무실 곳이 없으므로 잠깐 쉬어 가시게 하려고 이곳으로 모셔 왔습니다."

인하여 노파가 초당 안에 먼저 들어가 서생을 불러보고 말하였다.

"낭군[145]은 귀한 손님이 왔으니 영접하여 주인의 도리를 다 하십시오."

그 소년이 이 말을 듣자 책을 덮고 머리를 돌이켜 손님의 온 것을 보고 평안히 일어나 손님을 맞이하는 예를 마치고 자리를 정하였다. 서생과 점검 모두 다 놀라고 의심하니 알지 못하겠구나, 이는 어떤 사람인고?

차설(且說). 박소저가 부모를 따라가다가 도적을 만나니, 도적의 무리가 날카로운 검으로 모친을 범하려 하는 것을 보고 소저가 목숨을 돌아보지 않고 나아가 빌어 말하였다.

"네가 비록 도적의 무리나 또한 사람이다. 일시 굶주림을 참지 못하여 이런 일을 하나 본래 원수가 없으니 무고하게 해치고자 하느냐? 다른
도적이 네 어버이를 너 보는 데서 해친다면 네 마음이 어떠하겠느냐? 82
내가 비록 쓸모없는 아녀자나 너를 좇아 종이 되어 오늘 어미를 살려준 은혜를 갚을 것이니 인명을 해치지 마라."

모든 도적이 소저의 애원한 목소리와 기이한 모습을 보자 감동하고 기뻐하여 부인을 놓아주고 소저를 데려갔다. 소저가 죽기를 결심하고 도적을 따라 한 강가에 다다르자 도적이 획득한 금은보화를 나누며 술을 부어 마시면서 서로 취하였다.

---

145) 낭군 : 대개 아내가 남편을 부를 때 쓰이나 남의 아들을 높여 부를 때도 쓰임. 여기서는 장모가 사위를 호칭하는 말로 쓰임.

소저가 정신을 차리고 주위를 살펴보았다. 소저의 조카 박원이 나이가
14세인데 소저의 모친이 이전에 양육하기를 모든 손자들 중 극진히 하여
함께 데려왔었는데, 박공과 함께 밖의 하처에서 있었기에 환란을 면하였
었다. 그런데 그 의복의 여러 벌이 행장 중에 있었는데, 오늘 도적이 이를
가져와 나누어 가진 것이 가까이 있었다. 소저가 도적이 잔뜩 취한 틈을
타 가만히 조카의 의복을 입고 수풀 사이를 뚫고 동서를 헤아리지 않고
83 수없이 달아나 날이 밝은 후 정신을 차려보니 바로 양자강(揚子江)[146] 가
였으니 50여 리를 달려온 것이었다. 소저가 동서를 분별하지 못하고 도적
이 따라올까 두려워 바야흐로 어찌할 줄 몰랐다. 그런데 갑자기 한 무리
장사치들이 물가로 와 배를 매었다. 소저가 나아가 물어보았다.

"이 곳 지명은 무엇이며 어디로 가는 배입니까?"

배 가운데 사람들이 소저의 모습이 속되지 않으나 행동거지가 당황스러움을 보고 그 중 백발 노옹이 말하였다.

"이곳 지명은 진강부(鎭江府)[147]이고 물은 양자강입니다. 우리는 산동 사람으로 소주(蘇州)[148]와 항주(杭州)[149]에서 물건을 매매하고 시방 돌아가는 길입니다. 소년의 거동을 보니 귀한 집 공자로, 반드시 도적의 화를 만났는가 싶으니 살아나기를 매우 잘하였구려. 다만 도적이 뒤쫓아오는 폐단이 없지 않으리니 잠깐 내 배에 올라 화를 피하시게."

소저가 생각하였다.

84 '내 몸이 여자고 하물며 시댁을 멀리 떠나 부모를 찾지 아니하고 산동

146) 양자강(揚子江) : 중국 대륙 중앙부를 횡단하는 중국에서 가장 긴 강. 장강(長江)이라고도 함.
147) 진강부(鎭江府) : 중국 강소성(江蘇省) 남부에 있는 도시. 양자강의 남안에 위치하여 하류 지방의 거점으로서 군사적으로 중요한 위치를 차지함.
148) 소주(蘇州) : 강소성(江蘇省)의 성도(省都)임. 경치가 아름다운 곳으로 유명함.
149) 항주(杭州) : 절강성(浙江省)의 성도(省都)임. 경치가 아름다운 곳으로 유명함.

에서 유락하는 것은 옳지 않다. 광동부(廣東府)[150]를 찾아갈 것이라.'

바야흐로 생각에 잠겨 있더니 갑자기 등 뒤에서 예닐곱 장사가 검극을 잡아 풍우같이 따라오며 외쳤다.

"작은 도적은 달아나지 마라."

소저가 깜짝 놀라 황급히 노인장에게 청하여 말하였다.

"도적이 급히 따라오니 노인장은 잔명을 구해 주시오."

노옹이 급히 선창을 열어 소저를 배에 올리고 닻을 들어 떠나자, 적이 크게 호령하여 말하였다.

"배에 오른 소년은 복건(福建)[151] 땅의 큰 도적이니 빨리 잡아 내려라."

노옹이 들은 체 않고 사공을 재촉하여 일시에 배를 저어 훌훌 산동으로
향하자, 도적들이 어쩔 수 없어 돌아갔다. 소저가 비록 환란을 면하나 부
모를 찾을 길이 없이 한갓 노옹에 의지하여 강호를 떠돈 지 두어 달이 지
난 후에 연주부에 이르렀다. 원래 이 노옹의 성명은 양태보였다. 늙도록 85
장삿일을 하나 재산이 부족하고 아들이 없더니 소저의 빼어난 기질을 사
랑하고 차마 떠나보낼 뜻이 없어 한가지로 집에 돌아온 것이었다. 집에는
늙은 처와 어린 딸이 있었다. 노옹이 소저에게 어린 딸을 시집보내 일생
을 의지하게 하니 소저가 저의 은근한 뜻을 막지 못하여 다만 말하였다.

"제가 일시 도적의 화를 만나 떠돌지만 본래 재상가 집안의 행실을 닦는 선비로서, 아내를 맞이하면서 부모에게 고하지 않고 취하는 것은 예의가 아니오. 아직 약속만을 굳게 하고 훗날 집에 돌아간 후에 오늘 은혜를 저버리지 않을 것이오."

---

150) 광동부(廣東府) : 중국 남부에 있는 광동성(廣東省) 일대를 말함.

151) 복건(福建) : 중국 동남부에 위치하고 있는 성(省).

노옹이 그 말을 옳게 여겨 어린 딸로 언약을 굳게 하고 모든 일에 사위로서 대하였다. 그런데 오래지 않아 노옹이 병들어 죽었다. 소저가 참혹하게 여겨 노옹을 장사지낸 후 더욱 경사에 갈 길이 끊어지게 된 것을 놀랐다. 그러나 주인 노파와 그 딸이 소저를 의지함이 북두칠성 같기에 이
86 러구러 지내면서 해가 다하고 다음해 봄 꽃 피는 계절에 이르렀다. 소저가 남쪽과 북쪽 두 곳이 다 망망하고 자신의 소식을 편지 부쳐 알릴 길이 없어 밤낮으로 간장을 사르며 마음을 흐느꼈다. 드디어 성명을 박종언이라 하고 자(字)를 자상이라 하여 서당에서 글을 읽으면서 마음을 소유하면서 사람을 상대하지 않았다. 그러나 빈 골짜기의 그윽한 난초와 엷은 바위 속의 보배로운 옥 같아 자연 이름이 나타나 이 고장의 많은 선비들에게 차차 전파되었다. 이들 선비들이 말하였다.

"곡정(曲靖)[152]에 한 서생이 있으니 그 얼굴이 해 같으며 눈이 별 같고 그 소리가 봉소(鳳簫) 같고 그 풍채가 옥수(玉水) 같다 합니다. 이 반드시 공자(孔子)의 칠십 제자[153]의 후예입니다. 매일 골짜기 가운데 숨어서 안연(顔淵)이 가난한 삶을 즐기고 증삼(曾參)의 「상송(商頌)」을 노래하는 것[154]과 같이 합니다."

---

152) 곡정(曲靖) : 중국 운남성(雲南省)에 있는 지명.

153) 공자(孔子)의 ~ 제자 : 공자의 제자가 3천여 명에 달했는데 그 중 걸출한 자가 70여 명이었음. 『중니제자열전(仲尼弟子列傳)』을 보면 공자가 자신의 문하에서 학업에 힘써 통달한 사람은 77명이라고 하면서, 덕행으로 안연(顔淵)·민자건(閔子騫)·염백우(冉伯牛)·중궁(仲弓)을, 정치로는 염유(冉有)·자로(子路)를, 언변으로는 재여(宰予)·자공(子貢)을, 문학으로는 자유(子遊)·자하(子夏) 등을 들고 있음.

154) 증삼(曾參)이 ~ 것 : 춘추시대(春秋時代)의 유학자. 공자의 도(道)를 계승하였으며, 그의 가르침은 공자의 손자 자사(子思)를 거쳐 맹자(孟子)에게 전해져 유교사상사상 중요한 위치를 차지함. 동양 다섯 성인 가운데 한 명임. 「상송(商頌)」은 『시경(詩經)』의 편명으로 증삼은 「상송(商頌)」편의 〈현조(玄鳥)〉라는 시를 노래한 것으로 유명함. 〈현조(玄鳥)〉는 "하늘이 현조(玄鳥)를 명해 내려가 상(商)을 낳게 하다[天命玄鳥, 降而生商]."라는 등의 내용으로 이루어져 있는데, 상(商)나라의 유래와 왕천하의 대업을 찬송한 시임.

이리하여 이 고장에 모르는 사람이 없으나 나아가 보면 그 외모를 흠모
하나 답변하는 것이 거의 드무니 처음에 크게 알던 자들도 무미건조하게
여겨 찾지 않았다. 이에 박소저가 안정을 찾고 머물렀다. 유점검이 어진
선비를 널리 물어 찾았을 때 이 고향 모든 선비가 모두 그를 천거하자, 그 87
서생의 지취(志趣)를 알고자 그 서생을 찾은 것이었다.

그런데 유점검이 이날 초가집에서 상대하게 되자, 소저가 저쪽을 보니 이 분명히 아주버니인 이부상서 유세기요, 이부상서 유세기가 또 저쪽을 보니 분명히 잃어버린 제수씨 박씨였다. 비록 의복이 바뀌고 모양이 다르나 두 눈이 가을물같이 맑고 눈썹 주위에 영롱한 빛이 있으니 박씨 아니고 누가 이런 사람이 있겠는가? 다만 일시에 발설하는 것이 좋지 않기에 다만 유점검이 웃고 그 성명을 묻자 소저가 물 흐르는 듯 대답하였다. 점검이 또한 자신의 자호(字號)를 다 이르고 말하였다.

"제가 분에 넘치게 천자의 은혜를 입어 천하를 살핌에 고단한 사람을 애처롭게 여기며 억울한 일을 알아보나니 현사의 자취가 비록 한가하나 너무 고단합니다. 군자가 가난을 평안하게 여기나 맹자의 호연지기(浩然之氣)[155]도 곡물의 기운으로부터 났으니 먹지 못한다면 어찌 도를 이루겠습니까? 이곳이 고향이 아닌가 싶으니 당돌하나 저를 따라 경사에 가 한 번 상림원(桑林苑)[156]에 나간다면 하늘을 움직이고 사람을 놀

---

155) 호연지기(浩然之氣) : 하늘과 땅 사이에 가득 찬 넓고 큰 정기. 『맹자(孟子)』의 「공손추(公孫丑)」 상편(上篇)에 나오는 말임.

156) 상림원(桑林苑) : 중국 진(秦) · 한(漢) 당시 이루어진 임금의 동산. 상림원은 진대에도 있었으나 황폐하였기 때문에 한(漢) 무제(武帝)가 이를 수복하여 확장시켰음. 장안(長安)을 중심으로 주위가 300여 리(里)나 되었으며, 그 안에는 자연 그대로의 산천 · 호수 등이 있고, 지방에서 헌상한 과수와 초목 3,000여 종도 재배되었음. 또 궁전 70여 채와 농경지도 들어 있었으며, 가을에서 겨울에 걸쳐서는 임금이 군신을 대동하고 사냥도 했음. 이것이 후대에까지도 이어지게 되었음.

88 라게 함이 손을 뒤집을 사이에 있을 것입니다. 선생은 곰곰히 생각해 보시오."

박소저가 평일 점검의 사람됨을 잘 알고 있었다. 자신을 데려감에 반드시 예의로 대접할 것이고 하물며 이곳에 있는 것은 스스로 원하는 바가 아니었다. 하늘이 주신 기특한 기회를 맞아 어찌 아니 따라가겠는가? 다만 차마 다시 학사를 대할 낯이 없고 더욱이 학사가 운남행을 소저 스스로 결단하여 도적의 무리에 분주하며 강호에 떠돈 것을 크게 말하면서 자신을 용납하지 않을 것이었다. 비록 점검을 따라가나 경사의 친정에 가서 평생토록 지내다가 삶을 마치고자 하여 자리에서 물러나 사례하여 말하였다.

"저는 초야의 미천한 사람입니다. 높은 어르신께서 누추한 곳에까지 오시어 평생 견문이 좁고 사리에 어두운 저를 동기같이 친숙하여 대하여 거두어 돌아가고자 하시니 감사합니다. 이곳은 본래 제 고향이 아니고 경사에 친척이 있습니다. 만일 상경할 수 있다면 일생을 평안하게 지내리니 이는 다 높으신 어르신의 은덕일 것입니다. 이 은혜는 제가 뼈가 가루가 되고 몸이 부서져도 다 갚지 못할 것입니다."

점검이 흔쾌히 사례하여 말하였다.

89 "사해 가운데 모두가 형제고 피차 사대부가 일맥입니다. 그대는 과도하게 겸손한 태도로 사양하지 마십시오."

드디어 점검이 좌우 사람들로 하여금 자신이 머물고 있는 객점에 가서 두 개의 교자와 관아의 일꾼을 불러 이르게 하도록 하였다. 점검이 몸을 일으키어 박소저에게 예를 다해 공손하게 말하였다.

"제가 당돌하나 선생이 교자에 올라 행하시기를 청합니다."

박소저가 점검의 예법과 행동을 보자 반드시 점검이 자신을 알아본 줄 알고 부끄럽고 슬퍼하였다. 그러나 지레 발설하지 못하여 일부러 쾌히 사례하고 교자에 올라 관아에 이르렀다. 점검이 한적하고 외진 별사(別舍)를 얻어 박소저를 편히 머물게 하고 이후로 공양과 대접을 다 예의로써 하여 조금도 어지럽고 잡된 것이 없었으며 또한 와서 보는 일도 없었다. 몇 개월이 지나자 국사를 마치고 발행하게 되었다. 박소저의 주인 양노파가 박소저를 찾아보고 말하였다.

"낭군께서 경사로 가시니 내 딸을 어찌 하고자 합니까?"

박소저가 대답하였다.

"노파께서 대장부가 없고 어린 딸과 더불어 사방에 돌보아줄 친척이
없으니 어찌 나를 따라 경사에 나아가지 않겠소? 내가 지성으로 그대 90
의 모녀를 편하게 하리라."

노파가 기뻐하며 허락하였다. 박소저가 결국 점검을 뵙고 이 사연을 고하였다. 점검이 미소를 머금고 말하였다.

"가는 길에 여자와 동행하는 것은 불가하나 선생의 아내이니 혐의가 없을 것입니다. 어찌 남은 수레와 양식을 아끼겠소?"

박소저가 사례하고 즉시 노파의 모녀와 한가지로 행장을 차려 점검의 뒤를 따랐다. 점검이 가는 길에 살펴보며 보호하기를 극진히 하지 않음이 없었고 박소저를 보면 의관을 다시금 다스리고 무릎을 쓸어 두 손을 맞잡고 무릎 꿇고 앉아 눈을 들어보지 않으며 말씀을 다 겸손하게 하며 공경하였다. 종자와 관아의 일군들이 그 대장이 이렇듯 공경하는 사람을 어찌 소홀히 대하리오? 일행이 떠들썩하게 박소저를 극진히 모시게 되었다.

이윽고 경사에 다다르게 되었으니 장차 다음날이면 황성에 들 것이었

91 다. 때는 정덕(正德) 12년[157] 여름 음력 5월이었다. 날씨가 따뜻하고 남풍
이 천천히 불며 달빛이 여관에 비치자 고향을 생각하는 마음이 배나 더하
였다. 점점이 집을 떠난 지 반년이니, 부모형제가 평안하시기를 기원하였
다. 가는 길에 나랏일 때문에 강산을 유람치 못하고 부친을 생각하는 마
음이 급하여 속절없이 돌아온 것을 안타까워하여 말을 달리는 중에 짧은
시 한 수를 은은히 읊으니 목소리가 훨훨 날아 먼 하늘에까지 사무쳤다.
이때 박소저를 따라오던 노파의 딸이 객관 뒤에서 머물면서 자지 않고 생
각하였다.

'내가 비록 박상공과 언약이 굳으나 저 사람이 일찍이 나를 조금도 유의하는 빛이 없었다. 또 그 거동을 보니 아버님의 은혜를 갚기 위해 우리 모녀를 경사에 데려가 후하게 대해주고자 하지만 구태여 부부의 애정을 허락할 리도 없다. 나의 일이 바로 호랑이를 탄 사람 같아서[158] 선택하기가 어렵구나.'

이렇듯 생각하며 이리 뒤척이고 저리 뒤척이며 초조해하더니 문득 바
92 람결에 맑은 소리가 은은히 귀를 놀라게 하였다. 화원의 학이 쌍쌍이 울
고 주렴 아래 제비가 어지럽게 날아 그 보금자리를 잃고 분분하니, 이것
이 바로 저 그윽한 계곡의 교룡을 춤추게 하고 저 외로운 과부로 눈물짓
게 하는 소리[159]였다.

---

157) 정덕(正德) 12년 : 정덕은 명(明)나라 제11대 황제인 무종(武宗 : 1516~1520)의 연호로, 1517년을 말함.

158) 호랑이를 ~ 같아서 : 호랑이를 타고 달리다 도중에 내리면 잡아먹히므로 내릴 수도 없는 형세를 비유하여 하는 말임. 즉 무슨 일을 하다가 도중에 그만두려 하여도 그만둘 수 없는 형편을 이르는 말임. 이 말은 수(隋)나라 문제(文帝) 양견(楊堅)의 아내인 독고황후(獨孤皇后)가 남편을 격려하여 왕위를 차지하게 하는 말 가운데 "큰일은 이미 기호지세가 되고 말았으니 도중에 내릴 수는 없소. 최선을 다하시오[大事已然騎虎之勢, 不得下勉之]."라고 한 데서 비롯되었음. 이와 관련하여 '기호지세(騎虎之勢)'란 고사성어가 전함.

159) 저 ~ 소리 : 송(宋)나라 소식(蘇軾)이 지은 〈적벽부(赤壁賦)〉에 나오는 구절임. 〈적벽부〉는 중

그 여자가 시 읊는 소리를 듣고 저절로 천하고 비루한 행동을 하게 되었으니, 황급히 그 소리를 따라 담을 넘어서 객사에 이르렀다. 바라보니 한 귀인이 비단 도포에 옥 허리띠를 띠고 달빛을 맞으며 10장(丈) 높은 대에 단정히 앉아 있었다. 그 귀인의 맑은 광채는 달빛보다 환하고 아름다운 얼굴은 옥을 더럽다 할 정도였다. 비록 박소저처럼 매우 아름답지는 않았으나 호탕하고 시원스러움은 박소저보다 나았다. 황홀하여 바로 나아가 정성스럽게 절하면서 말하였다.

"어르신은 저의 당돌함을 용서하시고 침석에 남은 땅을 허락하시어 일생을 헛되게 늙지 않게 하소서."

점검이 바야흐로 고향을 생각하는 마음이 간절하기에 우연히 시 한 수를 읊다가 읊기를 다 마치지 못해서 갑자기 눈앞에 한 어린 여자가 돌입
하여 이같이 하는 모습을 보자 마음속으로 놀라서 눈을 들어보았다. 그 93
여자가 용모가 뛰어나고 태도가 빼어났다. 비록 성(城)을 위태롭게 하고 나라를 망하게 할 자색[160]은 아니지만 꽃과 달 같은 미모를 지녔기에 점검이 매우 괴이하게 여겨 몸을 일으켜서 말하였다.

"남녀가 유별하고 밤이 깊었는데 그대는 어떤 여자이길래 여관에 이르러 이런 예가 아닌 말을 하는가?"

국 송나라 신종 5년에 소식이 지은 부(賦)로, 소식이 유배지인 황주(黃州)에서 양자강(揚子江)을 유람하며 예전의 적벽대전을 회상하고 자연의 장구함에 비하여 인생이 짧음을 한탄하는 내용임. 〈적벽부〉 가운데 소식이 부른 노래에 손님이 피리를 불어 화답하자, 그 피리 소리가 "그윽한 계곡의 교룡을 춤추게 하고 저 외로운 과부로 눈물짓게 한다[舞幽壑之潛蛟, 泣孤舟之嫠婦]."라는 구절이 나옴,

160) 성(城)을 ~ 자색 : 중국 한무제(漢武帝) 때 협률도위(協律都尉 : 음악을 관장하는 벼슬)로 있던 이연년(李延年)이 지은 시에 "북쪽에 어여쁜 사람이 있어 세상에서 떨어져 홀로 서 있네. 한 번 돌아보면 성을 위태롭게 하고 두 번 돌아보면 나라를 위태롭게 한다. 어찌 경성이 위태로워지고 나라가 위태로워지는 것을 모르리오만은 어여쁜 사람은 다시 얻기 어렵도다[北方有佳人, 絶世而獨立, 一顧傾人城, 再顧傾人國, 寧不知傾城與傾國, 佳人難再得]."라는 구절이 있음. 흔히 '경국지색(傾國之色)'이란 고사성어로 통용됨.

그 여자가 다시 절하며 말하였다.

“저는 연주 땅 양태보의 딸입니다. 아비는 장사하는 무리이고 가문이 미천하여 족히 말할 것이 없지만, 일찍이 〈홍불기(紅拂記)〉[161]의 협기를 흠모하여 박공자의 목숨을 구하고 인하여 저로 하여금 박공자의 건즐(巾櫛)을 받들게 하였습니다. 박공자가 부모에게 고하지 않고는 처를 취할 수 없다 하니 끝내 저를 거둘 뜻이 없습니다. 이제 박공자가 경사에 저를 데려가 편안케 살 수 있도록 힘쓰겠다고는 말했지만 혼인과 관계된 말은 하지 않았습니다. 이에 저희 모녀는 혼인을 바라는 것이 그릇된 판단이라 생각하여 종신대사(終身大事)[162]를 염려하였습니다. 그런데 이제 어르신의 목소리가 규방 아녀자를 감동시키고 그 풍모가 평

94 생 제가 바라던 모습입니다. 여자의 행실을 잊고 당돌하게 이렇게 나온 것은 태양의 남은 빛을 쏘이고자 해서입니다. 원컨대 어르신은 저를 어여삐 여기시고 받아들여 주십시오.”

점검이 듣기를 다하자 놀라움을 이기지 못하여 말하였다.

“사람이 짐승과 다른 것은 염치가 있기 때문이네. 담을 넘고 벽에 구멍을 뚫어 보는 행실은 두 사람의 마음이 같은 후에야 가능한 것이니 그대가 어떤 사람인데 한밤중에 돌입하여 나의 행실을 닦는 마음을 더럽히고자 하는가? 만일 내가 박생의 낯을 보지 않았다면 눈앞에서 징계

---

161) 〈홍불기(紅拂記)〉 : 중국 명(明)나라 작가 장봉익(張鳳翼)의 희곡. 장봉익은 명나라의 희곡 작가로 자(字)가 백기(伯起)이며 강소성(江蘇省) 장주(長州) 사람임. 성품이 자유분방하고 곡(曲)에 뛰어났음. 〈홍불기〉는 당(唐)나라 두광정(杜光庭)의 전기소설 〈규염객전(虯髥客傳)〉의 홍불 고사를 극화한 작품임. 홍불 고사의 내용은 다음과 같음. 수(隋)나라 말 이정(李靖)은 장안에서 양소(楊素)를 찾아갔는데, 그때 양소의 가기인 홍불과 정이 통하여 함께 도망을 하였음. 도중에 장규염(張虯髥)을 만나 함께 태원에 이르러 이세민(李世民)을 만나게 되었음. 규염은 본디 천하를 쟁탈할 뜻이 있었으나, 이세민의 비범함을 알고 자신은 이세민과 필적할 수 없을 것이라고 생각하고 가산을 기울여 이정으로 하여금 이세민이 성공할 수 있도록 도왔다는 내용임.

162) 종신대사(終身大事) : 한평생 몸을 마칠 큰일이라는 뜻으로 결국 혼인을 말함.

할 수도 있으나 박생을 생각해서 많이 용서하여 돌려보내니 빨리 가 다시 이런 마음을 두지 마라."

점검의 말이 씩씩하고 기상이 상천(霜天)163) 같자 양가 여자가 눈물을 흘리고 말하였다.

"어르신이 행실을 닦으시는 것이 진실로 옥 같으시나 아녀자로 하여금 여름에 서리가 내리게 하는 원통함을 끼치게 하는 것 또한 적지 않습니다. 원컨대 어르신은 사람을 불쌍히 여기는 마음을 드리우십시오."

점검이 단정하게 앉아 엄정하게 말하였다.

"색(色)을 보고 예(禮)를 잊으며 이익을 보고 의리를 잊음은 소인의 일이
다. 나 유세기가 마음이 본래 용렬하고 성품이 얼음과 서리 같으니 여 95
색에는 뜻이 찬 재와 같다. 미인이 그릇 알았으니 빨리 물러가고 여기에서 보채지 마라."

그 여자가 크게 울고 돌아가나, 끝내 점검이 눈을 들어 보지 않았다. 다음날 아침에 점검이 박소저가 머문 곳에 나아가 서로 공손히 읍(揖)하면서164) 자리를 이루고 박소저를 공경하여 말하였다.

"선생이 경사에 나아가심에 저를 좇아 처소를 정하시겠습니까? 아니면 친척을 찾아 의지하고자 하십니까?"

박생이 공경하여 대답하였다.

"제가 본래 경사 사람으로 타향에 유락하다가 어르신의 은혜로 고향에 돌아오니 은덕이 하해(河海)와 같습니다. 경사 가운데 금하교 가에 어사중승(御使中丞)165) 박동문이 친척이니 나아가 의탁하고자 합니다."

---

163) 상천(霜天) : 서리가 내리는 밤의 하늘을 말함.

164) 읍(揖)하면서 : 인사하는 예(禮)의 하나. 두 손을 맞잡아 얼굴 앞으로 들어 올리고 허리를 앞으로 공손히 구부렸다가 몸을 펴면서 손을 내림.

점검이 허락하고 즉시 길을 떠나 경성에 이르러 믿을 만한 하인으로 박
96 소저를 모시게 하여 박상서 집안으로 보내고 자기는 궐하에 나아가 그간의 일들을 보고하였다. 천자가 불러보시어 매우 반기시고 기뻐하시어 은근한 목소리로 권유하여 말씀하셨다.

"짐이 덕스런 정치를 닦지 못하여 해마다 연달아 흉작이네. 이에 인심이 흉흉하고 사방이 불안하여 백성들이 거꾸로 매달린 듯 위태롭거늘 경이 선정(善政)과 밝은 가르침으로 만민이 기뻐하고 사방의 오랑캐가 복종하게 하니 그 공덕이 평범하지 않다. 짐이 어찌 칭찬하여 사례하지 않겠는가? 특별히 상주국(上柱國) 문연각태학사[文淵閣大學士][166] 성의백(誠意伯)에 봉하여 선대의 봉작을 잇게 하니[167] 경은 공이 높고 상이 박함을 괴이하게 여기지 마라."

점검이 머리를 조아리고 굳게 사양하며 말하였다.

"신이 조그마한 서생으로 입조한 지 10년에 상의 성스런 덕을 돕지 못했고 이번 길에 더욱 왕정(王政)을 펴 난가(鸞駕)[168]가 친히 임하심을 대하였습니다. 제가 상벌이 불명했고 다스림이 적었으니 어찌 감히 이런 중요한 직책을 받겠습니까?"

상이 또 말하였다.

---

165) 어사중승(御使中丞) : 어사대부(御使大夫) 밑에 위치하는 벼슬로, 관리들을 감독하고 규찰하는 일을 맡음.

166) 문연각태학사[文淵閣大學士] : 문연각은 내각(內閣)의 하나로, 명나라 때 성조(成祖)가 도읍을 남경(南京)에서 북경(北京)으로 옮기면서 서적을 보관하고 천자가 강독(講讀)하는 장소로서 이용되었으며, 대학사(大學士)들이 이를 담당하였음. 유세기의 조부인 유연이 바로 문연각태학사였음.

167) 성의백(誠意伯)에 ~ 하니 : 성의백은 명초(明初)의 정치가 · 학자인 유기(劉基)를 말함. 유세기의 조상으로 그 자(字)가 백온(伯溫)임. 태조(太祖)를 섬긴 공으로 성의백(誠意伯)에 책봉되었고, 저서에는 『성의백문집(誠意伯文集)』이 있음. 『유씨삼대록』 1권에서 성의백 유백온에 관한 내용이 나옴. 조상의 뒤를 이어 유세기가 다시 성의백에 책봉된다는 내용임.

168) 난가(鸞駕) : 임금의 가마.

"경은 덕행군자라. 임금의 스승이 되는 것이 마땅하니 어찌 소부(巢父) 97
와 허유(許由)[169]같이 사양을 하리오? 짐이 뜻을 결정하였으니 고집하여 사양하지 마라."

점검이 상의 뜻이 굳으신 것을 보고 어쩔 수 없어 은혜에 사례하고 물러나 적거사마(赤車駟馬)[170]로 공후(公侯)의 위의(威儀)를 갖추고 집안에 이르렀다.

이때 유씨 집안에서 점검을 보낸 뒤부터 네 명의 부모가 염려가 끝이 없었다. 선생이 더욱 근심하였는데 오래지 않아 선정과 치성이 자자하였다. 점검이 높은 봉작과 빛난 위의로 돌아와 슬하에 절을 하자, 반년 사이에 기상이 더욱 훤칠하고 용모가 더욱 맑고 깨끗하여 가을달이 하늘에서 맑게 빛나고 가벼운 구름이 산들바람을 맞은 듯하였다. 일품(一品) 장복(章服)[171]과 공후(公侯)의 위엄이 풍채를 도왔으니 단정하고 엄숙한 기운이 큰 귀인의 모양새가 났다. 선생이 매우 반기고 기뻐하여 손을 잡고 흔쾌히 말하였다.

"사람이 도적을 쳐서 상벌로 공을 세워 봉작을 받아도 오히려 기쁘거 98
든, 내 아이는 인의(人義)로 사방을 다스려 만물을 살리는 덕으로 이름을 천하에 떨치고 돌아와 천자께서 예의로 대우해 주시는 대접을 받았구나. 진실로 쾌한 아들이고 선친이 알아주신 종손이니, 어찌 기쁨이 적겠느냐?"

점검이 두 번 절하면서 인사하였다. 이날 일가가 한 당에 모여 이별했

169) 소부(巢父)와 허유(許由) : 요(堯)임금 때 사람으로 요임금이 왕위를 선양하려 하자 기산(箕山)으로 들어가 몸을 숨겼다고 함.

170) 적거사마(赤車駟馬) : 붉게 칠하고 네 마리의 말이 끄는 마차.

171) 장복(章服) : 임금이나 관리 등의 관복(官服)의 총칭.

던 회포를 서로 나누고 백성을 다스리는 도를 점검에게 물어 그 신기하게 옥사를 처결한 일과 어질고 관대한 덕으로 백성을 다스린 것을 들었다. 말마다 부모가 기뻐하고 모든 형제와 친척이 탄복하는 것이 공자(孔子)의 칠십 제자가 공자를 우러르는 것 같았다. 점검이야말로 바로 재주와 자질이 가지런한 군자였다. 문득 날이 저물자 하인 호경이 밖에서 아뢰었다.

"제가 어르신의 가르침을 받들어 박상공을 모시고 금하교 박상서 댁으로 갔는데, 마침 어사중승 어르신 일곱 형제가 한당에 계셨습니다. 제
99 가 앞으로 나가 들어가자 박상공 어르신이 중승 어르신께 무슨 말씀을 하시더니 모든 어르신과 박상공께서 함께 황급히 들어가셨습니다. 이윽고 안에서 곡성이 진동하고 좇아 따라가던 부녀자 두 사람이 또 안으로 들어가면서 저에게 돌아가라 하였기에 그 까닭을 모르고 돌아왔습니다."

점검이 미소 짓고 고개를 끄덕이자, 승상이 그 사연을 물었다. 점검이 드디어 연주에 가서 박씨를 만나 데려온 수말을 자세히 고하였다. 부모가 매우 놀라며 기뻐하였고 자리에 있던 사람들도 깜짝 놀랐다. 문득 순씨가 두꺼운 입을 들추며 큰 눈을 허황되게 뜨고 점검을 향해 말하였다.

"아주버님께서는 나랏일 때문에 가셨으면 공사나 신경 쓰실 것이지, 쓸데없이 박씨는 왜 데려오셨습니까?"

모든 사람이 이 말을 해괴하게 여겼으나 점검은 편안하고 조용하게 자신의 두 손을 맞잡고 대답하였다.

"나랏일을 마친 후에 사사로운 일을 또 저버리지 못한 것입니다. 제수씨는 괴이하게 여기지 마십시오."

말씀과 기운이 화평할 뿐 조금도 순씨를 우습게 여기는 기색이 없으니

좌우 사람들이 탄복하였다. 이때 학사가 순씨의 기괴한 모습을 보자 스 100
스로 부끄럽고 박씨가 살아 돌아온 것이 틀림없음을 알게 되자 비록 다행스러우나 박씨가 스스로 행하여 일이 이같이 어지러운 것을 기뻐하지 않아 끝내 낯빛을 바꾸지 않았다. 이때에 부모며 형제의 눈이 다 자신의 몸에 향하기에 문득 학사가 마음이 평안치 않아 문득 일어나 외당에 나와 누웠다.

유 씨 삼 대 록

7권

1 이때 유점검은 박씨가 남장을 한 채 행했던 몸가짐이나 행동거지가 대단히 기이했을 뿐 아니라, 머물고 있던 곳에 할미와 한 소녀가 있었는데 그 여자를 박씨의 부인이라 하기에 함께 데려온 정황을 자세히 말했다. 그러나 양가의 여자가 자기에게 생각이 있어 여관에 나왔던 일은 말하지 않았으니, 이는 대개 유점검이 예법에서 벗어난 말을 옮기지 않으려 했기 때문이었다. 승상과 부인이 아들의 안목을 기특하게 여기며 말했다.

"광동과 연주(兗州)[172] 간의 거리가 수천 리나 떨어져 있으며 박씨는 이미 성별을 바꾸어 부인을 얻었으니 그대로 믿을 수밖에 없는데, 너는 여행 중에 한 번 박씨를 보고 그 사실을 분별했으니 총명하기가 사광(師曠)[173]보다 낫구나. 박씨가 환란 가운데 처신하는 것이 이같이 현명하니 그 지혜가 기특하구나. 그런데 그 도적의 소굴에서는 어찌 벗어났느냐?"

점검이 대답했다.

"제가 그 서생이 이미 제수씨인 줄 안 후에는 모르는 체하고 다그쳐 묻
2 는 것이 옳지 않을 뿐 아니라 박씨 스스로 말하지 않으니 분명치 않습니다. 다만 박씨를 모시고 왔을 뿐 그 연유는 저 역시 알지 못하옵니다."

진공이 웃으며 말했다.

"형님께서 행하시는 일은 항상 침착하고 신중하시어 평범한 사람이 미칠 수 있는 바가 아니나 그래도 궁금하여 참지 못하겠습니다. 저 사람

172) 연주(兗州) : 산동(山東) 지역에 있는 한 주(州). 산동은 중국의 화북(華北) 지역에 있은 성(省)임.
173) 사광(師曠) : 춘추전국 시대 진(晋)나라의 악사로 음을 잘 분별했다 함. 『맹자(孟子)』「이루(離婁)」 상(上)편에 보면 "사광의 귀밝음으로도 육률을 쓰지 않으면 오음을 바로잡지 못한다[師曠之聰, 不以六律, 不能正五音]."라는 말이 있음.

이 박씨 제수씨라는 것을 이미 아시면서 어찌 한 번 시원하게 물어 보지 않으셨습니까? 비록 형님이 아주버니라 제수씨가 그간의 정황을 바로 말하지는 못한다 해도 어찌하여 형님은 제수씨가 그곳으로 흘러들어와 있으며 그 주인이 어떤 사람인지도 묻지 않으셨단 말입니까?"

점검이 웃으며 말했다.

"둘째 아우의 생각이 이치에는 맞으나 이미 제수씨인 것이 분명하니 이는 반드시 도적의 소굴 가운데에서 남자 옷으로 바꿔 입고 도주하여 연주까지 흘러들어와 할미의 집에 머물게 되었을 것이 아니겠느냐? 또한 할미가 그 탐스런 용모와 기질을 지나치게 사랑하여 억지로 구혼하므로 마지못해 권도(權道)로 정혼하고 아직 그곳에 의지하고 있다가 경성으로 돌아오게 되면 함께 데리고 와서 은혜를 갚으려 한 것일 터이니 어찌 꼭 물어보아야 알 수 있는 일이겠느냐?"

선생이 웃으며 말했다. 3

"내 아이의 생각은 신명하고 조카의 말은 명백하니, 각자의 소견이 다르구나."

두 사람이 다 빙그레 웃으며 말이 없자, 선생이 또 말했다.

"아내를 잃었다가 찾은 놈은 어디로 갔는가?"

승상이 대답했다.

"막내 아이가 공연히 불쾌한 낯으로 피하여 나갔으니 그런 괴물이 없을 것입니다. 아무 말 말고 그 거동을 보십시다."

선생이 크게 웃었다.

유점검 즉 이부상서 유세기는 이날 서헌에서 두 부친을 모시고 4~5일 동안 숙직하고, 모든 형제와 함께 서당에서 이별의 회포를 풀었다. 그리고 10여 일 후 모란정에 나아가 자신의 아내인 소부인을 찾았다. 그 모친인 이부인이 유점검의 행하는 일마다 사랑하고 소중히 여겨 감탄하며 말했다.

"큰 아이의 효성과 우애는 천지신명께서 꾸짖으신다 해도 부끄러울 것이 없겠지만 세필은 무슨 행실을 닦느라 사람이 죽을 곳에서 살아 돌아왔다는 얘길 듣고도 찾아볼 생각조차 하지 않느냐? 박씨 또한 남편의 마음을 짐작한다면 나다닐 체면이 없게 된 지 오래되었는데도 우리에
4 게 고하지 않고 박중승 형제 또한 기별이 없으니 알지 못하겠구나. 장차 어찌하려고 하는 것이냐?"

양학사 부인 설영 소저가 대답했다.

"박형은 분명 환란에서 도망친 것을 시집에서 천하게 여겨 더욱 자신을 관계치 않는 것으로 아는 건 아닌가 하여 슬프고 무안하기에 이렇듯 하는 것일 터입니다. 그러하니 더욱 가련합니다. 아버님께서 박중승 형제를 청하시어 은근히 부르시는 것이 옳을까 합니다."

양한림 부인 현영 소저가 서글피 말했다.

"박형의 사정이 참혹한 것은 말할 것도 없고 그 효성스런 뜻과 몸을 빼어 달아난 지혜는 족히 역사에 길이 남을 만합니다. 오라버니가 비록 박형을 버린다 해도 부모님께서는 어여삐 여기시어 눈앞에 거둬 어루만지고 사랑해주시기 바랍니다."

부인이 탄식하며 말했다.

"너희들의 말대로 하는 것이 가장 옳을 듯하다. 내일 승상께 의논드리마."

이때 박소저는 유점검의 염려 덕분에 경성에 돌아와 친정에 이르게 되

었다. 여러 형제들이 처음엔 알지 못하다가 곡절을 듣고는 비로소 깨달아
서로 붙들고 통곡하였다. 이윽고 전후 사정을 자세히 듣고 양가 모녀의 5
은혜에 감격하여 후당에 편히 거처하게 했다. 어사가 소저를 마주 대하고
말했다.

"유생이 너를 보낸 후 혹 조정에서 우리들을 만나도 조금도 은근한 빛이 없을 뿐 아니라 환란에 대한 얘길 듣고는 더욱 달라져서 순씨를 재취하고도 너를 찾을 뜻이 없더구나. 너희 시부모님께서 비록 너를 잘 대우해 주신다 해도 네가 여자의 삼종지도를 지키기는 글렀다. 네가 이제 유점검을 좇아 왔으나 근본을 말하지 않았고 저 사람 또한 너를 알지 못하니 운남에 기별하여 아버님께서 선처하시기를 기다리는 것이 어떻겠느냐?"

소저가 탄식하며 대답했다.

"제가 세간에서 듣도 보도 못한 환난을 만나 천신만고 끝에 유점검을
좇아 경성으로 돌아오게 되었는데, 유점검이 이미 한 눈에 저를 알아보
고 오는 길에 지극히 공경하고 후대하여 그 예의를 다하였습니다. 끝
내 제 근본을 묻지 않았으나 이는 분명히 알기에 따져 묻지 않은 것입
니다. 이제 집에 돌아와 여러 형제들을 만나게 되었고 또 시부모님께
서 계시니 버리든 거두든 저 집의 처분에 달려 있습니다. 하지만 시댁
에 사실을 고하지 않는 것도 옳지 않으니 한편으로는 운남에 계신 아버
님께도 아뢰고 또 한편으로는 시댁에도 사실을 고하도록 해야 할 것입 6
니다. 남편이 저를 천히 여기면서 버린다면 저는 물러나 깊은 곳에 있
는 안채에서 부모형제들을 모시고 남은 인생을 마치겠습니다. 그렇다
해도 산동의 노상에서 걸식하는 것에 비기겠습니까?"

박어사 형제가 박씨를 참혹하고 가련하여 여겨 한편으로는 운남에 기별하고 한편으로는 유씨 집안에 나아가 승상께 전후 사정을 자세히 고하였다. 승상은 비록 알고 있었으나 다시금 매우 기뻐하면서 말하였다.

"당초에 박형이 만 리 밖으로 떠나기에 며늘아기가 사사로운 정을 참지 못해 애걸하는 것을 내가 차마 막지 못해 부득이해서 좇아가도록 한 것이 오늘의 환란에 미치게 하였네. 이는 모두 나의 허물이나 후회해도 돌이킬 수 없을 것이네. 내 큰아이가 연주에서 며늘아기를 만나 동행했다는 얘기는 들었으나 날이 오래 되어도 그대들이 별다른 말이 없는 것을 이상하게 여겼네. 이제 진실한 곡절을 들으니 천만 다행이네. 당장 수레와 말을 보낼 것이니 지체하지 말고 며늘아기를 집으로 돌아오게 하게."

박어사가 앉았던 자리에서 물러나 감사하며 말했다.

7 "사돈어르신께서 이처럼 어루만지고 돌아보아 주시니 누이에게는 그 은혜가 하늘처럼 넓고 망극합니다. 그러나 다만 운명이 기구하여 희한한 환란을 만나 몸이 도적의 소굴에 빠지고 옷을 바꿔 입고 몸을 빼어 달아나 정처 없이 떠돌아 규중의 예법을 무너뜨려버렸습니다. 비록 옥이 깨끗하며 얼음이 맑은 것이 흐려지지 않는다고 하나, 백희(伯姬)[174]를 생각하면 죄인이며, 반비(班妃)가 궁문을 밟지 않은 것[175]에 비기면

174) 백희(伯姬) : 춘추 시대 노선공(魯宣公)의 딸로 송공공(宋共公)의 부인이라 공희(共姬), 공백희(恭伯姬)라고도 함. 공공이 죽은 후 절개를 지키며 수절함. 노양공(魯襄公) 삼십 년에 송나라 궁전에 불이 났을 때 좌우에서 피하라 권하였으나 백희는 이렇게 말함. "부인의 의는 상궁과 함께가 아니면 밤에는 집밖을 나서지 않는 것이다 (…중략…) 의를 어기고 사는 것은 의를 지키며 죽는 것만 같지 못하다[婦人之義, 保傅不俱, 夜不下堂 (…中略…) 越義而生不如守義而死]." 그러고는 마침내 불을 피하지 않고 죽음.

175) 반비(班妃)가 ~ 것 : 반비는 한나라 성제의 후궁이었던 반첩여(班婕妤)를 이름. 매우 아름다워 성제의 총애를 받았으나 나중에 조비연에게 총애가 옮겨가자 참소당하여 장신궁으로 물러났음. 성제가 놀이를 나가면서 수레에 함께 태우려고 하자 굳게 사양하여 그치게 하였기에 절개

절로 부끄러워 문명[176]의 정실자리를 감당하지 못할 것입니다. 이런 까닭에 누이가 시댁에서 물러나 부모와 형제에게 의탁하여 남은 인생을 마치고자 합니다. 저로 하여금 당돌히 이 말씀을 사돈어르신께 여쭈어 명을 기다리고 문명에게 청하여 허락받기를 원할 뿐, 어찌 감히 귀댁에 나아와 훌륭한 집안의 빛을 깎아내리겠습니까?"

승상이 정색하고 말했다.

"그대의 말이 괴이하구나. 사람이 각각 시절에 따라 경법(經法)과 권도
(權道)[177]가 있으니 어찌 한 가지 방법만을 논하겠는가? 며늘아기가 몸
으로써 어머님을 대한 것은 효도이고, 옷을 바꿔 입고 몸을 빼어 달아
난 것은 지혜라 할 것이다. 조아(曹娥)의 효[178]와 목란(木蘭)의 담력과
지략을 겸비하고 나중에는 시아주버니[179]를 따라 돌아왔으니 무엇이 8
부끄럽다고 명예나 절개에 구애를 받겠는가? 우리 부자는 바야흐로 탄
복하고 공경하며 사랑하는 마음을 이기지 못하겠는데 문득 이런 말로
사람을 의심하니 이는 너무도 평소에 바라던 바가 아니네."

말을 마치고는 씩씩한 기운이 가을 하늘 같았다. 박어사가 황공하여 감사하며 말했다.

"제가 감히 사돈어르신을 의심하는 것이 아닙니다. 아녀자가 환란을

있는 인물로 유명함.

176) 문명 : 유세필의 자(字).

177) 경법(經法)과 권도(權道) : 경법은 절대로 고치지 못할 근본이 되는 법을 말하며 권도는 때를 따라서 맞게 하는 처리를 말함.

178) 조아(曹娥)의 효 : 중국 후한(後漢) 때의 효녀. 회계상우(會稽上虞) 사람으로 아버지 조우(曹盱)는 무당이었는데, 강가에서 물의 신령에게 제사를 드리던 중 물에 휘말려 강으로 빠져 죽어 시체를 찾지 못함. 14세의 조아가 강둑으로 오르내리면서 아버지를 찾아 울부짖음으로 밤낮으로 그치지 않기를 17일이나 계속하다 강에 몸을 던져 하루 만에 아버지의 시체를 업고 나왔다고 함.

179) 시아주버니 : {싀동싱}. 점검 유세기가 박씨의 시동생이 아니라 시아주버니가 맞기에 이와 같이 옮김.

만나 길거리에서 떠돌다가 돌아오니 마음에 부끄러워 평안치 못한 일인데다 문명의 뜻을 알지 못하기에 누이가 과연 귀댁으로 나아가는 것을 부끄럽고 두려워하며 진심으로 친정에서 생을 마치기를 원하였습니다. 그러므로 제가 감히 여쭙고 명령을 내려주시기를 기다리려 한 것입니다. 성스런 은덕이 이와 같으시니 어찌 다시 태만하겠습니까?"

승상이 대답했다.

"내 아들의 괴이한 행동은 그 아비인 나 역시 알지 못하겠네. 다만 일을 옳게 한다면 만맥(蠻貊) 지방이라도 가히 인의를 행하리니[180] 며늘아기는 어찌 지나치게 의심한단 말인가? 자네는 돌아가 내 말을 전하게."

박어사가 부드러운 목소리로 감사의 뜻을 표하고 돌아가 승상의 말씀
9 을 소저에게 자세히 전했다. 박소저는 그저 묵묵히 감탄할 따름이었다. 석양 무렵에 문득 유씨 부중에서 가마와 호위할 사람들이 이르러 영릉후가 밖에 왔음을 고했다. 어사가 황급히 맞아 이렇게 온 까닭을 묻자 영릉후가 대답했다.

"제수씨께서 평안히 돌아오시니 두 가문에 경사가 지극합니다. 저희들 역시 기쁘고 다행스런 마음을 이기지 못하였습니다. 오늘 아버님의 명을 받들어 제수씨를 모셔 가려고 왔으니 여러 형님들께서는 빨리 제수씨께 고해 주십시오."

박어사 형제가 감격하여 즉시 소저를 재촉하여 보내려 했다. 소저는 시부모의 은혜와 영릉후의 염려에 감동했으나 나아갈 체면이 없는 것이

---

180) 일을 ~ 행하리니 : 이 말은 『논어(論語)』「위령공(衛靈公)」 편에 나온 말로, 원래는 "말은 반드시 신의 있게 하고 행실은 돈독하여 공경스러우면 비록 오랑캐의 나라에서라도 행할 것이다[言忠信, 行篤敬, 雖蠻貊之邦行矣]."라고 되어 있음.

슬퍼 일어날 뜻이 없었다. 그러나 상황이 어쩔 수 없기에 여러 형제들과 이별하고 가마에 올라 유씨 집안 돌아왔다. 온 가문 사람들이 중당에 모두 모여 소저를 맞이하자, 소저가 나아가 당 아래에서 머리를 조아리고 죄를 청하며 말했다.

"제가 아버님, 어머님의 태산 같으신 은덕을 저버리고 친정 부모님의
사랑을 그리워하여 만 리 길을 산 넘고 물을 건너가다가 끝내 도적의
화를 만나 풍진(風塵) 세상에서 이리저리 떠돌며 천신만고를 다 겪고도
다시 당(堂) 아래에 나오게 되었으니, 아버님, 어머님의 성은이 끝이 없 10
습니다. 그러나 저는 스스로 부끄럽고 황송하여 두렵고 떨리는 마음에
죽고 싶을 따름입니다."

시부모인 승상 부부는 반갑고 기쁜 마음을 이기지 못하여 빨리 좌우 사람들로 하여금 소저를 부축하여 당 위로 올리게 했다. 이부인은 소저의 손을 잡고 눈물을 흘리며 말을 못하였고, 승상은 위로하며 말했다.

"이것은 다 너의 액운이니 차마 어찌 하겠느냐? 마음을 진정하여 약한 몸을 잘 보호하고 부질없는 생각을 하지 마라. 막내 아이가 비록 박정하다고는 하나 내가 살아 있는 한은 너를 함부로 대할 수 없을 것이니 모름지기 며늘아기는 안심하고 마음을 넓게 가져라."

소저가 은혜에 감동하면서도 황송하고 부끄러워 거듭 절하며 명을 받들었으나 눈물이 주룩주룩 떨어져 옷을 적셨다. 여러 사람들이 참혹해 하고 시부모는 애석해했다.

그때 문득 진한 향내가 코를 거스리고 패옥 소리가 어지럽게 나더니 순씨가 새롭게 단장을 대단히 하고 울쑥불쑥 거들먹거리며 걸어나와 자리에 이르렀다. 박소저가 괴이히 여기며 한참을 바라보자 양한림 부인이 미

소를 지으며 말했다.

11 “이 사람은 오라버니의 재취인 순씨 형님이니 형과는 적국이라 하겠습니다.”

소저가 이 말을 듣고는 가볍게 일어나 서로 예를 마치고 자리를 이루었다. 순씨가 큰 눈을 모질게 뜨고 굼뜬 말을 더듬거리며 먼저 말했다.

“내가 유씨 가문에 들어와 부인이 고생한 사연을 들었습니다. 틀림없이 도적이 버린 물건이 되어 학사와는 인연이 더 이상 없을까 하였더니 구태여 돌아와 나의 마음을 어지럽히오? 그러니 내가 어찌 유점검이 원망스럽지 않겠소? 다만 저런 자색과 기질로 어떤 도적이 놓아 보냈겠소? 반드시 핍박하는 욕을 보았으리니 명부(命婦)[181]의 항렬에 있는 것이 욕되는구려.”

박소저가 옥 같은 얼굴을 바로 하고 어투를 가다듬어 천천히 대답했다.

“여자의 절개는 피차에 한가지이고, 부녀의 행실은 규법(閨法)이 한 줄기입니다. 오늘 환란을 겪고 살아남은 인생이 시부모님과 시누이들의 봄볕 같은 은혜로 한 자리를 용납하여 주시기에 이곳에 앉을 수 있게 되었는데 어찌 부인의 이 같은 구박과 욕을 달게 받겠습니까? 다만 한
12 집에 모여 한 사람을 섬기게 될 것이니 감히 옛 사람의 행적을 흠모하여 화목하게 지내길 원할 따름입니다.”

순씨가 손을 부비고 몸을 끄덕이며 즐겁게 웃고 좌우를 돌아보며 말이 없었다. 이는 구태여 질투심이 있어서 그런 것이 아니라 사람들에게 여자의 투기는 예사로 있는 것이라 들었으므로 자기도 질투를 하는 체한 것이었다. 그 자리에 있던 사람들이 다 해괴하게 여겼다.

181) 명부(命婦) : 봉작(封爵)을 받은 부인을 통틀어 이르던 말.

박소저가 그 옥 같은 얼굴과 꽃 같은 자태로 순씨를 대하니 더욱 두드러지게 빼어나 보였다. 마치 보옥이 기와와 돌에 섞이고 명주가 모래 가운데 빛나는 것 같았다. 이부인은 속으로 소저를 사랑하고 아끼면서 순씨가 이상한 외모와 해괴한 정신으로 학사에게 대접받은 것을 괴이하게 여겼다. 이날 부인이 소저를 자기 협실에 두어 따로 침실을 정하지 않은 것은 학사의 뜻이 천 리 같음을 알고 차라리 자기 곁에 두어 친근하게 정을 나누고자 함이였다.

학사는 이날 한림원에서 당직을 서느라 집에 있지 않았다. 며칠 후 당 13
직을 마치고 집으로 돌아왔다. 승상을 뵈었으나 승상이 박씨가 온 것을 학사에게 이르지 않았으므로 학사가 이를 알지 못했다. 학사가 내당에 이르자 여러 제수씨들이 다 모여 있었으나 셋째 누이의 모습은 볼 수 없었다. 모친을 찾아뵙고 형제가 담소를 나누다가 들으니 협실에서 투호(投壺)[182] 소리가 쟁쟁하고 담소가 낭랑하므로 학사가 모친께 물었다.

"제가 당직을 서러 들어간 지 오래되어 셋째 누이가 시집으로 갔는가 여겼습니다. 그런데 이곳에 있으면서도 나오지 않은 것은 어찌 된 일입니까?"

부인이 대답했다.

"네가 밖에서 들어왔으니 협실에 있는 딸아이가 어찌 알겠느냐?"

진공이 빙그레 웃으며 부드러운 목소리로 불렀다.

"셋째 누이는 어찌 나오지 않는가? 어머님께서 제수씨를 부르시니 함께 나오게."

182) 투호(投壺) : 두 사람이 일정한 거리에서 청·홍의 화살을 던져 병 속에 많이 넣는 수효로 승부를 가리는 놀이. 또는 그런 병.

말을 미처 마치기 전에 협실 문이 열리고 사방에서 소저들이 한결같이 봉관(鳳冠)을 쓰고 옥패(玉佩)를 차고는 신발을 끌며 나아왔다. 박소저가 눈을 들어 보니 학사가 거기에 있었기에 마음 가득 부끄러워 이마를 숙이고 걸음을 멈추었다. 학사는 전혀 생각지도 못하다가 박소저를 보고는 얼
14 굴에 놀란 빛이 가득한 채로 한동안 눈여겨 자세히 살펴보았다. 소저의 아름다운 용모와 눈부신 자태가 전보다 몇 배는 더한 듯했다. 반가우면서도 놀라운 마음을 이기지 못했으나 소저가 지은 원래의 잘못과 자기가 이유 없이 박정하게 굴었던 일을 생각하자 또한 부끄러워 오히려 기뻐하는 빛도 전혀 없이 안색을 고치고 얼굴을 낮춘 채 다시 소저를 보지 않았다. 유점검 즉 성의백이 그 자리에 있다가 이들 부부의 기색을 보고는 학사를 한참 쳐다보다가 정색하고 말했다.

"제수씨가 너와 여러 해 동안 이별했다가 오늘에야 비로소 상봉했는데 어찌 이처럼 서로 보는 예가 없을 수 있단 말이냐?"

학사가 억지로 일어나 박소저와 인사를 마치고는 오사모(烏紗帽)[183]를 숙이고 홍포(紅袍)[184]를 정돈하니 그 기색이 가을 서리나 겨울 달처럼 차가웠다. 소저가 즉시 협실로 들어가자 그제야 비로소 학사의 고상한 담소와 온화한 화기가 봄볕처럼 무르녹았다. 부인이 말을 하지 않은 채 길이 탄식하였다. 이 후 학사는 소저를 자주 만나보긴 했으나 마주 대하면 자
15 기도 모르게 얼굴색이 변하였다. 소저가 더욱 부끄럽고 서먹서먹한 마음에 학사의 자취를 알아서 피하기 어려울 듯하여 오랫동안 아예 서로 보지 않았다.

---

183) 오사모(烏紗帽) : 사모(紗帽)라고도 함. 관복을 입을 때 쓰던, 얇은 비단으로 짠 검정색 모자.
184) 홍포(紅袍) : 벼슬아치가 입던 붉은 도포.

하루는 학사가 저녁문안을 마치고 일어나려고 하는데 박소저가 마침 협실의 문을 열다가 학사와 서로 눈이 마주치자 놀라서 즉시 문을 닫았다. 학사는 잠깐 머물러 자기가 소저를 피해서 나갔다는 모친의 책망을 면하고자 하였다. 그러다가 문득 모친 침상 아래 앵혈 그릇이 놓여 있는 것을 보았다.

"이것은 무엇에 쓰려 하십니까?"

부인이 말했다.

"저녁에 모든 여자아이들 팔에 앵혈을 찍었었다. 며늘아기가 네가 들어오는 것을 보고 미처 거두지 못하고 협실로 들어간 탓에 아직 있는 것이다."

학사가 웃으며 말했다.

"소자가 들어왔다고 해서 박씨가 피할 이유는 없을 듯한데 이러한 처사가 괴이합니다."

사어사 부인이 정색하고 말했다.

"오라버니는 괜히 은근한 체하지 마십시오. 오라버니의 거동이 전과는 전혀 다르니 박형이 어찌 피하지 않겠습니까?"

학사가 억지로 웃으며 말했다.

"나를 피하려 한다면 광동 도적과 살 일이지 이 집안에서 나를 피하고 16
협실에 자리잡고 웅크리고 있으니 어찌 우습지 않느냐? 비록 어머님께서 자애로우시나 저 사람이 나의 아내이기에 사랑하시는 것이지 박공의 딸로 관계없는 사람을 어머님께서 이같이 사랑하지 않으실 것이다. 그런데도 저 사람은 근본은 생각하지 않고 전후 하는 짓이 실로 놀라울 따름이니 내가 어찌 남편인 체하겠느냐? 광동 도적의 하인이 이 사람을 유세필의 처라 불렀을 것이다. 그런데도 지금 저 사람이 부모형제의 정성스런 대접을 받으며 나를 원수같이 피하는구나. 작은 누이는 한번 나와 함께 논의해 보자.

내가 일찍이 보니 진양공주께서는 신분이 황제의 딸이시며 부귀로움이 온 나라에 가득하셨다. 그렇지만 둘째 형님과 부부가 되신 후, 둘째 형님이 엄하시기에 황녀라 하여 공주께 삼가시는 것이 없으셨다. 그런데도 공주께서는 전후에 목소리나 얼굴빛을 바꾸시지 않고 마침내 덕으로 남을 감화시켰지 조금도 부덕을 손상시키지 않으셨다. 뿐만 아니라 작은 누이도 그 급한 성질과 짧은 생각으로 당초 사어사를 격노케 하여 체면을 잃었으나 나중에 그 곤욕과 능멸함을 보면서도 공손하게
17 참아 괴로움이 피를 토하고 죽기에 이르러도 하영당을 피하여 사어사를 대하지 않으려 하는 일은 없었지 않느냐?

부부의 도는 이미 천지를 본뜨고 존비(尊卑)는 군신과 같은 체면이 있는 것이니 싫다고 해서 피할 수 없고 즐기려 한다고 해도 구할 수 없는 것이다. 하늘이 스스로 정한 바가 있거늘 저 사람은 뜻이 교만하여 내가 박대한 것을 원망하면서 나를 남편으로 알지 않으니 진실로 서로 볼 낯이 없는데 또 어찌 높은 체하겠느냐? 내가 도적이라 하더라도 저만큼 아름다운 젊은 여자를 만나고 무심히 두거나 헛되이 놓아 보냈겠느냐? 형님이 잠시 의로운 마음이 샘솟아 데려오셨으나 실은 잘못하신 것이다. 반드시 도적과 동모하여 흉한 뜻을 품고 여기에 왔을 것이다. 여러 누이들은 저 사람에게 너무 미혹되어 친근하게 굴지 말거라."

학사가 말을 마치자 차갑게 웃고 일어났다. 이부인이 평생 처음으로 대단히 노하여 매우 꾸짖었다.

"어리석고 못난 녀석이 행하는 일마다 괴이하고 흉악하여 오늘 이런 말을 하니 이는 차마 선비의 말이라 할 수 없구나. 마음이 어진 사람이라면 어찌 이렇게까지 하겠느냐? 며늘아기의 타고난 효성이 남보다 더
하므로 친정부모를 따라 만 리까지 귀녕하려다 환란을 만나자 몸으로 18
써 모친을 구하고 지혜로 환란에서 벗어나 돌아왔으니 효성과 지혜를 겸비하지 않았느냐? 네가 괴로워하고 싫어하는 기색을 며늘아기가 편치 않게 여겨 몸을 피한 것이니 마음이 고상해서 그런 것이다. 무슨 까닭에 공연히 능욕하고 책망하기를 이와 같이 한단 말이냐? 내일부터 너는 내 눈에 보이지 말거라."

학사가 황공하여 사죄하며 말했다.

"제가 어머님 슬하에서 20년 동안 가르침과 사랑을 받으면서도 한 번도 잘못했다는 말씀이 없으셨습니다. 그런데 박씨로 인해 불효가 이 같으니 박씨는 진정 불초한 계집입니다. 전에 제가 잠깐 괴로운 말을 하니까 소매를 떨치고 운남을 향해 떠나며 조금도 부녀자로서의 도리를 생각하지 않았습니다. 제가 오늘 또 이런 말을 하게 된 것은 박씨와 이별할 때라 그런가 봅니다."

이부인이 더욱 노하여 엄한 표정을 짓자, 학사가 거듭 사죄하고 밖으로 나갔다.

이때 박소저가 협실에서 유학사의 말을 듣고는 길게 탄식하고 맑은 눈
물을 머금은 채 말이 없었다. 이부인이 불러 어루만지며 달래고 권유하면 19
서 곁에서 자라고 하자, 소저가 옷깃을 여미어 단정히 하고 공손히 말했다.

"제가 용납할 수 없는 비천한 기질이기에 서방님과 더불어 화락할 짝이 아닙니다. 게다가 아버님, 어머님께서 저를 돌아보고 염려해주시는 것

이 오히려 서방님의 마음을 편치 않게 해 일이 난처합니다. 그러므로 당초 몸을 빌려 부모를 따르려 한 것이지 구태여 서방님을 원망하여 그런 것은 아니었는데도 서방님께서는 이토록 거북해하십니다. 제 운수 또한 기구하여 도중에 공교롭게도 도적의 화를 만났으나 천만 위태한 가운데 몸을 빼어 피해왔으니 천지신명께서 굽어 살피시어 저는 부끄러울 것이 없습니다. 그러나 서방님께서 이처럼 더럽게 여기시니 이는 모두 저의 사람됨이 고상하지 못하고 행실이 천박하여 그런 것입니다. 어찌 감히 낯을 들고 아버님, 어머님을 뵙겠습니까? 스스로 자결하여 죄를 다스리고 서방님의 뜻을 시원하게 하는 것이 마땅하겠지만 오직 차마 이를 하지 못하는 것은 늙으신 부모님 때문입니다. 친정아버님께서 말년에 불초녀로 인해 상심하시어 백발이 되셨고 친정어머님께서는 도적의 화에서 간신히 살아남은 넋으로 저 때문에 더욱 정신을 잃어 기절하기까지 했다는 말을 들었기에 생전에 한번 부모님을 뵙고 남은
20 한을 풀고자 하여 쇠잔한 목숨이 오늘까지 살아 있었습니다. 그러나 강상(綱常)의 죄인이라 아니 할 수 없습니다."

소저가 말을 마치자 맑은 눈물이 어지럽게 흩어졌다. 부인은 감동스런 마음을 이기지 못했고 세 시누이들은 너그러이 위로하였다.

이때 소저를 따라 왔던 양가 모녀는 박소저를 정말로 남자로 알고 있다가 하루아침에 여자가 되어 본래 유학사의 아내이며 박상서의 딸이라 하자 어이없을 뿐 아니라 바라던 바가 끊어져 어찌 해야 할지를 모르고 있었다. 박소저는 비록 세상살이에 미련이 없었으나 저들의 은혜를 갚지 못할까 염려하여 마음이 더욱 어지러웠다. 그리하여 여러 형제들에게 기별하여 옷과 음식을 부족함 없이 넉넉하게 대 주고 마땅한 곳을 물색하여

저들의 일생을 인도해 달라고 부탁하였다. 박어사 형제 또한 마음을 다해 이들을 대접하고 널리 좋은 신랑을 물색하여 양가 여자를 혼인시키고자 했다. 그러나 양가 여자가 죽기를 각오하고 유점검을 좇으려 하자 박어사가 민망히 여겨 유씨 집안에 와 박소저를 보고 이 말을 들은 대로 전했다. 이 말을 들은 박소저 또한 어이없어 하며 대답했다.

"이는 결단코 안 될 일입니다. 큰아주버님의 성정이 다른 사람과 다르 21
시고 큰아버님은 엄하시기에 시아버님께서 너그럽게 경법과 권도를 쓰시는 것과는 다르십니다. 어찌 집안에 잡스러운 무리를 두겠습니까?"

박어사가 말했다.

"그러나 저 여자가 죽기 살기로 결단코자 하니 장차 어찌 하면 좋단 말이냐?"

두 남매가 조용히 마주 보며 근심하고 있었다. 그때 문득 영릉후가 학사와 함께 나와 박어사에게 안부인사를 마친 후 어떻게 왔는지 연고를 물었다. 자초지종을 자세히 안 연후에 영릉후가 크게 웃으며 말했다.

"박형은 돌아가 그 여자에게 자세히 전하시게. 하늘이 길고 땅이 오래되어도 우리 형님의 굳은 마음은 고치지 못할 것이며 큰아버님은 더욱 엄하셔서 만일 우리들이 집밖에 정을 두고 다니면 부녀자가 도리에 어긋난 행실을 한 것같이 놀라시니 진실로 가망이 없을 것이라고 말이게. 각별히 다른 곳의 호걸을 가려서 섬기고 망령된 뜻을 두지 말라고 전하시게."

박어사 역시 웃고 돌아가 이 말을 전하였다. 그 양가 여자 또한 어쩔 수 없어 결국은 굳은 마음을 고쳐 박어사의 친구인 상우현의 소실이 되어 갔

22 다. 박어사 형제가 양가 모녀를 지극히 돌보아 평생토록 그만두지 않았
다. 그 양가 여자가 노모와 함께 죽을 때까지 편안히 지내며 자녀가 부족하지 않았고 부귀도 누렸으니 이 또한 그 아비가 선을 베푼 공덕이 자손에게까지 미친 것이었다.

이때 영릉후가 박어사를 보내고 서당에 돌아오니, 성의백이 진공과 부풍후를 데리고 『주역(周易)』[185]을 풀이하여 읽으면서 팔괘를 풀어내고 있었다. 영릉후가 웃으며 이 일을 전하자 성의백이 정색하고 대답이 없었다. 그러자 진공이 책을 덮고 웃으면서 물었다.

"형님이 저 여자와 일찍이 서로 만난 적이 있었습니까? 그렇지 않다면 어찌 형님을 우러러 사모하면서 찾으려고 하는 뜻이 있을 수 있겠습니까? 심히 괴이한 일입니다."

성의백이 빙그레 웃으며 말했다.

"둘째 아우의 말이 우습구나. 저 여자가 박씨 제수씨와 부부라 칭하여
수레를 뒤좇아 왔으니 벗의 아내이기에 양식과 술이며 안주를 공급하
였으나 어찌 서로 본 적이 있겠느냐? 마침 객관에 달빛이 밝아 고향을
생각하는 마음에 율시(律詩) 한 수를 읊어 울적함을 달래고 있는데 홀연
23 저 여자가 담을 넘어 눈앞에 와서는 말하는 것이 이러이러한 게 아니
겠느냐? 거절하여 돌려보냈더니 오히려 잘못을 뉘우칠 줄 모르고 이렇듯 염치없는 말로 자기 일생을 망치고자 하니 진실로 놀라지 않을 수 없구나."

진공이 크게 웃으며 말했다.

"저 여자가 비록 행실은 천박하나 사람은 잘 알아보았습니다. 박씨 제

185) 『주역(周易)』: 중국의 점에 관한 책. 오경(五經)의 하나로 중국 주(周)나라 때의 철학서임.

수씨가 여자인 것은 알지 못했으나 그를 따르는 것이 부질없는 일인 줄 알았고 형님의 음률과 목소리가 바람과 구름을 움직이고 잠자던 새를 놀라게 하니 규방의 호탕한 아녀자로 하여금 어찌 감동하게 하지 않았겠습니까? 가히 〈홍불기(紅拂記)〉의 무리니 거두어 첩의 반열에 둘 만하지 않습니까?"

성의백이 빙긋이 웃으며 말했다.

"나는 본래 너희들같이 호걸에는 뜻이 없다. 하주(河洲)의 요조숙녀(窈窕淑女)[186]라도 여럿을 모으는 것은 원하지 않는다. 하물며 담을 넘고 벽 사이를 엿보는 천한 여자를 이르겠느냐?"

영릉후가 말했다.

"그러나 저 여자가 행여 수절이라도 한다면 어찌 하시겠습니까?"

성의백이 말했다.

"이것이 어찌된 말이냐? 내가 본래 저 사람과 언약한 바 없고 저 사람
이 일찍이 나와 아무 관련이 없으니 어찌 '수절'이라는 두 글자가 있을 24
수 있단 말이냐? 진실로 수절할 여자라면 애당초 박씨 제수씨를 따라와 놓고 또 나에게 뜻을 두었겠느냐? 그렇다면 길에 가득한 사람이 다 저 사람처럼 수절하는 것이 될 것이다."

여러 형제들이 손뼉을 치며 크게 웃었다. 학사가 그 자리에 있으면서도 옳다 그르다 한 마디 말도 시비하지 않고 붉은 입술 사이로 하얀 이를 내비치며 은은히 웃음을 머금자, 진공이 그 손을 잡고 웃으며 말했다.

"막내 아우는 어찌 한 마디 말도 안 하느냐? 박씨 제수가 아내를 얻으

186) 하주(河洲)의 요조숙녀(窈窕淑女) : 『시경(詩經)』 「주남(周南)」 편 〈관저(關雎)〉 장에 나온 "꾸우 꾸우 물수리 모래섬에 있네. 정숙한 아가씨 군자의 좋은 짝이네[關關雎鳩, 在河之洲, 窈窕淑女, 君子好逑]."라는 구절에서 유래한 말로 '하주'는 후에 덕이 아름다운 여인을 일컫는 말로 쓰임.

셨는데 네 뜻은 어떠하냐?"

학사가 웃으며 말했다.

"이는 곧 환란 가운데서 권도를 취한 것이니 이 아우에게 어찌 방해가 되겠습니까?"

진공이 또 웃으며 말했다.

"너는 그 사이 순씨 제수를 취하고 박씨 제수는 그 사이 양씨를 얻으셨으니 피차 같은 상황이 되었구나. 마땅히 조용히 만나서 각자의 아내의 장단점을 논하고 이별의 정회를 나누는 것이 옳거늘 너는 어찌 찾아보고 묻는 일이 없느냐?"

학사가 웃으며 대답을 하지 않았다. 그러나 진공이 대답을 재촉하자 학사가 대답했다.

"저 사람이 돌아온 후 협실에 웅크리고 앉아 이 아우를 만나려 하지 않
25 으니 어찌 만나서 말할 틈이 있겠습니까?"

진공이 그 등을 어루만지고 웃으며 말했다.

"이는 네가 거짓으로 하는 말이다. 지성(至誠)이면 감천(感天)인즉 천지신명이라도 통하리니 협실을 이르지 마라. 쇠로 된 성과 아무리 험한 길이라도 찾고자 한다면 만나게 된다. 너의 행동은 진실로 인정이라 할 수 없구나. 박씨 제수의 한이 어찌 장신궁(長信宮)에 물러나 있던 반첩여(班婕妤)[187]보다 깊지 않겠느냐?"

---

187) 장신궁(長信宮)에 ~ 반첩여(班婕妤) : 반첩여는 중국 한(漢)나라 성제(成帝)의 후궁. 성제는 처음에는 반첩여를 매우 총애했지만 시간이 흐르자 조비연(趙飛燕)에게로 사랑이 옮겨감. 조비연은 혹시라도 성제의 마음이 반첩여에게 되돌아갈 것을 염려하여 반첩여가 임금을 중상 모략했다고 무고(誣告)하여 그녀를 옥에 가두게 했음. 나중에 반첩여의 혐의는 풀렸지만 그녀의 처지는 그 옛날 임금의 총애를 한 몸에 받던 때와 같지 않았음. 그녀는 장신궁(長信宮)에 머물면서 과거 임금의 사랑을 받던 일을 회상하고 현재의 자신의 처지를 돌이켜보다가 가을이 되어 쓸모없게 된 부채와 자신의 처지가 일치한다는 생각이 들어 〈원가행(怨歌行)〉이라는 제목의

말을 마치자 여러 형들이 한 목소리로 이해와 인정을 이르며 학사를 좋은 말로 타일렀다. 그러나 학사는 다만 묵묵히 대답하지 않을 따름이었다.

학사는 원래 박소저를 한번 보고야 말리라 생각하였으나 그림자도 보지 못하므로 항상 틈을 엿보고 있었다. 하루는 이부인이 셋째 딸인 사한림 부인과 함께 조부인, 백부인 두 부인의 침소에 모여 집안일을 의논하느라 집이 오래 비어 있었다. 학사가 조회를 마치고 바로 내당에 들어와 모친이 안 계신 것을 보고는 시비에게 물어 수운각에 가신 것을 알고 틈이 있으리라 생각하고 협실 문을 열고 들어갔다.

그때 박소저는 구름 같은 쪽진 머리와 아름다운 귀밑머리를 어지러이
흐트러뜨린 채 눈썹에 온갖 근심과 원망을 띄고 서안 앞에 앉아 고서(古 26
書)를 보고 있었다. 소저가 학사를 보자 부끄러워 얼굴을 붉힌 채 아름다운 이마를 숙이고 일어나 한 구석에 앉았다. 학사는 자기가 박정하게 대하므로 박소저가 수줍어하는 것을 알면서도 그녀가 불안한 얼굴로 멀리 앉는 거동이 심히 미웠다. 기분이 좋지 않아 문득 단정히 앉고는 정색하고 말했다.

"사람들이 부부를 가리켜 남편은 온화함을 잃지 말고 아내는 순종해야 하며, 남편은 신의를 지키고 아내는 정조가 있어야 하는 것이 오륜의 중대한 일이라 했네. 그런데 그대는 내게 시집온 후 나의 박정함을 원망하고 침상에서의 사사로운 애정을 바라며 한이 깊어져 나를 보면 얼굴빛을 바꾸고 부모형제에게 교언영색으로 짐짓 내가 박대하는 것을

시를 짓게 되었음. 이 시는 중국 육조문화(六朝文化)를 대표하는 시문선집인 『문선(文選)』에 전해짐.

들추어 책망하시도록 하였네. 이 어찌 부녀자의 맑은 행실이라 하겠나? 전에 아버님, 어머님의 엄한 훈계를 두려워하여 두어 마디 말씀을 어머님께 아뢰었는데 그 말을 몰래 듣고는 매우 노하여 훌쩍 운남으로 떠나면서 남편인 내게 알렸지만 내 말을 조금도 기다리지도 않았네. 뿐만 아니라 도중에 도적의 화를 만나 떠돌았으니 이는 화급한 재앙이었을 것이나 이 또한 그대가 스스로 취한 바가 아닌가?
27 이제 돌아와 무엇이 빛나고 존중받을 일이 있다고 나를 보면 불쾌한
얼굴을 하고 화를 내며 혹 피하는가? 또 고집을 피우며 교만한 거동으로 내 눈앞에서 자연스럽지 않은 기색이 심하고 행동이 이토록 요사스러운가? 내 전후에 입을 벌려 그대를 책망한 적이 없고 쫓아내지도 않았으며 부모님께서 후대하라 하시면 후대하고 들어가라 하시면 들어가 드러난 사단이 없었네. 이같이 어지러운 것은 그대의 죄네. 지금으로 말하자면 예전과는 다르나 그대가 하는 일이 믿음직스럽지 않고 신세가 천박하고 비루하니 나의 조강지처라 일컫는 것이 치욕스럽네. 내가 이미 그대를 아내로 알지 않는데 그대가 어찌 감히 우리 부모님께 며느리의 소임을 하면서 이 협실에서 높은 체하겠는가?

산동 양가 여자가 그대 아내라 하여 따라왔다가 또 큰 형님에게 뜻을 둔 더러운 일이 있으니 비록 환란 중에 옷을 바꿔 입었다 하나 또 어찌 처를 취하는 기괴한 일이 있어 사단이 이같이 어지럽단 말인가? 불길
28 한 여자의 작태가 하는 일마다 어지러워 이와 같으니 무슨 면목으로
큰 형님을 뵈며 이 집안에서 머리를 들고자 하는가? 그대 행실이 낮을 뿐 아니라 염치없는 것이 심하니 빨리 돌아가시게."

소저는 학사가 무단히 모욕을 주는 것이 이 같은 것을 보고 마음속으로

는 분하였다. 그러나 당초에 운남으로 떠난 것은 자신이 잘못한 일인데다가 여러 가지 환란을 두루 당했으니 자기 또한 볼 낯이 없어 온순하게 사죄하여 말했다.

"군자의 엄한 책망이 여기까지 미치시니 제가 비록 어리석다고는 하나 어찌 부끄러움을 알지 못하겠습니까? 다만 제가 원망하며 호통친다는 말씀은 저의 뜻이 아닙니다. 군자께서 심히 미워하시는 마음으로 억측하신 것이 분명하니 저는 한 번 죽는 것이 이토록 더딘 것이 한스러울 뿐입니다. 돌아가길 재촉하시니 그 명을 받들어 따르는 것이 옳습니다. 그러나 제가 부모를 따르는 것을 군자를 원망한다고 하시니 이후에는 군자께서 저를 내치신다 해도 저는 이 집 뜰에서 죽을지언정 돌아갈 뜻이 없습니다."

학사는 한참 동안을 불쾌한 빛을 보였으나 소저의 행동거지가 침착하
고 얼굴빛이 한결같아 대답하는 말이 공손한 것을 보고 잠깐 낯빛을 풀었 29
다. 한참 후 눈을 들어 그 얼굴을 자세히 보다가 속으로 웃으면서 문득 말
했다.

"나를 피하여 멀리 가 앉은 것은 어째서인가?"

소저는 구름같이 쪽진 머리를 낮추고 옥 같은 얼굴을 크게 붉히며 대답하지 않았다. 학사가 또 말했다.

"내가 그대에게 따져 물을 것이 있으니 가까이 나아와 자세히 들으시게."

소저는 이 말을 듣자 마음속으로 더욱 놀랐으나 묵묵히 정색한 채 움직이지 않았다. 그러자 학사가 화를 내며 말했다.

"그대가 내 눈앞에서도 내 말을 시행하지 않으니 이는 내가 박정하게

대한 것을 원망하고 광동 도적과 은근한 애정이 깊은 것이구려. 어찌 박정한 낭군 유생의 말을 시행하겠는가?"

소저가 얼굴이 흙빛이 될 뿐 끝내 대답하지 않았다. 그러자 학사가 온갖 말로 괴로움과 모욕을 주며 나아오라 핍박했다. 그러나 소저가 끝내 움직이지 않자 학사가 매우 노하여 소매를 떨치고 일어나 나오면서 꾸짖어 말했다.

"그대가 도적의 소굴에 들어가 정절을 잃은 것이 분명한 까닭에 내가 알아볼까 싶어 이렇듯 멀리 떨어져 앉은 것이로군. 만일 그렇지 않다
30 면 어찌 남편의 말을 시행하지 않겠는가? 이후부터는 부모님께 아침 문안을 드리거나 형제들이 모인 자리에 왕래하며 나로 하여금 예법을 어긴 그 얼굴을 보지 않게 하게."

그러고는 문을 세게 닫고 학사가 밖으로 나갔다. 소저는 속으로 길게 탄식할 뿐 묵묵히 말이 없었다. 이부인은 벌써 돌아왔으나 학사가 협실에 있다는 말을 듣고 가만히 그 문답하는 것을 다 듣고 나서는 놀라움을 이기지 못하면서 소저를 더욱 불쌍히 여겼다. 학사가 이후로는 더욱 노기를 품어 박소저를 대하면 얼굴빛이 냉담하고 말하는 것이 더욱 매몰찼으며, 다른 사람이 박소저에 대한 말을 하면 당장 얼굴빛을 바꾸고 일어났다. 이에 집안사람들도 다 어쩔 수가 없었다.

소저는 이후로 모든 사람들과 담소를 끊고 시어머니의 명이 아니면 문밖을 나서지 않으며 그저 조용히 넋을 놓고 담담히 산 주검같이 협실에서 날을 보내며 몸에 채색 옷이나 장식을 갖추지 않고 항상 베개에 몸을 버리듯이 던진 채 있었다. 동서나 시누이들의 모꼬지에도 참여하지 않고 모든 일에 죄인으로 자처하였으니 백설 같은 피부는 나날이 초췌해지고 가

을 서리 같던 정신은 시시로 쇠약해졌다. 이부인은 속으로 불쌍히 여기 31
며 좋은 말로 달래고 위로했으나 여자의 염치에 그 남편이 강상의 대죄로 의심하는 것을 보고 마음이 어찌 평화롭고 한가할 수 있겠는가? 밤에도 전혀 잠을 자는 일이 없어 날이 새도록 등을 밝히고 있었으며 먹고 마시는 것이 점점 줄어들어 얼굴이 전혀 딴사람처럼 매우 수척해지기에 이르렀다.

하루는 승상이 내당에 들어와 조용히 말씀을 나누다가 며느리들이 모여 있는 것을 보고 부인에게 말했다.

"근래에 막내 며늘아기를 보지 못했는가?"

부인이 말했다.

"며늘아기가 근래 우환에 잠겨 있어 저도 자주 보지 못했습니다."

승상이 시녀를 시켜 소저를 불렀다. 박소저는 여러 사람들이 모인 자리에 나가면 학사를 만날까 두려웠으나 감히 어른의 명을 따르지 않을 수 없어 마지못해 비녀로 머리를 쓸어 올린 채 나왔다. 그러나 감히 형제의 항렬에 앉지 못하고 말석에 꿇어 앉아 어른들을 뵈었다. 그 초췌한 안색과 간단한 꾸밈새가 더욱 절묘하고 산뜻했으나 부끄러워하는 태도와 슬픈 얼굴은 그 자리에 있던 모든 사람들의 흥을 줄어들게 하였다. 승상이 놀라서 말했다.

"며늘아기를 못 본 지 오래되었는데 행동거지가 어찌 이와 같단 말이냐?"

소저가 엎드려 말했다. 32

"제가 천신만고 끝에 아버님 덕택으로 슬하에 즐거움을 누리는 것은 전과 다름없습니다. 그러나 친정부모님의 소식을 알지 못하여 근심하는 마음이 무거운 까닭에 자연히 평소와 같지 못했습니다. 아버님께 이처럼 염려를 끼치니 불초한 죄 더욱 무겁습니다."

승상이 소저를 애처롭게 여겨 은근하게 위로했다. 학사는 곁눈질로 소저를 보고는 그 얼굴이 매우 수척해진 것을 그윽이 가련하게 여겼으나 정이 없는 탓에 측은지심도 예사로워 관심도 없고 염려도 없었다. 이윽고 소저가 일어나 들어간 후 성의백이 좌중을 향해 말했다.

"박씨 제수의 기색을 보니 오래지 않아 큰 병이 날 것인데, 막내 아우는 어찌 걱정하는 기색도 없느냐?"

학사가 묵묵히 대답이 없었다. 박소저는 협실에 있은 지 4~5개월 동안 학사에게 괴로움과 모욕을 당하고 마음이 날로 초조하여 겉으로 드러나지는 않았지만 간장이 다 녹아 없어지는 듯했다. 결국엔 등창이 생겨 정신이 아득하고 상처 자리가 심히 위독하였다. 그러나 스스로 죽기를 원하
33 여 시녀와 시누이들이 달래도 일어나지 않고 거짓으로 감기에 걸린 척하며 이불에 싸여 있었다. 10여 일에 이르자 증세가 더욱 위독해져 자주 기절하기에 이렀다. 이부인과 세 시누이들이 참혹하게 여기고 승상과 여러 생들은 이렇게 말했다.

"병세가 이러하니 박중승 형제가 와서 보게 된다면 협실이 너무 안채와 가깝구나. 침소를 다른 곳으로 정하여 옮기는 것이 옳겠다."

그리하여 소저를 자리에 눕힌 채로, 백화정이란 당으로 옮겼다. 이곳은 부인 침소의 맞은편에 있으며 모란정, 매화정과 서로 맞닿아 있는 곳이었다.

이러구러 날이 오래 지나도 점점 병이 중해지자 의원을 청하여 약을 쓰고 온 집안사람들이 모여 간호하기에 힘썼다. 그러나 학사는 한 번 백화

정에 들어가 묻는 일도 없이 전혀 모르는 듯이 굴었다. 승상이 이를 한탄하며 학사와 더불어 말하지 않았고 박중승 형제가 오더라도 승상이 데리고 병에 대해 의논할지언정 학사는 곁에 있게 하지 않았다.

그러자 학사가 오히려 열없기도 하고 불편한 마음도 있었다. 그리하여
넌지시 다니며 눈치를 보다 사람이 없는 때를 타 백화정에 들어가 보았 34
다. 소저가 대단히 위독한 채로 침석에 누워 있었다. 속으로 참담하여 다가가 그 손을 잡고 증세를 물었으나 대답이 없었다. 그 빙옥(氷玉) 같이 맑고 깨끗한 자질로 자신에게 평생 박대를 받다가 그 목숨마저 끊고자 하는 것을 보자, 자신의 신의 없고 박정함이 심하고 소저의 사정은 참혹하게 여겨졌다. 슬픈 생각이 싹트기 시작해 그 팔을 빼어 보니, 새하얀 팔뚝에 앵혈이 단사(丹砂)같이 분명했다. 이것을 보자 그 인생이 기박하게 여겨져 불쌍해하는 마음이 오기(吳起)[188]보다 더하였다. 잠시 탄식하고 이어서 그 몸을 어루만지니 온 몸에 한 점 살이 붙지 않아 해골 같았다. 학사가 이것을 보고 상심하여 생각했다.

'이는 내가 한 말에 저 사람이 이처럼 마음을 써 스스로 죽기를 원하는 것이다. 편작(扁鵲)[189]이 살아 돌아온다 해도 회복하기 어려우니 만일

---

188) 오기(吳起) : 전국시대 초기 병법가로 병법에 능하여 『오자병법(吳子兵法)』을 저술함. 위(衛)나라의 부자의 아들로 태어나서 관리가 되고자 했으나 그 뜻을 이루기도 전에 재산을 탕진하여 고향에서 웃음거리가 되자 오기는 자기를 비웃은 자 30여 명을 죽이고 딴 나라로 도망쳤음. 장군으로서의 오기는 신분이 가장 낮은 사졸과 함께 의식을 함께 하고, 잘 때도 깔 것을 쓰지 않았으며 군대를 지휘할 때도 말이나 수레를 타지 않고 식량을 손수 짊어질 정도로 검소했음. 한번은 병졸 가운데 종기를 앓는 자가 있어 오기가 이를 보고 고름을 빨아 주자 병졸의 어머니가 이 말을 듣고 통곡을 했음. 어떤 사람이 이상히 여겨 연유를 물으니 그 어머니가 대답했음. "지난날에 장군은 저 아이의 아버지의 종기를 빨아준 것 때문에 저애 부친은 감격하여 전쟁에서 뒤로 물러설 줄을 모르더니 죽고 말았습니다. 이번에는 장군께서 또 저애의 종기를 빨아 주시니 나는 저애도 언제 죽을지 몰라서 우는 것입니다." 여기서 '연저지인(吮疽之仁)'이라는 고사가 생겨났음.

189) 편작(扁鵲) : 중국 전국시대(戰國時代)의 의학자. 명의(名醫)로서 전설적 명성을 남겼으며, 그의 저서라고 하는 의서(醫書)가 많음. 시기를 받아 암살되었다 함.

조금이라도 정신을 수습한다면 조용히 달래어 마음을 돌이키는 것이 내게 달려 있지 의약에 달려 있지 않으리라.'

35 그리하여 두루 몸을 만져 보다가 학사의 손이 소저의 등에 닿았다. 그러자 소저가 정신이 아득한 가운데에도 몸을 솟구쳐 놀라는 듯하며 낯빛이 푸르고 가는 맥이 끊어졌다. 학사가 매우 놀라 한편으로 약을 가져오게 하며 한편으로 등을 살펴보았다. 등에는 큰 종기가 가득하여 이미 농으로 바뀌어 있으니 온 등이 다 푸르고 검어 차마 보지 못할 정도였다. 학사가 이것을 보고 넋이 나간 듯, 취한 듯하였다. 병이 이 지경이 되도록 사람들이 다 알지 못하고 감기인 줄 알고 치료했다는 걸 생각하니 오히려 웃음이 났다. 또 소저가 끝내 말하지 않고 죽기로 정한 속마음을 알게 되자 더욱 불쌍한 마음이 들었다. 즉시 시녀를 시켜 세 누이를 청하여 등창이 난 곳을 보였다. 세 사람이 얼굴이 하얗게 되어 말했다.

"저 지경이 된 줄 저희들도 몰랐으니 이제는 어쩔 도리가 없습니다. 저 증세로 어찌 회복되겠습니까?"

학사가 즉시 외당에 있는 승상과 박중승 형제에게 이 말을 전하여 말했다.

"이는 오로지 등창으로 인한 상처 때문입니다. 종기를 잘 다스리는 의원을 청하여 종기를 터뜨린 후 약을 쓰면 요행히 살기를 바랄 수 있겠지만 고칠 기한이 지났으니 회복하기 어려울 듯합니다."

36 승상과 여러 사람들이 당장 들어와서 보고는 매우 놀라 즉시 여러 의원을 불러서 보였다. 그러나 아무도 감히 손을 쓸 사람이 없었다. 80여 인이 한결같이 두 손을 모으고 절하며 말했다.

"저희들이 평생 의술을 업으로 삼았으나 이처럼 독한 종기는 본 적이 없습니다. 하물며 고칠 기한이 지났으니 함부로 손을 써 일을 내겠습니까?"

승상이 말했다.

"오래 살고 못 사는 것은 천명이니 어찌 너희들을 탓하겠느냐? 살든지 죽든지 간에 종기를 터뜨려 미심쩍은 데가 없게 하여라."

그 중 어의(御醫) 최각은 의술이 높았다. 작지만 날카로운 칼을 들고 모여 있는 사람들에게 말했다.

"이 종기는 한낱 침으로 터뜨릴 만한 것이 아닙니다. 상처가 난 곳을 다 베어낸 후 화타(華陀)[190]가 썼던 괄골요독법(刮骨療毒法)[191]을 쓸 것인데, 병드신 부인이 기운이 약하니 잘못하면 일이 날까 두렵습니다."

승상이 말했다.

"만일 환자가 잘 견뎌내면 가장 좋겠지만 견뎌내지 못한다 한들 차마 어찌 하겠느냐? 의심하지 말고 고쳐라."

최각이 말했다.

"사람들이 많이 부인을 끼고 붙들어야만 손을 쓸 수 있을 듯합니다."

승상이 좌우를 돌아보니 진공 형제는 다 예의를 표하느라 밖에 나가 37
있었고 박중승 형제는 비록 남매간이라 해도 예법이 삼엄하여 함께 밥을 먹지도 않고 같은 자리에 있지도 않는 습관이 있어 소저의 위급함을 보고 다 눈물을 뿌리며 슬퍼할지언정 다가가 보려는 뜻이 없었다. 승상이 여러

---

190) 화타(華陀) : 중국 후한(後漢) 말기의 의원. 『후한서(後漢書)』에 의하면, 장생술(養生術)에 환하게 통하여 그의 나이 100세에 가까워도 오히려 젊은이에 못지않게 정정했다 함. 약제(藥劑)의 조제, 침질과 뜸질에 두루 통했으며 외과 수술에 마취약을 썼다 함. 조조(曹操)의 병을 간호하다가 자기 집으로 가서 아내가 병이라 하여 돌아가지 않자 조 조의 노여움을 사게 되어 옥에 갇혀 죽었음.

191) 괄골요독법(刮骨療毒法) : 뼈를 깎아내고 독을 치료하는 법.

유모와 시녀들로 하여금 소저를 부축하여 앉히게 하고 친히 상처 난 곳에 다가가 의원과 더불어 지극히 조심하여 살폈다. 침을 놓자 독이 섞인 피가 살을 쏘는 듯하여 승상의 비단 도포가 핏방울로 젖어들었다. 학사가 이 광경을 보고 소저가 불쌍한 것은 말할 것도 없고 부친이 이같이 하시는 것에 감격하였으니 자기인들 어찌 마음을 놓고 앉아 있을 수 있겠는가? 나아가 고하였다.

"제가 조심해서 하리니 아버님께서는 평안히 앉아 계십시오. 그러면 제가 마음을 놓겠습니다."

승상이 들은 체도 하지 않았으나 박중승 형제가 함께 일어나 청하였다.

"누이가 살아날 길을 바라기도 전에 사돈어르신의 건강이 편치 않으시니 문명에게 대신 시키시는 것이 마땅합니다. 저희들도 함께 살피겠습니다."

38 승상이 그제야 물러났다. 학사가 즉시 팔을 걷고 나아가 최각을 도와 뼈를 깎아내고 독을 치료하는 것을 마쳤다. 등에 약을 붙인 후 소저를 부축하여 눕히자 가슴에 엽전만한 온기가 있어 점점 생기가 나기 시작했다. 승상을 비롯한 모든 사람들이 이 모습을 보고 매우 기뻐했다. 학사가 이후부터 마음을 돌이켰다. 소저가 이처럼 병을 끝내 말하지 않은 군은 마음과 앵혈이 전과 다름없는 것을 보고는 마치 잊었다가 깨우친 사람같이 매우 감동하고 애석해 하는 마음에 병실을 떠나지 않으며 간호하기를 지성으로 하였다. 온 집안 사람들이 이를 기뻐하면서도 이상하게 여겼다.

6~7일이 지나자 소저가 점점 정신을 차렸다. 그러나 학사가 있는 것을 보고는 놀라고 괴로운 마음에 심히 두려워하며 어려워했다. 학사는 그 뜻을 알고 더욱 친근하게 보살피며 전날 박대하던 일을 뉘우치고 있다고 소

저에게 말했다. 이렇듯 방안에 사람이 없으면 그 손을 잡고 소저를 타이르는 말이 끊이지 않았다. 소저는 비록 전날 당한 괴로움과 모욕이 뼈에 사무쳐 노엽기는 했으나 남편의 일이라 어쩔 수 없는데다가 지금 남편의
마음이 당장에 임시로 지어낸 마음이 아닌 것임을 알고는 괴이하게 여겼 39
다. 그러나 입을 열어 말을 하지 않고 항상 병을 핑계 삼아 눈을 감고 얼굴을 싸매고는 학사를 보지 않았다.

보름이 지나자 등창 자리가 약간 나아 비록 일어나 다니지는 못해도 눕는 것은 스스로 할 수 있을 정도가 되었다. 학사가 밤낮으로 곁에 있는 것을 괴롭게 여겨 벽을 향해 누운 지 두어 날이 되었다. 이부인이 친히 이르러 병세를 묻고 여러 날을 계속하여 아들이 지극 정성으로 간호하는 것을 기뻐했다. 그러나 소저가 학사를 매몰차게 대하는 것을 알고는 일부러 이렇게 말했다.

"며늘아기의 병이 너로 인해 났으니 간호나 잘 하여라."

학사가 웃으며 대답했다.

"사람의 화복(禍福)과 수명은 다 하늘에 달린 것이니 어찌 제 탓이겠습니까? 아버님, 어머님께서 항상 저렇듯 하시기에 아녀자의 꽉 막힌 소견에 문득 스스로를 중하게 여기고 저를 보면 불쾌한 안색을 지으면서 묻는 말에도 대답조차 하지 않는 것 아니겠습니까? 이 사람이 어제부터는 다시 저 병든 몸을 수고롭게 하여 벽을 향한 채 혹 미음이나 마시다가도 저를 보면 즉시 눈치를 주어 치우라 하고는 먹지 않더이다. 오
늘 아침에는 시녀가 약을 달여 가져왔기에 제가 깨끗하게 달였는지 알 40
아보고자 한 번 본 후에 먹기를 권하였습니다. 그러자 이 사람이 묵묵히 벙어리가 꿈 얘기하듯 하다가 억지로 받아서는 약을 여러 번 자세히

살피고 먹지 않는 것 아니겠습니까? 여러 번 먹기를 재촉하니 갑자기 얼굴을 붉히고 눈물을 머금은 채 약을 먹고 즉시 토하며 제가 권하는 것을 우습게 여기고 또 짐독(鴆毒)[192]이나 넣지 않았나 하고 의심하였습니다. 그러니 제가 이 사람을 간호할 길이 없습니다."

부인이 소저를 돌아보며 말했다.

"너의 말이 맞다면 며늘아기 또한 너무 지나치구나. 너희 부부간에 혹 노여운 일이 있다고 해도 부녀자의 덕은 유순한 것이 으뜸이다. 내 아들이 한 일이 원망스럽다고 해도 며늘아기는 우리를 보아 이를 길게 마음에 되새기지 않았으면 좋겠구나."

이는 부인이 학사가 회심한 것을 기뻐하고 소저가 또 전에 있었던 일들을 깊이 마음에 새겨두어 분한 마음을 품을까 싶어 잠깐 제어한 것이었다. 소저는 근심스런 기색으로 고개를 숙이고 들을 따름이었을 뿐, 학사가 여러 가지 조목을 들며 억측한 것에 대해 변명하지 않았다.

부인이 돌아간 후 학사가 시치미를 떼고 앉았다가 밖으로 나가는 체하
41 고 문 밖에 나가 앉아서 들어 보았다. 소저는 다만 혀를 찰 뿐 말이 없었다. 학사가 석양에 다시 백화정에 들어가 병세를 물었다. 소저가 대답하지 않자, 학사가 웃으며 말했다.

"어머님께서 말씀하셨는데도 부인이 듣지 않고 갈수록 교만한 체하니 내가 광동 도적 같으면 부인이 나를 업신여기지 않을 텐가? 내 원래부터 그대의 앵혈을 보지 않았으니 오늘 보아야겠네."

그러고는 소저의 팔을 빼어 앵혈을 다시 보고나서 웃으며 말했다.

"부인이 나와 더불어 부부로서 지내지 않은 것[193]은 내 탓이지만, 도적

---

192) 짐독(鴆毒) : 짐새의 깃에 있다는 맹렬한 독, 또는 독한 기운(氣運).

의 소굴에서 앵혈을 완전하게 보전한 것은 실로 이상한 일이오. 거짓 으로 이것을 찍어 나를 속이는 것은 아닌가?"

소저가 학사의 말과 거동을 흉하게 여겨 얼굴빛이 연지를 찍은 사람처럼 붉어져서는 손을 뿌리쳐 빼내려 하다가 상처 부위가 다시 찢어져 독이 섞인 피를 낭자하게 흘리며 정신을 차리지 못했다. 학사가 놀라서 황급히 약을 뿌리고 수족을 주무르자 한참 후 소저가 정신을 차렸다. 학사가 또 화를 내며 말했다.

"내가 비록 전날 그대를 박대하여 한이 장문궁(長門宮)에 있다 해도 내
가 이제는 뉘우쳤으니 그대는 부부의 지극한 의로 오륜(五倫)을 삼가야
할 것이오. 그렇거늘 한결같이 나를 거절하여 끝내 감화하지 않으니 42
이 어찌 부덕(婦德)에 온당한 도리라 하겠소? 끝내 이렇게 한다면 나 또
한 별난 처치가 있을 줄 아시게."

소저가 탄식할 뿐 대답이 없었다. 학사는 일부러 노한 기색으로 외당으로 나왔으나 4~5일이 지나자 스스로 참을 수가 없었다. 또한 저 사람의 병이 오히려 죽을지 살지를 기약할 수 없으니 혹 죽게 된다면 자신이 뒤늦게 후회하는 일이 있을까 두렵고 저 사람 또한 살기를 괴롭게 여기고 죽기를 원하는 마음에 그 병을 조리할 리 없으니 만일 하루아침에 옥이 부서지고 꽃이 떨어지는 일이 있으면 후회해도 소용없을 일이란 생각이 들었다. 이에 다시 백화정에 들어가 병세가 어떤가 물어보았다. 비록 소저가 대답이 없더라도 학사가 그 기색을 보아 병을 간호하면서 의약을 지성으로 지어 올리자 증세가 날로 회복되는 기색이 있었다. 온 집안이 다 기뻐했으니, 운수 선생이 웃으며 말했다.

193) 부부로서 ~ 것 : 서로 소원한 가운데 잠자리를 함께 하지 않은 것을 말함.

"여자에게는 남편만한 사람이 없구나. 초공 부부의 박씨 사랑이 옥영의 위에 있어도 끝내 등창이 난 줄 몰랐는데 세필은 여러 해 동안 안부도 묻지 않다가 잠깐 들어가 알아냈으니 그 가깝고 소원한 정도를 알겠구나."

43 여러 사람들이 다 크게 웃었다. 승상이 말했다.

"그 놈이 박대를 지나치게 심하게 하다가 갑자기 문병하는 것도 평범하지 않게 했으니 흉악하지 않습니까?"

선생이 웃으며 말했다.

"박씨의 명이 길고 세필 또한 유복한 때이기에 자연스레 은근한 뜻이 난 것이네. 어찌 흉악하다 하겠나?"

승상도 빙그레 웃었다.

박소저는 자기의 평생 신세를 슬퍼하고 학사의 괴롭힘을 원통히 여겨 이에 마음 쓰고 걱정하다가 죽을병에 걸렸었다. 그러나 시부모가 지극 정성으로 보살펴 주었고, 학사 또한 잘못을 뉘우치고 새로운 애정이 가득하여 간호하는 정성이 점점 두터워지게 되었다. 학사가 전에는 공연한 책망과 노한 기색이 끊이지 않다가 지금에 이르러서는 행여 자신이 화를 내거나 옛날을 생각하는 마음이 있을까 두려워하는 것을 보자, 사람살이가 뒤집어지는 것이 이와 같은 데 소저는 놀랄 따름이었다.

열흘이 지나자 소저가 쾌차하여 평소와 다름이 없었다. 처음으로 세수하고 머리를 빗은 후 시부모에게 문안하니 맑은 기질과 깨끗한 용모가 새롭게 더욱 뛰어나 눈 속의 하얀 매화나 옥쟁반의 명주 구슬 같았다. 모든 사람들이 다시금 칭찬하며 사랑하고 탄복하는데 문득 순씨가 들어와 소저를 보고 별안간 화를 내며 불쾌한 얼굴로 말했다.

"저 요물이 살아났으니 내 앞길이 매우 염려스럽구나." 44

그러고는 몸을 돌이켜 나갔다. 좌우에 있던 사람들이 소저를 보았으나 안색이 한결같이 평소처럼 온화한 기운이 가득하였다. 시부모가 더욱 사랑하며 소중히 여기고 여러 동서와 시누이들도 칭찬하며 탄복하였다.

문안을 마치고 젊은 부인네들이 중당에 모이게 되었다. 성의백 부인 소씨가 시녀에게 명하여 술과 안주를 내오게 하여 화목한 분위기를 돋우면서 웃으며 말했다.

"우리들이 어려서 유씨 가문에 들어와 시부모님의 성은과 여러 동서, 시누이들의 지극한 대우를 받으며 인간 세상의 험난한 영화와 치욕을 알지 못하고 부귀를 누려 왔습니다. 그러나 박부인이 당한 환란과 곤욕은 세상에 있을 법하지 않은 일입니다. 게다가 이제 죽을병에서 살아나 예전처럼 서로 마주 대하여 형제의 항렬이 가지런하게 되었으니 우리들이 다행스럽게 여기는 마음은 말로써 이루 형용할 수 없을 정도입니다. 오늘 마침 집안이 고요하고 형제들도 모였으므로 술과 안주를 갖추어 드리니 박부인께서 맛보시라 권하고 싶습니다."

박소저가 옷깃을 여미고 감사하며 말했다.

"제가 귀한 가문에 의탁하면서부터 시부모님의 성은은 말할 것도 없고 여러 형님들의 사랑해주시는 마음은 뼈에 새길 것입니다. 어찌 감사한
마음을 말로 하겠습니까마는 다만 몸에 누명을 입었고 중병에서 회복 45
하지 못했으니 은혜와 사랑을 감당치 못할 것 같습니다."

양학사 부인 현영 소저가 위로하며 말했다.

"지난 일은 한 때의 운수와 재앙이었습니다. 항상 생각하고 근심하니 어찌 괴롭지 않겠습니까? 오늘은 소형의 말씀같이 형제들이 모여 즐기

십시다."

그러고는 순씨를 청하려 하였다. 그러자 양한림 부인이 말리며 말했다.

"이 사람이 오면 아담한 모꼬지에 더럽고 추한 풍파가 일어날 것이니 부질없는 일입니다."

양한림 부인 설영 소저가 낭랑하게 웃으며 말했다.

"성인(聖人)의 곁에도 양화(陽貨)[194]가 있으니 저런 유라도 있어야 심심하지 않을 것 아닙니까? 아우는 세상일을 알지 못하는구나."

좌중이 다 웃었다.

이윽고 순씨가 칠보단장을 다시금 어지럽게 하고 들어와 박소저 위에 자리를 이루었다. 세 시누이가 웃으며 말했다.

"오늘 소형이 형제들을 모아 잔치를 베푸셔서 우리가 다 모였는데 홀로 형이 아니 계시므로 우리가 청했습니다."

순씨가 이를 기분 좋게 여기고는 비단 소매를 들어 코를 씻으며 웃고 말했다.

46 "마침 사정이 있어 당 안에 있었는데 은근히 청하시니 감사합니다."

뒤이어 자리를 정하니 자리가 강씨와 박씨 사이에 있었다. 순씨가 좌우로 얼굴을 돌아보며 두 사람의 아름다운 용모와 자태를 정신 놓고 살피다가 갑자기 한 마디 급한 기침이 나는 바람에 그 소리로 난간이 터지는 듯했다. 좌중이 처음엔 다 무슨 이상한 변이라도 났는가 싶어 놀랐는데, 이윽고 똥냄새가 진동하는 것이었다. 그 자리에 앉아 있던 모든 부인들이

---

194) 양화(陽貨) : 춘추 시대 노(魯)나라 대부(大夫). 일찍이 광(匡) 땅의 관원이 되어 포학한 정치를 한 일이 있었음. 공자(孔子)와 외모가 비슷하였기에 이 때문에 공자가 양화로 오인 받아 곤욕을 치른 적이 있음.

냄새가 심히 코를 거스르기에 한꺼번에 소매를 들어 코를 가렸다. 이로 인해 이 잔치 이름을 '엄비연(奄鼻宴)'[195]이라 하였다.

순씨는 모든 사람들이 소매를 들어 코를 막는 것을 보고 오히려 부끄러
워 낯을 붉히고 고개를 숙인 채 오래도록 말을 하지 않았다. 소씨가 그 부
끄러워하는 모습을 보고 여러 사람들에게 눈치를 주어 진정시킨 후 푸짐
한 음식을 내와 즐기었다. 순씨는 술과 음식을 보자 두 손을 가로 들고 그
맛에 깊이 빠졌다. 바다와 육지에서 나는 진수성찬이 상에 가득하고 맛이
아름다운 것을 기분 좋게 여겨 한 번에 다 못 먹을까봐 마음이 바빠 푸른
입술을 들추며 마구 쑤셔 넣어 순식간에 씹어서 다 먹었다. 순씨가 빈 그 47
릇을 놓고 부끄러운 듯이 앉아 있는 것을 본 강소저[196]가 자기의 상에 있
던, 진미가 담긴 여러 그릇을 옮겨 놓으며 먹기를 권하였다. 순씨가 이를
흔쾌히 받아서 먹었다. 자리에 진국 부인 장씨가 있다가 그윽이 우습게
여겨 문득 말했다.

"오늘 모꼬지에 아름다운 술을 내와 즐기지 않으시렵니까? 제가 궁중에서 직접 만든 술로 마침 박부인께서 살아 돌아오신 것을 치하하고자 했는데 소형께서 먼저 잔치를 베푸셨으니 감히 끝을 이어 한 잔을 부으며 형제의 정을 펴고자 합니다."

세 시누이들이 한꺼번에 말했다.

"장형이 제후의 부인으로서 형제들이 모이는 잔치에 한 번도 오지 않으시는 것을 이상하게 여겼더니 이미 이런 뜻이 있으셨군요. 어찌 빨리 주찬을 가져와 주린 배를 채우게 하지 않으셨습니까?"

---

195) 엄비연(奄鼻宴) : '코를 가린 잔치'라는 뜻임. 순씨가 기침을 한 번 하자 똥냄새가 가득하여 여러 사람들이 코를 가리었기에 이와 같이 잔치이름을 붙인 것임.

196) 강소저 : 유승상의 넷째 아들인 유세경의 아내임.

장씨가 낭랑하게 웃고 좌우에 있던 사람을 시켜 최상궁에게 술과 안주
를 내오라 이르자 시녀들이 명령을 받고 밖으로 나갔다. 잠시 후 진양궁
에서 붉은 치마와 채색 옷을 입은 시녀 30여 인이 옥쟁반과 금그릇에 안
48 주를 갖추어 모든 부인들 앞에 드리고 좋은 술을 내어와 앵무배(鸚鵡
杯)[197]에 부어 차례로 올렸다. 소씨가 빙그레 웃으며 말했다.

"오늘 제가 장만한 두어 그릇의 음식을 장부인이 풍성한 잔치로 이으시니 광채가 갑절이나 더합니다그려."

그러고는 술잔을 내와 서로 권하였다. 소씨와 장씨가 다 박소저를 향해 축하하면서도 유달리 순씨에게는 권하는 일이 없자, 순씨가 노기를 머금고 장씨를 매우 밉게 보았다. 장씨가 알아보고는 빨리 옥잔에 술을 가득 부어 순씨에게 권하며 말했다.

"우리 동서 형제들이 즐기는 가운데 부인의 꽃 같은 얼굴과 별 같은 눈을 대할 수 있을 뿐 아니라 부인께서 저의 정성을 저버리지 않으시고 누추한 음식을 맛보아 주시니 감사한 마음을 이기지 못하겠습니다. 삼가 잔을 들어 축하하고자 합니다."

순씨가 기뻐하며 받아 마시자 장씨가 잇달아 권하였다. 7~8잔에 미치
자 순씨가 매우 취해 얼굴이 온통 붉어진 채 두 팔을 뽐내며 주홍을 이기
지 못하였다. 강소저가 앉은 자리가 가깝기에 순씨의 술 냄새를 괴롭게
49 여겨 문득 일어나 서쪽 난간에 따로 앉았다. 박소저가 그 뜻을 알고 살짝
미소를 짓자, 마침 순씨가 이 모습을 보고 별안간 매우 화를 내며 말했다.

"박씨가 고운 얼굴을 믿고 나를 비웃지만 유학사의 사랑은 얻지 못하여 앵혈이 여전하다 하니 너의 고운 빛은 광동 도적을 기쁘게 할 뿐이

197) 앵무배(鸚鵡杯) : 자개로 앵무새의 부리같이 만든 술잔.

구나. 이 집안에서 나의 적국인 체하는 것이 당돌하고 염치없으니 내 마땅히 낭군께 아뢰고 무거운 죄로 다스릴 것이다."

박소저는 이 말에는 묵묵히 대답하지 않고 소씨, 장씨 두 부인을 향해 말했다.

"오늘 두 형님의 후대를 받아 음식이 배에 가득 차고 술이 입에 풍족합니다. 제가 감사한 마음을 이기지 못하나 예가 아닌 말이 귀를 더럽히니 참고 앉아 있기 어려울 것 같습니다. 각별히 다른 날 침소에 가서 사례하겠습니다."

말을 마치자 비단 소매를 떨치고 일어났다. 순씨가 이에 매우 노하여 취중의 미친 마음이 일어나 부지불식간에 냅다 일어나 박소저를 끌어당겨 넘어뜨리고 앞에 놓인 상을 들어 어지럽게 마구 치면서 말했다.

"내 오늘 요사한 사람과 사생을 결단할 것이다. 네가 근래에 병이 났다 50
하면서 학사를 유인하여 내 방에 종적이 끊어지게 하니 삼생(三生)[198] 의 원수가 아니겠느냐? 내가 어찌 용서하겠느냐?"

뒤이어 소저의 의상을 다 찢고 쪽진 머리를 다 뜯었으니 그 모습이 참혹했다. 순씨가 원래 건장하고 힘이 센데다 소저는 난초 같은 약한 기질로 중병 끝에 몸을 움직이지 못하여 정신을 차리지 못했다. 모두 처음엔 순씨가 하는 짓을 보려 앉았다가 순씨의 구타가 이 지경에 이른 것을 보자, 세 시누이가 한꺼번에 일어나 순씨를 밀치고 소저를 빼내려 했다. 그러자 순씨가 크게 소리 지르고 소저 위에 걸터앉아 무수히 난타하고 두 주먹을 어지럽게 내두르니 아무도 감히 가까이 가지 못했다.

자리에 있던 신사장군 설씨가 순씨의 작태를 보고 놀라운 마음을 이기

198) 삼생(三生) : 불교에서, 전생(前生)·금생(今生)·후생(後生)을 이르는 말.

지 못하고 벌떡 일어나 앞에 놓인 상을 밀치고 순씨를 끌어 일으키며 소저를 빼내자 순씨가 날뛰며 설씨와 싸우고자 했다. 설씨가 미소를 짓고
51 그 손을 잡아 앉히자 순씨가 감히 이기지 못하여 물러났다. 모두들 박소저를 부축하여 백화정으로 데리고 가 진정케 했다. 여러 사람들이 다 흩어지자 세 소저가 정당에 들어가 이 일을 모친인 이부인께 고하였다. 이부인이 놀라움을 이기지 못하여 말이 없었다. 그러자 세 사람이 오히려 웃으며 말했다.

"우리들은 평소 설형이 부녀자의 도리를 어기는 것을 나쁘게 생각했었는데 오늘 순씨를 시원하게 제어하는 것을 보니 저희들이 아랫사람으로서 그 앞에서 허리를 굽히고 오리걸음을 걸으라고 해도 달게 여기겠습니다. 이제야 문무(文武)의 길이 한 가지라는 것을 깨달았으니 전날 저희들의 소견이 편벽했던 것을 뉘우칠 뿐입니다."

설씨가 희미하게 웃을 뿐 대답이 없었다. 이윽고 성의백 오형제가 들어와 이 말을 듣고는 다 매우 놀라 말했다.

"이는 가법을 어지럽히고 선후를 엉클어뜨린 일이니, 다른 사람들에게 듣게 해서는 안 될 것입니다. 막내 아우 집안의 도가 끝내 온전하지 못할 듯싶습니다."

진공이 물었다.

"부인네들의 모꼬지에 술주정이라니 괴이하구나. 어떤 사람이 온순치 못한 부인에게 술을 권하여 이 사단을 일으켰느냐?"

옥영이 웃으며 말했다.

52 "이는 오로지 장형이 권하신 것입니다. 아름다운 말씀으로 좋은 술을 권하니 순형이 매우 취했습니다. 으뜸은 장형의 탓이고 그 다음은 강

형의 죄입니다. 강형이 순형의 누추한 악취를 괴롭게 여겨 떨치고 일어나기에 박형이 잠깐 웃자, 순형이 이를 보고 매우 노하여 박형을 모욕하고 구타하는 상황이 여러 가지로 놀랄 만했습니다. 만일 설형의 힘이 아니었다면 저희들 같은 약골이 어찌 박형을 구하였겠습니까? 앉아서 초상을 당할 뻔 했습니다."

모든 사람들이 더욱 놀라고 진공은 눈길을 흘려 장씨를 보며 정색하고 말했다.

"집안에 사단을 일으킨 것은 그대의 죄오. 어찌 순씨 제수의 탓이겠는가? 술은 자고로 사람을 미치게 하는 약이니 남자도 피하기 어려운데 하물며 부인 여자의 마음이 어찌 온전하겠는가?"

성의백이 미소를 지으며 말했다.

"둘째 아우의 말이 우습구나. 순씨 제수가 술에 취하고 투기하는 것이 어찌 장씨 제수의 탓이겠느냐? 내가 보기에는 막내 아우가 집안을 다스리는 도가 흩어진 까닭인가 싶구나."

조부인이 웃으며 말했다.

"이러나저러나 벌써 지난 일이니 의논해도 쓸데 없는 일이다. 아무튼 53
어떻게 취했는지 보고 싶으니 순씨를 부르거라."

시녀가 명을 받들어 가더니 이윽고 돌아와 웃으며 말을 하지 않았다. 조부인이 괴이히 여겨 묻자 시녀가 또 대답하지 않고 입을 싸고는 웃는 것이었다. 성의백의 장자 건은 이때 나이가 8살이었다. 조부인이 명령하여 순씨를 부르라 하자 건이 빨리 나가서 보았다. 순씨가 매우 취한 채 꺼꾸러져 음식을 무수히 토한 뒤 누워서는 잠이 깊이 들어 있는데, 코 고는 소리가 우렛소리 같았다. 이것을 본 건이 매우 놀라고 우습게 여겨 즉시 돌아와 조부인께 고하였다.

“순숙모께서 매우 취하여 정신을 못 차리시기에 부르지 못하였습니다. 입에서는 음식이 가득하게 나오고 아래로는 똥오줌이 흐릅니다.”

좌중이 크게 웃었으나 성의백이 정색하고 말했다.

“건이 어린아이로 요망한 말을 하니 조카로서의 도리가 아니구나. 비록 어린아이이지만 훈계하지 않는 것은 옳지 않습니다.”

부인이 웃으며 말했다.

“내 아들은 우스운 말을 하지 마라. 저 사람이 하는 짓은 나 역시 참지 못하겠는데 건이 어찌 웃지 않겠느냐?”

54 학사가 그제야 웃으며 말했다.

“건이 한 말을 형님께서 책망하시니 이 아우는 기절할 것 같습니다. 웃지 않으면 인정이 아니니 건이 보인 태도가 솔직한 것입니다.”

성의백은 미소할 뿐 대답이 없었다.

이때 박소저는 순씨에게 큰 모욕을 당하고 여러 사람들의 도움을 받아 침소로 돌아온 후 스스로 자기 인생과 신세를 한탄하고 있었다. 천한 여자들 간에 하듯 머리를 뜯기며 매를 맞은 것이 자기 신상에까지 미치자 매우 부끄러워 길게 탄식하고 침석에 의지해 누워 있었다.

그런데 학사가 들어와 병이 빨리 나은 것을 기뻐했다. 그리고 이날 아침 천자께서 박공이 운남을 선치한 공적을 일컬으시며 마음으로 예전 일을 온전히 뉘우치시니 오래지 않아 박공이 승진하여 돌아올 것 같다는 얘기를 전하며 담소하는 것이 태연했다. 그러나 순씨의 말을 내색하지 않으므로 소저 또한 억지로 두어 가지 물음에 대답하고 태연히 앉아 있었다. 그 차분한 기운과 깨끗한 광채가 촛불 아래에서도 밝게 빛나니 학사가 탄

복하고 공경하지 않을 수 없었다. 밤이 깊어지자 함께 원앙금침에 나아 55
가 처음으로 동침하였으니 학사의 애정이 귀하고 중하기가 비할 데 없었
다. 그러나 소저는 부끄럽고 두려운 마음이 많은데다가 학사가 이전에 자
신을 의심하고 모욕하던 일을 생각하자 이제 이처럼 은근하게 구는 것을
보아도 뼛속까지 놀라고 혼이 흩어지는 듯한 것을 깨닫지 못할 지경이었
다.

다음날 아침에 소저가 경대 앞에 앉아 그저 묵묵히 단장할 뜻도 없고 눈썹 언저리에는 근심이 잠겨 있었다. 학사가 그 뜻을 알고 미소하며 말했다.

"날이 해가 뜰 시각에 이르렀는데 부인은 어찌 아침문안에 참여하지 않았는가?"

소저가 대답했다.

"몸의 질병이 평소와 같지 못하니 아침문안할 뜻이 없습니다."

학사가 웃고 밖으로 나가자 소저가 그제야 세수하고 머리빗은 후 시부
모님에게 문안드리러 갔다. 시어머니인 이부인은 어제 있었던 순씨의 일
을 묻지 않고 그윽이 소저의 약한 몸이 상했을까 염려할 뿐이었다. 세 딸
과 함께 소저에게 눈앞에서 투호를 치게 하며 여공(女功)에 관한 일을 이
야기하다 석양이 되었다. 그러나 소저가 즐겨 침소에 돌아가지 않고 협실
에서 사어사 부인 옥영 소저와 함께 촛불을 밝힌 후에도 일어날 뜻이 없 56
었다. 옥영 소저가 웃으며 말했다.

"형님이 병이 나은 후에도 옛 침소를 생각하니 신의 있는 것이 너무 심합니다그려."

"백화정이 멀리 떨어져 있는데다 적막하고 쓸쓸하여 편안하고 조용한

협실만 같지 못합니다. 꿈속에서도 넋이 늘 이곳에 있으나 부인은 저를 찾지 않으시니 심히 제 뜻과 다릅니다."

옥영이 웃으며 말했다.

"형님이 옛곳을 잊지 않으신다면 오늘부터 함께 사십시다."

이부인이 두 사람의 문답을 듣다가 그윽이 소저의 뜻을 알고 매우 불쌍히 여겼다. 그러나 학사를 노하게 할까 두려워 웃으며 말했다.

"여자가 거처를 임의로 옮기는 것은 옳지 않다. 내 아들이 반드시 괴이하게 여길 것이니, 며늘아기는 일찍 돌아가거라."

소저가 감히 거역하지 못하여 침소에 이르자, 학사가 벌써 집안에 촛불을 밝히고 침석에 기대어 소저를 기다리고 있었다. 소저가 마음속이 편하지 않아 멀리 자리를 잡았다. 학사가 아름다운 두 눈썹에 온화한 기운이
57 가득하고 붉은 입술과 새하얀 이에 봄바람 같은 웃음을 띤 채 다가와 손을 잡고 말했다.

"밤이 이미 깊었는데 어찌 이리 늦게 돌아와 나로 하여금 빈 방에서 무료하게 기다리게 하시는가? 부인의 거동이 새로 우환을 만난 사람 같아 나를 보면 안색이 평소와 같지 않구려. 우리 부부가 어려서 혼인한 지 5~6년 사이에 원앙금침에서 사랑을 나눈 것이 처음이나 서로 친한 것은 오래되었거늘 과도히 부끄러워 이렇게까지 하는 것은 인륜의 의를 모르는 것이 아니오? 부인처럼 현명한 사람이 어찌 속세 아녀자의 태도에서 벗어나지 못하시는가?"

소저가 이마를 나직이 하고 얼굴을 매우 붉힌 채 눈길을 더욱 나직하게 깔고 한 마디 대답도 안 하였다. 학사가 소저를 더욱 사랑하고 소중히 대하며 여러 가지로 달래어 함께 비단 이부자리에 나아갔다. 소저는 기색이

가을달 같고 동지눈보다 차가워 학사의 애정을 조금도 받아들이지 않았다. 그러나 학사가 더욱 소저를 공경하고 높이 여겨 은근한 애정이 태산 같고 바다 같으니 전날 박대하던 일은 조물주의 희롱인 것을 알만 하였
다. 이후부터는 학사의 발걸음이 백화정을 떠나지 않았으며 소저를 대하 58
면 점잖던 성정도 호기로워지고 매몰차던 낯빛도 누그러졌다.

학사의 큰형인 성의백은 본래 물욕에서 벗어난 위인이지만, 둘째 형인 진공은 두 부인을 대접하는 두터운 정에 「대아(大雅)」[199]의 풍채가 있었고, 셋째 형인 영릉후는 매우 엄하여 빈틈이 없는 가운데에도 부인을 공경하면서 마음을 놓지 않았으며, 넷째형인 부풍후는 원래 성숙하고 의젓하여 과도한 일이 없었다. 그런데 학사에 이르러서는 순씨와 부부의 의리를 펴긴 했어도 일찍이 애정이 소원하여 데면데면하기가 심하였으니 그저 말로만 둘러대는 부부간이라 할 수 있었다. 그러다 박소저를 다시 만나 용검(龍劍)이 다시 하나로 합하고 깨진 거울이 둥그렇게 합해져 20세의 나이에 처음으로 부부간의 사랑을 알게 되자 귀하고 소중히 대하며 곡진하고 정다운 것이 오히려 형제들 중 가장 심하였다. 학사 부부가 조용하고 화평하여 결혼한 지 처음으로 기쁨이나 분노를 드러내지 않고 서로 일마다 기특하게 여기니 온 집안이 다 매우 기뻐하면서도 이상하게 여겼다. 이날 과연 천자께서 박공을 뽑아 쓰시어 참지정사(參知政事)[200] 예부상서

---

199) 대아(大雅) : 『시경(詩經)』의 편명의 하나로 '아(雅)'는 '정(正)'을 의미함. 곧 큰 정치를 말한 정악(正樂)의 노래를 의미함. 〈시대서(詩大序)〉에는 "아(雅)란 바르다는 것으로 왕정의 폐한 바와 홍한 바를 말하고 있다. 정치에는 작은 것과 큰 것이 있는 까닭에 「소아(小雅)」와 「대아(大雅)」가 있는 것이다[雅者, 正也, 言王政之所廢興也, 政有小大, 故有小雅焉, 有大雅焉]."라고 되어 있음. 「대아」에는 주(周)왕실의 귀족의 작품이 많이 있으며 중요한 노래들은 주 왕실의 선조에서 무왕(武王)에 이르기까지의 선왕들의 공적을 송축하고 있으나 간혹 시편 중에는 여왕(厲王)이나 유왕(幽王)의 폭정과 혼란 때문에 그 통치가 위기에 처한 것을 말한 것도 있음.

200) 참지정사(參知政事) : 송나라 때부터 생긴 벼슬이름으로, 재상 밑에서 국정을 보좌함. 재상 다음 가는 벼슬임.

(禮部尙書)[201]에 임명하시고 역마(役馬)를 보내 부르셨다. 박어사 등이 천
59 은에 감격하고 기쁜 마음으로 부모를 영접하였다.

이때 순씨는 '엄비연(奄鼻宴)'에서 술에 취하여 몽롱하게 중당에 거꾸러져 있다가 시비들에 이끌려 간신히 해운정에 돌아와 있었다. 다음날 숙취에서 깬 후 유모와 시비가 어제 일을 말하자 부끄럽고 화가 나 여러 날 동안 아침저녁 문안에 참여하지 않고 침소에 있으면서 학사가 들어오기만 기다렸다. 그러나 끝내 학사가 오지 않기에 시녀에게 탐지하게 하였다. 학사가 연일 백화정에 머물렀다는 사실을 알고는 순씨가 대단히 화가 나 한번 크게 일을 내려 했다.

하루는 학사가 조회를 마치고 박어사 형제 세 사람과 함께 백화정에 들어왔다. 박어사 남매가 서로 보며 반겼다. 박어사 등은 학사의 기색이 전날과 전혀 다른 것을 기뻐하며 조용히 모여 늦도록 담소를 나누었다. 순씨가 가만히 와 방문을 열어보니 박어사 등이 다 자줏빛 도포와 옥대(玉帶)를 띠고 있으니 대각(臺閣)[202]과 한원(翰苑)[203]의 명사로, 아름다운 얼굴과 영웅다운 풍채가 소저와 흡사하였다. 학사 또한 아름다운 얼굴에 오사모(烏紗帽)를 비스듬히 쓰고 소저와 상대하는 기색이 봄바람 같았다. 이
60 를 보자 노기와 질투심이 백 길이나 높아져 달려들어 욕하고 싶었으나 오히려 사람이 많은 것을 어려워했다. 박어사 등이 일어나 나가자 박소저가 작별인사를 하고서도 멍하니 여러 형제들이 가는 곳을 바라보며 잃은 것

201) 예부상서(禮部尙書) : 예부(禮部)의 장관. 예부는 나라의 의례(儀禮)를 맡아보는 부서이며 상서(尙書)는 진시황(秦始皇) 이래의 중국의 상서성(尙書省) 및 당·송 때의 중앙 육부(六部) 즉 이(吏)·호(戶)·예(禮)·병(兵)·형(刑)·공(工)의 6부(部)의 우두머리를 말함.

202) 대각(臺閣) : 임금의 정사(政事)에 대하여 간언(諫言)하는 임무를 맡은 사헌부(司憲府), 사간원(司諫院) 등을 통틀어 이르는 말.

203) 한원(翰苑) : 한림원(翰林苑) 별칭. 이는 당나라에서부터 청나라에 이르기까지 계속된 관직으로, 주로 학문과 문필에 관한 일을 맡았음.

이라도 있는 듯한 모습을 하자, 학사가 흔쾌히 웃고 그 소매를 이끌어 함께 앉으며 말했다.

"장인어르신께서 오래지 않아 돌아오시면 부인은 친정에 돌아가 즐길 것인데 어찌 아쉬워하는 것이 이 같단 말인가?"

소저는 손을 뿌리치고 서안 앞에 나아가 수선할 옷을 정리하였다. 학사가 웃으며 따라가 답을 재촉하고 장난을 치는 것이 구구절절했다. 그러나 앉은 자리가 가까워도 소저가 끝내 입을 열어 말을 주고받지 않자, 학사가 더욱 은근하고 자상하게 대하였다. 순씨가 이 모습을 보고는 대단히 노하여 소리 지르며 달려들어 어지럽게 날뛰며 주먹으로 소저를 치고자 하였다. 학사가 이 광경을 눈으로 보고는 참혹하게 여겼다. 또 소저가 상할까 두려워 좌우 사람들로 하여금 순씨를 붙들게 하여 해운정으로 보내자, 순씨가 여러 시비에게 이끌려 가면서 통곡을 했다. 61

학사가 일어나 서헌에 나와 이 사연을 승상에게 고하고 순씨를 다스리기를 청했다. 승상은 순씨가 전후 벌인 난동을 익히 들었으나 이 사람은 죽은 친구가 부탁하고 간 딸이요, 선대에 은혜를 입은 사람의 자손이기에 한 마디 책망한 적이 없고 사랑하기를 두텁게 하였다. 그러다가 오늘 학사가 순씨를 내치고자 하는 것을 보고는 정색하고 말했다.

"전후에 네가 한 행동이 바르지 못한 것이 이와 같으니 20년 동안 배운 것이 무엇이냐? 내가 이미 저 사람이 이상하다는 것을 모르지 않으며 그 죄로 보건대 내치는 것이 마땅하다. 그러나 순공의 은혜와 순형의 부탁을 지켜 강상을 어그러뜨릴 만한 대악이 아니라면 내쫓을 뜻이 없다. 이제 저 사람이 박씨 며늘아기를 치고 일 좀 벌였다고 해서 내가 어찌 은혜를 잊고 의리 없는 사람이 되겠느냐? 너는 마땅히 제가(齊家)에 힘써 한편으로 치우치지 말며 며늘아기 또한 큰 덕으로 순씨를 감화하여 끝내 온전한 사람이 되게 하거라. 다시는 순씨가 잘못한 것을 내게 아뢰지 말도록 하라.”

학사가 부친의 말을 다 듣자 꺼림칙했던 것이 다 풀리고 깨닫는 바가 있어 공손히 절하며 말했다.

62 “제가 품성이 치우쳐 제가하는 데 그 중도를 얻지 못하였기에 순씨의 미치광이 같은 행태가 이와 같았던 것인데도 제 스스로 허물을 깨닫지 못하였습니다. 엄한 가르침을 들으니 제 마음이 다 시원한 듯합니다. 삼가 존명을 받들겠습니다.”

그러고는 물러나 이 말을 박소저에게 전하였다. 소저 또한 안색을 바르게 하고 대답했다.

“아버님의 큰 덕이 이와 같으시니 낭군께서는 마땅히 마음을 닦고 삼가 조심하셔서 앉거나 눕거나 늘 잊지 마시고 이를 명심하시어 행하셔야 할 것입니다. 하물며 순부인은 친정식구들이 모두 돌아가시고 의지할 곳 없는 한 몸으로 그림자조차 외로우니 삼종(三從)의 의탁이 오직 낭군께 있습니다. 그 사정을 불쌍히 여기시어 순씨로 하여금 그 혈맥을 잇게 하시는 것이 또한 낭군의 음덕(陰德)일 것입니다. 어찌 부녀자가 적은 투기를 하고 예를 잃은 것이 큰 죄가 되겠습니까? 제가 비록 어질지 못하나 적은 정성을 다하면 순부인 마음이 만에 하나라도 풀릴 것입니다. 낭군 또한 아녀자의 허물을 나무라지 마십시오.”

학사는 소저의 인자한 말과 현명한 생각을 듣자, 탄복하고 칭찬하기를
63 마지않으며 말했다.

“내가 지난 날 사리에 어둡고 아는 것이 없어 부인을 박대하고 가도(家

道)를 어지럽혀 오늘날 괴로움을 당하니 뉘우쳐도 소용없구려. 그러나 저 사람의 사정이 참혹하고 외로운 것이 부인 말과 같고 또 아버님의 명이 계시니 인의로 순씨를 감화하여 순공의 은혜를 갚는 것이 선조를 잊지 않는 일일 것이오."

이후 순씨가 기괴한 일을 하여도 학사는 조금도 책망하거나 괴이히 여기지 않고 한 달에 4~5일씩 숙소를 함께 하여 후대하고 매사에 화평케 하기를 힘썼다. 순씨의 기괴하고 치졸한 행태를 보아도 조용히 예법으로 일깨우며 일마다 극진히 대했다. 순씨의 본성이 미련하고 사나우나 본래 학사를 사랑하고 정이 많았으므로 학사가 하는 일마다 좋게 생각했다. 소부인의 그윽하고 유한한 덕행과 공주의 신성한 자질과 남부인의 인자롭고 온화함과 설씨의 초연하고 고상함과 장부인의 남보다 뛰어난 재주와 강부인의 타고난 정숙함과 박씨의 안정되고 자애로움과 세 시누이의 얼음 64
처럼 맑고 옥처럼 깨끗한 기질을 항상 대하면서도 순씨가 하나도 본받고자 하지 않았다. 그러나 오직 학사의 일거수일투족을 하나하나 기특하게 여겨 항상 모든 일을 학사가 하라는 대로 하고 하는 일마다 본받으니 마치 흉내 내는 사람 같았다. 비록 얼굴은 달랐으나 행동거지나 차림새의 모든 법도가 흡사 학사와 같았다. 세월이 오래 되어 순씨가 그 성정을 익히고 심성을 교화하여 공부를 다 이루자, 완전히 얼굴이 보기 싫은 유세필처럼 되었으니 온 집안의 젊은 남녀들이 웃지 않을 사람이 없어 다 가리키며 웃고 말했다.

"세필은 남자 중 가장 단아한데 순씨의 배우는 법도는 어찌 이렇듯 조용하지 못한가?"

이렇게 말하며 서로 웃으니 설영 소저가 형제 중 가장 말하는 것이 화려한 까닭에 학사와 순씨를 보면 항상 놀리며 웃고 말했다.

"오라버니는 배우는 제자가 있으니 걸음을 조용히 걷고 가만히 있을
때나 움직일 때나 소매 떨치는 것을 그치고 담소할 때는 부채 부치는
것을 자주 하지 마십시오. 하물며 무릎으로 앉아 시사(詩詞)를 음영하
65 는 것은 더욱 부인의 일이 아닌데 어찌 공손한 제자를 이리 잘못 가르
치십니까?"

학사가 웃으며 말했다.

"내가 하는 행동이 일마다 기이하여 순씨가 잘 배우니 부덕(婦德)의 온순한 도리라 할 수 있다. 어찌 누이처럼 도리에서 벗어나 양생이 하는 일마다 잘했다 못했다 시비하는 데 비기겠는가?"

소저가 낭랑하게 웃고 대답을 하지 않자, 학사가 일어나 밖으로 나갔다. 그때 마침 간의공(諫議公)의 손자 형이 나이 10여 세인데 손에 시를 적은 종이를 들고 오는 것이 보였다. 학사가 가까이 오라 하여 그 글을 읊고 장단점을 자세히 말해준 후 그 영특함을 사랑하여 머리를 쓰다듬고 등을 어루만지며 희롱하다 나갔다. 순씨가 빨리 따라가 마치 학사가 하던 대로 형을 잡아서 앉히고 장난을 쳤다. 형의 나이가 이미 10세가 지났고 정신 또한 성숙한지라 순씨가 하는 짓을 이상히 여겨 떨치고 일어났다. 순씨가 분한 마음에 꾸짖어 말했다.

"이 조그만 도적놈이 좀 전에 작은아버지의 사랑은 공손히 받더니 내가 어루만지는 것은 멸시하는구나. 어른을 몰라보니 그 무례함이 억울하고 원통하도다."

66 설영 소저가 이 거동을 보고 매우 우습게 여겨 형제들끼리 서로 이야
기하며 기절하여 넘어질 듯이 웃었다. 그러나 학사와 박소저는 항상 순씨

를 후히 대하고 화목하게 지내며 시종일관 변함이 없었으니 이는 오로지 학사의 관대한 도량과 박소저의 인자롭고 지혜로운 마음이 무지한 땅강아지를 감동시켰기 때문이었다.

오래 지나지 않아 운남에서 박공이 돌아왔다. 소저가 친정에 돌아와 부모를 뵈자 공과 부인이 딸을 붙들고는 슬프고도 반가운 마음을 이루 다 하지 못하였다. 서로 그간 있었던 일들의 자초지종을 이야기하였다. 그제서야 박공 부부가 학사가 회심하여 딸의 부부가 화목하게 지내는 것을 알고 기쁨을 이기지 못했다. 그러나 학사가 순씨를 재취로 취하였다는 이야기를 듣자 부인이 놀라며 근심스러워 했다. 소저는 순씨 때문에 아무런 해도 없었음을 아뢰고 승상이 학사를 훈계하던 말을 고하였다. 박공이 탄복하여 말했다.

"초공은 인자하고 현명한 군자로구나. 덕과 도량이 이렇듯 관대하니 여러 아들들이 다 그 자질을 본받은 것이구나. 초공의 말이 가장 훌륭하니 삼가 받들어 행하여 그 아름다운 뜻을 저버리지 마라."

소저가 한 달 동안 머물며 부모와 이별의 정을 나누고 유씨 집안으로 67
돌아왔다. 시부모와 시누이들이 다시금 반기고 사랑함이 비할 데 없었다.

학사는 이때 춘방(春坊)[204]에 재직한 지 여러 해가 되었다. 총명과 재주, 학식이 당대에 빼어나니 천자께서 사랑하시어 자주 야대(夜對)[205]에 부르셨다. 경서를 강론하시고 시부(詩賦)에 등급을 매기시니 특이한 문장과 준수하고 총명한 사람됨은 진정 관옥처럼 아름다운 진평(陳平)[206]이

---

204) 춘방(春坊) : '세자시강원(世子侍講院)'을 달리 이르는 말. 세자에게 경서(經書)와 사적(史籍)을 강의하고 도의(道義)를 가르치는 일을 맡았던 관아.

205) 야대(夜對) : 왕이 밤중에 신하를 불러 경연(經筵)을 베풀던 일. 경연은 임금이 학문을 닦기 위하여 학식과 덕망이 높은 신하를 불러 경서(經書) 및 왕도(王道)에 관하여 강론하게 하던 일. 또는 그런 자리를 말함.

나, 풍채가 당당하고 우아한 선비라 할 수 있었다.

하루는 후원 조고대(弔古臺)에서 천자와 황후께서 태후를 모시고 유람하시는데 온갖 꽃들이 만발하고 버드나무 가지는 살랑살랑 흔들려 스스로 춤추는 것을 보시고 좌우를 돌아보며 말씀하셨다.

"아름답구나. 시절과 경치가 이 같음이여! 만일 총명하고 특출한 풍류학사가 아니라면 이 경치를 기록하지 못하리니 빨리 한원과 춘방에서 당직을 서고 있는 모든 학사들을 부르라."

내시들이 명을 받들고 갔다가 잠깐 사이에 돌아와 아뢰었다.

"당직을 서고 있는 모든 신하 중 한림학사 양선과 춘방학사 유세필과 금문직사 성관과 운수선생 내외종 오촌 조카인 중서사인(中書舍人) 강
68 선공과 강형수 손자인 시강학사(侍講學士)[207] 정원, 초공의 내외종 사
촌동생을 모두 불러 다 문밖에서 명을 기다리나이다."

상께서 즉시 들어오라 하시자, 모두 급히 들어가 궁전 계단 아래 엎드렸다. 상께서 말씀하셨다.

"궁중에 일이 없고 심히 울적하여 후원에서 유람하다가 보니 경물이 아름답구나. 경들을 불러 임금과 신하가 창화(唱和)[208]하여 한 때의 훌륭한 일을 기록하고자 한다."

모두 엎드려 성은에 감사하였다. 상께서 먼저 오언절구 한 수를 지어 내리시고 각각 차운(次韻)하라 하셨다. 다섯 학사가 어제(御題)를 받들어 붓과 벼루를 내오니 상께서 또 말씀하셨다.

---

206) 관옥처럼 ~ 진평(陳平) : 중국 한(漢) 나라 고조(高祖) 때의 명재상 진평(陳平)의 용모가 관옥같이 아름답다 하여 얻은 별칭.

207) 시강학사(侍講學士) : 왕이나 세자 앞에서 경서를 강의하거나 가르치던 직책을 맡은 벼슬.

208) 창화(唱和) : 남의 시에 운(韻)을 맞추어 시를 짓거나 시사(詩詞)를 서로 주고받는 일.

"예로부터 일곱 걸음에 능히 시를 지었다는 이야기[209]가 전하고, 지금 조정에 문인 재자가 많다. 고인이 이르시기를 인재를 남의 시대에 비교하지 않는다 하였으니 어찌 대명 조정에 한 명의 재주 있는 사람이 없겠는가? 경들이 또한 박학한 문사로 반평생 동안 시부(詩賦)를 섭렵하였는데 하물며 고인만 같지 못하겠느냐? 오늘 마땅히 경들의 재주를 시험하여 옛사람과 고하를 분별하려 한다."

그러고는 내시로 하여금 계단 위에 세우게 하여 일곱 걸음을 걷게 하 69
신 후 시를 지으라 하시니 모든 학사들이 명을 받들어 일시에 붓을 들어 글을 이루었다. 그렇게 쓴 글들이 모두 비등하여 비구름이 빛깔을 바꾸고 용과 뱀이 뛰노는 듯했다. 일곱 걸음 안에 춘방학사 유세필과 한림학사 양선의 글이 먼저 오르고 나머지 세 사람은 일곱 걸음을 지난 후 지었으나 오히려 해 그림자는 움직이지 않았으니 명나라 조정에 인재가 많은 것을 알 수 있었다. 상께서 크게 칭찬하시고 양한림에게는 예부상서 중서령(中書令)을 더하시고, 유학사에게는 동각태학사(東閣太學士) 이부상서를 보태시고, 나머지 세 사람에게는 다 상을 후하게 내리셨다. 다섯 사람이 성은에 감사하고 다 각각 흩어졌다.

유학사가 상서가 되어 집으로 돌아가 궐 안에서 있었던 일을 고하자 승

---

209) 일곱 ~ 이야기 : 조식(曹植)의 칠보시(七步詩)에서 유래한 말. 일곱 걸음을 옮기는 사이에 시를 지을 수 있는 재주라는 뜻으로, 아주 뛰어난 글재주를 이르는 말함. 『세설신어(世說新語)』「문학편(文學篇)」에 나오는 말로, 위(魏)나라 문제(文帝)는 그의 아우 동아왕(東阿王)을 몹시 미워하였다 함. 문제는 조조(曹操)의 맏아들인 조비(曹丕)이고, 동아왕은 조조의 셋째 아들 조식(曹植)인데, 조식의 시재(詩才)가 매우 뛰어나 당대의 대가들로부터 칭송이 자자했기에 조조는 조식을 총애하여 한때는 맏아들 조비를 제쳐 놓고 조식으로 후사를 이을 생각까지 하게 됨. 이에 조비는 어릴 때부터 동생 조식식의 글재주를 시기해왔는데, 조조가 죽고 왕위에 올라 문제가 되자 동아왕으로 책봉된 조식에게, 자기가 일곱 걸음을 걷는 동안에 시를 지으라고 명령하면서 만약 그 동안에 시를 짓지 못하면 칙명(勅命)을 어긴 이유로 중벌에 처하겠다고 함. 이에 조식은 일곱 걸음만에 시를 지었다고 함.

상이 더욱 임금의 은혜에 감격했다. 그러나 여러 아들들의 벼슬이 점점 높아져 차례로 등용되는 것을 보고는 집안이 너무 번창하는 것을 두려워하며 여러 아들들을 훈계하여 공손하고 검소하며 겸손하게 사양하기에
70 힘써 처신하게 하니 부자 여섯 사람의 덕행과 권위가 천하에 진동하였다. 승상이 이같이 부귀한 가운데 있었으나 빈객을 대접하는 것 외에는 처신하기를 가난한 유생같이 하여 손님을 모아 술을 마시는 일이 없고 뜰 안에는 풍류 소리가 끊겼다.

시절이 9월 9일 중양절(重陽節)[210]에 이르자, 진양공주가 문득 진공을 보고 말했다.

"제가 생각하기에 사람의 자식이라면 조그마한 공명으로라도 능히 부모를 세상에 드높이 알리는 것이 효의 시작일 것인데 명공은 천승의 부귀를 누리시면서 그 부모를 봉양한 적이 없어 축수를 기원하는 상 한 번 받들어 올리지 않으셨으니 비록 아버님께서 공손하고 검소한 덕으로 번화하고 사치한 것을 금하시려는 뜻이 있으시다 하나 명공 형제들만이 부모를 봉양하는 도리를 충분히 다하지 못하고 있습니다. 어찌 이러한 때를 타 한 번 잔치를 열어 건강하게 오래 사시기를[211] 축원하지 않으십니까?"

공이 감사를 표하며 말했다.

---

210) 중양절(重陽節) : 음력 9월 9일을 이르는 말로, 중구(重九)라고도 함. 9는 원래 양수(陽數)이기 때문에 양수가 겹쳤다는 뜻으로 중양이라 한다. 중양절은 제비가 강남(江南)으로 간다고 전하며, 이때쯤 되면 제비를 볼 수 없게 됨. 이날은 유자(柚子)를 잘게 썰어 석류알, 잣과 함께 꿀물에 타서 마시는데 이것을 '화채(花菜)'라 하며 시식(時食)으로 조상에게 차례를 지내기도 함.

211) 건강하게 ~ 사시기를 : {강능[岡陵]의 슈[壽]룰}. 강릉이란 『시경(詩經)』 「소아(小雅)」 편 〈천보(天保)〉장에서 유래하여 축수를 비는 말로 쓰임. 그 글에 보면 "하늘이 그대를 도와 정하시니 풍성하지 않음이 없으시도다. 산과 같고 언덕과도 같으며 산마루와도 같고 구릉과도 같으며[天保定爾, 以莫不興, 如山如阜, 如岡如陵]."라고 되어 있음.

"그대의 훌륭한 가르침에 탄복하오. 나 역시 어찌 그런 뜻이 없겠는가
마는 아버님께서 좋은 계절에 아름다운 경치를 보거나 생신날이 되면
하루 종일 반드시 돌아가신 부모님을 그리워하며 눈물을 흘리시고 술
과 고기를 내오지 못하게 하시니 어찌 감히 풍악을 더하겠소? 이런 이 71
유로 지금까지 뜻을 이루지 못했는데 그대의 말을 들으니 참으로 부끄
럽소. 마땅히 형제들끼리 상의하여 어떻게든 해보리다."

그러고는 형제들과 상의하자 성의백이 말했다.

"아우가 말한 대로 하는 것이 어찌 사람이 자식 된 도리로 지극히 원하는 바가 아니겠는가마는 두 아버님[212]께서 허락하실 리 없다. 내가 고민하여 생각해보니 큰아버님께 아뢰어 권유하시도록 청하는 것이 안전할 것 같다. 그렇게 한 후 우리들이 간절히 청하여 허락을 얻도록 하자꾸나."

그렇게 말하고 들어가 먼저 큰아버지인 간의공을 뵙고 이 일을 고하였다. 간의공이 웃으며 말했다.

"이는 사람으로서 자식 된 도리를 하려는 것이니 두 아우가 어찌 고집하겠느냐? 내가 마땅히 힘써 권할 것이다."

그러고는 간의공이 즉시 대서헌으로 나와 승상 형제를 보고 말했다.

"부모님께서 돌아가시고 난 후부터 우리 세 사람이 함께 살아 비록 넓은 이불을 함께 덮고 긴 베개를 함께 베고 자는 즐거움이 있었으나 좋은 술과 진수성찬을 갖추고 풍악을 베풀어 한번 즐긴 적이 없으니 마음이 심히 무료하구나. 두 아우는 이런 마음이 없느냐?"

---

212) 두 아버님 : 성의백 유세기의 경우 본래는 유우성의 장남이지만 유백경의 양자가 되었기에 부친이 두 명인 것임.

72 선생과 승상이 실망하여 이렇게 대답했다.

"국은이 중대하여 집이 부유하고 권세가 있으며 상의 은총이 지극하니 어찌 도리에서 넘치는 잔치와 풍악으로 나이 어린 무리들의 사치한 마음을 부추기며 집안이 지나치게 번창한 것을 삼가 조심하지 않겠습니까?"

간의공이 말했다.

"두 아우의 말이 비록 옳지만 또한 하나는 알고 둘은 모르는구나. 여러 해 전에 백부께서 그 지위가 삼공(三公)[213]에 이르시자 신분이 후백(侯伯)에 있으셨으니 상의 은총과 많은 녹봉이 어찌 초공의 아래에 있었겠느냐? 그런데도 조부의 61세 회갑연을 베푸시자 균천광악(鈞天廣樂)[214]을 연주하고 만조백관이 조정을 기울일 만큼 모였었다. 어찌 풍악과 잔치를 고집스레 피하려 하느냐? 이제 세기 형제 다섯 사람이 공후(公侯)라는 높은 자리에 있고 삼대가 다 일대의 명사(名士)인데 어찌 한 번 모여 즐기는 일이 없겠느냐? 모름지기 고집하지 마라."

승상이 미처 대답하지 못하여서, 성의백 형제 다섯 사람이 다 의관을 바로 하고 눈앞에 이르러 두 손을 공손히 맞잡고 나란히 섰다. 부친의 허
73 락이 없는 것을 보고는 성의백과 진공이 앞으로 나아와 아뢰었다.

"아버님의 밝은 가르침이 마땅하시나 돌아보건대 사람이 입신양명하여 부모를 봉양하지 못한다면 어찌 금수와 다르겠습니까? 소자 등 다

---

213) 삼공(三公) : 최고의 관직에 있으면서 천자를 보좌하던 세 벼슬. 주나라 때는 태사(太師)・태부(太傅)・태보(太保)가 있었고 진(秦)나라, 전한(前漢) 때는 승상(丞相)・태위(太尉)・어사대부(御史大夫), 또는 대사마(大司馬)・대사공(大司空)・대사도(大司徒)가 있었으며 후한(後漢), 당나라, 송나라 때는 태위(太尉)・사도(司徒)・사공(司空)이 있었음.

214) 균천광악(鈞天廣樂) : 천상의 음악이란 뜻으로 여기서는 매우 성대하고 훌륭한 음악을 가리키는 말임.

섯 형제가 일찍이 청운(靑雲)에 높이 올라 영지 내의 땅을 나누어 천승(千乘) 후백(侯伯)의 집인데다 옥보(玉寶)와 금인(金印)이 자리 위에 가득하였는데도 부모님께 축수하는 음식상을 한 번 받들어 올리지 못했으니 불초함이 심하였습니다. 평소 까마귀 새끼가 다 자란 뒤에는 늙은 어미에게 먹을 것을 물어다 주는 일[215]과 승냥이나 수달의 일[216]을 생각해 보아도 금수만 같지 못한 것이 부끄러우니 원컨대 중양절에 자리를 열어 두 부친께 만 년을 사시기를 축원하는 상을 올리도록 허락하여 주시길 청하옵니다."

승상은 내키지 않았으나 선생을 위해 좋을 것도 같고 또 간의공의 간절
한 권유와 여러 아들의 지극한 정성을 물리치지 못하여 마지못해 허락하
였다. 여러 아들들이 매우 기뻐하며 힘을 합해 큰 잔치를 열었다. 비단 차
양은 백 리에 둘러 하늘을 가렸고, 교방(敎坊)의 예악은 제후의 위의를 다
하였으며, 붉은 비단으로 단장한 삼천 명의 기생들은 꽃 수풀을 이루었 74
다. 신풍주(新豊酒),[217] 향온주(香溫酒)[218]와 온갖 진수성찬은 술못과 고기
산이 되었고 운남(雲南)의 여지(荔枝)[219]와 영가(永嘉)[220]의 감귤이 옥쟁반
과 금 그릇에 가득하니 못 가운데에서는 붉은 비늘 가진 물고기가 요동하
고, 당 아래에서는 마차를 끄는 말들이 우는 소리가 가득하였다. 이날 내
외의 손님들이 마치 구름이 일어나고 안개가 모이듯이 몰려드니 천자께

215) 까마귀 ~ 일 : 까마귀 새끼는 자란 뒤에 늙은 어미에게 먹을 것을 물어다 주기에 부모의 은혜를 갚는 새로 일컬어짐. 이와 관련하여 '반포지효(反哺之孝)'라는 고사성어가 전함.

216) 승냥이나 ~ 일 : 『예기(禮記)』「월령(月令)」 장에 보면 승냥이와 수달이 자기가 잡은 짐승이나 물고기를 사방에 늘어놓는 것이 마치 사람이 제물을 갖추어 제사지내는 모습과 비슷하다는 내용이 있음.

217) 신풍주(新豊酒) : 중국 장안(長安)의 신풍현(新豊縣)에서 나는 이름난 술.

218) 향온주(香溫酒) : 멥쌀과 찹쌀로 빚은 맑은 술.

219) 여지(荔枝) : 중국 남부가 원산지인 과일로 중국말로는 '리찌'라고 함.

220) 영가(永嘉) : 중국 절강성(浙江省)북부에 있는 현의 이름.

서 들으시고 이원(梨園)의 무희들[221]과 상방(上房)의 진수성찬[222]을 내려 진공 등이 부모를 영화롭게 한 것을 축하하셨다. 거룩한 위엄이 비단 위에 꽃을 더한 것 같아 그 번창함을 만고에 비할 데가 없었다.

모든 손님이 모이자 공후(公侯) 각로(閣老)에서부터 시작하여 태수(太守) 이하로 떨어지는 사람이 없으니 그 수가 만여 인에 이르렀다. 차례로 자리를 정하고 악기들을 내어 왔다. 날이 늦으니 성의백 유세기가 관옥 같은 풍채에 후백(侯伯)의 벼슬을 갖추어 먼저 옥잔을 받들어 두 부친께 연이어 축수를 비는 세 잔의 술을 올리고 건강하게 오래사시기를 노래했다. 상서로운 구름과 아침햇살 같은 자질에 따뜻한 바람과 단비 같은 기상이 온 자리에서도 특히 빼어났고 예도(禮度)의 정숙함과 나아가고 물러나는
75 것에 법도가 있는 것이 성현의 풍채를 갖춘 듯했다. 맑고 신선한 목소리는 하늘에서 봉황이 화답하여 우는 듯하니, 날씨가 문득 화창해지며 따뜻한 봄바람이 일어나 무리 지어 자라는 초목이 다 생기를 내는 듯하였다. 그 자리에 있던 모든 사람들이 상쾌한 얼굴을 하였으며 선생과 승상은 그 풍채와 문장을 보고 잔을 어루만지며 기뻐하면서도 슬퍼하였다.

진공인 유세형 또한 구장면복(九章冕服)[223]을 착용하고 앞뒤로 패옥을 울리며 옥잔을 받들어 드리고 노래 한 곡조를 부르니, 맑고 깨끗한 음성

---

221) 이원(梨園)의 무희들 : 이원이란 본래 배나무 동산이라는 뜻이나 중국(中國) 당(唐)나라의 현종(玄宗)이 스스로 배우(俳優)의 기술(技術)을 가르치던 곳이기도 하여, 후에는 뜻이 바뀌어 연예계 · 극단(劇壇) · 배우들의 사회(社會) 등(等)으로 쓰임. 혹은 교방(敎坊)을 가리킴.

222) 상방(上房)의 진수성찬 : 상방은 상의원(尙衣院)이라고도 하는데, 대궐의 각종 의복, 음식, 기물 등을 관리하는 부서였음. 상방의 진수성찬이란 바로 이 상방에서 만든 진기하고 맛있는 음식들을 말함.

223) 구장면복(九章冕服) : 황태자(皇太子)가 정식(正式)으로 입을 때에 착용하는 예관(禮冠)과 예복(禮服)을 말함. 구장(九章)은 천자의 의복에 있는 용(龍) · 산(山) · 화충(華蟲) · 불(火) · 종이(宗彝) · 조(藻) · 분미(粉米) · 조(藻) · 보(黼)의 아홉 가지의 모양을 말함. 면복(冕服)은 귀인(貴人)의 예복(禮服)에 착용하는 면류관과 의복을 말함. 여기서 '구장면복'이란 문맥상 귀인이 착용하는 관(冠)과 의복을 말하는 것임.

이 높은 하늘에 어리어 먼 하늘에서 들리는 학의 울음소리가 은하수에 닿을 듯하고 저무는 붉은 태양에 어린 퉁소 소리는 육률(六律)[224]을 부드럽게 하는 듯했다. 웅건한 광채와 신이한 풍류는 바로 푸른 하늘에 쏘이는 듯했고 활달한 정신과 빼어난 기상은 세상에 겨룰 만한 사람이 없으니 승상과 선생의 기쁨이 비할 데 없었다.

영릉후인 유세창과 부풍후인 유세경이 차례로 잔을 드리니 맑은 골격과 영웅호걸다운 풍류는 이백(李白)[225]의 호연한 기상과 진평(陳平)[226]의 용모를 겸비하여 풍류 학사이자 일대의 명재상이었다. 축수의 내용을 담은 가사를 부르자 맑은 소리는 곤륜산(崑崙山)[227]의 박옥(璞玉)[228]을 때리고 벽오동(碧梧桐) 위에서 난새와 봉황새가 우는 듯하였으니 좌우에 있던
사람들이 다 칭찬하며 탄복하였다. 상서인 유세필에 이르러서는 옥잔에 76
향온주(香醞酒)를 드리고 가사를 불렀는데, 맑고 신선한 격조와 빼어나게 아름다운 얼굴은 천고에 드문 미남이었다.

모든 사람의 가사가 다 조화(造化)의 정기를 타고났으니 문장과 음성이

---

224) 육률(六律) : 십이율(十二律) 가운데서 양성(陽聲)인 태주(太簇)·고선(姑洗)·황종(黃鐘)·유빈(蕤賓)·이칙(夷則)·무역(無射)의 여섯 음을 통틀어 이르는 말. 양률(陽律).

225) 이백(李白) : 중국 성당기(盛唐期)의 시인. 자 태백(太白). 호 청련거사(青蓮居士). 두보(杜甫)와 함께 '이두(李杜)'로 병칭되는 중국 최대의 시인이며, 시선(詩仙)이라 불림.

226) 진평(陳平) : 중국 한대(漢代)의 정치가. 처음에는 항우(項羽)를 따랐으나 후에 유방(劉邦)을 섬겨 한(漢)나라 통일에 공을 세우고 고향의 호유후(戶牖侯)에 임명됨. 그는 항상 유방의 막하에 있으면서 뛰어난 계책을 짜내어 몇 번이나 유방의 위난을 구했으며, 항우와의 승패를 건 초한전(楚漢戰)에서도 그는 타고난 지모를 발휘하여 유방의 중요한 참모가 됨. 혜제(惠帝) 6년(BC 189년) 좌승상에 임명되었다가 여후(呂后)가 전권을 장악하자 정사를 돌보지 않다가 여후가 사망하자 여씨(呂氏) 일족을 주살하고 문제(文帝)를 옹립하여 한왕실을 평정함으로써 현상(賢相)으로 이름을 떨치게 됨.

227) 곤륜산(崑崙山) : 중국의 전설에서 멀리 서쪽에 있어 황하(黃河)의 발원점으로 믿어지는 성산(聖山). 하늘에 닿을 만큼 높고 보옥(寶玉)이 나는 명산으로 전해졌으나, 전국시대(戰國時代) 이후 신선설(神仙說)이 유행함에 따라 선경(仙境)으로서의 성격이 두드러지게 되어, 산중에 불사(不死)의 물이 흐르고 선녀인 서왕모(西王母)가 살고 있다는 신화들이 생겨났음.

228) 박옥(璞玉) : 아직 다듬지 않은 원석 같은 옥돌을 가리킴.

세상에 드문 것이었다. 성의백과 진공의 가사는 그 중 소리의 울림이 더욱 높아 만고에 하나 있을 법한 것이었으니 오히려 예도(禮度) 가운데 선하고 아름다운 곡조는 사람들이 이를 받아들이면서 탄복하였다. 그런데 상서의 노래는 맑은 음률과 신비스러울 정도로 아름다운 음성이 장단을 골라 단혈(丹穴)의 봉황[229]이 그 소리에 화답하며 산 속의 바위 위에 앉은 선인이 옥피리를 부는 듯하여 입에서 나오는 소리 같지 않았다. 그 자리에 있던 태학사 양공이 손가락을 튕기며 칭찬하여 말했다.

"오늘 성대한 잔치에 참여하여 여러 재상들의 음성과 문장을 보니 탄복하고 공경하며 부러워하는 마음이 드는 것은 이루 말할 것도 없고 조정에 인재가 많은 것이 이렇게 기쁘고 다행스러울 수가 없습니다. 청하옵건대 여러 재상들의 가사가 참으로 선하고 참으로 아름다워 다시
77 더할 것은 없지만 능히 비파와 거문고를 가까이 잡아 모든 귀를 시원하게 하여주실 수는 없겠습니까?"

성의백이 사양하며 말했다.

"서투른 가사로 아버님의 장수를 비는 자리에 바칠지언정 어찌 여러 존경하는 선생들의 과장된 칭찬을 감당할 수 있겠습니까마는 삼가 명하시는 것을 받들겠습니다. 오늘은 온 힘을 다해 웃어른을 뵙고 부모님을 기쁘시게 해야 하는데, 어찌 유치하고 옹졸한 솜씨나마 감추겠습니까?"

---

229) 단혈(丹穴)의 봉황 : 봉황(鳳凰)은 상상 속의 새로 그 고향은 중국의 남쪽 혹은 동쪽에 있다는 단혈산(丹穴山)이라는 곳으로 상상되었음. 『산해경(山海經)』에 의하면 단혈산은 금과 옥이 풍부하게 나는 산으로 단수(丹水)라는 강이 흘러나와 남쪽으로 발해(渤海)에 흘러든다고 함. 이 곳에 사는 봉황은 학 같은 생김새에 오색 빛깔을 한 아름다운 새였는데 머리의 무늬는 덕(德), 날개의 무늬는 의(義), 등의 무늬는 예(禮), 가슴의 무늬는 인(仁), 배의 무늬는 신(信) 이라는 글자와 비슷하였다고 함. 즉 봉황은 덕성과 정의로움 · 예의 바름 · 인자함 · 믿음성 등의 바람직한 성품들을 모두 갖춘 새였음. 이 새는 절로 흥이 나서 노래하고 춤추곤 했는데 이 새가 나타나면 천하가 태평해졌다 함.

말을 마치자 칠현금을 내와 〈의란조(膳蘭操)〉230) 한 곡을 타니 그 소리가 부드럽고 곡조가 신성하여 손님들이 다 낯빛을 고치고 옷깃을 고쳐 여미며 공경하고 탄복하였다. 진공 또한 좌우로 하여금 거문고를 내오게 하여 〈광릉산(廣陵散)〉231) 한 곡조를 타니 그 소리가 아주 절묘하고 웅대하여 천년의 야학(野鶴)이 춤추는 듯 맑은 바람이 일어나 나뭇잎이 어지럽게 떨어졌고 오동나무 위에는 기이한 새가 날개를 퍼덕이며 진공 앞으로 날아와 춤을 추니 공이 색깔을 바꾸고 줄을 어루만지며 타는 것을 멈추었다. 그곳에 있던 사람들이 모두 놀라 정신이 나간 듯했다. 영릉후의 〈수선조(水仙操)〉232)와 부풍후의 〈혜고음(蟪蛄吟)〉233)과 상서의 〈귀산조(龜山操)〉234)는 각각 그 타는 솜

---

230) 〈의란조(膳蘭操)〉 : 금곡(琴曲)의 이름으로 '조(操)'는 악곡의 종류. 후한(後漢)의 채옹(蔡邕), 또는 진(晋)의 공연(孔衍)이 엮은 것으로 전하는 『금조(琴操)』에 의하면 공자가 노(魯) 나라에 돌아와 향란(香蘭)을 보고 작곡한 것이라 함. 공자가 자기 포부를 펴보고자 사방의 제후를 순방했으나 뜻을 이루지 못하고 고향인 노(魯)나라로 돌아오던 중 은곡(隱谷) 가운데에 홀로 무성하게 자란 향란(香蘭)을 보고 난초라는 것이 그 향기가 마땅히 임금을 위해 아름다워야 하는데, 홀로 아름다워 중초(衆草)와 함께 섞여 있는 것을 길게 탄식하면서 수레를 멈추고 스스로 거문고를 탔음. 그는 자신이 아무도 만나지 못한 것이 상심되어 난초에 탁사(託辭) 하였던 것임.

231) 〈광릉산(廣陵散)〉 : 중국의 고전음악. 명대의 신기비보(神奇秘譜)인 『선안금사(仙按琴史)』에 따르면, 『진서(晉書)』에 기재되기를 〈광릉산(廣陵散)〉을 지은이는 죽림칠현(竹林七賢) 중 하나였던 혜강(嵇康)으로 전해짐. 혜강의 〈광릉산〉은 본래 사십일박(四十一拍)인데 아쉽게도 전해 내려오지 않음. 다만 혜강의 조카인 원효가 몰래 숨어서 배워 그가 얻은 곡이 삼십삼박(三十三拍)이었다. 후에 원효는 노력하여 다시 팔박(八拍)을 더배워 공히 사십일박(四十一拍)이 되었음. 이후 〈광릉산〉은 오초지역으로 나뉘어져 현재는 강소(江蘇), 절강(浙江), 강남(湖南) 일대에 전해져 내려옴. 원본은 이 일대의 민가(民歌)로 변하였고 후에는 연극의 기악변주(器樂伴奏) 되어 〈상화가(相和歌)〉로 바뀌어 전하고 있음. 한조(漢朝) 이후 점차 대형금곡(大型琴曲)으로 발전 하였는데 그 내용이 섭정이 진왕을 찌른다는 고사로 발전하였음.

232) 〈수선조(水仙操)〉 : 춘추시대 초나라 사람으로 거문고의 달인이었던 백아(佰牙)가 지었다는 금곡(琴曲). 당나라 오긍(吳兢)의 『악부고제요해(樂府古題要解)』 〈수선조(水仙操)〉조에 의하면 백아가 스승인 성련(成連)에게 거문고를 배웠는데 3년 동안 정통하지 못했음. 이에 성련이 자신의 스승인 방자춘(方子春)을 소개해준다고 하며 제자를 데리고 동해상의 봉래산(蓬萊山)으로 배를 타고 가서 내려놓은 후 10일 간 돌아오지 않았음. 혼자 외롭게 지내던 백아는 바닷물의 출렁임과 새들이 우짖는 소리를 듣고 자신의 스승이 자신에게 감정을 불어넣으시려고 하는 것을 깨닫게 됨. 그리하여 눈앞에 펼쳐진 풍경과 거기서 느껴지는 마음속의 감정을 담아 〈수선조(水仙操)〉라는 노래를 만들어내었음. 스승이 말한 방자춘이란 인물은 스승이 만들어낸 허구의 인물로 봄날의 대자연을 가리키는 말이었던 것임.

233) 〈혜고음(蟪蛄吟)〉 : 가을 매미의 노래라는 뜻. 『장자(莊子)』 「소요유(逍遙遊)」에 "하루살이는

78 씨가 뛰어나 천하의 명연주였으므로 듣는 사람들 중 경탄하며 칭찬하지 않는 사람이 없었다.

사위들이 이어 술잔을 올렸으니 양상서의 준수하고 우아함과 양학사의 침착하고 점잖음과 사어사의 호탕하고 시원시원함이 한결같이 무리 중 뛰어났다. 승상이 흔쾌한 마음으로 사랑하며 기뻐했다.

석양이 지고 온종일 즐거움을 나누었던 손님들이 제각기 흩어지자 여러 공들이 승상을 모시고 내당에 이르렀다. 내당에서는 소씨와 진양공주가 모든 동서, 시누이들과 함께 조, 이 두 부인을 모시고 손님들을 맞았으니 내객 역시 만여 인에 이르렀다. 즐기기를 다하고 손님들이 흩어진 후에는 오직 종족의 부녀자들과 집안 친척들만이 모여 있었다. 승상과 선생이 자리를 정하자 공주가 사람을 시켜 상을 올리게 하고 여러 아들, 사위들과 모든 딸과 며느리들은 부모께 축수를 기원하는 상을 다시 올렸다. 이때 진궁 기생들로 하여금 노래와 춤을 풍성히 펼치게 하면서 공주가 몸을 일으켜 청하며 말했다.

"오늘 두 대인과 두 부인께 장수를 비는 잔치를 올리며 불초한 저희들이 준소(樽所)[235]에 잔을 부어 받들기를 원하오니 비록 궁중 기생들의
79 노래와 춤이 볼 만하지 않더라도 이것은 저희들의 작은 정성이라 생각하시고 대인은 저희들의 당돌함을 너그럽게 용서하소서."

초하루와 그믐을 알지 못하고, 가을 매미는 봄과 가을을 알지 못한다[朝菌不知晦朔, 蟪蛄不知春秋]."라는 내용이 있다.

234) 〈귀산조(龜山操)〉: 공자가 장년기 때 제자들과 함께 고향인 노(魯) 나라를 떠나 방랑을 시작했을 때 지은 시로 알려져 있음. 공자의 나이 56세 때 제자 몇 명과 함께 노나라를 떠나는 무거운 마음이 시구에 담겨 있음.

235) 준소(罇所) : 옛날에 제사 지낼 때 준(罇)을 놓아두는 곳으로 일정(一定)한 자리가 정해져 있었음. '준'이란 제사 지낼 때 술이나 명수(明水) 등을 담기 위하여 만든 구리 그릇으로 충항아리같이 되었는데, 그 모양에 따라 희준(犧尊)・상준(象尊)・착준(着尊)・호준(壺尊)・대준(大尊) 등이 있음

승상이 예를 갖춰 대답했다.

“제가 번화함과 부귀함을 구하지 않으나 여러 아들의 청을 막지 못하여 오늘 번거롭고 요란스럽기가 심하였습니다. 천은이 그 빛을 더하시어 술과 풍류를 보내주시니 일마다 외람되기 그지없습니다. 그런데 공주께서 특별히 끝을 이으시어 다시 성대한 잔치를 더하시니 감사한 마음을 이기지 못하겠습니다.”

공주가 고마움을 표한 후 소씨를 돌아보고 예를 다해 사양하며 말했다.

“오늘 일은 형제의 차례를 건너뛰지 못할 것입니다. 부인께서 먼저 잔을 드리십시오.”

소씨가 마지못해 금관과 적의(翟衣)[236]를 바로 하고 명월패(明月佩)를 맑게 울리며 앵무배를 받들어 시부모께 올렸다. 보기 좋게 살이 오른 얼굴과 맑고 깨끗한 기질은 금화분 속의 모란이나 푸른 물 위에 피어난 연꽃 같았다. 그 태도가 정숙하고 예절을 지키는 것이 그윽이 한가로워 진정 성의백의 천정배필이라 할 수 있었으므로 네 명의 부모들은 아름답게 여기며 흡족해했다.

소씨가 예를 마치고 물러나자 공주가 몸을 일으켰다. 설상궁이 백옥으 80
로 된 원앙배(鴛鴦杯)[237]에 술을 따라 공주에게 주자, 공주가 엄한 표정을
지었다. 설상궁이 황공해하며 다시 금으로 된 잔을 받들고 나오자 공주가
그것을 받아 친히 잔에 술을 부어 시부모께 나아오니 그 예복의 가지런함
과 몸가짐의 법도 있음은 그림으로도 형용하지 못하고 붓으로도 묘사하
지 못할 정도였다. 잔을 높이 들어 올리고 물러나 두 손을 가지런히 하고

236) 적의(翟衣) : 옛날 황후(皇后)가 입던, 붉은 비단 바탕에 청색의 꿩을 수놓고 깃고대 둘레에 붉은 선은 두르고, 선 위에는 용(龍)이나 봉(鳳)을 그린 옷.

237) 원앙배(鴛鴦杯) : 원앙새 모양의 혹은 원앙새를 새긴 술잔.

네 번 절하자, 승상 부부가 몹시 황공하여 공주를 공경하는 예를 갖추고 감히 받을 수 없음을 말하며 예를 그만두라고 청했다. 그러나 공주는 끝내 예를 다한 후 물러나 다시 무릎을 꿇고 앉은 채 옷깃을 여미고 시녀들을 돌아보았다. 낭옥과 소아 등이 붓과 벼루를 받들고 앞으로 나아오자, 공주가 자리에서 비단을 펴고 붓을 잡아 수석시(壽席詩)[238] 한 수를 지어 시부모께 바치고 다시 절하며 말했다.

"글과 글씨를 가지고 희롱하는 것은 여자의 도리가 아니나 오늘 만년수 위에 건강하게 오래 사시기를 축원하는데 어찌 겨우 한 잔의 술로써 자식 된 뜻을 다 할 수 있겠습니까? 이런 까닭에 비록 작은 재주지만 적은 정성을 만의 하나라도 표하고자 합니다."

81 승상 부부는 공주의 큰 덕과 예의 바른 행실에 대해서는 안 지 오래되었다. 그러나 그 글재주는 온 집안사람들이 다 처음 보는 것이었다. 가냘픈 손이 움직이는 가운데 구름같이 연기가 피어나 얼핏얼핏 바람결에 멀리 퍼지는 듯하니 비단 위에 서광이 어리고 붓 끝에 오색구름이 넘놀아 멀리서 보면 명월주(明月珠) 열두 줄이 비단 위에 굴러다니는 듯하여 그것이 글씨인지 알지 못할 지경이었다.

승상과 부인이 놀라고 어리둥절해 하며 받아서 보니 상서로운 기운이 빛을 내 두 눈의 정기를 앗아가는 듯하여 겨우 손으로 어루만지며 정신 나간 듯이 오래 보다가 좌우에게 명하여 벽 위에 높이 부치고 여러 아들과 온 가족으로 하여금 보게 했다. 여러 사람들이 일제히 그것을 보니 문체의 깊음이 상고(上古)[239] 때와 같아 요순(堯舜)의 문장과 『춘추(春秋)』의

238) 수석시(壽席詩) : 수연시(壽宴詩). 장수를 축하하는 시.
239) 상고(上古) : 아주 오랜 옛날을 말함.

첨삭[240]을 겸비하였고, 필획이 종요(鍾繇)[241]와 왕희지(王羲之)[242]의 무리를 압도하여 용과 봉황이 한 곳에서 만나는 듯하니 만고에 비할 데가 없었다. 그러나 글이 적고 말뜻이 간절했어도 그 뜻을 아는 것은 어렵고도 어려웠다. 모든 사람들이 글을 보고 탄복하길 마지않았다. 시부모와 성의백은 더욱 흠모하고 존경하는 마음을 이기지 못하여 말했다. 82

"옥주는 초방(椒房)[243]의 귀인으로 나이 어린 부인이신데도 이런 심원한 큰 재주가 있으시니 이 같은 말세의 더러운 세상에 계시는 것이 어찌 아깝지 않겠습니까? 진실로 요순, 공맹의 앞에 가서 문답을 나누어도 마땅하리니 세속의 하찮은 문사가 어찌 그 만분의 일이라도 깨달아 알겠습니까?"

이렇듯 칭찬과 탄복을 그치지 않자 공주가 감히 감당할 수 없다며 사양

---

240) 『춘추(春秋)』의 첨삭 : 춘추는 공자가 엮은 노(魯)나라의 역사책으로, 1권으로 되어 있음. 242년간의 은공(隱公)부터 애공(哀公)까지 12명의 공(公)에 관한 역사를 엮었음. 공자가 편수(編修)하기 이전에 이미 노(魯)에는 『춘추(春秋)』라고 불리는 사관(史官)의 기록이 전해지고 있었던 것으로 알려짐. 『맹자(孟子)』의 기록을 보면, 춘추시대의 열국(列國)들이 각각 사관을 두어 사적(事跡)을 정리했는데, 진(晉)에는 '승(乘)', 초(楚)에는 '도올(檮杌)', 노(魯)에는 '춘추(春秋)'가 있었다고 함. 이처럼 노(魯)에 전해지던 기록을 공자(孔子)가 스스로의 역사의식과 가치관에 따라 새롭게 편수한 것으로 알려진 것이 오늘날의 『춘추(春秋)』임.

241) 종요(鍾繇) : 중국 삼국시대 위(魏)나라의 정치가이자 서예가(書藝家). 후한(後漢)에서 벼슬하여 상서복야(尙書僕射)에 올랐으나, 조조(曹操)와 제휴하여 위(魏)나라 건국 후에는 조조 이후로 3대를 섬겨 중용되었음. 글씨는 팔분(八分)·예서(隷書)·해서(楷書)·행서(行書)에 뛰어나, 호소(胡昭)와 더불어 '호비종수(胡肥鍾瘦)'라 일컬어졌음. 왕희지(王羲之)는 특히 그의 글씨를 존경하였다 하며 『선시표(宣示表)』, 『묘전병사첩(墓田丙舍帖)』, 『천계직표(薦季直表)』 등이 법첩(法帖)으로 수록되어 전해옴. 그 가운데 『천계직표』는 계직이라는 인물을 문제(文帝)에게 추천한 상표문(上表文)으로 왕희지에 선행하는 고체(古體)의 해서로 씌어 있는데 후세의 위작이라는 설도 있음.

242) 왕희지(王羲之) : 중국 동진(東晉)의 서예가. 중국 고금(古今)의 첫째가는 서성(書聖)으로 존경받고 있음. 처음에 서진(西晉)의 여류 서예가인 위부인(衛夫人)의 서풍(書風)을 배웠고, 뒤에 한(漢)나라·위(魏)나라의 비문을 연구하여 해서·행서·초서의 각 서체를 완성함으로써 예술로서의 서예의 지위를 확립하였음.

243) 초방(椒房) : 후춧가루를 바른 방이라는 뜻으로, 왕비나 왕후가 거처하는 방이나 궁전 따위를 이르는 말. 후추나무는 온기가 있고 열매가 많은 식물로서, 자손이 많이 퍼지라는 뜻에서 왕후의 방 벽에 발랐다고 함. 왕후를 지칭하기도 함.

하였다.

장씨가 공주를 이어 잔을 드리니 빼어난 기질과 뛰어난 용모는 구름 속에 감춰진 밝은 달이나 계수나무 꽃 한 가지 같았으며 그 복스러운 얼굴과 빛나는 자태는 진정 공주 바로 다음이라 할 수 있었다. 또 차례가 영릉후 부인에게 미치니 남씨는 기질이 온화하고 용모가 수려하여 배꽃이 가랑비를 떤 것 같으므로 시부모가 또 기뻐하며 사랑하였다. 이어 설씨가 잔을 드리니 표탕한 풍채와 깨끗한 피부에 늠름한 영웅호걸의 풍채가 있었다. 다음으로 강씨가 음식상을 드리니 기질은 가을 달 같고 얼굴은 봄
83 꽃 같아 시부모가 하나하나 기뻐하였다. 박씨가 유리잔을 받들어 올리니 윤택한 용모와 아담한 기질이 마치 다람화 한 가지가 따뜻한 봄바람에 흔들리는 듯하므로 승상 부부가 각별히 기뻐하였다. 또 순씨가 잔을 드리는데 긴 의상에 주체 못하는 걸음과 채신없는 모양이 그 자리에 있던 사람들의 홍을 돋우어 모든 사람들이 기절해 넘어질 듯 웃었다. 승상 또한 자녀들의 지극한 효성을 받으면서 부모 생각으로 종일토록 슬퍼하다가 순씨의 거동을 보고는 역시 웃음을 머금었으니 이 또한 효부라 아니할 수 없었다.

세 딸이 뒤이어 축수를 기원하는 술장을 올리니 온화하고 우아한 태도와 얼음같이 깨끗한 용모가 소씨나 장씨 등과 차등이 없었으며 난초처럼 아름다운 자질과 선녀처럼 아리따운 풍모가 좌우를 밝게 비쳐 햇빛이 무색할 정도였다.

승상의 딸과 며느리 열한 사람 중 순씨는 논의할 것 없지만 열 사람 중에서도 특히 공주는 천지가 갈라져 나오고 백성이 생겨난 이래로 아름다움의 시작이자 끝이라 할 수 있었으니 감히 얼굴만 예쁜 사람에 비유하여

의논할 바가 아니었다. 그 나머지 아홉 사람을 말하자면 복스럽고 고우며 깨끗이 빛나는 사람은 소씨요, 절묘하게 고우며 연약한 듯한 자태가 있는 84
사람은 장씨였으며, 천연스레 좋으며 아담하게 수려한 사람은 남씨요, 기이하게 고우며 두드러지게 빼어난 사람은 설씨였고, 보기 좋게 살이 올랐으나 몸이 가볍고 씩씩한 빛이 나는 사람은 강씨요, 윤택하고 깨끗하며 슬기롭고 우아한 사람은 박씨였다. 세 딸을 말하자면 설영의 기품과 용모는 설씨랑 비슷했으며, 현영의 조용하고 품위 있으며 천연스러운 기질은 소씨랑 같았고, 옥영의 맛깔스럽게 고우며 아름다운 것은 장씨 같았다. 하나하나가 성(城)이나 나라를 기울일 만한 색을 갖추어 한 때의 선녀 같았으며 겸하여 재주와 덕행 또한 옛사람보다 나았다.

진공 다섯 형제와 양생 등 세 사람 역시 한결같이 쌍을 잃지 않았으니 아들과 사위 여덟 사람의 학문과 덕행은 만일 좋은 시절을 만나 임금에게 충성하고 백성들을 윤택하게 하여 그 도를 펼친다면 천하를 다스려 국가를 태평하게 하고 사방의 오랑캐를 복종하게 할 만했다. 그러나 임금이 그러한 임금이 아니고 시절이 그러한 시절이 아니었다. 진번(陳蕃)과 이응(李膺)의 화(禍)[244]를 두려워하여 속절없이 아는 것을 감추고 유유히 맡은 85
바 일을 다스리며 길고 긴 밤을 술이나 마시며 세월을 보냈으니, 임금과 신하의 뜻이 잘 맞는 때가 아니라는 것이 어찌 아깝지 않겠는가? 승상과 부인은 자녀들의 현명하고 아름다움과 며느리 · 사위들의 출중함을 보고는 다시금 새롭게 솟아나는 기쁘고 다행한 마음을 이길 수 없었다. 승상이 여러 아들들을 나오라 하여 성의백의 손을 잡고 진공의 등을 어루만지

244) 진번(陳蕃)과 ~ 화(禍) : 후한의 환제(桓帝) 때에 환관들이 정권을 전단하므로 진번(陳蕃), 이응(李膺) 등 우국지사들이 이들을 몹시 공격하였음. 환관들은 도리어 그들을 조정을 반대하는 당인(黨人)이라 하여 종신금고에 처했는데 이를 '당고지화(黨錮之禍)'라고 함.

면서도 한편으로는 눈물을 흘리며 선생을 돌아보고 이렇게 말했다.

“제가 외로운 몸이지만 다행히 형님께서 저를 불쌍히 여기시기에 부모님께서 돌아가신 슬픔을 위로하고 형제가 서로 의지하였습니다. 돌아가신 부모님께서 베푸신 은덕에 힘입어 여러 아이들이 청운에 오르고 재주와 인물이 아비를 욕 먹일 정도는 아니니 어찌 다행치 않겠습니까? 그러나 또한 돌아가신 부모님을 생각하면 눈물이 나지 않을 수 없습니다.”

선생 역시 눈물을 흘리며 말했다.

“아우의 높은 복과 조카들의 특이함은 천고에 드문 것이니 이는 실로 돌아가신 부모님께서 쌓으신 덕이 자손에게 미친 것이네. 나 또한 천
86 지신명이 굽어 살피신 것에 감격하여 잠자리에서도 기쁜 마음을 이기지 못하였네. 그러나 옛사람들이 말씀하시기를 지나치게 번성한 것을 경계해야 한다 하셨으니, 오늘 잔치 이후로 아우의 복을 더욱 두려워하지 않을 수 없구나. 공을 이루었으면 물러나[245] 이 즐거움을 길이 누릴 생각을 하고 부귀에는 뜻을 두지 마라. 이 형이 또한 박복한 운명으로도 아우의 봉양을 받아 사마백강(司馬伯康)처럼 늙은 것도 아닌데 아우가 나를 받드는 데에 온공(溫公)의 행실이 있어[246] 이 한 몸에 복이 넘

---

245) 공을 ~ 물러나 : 『노자(老子)』 9장에 “공업을 이루고 명예가 드날리면, 몸이 물러나는 것이 하늘의 도이다[功成名遂, 身退, 天之道].”라는 구절이 나옴. 이를 흔히 ‘공성신퇴(攻城身退)’라 함.

246) 사마백강(司馬伯康)처럼 ~ 있어 : 온공은 중국 북송(北宋)의 정치가이자 사학자였던 사마광(司馬光)을 가리킴. 죽은 뒤 온국공(溫國公)에 봉해졌으므로 사마온공(司馬溫公)이라고도 함. 사마백강은 사마온공의 형임. 『소학(小學)』에 보면 “사마온공(司馬溫公)이 그 형인 백강(伯康)과 함께 매우 우애가 돈독하여 백강의 나이가 무릇 팔십이라도 공을 받들기를 아버지같이 하며 보살피기를 어린애같이 하여 항상 밥을 먹고 조금 시간이 지나면 배고프지 않느냐고 물으며 날이 좀 차면 그 등을 어루만지며 옷이 얇지 않냐고 하였다[司馬溫公, 與其兄伯康, 友愛尤篤, 伯康, 年將八十, 公奉之如嚴父, 保之如兒, 每食少頃則問曰得無饑乎, 天少寒則撫其背曰, 衣得無薄乎].”라는 구절이 있음.

치니 항상 분수에 지나친 것을 두려워했다. 사물의 기운이 왕성했다가 쇠하는 것은 진실로 기틀이 변화하는 이치니 두려운 것은 오늘 같은 날이 다시 있지 않을까 하는 것이다."

승상과 여러 공들은 선생의 말씀에 감동했으나 성의백은 매우 염려하여 문득 온화한 말로 두 부친을 위로하였다. 밤이 깊도록 즐거움을 다하다가 닭이 울자 승상 형제가 크게 취해 사람들에게 부축을 받은 채 서헌으로 가서 취침했으며 모든 아들과 조카들이 어른들을 모시고 함께 잤다. 다음날 아침에 승상이 여러 아들과 더불어 대궐에 들어가 조회에 참석하여 어제 내려주신 천은에 정중히 감사했다.

승상과 선생의 우애가 갈수록 두터워져 한 시도 떠나지 않고 서헌에서 87
모시고 여러 시사(詩詞)와 예도(禮度)에 대해 문답을 나누며 중요하거나 긴급한 사건이 아니면 안채를 찾지 않으니 서로 의지하는 것이 이처럼 각별했다. 여러 자제들 또한 감히 자기들의 처소에 전혀 머물지 못하고 10여 일씩 번갈아 가며 두 어른을 모셨다. 선생은 본래 기질이 깨끗하고 성격과 도량이 고집스러워 선상(先喪)과 후상(後喪)[247]에 마음을 다해 매우 애쓰면서부터 병이 깊이 들어 때때로 다시 병이 도지므로 승상과 조카들이 걱정이 많았다.

이때 간의공이 감기에 몸이 상해 오래 낫지 않다가 뜻밖에 20여 일만에 문득 세상을 떠났다. 선생이 지나치게 슬퍼하다가 옛 병이 다시 재발했으니, 자리에 누워 점점 기력이 쇠해갔다. 승상이 약을 달이고 성의백이 밤낮없이 지성으로 간호하여 백방으로 다스렸으나 병세가 날로 중해

---

247) 선상(先喪)과 후상(後喪) : 부모님이 돌아가시면 삼상(三喪)을 지내는데 그것을 초상(初喪)・소상(小喪)・대상(大喪)이라 함. '선상'과 '후상'은 각각 '초상'과 '대상'을 가리킴.

져서 곧 숨이 끊어질 지경에 이르렀다. 승상의 망극한 슬픔은 부모에게
대한 것보다 모자람이 없어 선생의 얼굴에 자기 얼굴을 부비고 손을 잡은
88 채 눈물로 비단 도포를 적셨다. 성의백이 팔을 베고 손을 깎아 생혈을 선
생의 목 안으로 흘려 넣자, 한참 후 선생이 눈을 떴다. 그러나 승상이 몹
시 슬퍼하는 모습과 성의백이 핏자국이 낭자한 것을 보고는 선생이 정신
을 차리고 겨우 일어나 앉아 매우 꾸짖어 말했다.

"내가 아우와 더불어 산 지 40여 년 동안 부귀도 누릴 만큼 누렸고 나이도 많이 들었네. 생각해보니 아버님의 크나큰 덕으로도 예순을 넘기지 못하셨는데 나는 그보다 못 미치는데도 50세가 거의 다 되었으니 오늘 죽는 것이 무엇이 아쉽겠는가? 부모님의 혈통 중 다행히 아우 한 사람이 여러 아들들이 다 지체가 높고 귀해져 선인의 뒤를 이었으니 이 형이 지하로 돌아가면 기쁜 소식을 아뢸 수 있을 것이네. 내 돌아가려는 마음이 화살 같아 거리낌이 없거늘 어찌 이처럼 과도하단 말인가? 하물며 세기는 효성이 남보다 더하며 성품과 기질이 깨끗하고 연약하니 만일 아우가 보호하고 훈계하지 않는다면 능히 3년을 부지하지 못할 것인데 어찌 아녀자의 울음을 본받고 중요한 이치는 생각지 않는단 말인가?"

또 성의백을 돌아보며 말했다.

89 "네가 만일 나를 잊지 않는다면 몸을 보전하여 3년을 마치고 네 모친을
봉양하며 네 두 아우를 어질게 가르쳐 잘못된 곳에 빠지지 않게 해야
할 것이다. 그러니 쓸데없는 슬픔으로 성인의 중도(中道)를 어그러지게
하지 마라."

승상이 눈물을 흘리고 울며 말했다.

"하늘이 저의 죄를 벌하고자 형님을 여기까지 이르시게 하신 것이니 이는 오직 하늘이 이 아우를 죽이시는 것입니다. 참고자 해도 어찌 참을 수 있겠습니까? 그러나 형님 말씀을 저버리지 않을 것이니 마음을 편히 가지십시오."

성의백이 자리에서 물러나 거듭 절하며 피눈물을 드리우고 대답을 하지 못하니 선생이 슬퍼하며 승상의 손을 잡고 말했다.

"오늘 아우와 영원히 이별하니 어느 날에나 서로 보겠는가? 모름지기 우리 아이를 보호하며 천수를 편히 누리게."

말을 마치자 선생이 자리를 고치고 단정히 앉아 성의백의 손을 잡고 효성을 다하라는 이야기를 수없이 이르고 명이 다하였다. 향년 49세였다. 온 집안에 곡성이 하늘을 뒤흔들 듯이 울렸다. 승상이 선생의 명이 끊어
진 것을 보고 두어 차례 목 놓아 슬피 울다 피를 토하고 땅에 거꾸러지자, 90
여러 아들들이 황급히 부축하여 진정시켰다. 승상이 정신을 차리고 다시 시신을 눕혀 놓은 자리로 다가가 시신을 어루만지며 통곡했다.

"형님의 어진 덕으로 이리 되신 것은 진실로 이 우성을 죽이는 것입니다."

승상이 말을 하자마자 다시 기운이 막히자, 친척과 아들들이 붙들어 여러 가지 좋은 말로 위로하였다. 그러자 승상이 정신을 차리고 상례(喪禮)를 다스려 시신을 염습(殮襲)하였다. 조문객과 친척들이 승상의 애통함과 성의백의 지극한 효성을 보고 눈물을 흘리지 않는 사람이 없었다. 천자께서 들으시고 선생의 깨끗한 덕을 아끼시어 태자소부(太子少傅)[248]로 추증

---

248) 태자소부(太子少傅) : 태자의 궁사(宮事) · 시종(侍從) · 진강(進講)의 일을 맡아 보던 관아인 태자부(太子府)에 둔 벼슬이름.

(追贈)하시고[249] 예관(禮官)을 보내어 제사를 다스리게 하셨다.

승상이 초상(初喪)을 다스려 선생을 장례지낸 후 조부인을 받들어 섬기기를 부모같이 하고 선생의 친아들인 세광과 세찬 등을 자기 자식보다 더한 사랑으로 기르며 선생의 조석(朝夕) 제사를 한 때도 거르지 않았다. 비록 병이 있어 기운을 수습하지 못하더라도 제사 의식에 빠진 적이 없고 나물뿐인 반찬으로 몇 년을 지냈다. 당시 사람들이 그들의 효성과 우애에
91 감동하지 않는 사람이 없었다. 이부인의 간곡한 정성도 승상과 마찬가지였다.

이때 성의백은 초상 때부터 애도하며 슬퍼하는 눈물과 추모하며 사모하는 정성으로 한결같이 예를 지켜 장사를 지낸 후에는 시묘살이를 하고자 하였다. 조부인이 울면서 승상께 청하여 말했다.

"세기는 몸이 약한데 사람도 살지 않는 산중의 묘소 아래에서 시묘살이 한다면 위로할 사람이 없을 것이니 반드시 슬픔이 극에 다다라 목숨을 부지하지 못할 것입니다. 이 아이가 만일 위태로워진다면 어찌 하겠습니까? 제가 남편을 여의고 의지하는 사람이 세기뿐인데 어찌 그 몸을 부지하게 할 도리를 생각하지 않겠습니까? 아주버님께서 좋은 말로 타일러 세찬 등으로 시묘하게 하고 세기는 반혼(返魂)[250]을 마친 후 돌아오게 해주십시오."

승상이 그 말대로 하여 장사를 지낸 후 신주(神主)를 모시고 부중으로 왔으며, 성의백이 모친을 지극한 효성으로 봉양하며 상례를 지극히 하였다.

---

249) 추증(追贈) : 나라에 공로 있는 벼슬아치가 죽은 뒤 그 관위를 높여 주는 것을 말함.
250) 반혼(返魂) : 죽은 사람을 화장(火葬)하고 그 혼을 집안으로 다시 불러들이는 일을 가리킴.

바야흐로 3년이 지나가자, 성의백이 눈물이 다하여 피를 흘리면서 모
습이 딴 사람처럼 되어 지팡이를 짚고서야 겨우 일어날 수 있었다. 옛날
에는 옥 같은 골격과 봉황 같은 모습으로 윤택하던 피부가 마치 해골처럼 92
되었으니, 보는 사람마다 다 위태하게 여기고 친부모인 승상 부부도 근심
하여 대의(大義)로 타일렀다. 그러나 성의백이 더욱 가슴이 꺾어지고 미어
지는 듯하여 슬픔을 참아내질 못했다. 조부인이 밤낮으로 마음을 쓰며 식
음을 전폐하고 타이르자, 성의백이 즐거운 안색과 화평한 말로 모친을 위
로하면서 슬픈 기색을 보이지 않았다.

하루는 성의백이 아침 제사를 마치고 물러나 난간머리에 나와서는 피 두어 되를 토하였다. 조부인이 그 모습을 보고 음식을 먹지 않고 밤낮으로 소리 내어 통곡하면서 이날로부터 정신을 놓았다. 성의백이 밤낮으로 조부인을 곁에서 모시고 의약을 쓰기를 지성으로 하면서 죽을 친히 받들어 올리는 등 정성이 미치지 않은 곳이 없었다. 그러나 조부인이 눈물을 흘리며 죽기로 작정하는 것이었다. 성의백이 망극한 마음으로 간곡하게 그 이유를 여쭈자 조부인이 울며 말했다.

"내가 지아비를 따라 죽지 못하고 목숨을 부지하며 살기를 바란 것은
너를 믿어 집을 보전하고 세찬 등을 올바른 길로 이끌어 지아비의 유언
을 저버리지 않으려 한 것이었다. 그런데 네가 이제 과도하게 피눈물
을 흘리고 피를 토하기에 이르렀구나. 내가 목석이 아니니 목숨을 부 93
지할 길이 없구나. 어찌 내 마음이 살고 싶겠느냐? 내가 일찍이 보니
돌아가신 아버님의 체격으로도 상례를 치르시다가 위태해지셨고 네
부친도 50세를 넘기지 못한 것은 3년상 동안 슬픔으로 마음이 상하여
수를 얻지 못한 탓이었다. 사람이 피와 살로 이루어진 몸으로 이렇게

까지 하면 무사하지 못할 것이니 내 삼혼(三魂)[251]이 먼저 아득하구나. 그러니 내가 먼저 죽어 네가 일찍 죽는 끔찍한 광경을 보지 않으려 한다."

말을 마치고 통곡을 그치지 않자, 성의백이 안색을 부드럽게 하고 머리를 조아린 채 사죄하며 말했다.

"제가 사리에 어두운 탓에 어머님의 슬픔이 여기까지 이르렀으니 이는 다 저의 죄입니다. 피를 토한 것은 우연히 기운이 올라 그런 것이지 어찌 슬픔 때문에 몸이 축이 나 그런 것이겠습니까? 그러나 어머님께서 이같이 말씀하시니 제가 마음을 진정하고 몸조리를 잘 하겠습니다. 그러니 염려하지 마십시오."

그러자 부인이 마음을 내와 권하면서 서로 위로하였다. 조문객을 맞고 아침저녁 제사를 지내는 것 이외에는 성의백이 조부인의 눈앞에서 떠나
94 지 않았다. 지극한 효성이 천지신명을 감동하게 할 정도였으므로 조부인이 사랑하고 소중히 여기는 것이 날이 갈수록 더하여 모자가 서로 위로하며 3년을 무사히 지내자 온 집안사람들이 다시금 슬퍼하였다. 세찬 등이 시묘살이를 마치고 돌아오자 성의백은 그들과 한 방에서 함께 자며 의식(衣食)을 한가지로 했다. 소씨는 3년 제사에 지성으로 삼가 조심하고 조부인 섬기기를 마치 그림자가 뒤를 좇듯이 하며 세찬 처 양씨와 세광 처 위씨를 사랑하고 그들과 화목하게 지내니 사람마다 다 탄복하였다.

세월이 물 흐르듯 하여 탈상(脫喪)한 후 천자께서 성의백을 옛 벼슬로 부르셨다. 성의백이 마지못해 명을 받들어 공무를 집행했다. 승상이 선생

---

251) 삼혼(三魂) : 사람의 몸 가운데에 있다는 세 가지 정혼(精魂), 즉 태광(台光) · 상령(爽靈) · 유정(幽 靜)을 일컬음.

을 여읜 후 만사에 관심이 없고 즐거운 기분이 사라져 벼슬을 사양하고
물러나고자 하였다. 천자께서도 그 굳은 뜻을 막지 못하시어 승상을 갈아
주시고 본직이었던 초국공(楚國公)에 태자태부(太子太傅)[252]를 더하신 후
집에서 여생을 편히 지내도록 하셨다. 그리고 승상의 자리를 성의백에게
내려주시면서 정사를 다스리라 하셨으니, 성의백 유세기가 밝고 현명한
재주와 덕행으로 국사에 모자란 것을 보태고 바로잡아 음양을 다스리고 95
사시에 순응하는 것을 흡족하게 행하였다. 조정 신하들은 그의 말을 엄숙
히 들었으며 만백성은 자기 일에 편안히 종사하였다.

이때 승상 부부는 선생이 돌아가셔서 슬픈 가운데 있었으나 몸이 평안하고 진공 형제의 은총과 부귀가 새로우니 자연히 번창하고 화려했으며 영화를 누리는 즐거움이 새로웠다. 성의백이 연달아 여덟 명의 아들과 두 딸을 낳았고, 진공은 다섯 아들과 두 딸을 두었으며, 영릉후는 남부인에게서 세 아들과 세 딸을, 설부인에게서 아들 하나와 딸 하나를 두었고, 부풍후는 여섯 아들과 딸 하나를 낳았다. 상서공은 박부인에게서 네 아들과 딸 하나를, 순부인에게서 다섯 아들과 딸 넷을 낳았다. 순부인의 자녀들은 다 상서의 기질을 물려받아 하나같이 아름다웠으며 그 모친의 불초함과는 전혀 달랐으니 보는 사람마다 다 이상하게 여겼다. 양학사 부인은 아들 넷에 딸 셋을 두었으며 양상서 부인은 아들 여섯에 두 딸을 두었고 사어사 부인은 아들 셋에 딸 다섯을 두었다. 모든 아이들이 다 곤륜산(崑崙山)의 보배로운 옥이나 바다 속의 황룡(黃龍) 같았으며 부모의 영웅다운 풍채와 신선 같은 기세를 물려받아 평범한 무리들 가운데 뛰어났으니 이는 진실로 조상의 은덕이 자손에게까지 미친 것이라 할 수 있었다.

---

252) 태자태부(太子太傅) : 왕세자의 교육을 맡아 보던 벼슬.

유 씨 삼 대 록

8권

1 차설(且說). 진공이 공주 및 장부인과 더불어 부부로 지낸 것이 10여 년
이 되었다. 공주가 해를 이어 아들 둘과 딸 하나를 낳았다. 장부인은 아들
셋과 딸 하나를 낳았다. 여러 자녀들 가운데 특이한 자녀는 공주의 첫째
아들 관과 둘째 아들 현이었다. 이들은 비록 나이가 어리나 기상이 출중
하고 여러 종형제(從兄弟) 70여 사람 가운데 뛰어날 뿐 아니라 당대에 상
대할 사람이 없었다. 진공과 승상이 이들을 몹시 사랑하고 일가친척들이
칭찬하여 온 집안의 두터운 신망을 전적으로 받았다. 영주 소저는 손 안
의 보배같이 소중한 존재로 네 살이었다. 교태롭고 아리따운 모습이 모친
인 진양공주를 거의 닮았기에 태후께서 더욱 사랑하시어 궁궐에 들여다
양육하셨다.

공주가 이같이 기이한 자녀를 낳아 슬하에 두고, 천자의 은총이 점점
2 더하여 무릇 국가에 대옥(大獄)이 있거나[253] 외국에서 조공하는 일이 있
으면 천자가 공주를 불러 만나서 의논하셨다. 공주가 신령하고 지혜로운
덕과 총명한 재주로 정사(政事)를 도와 10여 년을 한결같이 국정(國政)을
다스렸다. 집으로 돌아오면 시부모가 소중히 대하였고, 진공의 바다 같은
사랑이 나날이 더하여 잠시라도 떨어지지 못하였다. 마음을 담백하게 하
고 뜻을 공손하고 검소한 데에 두어 일을 할 때 모든 일에 숙연하였으니
그 편안하고 고요하며 법도에 맞는 것이 일월(日月)의 운행과 같았다. 시
부모님께 맛있는 음식을 봉양하고 태후전을 바라보며 아침저녁으로 문안
인사를 올리는 것을 한 때도 그만 두지 않았다. 늘 모친인 태후의 슬하를
떠난 것을 슬퍼하자, 진공이 위로하고 격려하였다.

---

253) 국가에 ~ 있거나 : 국가에 중대한 사건이 있어 여러 사람이 옥에 갇히는 일을 '국가대옥'이라고 함.

세월이 흐르는 물과 같이 흘러 정덕(正德) 15년[254] 겨울에 이르렀다. 하루는 공주가 시부모님께 문안인사를 올리고 여러 동서와 시누이를 불러서 진궁에 돌아와 자리를 정하고 웃으며 말하였다.

"오늘은 주공(主公)[255]의 생일입니다. 주공이 이미 술과 음식을 부모님 3
께 올리고 형제와 즐기니, 진양이 또한 여러분들과 더불어 남은 음식을 나누면서 조용히 모여 회포를 펴고자 합니다."

여러 부인들이 일시에 대답하였다.

"공주의 말씀에 감격하였습니다. 저희들이 또한 맛있고 좋은 음식과 향기로운 술을 맛보고 맑은 말씀을 듣기를 원합니다."

공주가 기뻐하며 좌우 사람들에게 진수성찬을 내오도록 하여 하루 종일 즐겼다. 좌중에 모든 어린 아이들이 나란히 아름다운 빛깔의 옷을 입고 나아오니 옥쟁반에 구슬이 구르고 푸른 하늘에 맑은 별이 펼쳐져 있는 것 같았다. 각각의 모친이 연달아 감탄하고, 나머지 부인들도 칭찬하며 사랑하여 기뻐하였다. 소부인이 웃고 말하였다.

"좌중의 많은 어린 아이들이 하나하나가 옥같이 아름답고 고결하니 조상이 덕을 쌓으신 것을 알겠습니다."

승상의 시첩(侍妾)[256]인 찬향과 월섬 등이 옆에 있다가 말하였다.

"저희들의 어리석은 생각으로는 이것은 단지 조상의 성스런 덕뿐만 아 4
니라 여러 소공자가 부모의 영웅스런 풍채를 이어받았기 때문인가 합니다. 어찌 한쪽으로 치우쳐 조상만 말하십니까?"

양학사 부인이 구슬이 울리듯이 맑게 웃으며 말하였다.

---

254) 정덕(正德) 15년 : 정덕은 명나라 무종(武宗 : 1516~1520)의 연호로 1520년을 말함.
255) 주공(主公) : 임금, 주인, 주인공. 여기서는 진양공주의 남편인 진공을 일컬음.
256) 시첩(侍妾) : 함께 있으면서 시중드는 첩. 주로 귀족이나 벼슬아치가 데리고 사는 첩을 말함.

"서모(庶母)의 말이 하류 계층의 무식한 것을 면하지 못하였소. 여러 아이들의 모습이 부모를 닮아 아름다운 것이라면, 순형의 여러 자녀는 하나도 어머니를 닮지 않아서 각각 아름다운 것이겠소? 반드시 우리 조상의 성스런 덕으로 자손의 문을 높인 것이오."

공주가 감탄하여 말하였다.

"양부인의 밝은 말씀이 거울과 같습니다. 이제 여러 조카들이 가풍과 대대로 내려오는 덕을 상하지 않았고, 집안의 부귀영화가 예전에도 듣지 못한 바입니다. 즐거움이 비록 지극하지만 너무 가득 찬 것은 두려운 감이 없지 않았습니다. 그런데 아버님께서 공을 세워 이룬 뒤에 자리에서 물러나셔서 고요히 여생을 편히 보내시고 큰아주버님께서도
5 덕으로 조정을 진정시키니 어찌 가문의 큰 복이 아니겠습니까? 오늘 형제들이 모두 즐기는 것 또한 보통 사람들이 얻지 못할 영화입니다. 헛되이 날을 보내지 못할 것이니 여러 동서와 시누이 사이의 친분으로 어찌 감추고 부끄러워하며 머뭇거릴 필요가 있겠습니까?

진양이 어린 나이에 유씨 가문에 하가(下嫁)하여[257] 여러 부인들의 두터운 정을 많이 받았습니다. 친밀히 저를 사랑해 주심이 친형제와 같아서 서로 거리끼지 않았고 제가 성품이 소탈하여 가슴에 다른 뜻을 두지 않았습니다. 제가 그윽이 보기에 여러 부인들의 자질이 총명하고 미목(眉目)[258]이 빼어나게 아름다워 모두 글재주가 있을 듯하니 반드시 가슴 속에 배운 것이 적지 않을 것입니다. 원하건대 오늘 즐기는 것을 글의 제목으로 삼아 사운(四韻)[259]을 하나씩 지어 오늘의 좋은 일을 기

257) 하가(下嫁)하여 : 공주나 옹주가 신하의 집으로 시집가는 것을 말함.
258) 미목(眉目) : 눈썹과 눈, 또는 눈썹과 눈이 얼굴 모습을 좌우한다고 해서 얼굴을 뜻하기도 함.
259) 사운(四韻) : 네 개의 각운(脚韻)으로 된 율시(律詩).

록하고 다른 날 자손으로 하여금 우리들의 자취를 알게 함이 옳을 것입니다. 여러 부인들의 고견(高見)은 어떠십니까?"

소부인이 옷깃을 여미고 대답하였다. 6

"저희들이 재주가 비록 용렬하나 어찌 시 한 수(首)를 지어 옥주의 가르치심을 받들지 않겠습니까?"

공주가 기쁜 빛을 얼굴에 띠며 좌우 사람들로 하여금 붓과 벼루를 내오게 하고 화전(華箋)[260]을 펴고 일시에 시를 지었다. 온 하늘에 구슬과 옥이 어리고, 용과 뱀이 꿈틀거리며 춤을 추어 연기와 구름이 일어나니 일곱 걸음을 채 넘기지 않아 여러 부인의 글이 벌써 이루어졌다. 각각이 뜻을 얻은 것이 귀신을 울릴 만한 묘한 솜씨였다. 공주가 여러 부인들의 시를 보기를 마치자 자리에서 물러나 칭찬하여 말하였다.

"여러 부인들의 신묘하고 빼어난 작품들이 온아하고 향기롭고 고운 것이 『시경(詩經)』[261]의 시 300편에 뒤지지 않으니 진양이 감탄하고 놀람을 이기지 못하겠습니다. 그 중에서도 소부인의 활달하신 문체와 설부인의 호탕하고 시원시원한 격조(格調)와 양부인의 그윽하고 품위 있는 글재주는 삼장장원(三場壯元)[262]입니다. 진양이 질이 낮아 사귀는 의가 끊어지는 것을 면하지 못하겠습니다."

여러 부인이 사례하여 말하였다.

"어찌 감히 옥주께서 과장하시는 것을 감당하겠습니까? 저희들이 이미 7

---

260) 화전(華箋) : 질이 좋고 색깔이 아름다운 종이를 말하거나, 남의 편지나 시를 높여 부르는 말로 쓰임.

261) 『시경(詩經)』 : 중국 최고(最高)의 시집(詩集)으로 춘추시대 초기까지의 시 305편을 모은 유가(儒家) 경전(經典)의 하나. 이전부터 전해지던 수많은 시편을 공자(孔子)가 편찬한 것으로 알려짐. 오경(五經)의 하나.

262) 삼장장원(三場壯元) : 삼장(三場)은 과거 시험에서 초장(初場), 중장(中場), 종장(終場)의 삼 단계 시험을 이르는 말. 삼장장원은 과거 시험에서 삼장에 매번 첫 번째로 합격하는 것을 말함.

명령을 받아서 유치하고 졸렬함을 감추지 않았지만, 외람되이 옥주께서 차운(次韻)[263]하시기를 바라는 것은 모과를 던져 아름다운 옥으로써 갚기를 원하는 것입니다."[264]

공주가 미소 지으며 말하였다.

"제가 졸렬한 글솜씨로 흠이 많지만 어찌 저 홀로 부인들과 달리 행동하겠습니까?"

진양이 좌우 사람들로 하여금 붓과 벼루를 내오게 하여 시 한 수를 지었으니, 이 어찌 평범하고 속된 문장으로 말할 수 있으리오? 머리를 돌릴 사이에 사운(四韻)의 시를 지어 차례로 벽에 붙이고 서로 칭찬해 마지않았다.

문득 진공이 형제들과 더불어 이곳에 이르러, 모든 부인들이 즐기는 광경을 보고 걸음을 잠깐 멈추어 글이 지어지는 것을 기다렸다가 나아갔다. 여러 부인들이 또한 일어나서 맞자, 진공이 읍양(揖讓)하면서[265] 자리에 앉으며 공경하여 말하였다.

"오늘 여러 형수님과 제수씨께서 누추한 곳에 찾아오셔서 천한 집에
8 광채를 빛나게 하시니 감격함을 이기지 못하겠습니다. 또 빛나게 읊으
신 것이 있는 것 같으니 당돌하지만 한번 구경하기를 원합니다."

여러 부인들이 마음이 편치 않아 사양하자, 양학사 부인이 웃고 대답하였다.

263) 차운(次韻) : 남이 지은 시의 운자(韻字)를 따서 시를 짓는 것.

264) 모과를 ~ 같습니다 : 『시경』「위풍(衛風)」편 〈모과(木瓜)〉라는 시에 "그녀가 나에게 모과를 던져주었네. 나는 옥고리로 보답하였지. 갚는 것이 아니라네. 영원히 함께 하자는 사랑의 징표이지[投我以木瓜, 報之以瓊琚, 匪報也, 永以爲好也]."라는 구절이 전함.

265) 읍양(揖讓)하면서 : 읍하는 예를 갖추면서 사양하여. '읍(揖)'은 인사하는 예(禮)의 하나임. 두 손을 맞잡아 얼굴 앞으로 들어 올리고 허리를 앞으로 공손히 구부렸다가 몸을 펴면서 손을 내림.

"아녀자의 모임에 여러 오라버님이 모여 있으니 매우 껄끄럽습니다. 원하건대 오라버님들께서는 외전(外殿)으로 나가셔서 아담한 연회를 어지럽히지 마십시오."

성의백이 선생의 3년상을 지낸 후 처음으로 술잔을 잡아 진공이 간청하기에 이곳에 이르렀다. 본디 노숙하여 남의 재주 있는 것을 사랑하였다. 공주의 글재주를 당년에 수석시에서 보고 몹시 놀랐다가 이후에 다시 보지 못하였더니 오늘 시 한 조각을 묘하게 얻어 볼 수 있게 되자 좌상(座上)에서 말하였다.

"남녀가 비록 다르지만 동기간의 의리가 있으니 여러 제수씨께서 어찌 우리를 내외하십니까? 하물며 오늘은 아우의 생일입니다. 내외 사람들이 한 당(堂)에 모여 형제가 소일하는 것이 마땅히 인정과 도리에 맞습 9
니다. 옥주의 안전(案前)에서 무례한 것이 황공하지만 원하건대 여러 제수씨와 세 여동생이 시 읊은 것을 구경하고자 합니다."

여러 부인들이 할 수 없어서 시녀를 명하여 벽에 붙여놓은 시를 떼어서 성의백에게 보내었다. 성의백이 공경하여 몸을 굽히고 차례대로 시를 보았다. 자기 부인의 문장을 처음으로 보고 마음속에서 놀라고 의아해하였으며, 여러 제수씨와 여동생의 글재주를 칭찬하기를 그치지 않았다. 마지막에 공주가 차운한 시에 이르러서는 얼굴을 추스르고 자리에서 일어나 두 번 절하며 말하였다.

"제가 비록 재주를 자랑하지 못하나 성상(聖上)께서 총애하시고 우대하심을 입어 두 번 장원(壯元)이 된 바 있습니다. 그러나 오늘 옥주의 신명하신 문체는 예로부터 보지 못한 것입니다. 제가 재주가 떨어져 의절하게 되는 것을 마지아니할 것입니다. 또한 옥주의 글이 깊고 뜻이 높

10 으신 것은 말할 것도 없고 너무 고상하셔서 넓고 아득하게 떠 있어 완만하고 무거운 것이 적으니 제가 두려워하는 바입니다. 시는 마음에서 우러나는 것이니 고치지 못하는 것이지만 유독 아우의 복이 길지 못할 것을 슬퍼합니다. 옥주의 신명하심으로 어찌 이를 알지 못하시겠습니까마는 이런 일이 어찌 있단 말입니까?"

공주가 옷깃을 여미면서 구슬프게 말하였다.

"세상 일이 대체로 그러합니다. 진양의 마음이 이미 슬프니 글이 어찌 홀로 즐겁겠습니까? 그러나 상공의 시를 감상하는 높으신 능력과 밝은 지식에 탄복하였습니다. 오늘 즐거운 것을 뒷날에 어찌 생각하지 않겠습니까?"

성의백이 너무 놀라 말을 못하고 탄식하였다. 진공이 매우 의심하고 염려하여 말하였다.

"좋은 모임에 어찌 슬픈 빛이 있습니까? 공주가 이제 청춘으로 몸에 병이 없으니 이렇게 말하는 것이 옳지 않습니다."

공주가 얼굴빛을 평온하게 고쳐 다시 술과 안주를 내오도록 하여 단란
11 하게 즐겼다. 여러 부인의 글을 이어 차례로 병풍을 만들어 공주가 베갯
머리에 두고 매우 사랑하였다. 날이 어두운 후에 모두 흩어졌다.

이때 천자가 놀이 삼아 사냥을 즐기시어 대동부(大同府)에 거동하셨다. 진양공주가 입궐하여 천자를 뵙고 간(諫)하였다.

"태후마마의 춘추가 많으시고 자주 편찮으시니 폐하께서 멀리 떠나지 못하실 것입니다. 임금이 정사를 닦지 않고 사냥을 일삼는 것은 옳지 않습니다. 폐하께서는 원컨대 여러 곳에 거동하는 것을 그치시고 덕스러운 정사를 닦아 민심을 가라앉히소서."

천자가 망설이며 결정하지 못하시더니 사례감(司禮監)[266]이 일을 벌려 구태여 사냥을 하러 나가시게 되었다. 공주가 하늘이 내려준 운명을 사람의 힘으로 돌이키지 못할 줄 알고 눈물을 흘리며 절하고 작별하였다. 진궁으로 돌아와 이날부터 먹고 마시는 것이 줄고 몸가짐이 고고하여 눈썹에 나라 생각하는 근심과 임금을 생각하는 눈물이 끊이지 않자, 진공이 12
좋은 말로 너그럽게 위로하며 말하였다.

"어가(御駕)는 수개월만 지나면 돌아오실 것인데, 현비(賢妃)[267]는 어찌 이와 같이 지나치게 근심하십니까?"

공주가 탄식하고 말하였다.

"명공은 알지 못하시겠습니까? 천자께서 궁궐에 계시지 않으며 천자를 상징하는 별이 심히 맑지 않고 오색 기운이 황하 남쪽에 있으니 훗날 종사(宗社)를 이을 자는 홍국(興國) 소자(小子)[268]에 있습니다. 비록 어진 임금이 잇는다하나 우리 돌아가신 아바마마와 아마마의 후사가 끊어지는 것을 진양이 차마 어찌 보겠습니까?"

말을 마치고 눈물을 쏟았다. 공이 또한 슬퍼하여 탄식하며 말하였다.

"천도(天道)가 깊고 머니 현비는 너무 멀리 근심하지 마십시오."

다음 해 2월에 상이 동쪽에서 병이 들어 미처 돌아오지 못하시고 붕어(崩御)하셨으니,[269] 이때는 정덕(正德) 신사(辛巳) 중춘(仲春)이었다.[270] 부음(訃音)[271]이 경사(京師)에 이르자 조정과 재야가 황급하여 어쩔 줄 몰라

266) 사례감(司禮監) : 명나라 때의 환관의 최고 기구. 황제의 칙서나 내각의 문서를 날인하는 권한을 가졌음. 혹은 사례감의 우두머리 즉명대의 환관 가운데 우두머리를 말하기도 함.

267) 현비(賢妃) : 어진 왕비라는 뜻으로, 여기서는 진양공주를 가리키는 말임.

268) 홍국(興國) 소자(小子) : 명나라의 12대 황제인 가정제(嘉靖帝)를 말함. 덕안부(德安府) 안륙현(安陸縣)에서 홍헌왕(興獻王) 유원(裕杬)의 아들로 태어났기에 '홍국 소자'라고 불림.

269) 붕어(崩御)하셨으니 : 임금의 죽음을 높여 부르는 말.

270) 정덕(正德) ~ 중춘(仲春)이었다 : 1521년 음력 4월을 말함.

하며 한편으로는 천자의 관을 모셔 경사로 오고, 한편으로는 왕위를 이을
13 임금을 태후께 여쭙고 그 뜻을 기다렸다. 이때 진양공주가 궁궐에 들어가 태후를 보호하며 애도하는 절차가 예법에 지극히 맞았으니, 궁중 사람들이 모두 다 공주의 명령대로 상례(喪禮)를 치렀다. 성복(成服)[272]을 입은 후 조정에서 태후에게 뒤를 이을 사람 정하기를 청하였다. 태후께서 이때 망극하여[273] 정신을 제대로 차리지 못하셨는데, 이 말을 들으시고 더욱 통곡하셨다. 공주가 간언하였다.

"이것은 국가의 중대사이니, 한갓 슬픔을 이기지 못하여 그만두지 못할 것입니다. 여러 황족이 있지만 다 임금의 상(相)이 아닙니다. 다만 흥헌(興獻)의 어린 아이[274]가 매우 기이하니 마땅히 교지(敎旨)를 내리시어 책봉하소서."

태후께서 깨달으시어 명령을 내리시고 군신들이 흥국 소자를 맞이하여 천자로 세웠으니, 이가 가정황제(嘉靖皇帝)[275]였다. 공주가 황족 부인들을 거느리고 진하(進賀)하니[276] 새 황제가 각별히 예로써 대하고 말씀하셨다.

"공주께서 선제(先帝)[277]를 섭정(攝政)하시던[278] 공덕과 어질게 정치를

---

271) 부음(訃音) : 사람이 죽었다는 것을 알리는 말이나 글.

272) 성복(成服) : 초상이 난 뒤 처음으로 상복을 입는 것을 말함. 보통 초상난 지 사흘이나 닷새 만에 입음.

273) 망극하여 : 어버이나 임금에게 상서롭지 못한 일이 생기게 되어 지극히 슬퍼함을 말함.

274) 흥헌(興獻)의 ~ 아이 : 앞에 나온 '흥국 소자'와 같은 말임. '흥헌왕의 아들'이라는 의미임.

275) 가정황제(嘉靖皇帝) : 휘(諱)는 후총(厚熜), 묘호는 세종(世宗)임. 흥헌왕(興獻王) 유원(裕杬)의 장자로 태어남. 무종(武宗) 정덕제(正德帝)가 후사가 없었기 때문에 1521년 무종의 뒤를 이어 제위에 오름. 재위기간은 1521~1566년까지였음. 연호(年號)가 가정(嘉靖)이기에 가정황제라 칭함.

276) 진하(進賀)하니 : 나라에 경사가 있을 때에 벼슬아치들이 조정에 모여 임금에게 축하를 올리던 일을 말함.

277) 선제(先帝) : 돌아가신 황제를 말함. 여기서는 진양공주의 부친인 정덕황제(正德皇帝)를 말함.

278) 섭정(攝政)하시던 : 임금이 직접 통치할 수 없을 때에 임금을 대신하여 나라를 다스리는 것을 말함.

행했던 일은 짐이 공경하여 흠모한 지 오래 되었습니다. 오늘 세상사 14
가 변하였다고 하여 궁궐에 출입하는 것과 태후 봉양하는 일을 예전과 다르게 알지 마십시오."

드디어 가정황제가 진양공주를 후한 예의로 존경하여 군신(君臣)의 의(義)로 하지 않으시고 스승의 예로 대접하시자 공주가 은혜에 감사하고 물러 나왔다. 미양궁에 돌아오니 태후가 눈물을 참지 못하여 그 기색이 숨이 곧 끊어질 듯하셨다. 공주가 이 거동을 보고 오장(五臟)이 마디마디 끊어지고 심장이 미어지는 것 같아서 기운이 막혔다. 그러나 태후가 슬퍼하시는 것을 생각하여 소리를 부드럽고 온화하게 하고 좋은 말씀으로 위로하고 차마 그 곁을 떠나지 못하였다. 진공이 공주에게 글을 보내 말하였다.

> 국가의 슬픔을 당하여 현비가 이제 태후마마의 슬하를 떠나는 것이 진실로 어려
> 울 것입니다. 그러나 우리 집이 대대로 임금의 은혜를 많이 받아 주야로 깊은 연못
> 과 얇은 얼음에 임한 듯하여 바야흐로 몸을 웅크려도 몸 둘 곳이 없습니다. 현비는 15
> 어찌 사사로운 정만 생각하고 궁궐에 오래 머물러서 남의 말을 들으시겠습니까? 모든 일은 많이 뒤집어질 수 있습니다. 현비는 깊이 생각하시오.

공주가 글을 다 본 후 크게 탄식하여 말하였다.

"이 말이 옳으니 내가 어찌 알지 못하겠는가? 하지만 큰 일이 곧 일어나게 될 것이니 내가 차마 태후마마 슬하를 떠나지 못하겠구나."

그러고는 궁중에서 머물러 세월을 보냈다. 태후가 슬퍼하시는 것이 나날이 더하여 장차 위태하게 되었다. 공주가 망극하여 손톱과 머리를 깎으

며 깊이 생각에 잠겨 목욕재계(沐浴齋戒)하였다. 후원에 단을 묻고 친히 천지신령께 태후의 목숨을 살려주시기를 빌면서 자신의 목숨으로 대신하기를 청하였다. 지극한 정성과 신기하고 이상한 재주가 천지신명을 감동시킬 것이지만 태후가 이미 마음이 상하시고 천명이 다하여서 작은 효험도 없었다.

16 공주가 바야흐로 북두칠성에 빌 때 한 무리 큰 바람이 일어나 장막(帳幕)을 걷어 버리고 태후의 주등(主燈)을 거꾸러뜨렸다. 공주가 큰 소리를 지르고 땅에 엎어져 피를 토하고 정신을 잃은 채 단 아래에 쓰러졌다. 좌우에서 공주를 부축하여 공주가 의식을 되찾자, 드디어 제사를 마치고 미양궁으로 돌아와 먹고 자는 것을 모두 그만 두고 태후의 베갯머리를 떠나지 않았다.

태후가 하루는 눈을 들어 보시니 하후와 정덕황제의 친딸 숙경공주가 여러 비빈(妃嬪)들과 함께 좌우로 자신을 모셔 앉아 있었다. 그리고 진양공주가 태후의 손을 받들어 얼굴을 대고 눈물을 펑펑 흘리고 있으니 온몸이 소삭하여 사라질 듯하였다. 태후가 정신을 차려 매우 흐느끼시고 드디어 새 황제를 청하여 말씀하셨다.

"불행하여 대행(大行)[279]황제의 저사(儲嗣)가 끊어지고[280] 젊은 나이에
17 돌아가시는 것을 보았는데 다행히 황제를 얻어 종사의 임자로 삼았습니다. 돌아보니 짐의 골육이 진양공주뿐이고 대행황제의 자식은 숙경공주 한 사람뿐이니 그 고독함으로 인해 지하에서도 눈을 감지 못할 것입니다. 황제는 마땅히 은총을 한가지로 해서 외로운 자식이 어버이를

279) 대행(大行) : 왕이나 왕비가 죽은 뒤 시호(諡號)를 올리기 전에 높여 이르던 말.
280) 저사(儲嗣)가 끊어지고 : 저사는 왕세자를 말함. 정덕황제에게 아들이 없고 딸인 숙경공주만 있었기에 이렇게 표현한 것임.

생각하는 정을 불쌍히 생각하소서."

이윽고 태후가 주변 사람들을 간절히 그리워하는 말씀을 하시고는 공주의 손을 잡고 붕어하셨다. 상이 애통해함을 마지않으시고 하태후와 진양공주에게 각별히 미음과 물 등 먹을 것을 친히 권하셨다. 공주가 서럽다고 하여 예를 그만하지 않았으며 상이 위로하시는 것을 받들어 섬기지 않는 것이 없었다. 그러나 마음 깊은 곳은 이미 모든 것이 다 사라져 버렸다. 무릇 장례에 관한 일과 모든 일에 의심이 되고 해결하지 못하시는 일은 상이 진양공주에게 일일이 의논하셨다. 상복(喪服) 입는 기간을 지내고
공주가 혼전(魂殿)[281]에 절한 뒤에 인하여 황제께 하직하고 말하였다. 18

"신(臣)이 성은(聖恩)을 입어 폐하께서 총애하고 우대하시는 것이 삼조(三朝)[282]에 한결같으시니 마땅히 삭망(朔望) 조하(朝賀)[283]를 그만두지 않아야겠지만 신의 몸이 병에 매여 오래 살지 못할 것입니다. 다시 용안(龍顔)을 뵙고 궁중을 보지 못할 것 같습니다."

상이 슬퍼하여 위로하고 말하였다.

"공주는 황고(皇考)[284]와 태후마마의 장중보옥(掌寶寶玉)으로, 또 여주공(女周公)[285]이 되어 총재의 높음이 있어서 선제(先帝)가 총애하시고 우

281) 혼전(魂殿) : 임금이나 왕비의 국장(國葬) 뒤 3년 동안 신위(神位)를 모시던 전각.

282) 삼조(三朝) : 홍치(弘治), 정덕(正德), 가정(嘉靖) 세 황제의 조정.

283) 삭망(朔望) 조하(朝賀) : 삭망은 음력 초하루와 보름을 말하고, 조하는 동지 · 새해 · 즉위 · 탄일 등의 경축일에 신하들이 조정에 나아가 임금에게 하례하던 의식을 말함. 여기서는 보름에 한 번씩 임금을 찾아뵙고 하례하는 것을 말함.

284) 황고(皇考) : 남에게 돌아가신 자기 아버지를 이르는 말이나, 여기서는 진양공주의 부친인 돌아가신 황제 홍치황제를 말함.

285) 여주공(女周公) : 여자 주공(周公)이란 뜻임. 주공(周公)은 주(周)나라의 정치가. 이름은 단(旦). 주왕조를 세운 문왕(文王)의 아들이며 무왕(武王)의 동생. 무왕과 무왕의 아들 성왕(成王)을 도와 주왕조의 기초를 확립하였고, 예악(禮樂)과 법도(法度)를 제정하여 주왕실 특유의 제도문물(制度文物)을 창시함. 그는 중국 고대의 정치 · 사상 · 문화 등 다방면에 공헌하여 유교학자에 의해 성인으로 존숭되고 있으며, 저서에 『주례(周禮)』가 있음. 진양공주가 여자로서 주공과 같이 임금을 보필하기를 바라는 뜻에서 이와 같이 명명한 것임.

대하시던 바이었습니다. 오늘날 세상일이 변하였다고 마음을 다르게 하십니까? 병을 조리한 뒤 짐을 도와 나라를 다스려 주시기를 바랍니다."

공주가 은혜에 감사하고 미양궁과 장생전을 돌아보며 피눈물이 상복을 적시었다. 하후께 절하고 사례하니 하후가 또한 손을 잡고 통곡하시며 이별하셨다. 육궁(六宮)[286]의 비빈과 온 궁전의 궁인들이 슬퍼하지 않는 사람이 없었다.

19 숙경공주가 나아와서 절하고 작별하였다. 진양공주가 그 손을 잡고 어루만지면서 울며 말하였다.

"천자께서 특별한 은혜로 우리들을 불쌍히 여겨 위로하시니 성덕(聖德)이 넓고 크시지만 마땅히 더욱 조심하는 것이 옳다. 네 낭군인 여창린이 분에 넘치게 왕위의 자리에 있고 여씨 가문이 너무 번성하니 너는 마음을 갈고 닦아 대궐에는 출입하지 말고 조심하여 말과 행동을 삼가라."

숙경공주가 눈물을 흘리면서 공경하며 사례하였다.

새로 등극한 황제의 황후 설씨는 평제공 설영의 딸이었다. 용모가 빼어나게 아름답고 덕량과 법도가 안정되어 국모(國母)에 알맞았다. 귀비(貴妃) 장씨는 태후의 친조카여서 많이 오만하고 간교하지만 고운 모습이 견줄 데 없이 빼어나서 황제의 사랑을 가장 많이 받았다.

이날 모두 진양공주와 작별하는데 설후는 공주를 스승의 예로 답례하면서 매우 공순하였고, 진양공주의 슬퍼하는 거동을 보시고는 공주를 위
20 하여 눈물을 흘리셨다. 장귀비는 태후의 친조카이기에 친척의 도리로 더

286) 육궁(六宮) : 중국의 궁중(宮中)에서 황후(皇后)의 궁정(宮庭)과 부인(夫人) 이하(以下)의 다섯 궁실(宮室).

욱 더 슬픔을 이기지 못하였다. 진양공주가 귀비를 돌아보며 말하였다.

"귀비는 어질고 공손하며 검소하면서 분의(分義)[287]를 삼가 행하고 덕을 닦아서 우리 태후마마 가문에 부끄러움이 없게 하시오. 만일 이를 게을리 한다면 후회해도 다시 돌이킬 수 없을 것이오."

장귀비가 두 번 절하면서 명령을 받고 감히 말을 못하였다. 장귀비가 오만하여 육궁과 천자를 업신여기고 깔보았는데 진양공주에게는 감히 본심을 보이지 못하였다. 설후와 장귀비의 용모가 궁중에서 특출하지만, 진양공주에 비하면 달빛이 환한 가운데 여러 별들이 비치는 것 같았다. 진양공주가 오늘 상복을 입었음에도 더욱 빼어나자 사람들이 다시금 새롭게 공경하여 우러러 보았다.

공주가 봉련(鳳輦)[288]에 흰 천을 두르고 흰 장식을 꾸며[289] 돌아오기를
행하여 진궁에 이르렀다. 유씨 가문이 모두 한가지로 조문(弔問)하였다. 21
조문하는 예식을 다한 후 공주의 기색이 숨이 끊어질 것 같고 용모가 전혀 딴판이 된 것을 보고 시부모와 진공이 매우 놀라고 두려워하여 부축하여 침실에 들이려고 하였다. 공주가 사양하여 말하였다.

"태후마마의 관(棺)이 혼전(魂殿)에 계신데 진양이 어찌 높은 집을 생각하겠습니까?"

드디어 좌우로 하여금 낮은 집을 정리하여 상중에 거처하는 움막을 차리고, 거적을 깔고, 흰 띠를 둘렀으니,[290] 궁중과 궁인이 꾸민 것이 한 떼의 흰 구름 같았다. 공주가 상복을 벗지 않고 사시곡읍(四時哭泣)[291]하니

---

287) 분의(分義) : 자기의 분수에 알맞은 정당한 도리.

288) 봉련(鳳輦) : 꼭대기에 황금의 봉황을 장식한 임금이 타는 가마. 여기서는 진양공주가 타는 가마를 가리킴.

289) 흰 ~ 꾸며 : 상중(喪中)임을 나타내는 표지임.

290) 둘렀으니 : {볘여}. '몌여'의 오기인 듯하기에 이와 같이 옮김.

그 소리가 슬퍼서 사람이 차마 듣지 못할 정도였다. 공주가 반드시 기운이 다 떨어진 후에야 곡하기를 그치고, 한 그릇 미음을 하루에 한 번 마셨다.

22 진공과 자녀를 보아도 조금도 마음을 두어 알려고 하지 않았고 더욱 진공을 보면 얼굴빛을 바꿔 기뻐하지 않았다. 진공이 이미 그 뜻을 알고 마음속으로 감동하여 다시 가지 않고, 또한 공주가 몸을 부지하지 못할까 슬퍼하여 세 여동생과 장부인으로 하여금 공주를 지키고 보호하며 온갖 수단으로 설득하게 하였다. 그러나 공주가 다시는 사람의 말을 귀담아 듣지 않고 밤낮으로 눈물을 흘렸다. 시부모가 슬프게 생각하여 친히 이르러서 권유하면 공주가 사례하고 음식을 맛보고 말을 하여 평상시와 같이 하였다. 그러나 시부모가 돌아가면 다시 베개에 몸을 던졌으니 쓸쓸히 돌아가신 모친을 생각하면서 아득히 모친을 따를 것 같았다.

이미 봄이 다 지나가고 늦여름에 이르러 국장(國葬)을 지냈다. 공주가 더욱 몸이 바짝 마르고 여위어 뼈가 드러났으니 병세가 위태로웠다. 진공이 슬픔을 이기지 못하여서 졸곡(卒哭)[292]을 지낸 후 친히 상막(喪幕)에 이
23 르러 서로 보니 공주의 백설 같은 살결이 움푹 들어가고 일월(日月) 같은 광채는 줄어들어 뼈가 드러나고 맥은 실낱같이 약하였다. 상복과 거적에 핏자국이 낭자해서 차마 보지 못할 지경이었다. 공이 이것을 보고 간담(肝膽)이 끊어지는 것 같아서 그 손을 잡고 정신을 잃고 길게 통곡하며 말하였다.

---

291) 사시곡읍(四時哭泣) : 사시는 '한 해의 네 계절', '한 달 가운데의 네 때', '하루 중의 네 때'를 말함. 여기서는 세 번째 의미로 단(旦 : 아침)·주(晝 : 낮)·모(暮 : 저녁)·야(夜 : 밤)를 말함. 즉 사시곡읍이란 하루 네 번 곡하는 것을 말함.

292) 졸곡(卒哭) : 장사(葬事)후 세 번째 지내는 제사인 삼우제(三虞祭) 뒤에 지내는 제사. 사람이 죽은 지 석 달 만에 오는 첫 정일(丁日)이나 해일(亥日)을 택하여 지냄.

"아아, 현비(賢妃)여! 이 어찌된 일입니까? 이 어찌된 일입니까? 선제(先帝)[293]께서 현비를 낳으셔서 태후마마께 남기셨소. 현비가 이미 선제를 여의시고 오늘 날까지 무사하였는데 태후마마의 자애로움만을 연연하며 미처 큰 뜻을 생각하지 않고 3년상마저 마치지 못하게 되었습니까? 현비가 끝내 마음을 돌이키지 아니하여 사생을 결단하려 한다면 내가 어찌 자녀들의 외로움과 현비의 귀천(歸天)[294]을 보리오? 한가지로 함께 죽어 같은 무덤에 티끌이 되고자 하였던 이전의 나의 맹세[295]를 저버리지 않을 것이오."

말을 다 하자 눈물이 흰 옷을 적셨다. 공주가 의젓하게 얼굴빛을 고쳐 24
바르게 하고 자리를 잠깐 물리며 말하였다.

"진양이 아바마마를 여의고 목숨을 부지한 것은 어마마마를 생각하였기 때문입니다. 어찌 아바마마께서 돌아가셨을 때의 슬픔이 어마마마께서 돌아가셨을 때와 다름이 있어서였겠습니까? 그러나 죽고 사는 것은 운명이니 제가 스스로 어찌할 수 없습니다. 하늘이 정하신 바가 있으니 어찌 스스로 죽고자 하는 것이겠습니까? 이것은 저의 천명(天命)이 다한 것이니 상중의 예법 때문에 몸이 상한 것이 아닙니다. 하물며 명공은 위로는 임금과 부모님이 계시고 형제가 많은데, 어찌 아녀자로 인해 '사생(死生)' 두 글자를 가볍게 생각하십니까? 공이 진실로 이런 마음이 있다면 조상님들께 죄인이 되고 저승으로 돌아오는 날에 저를 보
기 어려울 것입니다. 빨리 외전으로 나가서 스스로를 존중하고 상중 25
예법을 어기지 않는 것이 옳습니다."

---

293) 선제(先帝) : 돌아가신 황제를 말함. 여기서는 진양공주의 부친인 홍치황제(弘治皇帝)를 말함.
294) 귀천(歸天) : '넋이 하늘로 돌아간다'는 뜻으로, '사람의 죽음'을 이르는 말.
295) 함께 ~ 맹세 : 진공 유세형이 이전에 공주와 함께 죽어 같은 무덤에 묻히기를 맹세했던 일을 말함.

진공이 그 엄격하고 바른 말씀과 삼엄한 예법을 보고 공경하는 마음과 슬픈 뜻이 강물같이 흘렀다. 공주의 손을 놓지 않고 죽을 각오로 일어날 뜻이 없어 눈물을 흘리고 말하였다.

"내가 오늘 상중 예법을 행하지 않는 것이 어찌 구태여 부부간의 즐거운 일 때문이리오? 현비가 위태로운 것이 지는 해와 같지만 아는 사람이 없습니다. 태후마마의 하늘에 계신 혼령이 현비를 마음에 걸려하시고 애틋하게 생각하셔서 눈을 감지 못하실 것입니다. 내가 어찌 태후마마의 은혜를 잊고 한편으로 치우쳐 상중 예법만을 말하면서 현비의 남은 날을 돌아보지 않으리오? 나로 하여금 외전에 나가게 하고 싶으면 현비는 마음을 돌이켜 몸을 보중하십시오. 그러면 마땅히 3년상을
26 마친 후 서로 보기를 구하겠지만 그렇지 않으면 오늘부터 이곳을 떠나지 못할 것이오."

공주가 정색하고 말하였다.

"명공이 진양 알기를 어린아이같이 하십니까? 태후마마께서는 명공에게 평범한 군신(君臣) 사이의 의리와는 다를 뿐만 아니라, 이것을 족히 말하지 않더라도 또한 당당한 큰 뜻으로 신하된 자의 도리가 분명합니다. 하물며 잇따라 겹쳐진 선제(先帝)[296]의 3년상으로 몸에 상복을 입은 채 부인의 손을 잡고 침석에 비스듬히 기대는 것은 무식한 백성이라도 부끄러워할 것입니다. 더욱이 한 나라의 제후(諸侯)로 상중 예법을 행하지 않는 것이 이와 같으니 이는 모두 진양 때문입니다. 마땅히 제 머리를 베어 그 죄를 용서받을 만합니다."

---

296) 선제(先帝) : 돌아가신 황제를 말함. 여기서는 진양공주의 오라버니인 정덕황제(正德皇帝)를 말함.

공주가 말을 다하자 눈이 가늘어지고 얼굴에 붉은 기운이 올라서 맹렬한 것이 가을날 찬서리 같았다. 공이 의젓하게 용서를 빌고 어쩔 수 없어
공주의 잡은 손을 놓았으니 속절없이 눈물이 옷깃을 적시었다. 27

진공이 좌우 사람들에게 자녀를 데려 오라고 하였다. 첫째 공자 관이 나이 8세이고, 둘째 공자 현이 6세이며, 여아는 4세였는데, 잇따라 나아오니 밝고 맑은 것이 바다 밑의 아름다운 진주 같고, 아리따운 모양은 곤륜산(崑崙山)[297]의 보배로운 옥과 같았다. 각각 유모에게 맡겨 공주가 부르지 않으면 데려오지 말라 하였기에 그간에는 가볍게 나오지 못하였다. 모친인 진양공주의 수척한 거동을 보고는 관과 현은 마음이 상해 슬퍼 눈물을 흘리고 딸인 영주 소저는 모친의 손을 잡고 가슴에 머리를 대고 애처롭게 부르짖어 울었다. 시종들이 차마 이 광경을 보지 못하여 눈물을 흘리며 슬퍼하기를 이기지 못하였다. 진공의 흐르는 눈물이 앉은 자리에 사무쳐 기운이 거의 막힐 것 같았다. 공주가 슬퍼하며 얼굴빛을 고치고 좌우를 돌아보며 말하였다.

"내가 이미 아바마마와 어마마마께서 낳고 길러주신 넓고 큰 은혜를
갚지 못하고, 붕어하신 정덕황제를 따라 곁에서 모시지 못했으니 어린 28
아이들을 어찌 족히 말하리오? 그러나 내 목숨이 이미 다하여 모자간의 정을 나눌 날이 적으니 이제 어린 아이들의 외로움이 오히려 슬프고 참혹하구나. 인정이 한정 없음을 알 것이다. 그러나 내 마음이 편하지 않을 뿐이요, 유익함이 없으니 빨리 데려가 장부인의 양육하심을 받들게 하여라."

진양공주가 말을 다하고 길이 탄식하였지만, 다시 눈을 들어 자식들을

297) 곤륜산(崑崙山) : 중국에 전설상의 높은 산으로 중국 서쪽에 있으며 옥이 많이 난다고 함.

보는 일이 없었다. 진양공주가 진공과 함께 말을 나눌 뜻이 없기에 진공이 머물지 못하고 외전으로 나왔다. 밤하늘을 우러러 보니 공주의 주성(主星)[298]인 문창성(文昌星)[299]이 빛이 깜박깜박하면서 떨어지려 하였다. 공이 손으로 가슴을 치고 눈물을 비처럼 흘리면서 모든 의사를 데리고 공주에게 나아가 치료하기를 청하였다. 공주가 탄식하며 말하였다.

29 "명공이 평상시에 사물의 이치를 통달하고 사람 목숨의 길고 짧음을 미루어 헤아리는 높은 식견이 있으셨습니다. 그런데 어찌 유독 진양에 대해서는 알지 못하십니까? 제가 이미 병이 몸 속 깊이 들었고 목숨이 다하였으니 약으로 돌이킬 수 있는 것이 아닙니다. 어찌 듣지도 않을 약물을 번거롭게 쓰겠습니까?"

진공이 눈물을 흘리고 다시 청하지 못하였다. 공주가 날로 슬픔이 더하여 점점 시간이 지남에 따라 기운이 달라지면서 매우 위급하게 되었다. 천자께서 들으시고 어의(御醫)와 약물을 끊이지 않으시고 하태후께서 매우 놀라 비빈(妃嬪)과 궁인(宮人)들을 계속 보내어 위문하셨다. 그러나 조금도 천명(天命)과 공주의 효심을 돌이킬 수 없었다. 유씨 가문의 모든 사람들과 궁중의 사람들이 정신없이 황급하여 천단(天壇)[300]을 설치하고 북두칠성에 빌려고 하였다. 이때 진공 또한 스스로 목욕재계(沐浴齋戒)한 뒤 후원에 단을 설치하고 양재(禳災)[301]하려고 하였다.
30 공주가 혼미한 가운데도 두어 날 동안 진공이 문병하는 일이 없는 것을 보고 좌우 사람들에게 말하였다.

---

298) 주성(主星) : 사람의 운명을 맡고 있는 별.
299) 문창성(文昌星) : 중국에서 북두칠성의 여섯째 별인 '개양(開陽)'을 달리 이르는 말. 학문을 맡아 다스린다고 함.
300) 천단(天壇) : 중국에서 천자가 하늘에 제사를 지낼 때 쓰는 제단.
301) 양재(禳災) : 신령이나 귀신에게 빌어서 재앙을 물리침.

"주공께서 반드시 하늘에 비는 행동을 하실 것이다. 비자(婢子)[302]는 나를 위하여 주공께 아뢰어라. '명공이 일생 동안 성인(聖人)의 가르침을 들으셨으리니 하늘에 죄를 얻으면 빌 것이 없다 합니다. 지금 진양의 천명이 다한 것인데, 어찌 양재하여 그 수명을 얻을 수 있겠습니까? 하물며 한 나라의 제후로서 몸을 소중히 여기시고 작은 일에 개의치 않아야 하리니 아녀자를 위하여 사생(死生)을 참지 못하여 이렇게 하는 것이 옳지 않습니다. 진양이 남은 날이 없으니 조용히 이별의 회포를 말하고 이렇게 힘쓰지 마십시오.'라고 전하여라."

궁인이 명령을 듣고 바삐 진공에게 고하니 진공이 깜짝 놀라며 말하였다.

"심하도다, 이 사람이여! 마침내 어찌 할 수 없겠구나. 이것은 하늘이 나를 죽이시는 것이라. 차마 어찌 하리오."

드디어 침전(寢殿)에 돌아와 공주를 보니 증세가 더욱 깊어져 아주 위 31
태로웠다. 진공이 나아가서 손을 잡고 병세를 물어보고자 하다가 기운이 먼저 끊어져 정신을 잃고 세상사를 모르게 되었다. 좌우 사람들이 놀라서 진공을 부축하였다. 성의백이 여러 아우들과 더불어 외전에서 대기하면서 공주의 병에 대해 의논하다가 진공이 기절하였다는 말을 듣고 침전에 들어와서 약을 내어 쓰자 얼마 후에 진공이 정신을 차렸다. 성의백이 진공을 꾸짖어 말하였다.

"부모님께서 낳아주신 은혜가 지극히 크고 임금님의 후한 녹봉과 특별한 사랑을 받아도, 임금님과 부모님의 넓고 큰 은혜를 따라 죽는 사람이 없다. 그렇거늘 아우가 부부간의 사사로운 정으로 이런 행동을 하여 이웃의 비웃음을 취하느냐? 이제 공주가 효의(孝義)와 충렬(忠烈)을

---

302) 비자(婢子) : 별궁・본궐(비(妃) 또는 빈(嬪)의 친정)・종친 사이의 문안 편지를 전달하던 여자종.

생각하여 너의 이러한 정마저 돌아보지 않는 마음과 아우가 남자가 되
32 어 임금님과 부모님을 저버리고 이같이 하는 행동을 비교하여 생각하
여 보게."

진공이 오랫동안 잠잠히 있다가 말하였다.

"형님은 저를 아실 것입니다. 어찌 제가 부부간의 사사로운 정을 참지 못하는 것이겠습니까? 그렇지만 공주의 저와 같은 성스런 덕으로 마침내 단명하기에 이르렀으니 제가 이를 참지 못하는 것입니다. 스스로 지나친 것을 알지만 고치지 못하고 있습니다."

여러 형제들이 하릴없어 위로하고 외전에 가서 상사(喪事)[303]를 기다렸다. 진공은 다시 들어가 공주를 보았다. 공주가 잠깐 정신을 차려 좌우 사람들에게 부축을 받고 일어나 앉아 진공을 맞이하여 말하였다.

"명공이 필부(匹夫)[304]의 믿음을 지키려고 하여 구구한 정으로 진양을 욕되게 하는 것이 극히 심하니 지하에서 서로 볼 낯이 없을 것입니다. 명공이 이러한 마음을 돌이키지 않는다면 당상(堂上)[305]에 계신 양친을 어찌할 것이며, 슬하에 이미 있는 일곱 자녀는 어디를 의지하겠습니
33 까? 마음을 넓히시어 일의 경중을 생각하시고 진양이 죽은 후 지나친
행동으로 세상의 시비가 생기지 않도록 하십시오."

드디어 장부인을 청하여 탁고(託孤)하였다.[306]

"진양이 불행하여 단명하니 부인과 다시 즐기는 것이 어렵습니다. 부

303) 상사(喪事) : 집안의 사람이 죽은 불행한 일.
304) 필부(匹夫) : 한 사람의 남자, 신분이 낮고 보잘 것 없는 사내.
305) 당상(堂上) : 조부모나 부모가 거처하는 곳 또는 집의 일부분을 비유적으로 이르는 말.
306) 탁고(託孤)하였다 : 임금이 죽기 전에 대신들에게 남기는 유언으로 즉 어린 황태자를 부탁하고 국정을 맡기는 일을 말함. '탁고기명(託孤寄名)'이라고도 함. 여기서는 진양공주가 왕희이자 진공의 왕비로서 유언을 하고 있는 것으로, 자신의 자식들을 장부인에게 부탁하는 것임.

인의 현명하신 덕으로 진양이 말을 하지 않아도 행하시겠지만 자녀를 잘 길러서 어른이 될 때까지 보살펴 주십시오. 삼가 의방(義方)[307]의 아름다움을 상하게 하지 말며 궁중을 잘 정돈하여 나의 법도를 변하게 하지 말아 주시오. 엄광과 장손씨, 두 근신(近臣)은 충성되고 선량한 사람이니 바른 말을 하더라도 꺼리지 말고 옛 소임을 그만두지 않도록 해 주시오. 관은 단정한 군자이지만, 현은 많이 호탕하니 훗날 반드시 부부간에 마(魔)가 많이 낄 것입니다. 부인은 모름지기 바른 도로 가르쳐서 부탁한 일을 잊지 마십시오."

다시 진공을 향하여 말하였다.

"명공이 한갓 아녀자의 눈물과 탄식으로 죽기를 말하여 하주(河洲)[308] 34
의 정도(正道)로 만난 부부인데 오히려 포주(抱柱)[309]의 구차함을 생각하시니 서로 보는 것이 심히 부끄럽습니다. 생각하건대 10여 년 부부간의 의를 홀로 모르겠습니까? 명공께서 이별을 하게 됨에 마음의 슬픔을 참지 못하여 잘못된 일을 고치지 않으시니 제가 오늘 한 말씀을 드리게 하시는군요. 양친을 모셔서 길이 편안하시고, 작록(爵祿)을 탐하지 말며 진양이 죽으면 태원(太原)[310] 지방을 나라에 드리고 관과 현

---

307) 의방(義方) : 집안에서 아버지가 아들에게 주는 가르침.

308) 하주(河洲) : 모래섬이란 뜻인데 덕이 높은 요조숙녀를 일컫는 말임. 여기서는 요조숙녀와의 혼인을 말함. 『시경』「주남(周南)」〈관저(關雎)〉 시에 "꾸우꾸우 물수리 모래섬에 있네. 정숙한 아가씨 군자의 좋은 짝이네[關關雎鳩, 在河之洲. 窈窕淑女, 君子好逑]."라는 구절에서 유래한 것임.

309) 포주(抱柱) : 다리기둥을 붙잡고 있다는 뜻임. 미생(尾生)이라는 남자가 여자와의 약속을 지키기 위해 다리 밑에서 기다리다가 비가 와서 다리가 넘치는데도 다리 기둥을 붙잡고 기다리다가 죽었다는 고사가 있음. 여기서는 남자가 여자를 애타게 사모함을 비유한 것임.

310) 태원(太原) : 진양공주의 식읍(食邑). 중국 산서성(山西省)의 성도(省都). 분하(汾河) 상류의 동쪽과 서쪽이 태행(太行)산맥 · 여량(呂梁)산맥에 둘러싸인 분지에 위치함. 도시의 발달은 분하 서쪽 연안에서부터 시작하였으며 춘추시대(春秋時代)의 진양(晉陽)에 해당함. 진(秦)나라 때에는 현(縣)으로서 태원군(太原郡)을 두었고 전 · 후한(前後漢) 때까지 그대로 유지되었음. 그 후 북위(北魏) 말에는 이주영(爾朱榮)이 이곳을 본거지로 독립하였고, 북제(北齊)가 업(鄴)으로 도읍을 옮긴 뒤에는 배도(陪都 : 국도(國都) 외에 설치한 도시)가 되었음. 당(唐)나라 때에는 태원

의 형제들로 하여금 세습하게 하실 때 분수에 넘치는 것을 조심하도록 하소서."

또 시부모와 동서, 시누이를 청하여 이별하고 시부모께 고하였다.

"불초한 아이가 수명이 다하여 아버님, 어머님으로 하여금 자하(子夏)처럼 눈이 멀게 될 정도로 저의 죽음을 슬퍼하시게 만드니[311] 죄악이 무겁습니다. 그윽이 아버님, 어머님 뵙기를 부끄러워합니다. 원하건대 불초한 아이를 생각하지 마시고 오래오래 평안하게 사시기를 바랍니다."

35 승상은 눈물이 수염에 잇따라 닿으면서 길이 탄식하여 말하였다.

"안연(顏淵)이 단명하고[312] 정명도(程明道)가 요절하였으니,[313] 공주의 성덕으로 오늘날이 있는 것은 그 천명입니다. 국운이 달려 있으니, 어

부(太原府)를 설치, 하동절도사(河東節度使)를 주재시켜 돌궐(突厥)의 침입에 대비하였으며, 오대(五代) 때에는 후당(後唐)·후진(後晉)·후한(後漢) 등이 이곳에서 일어남. 송(宋)나라 때에는 태종(太宗)이 양곡현(陽曲縣)을 이곳으로 옮겨 병주(幷州)라고 한 뒤 하동로전운사(河東路轉運使)의 치소(治所)를 두었고, 명(明)나라 때는 다시 태원부로 고침. 식읍은 고대 중국에서 공신에게 내리던 채읍(采邑)으로 봉작과 함께 대대로 상속됨.

311) 자하(子夏)처럼 ~ 만드니 : 이는 자하처럼 슬퍼하게 만든다는 뜻임. 자하는 춘추시대 사람으로 성은 복(卜) 이름은 위(衛)이고, 자하는 그의 자(字)임. 공자의 제자로 자유(子遊)와 함께 문학에 뛰어나 위문공(魏文公)의 스승이 되었음. 그런데 자하는 그 자식이 죽자 그 슬픔으로 눈이 멀었다고 하며, 이와 관련하여 '상명지통(喪明之痛)'이라는 고사성어가 전함.

312) 안연(顏淵)이 단명하고 : 안연은 춘추전국시대 공자의 제자인 안회(顏回)를 말함. 자(字)가 연(淵)임. 공자가 가장 신임하였던 제자이며, 공자보다 30세 연소(年少)이나 공자보다 먼저 32세의 나이로 죽었음. 학문과 덕이 특히 높아서 공자도 그를 가리켜 학문을 좋아하는 사람이라고 칭송하였고, 또 가난한 생활을 이겨내고 도(道)를 즐긴 것을 칭찬하였음.

313) 정명도(程明道)가 요절하였으니 : 정명도는 중국 북송(北宋) 중기의 유학자인 정호(程顥)를 말함. 자(字)는 백순(伯淳). 호(號)는 명도(明道). 시호(諡號)는 순(純). 존칭으로 명도선생이라 불리고, 동생 정이(程頤)와 함께 이정자(二程子)로 알려짐. 신종(神宗)의 부름을 받아 저작좌랑(著作佐郎)이 되었으나, 왕안석(王安石)과 뜻이 맞지 않았으므로 자청하여 지방관이 되었음. 철종(哲宗)이 즉위하고 사마광(司馬光)이 재상이 되자, 조정에 등용될 뻔하였으나 그 일이 이루어지기 전에 병사하였음. 제자(諸子)·노장(老莊)·불교도 공부하였으나, 결국 유학으로 복귀하여 자신의 학설을 확립하였음. 다양한 자연현상을 질서지우는 우주의 근본원리를 '이(理)'라 부르고, 사람은 모름지기 이를 직관적으로 파악하여 순응하여야 한다는 '이기일원론(理氣一元論)', '성즉이설(性則理說)'을 주창하였는데, 그의 사상은 동생 정이를 거쳐 주자(朱子)에게 큰 영향을 주어 송나라 신유학의 기초가 되었고, 정주학(程朱學)의 중핵을 이루었음. 저서에 『정성서(定性書)』『식인편(識仁篇)』, 시에 〈추일우성(秋日偶成)〉 등이 있음.

찌 한갓 우리 집만 불행하리오?"

이부인은 공주의 손을 잡고 가슴을 어루만지면서 말하였다.

"옥주의 성덕과 대효(大孝)로 오래 살지 못하는 것은 우리의 복이 적기에 재앙이 옥주께 미친 것입니다. 원컨대 제가 대신하기를 천지신명께 빌겠으니 옥주는 태후마마께서 돌아가신 하늘이 무너지는 듯한 슬픔을 조금 너그럽게 누르시고 우리의 정(情)과 세 아이의 외로움을 생각하소서."

공주가 서글프게 말하였다.

"어머님께서 저를 아끼시는 마음이 급하셔서 이렇게 말씀하시나 명은
하늘에 달려 있다 하였습니다. 만일 상례를 치르는 것 때문에 죽는다
면 자고(子皐)가 피눈물을 흘리면서 3년상을 치르는 것[314]과 자공(子貢)
이 6년 동안 시묘살이하는 것[315]을 어찌 견딜 수 있었겠습니까? 적은 36
일도 천수(天數)이고 면하지 못할 것이 하늘이라. 진양이 신분이 공주
가 되어 천승(千乘)의 부귀를 누린 지 10년이 넘었으니 이것으로 족합
니다. 어찌 오늘 죽는 것이 아깝겠습니까? 아버님, 어머님께서는 학발
옥치(鶴髮玉齒)[316]로 오래도록 편안하시기를 원합니다."

314) 자고(子皐)가 ~ 것 : 자고는 고자고(高子皐)를 말함. 이름은 시(柴). 자고는 자(字)임. 자고로 자고(子羔)로 쓰기도 함. 공자의 제자, 자고가 부모님이 돌아가신 뒤 3년 동안 피눈물을 흘렸다는 뜻임. 『소학(小學)』과 『예기(禮記)』의 「단궁(檀弓)」 상(上)편에 제 삼장에 "고자고가 친상을 당하여 3년 동안 피눈물을 흘렸다[高子皐之執親之喪也, 泣血三年]."라는 구절에서 나온 말임.

315) 자공(子貢)이 ~ 것 : 자공은 춘추시대 위나(衛)라의 학자. 성 단목(端木). 이름 사(賜). 공자의 열 제자 중 한 사람으로 재아(宰我)와 더불어 언어에 뛰어났다고 함. 제(齊)나라가 노(魯)나라를 치려고 할 때, 공자의 허락을 받고 오(吳)나라와 월(越)나라를 설득하여 노나라를 구함과 동시에 월을 패왕(霸王)으로 하여 네 나라의 세력관계에 새로운 국면을 열었음. 이재가(理財家)로서도 알려져 공문의 번영은 그의 경제적 원조에 의한 바가 컸다고 함. 공자가 죽은 뒤 노나라를 떠나 위나라에 가서 벼슬하였으며, 제나라에서 죽었음. 공자가 죽었을 때 여러 제자들이 3년 동안 스승의 묘를 지키다가 대부분 떠났지만, 자공은 그 이후로도 3년을 더 지켰다고 함. 자공은 6년 동안이나 시묘살이를 한 것임.

316) 학발옥치(鶴髮玉齒) : 학발은 학같이 흰 머리를 말하고, 옥치는 옥같이 흰 이를 말함.

진양공주가 말을 다한 후에 자녀를 데려오라 하였다. 장부인과 두 아들[317]과 한 딸이 한가지로 이르렀다. 공주가 차례로 쓰다듬어 주다가 영주 소저에게 이르자 장부인에게 말하였다.

"관과 현이는 나를 알겠지만 이 아이는 어미 얼굴을 모를 것이니 부인은 불쌍히 생각하여 그 일생을 바르게 인도해 주시오."

장부인이 눈물을 비처럼 흘리며 두 번 절하여 말하였다.

"오늘 옥주의 유언을 들으니 저의 넋이 사라지고 뼈가 삭더라도 어찌
37 잊겠습니까? 하물며 공이 계셔 세 아이의 평생은 지성으로 이끌 것이
니 옥주는 염려하지 마십시오."

공주가 탄식하여 말하였다.

"진양이 부인의 덕을 안 지 10년이오. 하물며 공의 부자 사이를 사람이 말하여 당부할 것이 아니지만 이 어미의 구구한 정이 그만두지 못하게 하는군요. 부인이 있으니 궁중의 일과 공을 내조하는 정사는 진양이 말을 허비하지 않아도 될 것입니다."

또 장손 상궁을 불러 말하였다.

"내가 당년에 경(卿)에게 내외의 일을 맡겨 보니 힘쓰고 삼가는 것이 가히 육친(六親)[318]에게 의탁하는 것과 같았네. 모름지기 엄광과 더불어 공자 형제와 주공을 잘 받들며 인도하는 것을 정도(正道)로 하여 편안히 지내게. 또 장부인을 섬기는 것을 내가 있을 때같이 하여 전후가 다르지 않도록 하라."

드디어 두 봉의 편지를 장손씨에게 맡기며 말하였다.

---

317) 두 아들 : {삼자(三子)}. 공주의 아들은 관과 현 둘뿐이므로 '두 아들'이라고 옮김.
318) 육친(六親) : 부모, 형제, 처자를 통틀어 이르는 말임.

"이후에 궁중에 연고가 있으면 이를 보되, 가정(嘉靖) 6년[319]에 첫 번째 편지를 보고 가정(嘉靖) 13년[320]에 두 번째를 보아라. 삼가 잊지 마라." 38

장손씨가 머리를 조아리고 눈물을 흘리며 명령을 받았다. 공주가 관과 현, 두 아들에게 나아오라 하여 말하였다.

"너희들이 나이가 비록 어리지만 오히려 세상일을 아니 어미 생각을 지나치게 하지 말고 학문에 힘쓰고 충효를 삼가 행하고 장손씨와 엄태감을 스승으로 섬겨 저버리지 마라."

관과 현 형제가 절하여 명을 받고 목이 메어 슬피 울면서 흐느끼고 말을 못하였다. 공주가 안색이 변하여 길이 혀를 차면서 말하였다.

"천도(天道)가 어찌 내 아이들에게만 이토록 심하신가! 그러나 차마 어찌 하리오. 당(堂)에 너희 모친[321]이 계시니 나와 한가지이다. 하물며 네 아버지께서 별 탈 없이 건강하시니 단명한 어미를 생각하지 말거라."

이에 여주공의 고명(告命)[322]과 재상의 옥쇄를 단단히 봉하고 공을 돌아보며 말하였다.

"진양이 죽은 후 유표(遺表)[323]와 인수(印綬)[324]를 나라에 드리십시오." 39

말이 끝나자 눈물이 비 오듯 쏟아져 옷소매에 스며드니 이는 옛일을 생각하고 슬퍼한 것이었다. 가련하고 사랑스런 거동과 맑고 깨끗한 광채가 상복 가운데에서 더욱 뚜렷이 드러나 그 생명이 다하려고 하니 온갖 자태

---

319) 가정(嘉靖) 6년 : 1527년. 명나라 세종(世宗) 연간.
320) 가정(嘉靖) 13년 : 1533년. 명나라 세종(世宗) 연간.
321) 너희 모친 : 장부인을 말함.
322) 고명(告命) : 중국의 황제가 제후나 오품 이상의 벼슬아치에게 주던 임명장.
323) 유표(遺表) : 신하가 죽을 즈음에 임금에게 올리는 글.
324) 인수(印綬) : 옛날 관인(官印)의 꼭지에 달아 몸에 찰 수 있도록 한 끈.

의 아름다움이 더욱 찬란하였다. 비유하면 가을 물에 석양이 비취고, 부상(扶桑)[325]의 새벽달이 오색구름에 덮힌 것 같았다. 산천의 정명지기(精明之氣)[326]는 미목(眉目)에 더욱 옥같이 맑게 빛났다. 아름다운 머리카락이 어지럽게 얼굴을 가렸으나, 흰 연꽃이 푸른 잎에 싸이고 밝은 구슬이 푸른 바다에 비치는 것 같아서 여타의 다른 부인들의 아름다운 얼굴과 옥같은 모습이 빛을 잃었다. 기운이 빙설(氷雪)같이 맑았으니 용과 봉황의 자질과 해와 달의 빛으로 만고에 그 짝이 없는 것을 사람들이 오늘 더욱 절실히 깨달아 공주를 아끼면서 슬퍼하는 것이 비할 데가 없었다. 진공이
40 뼛속 깊이 슬퍼하였으니 어찌 한갓 부부간의 사사로운 정 때문이겠는가?

이때 천자께서 들으시고 그 충효와 성덕에 감동하셨다. 친히 진궁에 행차하시니 진공이 공경을 다해 영접하여 공주의 침상에 모셨다. 공주가 조복(朝服)을 몸에 얹고 성은(聖恩)에 사례하였다. 맑은 정신과 신비한 목소리는 예전과 같은데 두 눈의 맑은 빛이 밖으로 나타나 방안이 밝아졌으니 그 밝은 빛의 기이함이 더욱 빼어났다. 지난 날 안정되고 숙연한 광채로 해와 달을 가리던 때를 생각하면, 지금은 바로 물그림자 속에 지는 해가 빛을 발하는 것과 같았다. 상이 그 명맥(命脈)이 급한 것을 보시고 눈물을 흘려 말씀하셨다.

"태후께서 돌아가신 지 오래되지 않아서 여주공(女周公)께서 이 지경에 미치니 어찌 종묘사직에 불행이 아니리오?"

공주가 사례하여 말하였다.

41 "신의 죄악이 무거워서 어마마마께서 길러주신 하늘같이 큰 은혜를 갚

325) 부상(扶桑) : 해가 뜨는 동쪽 바다.
326) 정명지기(精明之氣) : 깨끗하고 밝은 기운.

지 못하였고, 3년상을 다 치르지 못하여 목숨이 먼저 끊어지려고 하니 지하에서도 눈을 감지 못할 것입니다. 폐하의 총애하심이 이와 같아서 누추한 집에 어가(御駕)가 오시니 은혜에 감사하여 간뇌도지(肝腦塗地)[327]하여도 만분의 일도 갚지 못할 것입니다."

상이 매우 슬퍼하여 위로하시고 궁으로 돌아가시려 하자, 공주가 좌우 사람들의 부축을 받고 네 번 절하면서 하직인사를 올렸다. 잇따라 제왕(諸王)과 공주, 왕비 50여 명이 나아와서 문병하자, 공주가 여러 황족을 보고 서글프게 탄식하여 말하였다.

"슬프도다! 진양이 여러분와 함께 다시 미양궁의 조회(朝會)에 참여하고 싶으나 어찌 그리 할 수 있겠습니까? 여러분은 명분을 삼가 지키고 소임을 조심하여 행하여 길이 잘 지내십시오."

진양공주가 남창왕 부인인 숙경공주를 나오라 하여 그 손을 잡고 특별히 연연해하며 어루만지면서 훈계하여 말하였다.

"조카는 조심하고 공손하게 행동하여 우리 선제(先帝)의 교훈을 욕되게 하지 말게."

모든 황친이 다 눈물을 흘렸다. 숙경공주는 부친인 황제가 돌아가신 42
후 모친인 태후와 숙모인 진양공주만 우러렀다. 숙경공주의 사람 됨됨이가 비록 진양공주에게는 미치지 못하지만 색덕(色德)을 겸비하여 유한하고 정숙한 성품이 한 시대를 기울일 만한 숙녀였다.[328] 진양공주가 조카로서 정덕황제가 남긴 자식이 이 숙경공주밖에 없기에 숙경공주를 사랑

327) 간뇌도지(肝腦塗地) : 참혹한 죽음을 당하여 간장(肝臟)과 뇌수(腦髓)가 땅에 널려 있음. 나라를 위하여 목숨을 돌보지 않고 애를 씀을 이르는 말.

328) 한 ~ 숙녀였다 : 한 시대를 기울인다는 말과 비슷한 말로 '경국지색(傾國之色)'이 있는데, 임금이 혹하여 나라가 기울어져도 모를 정도의 미인이라는 뜻으로 뛰어나게 아름다운 미인을 이르는 말임. 여기서는 긍정적인 의미로 아주 아름다운 미인을 뜻함.

하고 귀중하게 생각하며 가르치기를 엄하게 하였기에 숙경공주가 부녀자들 사이에서 기리는 소리를 얻었다. 이날 숙경공주가 와서 영결(永訣)[329]하면서 진양공주를 붙들고 목 놓아 울며 차마 떠나지 못하였으니, 곁에서 모시는 사람들이 차마 그 광경을 보지 못했다.

날이 저물어 모두 영결하고 흩어지자 진공이 진양공주에게 나아갔다. 공주가 여러 사람을 대접하고 또 어가가 친히 임하셨기에 자못 힘을 쏟아 더욱 정신이 가물가물하였다. 진공이 그 위급함을 보고 함께 누워서 자신
43 도 아득히 세상을 떠나려고 하였다. 이미 날이 다하여 동창(東窓)에 새벽빛이 어슴푸레 비치는데 진공이 공주와 함께 정신이 혼미하여 일어나지 않았다. 날이 늦어서 공주가 정신을 차리고 눈을 들어 보니 진공이 자신과 같은 침상에 누워 있는데 눈을 감고 묵묵히 있으니 세상을 알지 못하는 것 같았다. 공주가 문득 말하였다.

"진양의 말소리가 작아서 공이 알아들을 수가 없구나."

진공이 탄식하며 공주의 손을 잡고 길이 한숨지으며 말하였다.

"현비는 잠깐 공경함을 낮추고 10여 년간의 애정을 용납하시게. 내 소견이 무식하고 나이가 젊어 예전에 현비로 하여금 많은 괴로움을 보게 하였소. 인연이 이리 덧없는 것을 6년을 서로 떨어져 있어서 부부가 함께 산 지 겨우 9년이오. 비록 혼인한 지 15년이나 진짜로 함께 산 것은 9년이 못 되니 늘 예전의 일을 생각하면 한 때 서로 떠나 있는 것도 아
44 까웠소. 이제 장차 그대와 내가 만고(萬古)의 이별을 하게 되었으니 어찌 함께 누워서 평생의 회포를 펴지 않겠는가? 현비가 죽는 날은 내 명이 다하는 날이니 진실로 이 마음을 돌이키지 못할 것이오. 죽기에 이

329) 영결(永訣) : 죽은 사람과 산 사람이 서로 영원히 헤어짐.

르러 무슨 예의를 차리리오? 한가지로 누워서 함께 죽기를 원하오."

공주가 평소 진공의 고집을 알기 때문에 깊이 염려하여 탄식하며 말하였다.

"옛 사람들이 여색(女色)을 경계하는 것을 늘 괴이하게 생각하였습니다. 사나운 계집이 교언영색(巧言令色)[330]으로 남자를 잘못 인도하면 여색이 남자에게 해가 되지만 여자가 덕이 있으면 어찌 남자에게 방해가 되겠는가 여겼습니다. 그런데 오늘에야 바야흐로 옛 사람의 말이 옳다는 것을 깨닫겠습니다. 진양이 이제 죽기에 이르러 공이 '사생(死生)' 두 글자를 놓은 것은 모두 저의 못난 얼굴[331] 때문이니 어찌 부끄럽지 않겠습니까?

군자는 죽을 고비에 이르러도 관을 그르게 쓰지 않는다 하니 어찌 죽 45
기에 이르렀다고 그 예를 그만두겠습니까? 공이 이미 고금의 책을 두루 읽어서 가슴 속에 만 권의 책을 감추고도 성인의 교훈을 하나도 본받지 않고 도리어 미생(尾生)[332]과 신생(申生)[333]의 어리석음을 본받고자 하십니까? 슬픕니다. 그 깨닫지 못함이여! 어찌 하겠습니까? 이전의 일은 한 때의 액운이거늘 이제 어찌 일컬어 뉘우칠 바겠습니까? 죽을 것 같다가 살아나기도 하였지만 모름지기 제 명이 오래가지 않을 것입

---

330) 교언영색(巧言令色) : 아첨하는 말과 알랑거리는 태도.

331) 저의 ~ 얼굴 : 진양공주가 겸손하게 자신의 얼굴을 못 생겼다고 한 것이고 문맥상으로는 진양공주의 아름다운 얼굴을 가리킴.

332) 미생(尾生) : 춘추시대 노(魯)나라 사람으로, 사랑하는 여자와 다리 아래에서 만나기로 약속하고 기다렸으나 여자가 오지 않자 소나기가 내려 물이 밀려와도 끝내 자리를 떠나지 않고 기다리다가 마침내 교각을 끌어안고 죽었음. 미련하도록 약속을 굳게 지켜 고지식하여 융통성이 없음을 가리키는 말로, 이와 관련하여 '미생지신(尾生之信)'이라는 고사성어가 있음.

333) 신생(申生) : {신숸}. 이는 '신싱[申生]'의 오기인 듯함. 신생은 진(晉)나라 헌공(獻公)의 태자로 헌공의 총비(寵妃) 여희(驪姬)가 자신의 아들을 태자로 삼기 위하여 그를 참소하자 신원하지도 않은 채 자살하였음. 융통성 없이 너무나 우직한 인간을 표현할 때 쓰임.

니다.

공이 또한 목숨이 하수(下壽)[334]에 있지 않으니 죽고자 하는 마음을 바삐 하지 마시고, 양친을 지극히 섬기고 자녀를 어른으로 잘 키워 일처리를 침착하게 하는 것이 좋지 않겠습니까? 진양이 이전부터 명공을 저버리지 않았고 말에 믿음이 없지 않았는데 명공이 홀로 제가 죽음을 앞두고 하는 말들을 받아들이지 않으니, 병 든 제 마음이 더욱 혼란스
46 럽습니다. 명공이 만일 10년의 애정과 부부의 지심(知心)[335]이 있다면, 진양의 지극한 소원을 생각하여 받아들여 주십시오."

공주가 말씀이 간절하고 기운이 화평하여 한 점도 세속의 모습을 띠지 않았다. 진공이 감동하고 깨달아 눈물을 흘리며 사례하였다. 얼마 있다가 공주가 장손씨에게 공의 밥상을 올리도록 하라고 명령하고는 진공을 간절하게 설득하였다.

"진양이 공의 아내 소임을 오늘 마지막으로 다하니 공은 구구하게 행동하는 것을 그치고 음식을 맛보아 길이 떠나는 제 마음을 위로해 주십시오."

공이 이것이 영원한 이별인 줄을 알고 오열하고 슬퍼함을 마지않았다. 그러나 그 권유하는 것을 다시 듣지 못할 줄 알고 억지로 조반을 다 먹었다. 공주가 방을 깨끗이 하고, 상복을 갖추어 입고, 좌우에게 부축을 받아 대궐을 바라보고 네 번 절하였다. 그리고 침좌(寢座)에 나아가 돗자리를
47 깨끗이 하고 명이 다하기에 이르니 향년(享年) 25세요, 가정(嘉靖) 원년(元年) 임오(壬午) 추팔월(秋八月) 무오일(戊午日)이었다. 큰 별이 뒤뜰에 떨어

---

334) 하수(下壽) : 나이 예순 살. 또는 그 나이가 된 노인. 장수한 것을 상·중·하로 나누었을 때 가장 적은 나이를 이름.

335) 지심(知心) : 마음이 서로 통하여 잘 앎.

지니 소리가 우레와 같고, 맑은 빛이 사방으로 흩어졌다. 이것이 바로 공주의 주성(主星)이었다. 정말로 슬프고 아깝도다. 천도(天道)가 어진 사람을 아끼시니 엇지 생사를 사람의 힘으로 돌이키리오? 이미 운여(雲輿)를 돌이키니[336] 진국의 옥좌(玉座)가 비었다.

이때 진공이 공주의 명이 끊긴 것을 보고 크게 한 소리를 지르고 땅에
쓰러지자, 승상과 여러 형제들이 일시에 부축하여 방에서 나오도록 하였
다. 유관의 형제들이 이 거동을 보자, 오장(五臟)이 미어지고 혼이 몸을 떠
나는 듯하여 모친의 시신을 붙들고 가슴에 얼굴을 대며 부르짖어 울었다.
이 광경은 목석같은 사람이라도 차마 보지 못할 것이었다. 이부인과 여러
부인들은 미처 공주와 영결하지 못한 것을 한스러워하면서 서로 붙들고 48
슬피 울기를 마지않았다. 그러나 공주가 생시에 예의를 지키는 것이 엄하
였으므로 슬프다고 하여 예를 그만두지 못할 것이기에 한편으로는 진공
을 간호하고 공자 형제를 부축하여 내어오며 나라에 알리고 한편으로는
발상(發喪)[337]하였다. 이에 진궁과 유씨 가문에서 한가지로 슬피 울었다.

나라에서 갈팡질팡 어쩔 줄 몰라 하였다. 진양공주가 예사 공주와 같지 않아 선제(先帝)를 보필한 것이 오래 되었고, 높은 가문의 유풍(遺風)[338]과 덕정(德政)으로 은혜를 베풀어 백성을 이롭게 한 것이 이미 오래 되었기에 만조백관 및 재야의 선비와 백성들에 이르기까지 부모를 잃은 것 같으니 어찌 한 부인의 죽음으로 말할 수 있겠는가? 천자께서 들으시고 침전(寢殿)에서 발상하시니 궐내가 진동하였다. 하태후는 미처 직접 보

336) 운여(雲輿)를 돌이키니 : 운여는 귀인(貴人)이 타는 수레 혹은 신선이 타고 다니는 구름마차를 말함. 여기서는 사람이 죽은 뒤 구름마차를 타고 하늘로 오름을 비유한 것임.

337) 발상(發喪) : 상례에서 죽은 사람의 혼을 부르고 나서 상제가 머리를 풀고 슬피 울어 초상난 것을 이웃에 알리는 일.

338) 유풍(遺風) : 예부터 전해 내려오는 풍습.

고 영결하지 못한 것을 지나치게 슬퍼하여서 맛있는 음식을 드시는 것을 그만두시고 밤낮으로 통곡하셨다. 육궁의 비빈과 삼천 궁녀가 앞 다투어
49 진궁에 이르러 손으로 가슴을 치면서 울었다. 황친과 국족(國族)이 구름같
이 모였으나 세상일이 변하여 공주가 죽었으니 지위가 높고 낮음에 관계 없이 여자이거나 남자이거나 간에 우는 소리가 하늘에 사무쳤다. 이때의 광경은 차마 보지 못할 것이었다.

승상이 여러 아들들과 함께 상례(喪禮)를 지켜 예관(禮官)으로 초상을 치름에 이미 염습(殮襲)[339]하여 진공에게 반함(飯含)[340]하기를 재촉하였다. 진공이 이때 정신이 혼미하여 두어 날이 지나도록 일어날 줄 모르다가 승상의 명령을 좇아 겨우 시상(屍床)[341]에 나아가 관을 열고 공주를 보았다. 공주의 용모가 전일과 다름없는 것을 보자, 진공이 기운이 거꾸로 솟아 피를 토한 뒤 정신을 잃고 쓰러졌다. 승상이 친히 나와서 약을 드리우자, 진공이 정신을 차렸다. 이에 승상이 진공을 매우 꾸짖었다.

"네가 이제 사사로운 정 때문에 아비와 임금을 두고 이 같은 행동을 하니 내가 사람을 대할 낯이 없구나."

진공이 정신을 바르게 하여 부친인 승상께 사죄하고 마지못하여 반함
50 의 예식을 치르고 관을 붙들어 태청전[342] 정침(正寢)[343]에 빈소를 차렸
다. 진공이 부형의 훈계하는 것과 공주의 유언을 생각하여 겨우 진정하였다. 바야흐로 초상(初喪)을 다스려 성복(成服)을 지낼 때가 되자 진공이 사

---

339) 염습(殮襲) : 죽은 사람의 몸을 씻긴 뒤에 옷을 입히고 염포로 묶는 일.
340) 반함(飯含) : 염습할 때에 죽은 사람의 입에 구슬이나 쌀을 물리는 절차.
341) 시상(屍床) : 입관(入棺)하기 전에 시체를 얹어두는 긴 널.
342) 태청전 : 진양공주가 머무르던 전(殿)의 이름.
343) 정침(正寢) : 제사를 지내는 몸채의 방 또는 사람이 거처하지 않고 주로 일을 보는 몸채의 방. 몸채는 여러 채로 된 살림집에서 주가 되는 집채를 말함.

람을 대하여 담소를 나누는 것이 보통 때와 같으니, 사정을 모르는 사람은 도리어 진공이 인정이 박하다고 생각하였다.

성복 날에 천자께서 흰 옷을 입으시고, 만조백관의 호위를 받으며 진궁에 와서 곡을 하셨다. 조서를 내리시어 시호(諡號)[344]를 '지효진충문명여주공진양공주(至孝盡忠文明女主公聖晉陽公主)'라고 하시고 소를 통째로 제물로 바치고 제문을 지어 치제(致祭)하시니[345] 그 거룩함이 나라를 기울일 정도였다. 장사를 지낼 때는 하태후께서 제문을 지어 치제하시며 육궁 비빈이 차례로 치전(致奠)하였다.[346] 대궐 안이 황급한 것이 태후께서 돌아가셨을 때와 다름이 없었다. 하태후께서 친히 공주가 어려서부터 출궁한
일을 생각하고 행장(行狀)[347]을 기록하여 내리셨으니, 공주가 죽은 뒤에 51
도 거룩한 영총(榮寵)[348]이 조금도 줄어들지 않았다. 진공이 또한 공주의 유표(遺表)[349]와 고명, 인수를 올리자, 상이 더욱 슬퍼하시며 상장(喪葬)[350]에 예로써 존대하시는 것이 예나 지금이나 듣지 못한 바였다.

진공이 이때 정신이 없고 뒤숭숭하여서 이미 초상을 치르고 장례 날에 다다르자 공주가 죽은 것을 깨달으면 기운이 막히고 혹 잊으면 평상시처럼 사람을 대하지만 정신이 혼미하여 울며 곡하지 못하였다.

이부인이 성복을 지내고 돌아와 다시금 마음을 정하지 못하고 그 자녀를 데려와 어루만지니 더욱 비참하였다. 관은 이미 부친인 진공을 따라서 시신의 곁에 있어 상제(喪制)의 임무를 하였는데 나이든 어른처럼 노련하

---

344) 시호(諡號) : 제왕이나 재상, 유현(儒賢)들이 죽은 뒤에 그들의 공덕을 칭송하여 붙인 이름.
345) 치제(致祭)하시니 : 임금이 제물과 제문을 보내어 죽은 공신(功臣)을 제사 지냄을 말함.
346) 치전(致奠)하였다 : 사람이 죽었을 때, 친척이나 친구들이 슬픈 뜻을 표하는 제식(祭式).
347) 행장(行狀) : 사람이 죽은 다음에 그의 일생의 행적을 적은 글.
348) 영총(榮寵) : 임금의 특별한 사랑.
349) 유표(遺表) : 신하가 죽을 즈음에 임금에게 올리는 글.
350) 상장(喪葬) : 제사를 지내는 일과 3년상을 치르는 것.

였다. 현과 영주 남매는 할머니인 이부인의 슬하에서 때때로 모친을 부르
짖으며 울었는데 그 소리가 이부인의 간장을 끊는 것 같았다. 이부인이
52 음식 먹기를 그치고 침석에 누워 위태로웠다. 여러 며느리들을 보고는
이부인이 더욱 슬퍼하여 말하였다.

"정말로 불쌍하고 슬프구나. 공주가 너희들과 더불어 차례대로 나아오면 마음이 흐뭇해서 근심을 잊었었다. 이제 공주가 떠난 지 여러 날이 지났는데 어찌 밝은 달 같은 아름다운 자질의 공주를 보지 못하고 어린 아이의 외로운 소리가 내 간장을 놀라게 하느냐? 안연(顔淵)이 어질기에 30세에 요절하니 후세에 아낌이 오랫동안 끊기지 아니하였는데, 하늘이 어찌 성스런 마음과 어진 덕과 만고에 짝이 없는 자질을 지닌 공주를 속절없이 사라지게 하시는가! 내 나이 50세가 다 되어가고 세상의 영화를 누려 진실로 나쁜 것이 없고 아까운 것이 없는데도 오히려 살아서 참혹한 지경을 대하게 되니 어찌 천도를 한하지 않겠는가?"

이부인이 이렇게 흐느끼며 밤낮으로 목 놓아 우니 역시 기력이 약해져
53 서 병이 들었다. 진공이 모친께서 지나치게 상심하신 것을 알고 석곡(夕
哭)[351] 후에 틈을 얻어 모친을 뵈었다. 이부인이 진공의 얼굴이 전혀 딴
사람같이 되어 얼굴에 한 점 혈색이 없고, 행동거지가 조화를 잃어 옛날
의 영웅스런 풍채가 모두 사라져 쓸쓸히 기운이 다한 것을 보고 오장이
끊어지는 것 같아서 진공의 손을 잡고 정신을 잃고 통곡하여 말하였다.

"우리 죄악이 공주께 미쳐서 공주가 죽는 것을 보고, 너의 이 같은 모습까지 보니 나의 간장이 부수어지는구나. 오래 사는 것이 어찌 한이 되

351) 석곡(夕哭) : 상제가 소상(小喪 : 사람이 죽은 지 1년 만에 지내는 제사) 때까지 저녁마다 죽은 사람의 위패 앞에서 소리를 내어 우는 일을 말함.

지 않겠느냐?"

진공이 천만 가지 생각을 억눌러 기운을 진정하였더니, 모친의 말씀을 들으면서 여러 형수와 여동생이 예전과 같이 나열해 있어 기러기 항렬이 가득한데 홀로 공주의 자취가 비어있는 것을 보자, 가슴이 미어지는 듯하였다. 그러나 마지못해 길게 한숨을 쉬고 얼굴빛을 부드럽게 하여 모친을 위로하여 말하였다.

"불초자식의 행동이 천지신명께 부합하지 않고 천박한 복분(福分)[352]에
분수에 넘치는 작위(爵位)를 누려서 하늘이 그릇 여기게 되신 것이 공 54
주께 미치게 되었습니다. 공주의 어진 덕으로 어찌 30세도 누리지 못 하겠습니까? 이 모두 저의 죄입니다. 그 청춘의 요절함과 남은 자녀의 참혹함을 생각하면 제가 이미 정신이 사라질 듯한데 이 또한 운명이니 설마 어찌 하겠습니까? 더욱이 어머님께서는 슬하에 여러 며느리들이 있고 하물며 제가 있으니 이같이 지나치게 슬퍼하시어 죽은 사람으로 하여금 불효를 더하게 마십시오. 그러하면 저도 실성한 마음을 잡아 애태우기를 덜할 것입니다."

이부인이 더욱 슬퍼 눈물을 비같이 흘렸다. 현과 영주 소저가 부친인 진공을 여러 날 못 보았다가 오늘 만나자 일시에 부친에게 나아가 무릎에 안겨 흐느끼고 울면서 모친을 찾았다. 진공이 자녀를 보자 기운이 막히고 눈물이 샘솟듯 하여 앉은 자리에 고이니 한 소리도 못하고 오직 딸의 손
을 잡고 현의 머리를 어루만졌다. 오랫동안 눈물을 흘려 진공의 흰옷의 55
넓은 소매가 물을 부은 듯하였고 진공은 점점 기색이 끊어질 것 같았다. 양상서 부인인 설영이 눈물을 거두고 현 남매를 안아 협실에 두고 위로하

352) 복분(福分) : 복을 누리는 분수.

여 말하였다.

"오라버님의 회포가 이러하신 것이 그른 것은 아니나 오직 부모님께서 계신 것을 생각하여 마음을 진정하소서."

공이 오랫동안 아무 말이 없다가 길이 탄식하여 말하였다.

"하늘이 진실로 노하신 것이니 설마 어찌 하리오. 그러나 죽어서 돌아간 사람도 있으니 살아서 영화를 누리며 잠깐 슬퍼하는 것을 염려할 바 있겠느냐? 다만 어머님께서 지나치게 슬퍼하시니 내 마음이 더욱 편하지 않구나. 현 남매를 보실 때마다 슬퍼하실 것이다. 궁중에 장손씨가 있고 저희 유모와 보모가 있어서 길러주니 여기에 두지 말고 데려가도록 해라."

드디어 진공이 자녀들을 거두어 진궁에 이르니 장부인이 그들을 영운
56 전에 데려와 자기 자녀와 같은 곳에 두었고 숱한 궁인들이 받들어 보호하였다.

이때 진양부 내외에 무수한 궁인, 태감(太監)[353]과 궁관 하류에 이르기까지 진양공주의 죽음을 슬퍼하는 것은 말할 것도 없었고 한결같이 예법을 지켜 어지럽고 어수선함이 없었다. 장부인이 예전에 나이 어렸을 때는 공주를 질투하는 마음이 있다가 공주에 의해 감화되어 그 은덕을 뼈에 새긴 뒤에는, 한 마음과 한 몸으로 공주를 우러러 바라보는 정성이 혈육보다 더 하였다. 이제 전혀 생각하지 않은 재앙이 이르러 공주가 죽게 된 것을 보고는 그 외로운 자녀의 불쌍함과 공의 지나친 슬픔을 대하여 간장이 끊어지는 것 같았다. 공주의 온화한 말씀과 어진 덕이 점점 멀어지고 궁중에 곡성이 끊어지지 않는 것을 보자 장부인이 마음이 부서지는 듯했고

353) 태감(太監) : 중국 명나라 · 청나라 때에 환관의 우두머리.

아침저녁으로 제사를 지낼 때면 울며 곡하는 애통함이 지성으로부터 나왔다. 여러 부인들이 이 모습을 보고 다 감탄하였다. 57

하태후께서 자주 진궁에 조문을 오시자 선조(先朝)의 후궁들도 진궁에 왕래를 끊지 않고 진궁을 보살폈다. 진궁이 잘 정돈되어 있었으니 슬픔으로 인해 조금도 어지러움이 없었고 장부인이 사람을 맞아 공경하는 예를 행하는 절차와 격식에 맞춰 슬퍼하는 모습이 천성으로부터 우러났다. 여러 사람들이 이를 감탄하고 하태후께서 들으시고 탄식하였다.

"공주의 덕이 이 사람을 이렇듯 감화하였으니 하물며 궁인과 친척의 마음이겠는가?"

이후 하태후는 온갖 장비를 가지런히 하여 장례식을 도왔다. 진궁과 유씨 집안이 놀라고 슬퍼하여 곡성이 하늘을 뒤흔들었다. 진공이 공주의 관을 무덤에 넣을 일을 생각하자, 자신도 한 번 죽어서 함께 돌아가는 것이 소원이었지만 부형(父兄)의 높은 교훈과 공주의 임종 때 부탁하던 말을 생각하여서 마음을 닦아 울며 읍하기를 함부로 하지 않고 장례에 온갖 장비를 매우 검소하게 차렸다. 일마다 몸소 행하면서 예법에 어긋나 공주 58
의 평소 뜻을 어기지 않도록 하고 모든 일을 가지런히 하였다.

시절은 섣달 초순이었다. 제후(諸侯)의 예로 5월 장례[354]를 하여 산릉(山陵)[355]을 갖추고 공이 스스로 치제하려 했다. 이미 제물을 차린 후 좌우로 문방도구를 내와서 천 마디 말을 이루니 필력(筆力)이 나는 듯이 움직여 사람을 놀라게 하였다. 영릉후가 말하였다.

"형의 글재주로 갑자기 제문을 지으셔도 마땅하지만 일이 너무 소략한

354) 5월 장례 : 공주가 추팔월에 죽고 장례는 5개월 뒤인 섣달에 치른 것임.
355) 산릉(山陵) : 국장(國葬)을 하기 전에 아직 이름을 정하지 않은 새 능.

것 같습니다."

진공이 서글프게 말하였다.

"내가 여러 번 제문을 지으려 하였지만 정신이 가물가물해서 한 글자도 짓지 못하였다. 마침내 말 한 마디 하지 않을 수 없어 잠깐 평생 동안의 일을 만분의 일만 기록하니 어찌 나의 뜻을 만의 하나라도 본뜰 수 있겠는가?"

여러 사람이 탄식하였다. 공이 술잔을 올리고 상서로 하여금 읽게 하였으니, 그 글에서는 다음과 같이 말하였다.

59 유세차(維歲次)[356] 가정(嘉靖) 원년(元年) 임오월(壬午月) 초순일(初旬日) 신묘(辛卯)에 부마난위가절진국공금자광록태우 유세형은 맑은 술을 따라 올리고 햇곡식을 올려 제사지내면서 대행현비지성대덕승현진충지효문명여주공 진양공주 총재 영좌(靈座)[357]에 고하여 말합니다. 아! 슬프도다. 유령(幽靈)[358]은 큰 가문의 아름다운 상서로움이고 용종인지(龍種麟趾)[359]의 귀함이로다. 신이한 재질과 출중한 천성이 태어나면서부터 모든 것을 알아 무리 중에서 빼어나니 생민(生民)이 있는 이후로 홀로 그 덕을 가진 사람은 현비(賢妃)로다. 선조의 봉작(封爵)을 받아서 높은 이름이 여주공에 밝게 드러나고, 조심조심하고 공손하며 성실하게 정치를 도운 것이 사직(社稷)에 나타났도다. 삼조(三朝)에 예우를 한결같이 받으시니 사생(死生)에 빛난 것이 오래도록 전해지도다.

---

356) 유세차(維歲次) : '이해의 차례는'이라는 뜻으로 제문(祭文)의 첫머리에 관용적으로 쓰는 말.
357) 영좌(靈座) : 영위(靈位)를 모시어 놓은 자리.
358) 유령(幽靈) : 죽은 사람의 혼령을 말하는데, 여기서는 '진양공주'를 가리킴.
359) 용종인지(龍種麟趾) : 어진 군왕의 일가를 말함. 용종은 제왕의 자손이고, 인지 덕이 있는 조상을 말함. 인지는 기린이 땅에 있는 미물들을 밟지 않는다는 데에서 나온 말로 조상의 음덕을 자손이 어질고 번성하게 된다는 의미를 포함하고 있음.

태어난 지 12세에 고(孤)[360]에게 하가(下嫁)하였으니 부귀한 곳에서 성장하였는 60
데도 포의지가(布衣之家)[361]를 섬기는 데 공손하고 검소하며 몸을 낮춤이 아황(娥皇)의 덕[362]이 있었다. 내가 충년(沖年)[363]에 허물이 많았기에 죽은 사람을 생각하는 마음에 슬픈 눈물이 천줄기라. 식견이 고루하여 현비에게 괴로움을 많이 끼쳤도다. 그러나 삼강(三綱) 오상(五常)을 길이 잡아 원망하는 기색과 화를 내는 뜻이 없었도다. 옥 같은 마음이 어질기는 하늘과 같고, 밝은 것은 해 같으니 속에 한 점 흠이 없도다. 겸손한 덕을 품고 물러나 태후를 모시어 받드니 큰 효로 시댁의 사사로운 은혜를 버렸도다. 입을 닫아 사람의 허물을 가리니 유씨와 장씨 두 집안의 위태함이 반석같이 평안해졌다.

슬프구나. 옛 허물을 뉘우치니 부부간에 금슬이 고르고 종소리와 북소리같이 어우러지듯 화목하며 남편이 노래하면 아내가 화답하는 것이 봄날같이 따뜻하였도다.
몸이 정궁(正宮)이 되니 장부인의 허물을 용서하고 어여삐 여기는 것이 혈육과 같 61
았고 그 죄를 너그럽게 용서함이 티끌을 쓸어버림 같도다. 내조하는 덕이 멀리 임사(任姒)[364]를 따르니 주아(周雅)의 송시(訟詩)[365]가 궁중에 가득하였다.

아! 효를 다하여 맛있는 음식을 바치고 새벽에 일찍 일어나고 밤늦게 자서 열심

---

360) 고(孤) : 예전에 왕이나 제후가 자기를 낮추어 이르던 일인칭 대명사임.

361) 포의지가(布衣之家) : '포의'는 베옷을 입은 사람으로 벼슬을 못한 선비를 말하고, '포의지가'는 벼슬을 하지 않는 집안을 말함.

362) 아황(娥皇)의 덕 : 중국 요(堯)임금의 딸로 동생인 여영(女英)과 함께 순임금에게 시집가 순임금을 사이좋게 모시고 화락하다가 순임금이 죽자 두 사람도 상강(湘江)에 투신하여 죽음. 아황과 여영은 후덕한 여인의 대명사로 많이 쓰임.

363) 충년(沖年) : 열 살 안팎의 어린 나이.

364) 임사(任姒) : 주(周)나라 문왕(文王)의 모친인 태임(太任)과 왕비 태사(太姒)를 말함. 이들은 부덕이 훌륭했던 여성들로 후세에 칭송을 받음.

365) 주아(周雅)의 송시 : 「주아」는 『시경(詩經)』의 「소아(小雅)」·「대아(大雅)」 두 편을 말함. 여기에는 주(周)나라 문왕(文王)의 후비(后妃)인 태사(太姒)가 나무가 가지를 드리우듯 첩들에게 은덕을 드리워, 첩들이 그녀를 공경하고 그 덕을 기려 집안이 화평했다는 〈규목(樛木)〉 시 등 여성의 부덕(婦德)과 관련된 내용들이 있음. 송시는 공덕을 기리는 시임. 결국 주아의 송시란 여성의 부덕을 기리는 시를 말함.

히 일하는 행실은 대우(大禹)[366]가 아주 짧은 시간도 아끼심과 문왕(文王)[367]이 하루 세 번 문안하시는 것을 본받았도다. 나의 자매와 형제, 여러 형수들과 화목하게 지내고, 구족(九族)[368]을 귀하게 여기며, 크고 높은 인덕을 밝히고, 자녀를 가르치며 두 나라를 교화하며 한 마디의 말을 하지 않아도 온갖 좋은 일이 가득하였다.

아, 슬프구나! 국운이 매우 좋지 않으니 천명이 새 임금께 돌아가는구나. 한번 난여(鸞輿)[369]를 작별하니 황제의 별이 동방에 떨어졌도다. 백성의 불행이 태후마마께 미치니 현비의 충효로도 오늘날이 있는 것은 천수(天數)로다. 상림(桑林)[370]에서 하늘에 비는데 바람이 불어 태후마마의 주등(主燈)을 거꾸러뜨리니 피를 토하고 제사
62 지내기를 그만두었도다. 태후마마께서 마침내 돌아가시니 상례를 중도(中道)[371]로 다하고 물러나 옛집에 돌아오니 슬픔이 더하여서 약한 몸이 날로 쇠약해져갔도다.

아! 옛 얼굴이 이미 변하고 맥박이 사라졌지만 충성스럽고 효성스런 마음은 더하였도다. 천수가 이미 다 되었으니 무익하게 재앙을 쫓는 것을 허락하지 않았도다. 죽음을 보기를 본향으로 돌아감같이 여기니 높은 학문이 성인의 가르침을 저버리지

366) 대우(大禹) : 하(夏)나라를 개국한 우임금을 말함. 순임금의 선위로 천자가 됨. 성(姓)은 사씨(姒氏)이고 명(名)은 문명(文命). 『사기』「하본기(夏本記)」에 의하면, 전욱(頊)의 손자이며, 곤(鯀)의 아들로, 요(堯)임금의 치세에 대홍수가 발생하여 섭정인 순(舜)이 그에게 치수(治水)를 명하였음. 13년간 고심 노력한 끝에 사업에 성공, 천하를 9주(州)로 나누고 공부(貢賦)를 정하였음. 순이 죽자 인망(人望)을 모은 그가 제위를 계승하여, 나라이름을 하(夏)로 고치고 안읍(安邑)에 도읍하였음. 촌음도 아끼지 않고 열심히 일했다는 고사가 전함.

367) 문왕(文王) : 주(周)나라 무왕(武王)의 아버지. 성(姓)은 희(熙). 이름은 창(昌). 은(殷)나라 주왕(紂王) 때 서백(西伯)이 되어 인자한 정치로써 백성들을 다스렸음. 주왕이 폭정을 하므로 제후들이 모두 서백을 좇아 군주(君主)로 받들었음. 뒤에 그의 아들 무왕이 은나라를 멸망시키고 즉위하자 문왕이라 시호(諡號)를 추증하였음.

368) 구족(九族) : 고조 · 증조 · 조부 · 부친 · 자기 · 아들 · 손자 · 증손 · 현손까지의 동종(同宗) 친족을 통틀어 이르는 말임. 자기를 본위로 직계친은 위로 4대 고조, 아래로 4대 현손에 이르기까지이며, 방계친은 고조의 4대손이 되는 형제 · 종형제 · 재종형제 · 삼종형제를 포함함.

369) 난여(鸞輿) : 임금이 거둥할 때 타고 다니던 가마. 지붕에 붉은 칠을 하고 황금으로 장식하였으며, 둥근기둥 네 개로 작은 집을 지어 올려놓고 사방에 붉은 난간을 달았음.

370) 상림(桑林) : 중국 은(殷)나라 탕왕(湯王) 때에 7년 동안 가뭄이 계속되자 탕왕이 기우제를 지냈다는 숲.

371) 중도(中道) : 중용의 도리.

않았도다. 고복(皐復)[372]하기에 이르렀지만 맑은 정신과 엄중한 예법을 떳떳이 잡
은 것을 그만두지 않았도다. 현비의 이 같은 성스러움과 이 같은 덕(德)으로도 천도
가 어찌 갚는 것이 박한가! 15년을 함께 함에 슬하에 세 아이가 있도다. 다 초츤(髫
齔)[373]과 포대기를 면하지 못하였으니 하늘을 원망하는 것이 차마 어찌 여기에 이
르렀는가? 옛날부터 성인(聖人)은 복을 받지 못하고 현인(賢人)은 장수하지 못하나,
현비의 성덕으로 단명하기에 이른 것은 헤아리지 못한 것이라. 이는 내가 녹(祿)이 63
지나치게 많고 행실이 신명을 저버려 화(禍)가 현비에게 미친 것이라.

아! 걸음이 매번 정전(正殿)을 향하고, 일을 의논하려면 먼저 공주에게 물을 것을 생각하나 깨달으니 문득 헛된지라. 우러러 구름 가득한 하늘에 공주가 도달하였음에도 이 슬픔과 남은 한이 다하지 않은 것은 이전의 일을 뉘우쳐 6년 동안 서로 이별한 한스러움으로 죽었거나 살았거나 간에 조금도 잊을 수 없기 때문이도다. 하늘이 비록 재주를 아끼시고 어진 사람을 거두시나 오히려 10년만 더 빌려 주셔서 자녀가 장가들고 시집가는 것을 보는 데에 이른다면 내가 어찌 평범한 남자처럼 울리오? 마땅히 옛말의 고분(鼓盆)함[374]을 본받을 것이지만 어린 아들과 딸의 외로움을 나로 하여금 보게 하니 내가 어찌 견디리오.

아! 세월이 화살 같아서 영구(靈柩)[375]를 길이 돌려보내야만 할 때이로다. 함께 64
늙자는 맹세를 행하지 못하니 한 무덤에 묻히기를 원할 따름이라.

슬프다! 궁중을 보니 소장(素帳)[376]이 겹겹이 쳐 있고 곡소리가 쓸쓸한데 현비의

---

372) 고복(皐復) : 사람이 죽은 뒤에 초혼(招魂)하고 발상(發喪)하는 의식.

373) 초츤(髫齔) : 다박머리에 앞니를 갈 무렵의 어린아이라는 뜻으로, 7살이나 8살의 어린 때를 이르는 말임. 다박머리는 어린아이의 다보록하게 난 머리털, 또는 그런 머리털을 가진 아이를 말함.

374) 고분(鼓盆)함 : '물동이를 두드린다'는 뜻으로, '아내의 죽음'을 비유적으로 이르는 말임. 장자가 아내가 죽자 물동이를 두드리며 노래를 부르자, 그 친구인 혜자가 책망하였음. 그러자 장자(莊子)는 사람은 자연에서 나서 자연으로 돌아가는 것이니 이 이치를 안다면 슬퍼할 일이 아니라고 하였다 함. 장자의 〈고분이가(鼓盆而歌)〉에서 유래한 말로 이와 관련하여 아내의 죽음을 슬퍼한다는 뜻의 '고분지통(叩盆之痛)'이라는 고사성어가 전함.

375) 영구(靈柩) : 관(棺).

발자취와 흔적이 미치지 않은 곳이 없으니 묵은 자취를 생각하면 슬픔이 복받쳐 다 쓸 수가 없도다. 추강(秋江)과 춘산(春山)은 눈 아래에 펼쳐져 있고, 맑은 목소리와 어진 말이 귓가에 쟁쟁하지만 살펴보고 들으려 하나 헛된지라. 내 마음이 돌이 아니고 나무가 아닌데 참는 것은 부모를 위하고 자녀를 돌아보기 때문이라.

이제 현비를 잃으니 어찌 한갓 부부의 사사로운 정을 생각하리오. 어진 스승을 잃어 몸의 허물을 바로잡아 고쳐줄 사람이 없고, 나랏일을 더불어 의논할 사람이 없는 것을 더욱 슬퍼하니 어찌 나의 불행뿐이리오. 진실로 진국 백성의 불행함이로다.

65 임종 시 유언한 것과 자녀를 성인으로 키우는 것은 내 몸이 있는 동안은 저버림이 없을 것이라. 그대의 자질이 이미 무리에서 뛰어나고 정신이 비범하니 살아서든 죽어서든 다름이 없을지라. 나의 마음을 거의 알 것이니 한 잔을 들어 오랜 세월에 길이 이별하니 혼령은 오히려 흠향(歆饗)[377]하라.

읽기를 마치자 상서의 구슬픈 목소리와 진공의 간절한 문체가 쌍으로 사람의 마음을 감동하게 하였다. 모든 사람들이 눈물을 바닷물같이 흘렸다. 진공이 소리를 놓아 크게 곡하며 기절하려고 하니 사람들이 차마 보지 못할 정도였다.

제를 마친 후 진공이 영침(靈寢)[378]에 들어가 관을 어루만지다가 기운이 막히자, 첫째 공자 관이 상복을 끌면서 상장(喪杖)[379]에 의지하여 흰 장막을 걷고 들어와 고하였다.

---

376) 소장(素帳) : 장사 지내기 전에 궤연(几筵) 앞에 드리우는 흰 장막.

377) 흠향(歆饗) : 신명(神明)이 제물을 받아서 먹음.

378) 영침(靈寢) : 상(喪)을 치를 때 대렴(大殮)한 뒤 송장을 두는 곳. 소렴(小殮)과 대렴(大斂)은 염습(殮襲)하는 절차인데, 소렴은 시체에 옷을 입혀 이불로 싸는 일을 말하고, 대렴은 소렴을 한 다음날 송장에 옷을 거듭 입히고 이불로 싸서 베로 묶는 일을 말함.

379) 상장(喪杖) : 상제가 상례나 제사 때 짚는 지팡이. 부친상에는 대나무 막대기, 모친상에는 오동나무 막대기를 씀.

"오늘날 아버님께서 이같이 하시면 소자의 마음이 더욱 끊어지는 것 같습니다. 원하건대 아버님께서는 몸을 보중하셔서 슬픈 마음을 누르시기를 바랍니다." 66

말을 마치자 눈물이 얼굴에 가득 하니 진공이 차마 보지 못하여 공자를 가까이하여 안고 공주의 영침을 내어 베고 누워 탄식하여 말하였다.

"오늘 아비가 네 모친을 이별하여 현궁(玄宮)[380]에 돌려보내리니 평일 즐기던 일이 한바탕 꿈이 되는구나. 오늘이 지나면 다시 영침과 관을 보지 못할 것이니 너와 더불어 한가지로 여기에 누워 네 모친의 남은 향기를 쏘이는 것이 또한 옳을 것이다."

공자가 길이 흐느끼어 말이 없자 공이 아이를 품고 침석(寢席)에 비스듬히 기대어 가물가물 잠이 들었다. 그러다가 우연히 곁눈질하며 잠깐 졸 때 비몽사몽간에 문득 공주를 만났다. 몸에 아름다운 옷을 입고, 손에는 옥으로 만든 홀을 잡고, 용모가 분명히 평일과 같으며 모습의 고움과 아름다운 빛이 퍽 맑고 새로웠다. 공주가 정전에서 갈 길을 차리는데 좌우 전후에 난새(鸞鳥)와 학이 넘나들며 놀고 선동(仙童) 선녀(仙女)가 절월과 67
깃발을 잡아 생황(笙篁)[381]을 빠르게 불었다. 공이 반가움과 슬픔을 이기지 못하여 바삐 나아가 공주를 붙들고 말하였다.

"이별 후 현비는 별일 없으신가? 내가 현비를 여읜 후 한 번 죽기를 원하지만 그렇게 하지 못하는 것은 부모가 계시고 현비가 남긴 유언이 있기 때문이오. 이제 장차 영구(靈柩)를 맞아 이별하게 되니 나로 하여금 어디를 의탁하여 진정하라 하는가?"

---

380) 현궁(玄宮) : 임금의 관을 묻던 무덤.

381) 생황 : 아악(雅樂)에 쓰는 관악기의 하나. 큰 대나무로 판 통에 많은 죽관(竹管)을 돌려 세우고, 주전자 귀때 비슷한 부리로 불게 되어 있음.

공주가 정색하고 본 체를 않자, 공이 몹시 놀라서 가슴을 두드려 통곡하여 말하였다.

"현비는 어찌 나를 불쾌하게 생각하시는가? 내가 현비를 좇지 못함은
유언을 저버리지 못하기 때문이오. 무슨 허물이 있어서 이승과 저승이
떨어져 있음을 핑계하여 한 번 꿈에도 안 보이시더니 오늘날 천 년에
한 번도 얻기 어려운 기회를 만나 한 말도 안하여 나로 하여금 죽어도
68 눈을 감지 못하게 하는가? 현비가 마침내 나를 용납하지 않으면 내가
현비가 보는 데서 자결하여 사생(死生)의 슬픔을 잊으리라"

공주가 두 눈을 움직여 공을 오랫동안 보면서 또한 서글프게 안색을 고치고 손을 들어 읍(揖)하고 사례하여 말하였다.

"명공의 애틋한 정은 족히 쇠와 돌에도 사무칠 것입니다. 밝은 글로 길이 가는 넋을 위로하시니 혼령이 감격하였습니다. 공의 뜻을 모르는 것이 아니라 제가 평생에 바라는 것이 공이 이렇게 처신하는 것을 원하지 않았으니, 충(忠)과 효(孝) 두 가지를 온전하게 하는 군자가 되셨으면 하였습니다. 하늘이 제 소원을 허락하지 않으셔서 공이 천금같이 귀한 몸으로 필부(匹婦)의 구구함을 면하지 못하셨습니다. 진양이 저승의 어두운 곳에서 공을 그릇되게 만든 죄로 육단부형(肉袒負荊)하여[382] 공의 조상에게 죄를 청하고자 합니다.

저승과 이승이 길이 다르고 삶과 죽음이 전혀 다릅니다. 부부의 친함
69 이 오륜(五倫)의 중요한 일이지만 지금 공께서 하시는 일은[383] 혐의스
러운 일이 분명합니다. 공이 어찌 죽은 사람의 침석에 가까이한 채 구

382) 육단부형(肉袒負荊)하여 : 윗옷 한쪽을 벗고 등에 가시를 지고 간다는 뜻임. 즉 상대방이 자신을 때려주기를 청하여 사죄의 뜻을 나타내고자 하는 것임.

383) 지금 ~ 일은 : 전후의 문맥을 매끄럽게 하기 위해 첨가함.

차히 사사로운 정을 말하여 저승의 혼령으로 하여금 부끄러움을 품게 하십니까? 말씀하시는 것은 더욱 더 그러하십니다. 진실로 이와 같다면 훗날 서로 보지 않을 것이니 이것이 헛말이 아닙니다."

말을 마치고 길이 읍하고 운여(雲輿)에 오르니 한 줄 생황과 노래 소리가 맑고 낭랑하여 높은 하늘에 사무쳤다. 진공이 몸을 굽혀 이윽히 정신을 차리지 못하다가 깨달으니 이것이 남가일몽(南柯一夢)[384]이었다. 아름다운 목소리가 귓가에 쟁쟁하나 달빛 같은 얼굴을 다시 보지 못하였다. 진공이 문득 깨닫고 자리에서 일어나 실성통곡하여 말하였다.

"이 사람의 마음이 이와 같으니 어찌 죽었다고 해서 알지 못하리오?"

드디어 관을 향하여 두 번 절하며 말하였다.

"내가 그대를 영영 이별하니 스스로 참지 못하여 잠깐 현비의 침석을
빌려 정을 위로하고자 하였소. 밝은 가르침이 이와 같으니 그대가 진 70
실로 죽지 않은 것이오. 내가 어찌 감히 죽은 사람으로 대접하겠는가?"

진공이 말을 다하자 천 줄기 눈물이 상복을 적셨다. 뒤이어 아이들을 이끌고 외전에 나와 손님을 대접하니 행동거지가 평상시와 같았다. 그 안과 밖이 다르고 마음을 잡은 것이 이와 같았다.

초공과 유씨 집안 여러 사람들이 제문을 지어 제사를 지내니 글의 뜻이 슬프고 정성이 간곡하였다. 장부인과 모든 동서, 시누이들이 다 술과 과일을 갖추고 글을 지어 이별하자, 상하 사람들의 곡하는 소리가 이어졌다. 황실 친척과 제왕(諸王), 부마(駙馬)와 왕비, 공주 등이 와서 조문하고 육궁 비빈이 다 오자, 하태후가 친히 난여(鸞輿)를 갖추어 진궁에 행차하

384) 남가일몽(南柯一夢) : 덧없는 꿈, 또는 꿈과 같이 덧없는 한때의 부귀영화를 이르는 말. 중국 당나라의 순우분(淳于棼)이 술에 취하여 홰나무의 남쪽으로 뻗은 가지 밑에서 잠이 들었는데 괴안국(槐安國)으로부터 영접을 받아 20년 동안 영화를 누리는 꿈을 꾸었다는 데서 유래한 말임.

시고자 하셨다. 이에 상이 간하여 말하였다.

"공주가 비록 지위가 높지만 신하입니다. 태후마마께서 만승(萬乘)[385]의 국모(國母)로서 여염집에 출입하시는 것은 옳지 않은가 합니다."

하태후께서 우시면서 말하였다.

71 "진양 총재는 양 조정의 천자께서 총애하시고 우대하셨으니, 금지옥엽(金枝玉葉)으로 돌아가신 태후마마의 장중보옥(掌中寶玉)이었습니다. 하물며 짐의 스승으로 선조(先朝) 때에 여주공에 임명되셨으니 제가 어찌 한 번 그 돌아가는 길을 송별하지 않으리오. 태후마마께서 만일 살아 계신다면 진궁에 행차하는 것이 지금과 같지 않았을 것입니다. 짐이 오늘 행하여 돌아가신 태후마마의 뜻을 받들려고 합니다. 한번 법 밖의 일을 하지만 폐하께 해로움이 없으리니 익히 생각하소서."

상이 사례하여 말하였다.

"마마의 가르치심이 지극한 정성으로부터 나왔으니 어찌 국가에 해롭겠습니까? 잠깐 권도임을 알린 것이니 한 번 행하시는 것이 마땅합니다."

하태후께서 이날 난여를 움직여 나오시자, 만조백관이 호위하여 진궁
에 이르렀다. 진궁에 소속된 사람들과 여러 공주 및 귀인(貴人)들이 하태
후를 맞아 모셔 태청전에 이르렀다. 이에 진양궁 찬례관(贊禮官)[386] 설숙
72 혜와 원경운이 공주의 명정(銘旌)[387]을 붙들어 전에 내려 하태후를 맞고
하태후께서 전에 오르신 후 명정을 네 번 숙여 은혜에 정숙하게 사례하는
거동을 하였다. 하태후께서 이것을 보시고 참담하고 슬프신 마음을 이기

---

385) 만승(萬乘) : 일만 채의 병거(兵車). 천자 또는 천자의 자리를 말함. 중국 주나라 때에 천자가 병거 일만 채를 직례(直隷) 지방에서 출동시켰던 데서 유래한 말임.

386) 찬례관(贊禮官) : 대궐에서 의식의 진행을 맡아보는 직책을 말함.

387) 명정(銘旌) : 죽은 사람의 관직과 성씨 따위를 적은 기(旗)로 일정한 크기의 긴 천에 보통 다홍 바탕에 흰 글씨로 쓰며, 장사 지낼 때 상여 앞에서 들고 간 뒤에 널 위에 펴 묻음.

지 못하여 말하셨다.

"공주가 살아 있을 때에 군신의 명분(名分)을 엄하게 하여 아주 작은 일도 그만두지 않았는데 이제 죽은 후에도 이런 예를 행하니 더욱 슬퍼지는구나."

드디어 영좌에 나아가시니 흰 장막이 겹겹이 겹쳐 있고 속절없는 관이 있어 음성과 모습이 길이 떨어져 있으니 하태후께서 실성통곡하시어 관에 머리를 대고 우셨다. 좌우 빈궁들의 부축을 받아 하태후가 진정하고 난 뒤에 좌우 사람들로 하여금 초국부인[388]에게 조회하라고 하셨다. 이부인이 흰 조복(朝服)을 입고 나아와 군신이 서로 통곡하자, 하태후의 서글픈 곡소리와 이부인의 뼈를 깎는 듯한 슬픔에 피차 눈물이 흘러 앉은
돗자리가 젖으니 공주의 혼령이 앎이 있다면 느끼는 것이 없겠는가! 슬픔 73
을 머금은 듯한 구름이 참담하고, 뜨겁게 내려쬐는 태양도 잠잠하여 사람의 슬픈 마음을 돋우었다.

하태후께서 오랜 후에 울며 곡하시기를 그치시고 전교하여 말씀하셨다.

"미망인인 짐이 선제(先帝)와 태후마마를 여의고 그윽이 여주공의 도움을 바랐었는데, 공주께서 젊은 나이에 돌아가시니 국가의 불행이 너무 심합니다. 짐이 슬퍼하는 정이 어찌 한갓 친족의 정의뿐이겠습니까? 더욱이 공주의 남은 자녀들의 외로움을 생각하니 마음이 미어지는 듯하구려. 부인이 어찌 슬픔을 견디겠소?"

이부인이 가슴이 막혀 겨우 일어나 네 번 절하여 고하였다.

---

388) 초국부인 : 부마인 유세형의 모친이자 진양공주의 시어머니인 이부인을 말함. 이부인의 남편인 유우성이 초국공에 봉해졌기에 그 부인인 이부인이 초국부인이 되는 것임.

"신민(臣民)이 불행하여 국가에서는 하늘을 향해 부르짖을 만한 슬픔을 잇달아 만나고 신(臣)의 가문에서는 안팎으로 공평하지 못한 화를 입어서 옥주께서 돌아가시니, 신의 간담(肝膽)이 부서지는 것 같습니다. 옥
74 주의 자녀가 외로울 일과 옥주의 성덕을 생각하면 아깝게 단명하신 것을 신의 몸으로 대신하지 못하는 것을 한탄합니다. 오늘날 난가로 친히 오셔서 신을 불러보시는 성은을 입사오니 옛일이 생각나 기운이 끊어질 듯합니다."

하태후께서 슬피 탄식하시고 장씨를 불러 말씀하셨다.

"경이 그릇된 것을 뉘우치고 덕을 닦아 여주공이 부탁한 것을 저버리지 않은 것 같으니 짐이 아름답게 여기는 바이다. 자녀를 어여삐 여기고 궁중 사람들을 잘 도와주며 위로하여 세상사가 변하였다고 마음을 바꾸지 마라."

장부인이 눈물을 흘리며 은혜에 사례하였다. 시간이 얼마 지나 하태후께서 대궐로 돌아가시고 날이 장차 어두워 장례하는 시각이 되었다. 진궁의 내외 사람들이 일만 초롱을 밝히고 공주의 관을 붙들어 수레에 올렸다. 이때 승상이 진공의 마음을 제어하기 위해 일찍이 지나친 슬픔을 보
75 이지 않다가 장차 관을 실은 수레가 돌아가는 모습을 보자 매우 슬퍼하여 큰 소리로 우니 눈물이 옷 앞을 적셨다. 장대한 소리가 모든 사람 가운데 뛰어나 슬퍼하는 마음이 다른 사람을 움직였다. 하물며 진공의 마음이야 어찌 측량할 수 있겠는가? 그러나 진공이 끝내 한 소리 울음이 없어 위의(威儀)와 범사(凡事)를 바르게 하여 산릉에 이르렀다.

천 길이나 되는 만사(輓詞)[389]는 바람에 날리어 흰 구름이 되었고, 삼척

389) 만사(輓詞) : 죽은 이를 슬퍼하여 지은 글 또는 그 글을 비단이나 종이에 적어 기(旗)처럼 만든

(三尺)의 명정은 모습이 더욱 처량하였다. 이미 관을 현궁에 내리자 승상 부자와 황척 제왕(諸王)의 슬퍼하는 곡소리가 산을 움직이고 하늘을 흔들었다. 진공이 기운을 진정하고 친히 무덤의 구덩이를 살펴 현궁에 내려 모든 일을 몸소 행하였다. 이를 마친 후 나아와 하늘을 우러러 크게 한 소리로 탄식하고 말없이 정신이 어린 듯 있기를 오래하다가 진정하였는데 슬퍼하는 빛과 지나친 곡읍이 없었다.

제왕 가운데 초왕은 효종황제(孝宗皇帝)[390]후궁의 소생이고 진양공주 76
의 매우 가까운 친척이기에 매우 슬퍼하다가 진공이 태연한 것을 보고 이상하게 여겨서 물었다.

"진양공주는 여자 가운데 성현입니다. 이제 불행하여 요절하시니 온 나라의 백성과 시골의 선비들에 이르기까지 아끼고 슬퍼하는 것이 진심에서 우러나오는 정성을 비추었습니다. 하물며 명공은 부부간의 중대한 정의(情誼)가 있는데, 별로 슬퍼하는 기색이 없는 것은 말할 것도 없고, 오히려 행동거지가 태연하니 그 마음이 평상시와 같아서 이러하십니까?"

진공이 듣기를 다하고 슬퍼하여 말하였다.

"제왕들께서는 저를 알지 못하시는구려. 고인이 말하되 노래가 통곡하는 소리보다 슬프다고 하니 울지 않는 것이 우는 것보다 더한 회포가 있는 것입니다. 어찌 무익한 곡읍(哭泣)으로 저의 가슴 가운데에 있는 뜻을 다 펼 수 있겠습니까?"

초왕 등이 탄식하였다.

것을 말함. 주검을 산소로 옮길 때에 상여 뒤에 들고 따라감.

390) 효종황제(孝宗皇帝) : 명나라 제10대 황제로 재위기간은 1488~1505년임. 연호(年號)는 홍치(弘治).

이미 장례를 마치자 태감들과 궁관들로 묘를 지키도록 하고 위패(位牌)
77 를 실어 돌아왔다. 죽고 사는 것에 관계없이 공주의 거룩한 위의(威儀)는 줄어들지 않았지만, 경물(景物)이 사람을 슬프게 하지 않는 것이 없었다. 진공이 정신이 다 아득하여 영위를 정전에 안치한 후 물러나 중당에 와서 자녀를 안고 탄식을 한 번 하자, 눈물이 얼굴에 가득하더니 이윽고 피를 토하고 인사불성이 되었다. 이부인이 이 모습을 보고 나아와 울면서 진공을 타일러 말하였다.

"네가 이제 몸을 돌아보지 않는 것이 이와 같으니, 부모가 너를 사랑하고 아끼는 것이 어찌 부부의 정만 못하겠느냐? 노모가 장차 먼저 죽어 너의 이 같은 거동을 보지 않고자 하노라."

진공이 듣기를 마치고 놀라서 겨우 일어나 두 번 절하고 말하였다.

"불초자식이 눈앞의 참혹함을 참지 못하여서 절부(節夫)[391]의 자잘한 행동을 하여 어머님께서 이와 같이 훈계하시게 하니 만 번 죽더라도 죄를 덜지 못하겠습니다. 마땅히 마음을 갈고 닦아 불효를 끼치지 않겠습니다."

78 이부인이 여러 번 위로하자 진공이 순순히 응대하였다 이후 진공은 두 아들을 데리고 영하전에 있으면서 안팎의 일을 엄태감과 장손씨에게 맡기고 큰 일 외에는 알리지 말라 하고 장부인과 서로 보지 않았다. 공주의 딸 영주소저를 장부인이 친딸보다 더 사랑하면서 보살피니 공의 자취가 이따금 딸을 따라 영운전 난간가에 이르렀다가도 즉시 돌아갔다. 나라에 3년상이 있을 뿐 아니라 차마 다른 사람을 대하지 못하여 이같이 하였다. 그러나 장부인이 조금도 의심하고 염려하는 사색이 없고 아침저녁으로

391) 절부(節夫) : 절개를 지키는 남자.

곡을 할 때 애도를 표하는 절도 있는 행동이 진심에서 우러났다. 그리고 공주의 자녀를 어루만지며 사랑하는 것이 자기가 낳은 자식보다 더하고, 장손씨 이하를 대접하기를 예로 하며, 모든 일에 잘못된 것이 없었다. 궁중이 정숙하고 내외가 복종할 뿐 아니라 모든 궁인 태감과 진부[392] 하인들에 이르기까지 공주의 성스런 덕과 법제를 준수하면서 법도와 규범에 어지러움이 없었다. 이에 진공이 마음을 쏟아 염려할 것이 없었다.

진공이 꽃 피는 아침과 달뜨는 저녁, 비끼는 해와 저무는 하늘에 상심하는 회포가 가득하였다. 부모형제, 손님과 친구를 대할 때는 따뜻하고 부드러운 담소가 침착하여 조금도 슬픈 빛이 없다가도 근심이 오는 것은 밤이었다. 좌우에 받들어 모시는 소환(小宦)[393]과 궁녀가 늘어서 있고, 밝은 촛불이 높으며, 금침이 외로운데 홀로 아이를 품고 10년 동안의 즐거움을 밤이 새도록 생각하니 두 눈의 한낱 잠이 없어서 황홀히 취한 듯 하고 망연히 잃은 듯했다.

벌써 해가 바뀌어 새해 정월 초하루에 이르렀다. 진공이 차마 궁속(宮屬)[394] 배신(陪臣)[395]의 진하(進賀) 받지 못하며 침상에서 깊이 잠들어 있었다. 엄태감이 눈물을 흘리고 진공에게 나아가 아뢰어 말하였다.

"우리 공주마마께서 돌아가시면서부터 신들이 차마 진하할 뜻이 없습니다. 80
그러나 슬프다고 해서 국법을 시행하는 것을 그만 두지 못할 것입니다. 주공은 익히 생각하소서."

공이 일어나 앉아 탄식하여 말하였다.

---

392) 진부 : 부마 유세형이 진국공에 봉해졌으므로 이후 유세형 집안을 '진부'라고 칭하고, 유세형을 '진공'으로 일컬음.

393) 소환(小宦) : 나이가 젊고 지위가 낮은 환관.

394) 궁속(宮屬) : 각 궁에 속한 종.

395) 배신(陪臣) : 가신(家臣).

"그대는 태후마마께서 부탁하신 진양궁의 궁관이다. 이제 진양공주께
서 돌아가셨으니, 차마 옛 소임을 다시 행하여 누구에게 진하를 알리려
하는가? 내가 또한 홀로 앉아서 진하를 받는 것을 원하지 않네. 경은
장손씨와 함께 대강 일을 주관하여 어지러움이 없게 하고 나중에 공자
가 자라서 성인이 된 후 옛 소임을 행하라. 그러나 그 전에는 이런 일을
하지 마라. 내 성정이 번거로운 것을 좋게 여기지 않는데, 진양공주는
금지옥엽(金枝玉葉)으로 지위가 지극히 높아서 그 법을 일시에 막지 못
한 것이었다. 이제 그 몸이 없는 다음에는 포의지가(布衣之家)니 이런
분수에 맞지 않는 예의를 어찌 감히 쓰리오. 공자 형제가 자라면 아비
81 는 비록 선비나 그 어머니의 봉작(封爵)을 지켜 옛일을 바로잡을 것이
지만 나는 결코 시행하지 않을 것이라."
태감이 머리를 조아리며 말하였다.
"주공이 비록 이렇게 하시나 이는 작은 일이 아닙니다. 진(晉) · 진(秦)
두 나라의 신하들과 내외 삼만여 명이 해마다 오늘을 우러러는 유풍(遺
風)과 선정(善政)이 세월이 오래되었는데 하루아침에 그만 둔다면 인심
이 어지러워져서 일시에 되찾기 어려울 것입니다. 진양공주께서 승하
(昇遐)하신 지 3년이 다하지 못하여 어찌 그 법을 풀어버려 약속하신 바
를 저버리십니까? 신이 진양공주를 잊은 것이 아니라 그 맡기신 것을
지키고자 하는 것이니 주공은 깊이 생각하십시오."
진공이 오랫동안 슬퍼하다가 탄식하고 좌우 사람들에게 명령을 내린
뒤 관복을 갖추고 정전에 들어갔다. 공주의 자리를 평상시와 같이 설치하
고 진공이 공주의 자리와 쌍으로 남쪽을 향해 자리를 만들어 진하를 받았
82 다. 내외의 관료와 궁중의 말단 병사에 이르기까지 대전 위를 보아 공주

의 빈자리를 바라보고는 눈물을 흘리지 않는 사람이 없고 공주를 위하여 통곡하는 사람이 태반이었다. 장씨 또한 동벽에 앉았는데 눈물이 옷옷에 연이어 떨어지니 장손씨, 설숙혜 등의 마음은 일러서 무엇하리오? 그러나 공주가 아랫사람을 통솔하고 지도하는 법과 교화의 밝은 것이 한결같이 정숙했기에 슬픔을 참고 조용히 차례로 진하를 드렸다.

예를 마친 후 진공이 영좌에 나아가 방성대곡한 후 피를 토하고 기절하자, 좌우 사람들이 붙들어내었다. 그러나 이로 인해 진공이 병을 얻어 영하전에 나와 조리하였지만 좋지 못하고 나날이 병이 낫지 않자 궁중이 당황하여 어쩔 줄 몰랐다.

이때 천자께서 진비[396]인 진양공주의 성덕과 충효에 감동하시고 사람됨과 문장을 추모하여서 이미 그 장사를 지낸 후 유표와 여주공 고명과
총재 옥새를 함께 공주 묘당(廟堂)에 안치하라 하셨다. 태원(太原)을 진공 83
에게 돌려보내시고 칙지(勅旨)[397]로 말씀하셨다.

"진양(晉陽)[398]은 이 곧 선제(先帝)께서 봉토(封土)[399]로 공주에게 내리신 곳이다. 공주가 이미 자녀가 있으니 어찌 봉토 안의 땅을 하사하지 않겠는가! 공주는 평범한 금지옥엽이 아니었다. 그 공(功)이 종묘사직에 나타나고 덕스럽게 섭정(攝政)하였기에 여주공이 되었으니 짐이 어찌 그 제사를 지내게 하고 후손을 생각하면서 별전(別田)이 없게 하겠는가! 태원 지역을 자자손손이 이어받고 제사에는 천자의 예법과 음악을 쓰게 하라."

---

396) 진비 : 진국의 왕비라는 뜻으로 진양공주를 말함.

397) 칙지(勅旨) : 천자나 임금의 명령을 적은 문서.

398) 진양(晉陽) : 『유씨삼대록』 3권에 보면 진양공주의 식읍(食邑)이 태원(太原)으로 되어 있는데, 이곳은 춘추시대의 진양(晉陽)에 해당하는 곳임. 진양은 곧 태원을 가리키는 말임.

399) 봉토(封土) : 제후(諸侯)로 봉할 때 내리는 땅.

진공이 상소하여 이를 여러 번 사양하였지만 상의 뜻이 더욱 견고하셨다. 공이 스스로 자신은 풍족하다고 하면서 진국공의 벼슬을 그만두기를 청하나 상이 끝내 받아들이지 않으셨다.

진공이 매우 번뇌하여 마음을 씀이 날로 더하자 병이 더욱 심해졌다.
어쩔 수 없이 병이 난 것을 연고로 말미를 얻고는 종일 누워서 먹고 마시
84 는 것도 그만두었다. 병에 걸린 지 여러 달이 되자 진공이 모습이 바뀌고
기상이 꺾이어 행동거지가 여윈 학과 같았다. 부모형제가 매우 염려하여
온갖 방법으로 타일렀다. 진공이 기색이 태연하고 아침저녁으로 곡을 하
는 것도 지나치지 않았으나, 참지 못하는 것은 그 마음이었다. 잠자리가
편치 않으니 사람의 힘으로 돌이키지 못하였다.

어렴풋한 세월이 봄여름이 다 가고, 공주의 첫 기제(忌祭)[400]가 다다랐다. 진궁의 모든 사람들이 다시금 슬퍼하고 공자 남매가 아침저녁으로 모친을 부르짖으며 목 놓아 우니 슬픈 목소리와 수척한 모습이 차마 보지 못할 것이었다. 진공이 병이 깊어 아침 저녁의 제사에 참가하지 못하고 혹 아픈 몸을 이끌고 억지로 일어나 이르렀더라도 공자 등의 이 같은 모습을 보면 근심하면서 혀를 차니 기운이 두 배로 불편하였다. 승상과 부인이 진공으로 하여금 공자 형제의 울음소리를 듣지 못하게 하였다.

85 이미 소상(小祥)[401]을 지내고 공이 슬퍼하는 회포가 더하여서 침상에 누워 위급하였으니, 비록 억지로 정신을 차리나 거동하지 못하고 자주 정신을 차리지 못하게였다. 승상이 공을 와서 보고 말하였다.

"네 병이 깊고 외전(外殿)이 너무 머니 중당(中堂) 화청전에 옮겨와 네 모

400) 첫 기제(忌祭) : 사람이 죽은 지 1년이 되는 날 치르는 제사.
401) 소상(小祥) : 사람이 죽은 지 1년이 되는 날 치르는 제사.

친과 누이 등이라도 자주 출입하여 보게 하면 병든 마음이 오히려 나을 것이다. 늙은 아비가 매번 와서 있지 못하고 세기 등이 조정의 일로 분주하니 홀로 외전에서 내시들만 대하여 무엇으로 소일하겠느냐?"

진공이 겨우 대답하여 말하였다.

"명대로 하겠습니다."

승상이 다시 말하였다.

"신하가 되어 이름이 작지 않으나 이미 국상의 초기(初忌)가 지났고, 네
병이 위태하니 어찌 권도가 없겠느냐? 장씨 며늘아기로 하여금 네 병
든 몸을 살펴 때에 맞게 음식을 따뜻하거나 차게 맞추어 간호하게 한다
면 궁인과 환관이 간호하는 것에 비할 것이 아니고 네 몸에 유익함이 86
적지 않을 것이다. 이 또한 권도이니 너는 생각해 보아라."

진공이 슬퍼하며 얼굴빛을 바꾸어 대답하였다.

"아버님의 교훈이 이러하시니 저의 죄가 더욱 무거움을 깨닫겠습니다. 그러나 국상(國喪)을 당한 지 3년이 지나지 않았으니 신하가 어찌 처자를 찾겠습니까? 그러나 조금이라도 제 몸에 유익할까 훈계하신 것임을 잘 압니다. 제가 이미 나이 30세가 다 되었고 또한 자식을 두었기에 자식을 낳아야 바야흐로 부모의 은혜를 안다[402]는 사실을 깨달았으니 어찌 몸을 돌아보지 않겠습니까? 제가 한때 불편하지만 죽고 사는 염려는 없으니 바라건대 아버님께서는 마음을 놓고 염려하지 마십시오."

승상이 길이 탄식하고 말하였다.

"늙은 아비가 조상이 덕을 쌓은 덕택으로 겹겹이 끝없는 영화를 누렸

---

402) 아이를 ~ 안다 : 『명심보감(明心寶鑑)』 「효행(孝行)」 편에 "아이를 키워 봐야 바야흐로 부모의 은혜를 안다[養子方知父母恩]."라는 구절이 나옴.

는데, 금일 재앙이 일어나는 것을 보니 천지신명께 득죄하였음을 가히
87 알 것이다. 두려움을 이기지 못하고 너의 병세가 심상치 않으니 늙은
아비가 마침내 말년에 자하(子夏)처럼 눈이 멀게 될 정도로 자식의 죽음
을 애통해하는 일이 있을까 두렵다. 너는 잘 생각하여 몸을 조심하고
아내를 위해 필부가 신의를 지키는 것을 본받지 마라."

진공이 부친의 말씀을 듣기를 다하자 눈물이 줄줄 흘러 모골까지 젖고 땀이 흘러 등까지 젖으면서 일어나 절하며 말하였다.

"제가 비록 상식이 없지만 부모님께서 낳아주신 큰 은혜를 잊은 것이 아니니, 바라건대 아버님께서는 염려를 더시기 바랍니다."

드디어 억지로 기운을 내어 일어나고자 하였다. 승상이 다시 타일렀다.

"일시에 이렇게 할 것이 아니니다. 네 성정이 보통 사람과 달라서 마음의 근심이 있으면 병이 되니 한쪽으로 치우친 고집을 돌이키지 못할 것이다. 모름지기 네 몸은 임금과 부모의 아래에 있고 처자식은 네 아래에 있다는 것을 깨닫도록 하여라. 네가 이것을 모르는 것이 아니지만 한 구멍이 막혀있으니 늙은 아비가 부끄러워하는 것이다.

돌아가신 아버님께서는 어머님을 배필로 삼아 은혜와 의리가 오륜(五
88 倫)에 가득하셨다. 어머님의 출중하심이 어찌 범속한 부녀에게 비교할
것이겠는가? 숱한 곡절이 많았으나 차라리 아내를 저버리더라도 효는
완전하게 하셨다. 늙은 아비가 이제 생각하여도 추모하여 눈물이 흐르
는 것을 깨닫지 못하겠구나. 돌아가신 아버님께서는 선조의 뜻에 미치
지 못할까 염려하여 부귀로움과 부부간의 정에는 생각이 미치지 못하
신 것이었다. 그러므로 돌아가신 아버님의 높은 덕과 큰 효행이 중화

(中華) 이후 하나이셨는데, 네 아비가 불초하여 그 만의 하나를 본받지 못하였다. 그러나 항상 너희 무리가 행여 남은 혈통을 이을까 바랐더니 네가 이제 공주께서 돌아가신 후로 참담하고 애통해 하니, 평범한 부부와 같지는 않지만 어찌 병들어 이에 이를 줄 알았으리오? 부모 자식 간의 정으로 네가 죽은 후에 내가 그 슬픔으로 눈이 멀 지경이 된다 하여도 한할 것이 없지만, 선조들은 효가 매우 극진하였는데 그 자손
중에 어버이를 버리고 아내를 따라 죽는 자식이 있다는 것이 더욱 부 89
끄럽고 슬퍼할 일이구나."

공이 매우 부끄러워하여 백배 사죄하고 감히 얼굴을 들지 못하였다. 승상이 다시 타일러 진공을 중당에 옮기고 장부인에게 명하여 힘써 간호하라고 이르고 돌아가셨다. 진공이 부친의 태양 같은 위풍으로도 자애하심이 지극한 것을 깨닫고 은혜에 감사하고 황공해 하였다. 이후 마음을 너그럽게 하여 억지로 음식을 먹고 의약에 힘썼다. 그러나 홀로 아내인 장부인을 보지 않으려 하자 장부인 또한 나아가지 못하였다.

하루는 공이 침전에서 공주가 평일에 지은 글을 살피며 신경을 다른 곳에 쓰지 못하였는데 문득 내시가 보고하였다.

"장상서 어르신[403]께서 오셨습니다."

장상서가 즉시 청하여 들어오니 진공이 이부자리를 치우고는 베개를 붙들고 일어나 앉아 손을 들어 사례하며 말하였다.

"제가 병이 있어서 영접함을 잃었으니 죄를 용서하십시오."

장상서가 답하였다. 90

"공의 병이 낫지 못하니 어찌 예를 다하리오?"

---

403) 장상서 어르신 : 장부인의 아버지인 장준으로 진공인 유세형에게는 장인이 됨.

자리에 나아가 인사말을 다한 후 진공의 안색을 자세히 보고 놀라고 염려하여 말하였다.

"공의 안색이 이러하니 경악함을 이기지 못하리로다. 대개 증세가 어떠하여 공의 건장한 기운으로 이같이 되었는가?"

진공이 천천히 대답하였다.

"제가 우연히 얻은 병 때문에 요에서 깊이 자는 것을 면하지 못하였습니다. 오랫동안 문하에 나아가지 못하였더니 누추한 곳에 찾아오시니 감사함을 이기지 못하겠습니다. 저의 병세는 대단히 고통스러운 것이 없었지만 자연 잠자리가 불편하여 세월이 오래되자 문득 병이 깊어졌습니다. 그윽이 당(堂) 위의 양친을 생각하여 불효를 끼칠까 두려워합니다."

장상서가 더욱 놀라서 말하였다.

"공이 바야흐로 청춘 장년이라. 어찌 작은 병 때문에 이런 말을 하는가?"

91 이렇게 장인과 사위가 문답하여 날이 늦어지자 장상서가 말하였다.

"늙은 아비가 오기 쉽지 않고 내전이 머니 내 딸을 나오게 하여 잠깐 딸을 보기를 청하노라."

진공이 주저하다가 좌우 사람들로 장부인을 청하였다. 장부인이 그 부친이 오신 것을 반기나 진공이 있는 곳에 나아가는 것을 어렵게 여겼다. 장손 상궁이 나아가 말하였다.

"주공이 사사로이 부인을 청하여도 거역하는 것이 옳지 않거늘 하물며 존대인(尊大人)404)께서 청하시는 것이니 어찌 머물러 계십니까?"

---

404) 존대인(尊大人) : 존공(尊公). 손윗사람의 아버지를 높여 부르거나 지위가 높은 사람을 높여 부르는 말임.

장부인이 탄식하고 말하였다.

"상궁의 가르침이 마땅하나 진양공주께서 돌아가시면서부터 서로 슬픈 회포가 가슴을 놀라게 하니 어찌 홀로 살아 편안히 명공을 상대하여 즐기고자 하리오? 이런 까닭으로 서로 보기를 원하지 않도다."

장손 상궁이 감격하여 역시 눈물을 흘려 말하였다.

"부인의 어진 덕이 우리 진양공주를 잊지 않으신 것입니다. 저희들이
감격함은 이르지도 말고 진양공주의 하늘에 계신 영혼이 부인의 어진 92
마음에 감동하실 것입니다. 주공의 심회가 날로 더하시고 중병이 신상
에 매여 있으니 부인을 보시고 슬퍼하시나 또한 위로받으시는 바가 있
을 것입니다. 이렇게 서로 멀리 하셔서 주공을 간호할 도리를 않으신
다면 부인이 진공을 보고 위로하고자 하셔도 어려울까 합니다."

장부인이 크게 깨달아 이에 일어나 사례하고 화정전에 이르자, 모든 소환과 궁첩이 멀리서 맞이하여 감히 우러러 보지 못하였다. 진공이 문득 얼굴빛을 고치고 관을 바르게 하여 말이 없었다. 장부인이 부친인 장상서께 절을 하면서 뵙고, 진공을 향해서도 절하자 진공이 억지로 답례하였다. 장상서가 딸을 보고 오래 보지 못한 것을 일컫고 사위의 병을 염려하여 말이 자못 길었다. 장부인이 이에 응대하니 예의 바른 몸가짐이 조용하고 절차가 법도에 맞았다.

진공이 장부인의 맑은 목소리와 좋은 향기를 상대하자 공주가 생각나 93
니 마음이 더 어지럽고 마음속 슬픔이 절로 나왔다. 잠깐 눈을 옮겨 장부
인을 보니 흰 의상이 정결하고 구름 같은 머리가 아름다운 볼에 가지런하
여 빼어나게 아름다운 용모를 한 번 보니 황홀하였다. 진공이 문득 반갑
고 슬퍼 눈물을 머금고, 안석(案席)[405]에 의지하여 헤아림이 있었다.

장상서가 일어나자 장부인이 작별하고 들어가고자 하다가 진공을 돌아보았다. 옥 같던 얼굴은 누렇게 되어서 한 점 혈색이 없고 보기 좋게 살이 올라 훌륭했던 풍채는 쇠잔하여 뼈가 드러났다. 장부인이 마음속의 슬픔을 이기지 못하여 문득 옷깃을 여미고 진공을 향하여 두 번 절하고 말하였다.

"진양공주께서 승하(昇遐)[406]하시면서부터 360여 일 가운데 한시라도 슬픔을 잊지 못하였습니다. 그러나 오늘 명공의 병세를 생각하니 제가
94 감히 진양공주가 없다고 하여 즐기고자 함이 아니라 공의 천금과도 같은 몸을 염려하니 창자가 일만 가닥으로 끊어집니다. 공이 경전을 두루 읽으셨는데 어찌 오륜(五倫)[407]을 삼가며 삼강(三綱)[408]을 행하는 데 있어 임금님과 부모님이 중대함을 알지 못하고, 홀로 부부간의 사사로운 정 때문에 대장부의 몸이 그릇됨이 이에 이르십니까?

제가 예전에 큰 허물을 지어 죽을 죄를 면하지 못할 것이었는데, 진양공주께서 은혜를 내리시어 형벌을 면하였습니다. 풀잎 위의 이슬 같은 인생으로 하여금 다시 하늘의 해를 보게 하시고 인륜을 온전하게 하셨습니다. 오늘날에 미쳐서는 진양공주가 도리어 외롭게 남은 자녀들을 저에게 맡기시는 믿음이 계시니, 제가 비록 상식 없지만 어찌 공주의 은혜를 고맙게 여기고 은혜를 백골에 새기지 않겠습니까? 밤낮으로 목

---

405) 안석(案席) : 벽에 세워 놓고 앉을 때 몸을 기대는 방석.

406) 승하(昇遐) : 임금이나 존귀한 사람이 세상을 떠남을 높여 이르던 말임.

407) 오륜(五倫) : 유교에서 이르는 다섯 가지의 인륜(人倫). 곧, 부자(父子) 사이의 친애(親愛), 군신(君臣) 사이의 의리, 부부(夫婦) 사이의 분별(分別), 장유(長幼) 사이의 차서(次序), 붕우(朋友) 사이의 신의(信義)를 이름. 오상(五常). 오전(五典).

408) 삼강(三綱) : 사람이 지켜야 할 근본적인 도리. 삼강은 유교(儒敎)의 도덕(道德)에 있어서 근본(根本)이 되는 세 가지 강목(綱目). 임금과 신하(臣下), 어버이와 자식(子息), 남편(男便)과 아내 사이에 마땅히 지켜야 할 도리(道理)로서, 곧 군위신강(君爲臣綱) · 부위자강(父爲子綱) · 부위부강(夫爲婦綱)을 말함.

놓아 울며 그 덕에 감격하고 그 사랑에 의지하여 살아 있거나 죽어 있
거나 간에 한시라도 잊지 못하였습니다.
그러나 이름이 적인(敵人)[409]에 묶여서 사람들이 저의 말을 의심할까 95
두려워하여 마음속에 품고 있던 것을 말하기 어려웠습니다. 그러나 또
한 명공의 밝으심으로 저를 아실 것입니다. 제가 꺼릴 줄을 알지 못하
고 마음속의 진심된 마음을 다 기울여 간언하는 것은 공이 진양공주만
아시고 임금님과 부모님을 생각하지 않으시니 진양공주의 혼령이 분
명히 공의 일을 개탄할 것이기 때문입니다. 공은 깊이 생각하여 충효
를 완전하게 하소서."

장부인이 말을 다 한 후에 만 줄기의 눈물로 의상을 다 적셨다. 진공이
갑자기 일어나 앉아 길이 탄식하고 말하였다.

"어질도다! 부인의 말이 옳고 바르니, 진양공주를 대한 것 같구려. 하
물며 부모님과 형님의 높은 가르침을 받아서 신생(申生)과 미생(尾生)의
어리석음이 있으리오마는, 내가 매번 공주의 성덕과 모습을 생각하면
기운이 막히는 것을 면하지 못하였소. 나 또한 마음대로 할 수 없었지
만 이미 뜻을 돌이킨 지 오래니 병이 비록 오랫동안 낫지 않으나 회복
할 날이 멀지 않소. 부인은 지나치게 염려하지 말고 자녀를 어루만져 96
사랑하기를 친자식같이 해 주시오. 내 병이 이렇고 국상 3년이 오히려
다하지 않았으니 서로 찾지 못하나 낮에 부인을 대하여 말하는 것이 옳
지 않을 것은 없겠소. 부인은 나의 세 누이와 더불어 자주 나아와 나의
병든 마음을 위로해 주시게."

---

409) 적인(敵人) : 이는 적국(敵國) 즉 동렬이란 뜻임. 남편의 다른 아내나 첩을 말함. 남편의 사랑을 독차지하기 위해 서로 적이 되어야 하는 상황이기에 적인 혹은 적국이라 표현한 것임.

장부인이 사례하고 말하였다.

"명공이 흔쾌히 깨달으시니 가문에 아주 다행입니다. 자녀를 어루만져 사랑하시는 것을 다시 부탁하는 것은 부질없으십니다. 제가 비록 어리석고 둔하나 어찌 이 일에 군자로 하여금 염려를 끼치도록 하겠습니까? 군자께서는 오직 몸을 간호하시기를 원합니다."

드디어 장부인이 일어나고자 하자, 진공이 오히려 머뭇거리고 떠나지 못하였다. 이에 장부인이 조용히 말하였다.

"공의 병이 나으시고 제가 몸에 별탈이 없다면 피차 앞길이 있을 것입니다. 어찌 어린아이같이 철없이 구십니까? 잘 생각하셔서 신중하십시오."

97 진공이 은근한 낯빛을 지어 돌려보내고 또한 탄식하였다.

"죽은 사람을 생각하나 속절없고 자연 세상일이 이러하니 내 홀로 무정(無情)하여 그러한 것은 아니로다."

이후 진공이 점점 차도가 있어서 겨울인 음력 10월에 이르러서는 원기가 회복되어 일어났다. 일가 내외가 매우 기뻐하여 경사를 축하하고 공이 또한 불효를 면한 것을 기뻐하였다. 그러나 세월이 갈수록 공주를 생각하면 가슴이 찢어지는 듯하여 때때로 피를 토하는 병이 있었으니 부모가 깊이 우려하였다. 세월이 흐르는 물과 같아서 공주의 3년상을 이미 마치자 승상 부부가 말하였다.

"둘째 아이의 애통하고 슬퍼하는 것이 다시금 새로울 것이니 영위(靈位)를 옮겨 묘당(廟堂)에 안치하라."

진공이 태청전을 차마 보지 못하여 깊이 잠갔다. 3년 후 드디어 장부인을 찾아 한 달에 5~6일 혹은 3~4일을 부인 침소에 갔다. 궁중 노소가 공
98 이 영운전을 출입하는 것을 보자 더욱 슬퍼하였다. 진공과 장부인 부부

또한 즐기는 것으로 기쁨을 삼지 않았고 서로 말을 나눌 때마다 자연히 탄식하는 소리가 일어났다. 이들 부부가 궁중 내외를 인의(仁義)로 교화하여 궁중이 안락하고 평안하였다.

슬픈 가운데 세월이 지나 4~5년이 흘렀다. 첫째 공자 관이 12세가 되니 이는 바로 용과 봉황의 자손이었다. 특이한 용모는 모친인 진양공주를 닮고 도량이 크고 호탕한 골격은 부친을 닮아, 옥골(玉骨)410) 같은 풍채가 사람들의 무리 가운데에서 솟아나고 학행(學行)411)과 문질(文質)412)이 더욱 속됨이 없었다. 승상이 여러 손자들보다 관을 더 사랑하고 중히 여겨 말하였다.

"이 아이는 그 어머니의 태교(胎敎)와 천성(天性)을 본받았으니 반드시 내 집을 이어 가문을 창성하게 하고 종묘사직을 빛내리라."

진공이 관을 애중하는 것이 자녀들 가운데 으뜸이었으니 공주가 돌아
간 뒤에 한시도 관의 곁을 떠나지 않았다. 관 공자의 효성은 또한 하늘이 99
낸 것이었다. 장부인 침소가 적막한 것을 그윽이 염려하여 10세가 지난 후에는 스스로 모든 아우들을 거느려 영운전에서 부인을 모시고 기쁘게 웃으면서 소일하였고 공이 외전에서 머무는 때에야 외전에 나아가 공을 옆에서 모시었다. 공이 그 뜻을 알고 그 효심을 기특하게 여기고 모든 숙당(叔堂)413)들이 농담을 하여 '장부인 효자'라고 하며 웃었다.

---

410) 옥골(玉骨) : 옥같이 희고 깨끗한 골격. 고결한 풍채.
411) 학행(學行) : 학문과 덕행, 곧 배움과 실천을 아울러 이르는 말임.
412) 문질(文質) : 겉으로 드러난 모양과 실상의 바탕 혹은 겉으로 나타난 문체의 아름다움과 실상의 바탕을 말함.
413) 숙당(叔堂) : 조부(祖父)에서 갈린 일가.

유 씨 삼 대 록

9권

1 차설(且說). 진부에서 슬픈 가운데 세월이 지나 4~5년이 흘렀다. 첫째 공자 관이 12세가 되니 이는 바로 용과 봉황의 자손이었다. 특이한 용모는 모친인 진양공주를 닮고 도량이 크고 호탕한 골격은 부친을 닮아, 옥골(玉骨)[414] 같은 풍채가 사람들의 무리 가운데에서 솟아나고 학행(學行)[415]과 문질(文質)[416]이 더욱 속됨이 없었다. 승상이 여러 손자들보다 관을 더 사랑하고 중히 여겨 말하였다.

"이 아이는 그 어머니의 태교(胎敎)와 천성(天性)을 본받았으니 반드시 내 집을 이어 가문을 창성하게 하고 종묘사직을 빛내리라."

진공이 관을 애중하는 것이 자녀들 가운데 으뜸이었으니 공주가 돌아간 뒤에 한시도 관의 곁을 떠나지 않았다. 관 공자의 효성은 또한 하늘이 낸 것이었다. 장부인 침소가 적막한 것을 그윽이 염려하여 10세가 지난 후에는 스스로 모든 아우들을 거느려 영운전에서 부인을 모시고 기쁘게 웃으면서 소일하였고 공이 외전에서 머무는 때에야 공을 외전에 나아가 공을 옆에서 모시었다. 공이 그 뜻을 알고 그 효심을 기특하게 여기고 모든 숙당(叔堂)[417]들이 농담을 하여 '장부인 효자'라고 하며 웃었다. 장부인이
2 관을 대견해하면서 공주를 생각하고는 관이 저렇듯 장성하게 큰 것을 보지 못하는 것을 슬퍼하였다.

관 공자의 나이가 13세에 이르자, 진궁의 모든 사람들이 추앙하고 받드는 것이 진공을 대하는 것과 매한가지였다. 공주를 생각하는 자는 공자 형제와 영주 소저에게 정성이 더욱 지극하였다. 공자가 이렇듯 부귀한 가

---

414) 옥골(玉骨) : 옥같이 희고 깨끗한 골격. 고결한 풍채.
415) 학행(學行) : 학문과 덕행, 곧 배움과 실천을 아울러 이르는 말임.
416) 문질(文質) : 겉으로 나타난 문체의 아름다움과 실상의 바탕을 말함.
417) 숙당(叔堂) : 조부(祖父)에서 갈린 일가.

운데 자랐으나 공손하고 검소하며, 부모에게 효도하고 형제들과 우애 있으며, 조용하고 침착하여 모든 일이 다 아름다웠다. 진공이 그 어질고 효성스러운 행실을 볼 때마다 탄식하면서 저승에 간 공주와 함께 보지 못하는 것을 슬퍼하였다. 이에 공자가 지나간 옛일을 그리워하며 돌아가신 모친을 사모하면서 부친을 지극한 효로 섬기고 장부인 받들기를 낳아주고 길러주신 친어머니같이 하여 조금도 차등이 없게 하였다. 돌아가신 모친의 사당에 아침저녁으로 허배(虛拜)하기를[418] 거르지 않자, 공이 더욱 기특히 여겨 부디 요조숙녀를 얻어 공자의 배우자로 삼고 진양공주의 집안을 다스리는 도를 이어 후사(後嗣)를 맡기려 하였다. 그런 까닭에 널리 며느리감을 구하였다. 그러나 공자와 흡사한 사람을 만나기가 어렵자 공이 바야흐로 근심하였다.

이때 좌승상(左丞相) 설흠이 한 딸을 두었는데, 아름다운 얼굴과 자태가
대적할 쌍이 없었고 재주와 덕이 빼어났다. 꽃다운 나이 12세에 사라(紗
羅)를 맺은 곳[419]이 없더니 진부 유공자의 성화(聲華)[420]를 듣고 매파를 3
보내어 청혼하였다. 진공이 망설이면서 결정을 내리지 않자, 장부인이 눈
물을 흘려 말하였다.

"이 설승상은 저의 표형(表兄)[421]입니다. 그 딸이 4세일 때 제가 외가의 연회에 가보니 비록 어린 아이나 재주와 덕성이 진실로 관의 쌍이기에 제가 깊이 사랑하여 돌아와 진양공주께 설아[422]의 기이함을 일일이 고

418) 허배(虛拜)하기를 : 신위(神位)에 절하는 것을 의미함.
419) 사라(紗羅)를 ~ 곳 : 사라는 가볍고 부드러우며 얇은 견직물의 통칭임. 정혼할 때 신랑 집에서 신부 집으로 비단을 보내는데, 이를 의미하는 듯함.
420) 성화(聲華) : 세상에 널리 알려진 명성.
421) 표형(表兄) : 내외종 및 이종사촌형.
422) 설아 : 좌승상 설흠의 딸을 뜻함.

하였습니다. 공주께서 손가락을 꼽아 헤아리시더니 저에게 이르시기를 '관이가 아직 어리거니와 혼인할 때가 되면 부인은 잊지 마시게. 하늘이 맺어주는 인연이 이에 있으니 행여 어긴다면 상서롭지 아니할 것이오.'라고 하셨습니다. 이에 제가 대답하기를 '제가 비록 어리석으나 공주께서는 총명하시니 어찌 잊으시는 일이 있으시겠습니까?'라고 하였습니다. 그러자 돌아가신 공주께서는 탄식하면서 답변을 하지 않으시더니 오늘 보니 관이 장가드는 것을 보지 못하실 것을 이미 아셨던 것입니다. 설아의 아름다움은 의심할 것이 없으니 명공께서는 지나치게 의심하지 마소서."

진공이 눈물이 흐르는 것을 깨닫지 못하며 드디어 혼인을 허락하고 날
짜를 가려 혼례를 올렸다. 공자가 백량(百兩)[423]으로 신부를 맞이하여 돌
4 아오자 신부가 독좌하고[424] 있었다. 진궁과 유씨 부중(府中)에서 다 공주
를 생각하고 슬픔을 이기지 못하였다. 진공과 장부인이 손님을 청하여 큰
잔치를 열고 승상 부부를 모셔 신부를 보게 하였다.

아름다운 용모와 절세한 기질이 진실로 물고기가 숨어버리고 기러기를 떨어뜨릴 자태[425]였다. 까맣고 아름다운 눈썹과 귀밑에 드리워진 탐스러운 머리는 강산의 빼어난 기운을 거두었고, 별처럼 빛나는 눈동자와 꽃같이 붉은 뺨에 온갖 아름다운 태도를 띠었으며, 덕스런 성품이 여유

---

423) 백량(百兩) : 『시경(詩經)』 「소남(召南) 〈작소(鵲巢)〉 에 "여자가 시집을 감에 백량으로 맞이하도다[之子于歸, 百兩御之]."에서 온 말로 백승(百乘) 즉 백 대의 수레를 의미함. 제후간의 혼인에서 백승을 보내어 신부를 맞아들인다는 것인데, 우리 고전소설에서는 주로 정실부인을 맞아들인다는 표현으로 씀.

424) 독좌하고 : 새색시가 초례의 사흘 동안 들어앉아 있는 일.

425) 물고기가 ~ 자태 : 이는 너무나 아름다워 물고기가 부끄러워 숨어버리고 기러기를 깜짝 놀라게 하여 떨어뜨릴 자태라는 뜻으로 매우 아름다운 미인을 형용할 때 쓰는 말. '침어낙안지태(侵魚落雁之態)'라고 함.

있고 예를 행하는 몸가짐이 정숙하여 숙녀의 사덕(四德)을 겸비하였으니, 모여 있는 모든 사람들이 다투어 축하하였다. 진공이 한편으로는 기뻐하고 한편으로는 슬퍼하여 흐르는 눈물이 비단 옷자락을 적셨다. 이에 좌중의 모든 사람들이 슬픈 마음을 이기지 못하였다.

장부인이 신부의 폐백 받기를 사양하며 말하였다.

"돌아가신 공주의 하늘에 계신 혼령이 밝히 비추시니 제가 어찌 당돌하게 그 자리에 앉겠습니까?"

드디어 평배(平拜)[426]로 신부의 인사를 받았다. 공자가 신부와 더불어 공주의 사당에 올라 절하면서 인사를 올리자, 공이 제문을 지어 신부의 현묘(見廟)[427]함을 고하였다. 공자가 탄식하고 울며 눈물을 흘리기를 마지않자, 진공의 형제가 차마 보지 못하고 신부 또한 마음으로 슬퍼하여 안색을 고치니 옥 같은 모습이 애처로워 꽃이 광풍을 만나고 달이 흑운에 5
싸인 것 같았다.

혼례를 마치고 신부의 숙소를 진양공주의 숙소였던 태청전에 정하였다. 기용집물(器用什物)[428]을 가지런히 하여 공주가 살아있는 때와 같이 하고 장손 상궁과 모든 궁희(宮姬)는 설소저를 보호하고 받들면서 소임을 다하니 옛일이 완연하였다. 공이 어진 며느리를 얻어 태청전이 가지런히 정돈히 되고 임자가 있게 된 것을 기뻐하나 공주를 생각하고는 슬픔을 이기지 못하였다. 공자 또한 다시금 새롭게 슬퍼하자 장부인과 할머니 이부인이 위로하여 신방에 들여보내었다.

공자가 태청전에 이르자 등촉(燈燭)이 휘황찬란하고 향을 피우는 연기

---

426) 평배(平拜) : 여자의 평절을 평배라고 하는데, 답배 또는 평절로 맞절을 해야 하는 웃어른이 함.
427) 현묘(見廟) : 사당에 예를 갖추어 절하여 뵙는 것을 뜻함.
428) 기용잡물(器用什物) : 그릇이나 도구 등 집안에서 쓰는 온갖 기구.

가 안개 같았다. 신부가 성대하게 장식을 하고 아름다운 자태로 일어나 공자를 맞이하였다. 좌우에 궁녀들이 수풀 같아 이전의 모습과 변함없는데 홀로 어머니의 자취를 볼 수 없자, 공자가 마음이 칼로 베인 듯 아팠다. 그러나 억지로 앉아 신부를 보니 진실로 곤산(崑山)의 보배로운 옥[429]이요 바다 밑의 밝은 진주였다. 마음속으로 다행스럽고 기쁘나 더욱 돌아가신 모친을 추모하는 아픔이 깊어져 맑은 눈물이 옷을 적셨다. 이에 장손 상궁이 공자에게 나아가 말하였다.

6 "금일 공자께서 새로운 사람을 맞이하시어 돌아가신 모친의 자취를 이으시니 일이 비록 슬프나 또한 기쁜 일입니다. 마음을 넓게 가져 참으십시오."

공자가 눈물을 거두고 탄식하였다.

밤이 깊어져 잠자리에 나아가니 원앙새와 비취새[430]의 놀음이라도 이에 미치지 못할 것이었다. 새벽을 알리는 북소리가 울리자 두 사람이 세수하고 먼저 영운전에 이르렀다. 전날 진공이 장부인과 더불어 신부가 어질고 아름다운 것을 다행히 여기고 옛일을 생각하며 촉을 밝히고 밤늦도록 자지 못하였더니, 신부와 아들이 아침문안을 드리는 것을 보고 대견해 하면서 또 슬퍼하였다. 공자의 손을 잡고 신부를 나아오라 하여 어루만지고 탄식하며 말하였다.

"네 어머니가 세상을 떠나신 뒤 5년 동안 하루도 즐거움이 없어 정전인 태청천을 돌아보아 그 황량함을 차마 보지 못하였다. 그러다가 오늘 어진 며느리를 얻어 맑고 아름다움이 이렇듯 하고 옛 침전에 등촉이 밝

429) 곤산(崑山)의 ~ 옥 : 곤산은 곤륜산(崑崙山)으로 중국 전설상의 높은 산을 의미함. 중국 서쪽에 있다고 전해지며 좋은 옥이 많이 난다고 전해졌음.

430) 원앙새와 비취새 : 원앙새와 비취새[물총새]는 암수가 사이가 좋기에 부부간의 화목을 상징함.

게 빛나는 것을 보니, 네 어머니가 살아있는 때와 같아 나의 마음이 슬픈 중 기쁘구나. 모름지기 너는 부부간에 화목하여 죽은 네 어미와 나에게 염려를 끼치지 말거라. 신부 또한 성덕을 쌓기를 힘써 모든 일을 삼가고 행실을 닦을 것이니 하늘에 있는 너의 돌아가신 시어머님의 혼
령이 알지 못할 것이라고 여기지 말거라." 7

두 사람이 자리에서 물러나 두 번 절하면서 명을 받들었다. 공자가 서글퍼져 흐르는 눈물을 참지 못하자 진공이 소매를 들어 공자의 눈물 자국을 닦아주었다. 설소저가 이에 감동하였다.

이후 설소저는 진궁에 머물면서 시부모와 웃어른을 성효로 받들고, 모든 숙부와 숙모들에 이르기까지 공경하여 섬기고, 시누이와 화평하며 우애 있게 지내고 사랑하면서 대접하기를 지성으로 하였다. 또한 궁중의 하인들도 덕으로써 화합토록 하여, 한결같이 후대하고 한 가지 일도 자부하여 맡은 일이 없어 큰일은 장부인께 여쭙고 작은 일은 장순 상궁과 의논하여 조금도 법도에 어그러짐이 없고 예의에 맞는 몸가짐과 덕스런 행실이 더 이상 바랄 수 없이 좋고 아름다웠다. 이에 설소저가 공자로부터 중대한 대접을 받고 진공에게 특별한 사랑을 받았으나 더욱 더 조심하여 지극히 정성을 다해 받들었다. 궁 안이 안정되고 옛일이 변치 않자, 시조부모와 시부모가 소저를 귀히 사랑하고 온 가문이 기리는 소리가 흡족하였다.

이러구러 수년이 지났다. 국가에 일이 없더니 대장군 서운이 병들어
죽자, 상이 몹시 슬퍼하시며 그 후임자를 조정에 물으시니 일시 물망이 8
진공에게 돌아갔다.

"부마도위(駙馬都尉)[431]유세형이 나면 장수가 되고 들면 재상이 되어 문

무를 겸비한 재주가 있으니 중화의 밖에 나가 군마(軍馬)를 총감독할 만 합니다."

상이 허락하시어 인차(因次)로 진공이 병마대장군(兵馬大將軍)이 되었다. 진공이 군무를 주관하여 위세와 권력이 조정과 재야에 진동하고 덕망과 은택이 사방에 흡연하였다.

가정(嘉靖) 6년[432]에 이르러는 천자께서 성스럽고 명철하시나 대궐 안이 불안하여 귀비인 장씨가 황후인 설후를 해치려고 도모하는 기미가 있고 사례감(司禮監)[433] 진수태감(鎭守太監) 장경(張慶)[434] 등이 권력을 농단하여 조정의 관료들을 많이 살해하였다. 성의백(誠意伯)[435]이 이를 자신의 힘으로 돌이키지 못할 줄 알고 상소하여 벼슬에서 물러나 집에 돌아와 고요히 부모를 봉양하여 앞날을 계획하면서 여러 형제가 다 조정 일에 참여치 않아 몸을 보전하여 가문의 화를 조심하였다.

그런데 홀로 진공이 성품이 굳세고 충성심이 격렬하여 평일 나랏일에 충성을 다하고 집을 돌아볼 뜻이 없더니 이제 대궐에 후비(后妃)의 창궐(猖獗)함이 있고 국정이 날로 그른 것을 보자 전일 진양공주가 섭정하던
9 일을 생각하고 길이 탄식함을 마지 아니하였다. 환관이 정치를 좌지우지
하는 것을 보자 화가 나 솟은 머리카락이 관을 찌를 것 같으니 분연히 칼

---

431) 부마도위(駙馬都尉) : 부마를 말함. 부마는 임금의 사위 즉 공주의 남편임.

432) 가정(嘉靖) 6년 : 1527년. 명나라 세종(世宗) 연간.

433) 사례감(司禮監) : 궁중의 문서 일체를 관리하는 기관. 사례감의 수장은 환관이 맡음. 본래 황제의 심부름만 담당했던 환관들이 점차 황제의 임무를 대행하기 시작하면서 사례감의 위세가 막강해지게 됨.

434) 진수태감(鎭守太監) 장경(張慶) : 명사(明史)』 159권 〈양계종열전(楊繼宗列傳)〉에서 장경은 사천(四川)의 채용득(蔡用得)과 함께 당시 황제의 위세를 빌어 유학자를 학대한 대표적인 인물로 나옴.

435) 성의백(誠意伯) : 유우성의 맏아들 유세기를 말함. 성의백에 책봉되었기에 이와 같이 부르는 것임. 즉 유세형의 형.

을 어루만져 모든 환관을 먼저 베고 후에 아뢰려는 뜻을 두었다. 그러나 모든 형제와 의논한즉 반드시 말릴 것이요, 승상이 또한 허락하지 아닐 것이기에 부형에게 고하지 않고 본부 사졸과 가정(家丁)[436]을 거느려 바로 궐하에 가 사례감(司禮監)의 환관 무리들을 베고 임금 앞에 나아가 마음대로 결단한 죄를 청하고자 하였다. 그러나 이러한 뜻을 다 숨길 수는 없었으니 일가 식구들은 아득히 이를 알지 못하나 홀로 첫째 공자 유관이 알고 조용히 간하여 말하였다.

"시절이 옛날과 다르고 아버님께서 부마의 존귀함과 더불어 왕공(王公)의 도타움과 대장군의 중한 권세를 겸하여 위세와 권력의 높음이 진(秦)나라 때 양후(穰侯)와[437] 같으십니다. 조심조심해도 소인이 아버님을 꺼리는 것이 극히 두렵거늘 어떤 연고로 이런 대사를 가볍게 처리하면서 진번(陳蕃)과 두무(陳蕃)의 화를[438] 생각하지 않으십니까?"

진공이 슬퍼하면서 눈물을 흘리며 말하였다.

"네 아비가 13세에 입조하여 이제 20년이 되었구나. 나라로부터 받은 은혜는 저 바다도 가볍다고 할 만큼 큰데 내가 이제 한 목숨을 아껴 쥐무리[439]를 조정에 용납하여 이 무리가 권력을 마음대로 휘두르며 사람들을 해치는 것을 묵묵히 보고 태연히 동조하겠느냐? 그렇게 한다면 10
내가 죽어서 지하에 가 무슨 면목으로 돌아가신 황제를 뵈며 네 어미를 보리오? 당당히 내 한 목숨을 버려 나라의 은혜를 갚으리니 너희들이

436) 가정(家丁) : 예전에, 집에서 부리던 남자 일꾼.

437) 진(秦)나라 ~ 양후(穰侯) : 양후는 진소왕(秦昭王)의 어머니 선태후의 동생이며, 이름은 위염(魏冉). 상국(相國)의 지위에까지 올라 진나라의 영토를 넓히고 위상을 높힌 공적이 있음.

438) 진번(陳蕃)과 ~ 화 : 진번은 후한(後漢) 영제 연간의 태부이며, 두무(竇武)는 대장군임. 이 둘은 환관의 횡포를 간하다가, 오히려 환관 무리의 모해를 입어 역적의 누명을 쓰고 진번은 잡혀 죽고, 두무는 자살하였음.

439) 쥐무리 : 장경(張慶) 등의 무리를 뜻함.

다시 뒤집지 마라."

공자가 재삼 힘써 간하나, 진공이 끝내 듣지 않고 내전에 들어가 융복(戎服)[440]을 입으려 하였다. 공자가 크게 울며 말하였다.

"아버님께서 이 일을 행하셨는데, 만일 천자께서 용납지 아니하시면 어찌 하시렵니까?"

진공이 말하였다.

"신하된 자가 국가를 위하여 죽은들 어찌 하리오? 하물며 간신을 베어 국가의 해로움을 더는 것은 대신(大臣)의 도리이다. 상께서 살피신다면 네 아비의 충성을 아실 것이요, 일이 설사 불행하여 상이 진노하시나 간악한 무리들을 다 죽인 후는 다시 살릴 길이 없으니 한갓 네 아비를 죽이실 따름이라. 남자가 되어 죽기를 두려워하면서 간악한 무리들이 종묘사직을 위태롭게 하는 것을 두고 볼 수 있겠는가?"

공자가 깜짝 놀라 눈물을 흘리면서 부르짖자 궁중이 우왕좌왕하였다. 장손 상궁이 이 광경을 보고 바삐 공주가 임종 때 주던 화전(華箋)을 내어 첫 봉투를 떼어 보았다. 위에 써 있기를,

> 11 주공께서 평생 성정이 강개하여 일을 꾀하면 이루기만 크게 여기고 일의 완급은 살피지 않으니 이는 화를 취할 조짐이다. 국정이 그릇 되는 일이 있은 즉 반드시 분개한 마음이 일어나 성화같이 급히 생각하여 위태한 일이 있으리니 비자(婢子)는 마땅히 내 글을 주공께 드려 모든 일이 온전하게 하라.

라고 되어 있었다. 장손 상궁이 이를 보고 슬픔을 이기지 못하여 바삐 화

440) 융복(戎服) : 철릭과 주립으로 된 옛 군복을 뜻함.

전을 받들어 공의 앞에 가 고하여 말하였다.

"선비(先妃)[441]께서 돌아가시기 전에 남기신 편지가 있어 주공께 드리라 하신 고로 비자가 감히 거역하지 못하여 받들어 올리나이다."

진공이 '선비(先妃)' 두 자에 심혼이 다 놀라서 사기를 잠깐 진정하고 화전을 받아보았다. 위에 공주가 옥새를 찍고 친히 이름을 써두었기에 공이 눈물을 흘리며 말하였다.

"어지럽고 정신이 없어 봉한 것을 떼어보니 공주의 친필이도다. 문채기 찬란하여 완연이 평일 같구나."

그 편지에는 다음과 같이 쓰여 있었다.

> 총재(冢宰)[442] 진양은 머리를 조아리고 두 번 절하여 진공 좌하(座下)에 올립니다. 사람이 세상에 나서 한 번 살고 한 번 죽는 것은 예전이나 지금이나 면치 못하나
> 니 진양이 어찌 홀로 면하리오. 그러나 공은 진양이 죽었다고 생각지 마시오. 몸은 12
> 비록 죽었으나 마음을 없어지지 아니하여 공의 신상과 국가를 위하여 염려하나니, 사례감(司禮監) 진규 등이 오늘날의 행실이 있을 줄 모른 것이 아니라, 하늘의 운수가 우리 종사를 길게 아니하시어 국맥을 끊는 빌미입니다. 진양이 어찌 하늘을 거역하여 망령되게 이 무리를 베어 후세의 시비를 들으리오? 진양이 국은을 입사와 분에 넘치게도 여주공(女周公)의 직첩을 받아 천자 묻지 아니시는 정사(政事)가 없고 듣지 아니 하시는 말씀이 없으니, 어찌 작은 종류를 제어치 못하여 후환을 취하리오마는 앞일과 사람의 일을 생각하건대 국맥이 마침내 환관의 손에 그릇될 것입니다. 오

---

441) 선비(先妃) : 돌아가신 왕비라는 뜻으로 진양공주를 말함.

442) 총재(冢宰) : 주(周)나라 때는 육관(六官)의 우두머리로 지금의 국무총리와 같은 것이었으나 후세에는 이부상서를 달리 부르는 말로 쓰임. 진양공주가 여총재(女冢宰)에 임명된 일이 있기에 이런 표현을 쓴 것임.

늘 저 무리를 없애나 후일 또 다시 없으리오? 이런 고로 묵묵히 그쳐 진양의 몸이 먼저 죽게 되었습니다.

이후 저 무리의 작화(作禍)는 이르지 못하려니와 공이 비록 위세와 권세가 매우 중하나 임금과 신하가 서로를 알아주는 마음이 물고기와 물이 서로 즐기는 낙[443]이
13 아니요, 시절이 때 아닌 줄 어찌 알지 못하고 일시 충성심과 분함 때문에 화를 돌아보지 않으십니까? 국사를 위하여 공의 몸은 비록 아끼지 않지만 당상(堂上)의 부모님을 잊는 것이 옳습니까? 공이 이제 병사를 일으켜 환관을 친다면 일을 미처 이루지 못하여 천자께서 진노하시어 화가 구족(九族)에 미치리니 국가에 유익한 것이 없고 부질없이 죽어 필부가 계책 없이 하는 일처럼 될 것이니 가당치 않습니다. 공은 덕으로 저 무리를 감화시켜 조심하고 또 조심하여 문호를 보전하기를 바라니 붓과 벼루를 앞에 두고 정신이 어지럽고 혼란스러워 만 가지 일 가운데 하나를 고합니다.

진공이 보기를 마치자 머리가 쭈뼛하여 급히 서간을 향해 손을 모으고 두 번 절하면서 말하였다.

"내가 평일 현비(賢妃)를 알기를 학문을 좋아하고 의리를 기리어 성덕이 높은 줄은 아나 이같이 신명하여 앞일을 꿰뚫어 볼 줄을 알리오? 가히 제비와 참새가 기러기와 고니의 뜻을 모르니,[444] 결혼하여 15년간 함께 지낸 부부라 하기 어렵도다. 또 그대가 죽지 않았다는 말이 진실로 맞으니 이제부터 슬퍼하기를 그치고 그대의 가르침을 받들리라."

---

443) 물고기와 ~ 낙 : 물고기와 물의 관계처럼 신하와 어진 임금이 서로 이해하고 돕는 즐거움을 비유한 말. 어수지락(魚水之樂)이라고 함.

444) 제비와 ~ 모르니 : 『사기』「진섭세가」 편에 진승(陳勝)이라는 사람이 진나라의 폭정을 비난하는 발언을 하여 주변 사람들이 비웃자, "제비와 참새가 어찌 기러기와 고니의 뜻을 알겠는가?[燕雀安知, 鴻鵠之志哉]"라고 말했다는 데서 유래한 말. 즉, 평범한 사람이 영웅의 뜻을 알 수가 없다는 의미임.

진공이 말을 마치자마자 눈물을 흘리니, 공자 형제와 좌우 궁녀가 참 14
지 못하고 울었다. 드디어 공주의 서간을 깊이 간수하고 사기를 진정하여
몸을 삼가 국사에 마음을 다할 뿐이었다.

둘째 공자 현이 10여 세에 영웅의 풍모와 옥 같은 기골이 무리들 중에서 빼어나고, 문장의 뛰어난 재주가 특이하여 서서 천 마디 말을 이루니 친척들 60여 인 중 빼어났다. 첫째 공자의 탁월한 문장과 필법으로도 오히려 조금 떨어짐이 있으니 그 매우 뛰어남을 알 수 있었다. 조부모가 매우 아끼고 모든 숙당이 사랑하는 것이 형제들 중에서 으뜸이었다. 이 같은 재주와 모습을 지녔기에 부형이 사랑하는 가운데 불쌍해하는 마음을 더 많이 가지게 되었고 궁전 사람들 모두가 보호하여 양육하기를 부모 형님 받들 듯이 하였다. 이에 공자가 부귀와 사치 그리고 편애 속에서 자라나게 되니, 문득 마음이 방자하고 행동거지가 호탕하여 그 형의 수행하는 품성과 매우 달랐다. 장부인이 진공을 대하여 말하였다.

"선비께서 돌아가실 때에 현의 호탕함을 이르시더니, 이제 보니 밝히
아신 것입니다. 이 아이는 부귀와 편애 가운데 성장하여 조심하고 삼
가는 뜻이 없어 겨우 몸가짐을 수습하는 것이 공의 눈앞에서 뿐입니다.
두려워하건대 모든 행실을 닦지 못할까 하니 한갓 사랑하기만 위주로 15
하여 가르침을 그르치지 않도록 하소서."

진공이 서글피 탄식하여 말하였다.

"내가 이를 알지 못하는 것이 아니네. 그러나 그 어미가 없는 것을 불쌍히 여기고, 아직 어리기에 내버려두었소. 부인의 말이 옳으니 차후는 명심하리라."

이후 진공이 무릇 현 공자의 처신함과 행동거지를 살피면서 엄중한 성

품으로 자녀를 사랑한다고 해서 그 허물을 용서하지는 않았다. 공자가 이를 두려워하여 장부의 왕성한 기운을 감추고 학문을 힘써 문리(文理)가 날로 크게 발전하였다.

이때 태상경(太常卿)[445] 양친은 태학사[大學士] 양정화의 아들이요, 학사 양관[446]의 형이었다. 1자 1녀를 두었으니 여아의 명은 벽주였다. 태어나면서부터 옥같이 희고 깨끗한 골격이요, 신선 같은 풍모에 기이한 자질이었다. 달처럼 아름다운 얼굴에 꽃처럼 아리따운 태도는 세상에 쌍이 없고 성품이 유한하고 정숙하며 시를 짓고 문을 짓는 솜씨가 소소(蘇小)를[447] 압두하였다.

부모가 매우 사랑하여 그 마땅한 쌍을 구하더니 진부 둘째 공자의 빼어남을 듣고 매파로 청혼하였다. 진공 또한 규수의 어질고 아름다움을 익히 들었던 고로 쾌히 허락하고 결혼 날짜를 가려 혼례를 올렸다. 혼례식의
16 집물들이 화려함과 신랑 신부의 빼어남이 차등이 없었다. 시조부인 승상 부부와 시부모인 진공 부부가 기쁨과 슬픔이 교집하고 궁중의 사람들 모두가 영광스러워하면서도 슬퍼함을 이기지 못하였다. 양학사 부인[448]이 서글피 탄식하며 말하였다.

"만일 공주가 계셨다면 양씨 조카[449]의 어질고 아름다운 모습을 함께 보면서 기쁘고 상쾌하게 여기셨을 텐데, 속절없이 슬픈 심회뿐이니 어찌 한스럽지 않으리오?"

---

445) 태상경(太常卿) : 제사(祭祀)와 시호(諡號)의 일을 맡아보던 태상시(太常寺)의 으뜸 벼슬.
446) 학사 양관 : 승상 유우성의 첫째딸 설영과 혼인하였음. 즉 유우성의 만사위임.
447) 소소(蘇小) : {소샤}. '소소(蘇小)'의 오기인 듯함. 소소(蘇小)는 소식(蘇軾)의 누이동생으로 시 짓기에 능통했다고 함.
448) 양학사 부인 : 양학사에게 시집간 유우성의 첫째 딸 설영을 말함.
449) 양씨 조카 : 양소저가 양학사 부인에게는 조카가 됨.

진공이 탄식하여 말하였다.

"천하 일이 뜻과 같지 못한 것이 열에 팔구라 하니 어찌 하겠느냐? 신부가 유한하고 맑고 정숙하여 만며늘아기인 설씨에게 떨어지지 않고 오히려 아름다운 용모가 시원스럽고 상쾌한 것이 더하구나. 그러나 너무 빼어나게 아름답고 너무 맑고 담백하여 얼핏 진비를 닮은 듯하니 수한(壽限)에 해로움이 있지 않을까?"

성의백이 말하였다.

"아니다. 수를 다 누리고 자식도 많이 낳겠지만 재앙이 많을 상이구나. 현아가 호탕하니 그 팔자에 마가 낄 것이다."

진공이 그렇게 여기며 대하여 말하였다.

"형님 말씀이 마땅하십니다."

양소저가 시댁에서 어질고 온유하여, 시부모를 효로써 봉양하고, 시누
이에게 온화하고 우애 있게 대하고 설소저를 따르면서 한 곳도 미진함이
없었다. 남편을 예로 섬겨 성품이 정숙하고 곧으며 행실이 추상(秋霜) 같 17
으니 궁중에서 사랑하고 중히 여기는 것이 설소저와 매한가지였다. 양학
사 부인이 친척간의 의리로 특별히 양소저를 사랑하고 진공이 양소저를
자애하는 것 또한 더 이를 것이 없었다.

그러나 홀로 공자는 양소저에 대한 뜻이 별로 없어 구태여 박대하지는 않았으나 마음으로는 규방의 답답함을 좋게 여기지 않아 매번 외전에서 궁감(宮監),[450] 소환(小宦)의[451] 무리와 더불어 육예(六藝)[452]를 말하고 혹

450) 궁감(宮監) : 세금을 거두기 위해 각 궁에서 보내던 사람.
451) 소환(小宦) : 나이가 젊고 지위가 낮은 환관.
452) 육예(六藝) : 고대 중국의 여섯 가지 교과(敎科), 곧 예(禮) · 악(樂) · 사(射) · 어(御) · 서(書) · 수(數)를 아울러 이르는 말.

거문고를 어루만져 울적한 기분을 풀었다. 진공은 공자의 행동이 활달하여 작은 일에 얽매이지 않는 것을 대견해하나 오히려 금슬이 흡족하지 못한 것은 아닌가 염려하였다. 장부인은 또한 깊이 근심하여 양소저를 영주 형제와 한 곳에 두어 공자가 문안할 때에 반드시 투호(投壺)와[453] 바둑 등으로써 이들 부부가 친하도록 권하였다. 공자가 명을 받으면 시키는 대로 행하여 양소저에 대해 매정하지 없고 행동거지가 자못 은근하나 양소저의 침소에 출입하는 일은 매우 드물었다.

하루는 장부인이 장손 상궁을 청하여 공자가 사실(私室)[454]에 들어가는
때를 알아 양소저를 후대하는지 박대하는지를 살피라고 하였다. 장손 상
궁 또한 염려하던 까닭에 공자가 양소저를 찾는 때를 살폈다. 두어 날[455]
18 이 지난 후 공자가 양소저 처소에 가 은근히 말씀하다가 침석(寢席)에서
애정이 흡족하여 애지중지하는 부부로 소원한 일이 없었다. 그런데 부모
님께 아침문안을 드리려고 일어나 밖으로 나간 후는 또 양소정의 처소에
발자취가 끊어졌다. 장손 상궁이 이 사연을 장부인께 고하였다. 장부인이
의아하여 공에게 자세히 이를 고하여 말하였다.

"이 아이 방에 괴이한 일이 있지 않겠습니까?"

진공이 답하여 말하였다.

"그러할 리 없거니와 며늘아기가 미우(眉宇)[456]에 문채가 너무 옥같이 맑아 피차 액운이 있어서 아직 마음이 소원한가 싶소. 그러나 혹 그런

---

453) 투호(投壺) : 두 사람이 일정한 거리에서 청・홍의 화살을 던져 병 속에 많이 넣는 수효로 승부를 가리는 놀이를 말함.

454) 사실(私室) : 침실이 있는 곳을 말하며, 남자에게는 자신의 부인이 거처하는 곳을 가리킴.

455) 두어 날 : {두어 돌}. 문맥상 '두어 놀'의 오기인 듯. 문맥상 '두어 달'이 아니고 '두어 날'이라고 해야 맞기에 이와 같이 옮김.

456) 미우(眉宇) : 이마의 눈썹 근처.

가운데 둘째 아이가 아름다운 여자를 생각한다면 매우 해로울 것이오."

이에 진공이 장손 상궁과 엄태감을 분부하여 공자에게 붉게 장식한 시녀들과 교방(敎坊)의 창녀들이 공자 가까이에서 잔심부름하는 것을 못하게 하고 내실에 들 때 외에는 다 소환(小宦)이 받들어 모시도록 하였다. 엄태감의 고집스러움과 장손 상궁의 주도면밀함으로 진공의 명을 좇아 공자가 비록 설도(薛濤)[457] 같은 창녀와 자운(紫雲)[458] 같은 궁녀를 만나 정을 두어 새롭게 가까이 나아가 이야기를 나누려 해도 그 어려움이 남경(南京)과 북경(北京) 사이[459]와 같게 하였다. 공자가 이미 모든 눈치를 채고 또한 이런 데 마음 쓰지 않으면서 다녔다.

장부인이 친정에 간 지 여러 날이 되자, 하루는 공자가 가서 뵈었다. 19
부인이 반겨 맞이하여 데리고 말씀하더니 문득 안에서부터 패옥 소리가 쟁쟁하게 나며 한 미인이 나이 10여 세쯤 되었는데 붉은 치마와 무늬 있는 옷을 입고 아름다운 발걸음을 가볍게 옮겨 나오다가 공자가 등을 돌려 앉아있음을 보고 낭랑히 웃어 말하였다.

"오라버니가 어제 저를 투호놀이에서 지게 한 것을 애달파 하니, 원컨대 바둑으로 분한 것을 씻기를 바랍니다."

---

457) 설도(薛濤) : 중국 당대(唐代)의 명기(名妓)이자 여류시인. 자(字) 홍도(洪度). 원래는 장안(長安)의 양반가에서 출생하였으나 아버지가 지방관으로 부임하게 되자 따라가서 촉(蜀 : 지금의 四川省)으로 이주하였음. 후에 패가하여 기녀(妓女)가 되었으나, 시(詩)를 잘 지어 유명해졌음. 덕종(德宗) 때, 위천(韋泉)이 사천안무사(四川按撫使)로 이 지방을 다스렸을 때, 설도를 술자리에 불러 시를 짓게 하고 여교서(女校書)라 칭했음. 후세에 기녀를 교서(校書)라 칭하게 된 것은 여기에서 유래했다고 함. 당대의 많은 문사들과 시를 주고받았다 함.

458) 자운(紫雲) : 중국 당대(唐代)의 유명한 기녀. 낙양의 노래를 잘 불렀으며 이원(李愿)의 가기(家妓)로서 두목(杜牧)의 인정을 받았다고 함.

459) 그 ~ 사이 : 남경은 강소성(江蘇省) 남안(南岸)에 위치하고 있으며, 북경은 하북성(河北省)에 있어 그 거리가 멀기에 만남이 요원함을 말함.

장부인이 웃고 말하였다.

“이는 진부의 둘째 아들이다. 네 오라버니가 아니니 빨리 들어가라.”

그 미인이 매우 놀라 급히 걸음을 돌이키거늘, 공자가 그 꾀꼬리 같은 목소리를 듣고 놀라 곁눈질하여 잠깐 살폈다. 그 여자가 절개는 얼음처럼 굳으면서 몸을 부드럽게 간들거리니 비할 데 없을 만큼 아주 묘하면서도 깨끗하였다. 구름 같은 귀밑과 눈 같은 피부에 춘산 같은 눈썹과 별빛 같은 두 눈, 복숭아꽃 같은 두 뺨, 붉은 입술 가운데 하얀 이에 아름다운 자태가 가득 어리었으니 괵국부인(虢國夫人)이 분을 바르지 않은 것[460]과 비연(飛燕)의 몸이 가벼움[461]을 겸하여 교태롭고 아름다움이 비교할 사람이 없었다. 다만 장부인 어렸을 때 자색과 한가지니 양소저의 아름다움이 저 여자만 못한 것은 아니지만 그 예쁘고 나긋나긋하여 절묘하고 어여쁨에는 미치지 못할 듯하였다. 공자가 매우 놀라 황홀하여 그 미인이 가는 데를 향해 두 눈으로 뚫어지게 보다가 놀라 정신을 잃자, 부인이 그 거동을 보고 매우 편치 않게 여겨 천천히 말하였다.

“너는 나를 어떤 사람으로 아느냐?”

공자가 황공해하며 대답하였다.

“어머님께서는 저의 모친이시니, 어찌 이런 말씀을 하십니까?”

부인이 말하였다.

“내가 비록 너를 낳지 않았으나 곧 너의 돌아가신 모친과 동렬이고, 네 부친과 어린 나이에 혼인하였으니 네가 어찌 한갓 다른 어미로 알리

---

460) 괵국부인(虢國夫人)이 ~ 것 : 괵국부인(虢國夫人)은 당대(唐代)의 양귀비 셋째 언니로서, 피부가 고와서 지분(脂粉)을 바르지 않았다고 함.

461) 비연(飛燕) ~ 가벼움 : 비연(飛燕)은 당대(唐代)의 조비연(趙飛燕)을 뜻함. 몸이 몹시 가벼워서 임금의 손바닥에서 춤추었다는 고사가 전해지고 있음.

오? 피차 다 친생 같거늘 어떤 까닭에 내 앞에서[462] 예법을 차리지 않고 규중처녀를 방자히 뚫어지게 보는 비례(非禮)를 조금도 삼가지 않으니 이 어떠한 도리냐? 저 아이는 나의 조카딸이니, 너에게는 형제간의 정의가 있다. 공경하고 가볍게 보지 마라."

장부인이 말을 마치자 사기가 심히 엄숙하였다. 공자가 황공하여 사죄하고 물러나왔다.

원래 이 여자는 부인의 형제인 장시랑의 딸이니 이름은 설혜였다. 꽃다운 13세에 아리따운 태도는 숙모인 장부인과 다름이 없고 성품이 총명하고 지혜로웠다. 그러나 천성이 편협하고 시기심과 투기심이 있어 어진 21
사람을 질투하니 자기보다 나은 이를 꺼려하고, 무릇 서책 가운데도 여후(呂后)의 인체(人彘)[463]와 왕도(王導) 위징(魏徵)의 처의 투악(妬惡)[464]을 옳게 여겼다. 그 부모는 딸의 영리함을 귀히 여기며 애중하였지만 장부인은 그윽이 좋게 보지 않았다. 그런 까닭에 장시랑이 유공자의 재주와 용모를 사랑하여 구혼하되, 부인은 입을 다물고 말을 하지 않았으며 끝내 이를 입밖에 꺼내지도 않았다.

이날 유공자가 뜻밖에 장소저를 만나 보자, 공자가 어렸을 때부터 절세미녀를 많이 보아 뜻이 고산(高山)같이 높았으나 장씨를 한 번 보고는 마음에 어리고 정에 취하여 참지 못할 듯하였다. 그러나 모친의 기색이 매우 엄하기에 감히 마음을 드러내지 못하고 돌아와 그 아우인 셋째 공자

---

462) 내 앞에서 : 의미를 명확하게 하기 위해 이 부분을 넣음.

463) 여후의 인체(人彘) : 한(漢)나라 때 여후(呂后)가 남편 고조(高祖)가 총애하던 척부인(戚夫人)을 질투하여 남편이 죽은 뒤 척부인의 수족을 자르고 눈과 귀를 멀게 하고 돼지우리에 넣었다는 고사에서 유래함. 결국 인체란 사람돼지가 된 척부인을 뜻하는 말임.

464) 왕도(王導) ~ 투악 : 왕도는 진(晉)나라의 재상이고, 위징은 당태종(唐太宗)의 정사를 도와 정관(貞觀)의 치세를 이룬 당(唐)나라의 명재상임. 왕도의 아내와 위징의 아내는 투기가 심한 것으로 유명하였음.

혜를 데리고 조용히 물어 보았다. 바야흐로 그 소저가 장시랑의 딸이며 또한 약혼한 데가 없는 줄을 알고는 재취할 뜻이 초조하여 밤낮 사모하기를 이기지 못하였다. 어린 듯, 취한 듯하니 어느 겨를에 양소저를 생각하리오?

며칠 후 장부인이 돌아오나 기색이 단엄하여 공자가 들이밀어 말 붙이
22 기가 어려웠다. 계교가 없어 누워도 편안하지 못하고 먹어도 맛을 알지 못하여 몇 개월이 지나자 모습이 딴사람처럼 되고 용모가 초췌하였다. 진공이 이런 연고를 알지 못하고 몸에 병이 있나 근심하였다.

다음 해 봄에 천자가 성묘(聖廟)에 배알하시고 인재를 뽑았다. 공자 형제가 여러 형제들과 함께 과거 시험을 보아 관과 현이 같은 합격자 명단에 이름이 올라 등과하였으니 관이 장원하고 현은 둘째였다. 형제가 15세, 13세에 계화금포(桂花錦袍)[465]로 집안에 돌아오자 가문 전체의 영광은 이르지도 말고 승상 부부와 진공이 기뻐하는 가운데 공주를 생각하고 다시금 슬픔을 이기지 못하였다. 삼일유가(三日遊街)[466] 후 공이 슬프나 양친을 위하여 잔치를 베풀고 글을 지어 공주 사당에 고하였다.

두 공자가 대궐에서 숙사(肅謝)하니[467] 천자가 저의 형제가 한 쌍의 매우 어린 소년으로 풍류와 글솜씨가 빼어난 것을 사랑하시고 또한 금지옥엽(金枝玉葉)임을 아름답게 여기시어 칭찬하고 사랑해 주셨다. 관은 춘방학사(春坊學士)[468]에 임명하시고 현은 태자사인(太子舍人)[469]에 임명하시

---

465) 계화금포(桂花錦袍) : 계화는 계수나무 꽃으로 과거시험 합격자에게 꽂아주는 것이며, 금포 또한 비단 옷으로 과거에 급제하여 좋은 옷을 입었음을 뜻함.

466) 삼일유가(三日遊街) : 과거에 급제한 사람이 사흘 동안 시험관과 선배 급제자와 친척을 방문하던 일.

467) 숙사(肅謝)하니 : 숙배(肅拜)와 사은(謝恩)을 아울러 이르는 말이며, 새 벼슬에 임명되어 처음으로 출근할 때 먼저 대궐에 들어가서 임금에게 숙배하고 사은함으로써 인사하는 일을 뜻함.

468) 춘방학사(春坊學士) : 세자시강원(世子侍講院) 즉, 세자의 교육을 맡아보는 관원을 뜻함.

어 자주 야대(夜對)[470]에서 천자를 가까이에서 모시고 대궐 내외로 출입하게 하셨다. 대궐 안 사람들이 다 공주의 두 아들이 함께 과거에 급제한 것을 기특히 여겨 칭찬하여 말하였다.

"여주공의 성덕으로 두 공자의 입신영화가 이 같은 것을 못 보시니 어 23
찌 슬프지 않으리오?"

이에 각별히 두 공자를 귀히 여겼다. 하태후[471]가 내전으로 두 공자를 불러 그 외모가 공주를 본받았음을 보시고 반기고 슬퍼하시며 은혜롭게 하사하는 물품과 대접해 주시는 것이 매우 특별하였다. 공자 형제가 이미 조정의 관리가 되자 각각 그 처자에게 봉관화리(鳳冠花履)[472]를 주셨다. 영화로움과 물망이 일세를 기울이니 돌아가신 어머니를 생각하고 그리워함은 세월이 갈수록 더하였다. 그러나 조부모님과 부모님을 효를 다해 섬기고 모든 형제 및 누이를 지극히 우애 있게 대하자 진공이 사랑하고 중대히 여기는 것이 날로 더하였다.

이러므로 반점 시름이 없을 것이로되, 홀로 현이 입신한 후로 재취할 의사가 날로 급하였다. 그러나 입밖에 바로 꺼낼 수 없었기에 홀로 있으면 탄식하면서 초조해하고 슬퍼하였다. 장부인이 그윽이 이를 짐작하고 장손 상궁을 불러 그간의 일을 이르고 탄식하여 말하였다.

"이 아이가 호탕하고 방만하여 끝내 그 마음을 진정시킬 수 없으리니 오래지 않아 병이 날 것이네. 상궁은 조용히 그 마음에 둔 바를 묻고 깨우치도록 하라."

---

469) 태자사인(太子舍人) : 태자를 가까이에서 모시는 벼슬.
470) 야대(夜對) : 왕이 밤중에 신하를 불러 경연(經筵)을 베풀던 일.
471) 하태후 : 진양공주의 올케언니에 해당함.
472) 봉관화리(鳳冠花履) : 봉관은 옛 부인들이 머리에 쓴 봉을 장식한 예관(禮冠)으로 화리(花履)는 아름다운 신발. 고관부녀의 복식을 뜻함.

장손 상궁이 또한 놀라 이에 공자의 침실인 죽설루에 이르렀다. 공자
24 가 안석에 의지하여 상사편(想思篇) 한 수를 길이 소리내어 읊거늘 장손 상궁이 나아가 물어보았다.

"공자가 연소하시나 일찍이 벼슬길에 올랐으니 남자의 영화로움이 지극하고 또 양소저 같은 부인을 얻으시어 금슬종고(琴瑟鐘鼓)의 낙[473]이 「대아(大雅)」[474]를 부러워 아니하실 것인데, 무슨 이유로 내실에 자취를 끊으시고 외로이 이곳에 누워서 남모르는 글로써 근심하고 탄식하십니까? 제가 그 까닭을 몰라 의혹해 하나니 원컨대 밝혀 말하십시오."

공자가 이때 심사가 불평하여 씻지도 않고 서글피 홀로 누워 장씨의 옥 같은 얼굴과 꽃 같은 태도를 생각하고 생각이 다른 데 미치지 아니하였다. 그런데 장손 상궁이 이같이 묻자 한편으로 놀라고 한편으로 자기가 읊던 글을 듣고 우습게 여기나 생각하여 즉시 구름 같은 머리를 거두고 당건(唐巾)[475]을 숙이고 일어나 앉으면서 웃고 말하였다.

"우연히 몸이 피곤하고 심사가 울적하여 누웠다가 무료하기에 옛사람의 글을 읊었으나 무슨 연고가 있으며 유의함이 있다고 노파는 괴이하게 여겨 묻느뇨?"

장손 상궁이 정색하고 말하였다.

25 "공자는 돌아가신 진양공주께서 낳고 기르셨으며, 주공의 밝은 교훈을

---

473) 금슬종고(琴瑟鐘鼓)의 낙 : 거문고와 비파, 그리고 종과 북처럼 잘 어울려 관계가 좋은 부부간의 즐거움을 뜻함.

474) 「대아(大雅)」: 『시경(詩經)』의 편명. 여기에는 "이미 술에 취하고 이미 덕으로 충족했다(旣醉以酒, 旣飽以德)."라는 구절이 나오는데, 이는 인의가 충만하기 때문에 더 이상 남의 고량진미를 원하지 않고 명성이 가득하기 때문에 더 이상 남의 좋은 의복을 원하지 않는다는 뜻으로 모든 것이 다 갖추어진 상태를 말함.

475) 당건(唐巾) : 중국에서 쓰던 관(冠)의 하나로 당(唐)나라 때에는 임금이 많이 썼으나, 뒤에는 사대부들이 사용하였음.

받아 예가 아닌 땅을 디디지 아니시고 예가 아닌 말을 이르지 아니시어 행실을 닦았습니다. 그렇거늘 숱한 성현들의 책 가운데 어찌 경박한 무리의 상사편을 읊으십니까? 또 제가 의심된 바가 있으니 공자는 속이지 마소서."

공자가 얼굴을 가다듬고 말하였다.

"알지 못하겠구려. 노파께서 묻고자 하는 바가 무엇인가? 듣기를 원하노라."

장손 상궁이 탄식하고 이윽고 눈물을 흘리며 말하였다.

"장태후께서 저의 능력을 알아주셨기에 돌아가신 진양공주를 보호하여 양육하였다가 오늘에 이르게 되었으니 가히 공자께 오래된 옛 신하라 할 수 있을 것입니다. 모름지기 제가 말이 많은 것을 괴이하게 여기지 마르소서.

제가 진양공주를 여의고 외로운 충성심으로 저승에 따라가 모시지 못한 것은 공자의 남매 세 사람이 외로운 몸으로 아직 기어다니는 어린아이의 처지를 면치 못하였기 때문입니다. 공자 형제가 장성하여 입조하였으니 족히 진양공주의 끊어진 자취를 이을 것이기에 저의 영화로움은 이르지 말고 말단의 하인들의 마음으로 슬프고 기뻐함을 어찌 다 이기겠습니까?

다만 공자의 행동과 처신이 첫째 공자와는 매우 달라 행적이 표홀(飄 26
忽)하고 행동거지가 당황스러워 깊이 숨은 근심을 품어 안색이 초췌한 것이 날로 심하시니 매우 의심된 일입니다. 또 배우자로 말한다면 양소저가 유한하고 정숙하시어 진실로 하주(河州)의 아름다운 숙녀요, 빼어난 미모가 뭇 사람들 가운데 뛰어나시니 이는 반드시 돌아가신 진양공주의 하늘에 계신 혼령이 도우시어 백 년을 함께 지낼 아름다운 배우자를 만나신 것입니다. 스스로 평생이 쾌하고 가문의 경사인데 어떤 연고로 부부간의 즐거움이 맥맥하여 한 달에 두 번도 부인 침소에 드시지 않으십니까? 그 어짊을 모르고 이러하시면 어둡고 어리석은 것이요, 알고 이러하시면 이는 어질지 못하신 것입니다. 원컨대 공자는 돌아가신 진양공주의 흐느끼는 자취를 추모하시어 부부가 화락하게 함께 지내면서 종사(宗嗣)를 이을 자손들을 많이 나으시기를 바라나이다."

공자가 의젓하게 얼굴빛을 고치고 일어나 절하며 사례하면서 말하였다.

"내가 불초하여 행동이 미진하기에 노파께서 이같이 밝히 가르치니 감격하고 비창함을 이기지 못하겠습니다. 하물며 양씨는 현숙하고 아름다운 여자이니 어찌 박대하겠습니까마는 내가 나이가 젊고 마음이 호탕하여 아녀자와 더불어 오래 상대하여 있지 못하기에 그러함이요, 본
27 대 싫어하여 박대한 것이 아니니 이는 염려치 마오.

다만 나의 숨은 근심을 노파가 이미 알았으니 어찌 속이리오. 과연 모월 모일에 어머님께서 귀녕하신 때 찾아가 뵈옵다가 이러이러한 여자를 만났소. 그런데 그 기질과 미모에 자연히 마음이 깜짝 놀라게 되었소. 안색에 나타나는 것을 면치 못하여 어머님께서 깊이 꾸짖으시니 감히 다시 묻지 못하고 돌아와서 동생인 혜에게 물으니, 장시랑 딸로 나이 10여 세 쯤 되었고, 내리는 눈을 아름답게 노래하는 글재주[476]를

476) 내리는 ~ 글재주 : '영설지재(詠雪之才)'라는 고사성어와 관련되는 것으로, 여자의 글재주가 뛰어남을 가리키는 것임. 중국 진(晉)나라 왕응지(王凝之)의 처이며, 안서장군(安西將軍) 사혁(謝奕)의 딸인 사도온(謝道韞)은 재녀(才女)로 알려져 있음. 어느 날 갑자기 눈이 내리는 것을 보고

겸하였다 하였소. 내가 사모하는 마음이 점점 더해져서 오늘에 이르러서는 마음의 병이 되었소. 진실로 마음대로 마음을 돌이키지 못하니 노파는 나의 허물을 용서하고 행여 돌아가신 어머님인 진양공주의 골육임을 돌아보아 부모님께 잘 주선하여 내가 청년의 나이로 요절하는 것을 면하게 해 주시게."

장손 상궁이 몹시 놀라 말없이 오래 있다가, 그 뜻을 돌이키지 못할 줄 알고 다만 위로하여 말하였다.

"공자의 말씀을 들으니 일이 극히 놀라우나 마음을 제어하여 돌이키지
못하시리니, 제가 마땅히 장부인께 의논하여 주선하여 보겠습니다. 공
자는 사기를 진정하여 양소저를 후히 대하시고 행사를 온중하게 하시 28
어 호방한 뜻을 없애소서. 나이가 소년이고 앞길이 멀었으니 인연이
있으면 자연히 만나리니 무슨 일로 노심초사하겠습니까? 다만 장부인께서는 마지못하여 허락하시겠지만 주공께서 듣지 아니하실까 걱정되나이다."

공자가 더욱 망연자실하여 수려한 이마에 일만 근심이 맺혔고 별 같은 두 눈에 근심이 어리어 맥없이 슬퍼하였다. 장손 상궁이 그 행동을 한심하게 여기나 또한 우려하여 재삼 간곡히 위로하고 돌아와 장부인에게 자세히 고하였다. 장부인이 놀라서 눈물을 흘리며 말하였다.

"슬프다! 진양공주께서 돌아가시면서 자녀를 내게 의탁하실 때 그 또렷한 음성이 아직까지 귓가에 남아 있거늘 이제 나 때문에 이 아이의 행실이 손상케 되고 금슬에 마장이 되니 무슨 면목으로 지하에 가 진양

숙부 사안(謝安)이 내리는 눈이 무엇과 닮았는가를 묻자, 오빠인 낭(朗)은 공중에 뿌려진 소금에 비유한 데 반해 도온은 바람을 따라 춤추는 버들꽃이라 했는데, 즉석에서 묘구(妙句)로 대답한 데 대해 사안이 크게 감탄했다고 하는 고사에서 비롯된 말임.

공주를 뵐 수 있겠는가? 주공이 매우 엄중하시니 비록 현을 사랑하시나 이 일은 결단코 용서치 아니하실 것이네. 혼인을 허락하실 리 만무하니 아직 입을 다물고 현의 개과하기를 바랄 뿐이로다."

장손 상궁이 감격하여 말하였다.

"이는 공자께서 호탕하신 연고이니 부인이 어찌 스스로의 허물을 여기
29 십니까? 공자께서 깨달으실 리가 만무하니 부인께서는 주공께 권유하시어 조용히 주선하여 그 소원을 이루게 하시고 양소저께 부부간에 화목할 것을 간곡히 권하여 공자의 마음을 감화케 하소서. 소년 남자가 혈기가 아직 완성되지 않았으니 두려워하건대 사생(死生)에 염려가 있을까 걱정됩니다."

부인이 이마에 근심이 가득하여 묵묵히 탄식하였다. 마침 진공이 영운전에 이르러 뜨거운 여름날에 앵무가 쌍쌍이 노닐며 깃들이는 것을 보고 걸음을 멈추고 섰다가 이 말을 들게 되었다. 통탄스러움을 이기지 못하나 아는 체하면 부인과 장손 상궁이 공자를 위하여 권유하는 말이 있을 줄 알고 걸음을 돌이키어 외전으로 나가 모든 아들들을 불러 시서(詩書)를 강론하다가 현에게 훈계하여 말하였다.

"네 기상이 너무 호방하여 행실을 닦는 것과 머니, 외당에서 거문고를 타고 노래를 지으면서 기운을 너무 빼지 말고, 며느리가 있는 곳에 머물러 글을 읽고 매일 두 번씩 예기를 내게 익히거라. 관은 행실을 삼가되 너는 위인이 들떠 넘치니 군자의 덕이 아니다. 행여 경박한 무리가
30 되면 내게 불초한 자식이요 타일 지하에 가 죽은 어미를 보지 못하리니 너는 마땅히 마음을 가다듬어 아비의 가르침을 헛되이 듣지 마라."

진공이 말을 마치자 안색이 매우 엄숙하고 기운이 서리 같았다. 공자

가 두려워하며 절하여 명을 받고 즉시 거처를 내실로 정해 양소저와 함께 지냈다. 양소저의 향기로운 용모와 아름다운 덕행은 실로 천고에 희한하였다. 공자 또한 공경하고 중히 대접하여 부부의 애정에 서먹함이 없었다. 그러나 한편으로는 장소저를 사모하여 눕거나 앉거나 매번 탄식하고 밤늦도록 잠을 자지 못하였다. 양소저가 자못 영리하여 그윽이 생각하는 바가 있으나 감히 묻지 못하였다. 공자가 하루에 두 번씩 부친께 나아가 글을 강독하며 외우고 이를 그친즉 내실에 있었다. 비록 답답하여 외당(外堂)에 가고 싶더라도 공이 아침에 두 아들을[477] 데리고 조정에 조회하고 하루 세 번씩 승상 부부께 문안할 때마다 친히 소환(小宦)에게 공자가 내실에 있었는지 없었는지를 물어 그 종적을 확인하는 것을 빠뜨리지 않자, 공자가 부친의 살핌이 엄하고 자상한 것을 두려워 조심하며 지냈다. 31

이러구러 가을이 지나자 공자가 점점 수척하여 침상에서 신음하게 되었다. 궁중이 놀라고 장부인과 장손 상궁이 우려하였다. 그러나 진공의 기색이 엄숙하고 성품이 맹렬하여 노기를 발한 즉 때리기를 엄하게 하기에 장부인의 언변과 담략으로도, 장손 상궁의 충실함과 정직함으로도 감히 말을 꺼내지 못하여 머뭇거릴 사이에 세월이 여러 번 바뀌었다. 공자가 장씨를 사모하는 마음이 날로 더하고 또 혜와 정의 말을 들으니 장시랑이 사위를 널리 구한다 하기에 발 빠른 사람[478]에게 빼앗길까 걱정되어 참지 못하고 가만히 편지를 써서 혜에게 주면서 말하였다.

"장시랑이 전일 나와 언약이 있으니 너는 마땅히 글로써 장시랑께 뵈

---

477) 두 아들 : 관과 현을 뜻함.

478) 발 ~ 사람 : {질족자[疾足者]}. 이수봉본에는 '발 섈른 ᄉᆞ람의계'로 되어 있음. 고재질족자(高材疾足者)라 하여 뛰어나게 공적이 큰 사람이란 뜻. 진(秦) 나라가 정권을 잃은 것을 사슴(鹿)을 잃은 것에 비유해 그 후 군웅이 정권을 다투는 것을 추록(逐鹿)이라 하고 우수한 인재를 질족(疾足 : 발이 빠르다는 말)이라 함.

고 회답을 받아 오라."

셋째 공자가 말하였다.

"전하라 하니 전하겠지만 형이 표숙(表叔)과 더불어 무슨 언약이 계십니까?"

공자가 웃으며 대답하였다.

"너는 알지 못하리니 전하기만 하라."

셋째 공자가 마음속으로 짐작하고 우습게 여기나 어린 나이에 궁금한 것이 많은 고로 글을 가져 장시랑께 드리며 말하였다.

32 "둘째 형이 숙부께서 기약을 놓치실까 두려워 서찰을 올리라 하였습니다."

시랑이 괴이하게 여겨 말하였다.

"대개 서로 아는 것이 자질(子姪)과 같으나 일찍 언약한 일이 없으니 이 어떤 말인고?"

드디어 서간을 떼어보니 이러하였다.

태자사인(太子舍人) 유현은 두 번 절하고 삼가 한 장의 편지를 장시랑 대인께 올리나이다. 남녀가 장성하여 인륜을 차림에 배필은 몸이 마치도록 함께 늙고 죽으면 같은 곳에 묻혀야 하나니, 평범하게 구하지 못할 것입니다. 만일 어진 지아비와 어진 아내를 얻지 못한다면 인륜의 한이 되나니 현이 부귀 가운데 생장하나 마음이 여색에 있지 아니하더니 우연히 귀댁 따님의 아름다운 모습을 바라봄에 평생의 소원에 족하였습니다. 고로 제가 비록 천하고 비루하나 외람되게도 나라의 은혜를 입었으니[479] 두 부인을 두는 것이 분에 넘치지 않습니다. 댁의 귀한 따님을 재취하기를

479) 나라의 ~ 입었으니 : 벼슬을 하게 된 것을 말함.

원하나 어머님께서 고집스럽게 허락하지 않으시고 부형이 엄하시니 능히 저의 뜻을
펴지 못하여 속절없이 마음의 병을 이루어 목숨이 조석(朝夕)에 달려 있습니다. 대
인께서는 평일 친조카같이 저를 사랑하시던 정을 돌아보시어 저희 부친께 상의하여
저를 거두어 사위가 되게 해 주신다면 제가 두 번 살려준 은혜를 죽음으로써도 갚지 33
못할까 하나이다.

장시랑이 보기를 마치고 몹시 놀라 말을 못하더니 크게 웃으며 말하였다.

"이 아이가 부귀 가운데 성장하여 마음에 거칠 것이 없으므로 이런 서찰을 감히 내게 부치어 재취하고자 하니 방자함이 심하구나. 그러나 그 인물됨과 재주는 내가 본래 사랑하는 바라. 어찌 내 딸이 이 아이를 섬기는 것을 혐의하리오마는 누이동생이 무슨 뜻인지 좋지 않게 여기고 진공이 이에 대해 말함이 없구나. 처음에 이루지 못한 혼인을 이제 더욱 재취하라고 할 리가 없거늘 연소배가 풍속을 어지럽히는 것이 이와 같도다. 다만 내 딸을 우연히 보아 사모함이 이와 같으니 예를 따르자면 다른 가문에 보내는 것이 꺼림직하구나. 혼사가 이루어지든 이루어지지 않든 간에 대답하지 않는 것이 옳지 않다."

이렇게 생각하고는 장시랑이 즉시 답장을 써서 셋째 공자인 혜에게 주자, 혜 공자가 이 서간을 소매에 넣고 진부에 돌아와 먼저 영하전에 나아가 부친인 진공을 뵈었다. 진공이 셋째 공자가 분분하게 왕래하는 것을 괴이하게 여겨 물어보았다.

"네가 무슨 일로 장씨 집안에 갔었느냐?"

셋째 공자가 대하여 말하였다.

"장공께서 부르셔서 갔습니다."

진공이 말하였다.

"무슨 연고로 부르시더냐?"

34 셋째 공자가 대답을 쉽게 못하자 진공이 반드시 무슨 곡절이 있는 줄 깨달아 문득 눈을 들어 셋째 공자를 보자 셋째 공자가 당황하고 겁을 먹어 대답이 막히었다. 진공이 정색하고 소리를 높여 묻자 공자가 더욱 당황하여 겨우 대답하였다.

"외할머님께서 오래 저를 보지 못하셔서 그리워하여 부르셨습니다."

진공이 노하여 말하였다.

"네가 어린 아이로 아비를 속일 생각을 먼저 하니 살려두어 쓸 데 없도다. 즉시 군법(軍法)으로 다스리리니 얼른 바른 대로 고하여라."

공자가 매우 놀라 얼굴빛이 달라지고 넋을 잃은 채 소매에서 서간을 내어 바쳤다. 공이 받아 보니 이는 곧 장시랑의 답장이었다. 말뜻이 은근하고 자상하여 만일 부친의 명을 얻어 청혼함이 있다면 혼례를 이루리니 잘 도모하라고 되어 있었다. 진공이 갑자기 얼굴빛이 변하면서 서간을 내치고 말하였다.

"장자후[480]가 나이 40이 되었고 벼슬이 춘경(春卿)[481]에 이르러 어찌 연소배와 더불어 이런 서찰로 대답하느냐?"

진공이 말을 마치자 노기가 대발하여 좌우 사람들로 셋째 공자를 잡아
내려 죄를 따졌다. 학문을 닦기를 그만두고 예의가 아닌 서찰을 가지고
35 명을 전달하는 군사처럼 분주하여 부형을 속이고 행실을 천하고 비루하

480) 장자후 : 장시랑을 가리킴. 자후는 장시랑의 자(字)인 듯함.

481) 춘경(春卿) : 양(梁)나라 때의 태상(太常)·종정(宗正)·사농(司農)의 세 벼슬을 말하기도 하고 예부(禮部)의 장관을 말하기도 함. 둘 다 매우 높은 벼슬이었음.

게 한 것을 엄책하여 옥중에 가두었다. 셋째 공자가 두려움을 이기지 못하여 말을 못하고 옥에 갇히었다.

진공이 사기가 엄숙하고 정대하여 눈썹 주위가 묵묵하고 안색이 상천(霜天) 같으나 둘째 공자인 현에게 이 일을 묻지 않았고 장부인을 보아도 이런 곡절을 이르지 않았다. 부인이 셋째 공자가 하옥된 사연을 듣고 놀라움을 이기지 못하였으나, 진공의 뜻을 알기에 감히 묻지 못하고 모르는 체하였다. 장손 상궁이 둘째 공자인 태자사인[482]을 보고 셋째 공자가 하옥된 사실을 일러 말하였다.

"공자가 비록 사정이 급하시나 어찌 예가 아닌 서찰로 행실을 상하게 하시고 셋째 공자로 하여금 신상에 중대한 꾸짖음이 미치게 하십니까? 주공께서 공자를 꾸짖지 않으시는 것은 뜻을 더욱 엄하게 하시는 것이니 마음이 평안하십니까? 모름지기 전일을 뉘우치어 사모하는 마음을 덜고 기운을 잘 조리하여 빨리 일어나 주공께 사죄하시고 셋째 공자를 구하소서."

사인이 이 말을 듣고 나서는 놀라고 낙심하여 감히 내실에 있지 못하고
억지로 부친을 뵈었다. 그러나 진공이 담소를 침착하게 하여 평일과 다름
이 없자, 사인의 마음이 더욱 신경이 곤두섰다. 반나절을 부친을 모시면 36
서 훈계하고 꾸짖는 말이 있을까 기다렸으나 마침내 별다른 동정이 없자
사인이 더욱 황송하고 두려워 물러와 모친 장부인을 뵈었다. 장부인이 그
손을 잡고 눈물을 흘려 말하였다.

"내가 너무나 모자라 네 돌아가신 모친의 부탁을 저버려 너로 하여금

482) 둘째 ~ 태자사인 : 유세형의 둘째 아들인 유현이 '태자사인'이 되었기에 이와 같이 호칭한 것임. 이후 '유현'을 '사인'이라 언급하고 있음.

조상의 명풍을 떨어뜨리게 하는 것이 여기에 이르렀구나. 무슨 면목으로 훗날 네 돌아가신 모친을 만나보리오?"

장부인이 말을 마치자 오열하면서 슬퍼하기를 마지아니하며 눈물을 계속 흘리니 눈물이 붉은 비단옷을 적셨다. 사인 또한 가슴이 사무치도록 슬프고 부끄러워 머리를 조아리고 사죄하며 말하였다.

"욕된 자식이 상식이 없어 오늘 어머님을 이와 같게 만들고 죄 없는 셋째 동생을 감옥 안에서 괴롭게 만드니 진실로 낯이 두껍고 불효한 죄가 태산 같습니다. 아버님께서 다스려 주시기를 기다리나 아버님께서 안색에 드러내지도 않으시니 아버님의 뜻을 알지 못하여 더욱 황공하고 안타까우며 답답합니다."

부인이 탄식하며 말하였다.

"혜가 심문을 받는 것은 자신의 죄 때문이니 벌을 받는 것이 마땅하고 추호도 아까울 것이 없다. 그렇거니와 네 아버님께서 너를 다스리지 않으신 것은 너의 앞으로의 행동을 보려 하심이다. 네가 더욱 조심하여 다시 아버님의 노를 돋우지 마라."

37 공자가 부인의 온화한 훈계가 이같이 딱 들어맞는 것을 보고는 감격하고 황공하여 절을 하고 사례한 뒤 물러나 중당(中堂)에 나왔다. 첫째 공자인 관이 모든 동생들을 거느려 육례(六禮)[483]를 익히며 행동거지가 안정되고 생각이 한가로웠다. 공자가 오히려 부러워 생각하였다.

'우리 형제가 부귀와 사랑 중에서 근심을 모르더니 내가 행실을 닦지

483) 육례(六禮) : 『예기(禮記)』「왕제(王制)」 편에는 관례(冠禮)·혼례(婚禮)·상례(喪禮)·제례(祭禮)·향례(鄕禮)·상견례(相見禮)를, 『주례(周禮)』『춘관(春官)』 조에는 제후(諸侯)가 4계절과 수시로 천자를 배알(拜謁)하는 예로서 조례(朝禮 : 봄)·종례(宗禮 : 여름)·근례(覲禮 : 가을)·우례(遇禮 : 겨울)·회례(會禮 : 수시)·동례(同禮 : 일제히)를 들었음.

못하여 아버님께서 엄한 기색을 지으시고 셋째 아우가 하옥당하는 무안함을 보니 어찌 부끄럽지 않으리오?'

이런 생각을 하며 사인이 주저하고 나아가지 않았다. 첫째 공자가 이 일을 다 알기에 사인의 기색을 보고 문득 불러 말하였다.

"네가 어찌 멀리서 산보하고 형제 무리 중에 들어오지 않느냐?"

사인이 한가지로 나아가 재주를 익혔다. 성의백의 장자 건은 나이가 18세로, 무리 가운데 맏형으로서 노련하고 정대한 것이 부친을 본받았다. 모든 소년들 중 중히 여기는 사람은 관과 현을 으뜸으로 하였는데 오늘 좌석에서 사인인 현이 농담을 하는데도 이마에 근심이 은은함을 보고 그 사정을 또한 들었기에, 건이 미소 짓고 말하였다.

"네가 얼굴빛이 초췌하고 바람 불면 날아갈 듯 야위었으니, 초(楚)나라 38
를 위하는 것이 아니로되 어찌 이렇듯 되었느냐?[484] 아침에 숙부 말씀을 들으니 혜 동생이 옥중에 갇히고 이상한 서간이 누설하였다 하니 우리 또한 소름이 끼칠 정도로 두려워하여 너를 찾았다. 그런데 네가 내실에 있다 하기에 보지 못하고 옥중에 가 혜 동생을 보아 사정을 물으려 하였다. 그러나 숙부의 명령이 엄하여 형제끼리도 서로 보지 못하게 하신다며 옥졸이 굳게 막으니 보지 못하고 돌아왔다. 너는 이미 성현의 글을 읽어 부형의 정대한 교훈을 받았으니 어찌 예가 아닌 것을 알지 못하겠는가는 그간에 연고가 있는 듯하니 마음속의 회포를 듣고

484) 초(楚)나라를 ~ 되었느냐 : 전국(戰國)시대 초(楚)나라의 굴원(屈原)의 고사를 빗대어 말한 내용임. 굴원은 학식이 뛰어나 초나라 회왕(懷王)의 좌도(左徒 : 左相)의 중책을 맡아, 내정・외교에서 활약하였으나 법령입안(法令立案) 때 궁정의 정적(政敵)들과 충돌하여, 중상모략으로 국왕 곁에서 멀어지게 됨. 계속되는 모함 끝에 그는 양자강 이남의 소택지로 추방되는데, 이때 〈어부사(漁父辭)〉를 지었음. 그 내용에는 초췌한 굴원을 보고 한 어부가 삼려대부(三閭大夫)의 높은 벼슬에 있었던 굴원이 어떤 까닭으로 이렇듯 초췌하게 되었는가를 묻는 내용이 나옴. 즉 초나라를 위한다는 것은 나라에 대해 근심 걱정함을 말하는 비유한 것임.

자 한다."

사인이 웃으면서 대답하였다.

"저의 행동이 아름답지 않으니 여러 형님들께 고할 낯이 없습니다. 앞으로 자연 알게 되시리니 스스로 졸렬한 일을 드러낼 염치가 없습니다."

건이 웃고 말하였다.

"네가 이미 그 아름답지 못한 것을 스스로 알고 범하였다면, 모르고 지은 죄와 달라 더욱 아름답지 않구나. 숙부님께서 혜를 가두시고 너를 좋게 보시는 것이 매를 맞으며 꾸지람을 들은 사람보다 더욱 황공할 마디로다."

39 사인이 웃으며 대답하였다.

"옛사람이 말씀하시기를 '오늘 술이 있음에 취하고 내일 근심이 있음에 당한다.' 하니 이미 그릇한 일을 뉘우쳐도 무익합니다. 마땅히 잔 가운데 술을 내와 즐기는 것이 옳고 자잘하게 생각하여 근심하는 것은 무익합니다."

첫째 공자 관이 정색하고 말하였다.

"사람이 지극히 어리석으나 제 몸은 사랑한다. 그런데 너는 스스로 자신의 몸을 함정에 빠뜨리니 바로 성인께서 이르신 '걸주(桀紂)가 그 몸을 스스로 망쳤다'[485]라는 말을 네게 씀직하다. 한심함을 이기지 못하

485) 걸주(桀紂)가 ~ 망쳤다 : 걸주는 중국 고대 하왕조(夏王朝) 최후의 왕이니 걸왕(桀王)과 은(殷) 왕조 최후의 왕인 주왕(紂王)을 말함. 성군(聖君)인 요순(堯舜) 임금과 대비되는 폭군의 대명사로 불림. 이 두 왕은 포악한 성질과 음란한 생실로 그 몸을 망치고 나라까지 망하게 하였음. 『묵자(墨子)』「친사(親士)」제 상(上)편에 "걸·주는 천하의 선비들로 하여금 더할 수 없이 악독하게 하여 그 자신의 몸을 죽였고, 천하를 상하게 했다[桀紂不以其無天下之士邪, 殺其身而喪天下]."라는 구절이 나옴.

겠구나. 사람이 되어 부모를 속이고 행실을 마음대로 하며, 형이 되어 동생 가르치기를 비례(非禮)로 부탁하여 동생이 심한 꾸지람을 받게 하였으면서도, 부끄러워하며 뉘우칠 생각을 하지 않으니 네가 염치없음을 알겠구나.”

좌중이 크게 웃고 말하였다.

“우리는 자세히 모르거니와 대강 무슨 죄인고? 현양[486]은 곡절을 일러 그 죄의 경중을 우리가 먼저 따져봄이 어떠한가?”

첫째 공자가 대답하였다.

“혜 동생이 아버님 앞에서 어떤 서간을 누설하였는데 즉시 잡아 가두시니 어찌 알리오? 대개 둘째 아우가 예가 아닌 서간을 맡겨 왕래하다가 아버님께서 엄한 화를 내신 것이니 궁금함을 이기지 못하겠구려.” 40

모두가 혹은 웃고 혹은 기롱하며 희롱하는 말이 그치지 않았다. 그러나 사인은 형의 꾸짖음을 듣고 부끄러운 빛이 얼굴에 가득하여 다시 말을 못하였다. 첫째 공자가 그윽이 불쌍히 여기어 다시 꾸짖지 아니하고 온화하게 위로하였다.

사인의 일을 숙당(叔堂)과 승상 부부가 알고 깜작 놀라 진공에게 권하여 엄히 훈계하라 하였다. 그러나 진공은 마음속에 헤아림이 있는 고로 일시에 가볍게 꾸짖지 않고 그보다 약한 죄를 엄중하게 다스려 셋째 공자를 용서하지 아니하고 사인을 보면 안색이 침착하여 혹 웃고 말하기도 하면서 10여 일에 이르도록 한 번도 이 일에 대해 일컬음이 없었다. 사인이 더욱 두려워하여 부친께서 꾸짖음을 내리시기를 바라면서, 양소저의 침소에서 자고 새벽마다 영하전에 나아가 문안하고 부친을 따라다님에 태만

486) 현양 : 유관의 자(字)임.

함이 없었다.

그러나 마음 한구석에는 장소저의 옥 같은 용모를 사모하여 잊고자 하나 잊지 못하고 그리운 생각이 골수에 박혔기에 겉으로 부친을 두려워하고 셋째 공자가 죄를 입은 것을 불안해하나 오히려 예사로운 일이 되었
41 다. 사인이 장씨와 더불어 동방(洞房)의 자승(赭繩) 맺기를[487] 밤낮으로 갈망하니 안색이 더욱 초췌하여 식음을 모두 폐하고 행동거지가 나태해지고 말을 하지 않게 되었다. 진공이 사인이 장씨를 맞이하려는 뜻을 없애지 못할 줄 알았으나 그 행사를 통탄하여 죽어도 장씨를 얻어줄 뜻이 없었다. 마음속으로 큰 결심을 굳혔으나 입 밖으로 말하지 않고 사인의 행동거지를 살필 뿐이었다.

하루는 진공이 모든 자식들을 거느려 부모에게 문안하고 일가 모두 조용히 담소를 나누다가 화제가 진양공주에게 미치게 되었다. 모든 사람들이 낯빛을 고치고 이부인과 양학사 부인 세 자매[488]는 눈물이 방방하여 비단소매가 젖었다. 진공이 슬퍼 탄식하며 봉안(鳳眼)[489]에 슬픈 빛을 띠더니 넓은 소매를 들어 눈물을 닦거늘 양학사 부인이 사인의 병을 염려하여 때를 타서 말하였다.

"공주께서 살아계실 때 세 아이를 사랑하는 것이 평범하지 않으셨습니다. 임종에 죽는 것을 돌아가는 것과 같이 편안히 여기시되 오히려 관의 형제를 보시면 안색이 참담하여 바라볼 때 눈물을 글썽이셨으니 그 사랑하여 잊지 못하시는 것을 족히 알 것입니다. 이제 두 아이가 입조

487) 동방(洞房)의 ~ 맺기를 : 동방(洞房)은 신방이란 뜻이며, 자승(赭繩)은 붉은 줄이라는 뜻으로 혼인을 뜻함.

488) 양학사 ~ 자매 : 양학사 부인 유설영, 양한림 부인 유현영, 사어사 부인 유옥영 세 자매를 말함.

489) 봉안(鳳眼) : 봉의 눈같이 가늘고 길며 눈초리가 위로 째지고 붉은 기운이 있는 눈. 귀상(貴相)으로 여김.

하여 영화가 가문의 빛남을 도울 뿐 아니라, 풍모와 재주가 천고에 드 42
무니 어찌 아름답지 않겠습니까? 다만 근래 현이 병이 깊어 몸이 쇠약
하고 또 혜 조카가 하옥됨을 자기 때문으로 알아 심사가 편치 않아 하
니, 병중에 조섭하지 못할 것이 분명합니다. 청컨대 오라버니께서는
혜를 용서하시어 현의 마음을 편하게 하신다면 오늘 공주를 생각하시
어 눈물을 흘리시는 것이 헛되지 않을 터인데, 조카를 저렇듯 조이시면
서 그 어미를 생각하시는 것이 부질없습니다."

진공이 슬픔을 억지로 참고 미소를 머금고 말하였다.

"누이동생이 평소에 통달하더니 오히려 여자의 소견을 면치 못하였도다. 내가 만일 공주를 잊지 않는다면 현을 중히 다스릴 것이로되 세월이 오래 됨에 자연히 잊는 고로 혜는 꾸짖어 다스렸으나 현은 다스리지 않았다. 이 아이가 만일 사람의 염치가 있다면 죄를 면한 것이 어미 없는 연고임을 알아서 더 섧고 부끄러울 것이다. 누이동생의 말이 나의 뜻과 다르구나."

진공이 웃는 가운데도 이 한 마디 말이 사람으로 하여금 모골이 오싹케
하니 사인이 고개를 숙이고 낯빛이 복숭화꽃같이 붉은 빛을 띠어 공의 말 43
씀을 황공해 하고 한편으로 슬퍼하여 눈물이 떨어질 듯하였다. 이부인이
관의 형제를 편애하였을 뿐만 아니라 연로해짐에 기운이 쇠하여 성품이
누그러졌기에 사인의 거동을 보고 불쌍함을 이기지 못하고 또한 공주를
생각하고는 눈물을 참치 못하여 말하였다.

"네 말을 들으니 늙은 어미의 마음이 매우 불쾌하구나. 이 아이가 그른 일이 있으면 즉시 다스려 훈계치 아니하고 세월만 보내면서 고집스럽게 보채는 것이 심하니 공주를 잊었다는 말이 옳구나. 외로운 아이가

너만 바라보고 있는 것이 불쌍하지도 않아 이리 하느냐?"

진공이 웃으면서 대답하였다.

"그 어미가 있다면 꾸짖기를 저보다 더할 것입니다. 아름다운 행동을 몰라보고 꾸짖으며 사랑치 않는 것이 아니오니 슬퍼하실 일이 아니십니다."

승상이 말하였다.

"현의 죄는 소홀히 할 수 없으나 뉘우침이 있을 것이다. 하물며 혜아는 자기의 죄가 아니니 그만하여 놓아주어라."

공이 머리를 조아리며 대하여 말하였다.

"명대로 하겠습니다."

44 승상이 즉시 셋째 공자인 혜를 용서하여 부르자 셋째 공자가 당 아래에서 손을 모으고 용서를 빌며 감히 우러러 보지 못하였다. 영릉후[490]가 웃으며 말하였다.

"호탕한 형의 심부름을 하다가 옥중 구경을 하니 이것이 바로 뜻밖에 눈앞에 떨어진 급박한 재앙이로다."

모든 숙부들이 다 웃었으나 진공과 장부인은 정색하고 눈을 들어 보지 않았다. 셋째 공자가 더욱 황공하여 낯을 들지 못하자 승상이 셋째 공자를 나아오라 하여 훈계하고 또 둘째 공자인 사인을 절책하여 몸을 닦아 도를 행할 것을 말하였다. 두 사람이 두 번 절하고 명을 받들자 이부인이 공을 향하여 말하였다.

"평범한 사람도 자신이 그릇함을 깨닫는 자가 많거늘 하물며 현을 말할 것이랴? 너는 그 허물을 너그럽게 용서하여 너무 심하게 꾸짖지 마

490) 영릉후 : 유우성의 셋째 아들인 유세창을 말하는 것으로 유현에게는 숙부가 됨.

라."

진공이 모친이 이와 같이 하시는 것을 보고 억지로 명을 받들고는 돌아와 사기를 평상시와 같이 하고 다시 일컫지 아니 하자 사인이 더욱 조심하였다.

여러 달이 지나 계절이 한겨울에 이르렀다. 사인이 날로 장소저를 사모하나 계책이 없자 친히 장소저에게 편지를 부쳐 그 뜻을 알아내고 담을 넘어 옥 같은 얼굴을 엿보는 일이라도 달게 여겨 장소저를 얻고서야 그칠 뜻이 있었다. 그러나 진공과 장부인이 셋째 공자 이하로 여러 동생들을 장씨 문중에 가지 못하게 막고 내외에 명을 내려 사인의 일거수 일투족을 45
다스려 아뢰게 하였기에 사인이 수족을 놀리지 못하게 하였다. 울적하고 심심하여 방 바깥에서 놀고자 하나 공이 허락하지 않고, 밤이면 궁인으로 하여금 내실에서 그 자고 깨는 것을 살펴 아뢰라 하여 한 때도 사인을 그냥 두지 않자 사인이 생각하였다.

'아버님의 엄밀하심이 이렇듯 하시니 비록 내가 뜻이 있으나 행하기 어렵구나. 마땅히 사기를 진정하여 아버지의 의심을 풀리라.'

이에 사인이 다시 진공의 말을 기다리지 않고 양소저 침실을 떠나지 아니하면서 금슬이 흡족하게 보이도록 하였으며 행동거지가 단정하여 근심하는 기색을 나타내지 않았다. 그러나 진공이 면밀히 살피는 것이 날로 더하였기에 장소저를 만날 기약도 아득하였다. 사인이 초조하고 착급하여 마음의 근심이 커지자 길게 탄식하면서 근심하여 잠자리에서 한탄하기를 마지않았다.

양소저가 이미 사인의 말을 자세히 듣고 마음속으로 여색에 연연함을 개탄하고 마음에 병이 나기에 이르렀음을 그윽이 염려하였다. 그러나 사

인은 홀로 있게 되면 안색이 풀이 죽어 생각하는 것이 많다가도 소저를
46 대하면 태연자약하여 안색이 화평하고 혹 사모하는 글을 읊조리다가도
소저를 보면 급히 감추어 내외하는 것이 심하였다. 소저 또한 아는 척하
지 하였다.

이러구러 다음해 신정(新正)[491]을 만나 궁중이 떠들썩하고 세배하는 손님들이 연달아 이어졌다. 사인 또한 조정 일과 손님 접대에 바쁘고 여러 형제가 즐기는 가운데에도 경물의 변화함을 보면 더욱 장씨를 그리워하였다. 이에 바둑 두는 일을 핑계로 셋째 공자를 데리고 깊은 난간에서 좌우 사람들을 피해 말하였다.

"지난 번 네가 나로 인하여 중한 매를 맞아 내 마음이 부끄럽더니 할아버님의 성덕으로 옥중에서 풀려나니 다행이다. 그러나 한 번 목이 메이었다고 하여 밥 먹기를 그만두지 못할 것이다. 이제 세배한다고 고하면 부친께서도 막지 아니하시리니 나의 한 조각 마음을 장씨에게 전하여 답장을 얻어오면 너의 은혜는 이루 측량할 수 없을 것이다."

사인이 말을 마치자 셋째 공자를 향하여 절을 하였다. 셋째 공자가 황급히 사인을 붙들어 앉히고 말하였다.

"형님의 말씀을 제가 시행하지 않고자 함이 아니나 행여 발각되면 저
47 의 죄는 이르지 말고 형님 신상(身上)에 해가 있으리니 이 때문에 난처
합니다."

사인이 웃고 말하였다.

"네가 일을 잘못하여 발각되었으니 어찌 매번 그러하리오? 속담에 '팔이 두 번 부러져야 좋은 의사가 된다.'라고 하니 피차 크게 속았으니 이

491) 신정(新正) : 새로운 정월이란 뜻으로 세월이 흘렀음을 뜻함.

후에는 그렇지 않을 것이다."

셋째 공자가 마지못하여 말하였다.

"전하기는 전하려니와 표매(表妹)[492]에게 무엇이라 할까요?"

사인이 말하였다.

"예부터 재자가인이 서로 뜻을 비추고 정이 많다 하였다. 내 이미 저를 잊지 못하여 하니 저 또한 나를 잊지 않을 것이다. 네가 시험하여 이 글을 전하고 답장을 받아오너라."

셋째 공자가 그 글을 받아 주머니 속에 넣고 부친 앞에 가 말씀하다가 문득 고하여 말하였다.

"장씨 문중에서 저희들이 세배하지 않는 것을 박정타고 꾸짖으시니 어찌할까요?"

공이 천천히 답하여 말하였다.

"가고자 한다면 가거라."

공자가 묵묵히 물러나 사인을 보고 부친이 허락하지 않으시면서 불쾌해 하셨음을 전하자, 사인이 초조하여 다시 계책을 세우며 의논하였다. 이날 저녁에 형제가 진공을 모셔 내전에서 담소하더니 공이 설 · 양 두 며
느리와 영주 소저 형제를 앞에 앉히고 대견해하고 사랑함을 이기지 못하 48
는 한편, 이런 재미를 홀로 보는 것을 슬퍼하였다. 장부인이 말하였다.

"혜의 나이 13세가 되었으니 혼처를 구하는 것이 어떠합니까?"

공이 답하여 말하였다.

"관과 현을 너무 일찍 결혼시켜 현의 방자함이 심하오. 하물며 혜는 재학(才學)이 미진하고 사람됨이 노숙치 못하니 나이가 찬 후에 장가보내

---

492) 표매(表妹) : 외종 사촌 누이. 여기서는 장소저를 뜻함.

는 것이 늦지 아닐 것이오."

부인이 말하였다.

"명공의 말씀이 마땅하시나 혜가 노숙하지 못한 것은 천성입니다. 어찌 아내 두기를 일찍 하고 늦게 하기에 달렸겠습니까? 근래에 혜가 적은 총명을 믿고 학문을 그만두었으나 명공께서는 공을 이룬 현은 하루 두 때씩 불러 강의를 하며 학문을 권장하시나 혜는 버려두고 찾지 않으시니 혜가 더욱 방자합니다. 공의 뜻을 몰라 의혹해 하나이다."

진공이 웃고 말하였다.

"혜는 재주가 덕을 이기는 아이오. 그 행실은 가르쳐야 하고 학문은 권하지 못하리니 부인의 알 바가 아니오."

진공의 말이 미처 끝나기 전에 셋째 공자가 자리를 피하며 무릎을 꿇고 말하였다.

"제가 궁중에서 자연히 번화한 물색에 마음을 집중할 수 없으니 외가
49 에 가 두어 달 성현의 글을 읽어 들뜬 마음을 진정코자 하여 감히 여쭈어 봅니다."

공이 셋째 아들이 장씨 문중에 가고자 함을 알고 말하였다.

"네 말이 옳으니 빨리 외가에 가서 공부하여라."

공자가 매우 기뻐하여 즉시 일어나 하직인사를 드리려 하였다. 진공이 안색을 바르게 하고 나아오라 하여 말하였다.

"내가 잠깐 의심하는 일이 있으니 네가 진실을 말하겠느냐?"

셋째 공자가 본래 모친을 닮아 담략이 세기에 안색이 태연자약하여 두 번 절하고 말하였다.

"알지 못하겠습니다. 무슨 일입니까?"

진공이 미소를 머금고 말하였다.

“옛사람이 ‘젊은 후배들이 가히 두렵다’[493]라고 하니 가히 너 같은 간악한 무리를 말함이로다. 내가 이미 네 아비가 되어 너희의 기색이 밝히 드러남을 모르리오? 네가 형을 위하여 홍랑(紅娘)의 소임[494]을 죽어도 감심하니 내 또 훈계를 아니 할 수 없구나. 네 면전에서 사악한 면모를 찾아내리니 다시 꾸미는 담략과 기운이 있는가 보리라.”

드디어 좌우 사람들을 명하여 셋째 공자의 몸을 뒤지게 하였다. 셋째
공자가 옷 사이에 한 봉 편지를 감춘 것을 좌우 사람들이 받들어 올리자,
진공이 차게 웃고 편지를 받아 상 위에 놓았다. 모든 자녀들이 실색하고 50
사인과 셋째 공자는 낯빛이 흙 같아 말을 못하였다. 공이 편지를 떼어 보
니 이는 장소저에게 사인이 부친 것이었다. 대개 용모를 바라보고 사모함
이 간절하되 부친의 명을 얻어 인연을 이룰 길이 없으니 만일 사사로이 맞
이하기를 허락한다면 죽기를 생각지 아니하고 도모하리라는 내용이었다.

진공이 보기를 마치자 얼굴에 찬 기운이 가득하여 편지를 거두어 소매에 넣고 음성과 낯빛을 바르게 하여 두 아이를 자세히 관찰하였다. 셋째 공자는 산 주검이 되어 넋이 날아갈 듯하고 사인은 관을 벗고 허리띠를 풀고는 계단 아래에서 죄를 청하였다. 공이 몸을 일으켜 영하전에 나와 먼저 셋째 공자에게 형을 바르게 인도하지 못하고 다시 이런 서찰을 가져 왕래하여 부형을 속인 것을 매우 꾸짖어 40대를 세게 때리고 남문 밖에

493) 젊은 ~ 두렵다 : ‘후생가외(後生可畏)’라는 고사성어가 있음. 이는 『논어(論語)』 「자한(子罕)」편에 “젊은 후배들은 두려워할 만하다. 장래에 그들이 지금의 우리를 따르지 못하리라고 어찌 알 수 있겠는가?[後生可畏, 焉知來者之不知今也]”라는 구절에서 나온 말임.

494) 홍랑(紅娘)의 소임 : 홍랑은 『서상기(西廂記)』에 나오는 여주인공 최앵앵(崔鶯鶯)의 시비임. 최앵앵은 홍랑을 통해 자신이 사모하는 장생에게 편지를 전하게 함. 홍랑의 소임이라는 것은 남녀간에 편지를 전하여 인연을 맺어주는 것을 뜻함.

바로 내치며 말하였다.

"부름이 없이 다시 오지 마라."

그리고 좌우 사람들로 사인을 잡아 내리자 대전 위와 아래에서 시위(侍衛)하였던 궁관 내시의 무리가 한결같이 서로 돌아보아 놀랐다. 진공이 문득 눈물을 흘리며 말하였다.

51 "네가 젖떼기를 겨우 면하면서 네 어미 대신 외롭게 의지하는 바가 내게 있으니 마음에 연연해하는 것이 타인의 부자와 같지 않았다. 이제 네 행실이 이같이 상식 없으니 한갓 풍류와 호화로움으로 창루(娼樓)에서 노는 것도 아니요, 신생(申生)[495]과 미생(尾生)[496]의 어리석음도 아니다. 몸이 사대부에 있어 조정의 명사(名士)로 일컬어지는데 예가 아닌 편지로 사대부가의 규수를 욕하는 것을 조금도 어렵게 여김이 없으니 차마 이런 일을 하고 무슨 일을 못하리오?"

말을 마치자 좌우 사람들에게 호령하여 큰 매를 가려 사인을 때리도록 명령하였다. 사인이 어찌 이런 매를 맞아 보았으리오? 수십 대가 넘지 못하여서 비린내 나는 피가 낭자하였으며 몸에 병이 깊은데다가 놀라고 두려움까지 더해져 기운을 차리지 못하였다. 그러나 공은 이미 쌓였던 분이 폭발하였기에 노기가 열화(熱火) 같아 바야흐로 군법(軍法)을 행하고자 하니 어찌 매를 치는 것을 아낄 듯이 있으리오? 호령이 우레 소리 같았다. 40여 대에 이르자 모든 군졸이 사인의 피가 낭자함을 보고 차마 매를 더

---

495) 신생(申生) : {신슌}. '신생(申生)'의 오기인 듯함. 진(晉)나라 헌공의 태자로 여희(驪姬)의 참소를 입자, 신원하지 않고 자살하였음.

496) 미생(尾生) : 춘추시대 노(魯)나라 사람으로 여자와 다리 아래에서 만나기로 약속하였는데 여자가 오지 않자 소나기가 내려 물이 밀려와도 자리를 떠나지 않고 기다리다가 마침내 교각을 끌어안고 죽었음. 미련하도록 약속을 굳게 지키는 것이나 고지식하여 융통성이 없는 사람의 대명사로 불림. 이와 관련하여 '미생지신(尾生之信)'이라는 고사성어가 전함.

하지 못하여 머뭇거렸다. 이에 공이 매우 화를 내며 말하였다.

“이 노비들이 감히 주인의 명을 거역하니 빨리 밖에 내어가 목을 베어 52
효시(梟示)[497]하라.”

도부수(刀斧手)[498]가 매를 잡고 때리던 사졸(士卒)을 밀어내어 문 밖에 가 베고자 하였다. 그런데 마침 양왕이 진공을 보러 이에 이르러 형을 집행하는 거동을 보고 물었다. 감형관(監刑官)[499]이 대답하였다.

“주공이 공자를 매로 치시는데 노비가 그 태장(笞杖)이 중하기에 잠깐 머뭇거리니 명을 어기었다고 노하시어 군법으로 실행하라 하시나이다.”

양왕이 말하였다.

“나를 위하여 잠시 쉬고, 내가 왔음을 고하라.”

군관이 빨리 들어가 양왕이 왔음을 고하였다. 진공이 이때 사인을 50여 장을 중히 치자, 첫째 공자가 슬피 울며 애걸하였으나 이를 듣지 아니하였다. 이에 엄태감이 진부 관리 및 허다한 환관들과 더불어 다 사모(紗帽)[500]를 벗고 머리를 두드려 피를 흘리면서 슬피 울며 말하였다.

“주공께 친자식이요, 돌아가신 진양공주께서 끼치신 공자 형제입니다. 진(秦)·진(晉) 두 나라의 바람이 두 공자의 신상에 있는데, 이제 비록 죄가 중하나 사생(死生)을 돌아보지 않으시니 신(臣) 등이 진양공주의 부탁을 받들어 공자를 보전치 못한다면 훗날 저승에서 진양공주의 저
주를 받을 것입니다. 엎드려 비나니, 주공은 저희들 모두로 하여금 공 53

497) 효시(梟示) : 목을 베어 매달아 놓아 사람들에게 본보기를 보임.
498) 도부수(刀斧手) : 큰칼과 큰도끼로 무장한 군사.
499) 감형관(監刑官) : 형 집행을 감시하고 감독하는 관리.
500) 사모(紗帽) : 문무백관이 관복에 맞추어 썼던 비단으로 된 모자.

자의 매맞는 것을 대신하게 해 주소서."

말을 마치며 통곡하기를 마지않았다. 공이 태감의 이 같은 충성에 감동하여 공자를 사면하고 형벌 기구를 거두고 있는데 좌우사람들이 보고하였다.

"양왕 전하께서 오셨습니다."

진공이 급히 맞이하여 인사를 마치자 양왕이 웃으며 말하였다.

"제가 명공을 보려고 이르렀는데 밖에서 죄수를 베려 함을 보고 죄목을 물은즉 죽을죄를 짓지 않았고 주인을 위한 충성이 아름답거늘 공의 어진 덕으로 어찌 형벌이 지나치신가? 그 억울함을 측은히 여겨 제가 당돌하게 그만두라고 하였나니 저의 낯을 보아 용서하시기를 바라오."

진공이 흔쾌히 대하여 말하였다.

"저의 집이 두 나라를 거느려 인심이 한결같지 않으니 군율(軍律)이 아니면 제어하기 어렵습니다. 따라서 명령을 거역하는 무리를 베어 법을 바르게 하려 하였더니 대왕께서 돌아보시어 인의(仁義)로 말씀하시니 공경하여 받들지 않겠습니까?"

양왕이 고마움을 표하였다. 이윽고 양왕이 돌아간 후 진공이 첫째 공자인 학사 관을 불러 말하였다.

54 "현의 행동을 훈계하지 않으면 아니 되겠기에 다스렸으니 네 모름지기 내실에 안둔하여 조리하게 하라. 그 행동거지가 한심하니 나는 서로 보지 아니할 것이다. 네가 병을 간호하고 보호하기를 꼼꼼하게 잘 살피거라."

학사가 절을 하고 인사하고 물러와 사인을 죽설루[501]에 부축하여 눕혔

501) 죽설루 : 현의 침소.

다. 모든 궁인이 사인이 그 정신을 차리지 못 하는 것에 겁을 먹고 당황하여 눈물을 흘리고 공을 원망하는 이가 많았으며 공주를 생각하고 흐느끼는 소리가 그치지 아니하였다. 장손 상궁이 정색하고 꾸짖어 말하였다.

"부자 사이는 군신 사이와 같다. 공자가 그런 죄를 짓고 주공께 꾸지람을 들을 것을 보면 죄가 중하고 벌이 가볍거늘 어찌 감히 주공을 원망하리오? 너희들이 이런 무지한 말로 위를 범한다면 우리 돌아가신 공주님의 교화를 욕 먹이는 것이다. 스스로 부끄럽지 아니하냐?"

모든 궁인이 일시에 그릇함을 사죄하고 사인을 간호하였다. 사인이 평생 처음으로 중한 매를 맞고 부친의 엄중한 노기가 우레와 같아 여러 날이 지나나 그치지 않아 평소 사랑하던 애정으로도 자신을 전혀 돌아봄이 없는 것을 보자 넋을 잃어 여러 번 기절하였다. 궁중 사람들이 떠들썩하게 놀라나 공은 끝내 아는 척 아니하고 영하전에서 손님들을 접대하다가 55
그날 석양에 부모에게 나아가 사인의 일을 자세히 고하였다. 승상 부부가 놀라 말하였다.

"이 아이의 재주가 남보다 뛰어나고 위인이 침착하며 바르기에 큰 그릇이 될까 하였더니 어찌 이런 괴이한 일이 있는가? 여색에 외입하는 것이 이 지경에 미칠 줄은 실로 생각하지 못한 바로다."

성의백 형제가 다 놀라서 말이 없었다. 진공이 아들을 징계하고자 중히 다스렸으나 본래 사랑하는 정이 타인의 부자에 비할 바가 아니었다. 그 심하게 상처를 입어 자주 기절하였다는 말을 듣고 어찌 마음이 편하리오? 입으로는 말이 없으나 밤늦도록 자지 아니하다가 다음날 아침에 심신이 피곤하여 피를 토하였으니 침석에서 심히 위급하였다. 첫째 공자인 학사 관은 둘째 공자인 사인 현을 간호하다가 진공의 환후를 듣고 놀라고 당황하여 급히 영하전에 나아가 안부를 물었다. 진공이 아들의 초초하고 당황한 거동을 보자 마음속으로 애련히 여겨 말하였다.

"네 아비가 자식을 가르치지 못하여 인륜의 변이 있게 하니 살아 신민
56 (臣民)을 볼 낯이 없고 지하에 가 네 어미를 대하여 부끄럽지 않으리오? 밤이 다하도록 생각하면서 애달픔이 심하기에 숙병(宿病)이 재발하였구나. 현은 이미 어쩔 수 없거니와 너는 수행하기를 옥같이 하여 아우를 훈계하고 내 마음을 위로하여라."

학사가 슬퍼하면서 절을 하고 물러와 사인을 대하여 이 말을 하였다. 사인이 황공하고 감동하여 불효를 자책하나 마음 가운데 장씨를 잊을 길이 없기에 길게 탄식하였다. 사인이 날로 초조하니 매를 맞은 곳에 어혈(瘀血)[502]이 풀리지 않아 장독(杖毒)[503]이 성하여 병세가 위중하였다. 무수한 의사들이 밤낮으로 대령하여 의약이 미치지 않은 곳이 없으나 조금도 차도를 보지 못하고 점점 위급한 지경에 이르렀다. 진공이 그 나쁜 마음을 끊지 못한 것을 알고 사사로운 정 때문에 슬퍼하나 그 행동을 보아서는 아까움이 없다 하여 들어와 보지 아니하고 의약을 끊었다. 이에 진공의 다른 형제들이 말하였다.

"현이 비록 호탕하나 소년 남아의 호방함을 가혹하게 처리하지 못할 것이니 장씨를 취하는 것이 무방합니다. 깊이 생각하소서. 앉아서 죽는 것을 보고 구하지 않으면 인정이 아닙니다."

진공이 웃으며 말하였다.

57 "성인이 '아버지가 자식을 위하여 숨겨주니, 정직함은 그 가운데 있다.'[504]

---

502) 어혈(瘀血) : 타박상 따위로 살 속에 피가 맺히는 것을 뜻함.

503) 장독(杖毒) : 매를 맞아 생긴 상처의 독.

504) 아버지가 ~ 있다 : 『논어』「자로(子路)」 편의 엽공(葉公)이 공자에게 자신의 무리 중에 그의 아

하나 오히려 자식을 올바르게 못한즉 아랫사람을 다스리지 못하게 된다. 풍속을 어지럽히는 자식을 스스로 없애지 못하나 어찌 구태여 비례(非禮)로 살리겠는가?"

성의백이 웃으며 말하였다.

"아우가 법을 집행하여 현을 구하지 않으나, 부자의 도는 조용함이 귀하고 엄격함이 유익하지 아니하네. 졸렬한 행사가 점점 더 일어나니 만일 처음에 혼인을 정하였으면 오늘 예가 아닌 글이 다시 나지 아니하였을 것이네. 현이 눈으로 만 권 책을 보고 부형의 가르침을 받는 가운데서도 이런 생각을 내어 죽어도 그치지 아니하다면 이 또한 하늘의 운수네. 진양공주가 현의 호탕하심을 이르신 것은 오늘을 아신 것이니 아우가 고집하여 하늘을 이기려 하는가? 그 뜻인즉 곧으나 시운(時運)을 알지 못하는 것이네. 또한 융통성이 없음이 심하지 않은가?"

진공이 오히려 즐겨 좇을 뜻이 없어 말하였다.

"이런 불초자식은 집안의 명성을 욕 먹이며 유씨 가문의 맑은 덕과 대대로 이어지는 도학(道學)을 무너뜨릴 것입니다. 하물며 저 장소저를 보니 용모가 너무 혼란하고 이마에 살기(殺氣)가 가득합니다. 어찌 알
고서도 며느리로 맞이하여 집안을 어지럽히겠습니까? 현이 죽으면 사 58
사로운 정으로는 참혹하나 가법은 어지럽지 않으리니 결단코 허락하지 못하겠습니다."

성의백이 미소를 머금고 대답하지 않았다. 양학사 부인 등 세 자매가

버지가 양을 훔치자 아들이 그것을 증명한 정직한 사람이 있다고 말하자, 공자가 자신의 무리의 정직이란 이와 다르다면서 "아버지가 자식을 위하여 숨겨주고 자식이 아버지를 위하여 숨겨주니, 정직함은 그 가운데 있는 것이다[父爲子隱, 子爲父隱, 直在其中]."라고 말한 구절에서 따온 것임.

온갖 말로 진공을 설득하였으나 진공이 뜻이 더욱 굳어져 드디어 죽설루 밖에 허다한 장인(匠人)을 불러 사인이 누운 창 밖에서 관곽(棺槨)을 짜 장례 치를 일을 대기하도록 명하였다. 모두 진공의 고집을 한하면서 이 같은 행동을 보자 어이없어 말을 못하였다. 학사가 부친의 거동을 보고는 모골이 오싹하여 사인을 구할 길이 없음을 슬퍼하며 눈물을 흘리면서 사인의 손을 잡고 말하였다.

"우리 형제가 일찍이 어머니를 여의고 아버지를 의지하여 성장하였으니, 비록 여러 형제가 있으나 어머니의 혈맥은 오직 우리 형제와 작은 누이뿐이라. 동기 세 사람이 어려서 어머님을 잃은 슬픔을 품어 이제 요행히 너와 내가 입신양명하여 조정의 명사가 되고 어진 배우자를 얻어 일생이 쾌하게 되었다. 그런데 네가 어찌 부귀영화 가운데 행실을 닦지 아니하고 오히려 한수(韓壽)가 향을 훔치는 것[505]과 신순이 벽을
59 뚫고 보는 것[506]을 흠모하여 아버님께 중한 꾸지람을 받고 젊은 나이에 요절하여 인륜의 죄인이 되고자 하느냐? 네 병이 이러하나 아버님께서 끝내 혼인을 허락하실 뜻이 없고 관곽을 준비하고 계시니 그 뜻이 엄중하고 고집이 굳음을 너는 알 것이다. 조부모님과 숙당께서 온갖 말로 깨우치셔도 효험이 없으니 네가 장차 어찌하고자 하여 마음을 돌이키지 못하느냐?"

사인이 길게 탄식하고 대답하였다.

"제가 어머니를 여읜 지극한 슬픔이 깊으나 재주와 문필이 타인에게

505) 한수(韓壽)이 ~ 것 : 한수(韓壽)는 진(晉)나라 사람으로, 가충(賈充)의 딸 오(午)가 한수(韓壽)와 몰래 정을 통하며 아버지의 향을 훔쳐다 주었는데, 나중에 가충이 한수에게서 풍기는 향 때문에 그 사실을 알게 되어 둘을 혼인시켰음.

506) 신순이 ~ 것 : 미상.

지지 아니하니, 행실을 닦고 가문을 욕보이지 않으려 여색을 경계하여 궁중 내외의 미인들에 유의함이 없고 양씨 같은 아름다운 부인을 얻으나 조금도 과도함이 없어 오히려 남에게 의심을 받으니 어찌 여색에 침혹하겠습니까? 다만 장씨를 한 번 본 후는 절로 마음에 맺히어 잊고자 하나 잊을 수 없습니다. 잠깐 본 후는 늘 그 얼굴이 눈에 떠나지 않아 넋이 꿈을 빌어 놀라게 하니 저 역시 알지 못하겠습니다. 이제 아버님이 엄하게 꾸짖으시는 것이 저의 목숨을 상관하지 않으시니 생전에 저
장씨를 만나지 못할 것입니다. 이후로 불효를 면치 못할 것이니 살아 60
서는 부형께 득죄할 사람이 되며, 죽어서는 돌아가신 어머니를 볼 낯이 없기에 인륜의 죄인이 되어 선산에 묻힐 낯이 없습니다."

말을 마치자 기운이 혼미하여 정신을 차리지 못하였다. 학사가 급히 약을 내와 사인을 구하고 진공에게 고하였다. 진공이 눈을 감고 말을 듣지 않았다. 장부인이 눈물을 흘리고 비녀를 빼고는 죄를 청하며 말하였다.

"제가 빌미가 되어 현의 심사가 상하고 사단이 일어나니, 원컨대 저의 죄를 다스려 현을 훈계하고 목숨을 살려내시어 진양공주를 생각하소서. 현이 비록 호탕하나 타고나기를 평범한 아이가 아니니 나이 차면 스스로 깨달아 진취함이 적지 않을 것입니다. 명공이 어찌 차마 그 죽는 것을 보고도 구하지 않으십니까? 장씨 조카가 유한한 덕이 없고 성품이 교만하고 건방짐이 있으나 양씨 숙녀의 요조함이 있고 장손 상궁과 제가 있으니 아마 장씨를 잘 돌봄으로써, 난을 일으키게 하는 일이 적을 것입니다. 명공께서는 현의 어린 나이를 불쌍히 여기소서."

진공이 갑자기 얼굴빛을 고치고 말하였다.

61 "부인이 조카딸을 데려와 내 며느리의 근심을 이루고자 하니 이 어떤 뜻이요? 공주가 죽을 때 자녀를 부인께 의탁하여 바라는 바가 많았거늘, 부인이 어찌 저버림이 이에 이르러 친정 조카를 데려와 아들의 방자함을 돋우고자 하는 것이요? 부자간의 정은 남이 말하기 어려우니 내가 현을 아끼는 것이 부인만 못하지 않을 것이오. 쓸데없는 말을 마시게."

부인이 매우 부끄러워하여 말을 더 못하였다.

사인이 병세가 점점 더하나 공이 물어보는 일이 없자, 사인이 슬퍼하여 학사에게 말하였다.

"제가 아버님의 품을 떠난 것이 오래 된 일이 없거늘, 이제 아버님의 곁을 떠난 지 한 달이 거의 다 되었습니다. 원컨대 한 번 뵙고 영원히 이별함을 고하고자 합니다."

학사가 차마 보지 못하여 울고 진공에게 고하였다. 진공이 노하여 말하였다.

"아비를 생각하여 나를 보고자 한다면 사인이 이 병이 없을 것이다. 제가 이미 나를 잊었으니 내가 어찌 서로 보아 부자 사이인 체하리오? 다시 현의 죽고 삶을 내게 고하지 마라."

학사가 망극하여 할아버지께 나아가 사인의 위태로움을 고하고 부친에게 권유하실 것을 애걸하였다. 승상 부부가 놀라고 의아하여 말하였다.

"현의 병을 들었으나 매를 맞아 상한 것인가 하였더니 장씨로 빌미하여

62 이러하다면, 진실로 몹시 놀랍고 이상스럽구나. 그러나 끝내 허락하지 않는 것도 융통성 없는 것이다. 내가 마땅히 꾸짖어 혼사를 이루게 하리라."

성의백이 잠시 웃고 아뢰어 말하였다.

"동생의 소년 적 일이 비록 이와 다르나 상사병은 흡사합니다. 그렇거늘 동생이 현을 엄히 꾸짖어 용서하지 않는 것이 심하고 관곽을 갖추어 현이 죽는 것에 대비하고 있으니 아버님의 가르침을 순순히 받들 리 없나이다."

승상이 말하였다.

"자식과 부모 간의 차이를 비유하자면 하늘과 땅 사이 같거늘, 제가 어찌 내 말을 듣지 않으리오? 일이 비록 한심하나 훈계하고 권유할 바이요, 현이 비록 외입하였으나 영웅호걸의 남자인데 만일 살지 못한다면 후회한들 무슨 소용이며 어찌 아깝지 않으리오? 내가 증세를 보고 세형을 설득하리라"

드디어 승상이 아들들을 거느리고 진부에 이르러 사인의 병소로 나아갔다. 장부인과 장손 상궁이 양소저와 더불어 사인을 간호하다가 승상이 친히 오는 것을 보고 일시에 일어나 맞았다. 승상이 앉아 사인을 이윽히 살피니 수십 일 사이에 용모가 전혀 딴 사람이 되어 기운이 막혀 목숨이 경각에 끊어지게 되었으며, 이부자리에 핏자국이 낭자하였고, 맞은 상처
가 매우 위독하였다. 승상이 불쌍하고 놀라움을 이기지 못하여 그 손을 63
잡고 병을 묻자, 사인이 다만 눈물만 흘렸다. 승상이 성의백을 돌아보아 말하였다.

"이토록 많이 매질하여 병세가 위태로운데 제 아비가 보지 않는 것은 시호(豺虎)[507]보다 심하도다. 세형이 모질다는 것을 오늘에야 알겠다."

모든 공(公)이 손을 모으고 말하였다.

507) 시호(豺虎) : 승냥이와 호랑이를 뜻하며, 사납고 악독한 사람을 비유하여 하는 말.

"조카의 지은 죄가 가볍지 않기에 개과하게 하고자 한 것이니, 어찌 부모 자식 간의 정 때문에 이러하겠습니까? 그러나 목숨이 중하니 진공을 아버님 안전에 부르시어 권유하시는 것이 마땅합니다."

승상이 좌우로 진공을 부르자 진공이 부친이 오셨다는 말을 듣고 바삐 나아가 명을 받들었다. 영릉후 이하는 일시에 일어났다가 다시 자리를 정하였으니 의관이 정제하고 예법에 맞는 몸가짐이 엄숙하였다. 승상이 정색하고 공을 대하여 말하였다.

"네가 일찍 글을 읽어 윤리를 알리니 이 아이가 비록 불초한 행실이 있으나 조용히 훈계하여 깨닫기를 기다릴 것이거늘, 어찌 이 지경이 되도록 매질을 심하게 하고 계속해서 관대한 마음으로 받아들이지 않아 이
64 지경에 미치게 하였느냐? 성인의 가르침에 자식을 죽이라 하신 곳이 어디 있더냐? 내가 일찍 너의 불초함을 이같이 중책한 일이 없었다. 네가 자식을 엄하게 가르치는 것이 나보다 훨씬 심하구나."

진공이 황송하여 엎드리고 대답하였다.

"현의 상황이 빙물을 받은 여자로 저버리지 못할 신의가 있어 이와 같다면 비록 구구하나 그 목숨을 아끼지 않겠습니까마는 이는 공연히 다른 가문의 규수에게 뜻을 두어 담을 넘고 벽 사이로 엿보는 행실을 기꺼이 하고자 함입니다. 그러하니 제가 진실로 사람을 대할 낯이 없으니 저 아이를 살려 무엇에 쓰겠습니까? 하물며 장씨 여자가 심지가 양순한지 알 수 없고 자색이 너무 공교롭습니다. 무식한 아이가 과도히 혹하여 집안이 어지러울 것이니 차라리 이 아이의 죽음을 맞이하는 것이 나을 것입니다. 진실로 이 아이가 죽더라도 용서할 뜻이 없었는데, 아버님의 가르침을 듣자오니 황공함을 이기지 못하겠습니다. 부끄러

워 죽고자 하여도 죽을 땅이 없나이다."

승상이 노하여 말하였다.

"현아가 입조하여 금마옥당(金馬玉堂)[508]에 놀면서 어찌 두 명의 처를 취하지 못하리오? 네가 아비의 명령을 거역하고 네 아들을 꾸짖지 못하리니 빨리 장씨를 취하여 현의 목숨을 구하고 부자간의 정을 상하게 하는 불행을 면하게 하여라."

진공이 이마가 바닥에 닿도록 공손히 두 번 절하며 말하였다. 65

"현이 입신하였기에 재취한다면, 천하의 여자가 적지 않으니 굳이 장씨를 취하겠습니까?"

말이 끝나지 않아 승상이 얼굴빛이 변하여 말하였다.

"너의 불통함이 이와 같을 줄은 내가 생각하지 못한 바이다. 아비의 명을 거역하고 자식을 굳이 죽여 뜻을 세우고자 하니 불효하고 불인(不仁)함이 이와 같으냐? 내가 마땅히 주장하여 통혼하고 현을 구하리라."

승상이 말을 마치자 붓과 벼루를 내와 성의백으로 대신 쓰게 하여 장씨 집안에 청혼하였다. 진공이 하릴없어 묵묵히 옆에 앉아 있었다. 서찰을 다 쓰자 학사인 관을 명하여 장씨 집안에 보내라 하자, 학사가 아버지의 기색이 불쾌한 것을 보고 감히 일어나지 못하여 머뭇거렸다. 이에 영릉후가 웃으며 말하였다.

"관이 혜를 훈계하려고 서찰을 가지고 왕래하는 것을 어렵게 여기니 내가 마땅히 대신 행하리라."

드디어 좌우로 서찰을 맡겨 즉시 답장을 받아오라 하였다. 이때 사인

508) 금마옥당(金馬玉堂) : 한대(漢代)의 금마문(金馬門), 옥당전(玉堂殿)을 가리키는데, 이곳은 모두 학사(學士)들이 대조(待詔)하던 곳임. 전하여 후세에는 흔히 한림원(翰林院)의 대칭(代稱)으로 쓰임.

이 눈을 감고 반쯤은 죽고 반쯤은 살아 있었으나 이 일에는 정성이 가득
하여 자세히 듣고 조부의 성스런 덕에 감격하는 한편 행여 장씨 집안에서
듣지 않을까 마음을 바짝 조였다. 진공의 자취가 가까워 의복이 맞닿았으
66 니 부친이 자신의 기색을 아실까 두려워 사인이 아픈 증세가 심하다 하고
급히 이불로 얼굴을 가렸다. 좌중이 그 뜻을 알고 은근히 웃고 진공은 끝
내 눈을 옮기지 않고 다만 부친의 낯빛을 받들어 화락한 기운을 고치지
않았다. 곧 장씨 집안에서 회답이 이르렀는데, 장상서 부자가 감사함을
표하는 것이 자못 곡진하였으니 쾌히 허혼한다는 내용이었다. 승상이 매
우 기뻐하며 사인의 이불을 열고 어루만져 위로하며 말하였다.

"이제는 네 소원이 이루어졌으니 근심을 풀어서 몸을 보호하고 어리석음에서 벗어나 잘못을 고치거라. 내가 주장하여 혼사를 이루리니 네 아비가 이를 하지 말고자 하여도 어쩔 수 없을 것이다."

사인이 감히 말을 못하나 부끄럽고 황공하여 얼굴을 붉히고 몸을 움직여 베개에 엎드려 있었다. 승상이 어여삐 여겨 그 손을 잡고 양소저를 나아오라 하여 말하였다.

"내가 이 일을 즐겨함이 아니라 손자의 목숨을 아끼고 손자며늘아기의 홍안(紅顔)을 염려한 것이다. 손자며늘아기는 아녀자의 좁은 심사로 불쾌한 뜻을 두지 말고 어진 덕을 닦아 네 시어머니의 밝은 교화를 따르거라."

소저가 절하고 명을 받들자, 승상이 탄식하며 말하였다.

67 "내가 현의 죄를 가볍게 여기는 것이 아니다. 공주가 천고의 드문 성덕
으로 단지 세 명의 아이를 낳았으니, 그 아이들을 보전치 못한다면 어
찌 이승과 저승 간에 저버림이 크지 않겠느냐? 이러므로 잠깐 예를 굽

히고 법을 누그러뜨린 것이니 너희들은 나의 일을 괴이하게 여기지 마라."

성의백 등 다섯 사람이 함께 일어나 절하고 말하였다.

"불초자식들이 비록 어리석으나 아버님의 성대한 뜻을 어찌 모르겠습니까? 공주의 혼령이 앎이 있다면 또한 저승 가운데서라도 은혜에 감격할 것입니다."

승상이 한숨지으며 탄식하였다. 날이 어둡도록 말씀하다가 촛불을 켜고 자리를 잇자, 승상과 여러 남자 어른들은 돌아가고 장부인은 머물러 사인을 대하여 말하였다.

"아버님의 바다 같은 성은으로 네 소원을 이루어 주시니 빨리 회복하여 부모의 마음을 위로하도록 하여라. 내 조카를 취하더라도 네가 집안을 다스리기를 잘하여 어지러움이 없게 하기를 바란다."

사인이 비록 영화롭고 다행스러움이 지극하나 부친이 흔쾌히 기뻐하
시지 않으니 마음속으로 두려웠다. 또 양소저의 기색을 알고자 하여 이따
금 눈을 들어 양소저를 보았다. 장부인이 양소저를 불쌍히 여겨 학사에 68
게 말하였다.

"네가 늘 애를 쓰니 오늘은 편히 쉬고 며늘아기로 하여금 병측을 살피게 하라."

학사 또한 사인의 기색을 알고 흔쾌히 명을 받들어 부인을 모시고 각각 침소로 돌아갔다. 양소저가 이에 머물자, 사인은 소저를 만난 지 두 해에 심사를 말한 적이 없기에 이날 병이 든 것을 기회로 소저로 하여금 자신을 간호하게 하다가 한밤중에 이르러 소저의 손을 잡고 물었다.

"내가 아버님께 중책을 받고 목숨이 장차 위태한데도 부인은 한 번도

정성으로 위문하는 일이 없었소. 여러 사람들이 모인 가운데서도 책임을 면하기 위해 어쩔 수 없이 나와 겉으로만 꾸며서 둘러대며 남의 뒤에 섰다가 즉시 들어가니 내가 죽어도 부인은 슬퍼할 뜻이 없는 것이구려. 이러니 내가 부인을 믿는 것이 서먹하지 않으리오? 내가 부인과 더불어 14세의 봄날같이 좋은 때로 앞길이 구만리거늘 불행하여 내가 병으로 죽는다면 부인이 비록 내게 정이 없으나 홀로 되는 것을 염려하지 않고 기색이 그토록 매정하오? 내가 병중에 부인의 매정함을 견디지
69 못하였으니 부인은 마음속의 생각을 숨기지 말고 밝게 가르치시게."

소저가 사인이 자기의 의중을 떠보는 것을 보자 혀가 굳는 것 같았다. 그러나 백안(白眼)[509]으로 남편을 대하는 것은 남편을 공경하여 대하는 도리가 아니었다. 이에 생각하였다.

'내가 이미 사람을 섬겨 정도(正道)로 인도치 못하나 아부하는 말을 하리오?'

안색을 바르게 하고 옷깃을 여며 천천히 대하여 말하였다.

"제가 지혜롭지 못하나 삼강(三綱)이 중한 것을 어찌 모르며, 죽고 사는 데 마음이 움직이지 않겠습니까? 다만 군자께서 이미 부자간의 중한 정과 군신 간의 큰 의를 버려 천금같이 귀한 몸으로 무지한 경박자의 패려한 행적을 취하여 스스로 윤리도덕의 죄인이 되고자 하셨습니다. 그런 까닭에 제가 군자를 따라 죽고 사는 것을 함께 할지언정 마음으로 복종할 뜻은 없어 한갓 개탄하고 군자를 위로하지 못하였으니 제 자신이 지혜롭지 못한 것을 부끄러워합니다."

사인이 그 정숙함을 탄복하고 자신의 행동의 부끄러움을 깨달아 고마

509) 백안(白眼) : 업신여기거나 냉대하여 흘겨보는 눈. '청안(靑眼)'의 반대말임.

움을 표시하여 말하였다.

"내가 무지하여 부형(父兄)의 높은 가르침을 저버리고 이런 일이 있으
니 진실로 부인께 말을 쾌히 할 낯이 없소. 그러나 이는 하늘이 정한 운
수이니 내 인력으로 할 바 아니오. 장씨를 취한 후 부인의 심사가 불평
하다면 나의 마음도 역시 편치 아니리니, 부인은 꽃다운 몸을 보중하 70
여 숙녀의 덕을 힘쓰고 부질없는 염려를 허비치 마시오. 내가 청산과
녹수를 두고 맹세하여 조강지처를 저버리지 않을 것이오."

양소저가 말하였다.

"군자께서 아버님의 바른 훈계와 엄한 가르침을 받들어 행하지 못하시어 일이 마침내 오늘에 이르렀습니다. 그러한데 어찌 제 마음이 편치 않는 것을 신경 쓰실 것이겠습니까? 대장부의 마음이 광풍제월(光風霽月)[510] 같아야 하니 여자를 희롱하여 의중을 떠보는 것이 구차하지 않으십니까? 하물며 저는 어리석고 민첩하지 못하나 사족(士族)에서 태어나고 자라서 육례(六禮)를 갖춰 군자께 시집왔습니다. 그런데 푸른 산과 푸른 물을 놓고 언약하는 것은 노류창녀(路柳娼女)와 할 일입니다. 어찌 저를 업신여기기를 이와 같이 하십니까?"

소저가 말을 마치자 기상이 추상같고 안색이 열렬하며 엄숙하였다. 사인이 실언함을 뉘우치고 소저의 엄숙하고 정대한 사람됨을 공경하며 감복하였다.

차후 사인이 점점 근심을 덜어 한 달이 지나자 몸을 정결하게 하고 진공을 뵈었다. 진공이 불쾌한 빛이 얼굴에 드러나며 눈을 들어보지 않자

---

510) 광풍제월(光風霽月) : 시원한 바람과 맑은 달이란 뜻으로 아무 거리낌이 없는 맑고 밝은 인품을 비유하여 이르는 말.

사인이 황공하여 물러나 조부를 뵈었다. 조부인 승상이 예의로 훈계하고 조모인 이부인이 손을 잡고 눈물을 흘리며 또한 꾸짖기를 마지않자 사인

71 이 감동하는 한편 부끄러워하였다.

이때에 장씨 집안에서 혼인 날짜를 택하였는데, 그 사이 기간이 한 달 정도 남았다. 진공이 사인의 행동을 통탄하고 장씨의 선악을 의심하여 끝내 혼인에 대해 일체 입을 열지 않았다. 승상이 진공을 꾸짖고 스스로 육례를 갖춰 혼례를 치를 사이에 납빙(納聘)[511]하는 날이 되었다. 진공이 병이 났다 하고 일어나지 않자, 승상이 부풍후로 하여금 진공에게 혼서를 가져 와 이름을 쓰라고 재촉하였다. 진공이 이마를 찡그리며 말하였다.

"아버님께서 엄하시면서 현의 죄를 용서하시는 것이 이토록 할 줄은 생각 밖이다. 이 아이의 방자함이 이 때문에 더하겠구나."

부풍후가 웃으며 말하였다.

"오늘 납빙하는 날이니 형님이 비록 이를 즐기지 않으시나 어쩔 수 없고, 아버님께서 현의 죄를 모르시는 것이 아닙니다. 아버님께서 채 세 마디 말씀도 않으시고 후에는 자잘한 말씀도 하지 않으시니 이는 곧 형님과 저희 아우들이 우러러 바라보지 못할 성덕이십니다. 존귀한 명령을 지체함이 옳지 않으니, 빨리 이름을 쓰소서."

진공이 역시 웃고 문방기구를 내와 혼서를 이루어 이름 쓰기를 마치자,

72 부풍후가 가지고 돌아와 승상을 뵈었다. 모든 형제가 진공의 온갖 핑계를 대어 혼서를 쓰지 않으려 하나 이를 면치 못한 것을 보고 웃으며 말하였다.

511) 납빙(納聘) : 혼인(婚姻) 때 신랑(新郎) 집에서 신부(新婦) 집으로 보내는, 주로 푸른 비단과 붉은 비단 예물 또는 그 예물을 보내는 일.

“옛날에는 천자를 끼고 제후에게 호령하는 권신(權臣)이 있더니 지금은 할아버지를 끼고 그 아버지에게 호령하는 유현이 있구나.”

모든 숙부와 형제들 중 성의백 한 사람 외에는 모두 다 말하며[512] 사인을 기롱하자, 사인이 황공하여 숙당의 기롱에는 몸을 굽혀 말을 못하고, 형제들의 희언(戲言)에는 화답이 물 흐르는 듯하여 도도히 굴면서 굽히지 않았다. 모들두 웃고 그 기상과 언변을 사랑하여 오히려 애중하였다.

혼례날이 되었는데 장손 상궁이 또한 혼사를 대수롭게 여기지 않아 사인의 길복을 다스리지 않았다. 이날 집안사람들이 진궁에 모이었고, 승상이 사인을 불러서 혼례식 연습을 하면서 관복을 찾았다. 이에 장손 상궁이 고하였다.

“주공께서 혼례기구를 다스리라 하신 명령이 없으셨기에 감히 제 마음대로 처리하지 못하였습니다. 예전에 양소저와의 혼례식에서 입으셨던 혼례복이 있으니 권도로 이를 입으시는 것이 마땅합니다.”

좌중이 다 불쾌하게 여기고 있는데, 양소저의 시녀인 월앵이 옥으로 된 상자를 받들어 장손 상궁을 향하여 말하였다. 73

“혼례복을 이미 대령하였나이다.”

모두 놀라 말하였다.

“누가 지었는가?”

월앵이 대하여 말하였다.

“우리 소저가 친히 지으셨나이다.”

좌우에 있던 사람들이 칭찬하고 탄복하였다. 진공이 눈썹을 오랫동안

512) 성의백 ~ 말하며 : {성의빅 일인(一人) 밧근 몰ᄒᆞᄂᆞ 니 업서}. 문맥상 ‘성의빅 일인 밧근 몰 안ᄒᆞᄂᆞ 니 업서’로 되어야 옳을 듯하기에 이와 같이 옮김. 이수봉본의 경우에도 ‘성의빅 밧근 묵〃[默默]ᄒᆞ 리 업시니’로 되어 있음.

찡그리고 조금도 기뻐하는 기색이 없더니, 이 말을 듣고 대견스러워하며 그 아름다움을 이기지 못하여 눈을 들어 양소저를 보았다. 양소저의 모습이 태연자약하고 기운이 화평하여 공경하는 사색이 옥을 잡은 것 같고 맑은 빛이 해와 달 같으니 한 조각도 속세의 때가 묻지 않았다. 진공이 소저를 매우 불쌍히 여기면서도 사랑하는 마음으로 나아오라 하여 말하였다.

"내 아이의 행사가 음란하고 무도함이 극하거늘 아버님께서 그 목숨을 아끼시어 장씨를 맞이하였다. 그러나 이는 실로 불행이요, 너의 큰 우환인데, 네가 어찌 내 명령 없이 호탕한 남편의 뜻에 부합하느냐?"

소저가 자리를 피해 앉아 대답하였다.

"불초한 아이가 능히 일의 옳고 그름을 알지 못하고 여자의 도리를 지키어 혼례복을 다스렸는데 아버님의 가르치심이 이러하시니 황공함을 이기지 못하겠습니다.

진공의 얼굴에 웃음이 일어나고 모든 숙당들이 칭찬하며 기특히 여기어 말하였다.

74 "현의 호방함이 양씨의 덕을 빛낼 시절이로다. 신부가 비록 자색이 있다 하나 덕의 아름다움은 설부인과 양부인 두 사람에 미치지 못할 것이다."

날이 늦어지자 백량(百兩)으로 장소저를 맞이하여 돌아왔다.

이때 장시랑이 사인의 서찰에 답장을 써서 보냈더니 진공이 혜를 하옥하고 자기를 좋지 않게 여긴다는 말을 듣고 그윽이 부끄러워하였다. 그러다가 사인의 병이 위중하여 승상이 구혼하자, 형세에 마지못하여 혼인기구를 갖추어 신랑을 맞았다.

사인이 옥같이 아름답고 영웅스런 풍모에 기뻐하는 빛이 영롱하여 화촉 사이에 기러기를 전하고 신부가 가마에 오르기를 기다려 문을 잠근 후 신부를 호위하여 돌아왔다. 신부가 독좌하자 자리에 가득한 손님들이 신부를 보았다. 영롱한 색태와 혼란스런 모습이 양성(梁成)[513]과 하채[514]를 미혹할 자색이 있었다. 풍영(豊盈)하며 맑은 기질로 법도가 있고 안정된 것은 양소저에게 미치지 못하나 아리땁고 절묘한 것은 양소저보다 나았다. 앉아 있는 모든 사람들이 칭찬하지 않는 자가 없으나 진공은 조금도 사랑
하는 빛이 없고, 장부인은 눈썹에 온갖 근심을 띠었다. 승상과 이부인 또 75
한 매우 불행히 여겨 진공이 죽기로써 허락하지 않던 바를 깨달아 깊이 염려하였으나 이미 어쩔 수 없기에 억지로 기뻐하였다. 신부의 숙소를 죽설루 맞은 편 기린각에 정하고 진공이 상궁 소춘운을 불러 말하였다.

"본래 네가 몸가짐과 행동을 조심하는 것을 내가 아는 고로 오늘 큰일을 맡기겠다. 장손 상궁은 나이가 이미 많고 소임이 중대하여 궁중의 자잘한 일을 다 살피지 못할 것이요, 설숙혜는 설부인을 돕고 원경운은 양부인을 보필하니 내가 이제 너에게 장씨를 맡기겠다. 이는 한갓 치장하는 것을 도우라 하는 것이 아니라, 내 아들이 한쪽으로 치우치는 자취를 경계하고, 신부에게 행실을 가르쳐 투기하는 어지러움이 없게 하라는 것이다. 그러나 만일 네 말을 듣지 않거든 장손 상궁에게 맡겨 이를 감당하게 하고, 뜻한 바대로 되지 않거든 내게 아뢰어 어그러짐이 없게 하여라."

소상궁이 두 번 절하고 명을 받들어 물러나자 진공이 부인을 돌아보아 말하였다.

---

513) 양성(梁成) : 중국 명대(明代) 사람으로, 성품이 강직하여 법을 엄격하게 집행하였으므로 당시 천하제일의 청관(淸官)이라는 칭호를 얻었음.

514) 하채 : 미상.

"부인 조카가 나의 슬하에 처하게 되었소. 이 또한 하늘이 정하신 바이
76 니 어쩔 수 없구려. 그러나 부인이 사사로운 정을 끊고 현의 두 처 대접
하기를 애증 없이 한결같이 하기를 원하나니 이 일을 행할 수 있겠소?"

장부인이 아름다운 얼굴을 냉정하게 하고 낭랑한 소리로 비분강개하여 말하였다.

"명공께서 저를 의심하는 것이 이에 미쳤으니 제가 제 심담을 헤쳐 보이지 못하는 것이 한이로소이다. 그러나 지금 이후로 장씨 조카가 선하고 악하든, 좋고 싫든 간에 관여하지 않아 공의 가르침을 명심하리니 염려치 마소서."

말을 마치자 장부인의 아름다운 눈썹과 별 같은 눈동자에 화난 기운이 드러났다. 이는 진공이 행여 자신이 친정 조카라는 정의 때문에 장씨를 편드는 일이 있을까 당부한 것에 화가 난 것이었다. 공이 부인에게 사사로운 정이 없는 것을 모르지 아니하나 오히려 추호라도 그러함이 있다면 궁중 사람들이 자연 부인의 안면과 사인의 총세 때문에 양소저에게 괴로움이 있을까 하여 그 길을 엄히 끊은 것이었다. 승상 부부와 모든 숙당이 군자가 집안을 다스리는 도로써 사인을 훈계하나 진공이 한마디 말도 이르지 않았다. 이에 양학사 부인이 웃으며 말하였다.

"의심을 안 해도 될 장형과 상궁은 당부하고 어찌 진실로 당부해야 할
77 조카에게는 집안을 다스리는 도를 이르지 않으십니까?"

진공이 답하여 말하였다.

"무릇 사람의 병이 열어야 약의 효험이 있는데, 현의 외입함은 병이 고황(膏肓)을[515] 침노하는 것 같으니 내 말이 비록 약석(藥石)[516] 같으나

515) 고황(膏肓) : 심장과 횡경막 사이로, 이 사이에 병이 생기면 낫기 어렵다고 함.

효험이 없으리니 속수무책이구나. 어찌 한가한 말을 하리오? 부모님께서 나의 고집을 꾸짖으시고 모든 형제와 세 누이가 나에게 인정이 아니라 하여 오늘 혼인을 이루었으니 현의 병이 낫고 번화함은 좋지만, 두려워하건대 후회하는 일이 있을까 하노라."

모든 사람들이 탄식하였다. 사인이 부친이 기뻐하지 않는 것을 황송해하나 평생의 소원을 이루니 다행함을 이기지 못하여 흔쾌한 담소가 가득하였다. 공이 곁눈으로 보고 혀를 차며 한심해하였다.

이때 셋째 공자가 남문 밖 산정에 내쳐졌다가 오랜 후에야 용서받아 돌아와 혼례식을 구경하면서 사인에게 웃으며 말하였다.

"제가 형으로 인하여 여러 번 중한 꾸지람을 받았더니 형이 이제 지극한 소원을 이루시니 이 또한 저의 공인가 합니다."

사인이 웃으며 말하였다.

"네가 나 때문에 책망을 받은 공은 없지 아니하나 늘 일의 기미를 들통나게 하였다. 공을 이룬 바가 없으니 내가 감사할 일이 없구나." 78

셋째 공자가 분분히 다투어 말하였다.

"형님이 화청전 난간에서 저에게 절하고 연서(戀書)를 부치실 적은 저 말이 없으셨습니다. 제가 세상에 태어난 이후로 한 달 하옥당하고 사십 대 매질을 맞은 것과 몇 개월 동안 내쳐진 수고로움을 형님이 생각지 아니시니 이는 진실로 나는 새가 없어짐에 좋은 활이 감추어지고, 적국을 물리치자 모신(謀臣)을 죽이는 것과 같습니다."

사인이 손뼉 치며 크게 웃었다. 학사가 여러 무리들과 더불어 말하다가 두 아우의 농담을 듣자 정색하고 꾸짖어 말하였다.

---

516) 약석(藥石) : 약과 침으로 여러 가지 약을 통틀어 말함.

"군자는 예가 아니면 말하지 아니하고 예가 아니면 듣지 아니하여 몸을 닦고 도를 행함이 옳거늘, 너희의 분분한 담론이 춘추오대(春秋五代)[517]와 같이 어지러우니 알지 못하겠구나. 말을 삼가고 마음을 닦는 것이 이렇듯 어렵단 말이냐? 둘째의 말은 다른 사람도 부끄럽게 만들거늘 무슨 염치로 스스로 자랑하여 농담을 하느냐?"

사인과 공자가 즉시 얼굴빛을 고치고 사죄하였다. 촉롱을 따라 사인이 신방에 이르렀다. 비단 장막에 옥으로 만든 촛불이 높게 타오르고 있고, 비단으로 수놓은 병풍 안에 미인이 단정히 앉아 있으니 사인이 기쁜 흥이
79 하늘 같고 즐거운 뜻이 바다 같아 나아가 신부의 손을 잡고 말하였다.

"그대는 명문귀족의 주림옥수(珠林玉手)[518]로서 월하인연(月下因緣)[519]이 굳은 고로 깊은 규방의 꽃다운 자취가 외객(外客)을 만나게 되었소. 이 어찌 하늘의 뜻이 아니리오? 내가 평생 절색을 보아 눈이 요지(瑤池)[520]와 월전(月殿)에[521] 놀거늘, 소저를 한 번 보고는 오히려 정신을 차리지 못하여 아버님의 훈계도 돌아보지 않다가 천신만고 끝에 인연을 이루게 되었구려. 백년해로함을 원하나니 소저는 나의 금석 같은 정을 살피시오."

장씨가 부끄러움을 띄어 고개를 숙이자, 절세한 용모와 기이하고 고운

517) 춘추오대(春秋五代) : 춘추(春秋)는 중국 周나라가 후반기인 약 300년간 명맥만 유지하고 강성해진 제후(諸侯)들이 독립하여 서로 싸우던 시대를 의미하며, 오대(五代)는 중국(中國)의 동진(東晉)이 망한 뒤부터 당(唐)나라 이전까지 흥하고 망한 다섯 왕조(王朝 : 송・제・양・진・수)를 뜻함. 즉, 어지러운 세상 또는 시대를 빗대어 한 말임.

518) 주림옥수(珠林玉手) : 아름다운 숲의 옥 같은 나무라는 뜻으로 뛰어난 재주 및 외모를 지닌 사람을 뜻함.

519) 월하인연(月下因緣) : 월하노인(月下老人)이 맺어준 인연을 뜻함.

520) 요지(瑤池) : 중국 곤륜산에 있다는 못. 선녀인 서왕모가 있다는 곳이기도 함.

521) 월전(月殿) : 월궁[月宮]을 말하는 것 듯함. 월궁에는 항아(姮娥)가 있다고 하며, 항아는 절세미녀를 뜻함.

태도가 촛불 아래 눈부셨다. 사인이 황홀한 가운데 사랑하여 원앙금침 속에서 지극한 애정이 교칠(膠漆)과도 같았다.[522]

다음날 이른 아침에 진공이 부모께 문안을 드리고 내전(內殿)에 들어오자 궁중의 사람들이 공경하여 진공을 맞이하였다. 부인과 모든 아들과 며느리들도 자리에 쭉 늘어서 있는데, 찬례관(贊禮官)[523] 설숙혜 · 원경운 두 사람이 진공의 앞에 나아가 아뢰어 말하였다.

"오늘 장씨 소부인(小夫人)[524]이 양부인[525]을 처음 뵙는 절차가 이미 갖추었기에 주공께 아룁니다."

공이 고개를 끄덕이자 원상궁이 양소저를 의자에 앉게 한 후, 장소저 80
에게 예복을 입혀 마루 끝에서 네 번 절하게 하고 다시 양소저와 더불어 자리로 나아가 동서로 상대하여 서로 보는 예를 마치게 하였다. 바야흐로 양소저는 위에 앉고 장소저는 그 다음 자리에 앉아 자리의 차례가 정해졌다. 한 벌 쌍봉관(雙鳳冠)[526]과 두 줄 옥대(玉帶)[527]를 양소저에게 내어오고 장소저에게는 다만 봉관화리(鳳冠花履)[528]를 내어왔다. 이미 예식을 다 마치자 진공이 소리를 가다듬어 엄정히 말씀하였다.

"천자도 오로지 한 분만이 높으시니 지위의 차례는 나라에서나 집안에서나 한 사람만을 높인다. 오대(五代)[529]에 첩을 높이어 처가 되게 하는

---

522) 교칠(膠漆)과도 같았다 : 교칠은 아교와 옻칠이라는 뜻으로, 교칠과 같다는 것은 사귀는 사이가 매우 친밀하여 떨어질 수 없는 사이임을 뜻함.

523) 찬례관(贊禮官) : 대궐에서 의식의 진행을 맡아보는 직책을 말함.

524) 장씨 소부인(小夫人) : 진공 유세형의 부인도 장부인이기에 이와 구별짓고자 하여 유현의 아내를 장씨 소부인이라고 한 것임.

525) 양부인 : 유현의 부인 양소저.

526) 쌍봉관(雙鳳冠) : 두 마리의 봉을 장식한 예관(禮冠)으로 여자들이 썼음.

527) 옥대(玉帶) : 옥으로 장식한 허리띠.

528) 봉관화리(鳳冠花履) : 봉관(鳳冠)은 봉을 장식한 예관(禮冠)으로 여자들이 썼음. 화리(花履)는 아름다운 신발. 고관부녀의 복식.

529) 오대(五代) : 『예기(禮記)』에서, 중국 상고 시대의 당(唐) · 우(虞) · 하(夏) · 은(殷) · 주(周)를

법을 말하지 않았다. 장씨가 비록 양씨와 같이 사대부 가문의 혈족이나 전후의 명분이 크게 다르니 마땅히 명분을 알아 정실(正室)을 공경하여 법을 어기지 마라. 양씨 또한 장씨와 화락하며 우애 있게 지내 높은 지위에 있다 하여 교만하지 말거라. 만일 오늘의 말을 저버림이 있으면 다스리는 법이 평범치 않을 것이다."

양소저와 장소저 두 사람이 모골이 오싹하여 두 번 절하고 명을 받들었다.

이르는 말.

유 씨 삼 대 록

10권

1 장부인은 조카딸인 장씨의 사람됨을 깊이 염려하여 이후로는 여러 사람들이 모인 자리에서 장씨를 대할 때는 예사롭게 할 뿐 조금도 각별히 보는 기색이 없었다. 그리고 소상궁에게는 이렇게 단단히 당부했다.

"조카 아이의 성품이 교만하고 어리석어 공손하고 부지런한 품새가 적으니 내가 만일 조금이라도 사정을 봐준다면 마음에 믿는 바가 있어 삼가는 것이 없을 것이다. 내 사사로운 정이 없는 것은 아니나 그 아이를 가다듬고 조심하게 하고자 하여 자주 상종하는 것은 원치 않으니 그대가 마땅히 공손함과 근면함을 가르치라. 그리고 내 침소에 올 때는 설씨 · 양씨 두 사람과 함께 하게 하고 마음대로 출입하지 말게 하여라."

소상궁은 공의 부부에게 번갈아 이러한 부탁을 들었을 뿐만 아니라 본래 사람됨이 성숙하고 강직하여 임금께 간언을 고하는 관리와 같은 풍채가 있어 자신이 지킬 바를 소홀히 할 사람이 아니었다. 소상궁은 그때부터 장씨의 동정을 감독하고 단속하여 제멋대로 행동하는 것을 막았으며 사인(舍人)이 자주 들러 장씨와 해학이 방자한 것을 보면 좋지 않은 내색을 보이며 이렇게 말하곤 했다.

"공자께는 이미 조강지처가 계시니 한 명의 처에게만 빠지시는 것은
2 옳지 않습니다. 더구나 제가 주공께 교지를 받았으니 공자께서는 한 달에 10일 이상 이곳에 머무시지 못하옵니다."

사인 역시 본래 도량이 있는 장부였다. 지금은 비록 장씨의 미모에 심히 빠져 있다고는 하나 이미 장씨를 자기 집에 얻어 두고 아침저녁으로 마주 대할 수 있었으므로 숙소에 자주 들를 수 없는 것을 그다지 마음에 두지 않았다. 그러다 간혹 풍정(風情)을 참지 못하면 들렀다 갈 뿐이었다.

그러나 장씨는 본래 자기보다 나은 사람을 시기하는 성품이라 설, 양

두 소저의 그윽하고 얌전한 덕행과 향기롭고 아름다운 자질이 옥처럼 맑고 명주처럼 윤택하여 자기의 새하얗고 눈부신 자태도 결국 저들보다 낫지 못한 것을 알고 마음으로 싫어하여 그 둘을 눈엣가시같이 여겼다.

설소저의 아름다움을 시기하고 미워하긴 하였으나 오히려 자기에게는 관계된 일이 없었지만 양소저와는 사인의 사랑을 다투는 질투심 때문에 죽이고 싶을 정도로 양소저를 미워했다.[530] 또한 자기와는 지위가 다르고 궁중에서의 대접도 같지 않은 것을 크게 원망할 뿐만 아니라 사인이 자기 처소에 머물지 못하도록 소상궁이 이를 막는 것을 더욱 꺼려하여 스스로 투기심을 이기지 못하여 때때로 공연한 눈물만 흘리며 우울한 기색 3
으로 눈살을 펴지 않았다.

사인이 그 슬퍼하는 모습을 보고 놀라 그 까닭을 물어도 장씨는 말을 안 하면서 맑은 눈물만 주르륵 흘리며 옷을 적셨다. 사인은 대단히 의아해하며 그저 은근히 장씨를 위로할 뿐이었다. 그런 후 영운전에 돌아와 모친인 장부인을 모시고 말씀을 나누다가 사인이 갑자기 모친에게 이렇게 말하였다.

"장씨가 들어온 지 한 달이 다 되었으나 친한 사람이 어머님과 소자뿐이온데 소자가 편벽함이 없으려 하는 까닭에 함께 거처하는 일이 잦지 아니하오니 어머님께서 각별히 거두어 위로하고 보살펴주시길 바라옵니다. 궁 안의 여러 사람들이 양씨와는 아는 사이라 자연히 결탁하여 새로 들어온 사람을 용납하지 않는지 장씨가 항상 남모를 눈물을 흘리며 즐거워하는 빛이 없으니 어머님께서는 친척의 정을 돌아보시어 감

530) 죽이고 ~ 미웠다 : {정확[鼎鑊]과 부월(斧鉞)을 혜디 못ᄒᆞ는 듯}. 정확은 중국 전국(戰國) 시대에 죄인을 삶아 죽이던 큰 솥을 가리키며 부월은 작은 도끼와 큰 도끼를 의미함. 그렇기에 이와 같이 옮김.

싸고 보호해주시옵소서."

이 말을 듣고 장부인이 차갑게 웃으며 말했다.

"네가 나를 조카딸을 끼고 돌며 구차스럽게 사사로운 정이나 돌볼 사람으로 여겼느냐? 조카 아이가 이미 네게 중한 대접을 얻었고 제 한 몸에 부귀가 지극한데 무슨 근심이 있어 슬픈 빛이 나타나겠느냐? 높은
4 군자와 어진 부인은 죽고 사는 것이나 화와 복에 마음을 움직이지 않는 법이니 까닭 없는 눈물은 가장 아름답지 않은 것이다. 궁중이 양씨와 결탁했다 하는 것은 곧 네가 본성을 지키지 못한 것이다. 이는 군자와 장부의 생각이 아니니 만일 조카 아이의 울음이 그치지 않고 너의 근심이 더 커진다면 궁중에 반드시 풍속을 문란하게 하는 일이 있을 것이니 이는 집을 편안케 하고 사람을 제어하는 도리가 아니다. 너는 모름지기 명심하여 장부의 도량과 군자의 신의를 기르기에 힘쓰고 필부의 용렬하고 어리석음을 취하지 마라."

사인이 부인이 이같이 냉정한 것을 보고 조금 부끄러워졌으나 또 이런 생각이 들었다.

'어머님께도 사사로운 정이 있으나 혐의가 있을까 하여 이와 같이 하시는 모양이니 장씨가 너무 불쌍하구나.'

이에 사인에게는 자연히 장씨에 대한 정이 점점 더해 갔으나 양씨의 덕행을 공경하는 것 또한 잊지 않았다.

하루는 침소에서 양씨와 고서(古書)를 문답하는데 양씨가 비록 제 재주를 자랑하지는 않으나 사인이 묻는 바에 대답하는 것이 구구절절 모두 아름다운 말과 훌륭한 생각뿐이므로 사인이 탄복하여 이렇게 말하였다.

5 "금옥 같은 뼈와 백옥 같은 심장이로다. 내가 무슨 복으로 좌우에 아름

다운 숙녀를 부인으로 두었을꼬? 다만 부인은 내 혼례복을 친히 다스리면서도 말투나 얼굴빛이 화평하여 싫어하는 기색이 없었는데 어찌 장씨와 함께 한 방에 모여 서로 이야기하며 남편을 공경하는[531] 부덕은 행하지 않으시는가? 저 사람 또한 명문가의 여자로 내 비록 재취하였다고는 하나 정식으로 얻은 배필이니 부인이 서로 화목하게 지내는 갸륵한 일이 있다면 이비(二妃)[532]의 꽃다움을 부러워할 바 아닐 것이오. 그런데도 수개월이 지나도록 서로 접하며 즐거워하는 기색을 보지 못했으니 부인의 행사에 단 하나 흠이구려."

그러자 양소저가 옷섶을 여미며 대답했다.

"제가 어찌 감히 이비(二妃)를 바라겠습니까? 다만 장씨는 명문가 규수로 종고(鐘鼓)[533]의 베풂과 백량(百兩)으로 맞이함이 있었으니 제가 상공의 부인이라 일컫는다 해도 일찍이 조강(糟糠)의 고생을 겪은 바 없고 요행히 초례를 먼저 치르긴 했어도 피차 사대부가의 여식으로 지위를 따지는 것이 옳지 않는데 어찌 차례의 선후를 이르시어 저의 부끄러움을 더하십니까? 저도 서로 화목하게 지내고 싶지 않은 바가 아니나 위로는 부모님이 계시고 아래로는 장손 상궁이 모든 궁녀들과 함께 집안
살림을 살펴 정사가 한결같고 법도에 어지러운 것이 없어 저희들의 소 6
임은 아침저녁으로 문안드리는 것에 있을 따름이라 처소를 버리고 마

---

531) 남편을 공경하는 : {거안제미[擧案齊眉]의}. 『후한서(後漢書)』의 「일민전(逸民傳)」에 보면 '거안제미(擧案齊眉)'는 맹광(孟光)이 남편 양홍(梁鴻)에게 밥상을 올릴 때 자기 눈썹 높이만큼 상을 받들어 드려 공경한 일을 말함.

532) 이비(二妃) : 순(舜)임금의 두 왕비로, 아황(娥皇)과 여영(女英)을 말함. 황영(皇英)이라고도 함. 두 사람 모두 요(堯)임금의 딸로 함께 순임금의 아내가 되어 매우 사이좋게 지냈음. 아황은 상군(湘君), 여영은 상부인(湘夫人)이 되었다 함.

533) 종고(鐘鼓) : 종과 북소리가 잘 어울리는 것과 같이 부부가 서로 화목하여 즐거워하는 것을 이르는 말.

음대로 돌아다니지 못하였습니다.

왕형공(王荊公)의 신법(新法)[534]으로도 집안의 가풍은 폐하지 못하는 것이라 그저 모두 모이는 자리에서 서로 보며 흐뭇해 할 뿐 감히 능히 기린각에 나아가지도 못하고 또 감히 청하지도 못하였습니다. 그런데 군자의 말씀을 들으니 저의 어리석고 아둔함이 부끄럽습니다. 만일 장부인이 거절하지 않는다면 제가 어찌 아녀자의 투기하는 마음으로 서로 화목하게 지내는 길을 막겠습니까?"

사인은 두 눈을 별처럼 반짝이면서 부인의 말을 다 듣고 나서 그 현철한 덕행에 감탄을 금하지 못했다. 그러나 장씨가 여기에 올지언정 자기는 가볍게 움직이지 않겠다 함을 알아차리고는 웃음을 머금으며 이렇게 말했다.

"부인의 덕과 신중함을 내 이미 알긴 하나 다만 같은 사족(士族)으로 피차 고하가 없으니 부인이 첫째 부인으로서의 자세(藉勢)를 하지 말고 겸손한 덕으로 형제같이 함이 옳을 것이오."

양소저가 눈썹을 낮추고 천천히 대답했다.

7 "제가 어찌 첫째 부인의 자리로 스스로 높은 체하겠습니까? 군자께서 뜻밖의 말로 근거 없이 말씀하시니 대답할 말이 없습니다."

사인이 이 말을 듣고 빙그레 웃다가 또 웃으며 말했다.

"오늘 날씨가 따뜻하고 경치가 아름다우니 장씨를 청하여 즐김이 어떠한가?"

---

534) 왕형공(王荊公)의 신법(新法) : 왕형공(王荊公)은 송(宋)나라의 개혁정치가이자 신법당의 영수였던 왕안석(王安石)을 가리킴. 본적은 무주(撫州) 임천(臨川)이며 자(字)는 개보(介甫). 1042년 진사 출신으로 강남지역의 지방관으로 근무하였으며 이재(理財)의 능력을 인정받아 때마침 정치의 일대 쇄신과 개혁을 갈망한 야심적 황제 신종(神宗)에 의해 발탁되어 역사적으로 유명한 파격적인 개혁정책을 실시함.

소저가 대답했다.

"감히 청하지는 못할지언정 진실로 바라는 바입니다."

사인이 흔쾌히 곁에 있던 사람을 시켜 장씨를 청하니 소저가 자기 심복 시녀 월앵에게 조용히 말하여 오기를 청하도록 했다.

장씨는 이 가문에 들어온 지 수개월이 지나도록 양소저와 이야기를 나눠본 적이 없었는데 오늘 청한다는 말을 듣고 마음속으로 불쾌하여 가고 싶지 않았다. 그러나 사람들이 자기를 이상하게 여길까 싶어 억지로 참고서 온갖 보석으로 대단하게 꾸민 후 시녀와 함께 죽서루에 이르렀다. 양소저는 장씨를 보자 그 옷차림과 아름다운 얼굴은 능히 부러워하고 사랑할 만하지만 눈빛과 행동거지는 은근히 두렵고 근심이 되었다. 그러나 겉으로 드러내지 않고 침착하게 일어나 장씨를 맞았다. 사인은 금관에 무늬 있는 옷을 입고 안석(案席)에 기대어 앉아 장씨가 오는 모양을 바라보며 눈가에 웃음을 머금었다. 눈동자에는 기쁜 기색이 영롱했다. 장씨는 저들
부부가 쌍으로 있는 것을 보자 마음속으로 크게 노하여 생각 없이 안색을 8
바꾼 채 노기 등등한 얼굴로 걸음을 멈춰 돌아가려고 했다. 그러자 사인이 은근히 청하며 말했다.

"마침 내각에 아무 일이 없고 대나무 사이로 부는 바람이 한가로워 부인을 청하여 경치를 함께 보고자 하였는데 어찌 이리 더디 오는가?"

양소저가 말을 이어 나직이 말했다.

"제가 생각이 모자라 감히 나아가지도 못하고 또 오시라 청하지도 못하였는데 이렇듯 이르시어 자리를 빛내 주시니 참으로 뜻밖의 행운입니다. 누추한 자리지만 잠깐 들어오십시오."

장씨는 양씨가 이처럼 온순하고 공손한 것을 보자 말투와 얼굴빛을 진

정시키고 자리로 나아갔다. 이처럼 세 사람이 서로 마주보고 앉으니 궁녀들이 볼 때 양씨가 연꽃 한 송이 같다면 장씨는 복숭아꽃 한 송이 같았다. 양씨는 단장이 조촐하고 의상이 정갈하며 눈썹은 그리지 않을수록 정교
9 하고 흰 피부와 푸른 머리카락은 다듬지 않을수록 비단처럼 고와 마치 세속에서 벗어난 사람 같았다. 그러다 장씨의 공교하고 찬란함을 대하니 마치 선비들이 앉은 자리에 채색 옷으로 단장한 창녀(娼女)가 있는 듯 그 인품의 차이가 하늘과 땅 같았다. 원상궁은 양씨를 깊이 사랑하고 장씨를 은근히 근심하여 깊이 염려하였으나 이를 억지로 참고 주방에 분부하여 술과 안주를 올려 즐기게 했다.

사인은 술잔을 잡고 새하얀 치아와 붉은 입술에 청산유수(青山流水) 같은 말을 실어 두 부인에게 화목하게 잘 지내기를 권하였다. 그리고 시가의 선대 가법과 선행, 충효예의를 일컬으며 본받으라 말하는데 그 언어가 이치에 맞고 사랑하고 미워하는 것이 한결같아 어느 쪽을 더 중히 여기는 법이 없었다. 양소저는 규방의 사군자(士君子)[535]라 이미 사인이 후대를 하든지 박대를 하든지 괘념치 않는 까닭에 밖이 더욱 화평했으나 장씨는 사인이 양씨와 은근히 말을 잇는 것을 보고 마음이 편치 못했다.

당초 장씨는 자기 미모가 천하에 따를 자가 없을 것으로 생각하였다. 사인이 자기를 생각하고 그리워하다 병이 되어 처로 얻은 후에는 침상에서 사랑하는 것이 흡족하므로 양소저에 대한 사인의 사랑이 결코 자기에
10 게는 미치지 못할 것으로 알다가 이제 자신과 양씨의 지위가 완전히 다를 뿐더러 사인의 은근함 역시 전혀 다를 것이 없는 것을 보자 마음에 초조

535) 사군자(士君子) : 덕행이 높고 학문이 뛰어난 사람을 이름. 여기서는 양소저를 규방의 여선비에 빗대어 이른 말임.

함을 이기지 못하여 투기하는 마음이 백 길이나 더 치솟는 것 같았다. 그러나 그 자리에 여러 상궁들이 모여 있고 사인이 비록 즐거워 보여도 그 위엄이 엄숙하므로 가볍게 마음을 드러내 못하였다. 그리하여 그들은 아무렇지 않은 듯 담소를 나누다가 석양 무렵에 함께 일어나 부모께 문안을 드렸다. 그런 후 사인은 양소저 침소에서 4~5일을 즐겁게 보내고 기린각에 이르렀다.

장씨는 이때 온갖 분노가 가슴 속에 가득하여 사인을 보고도 차가운 얼굴로 말을 하지 않았다. 사인은 장씨의 마음 본바탕이 어떤지 알고 있었지만 이미 정신없이 장씨에게 빠져 있었다. 비록 부친이 무섭고 이미 장씨를 취한 터라 과도하게 하지 않으려 거짓으로 집안을 공평히 다스리는 체하고 있었으나 실은 장씨를 사랑하는 마음이 양소저에 비할 바가 아니었다. 장씨를 대하면 마음이 혼미해지고 정이 무르녹으니 그 자잘한 허물을 어찌 마음에 두겠는가? 사인이 장씨에게 다가가 검은 머리카락을 쓰다듬고 하얀 팔을 어루만지며 말했다.

"몸이 바빠 그대 침소를 찾지 못한 지 오래되었다고 소저는 나의 박정함을 원망하고 있는 것인가? 어찌 슬픈 빛이 있는가?" 11

그러자 장씨가 눈물을 머금고 탄식하며 말했다.

"낭군께서 저를 시샘 많고 속 좁은 여자로 알고 말을 이같이 하시니 제가 무슨 말을 하겠습니까? 낭군께서는 규방에 이미 아름다운 조강지처가 있고 그 분과의 은근한 애정이 돈독하거늘, 어찌 예의에서 벗어난 정당하지 않은 방법으로 저와 구차하게 혼례를 맺어 저로 하여금 한 가지 일도 자유롭게 못하게 하고 새장에 갇힌 새가 되게 하셨습니까? 집안에 친한 분은 어머님 한 분뿐이시나 어머님께서는 이미 사사로운 정을 끊고 저 보기를 길 가는 행인같이 하시니 이제는 바람도 끊어졌고 낭군은 양부인과 금슬의 즐거움이 대아(大雅)[536]를 본받으실 정도시니 제가 삼종지도(三從之道)를 따르는 게 오히려 어색할 따름입니다. 모르겠습니다. 제가 꽃다운 청춘인 14세에 원상궁의 절제나 받으며 기린각 안에서 스스로 젊음을 한탄하며 마쳐야 하겠습니까? 원컨대 낭군은 저를 돌려보내 부모 슬하에서 일생을 마치게 하옵소서."

말을 마치자 장씨의 눈에서는 구슬 같은 눈물이 비 오듯 흘렀다. 사인이 장씨를 위로하며 말했다.

"그대는 젊은 여자라 마음이 이와 같은 것도 이상한 일은 아니오. 허나
12 우리 궁중의 궁인들은 모두 인물이 충성스럽고 정직하여 대신과 직사(直士)의 기풍을 갖추고 있소. 그들은 어머님께서 살아계실 때부터 그 소임을 살피고 바르게 말하여 마치 조정과 같은 규모를 갖추고 있다오. 더구나 우리 형제를 양육하라 아버님께서 맡기신 바가 중하니 이제 그대를 훈계하고 가르치는 데 그 소임을 다하는 것도 감히 다른 집안의 노복(奴僕)에 비할 바가 아니오. 그대는 괴이히 여기지 말고 스승으로 섬겨 인심을 잃지 마시게. 더욱이 어머님께서 이같이 하시는 것은 사람이 믿지 못할 성덕이니 어찌 감탄하여 받들지 않겠는가?"

장씨는 사인의 뜻이 넓고 커 참소해도 소용없는 것을 보고 근심스런 얼굴빛을 고치고 온화한 기색으로 이렇게 대답했다.

---

536) 대아(大雅) : 『시경(詩經)』의 편명의 하나로 '아'는 '정(正)'을 의미함. 큰 정치를 말한 정악(正樂)의 노래를 의미함. 「詩大序」에는 "아란 바르다는 것으로 왕정의 폐한 바와 홍한 바를 말하고 있다. 정치에는 작은 것과 큰 것이 있는 까닭에 「소아(小雅)」와 「대아(大雅)」가 있는 것이다[雅者, 正也, 言王政之所廢興也. 政有小大, 故有「小雅」焉, 有「大雅」焉]."라고 되어 있음. 「대아」에는 주 왕실의 귀족의 작품이 많이 있으며 중요한 노래들은 주왕실의 선조에서 무왕에 이르기까지의 선왕들의 공적을 송축하고 있으나 간혹 시편 중에는 여왕(厲王)이나 유왕(幽王)의 폭정과 혼란 때문에 그 통치가 위기에 처한 것을 말한 것도 있음.

"제가 여염집 태우의 집에서 나고 자라 궁녀의 거동을 보지 않은 터이기에 절제하는 것을 괴이히 여겼습니다. 하지만 일이 그렇다면 저의 소견이 잘못된 생각이었으니 어찌 마음에 두겠습니까? 다만 낭군은 아녀자의 외로움을 염려하여 끝까지 저버리지 마시옵소서."

사안이 웃으며 말했다.

"세월이 아무리 흐른다 해도 내가 그대를 잊기는 어려우니 다시 그런 13
염려는 하지 마시오."

이 말을 듣고도 장씨는 탄식하며 기뻐하는 기색을 보이지 않았다. 그러자 사인은 여러 가지로 장씨를 위로하며 은근한 애정이 더욱 깊어져 이로부터 기린각에 출입하는 일이 잦았다. 소상궁이 이를 좋지 않게 여겨 사인과 종종 다투었으나 사인은 웃으며 이렇게 말할 뿐이었다.

"부부간의 정은 임금이라도 금하지 못하시는 것인데 상궁은 어찌 부질없는 수고를 하는가? 새로운 정이 늘 그리워 이러기는 하나 조강지처를 잊은 것은 아니니 부디 막지 마시게."

그러고는 끝내 비스듬히 누운 채 일어나지 않으므로 소상궁은 어쩔 수가 없어 나중에 때를 보아 진공에게 고하려 생각했다.

예로부터 성군(聖君)이 위에 계시면 어진 신하가 나고 어리석은 임금이 있으면 간신(奸臣)이 있어 하늘의 바른 도리가 자연히 응하는 법이다. 진양공주가 성인의 도통한 이치를 물려받아 요순(堯舜)의 덕을 이으니 궁중의 수천 시녀와 허다한 궁관 요속들이 다 인의예지를 붙잡아 마치 순(舜) 임금의 팔원(八元)·팔개(八愷)[537]와 공부자(孔夫子)의 칠십 제자가 있는 듯

537) 팔원(八元)·팔개(八愷) : 8명의 얌전한 사람과 8명의 선량한 사람을 아울러 이르는 말. 팔원은 고대 중국 전설에 나오는 고신씨(高辛氏)의 여덟 재자(才子)인 백분(白奮)·중감(仲堪)·숙헌(叔獻)·계중(季仲)·백호(伯虎)·중웅(仲熊)·숙표(叔豹)·계리(季狸)를 이르는 말. 팔개는 고

하였다. 진(秦) · 진(晉) 두 나라에는 교화가 크게 베풀어져 아래로는 노비와 병졸에 이르기까지 예의와 충효로 본을 삼았으며 혹 인자하지 못한 무리가 있다 해도 공주의 교화를 받으면 마치 물이 함께 흘러가는 것처럼
14 정도(正道)로 돌아갔다.

지금은 비록 공주가 죽은 지 오래되었으나 진공의 위엄 있는 덕망과 장부인의 인자하고 지혜로운 다스림이 공주를 이어 그 유풍과 선정은 전과 다름없이 백성들에게까지 베풀어지니 궁중의 안팎이 예의를 지키는 태도가 한결같이 변함없었다.

첫째 공자가 장성하여 아름다운 설소저를 배필로 삼으니 능히 공주의 덕을 배우고 공주의 법을 익힐 만했으며, 이어서 양소저가 들어와 덕행과 인심이 옛 풍습을 준행하니 궁중이 안정되어 다스림과 교화가 날로 새로웠다. 그러다 장씨가 들어온 것인데 그 행동이 크게 교만하고 투기가 심하며 사람됨이 간사하고 교활한데다가 때마침 사나운 시녀가 있어 서로 손발이 맞으니 이는 곧 그 유모 계영과 시녀 춘섬이었다. 이들은 사람됨이 흉포하고 시기심이 많아 주인을 위하여 어질게 도울 생각은 않고 오히려 간사한 꾀를 내어 양씨에게 해를 끼치고자 했다. 평소 양씨의 기이한 용모와 첫째 부인이라는 높고 귀한 자리를 시기하던 이들은 장씨에게 이렇게 말했다.

"우리 소저처럼 타고난 아름다움을 갖추신 분이 이제 다른 사람 아래 몸을 굽혀 긴 날 동안 괴로움을 참는 것은 차마 못할 일입니다. 하물며

양씨(高陽氏)의 여덟 재자인 창서(蒼舒) · 퇴애(隤敳) · 도인(檮戭) · 대림(大臨) · 방강(尨降) · 정견(庭堅) · 중용(仲容) · 숙달(叔達)을 이르는 말. 순임금은 사람을 뽑아 쓰는 일에 오제 중 누구보다 공정하고 밝아 팔원과 팔개의 후예들을 모두 불러 썼고, 우(禹) · 고요(皐陶) · 설(契) · 후직(后稷) · 익(益) · 팽조(彭祖) · 수(垂) · 용(龍) · 기(夔) 등의 대신들에게는 각기 정한 직분을 나눠주었음.

낭군께서는 새로운 정에 이끌려 우리 소저를 간절히 생각하며 그리워 15
하시나 본래부터 양부인의 현숙한 아름다움을 공경하시는 것이 소저보다 더하시니 어찌 두렵지 않겠습니까? 마땅히 깨끗이 쓸어버리시고 속절없이 인의를 행하다가 패한 송양공(宋襄公)[538]을 본받지 마십시오."

이 말을 듣고 장씨가 눈물을 흘리며 말했다.

"내 어찌 그런 마음이 없겠는가? 하지만 궁중에 온 지 오래되지 않았고 보는 눈이 많은데 심복은 없으니 장차 누구와 함께 계획을 짜겠는가?"

그러자 계영이 웃으며 말했다.

"소저는 부질없이 슬퍼하여 아름다운 얼굴을 상하게 하지 마시옵소서. 사람이 일을 이루는 데에는 강약이 있지 않으니 초(楚) · 한(漢)이 서로 싸울 때 강약이 완전히 다른데도 한이 초를 이긴 것은 지혜에서 초보다 뛰어났기 때문입니다. 저 양씨는 종일 하는 바라곤 한낱 침소에서 담담히 바느질과 시서(詩書)에 마음을 두는 일뿐, 적의 강약이나 천명의 거스름에 마음을 두는 일이 없으니 만일 저 사람이 요순(堯舜)처럼 하염없이 넓은 성품을 가진 것이 아니라면 생각이 없어 사람의 일을 깨닫지 못하는 한 사람에 불과할 것입니다. 한 번의 꾀로 없애는 것은 티끌을

538) 송양공(宋襄公) : 『십팔사략(十八史略)』에 '송양지인(宋襄之仁)'이란 말이 나옴. 송(宋)나라의 양공(襄公)은 초(楚)나라와 싸울 때 먼저 강 저쪽에 진을 치고 있었고, 초나라 군사는 이를 공격하고자 강을 건너는 중이었음. 이때 장군 공자목이(公子目夷)가 송양공에게 이르기를 "적이 강을 반쯤 건너왔을 때 공격을 하면 이길 수 있습니다"하고 권하였음. 그러나 송양공은 "그건 정정당당한 싸움이 아니다. 정정당당하게 싸워야 참다운 패자(霸者)가 될 수 있지 않은가"하면서 듣지 않았음. 강을 건너온 초나라 군사가 진용을 가다듬고 있을 때, 또다시 "적이 미처 진용을 가다듬기 전에 치면 적을 지리멸렬(支離滅裂)시킬 수 있습니다"하고 건의하였으나, 송양공은 "군자는 남이 어려운 처지에 있을 때 공격하지 않는 법이다."하며 말을 듣지 않았음. 그 결과 송나라는 크게 패했으며, 송양공은 이 싸움에서 피살되었음. 세상 사람들은 이를 비웃어 '송양지인(宋襄之仁)'이라고 하였음.

쓸어버리는 것처럼 쉬울 것입니다.

그런데 좀 어려운 일이 있습니다. 그건 다름이 아니라 그를 보좌하는
16 상궁 원경운입니다. 그는 주공(周公)[539] · 이윤(伊尹)[540]의 재주와 덕을
겸비하여 맡은 바에 밝고 일에 임하는 데에 등한히 할 사람이 아닙니
다. 게다가 소저를 돕는 소상궁은 아주 고집스럽고 강직하여 이런 꾀
를 듣게 하면 안 될 것이고 장손 상궁의 두 눈은 사람의 심폐를 꿰뚫어
보는 총명함을 가지고 있으니, 이런 사람들을 달래어 소저께 인심이 돌
아오게 하면 저 양씨 없애는 일은 손바닥 뒤집는 일처럼 쉬울 것입니
다. 소저께서는 술과 안주를 갖추어 여러 상궁과 궁녀들을 불러 자주
은근한 정을 베푸시며 인심을 얻으십시오. 소저의 친정부모님께서 소
저를 사랑하시다가 이제 남의 후실(後室)이 되어 일생이 편하지 못할까
슬퍼하시며 금과 비단을 저희들에게 부쳐 소저 쓰시는 데 넉넉하게 하
라 하셨으니 천금과 만 가지 보물이라도 어렵지 않을 일을 행한다면 궁
인들이 어찌 소저께 마음을 돌리지 않겠습니까?"

그러자 장씨가 크게 기뻐하며 말했다.

"유모의 말이 옳으니 이 꾀를 써야겠다."

---

539) 주공(周公) : 이름은 단(旦). 주(周) 왕조를 세운 문왕(文王)의 아들이며 무왕(武王)의 동생. 무왕과 무왕의 아들 성왕(成王)을 도와 주왕조의 기초를 확립함. 무왕이 죽은 뒤 나이 어린 성왕이 제위에 오르자 섭정(攝政)이 되었는데, 당시 은족(殷族)의 대표자 무경(武庚)과 녹부(祿夫), 그리고 주공의 동생 관숙(管叔) · 채숙(蔡叔) 등이 동이(東夷)와 결탁하여 대반란을 일으키자 소공(召公)과 협력하여 이 난을 진압함. 주공은 주왕실의 일족과 공신들을 중원(中原)의 요지에 배치하여 다스리게 하는, 주초(周初)의 대봉건제(大封建制)를 실시하여 주왕실의 수비를 공고히 하는 한편 예악(禮樂)과 법도(法度)를 제정하여 주왕실 특유의 제도문물(制度文物)을 창시하여 중국 고대의 정치 · 사상 · 문화 등 다방면에 공헌한 점에서 공자에 의해 성인으로 존숭됨.

540) 이윤(伊尹) : 중국 은(殷) 나라의 재상. 탕왕(湯王)을 보좌하여 하(夏) 나라 걸왕(桀王)을 멸망시키고 선정을 베풀었음. 이윤의 본명은 지(摯) 혹은 아형(阿衡). 이윤은 본래 유신씨(有辛氏)의 들에서 농사를 지으며 자기의 재능을 숨기고 산야에 묻혀 살았는데 탕이 그의 현명함을 알고 사람을 보내어 맞아들이려 하였으나 쉽사리 응하지 않다가 탕왕이 세 번이나 사신을 보내어 예를 갖추어 청한 후에야 비로소 부름에 응하였음.

하루는 소상궁이 병든 때를 타 장씨는 집 안에 작은 잔치를 베풀고 모든 상궁과 설, 양 두 소저를 청했다. 설소저는 이때 태청전에서 양소저와 함께 궁중 일을 의논하고 있었고 장손 상궁은 모여 있던 궁인들과 더불어 17
한가롭게 이야기를 나누고 있었다. 그러다 갑자기 장씨가 청한다는 소리를 듣고 설소저가 장손 상궁을 향해 이렇게 말했다.

"장소저가 우리를 청하는데 장차 어찌 하는 것이 좋겠는가?"

장손씨가 한동안 말없이 생각한 후 말했다.

"궁중에 세 소저가 계시는데 한 편으로는 동기요, 한 편으로는 동렬이니 마땅히 시부모님께 문안한 후 정전에 모여 가사를 함께 다스리며 상종하는 것이 옳을 것입니다. 그런데 별채에 술자리를 베풀어 두 부인으로 하여금 누추한 곳을 몸소 찾으시도록 청하니 뜻은 비록 좋다 해도 일이 이치에 어긋나고 방자하여 대단히 온당치 않습니다."

그러자 설상궁이 말했다.

"말은 옳으나 다만 성인이 이르시길 '오는 것을 막지 말고 가는 것을 금치 마라.'[541] 하시지 않았습니까? 장소저가 좋은 뜻으로 청하는데 두 부인이 가지 않으시는 것은 서로 화목하게 지내는 일이 아니니 한 번 가보시는 것도 괜찮을 듯합니다."

이 말을 듣고 두 소저가 드디어 몸을 일으키자 장손 상궁과 설, 원 두 사람이 그들을 함께 모시고 기린각에 이르렀다. 장씨가 대청에서 내려와 맞아 올려 설, 양 두 사람을 윗자리에 앉히고 스스로는 주인 자리에 앉아 감

541) 오는 ~ 마라 : 『맹자(孟子)』「진심(盡心)」하(下)장에 "공자께서 교과를 설치함은 지난날의 잘못을 좇아 허물삼지 않으며 오는 자들을 막지 아니하여 만일 배우려는 마음을 가지고 오면 받아주실 뿐이다[夫子之設科也, 往者不追, 來者不拒, 苟以是心至, 斯受之而已矣]."라는 대목에서 나온 구절임.

사하며 말했다.

18 "마침 집안이 한가하고 술과 안주가 있기에 감히 존형과 양부인을 청하여 누추한 곳까지 몸소 찾으시게 하였으니 당돌함을 용서하옵소서. 또한 여러 상궁께서 누추한 곳을 들러주시니 더욱 영광입니다."

장손씨와 설, 원 두 사람이 감사하며 말했다.

"저희들이 맡은 일이 중하고 처소가 있는 까닭에 마음대로 나아와 소저의 향기를 우러러 보지 못하였으니 그윽이 불충함을 황송하고 부끄럽게 여기나이다."

설, 양 두 소저 또한 칭찬하며 말했다.

"저희들이 생각이 모자라고 사리에 어두워 스스로 일을 처리하지 못하는 탓에 이 같은 잔치를 열어 부인을 청하지 못하고 답답하게 깊은 규방에 잠겨 있었습니다. 이렇듯 청하여 접대해주시니 감사할 따름입니다."

이에 장씨가 흔쾌히 대답하고 여러 상궁들과 문답하는데 마치 강물을 드리운 듯 도도하여 끊어지지 않았다. 양소저는 내심 두려웠으나 겉으로 드러난 얼굴빛은 전보다 더욱 화평했다. 술과 안주를 내와 즐기니 금쟁반과 옥그릇에는 사치스런 맛이 가득하고, 금술잔에 아름다운 술을 부으니 맛이 향기롭고 기분이 산뜻하여 세상의 술 맛이 아니었다. 자리에 있던
19 사람들이 다 괴이히 여겼다. 장손 상궁도 잔을 들고 한가롭게 마시다가 반나절쯤 지난 후 장소저를 향해 말했다.

"제가 효종조 때부터 궐내에 있어 성대하고 기이한 진수성찬을 보거나 먹은 적이 헤아릴 수 없이 많지만 오늘 같은 음식은 처음 먹어 봅니다. 또 술맛이 향기롭고 깨끗하여 신풍주(新豊酒)[542]나 향온주(香醞酒)[543]

같은 부류가 아닌 듯한데 어디서 난 것이옵니까?"

그러자 그 자리에 있던 계영이 무릎을 꿇고 엎드려 말했다.

"우리 소저께서 복령(茯笭)[544]이나 인삼 같은 것들로 누룩에 오제(五齊)[545]를 합하여 직접 빚으신 술입니다. 사람의 기운을 보호하고 온갖 병을 없애어 세간의 거칠고 탁한 술에 비할 바가 아닌지라 그 이름을 옥액연수주(玉液連壽酒)라 하나이다."

장손씨가 고개를 조아리며 말했다.

"소저의 재주가 훌륭하시고 술도 좋으나 이는 돌아가신 진양공주님의 법은 아닙니다. 진양공주께서는 살아계실 적에 주색(酒色)으로 잘못 되는 세상의 무리들을 개탄하시며 의적(儀狄)[546]이 술을 만든 것을 원망하여 말씀하시기를 '우왕(禹王)께서는 어찌 의적을 멀리만 하시고 미처 술을 없애지 않으셔서 사람들이 배우고 전하는 것을 막지 않으셨는가?'
라고 한탄하셨습니다. 그리하여 일찍이 술과 안주, 의복에 한결같이 20
시절을 따르고 예를 준행하여 특별한 장식과 새 제도를 엄히 막으셨습니다.

지금 이처럼 아름다운 음식과 기이한 술이 사람의 입과 배를 즐겁게 하고 성정을 잃게 만들어도 당시의 성인이 여기 없으니 술을 많이 마셔도

---

542) 신풍주(新豊酒) : 중국 장안(長安)의 신풍현(新豊縣)에서 나는 이름난 술.

543) 향온주(香溫酒) : 멥쌀과 찹쌀로 빚은 맑은 술.

544) 복령(茯笭) : 소나무 뿌리 따위에 기생하는 버섯의 일종. 약재로 많이 쓰임.

545) 오제(五齊) : 제사에 쓰는 다섯 가지 술. 곧 범제(泛齊), 예제(醴齊), 앙제(盎齊), 제제(緹齊), 침제(沈齊)를 이름.

546) 의적(儀狄) : 전설상에서 처음으로 술을 만든 하(夏)나라 우왕(禹王) 때 사람. 『전국책(戰國策)』 「위책(魏策) 이(二)」 편에 보면 "옛날 황제의 딸 의적이 술을 맛있게 빚어 우왕에게 올렸더니 우왕이 이를 맛보고서 '후세에 반드시 이 술로 나라를 망치는 자가 있을 것이다'라고 말하고 술을 끊고 의적을 멀리 하였다[昔者帝女儀狄作酒而美, 禹飮而甘之, 遂疏儀狄絶旨酒, 日後世必有以酒亡其國者]."라는 기록이 있음.

어지럽게 취하지 않을[547] 사람이 없고, 정신이 혼미하고 어지러워도 그칠 줄을 모르니 이에 비하면 향온주는 물 같을 뿐입니다. 이 술은 신풍주나 감로주(甘露酒) 같아 사람을 빠져들게 하니 우리 진양공주의 다스림이 아닙니다. 원컨대 이 술과 음식은 두 번 다시 베풀지 마시어 돌아가신 공주마마의 법을 지키시옵소서."

그런 후 좌우로 하여금 주방에 분부하여 말술과 풍성한 음식을 내오라 하고 은근히 웃으며 말했다.

"소저께서는 궁중에 처음 오서서 시가의 풍속을 알지 못하실 것입니다. 우리 궁중은 두 나라를 다스려 그 부귀가 평범한 제왕 · 부마에게 비할 바가 아니지만 진양공주께서 시집오신 다음날 대승상께서 공손하고 근검할 것을 이르시고 사치를 막으셨기에 그 명을 좇아 대개의 예
21 복과 장식에 다 한결같 법칙이 있을 뿐 넘치는 바가 없었습니다. 소저께서는 오늘 궁중의 술과 안주를 보시고 이대로 행하셔서 사치한 생각을 기르지 마십시오."

이 말을 들은 장씨는 매우 부끄러웠지만 감사해 하며 이렇게 말했다.

"마침 친정부모님께서 이 음식을 여러 상궁들에게 베풀어 저를 사랑해 주는 정에 감사하라 하셔서 당돌하게 베풀었으나 이렇듯 가르침을 입으니 감격하면서도 대단히 부끄럽습니다. 세상이 다 취한 가운데 있으니 어찌 홀로 이 술만 해로울까 싶어 사람의 원기를 북돋아 유익한 데가 있을까 생각한 것이나 시가의 법이 아니라면 없애는 것이 무엇이 어렵겠습니까?"

---

547) 술을 ~ 않을 : {유쥬무량[有酒無量]의 블급난[不及亂]}. 이 말은『논어(論語)』「향당(鄕黨)」편에 나오는 말로 공자는 술을 몹시 즐겨 백병이나 마셨지만 어지럽게 취하는 일은 없었다고 함.

장손씨는 장씨가 부끄러워하는 것을 보고 거듭 위로하며 말했다.

“제가 소저를 친애하여 거리끼고 숨기지 않는 것이니 미안하게 여기지 마십시오.”

이윽고 주방의 술과 안주가 올라왔는데 음식은 정결하고 술은 아름다웠지만 별로 사치스런 맛이 없었다. 서로 권하며 즐기다 날이 늦으므로 흩어졌다. 설씨와 양씨 두 사람은 한 마디도 간섭하지 않다가 헤어질 때 즈음하여 두터운 호의에 감사하고 돌아갔다. 장씨는 장손 상궁이 자기를
절제하는 것을 크게 원망하고 부끄러워하며 혼잣말로 그를 꾸짖으며 말 22
했다.

“늙은 궁인이 제 분수도 모르고 이처럼 나를 핍박하고 제어한단 말이냐? 내 당당히 이 한을 갚고 말 것이다.”

이후 계영이 장씨에게 술자리를 자주 베풀어 여러 궁인들을 청하여 즐기도록 권하였다. 장손씨는 말할 것도 없이 설, 원 두 사람도 본래 선비같이 높은 자질을 갖추고 있어 예의를 지키느라 장씨의 청대로 기린각에 자주 들르긴 했으나 예절을 엄숙히 지키는데다 행동거지도 바르고 사사로운 데가 없어 장씨는 그들에게서 조금의 틈도 얻을 수 없었다. 그러니 아무리 장씨라 해도 간악한 꾀를 어찌 겉으로 드러내겠는가? 한낱 생각만 허비하며 밤낮을 가리지 않고 궁리하다가 문득 한 꾀를 생각해내고는 가만히 계영과 춘섬[548]의 귀에 대고 쑥덕거렸으나 정세가 비밀하여 흔적이 없었다. 이후 장씨는 태청전과 죽서루에 자주 가서 함께 이야기를 나누며 화목한 기운이 가득하였다. 양소저가 보기에도 마음을 다해 공경하며 대접하는 태도가 극진했다.

---

548) 춘섬 : {츄셤}. 앞에서 ‘춘섬’이라 소개하였기에 명칭을 통일하기 위해 이와 같이 옮김.

하루는 장씨가 아침 문안을 마치고 죽서루에 이르니 양소저가 한 통의 편지지를 책상 위에 펼치고 붓을 휘둘러 비바람 몰아치듯 일필휘지로 글
23 씨를 쓰고 있었다. 그러다 문득 장씨를 보고는 황급히 편지를 접어 책 사이에 끼우고 일어나 장씨를 맞으니 장씨가 웃으며 말했다.

"마침 집안이 적막하므로 여기에 이르렀더니 시를 읊으시려던 모양입니다. 부인 뜻을 방해한 듯하여 송구스럽습니다."

그러자 양소저가 눈썹을 낮추며 대답했다.

"규중여자의 서툰 생각으로 어찌 시를 읊는 재주가 있겠습니까? 마침 친정에 보낼 편지를 쓰다가 다 마쳐 그친 것뿐입니다. 어찌 내외하여 그런 것이겠습니까?"

장씨는 명랑하게 웃고 자리에 앉아 이런저런 이야기를 하면서 종종 곁눈질로 책상 위를 보며 그 글씨체를 알고자 했으나 핑계거리가 없었다. 그때 사인이 조정에서 돌아왔는데 금관 조복(朝服)에 패옥(佩玉)이 밝고 아름다웠다. 그 모습은 마치 바람에 나부끼듯 가볍게 난새 위에 올라탄 왕자진(王子晉)549) 같고 분 바른 하안(何晏)550) 같았다. 그가 천천히 방에 들어오자 원상궁이 나아가 관복을 벗기고 평상복을 내왔다. 사인은 당건(唐

549) 왕자진(王子晉) : 주(周) 나라 영왕(靈王)의 태자. 중국 하남성(河南省) 언사현(偃師縣) 남쪽에 있는 구씨산 꼭대기에서 7월 7일 흰 학을 타고 가족과 작별한 뒤 신선이 되어 날아갔다고 함. 피리로 봉황 소리를 잘 냈다고 함.

550) 하안(何晏) : 중국 삼국시대 위(魏)나라의 관료 · 사상가. 자 평숙(平叔). 어머니 윤(尹)씨가 후에 조조(曹操)의 부인이 된 탓으로 위나라 궁정 안에서 자랐고, 위나라 공주를 아내로 맞음. 조상(曹爽)이 권력을 잡자 이부상서(吏部尙書)로 승진하였으나, 사마의(司馬懿)에 의해 조상 일족과 함께 살해됨. 『세설신어(世說新語)』는 하평숙이 잘생긴 외모에 자태가 뛰어났으며 얼굴이 희어 위문제(魏文帝 : 조비)는 그가 분을 바른 것이라고 여기고 한 여름에 뜨거운 떡국을 주자 다 먹고 나서 땀을 많이 흘렸는데 붉은 수건으로 얼굴을 닦으니 더욱 희었다고 전함. 그가 왕필(王弼)과 주고받은 청담(淸談)은 일세를 풍미하였고, 그 뒤 언제까지나 '정시(正始)의 음(音)'으로 일컬어져 청담의 모범이 됨. 왕필과 더불어 위진(魏晉)의 현학(玄學 : 노장학(老壯學)의 시조로 받들어짐.

巾)을 쓰고 푸른 비단 옷을 입은 후 자리에 기대어 앉았다. 그렇게 앉아 두 소저가 서로 화목하게 상대하는 것을 보니 사인은 너무 기뻐 흔쾌히 웃으며 말했다.

"나는 조정 일에 바빠 일신이 분주한데 그대들은 이같이 한가하니 어찌 부러워 않겠소?"

그러고는 책상 위의 책을 빼어 펴보는데 공교롭게도 거기서 양소저의 24
시를 적어 놓은 종이쪽지가 떨어졌다. 사인이 종이를 거두어 보니 「대아(大雅)」를 기린 사운시(四韻詩) 한 편이었다. 필법이 정교한데다 말뜻이 온화하고 향기로워 『시경(詩經)』 삼백 편보다 나은 듯했다. 사인이 매우 놀라 양소저를 돌아보며 말했다.

"내가 어렸을 때부터 움직이는 것을 싫어하는 성격이라 규중에 잘 들르지 않았더니 부인께 이런 재주가 있는지 몰랐구려. 이처럼 귀신을 놀라게 할 청아한 글귀를 구경하니 이제야 산천의 정기와 성당(盛唐)의 묘한 것이 부인에게 속한 것을 알겠소. 존경과 흠모의 마음을 이기지 못하겠구려."

소저는 뜻밖에 사인이 자기의 시를 보게 되자 너무 부끄러워 사양하며 말했다.

"서툰 시로 군자의 높으신 안목을 더럽게 했으니 얼굴을 못 들겠습니다. 그런데 도리어 이처럼 과찬하시니 몸 둘 바를 모르겠습니다."

원상궁이 그 글을 보고 눈물을 흘리며 말했다.

"비록 감히 견줄 수는 없으나 부인의 문장 필법이 우리 돌아가신 진양공주와 많이 비슷하시니 서글픈 마음을 못 참겠습니다."

그러고는 서루(書樓)를 열고 작은 병풍을 내어와 좌중에 펴고 손으로 가리키며 말했다.

25 “이것은 우리 진양공주께서 살아계실 때 여러 부인들과 함께 즐기신 후 그 글재주를 사랑하시어 병풍으로 만들어 침전에 두셨던 것입니다. 유씨 가문의 여러 부인들 중 순부인을 제외하고는 그 지으신 글이 모두 그 가운데 있습니다. 그 중 말단에 쓰인 것이 진양공주께서 차운(次韻)하신 것입니다. 공자와 젊은 부인들께서 옛 자취를 한 번 보시면 그 문필과 화목함이 어떠했는지 가히 구경하실 만할 것입니다.”

이 말을 듣고 사인이 큰 소리로 탄식하니 옥 같은 얼굴에 눈물이 가득해졌다. 친히 병풍을 방 안에 펴고 여러 숙모들의 글을 보며 탄복하다가 공주의 필법이 서광이 비취는 듯 기이하고 말뜻이 바다같이 심원한 것을 보고는 눈물로 옷을 적셨다. 이 모습을 본 양소저 또한 안색이 처연해졌다. 사인의 슬퍼하는 모습에 감동한 양소저가 두 눈에 눈물을 머금고 옷깃을 여미며 자리를 고쳐 앉으니 좌우에 있던 궁인과 원상궁의 흐느끼는 소리가 그치지 않았다. 장씨는 비록 이런 참담한 상황과 옛 자취를 구경한 일은 귀해도 마음이 거기에 있지 않았다. 오직 두 눈으로 양소저의 시 적은 종이를 쏘아 보다 문득 그것을 거두어 손에 쥐고는 여러 번 읊조렸
26 다. 양소저는 본래 총명하고 슬기로운 여자라서 장씨의 모습을 대단히 의아스럽게 여기며 시를 적은 종이를 거두고 이렇게 말했다.

“서툰 시라 부인의 높으신 안목에는 그다지 비출 만하지 않습니다.”

장씨 또한 시를 찬양하고 양씨는 이를 사양하다 이윽고 시간이 늦어 장씨는 자기 처소로 돌아갔다. 사인은 이때 어머니의 필적을 보느라 다른 생각을 할 수 없어 양씨와 장씨 두 사람의 말이나 표정이 어떠한지 알지 못했다. 그러나 원상궁은 이 모습을 자세히 살피고 있었다. 좌우가 고요

한 때를 타 원상궁이 양씨에게 말했다.

"평소 말씀을 잘 하시던 장씨 소부인(小夫人)이 부인의 시를 손에 들고 한참을 보며 그 재주의 아름다움에 탄복하는 것이 아니라 그 글자체만 자세히 보며 정신이나 생각을 딴 데 팔지 않으시니 너무 이상합니다. 부인은 마음을 놓지 마시고 잠시 살펴 생각하옵소서."

그러자 소저가 슬프게 탄식하며 말했다.

"저 사람은 이미 나와 함께 한 몸 같은 사람이니 어찌 다른 의심을 하겠습니까? 상궁의 염려가 너무 앞서가는 것 같습니다. 나타나지도 않은 일을 지레 이렇듯 생각하는 것은 옳지 않으니 원컨대 말을 삼가 궁중의 맑은 법을 상하게 하지 마십시오."

이 말을 들은 원상궁은 손가락을 튕기면서 양씨를 칭찬하며 말하였다.

"부인께서 어진 덕으로 우리 진양공주의 뒤를 잇고 계신 것을 보니 슬
프면서도 다행스런 마음을 금할 길이 없습니다. 그렇지만 적국(敵國)이 27
강성한데 너무 어진 것은 몸을 보호하는 옳은 방법이 아니니 잠깐 권도
(權道)를 쓰시고 너무 정도(正道)만 지키려 하지는 마시기 바랍니다."

그런 후 원상궁은 지난 날 장부인과 공주가 했던 일을 자세히 이야기하고 나서 탄식하며 말했다.

"지금은 비록 장부인께서 옥주의 크나큰 덕에 감화되셔서 성현의 높은 덕을 좇고 계시나 당시에는 옥주의 성덕을 억눌러 없애고자 안달하셨습니다. 하물며 부인께서는 왕께 의존할 수도 없고 공자의 성품 또한 조심성이 없어 엄숙하신 주공과는 완전히 다르니 조심하셔야 합니다. 주공께서는 지혜롭고 사리에 밝으신데도 참소를 믿고 들으셨거늘 하물며 공자의 행위는 말해 무엇 하겠습니까?"

그러자 소저가 옷깃을 여미고 조용히 감사하며 말했다.

"상궁이 나를 깊이 사랑하여 훈계하여 주시니 감격을 이기지 못하겠으나 시어머님의 허물에 대해서는 듣고 싶지 않소. 더구나 돌아가신 시어머님인 진양공주께서 얼마나 훌륭하신 분이시며 지금의 시어머님이신 장부인 또한 얼마나 정숙하신 분이시오? 돌아가신 진양공주의 성덕과 장부인께서 허물을 뉘우치신 일을 생각하면 공자의 문하에 있던 안

28 자(顔子)[551]가 생각나오.

나는 박덕하여 당대의 평범한 사람에게도 미치지 못하니 아무리 장씨의 재주와 용모, 기질이 보통 재주 있는 여자나 아름다운 미녀보다 뛰어나다 해도 어찌 감히 서로 이를 바랄 수 있겠소? 성인이 이미 말씀하신 바와 같이 '옛 사람이 말을 함부로 하지 않은 것은 몸이 미치지 못할까 두려워서라.'[552] 하였으니 스스로 미치지 못할 줄 알면서 어찌 감히 비유하여 같아지고자 하겠소? 그저 고요히 천명을 따르며 어지러운 염려나 망령된 생각을 하지 않는 것이 마땅할 것이오.

장씨가 화목하게 지내려 하면 내가 공경하며 대접하고, 화목하게 지내려 하지 않으면 내가 조심하여 장씨로 하여금 질투하거나 미워하는 마음을 갖지 않게 하였으면 하는 것이 내 솔직한 마음이오. 저 사람이 어진 것을 보니 꺼릴 게 없고 만약 사나운 면이 있다 해도 마음에 두지 않으려 하오. 장차 해를 끼치려 하는 것을 안다 한들 어찌 하며 또 어찌 근거 없이 추측하여 지레 의심하겠소?"

---

551) 안자(顔子) : 공자의 수제자였던 안회(顔回)를 말함. 학덕이 뛰어나고 덕행이 첫째여서 아성(亞聖)으로도 불림. 가난을 괴롭게 여기지 않았고 무슨 일에도 성내지 않았으며 잘못은 두 번 다시 저지르지 않았다고 함.

552) 옛 ~ 두려워서이다 : 『논어(論語)』「이인(里仁)」 편에 "옛 사람이 말을 함부로 하지 않은 것은 몸이 미치지 못할까 두려워서이다[古者言之不出, 恥躬之不逮也.]"라는 구절이 나옴.

이 말을 들은 원상궁이 칭찬하여 마지않았다.

이때 장씨는 양씨의 필적을 마음에 자세히 새겨두고 침소로 돌아와 가
만히 그 글자체를 따라 해보았다. 본래 재주가 많고 정교한지라 수일 내
에 글자체를 바꾸어 양씨의 필적과 가리지 못할 정도가 되었다. 이미 꾀 29
는 세웠으나 일을 극비로 하여 소상궁은 채 알지 못했다.

하루는 장씨가 죽서루로 나아가자 양소저가 장씨를 맞아들여 함께 이야기를 나누었다. 날이 이슥해지자 장씨가 문득 곁에 있던 사람에게 차를 가져오라 하였다. 양씨의 시녀 월앵이 마침 곁에 있다가 향기로운 차를 받들어 올렸는데 그것을 받아 마신 장씨가 곧이어 자리에 엎어져 정신을 차리지 못하였다. 곁에 있던 사람들이 매우 놀라 장씨를 부축하여 시중들며 간호했으나 장씨는 정신이 혼미하여 말을 하지 못했다. 양소저는 이 거동을 보고 하늘을 보며 탄식했으나 아무 말이 없었다. 궁인들이 장씨를 부축하여 바닥에 눕히니 장씨가 눈을 감고 점점 정신이 흐려졌다. 사인과 학사가 들어와 이 말을 듣고 매우 놀라 급히 해독약을 내어와 장씨에게 먹이자 한참이 지난 후 장씨가 정신을 차렸다. 눈을 뜬 장씨는 사인을 보자 눈물을 비 오듯 흘리며 끝내 말을 못하였다. 사인은 크게 의심하며 그 사정을 불쌍히 여겨 밖으로 나와 학사에게 말했다.

"장씨가 월앵이 가져다 준 차를 먹고 기절한 것이 너무 이상하니 앵을 신문(訊問)해 보는 것이 어떻겠습니까?"

학사가 말했다.

"그것은 옳지 않은 일이다. 우리 궁중에는 일찍부터 요망한 복술(卜術) 30
이나 예의에서 어긋난 말이 없었는데 이제 어찌 집안의 시녀가 주인을
모해할 수 있단 말이냐? 앵이 무슨 생각으로 이런 크나큰 죄악을 행하

겠느냐? 사람의 화와 복이 아침저녁으로 달라질 수 있으니 우연히 기운이 막혔다 해도 이상한 일이 아니다. 다만 일을 자세히 살펴보고 나중을 보자꾸나."

이 말을 듣고 사인은 입을 다문 채 못마땅해 했으나 학사의 말이 옳으므로 잠잠히 장씨를 간호할 따름이었다. 그러나 부친인 진공이 자기가 집안을 어지럽히려 장씨를 얻는다고 못마땅해 하던 일을 생각하고는 이 일을 진공에게는 알리지 않았다. 그리고 좌우 궁인에게도 당부하여 말을 말라 하고 넌지시 장씨에게 약을 달여 먹였다. 그러나 장씨가 연이어 귀가 먹고 눈도 어두우며 말을 변변히 못하자 이처럼 장씨가 공연히 병자가 된 것을 사인은 참혹히 여겼다. 사인은 장씨가 월앵 때문에 중독된 것으로 생각하고 월앵을 죽이려 했다. 이로부터 사인은 죽서루에 가는 일이 없었다.

하루는 사인이 기린각에서 장씨의 병을 돌보며 밤이 늦도록 자지 못하고 있었다. 그런데 문득 한바탕 찬바람이 일어나며 촛불이 꺼지더니 소년 장사 한 명이 손에 비수를 들고 방안으로 뛰어들었다. 좌우에 계영과 춘
31 섬, 소상궁이 있다가 적이 비수를 들어 바로 사인에게 달려들므로 소상궁이 황급히 몸으로 사인을 가렸다. 적이 또 장씨를 향하므로 계영과 춘섬이 소리를 지르고 막았다. 적이 다시 칼로 사인을 찌르려 하다가 소상궁이 소리 질러 막자 칼로 소상궁의 얼굴을 찔렀다. 피가 흘러 멈추지 않는데도 소상궁이 죽기로써 사인을 가렸다.

사인은 본래 어려서부터 칼을 좋아하여 항상 보검을 차고 다녀 몸에서 떠나지 않았는데 이때 적의 장난을 보니 마음에 분노하여 문득 허리에 찼던 패검을 빼어 적의 다리를 내려쳤다. 그러자 적이 소리를 지르며 엎어

졌다. 빨리 그를 잡아매고 사람을 불렀으나 깊은 밤 삼엄한 내전에 순찰하는 군사가 미처 들어오지 못하여 겨를이 없는 사이, 적이 이미 매여 있던 노끈을 끊고 뛰어 달아나면서 허리에 차고 있던 주머니를 떨어뜨렸다. 사인이 거두어 손에 쥐고 궁관과 궁노들을 불렀다. 횃불을 밝히고 좌우를 살폈으나 아무런 종적이 없었다.

학사 또한 이 변을 보고 급히 일어나 여러 공자들과 함께 기린각에 이 32
르러 보니 소상궁이 피를 흘리며 정신을 못 차리고 있었으며 장씨 또한 혼절하여 계영 등이 좌우에서 붙들고 슬피 울고 있었다. 사인이 난간에 나와 촛불을 밝히고 적의 요패(腰牌)[553]를 보니 강주(江州) 인전기라 되어 있었다. 주머니 속에 서찰이 한 통 있는데 이는 곧 양소저가 전기에게 친필로 부친 글이었다. 마음으로 연모하는 뜻과 음탕한 말은 차마 보지 못할 지경이었으며 사인과 장씨를 아울러 죽이면 만나서 함께 살기로 굳게 약속하는 내용이었다. 사인은 다 보고나서 태연한 안색으로 아무 말도 하지 않았다. 학사는 이미 그 뜻을 알고 천천히 물었다.

"오늘 이처럼 큰 변이 일어났으니 아우는 어떻게 처치하고자 하느냐?"

사인이 대답했다.

"제가 방탕하여 집안을 어질게 다스리지 못한 탓에 가문에 욕을 끼치고 말았습니다. 명부(命婦)로서의 빛 또한 더러워 풍습과 교화를 상하게 했으니 어찌 아버님께서 한탄하신 것을 그르다 하겠습니까? 허물은 진실로 내게 있고 양씨에게는 있지 않으니 그 사람을 꾸짖을 생각은 없습니다. 그러니 처치할 것도 없으나 다만 저로 인해 소상궁의 목숨이

553) 요패(腰牌) : 군졸(軍卒) · 조례(皂隸) 등이 신분을 증명하기 위하여 허리에 차던 나무패. 위쪽에 嚴禁이라고 새겼음

33 위태하고 장씨가 중독되어 병자가 되었으니 이는 곧 백인(伯仁)이 나로 인해 죽은 것[554]과 마찬가지가 되었습니다. 다른 사람에게 말할 낯이 없으니 깊이 꾹 참고 앞일을 보려 합니다. 그러니 아버님께는 아뢰지 말아 주십시오."

학사는 이것이 간사한 사람이 꾸민 계략인 줄은 알았지만 사인의 뜻이 적지 않은 것을 보고 가만히 있었다. 더구나 장씨가 월앵이 준 차를 먹고 아주 병신이 되었고 침소에 도적이 들어와 이렇듯 어지럽혔으니 지레 짐작으로 장씨를 지목하기는 어려웠다. 양소저를 의심한다 해도 어찌 그 얼음 같은 자질과 서리 같은 기개로 한낱 총애를 받으려 적국을 죽이고 더군다나 가장까지 해하려 했겠는가 싶었지만 한 번에 의혹을 풀기 어려워 다만 이렇게 말할 뿐이었다.

"아우의 생각이 옳다. 앞일을 보면 자연히 그간의 사정이 드러나겠지. 하지만 제수씨는 성덕과 행실이 높아 사군자의 덕이 있는데 어찌 추호라도 이런 음란한 일을 했다고 의심할 수 있겠느냐? 아우가 깊이 헤아려 그간의 사정을 살펴야 할 것이다."

사인은 두 손을 가지런히 맞잡고 이렇게 대답했다.

"형님의 밝으신 가르침이 마땅하시니 제가 어찌 받들지 않겠습니까?"

그러고는 글을 거두어 주머니 안에 넣고 소상궁을 부축하여 침소로 보
34 낸 후 친히 약을 달여 극진하게 간호하고 다시 이 말을 드러내 하는 일이 없었다. 그러니 사람들이 그 속을 헤아리지 못했다.

---

554) 백인(伯仁)이 ~ 것 : {빅인[伯仁]이 유아이ᄉᆡ[由我而死ㅣ]라}. 감옥에 갇히어 있던 중국 동진(東晋)의 재상 왕도(王導)는 백인의 상소로 살아났으나, 백인이 투옥되었을 때 그를 구하여 줄만한 입장에 있었으면서도 구해주지 않아 백인은 결국 죽었는데, 뒤늦게 자신을 구해준 것이 백인임을 안 왕도가 후회하며 한 말. 후에 이 말은 자신으로 말미암아 다른 사람이 화를 입었다는 뜻으로 사용됨.

이 도적 인전기는 계영의 먼 친척으로 본래 자객 노릇을 하며 변방에서 살았는데 여러 번 사람을 죽이고 그 사정이 탄로 나자 서울로 도망해 와서 생계가 어려웠다. 그러자 계영이 천금을 주고 전기를 사서 장씨가 양씨의 글씨를 본떠 위조한 편지를 주어 양씨를 음해하게 한 것이었다. 또한 소상궁의 강직함을 꺼려하여 도적으로 하여금 일부러 죽이라 한 것이었으나 미처 소상궁을 죽이지 못하고 사인으로 하여금 칼에 맞아 겨우 도망하게 되자 일부러 주머니를 떨어뜨려 사인이 보게 했던 것이다.

사인은 마음이 분노로 가득 차 양씨와 월앵을 베고자 하였으나 두려워하는 바는 부친과 조부모, 숙부와 당숙들이 다 매우 엄하신 것이었다. 또한 어른들께서 양씨를 총애하시니 그 죄악을 믿지 않으실 것이며 도리어 자기가 여러 사람을 모은 것을 죄로 삼고 장씨를 불길하게 여길지도 몰랐다. 사인은 스스로 부형의 뜻을 알고 깊이 참아 그 죄악이 커지면 나중에
크게 처치하고자 했다. 본래 심지가 천금같이 무겁고 아무리 난처한 일 35
도 능히 참는 성품이라 끝내 목소리나 얼굴빛을 바꾸지 않고 별다른 말이 없어 여러 형제와 좌우에 있던 사람들은 그 뜻을 알지 못했다.

다음날 이른 새벽에 사인 형제가 진공께 문안을 드렸다. 진공은 마침 영운전에 있다가 지난 밤 주변이 요란했던 이유를 물었다. 이에 사인이 진공께 머리를 조아리고 대답했다.

"자객이 기린각에 들어 소상궁을 크게 다치게 하였습니다. 거의 생명을 마칠 뻔하였으나 소저의 칼에 맞고 달아났습니다. 순찰하는 사졸을 불러 잡게 하였으나 끝내 잡지 못했습니다. 이 때문에 요란하여 아버님께서 놀라셨다면 황공할 따름이옵니다."

진공이 놀라며 말했다.

"깊은 궁궐에 도적이 어찌 출몰한단 말이냐? 대단히 이상한 변고로구나. 재산이나 보물을 잃은 것이 있느냐?"

사인이 대답했다.

"잃은 것은 없지만 처음엔 소자를 해치려고 곧바로 달려들다가 소상궁이 급히 막아 그 칼에 맞았습니다. 또 장씨를 해치려다가 제가 칼로 치니 곧이어 달아났습니다."

진공이 놀라 말했다.

36 "이런 변이 궁중에 있으니 소홀히 생각할 일이 아니다. 순찰 사졸과 위장(衛將)[555]이 태만히 한 죄가 없지 않구나."

그런 후 외전에 나와 이날 순경 사졸을 잡아 엄히 문책하였다. 다시 이런 일이 있으면 사형을 내릴 것이라 명한 후 부모를 뵈었다. 이 무렵 진공의 모친인 이부인은 감기에 걸린 후 오랫동안 낫지 않아 여러 며느리들이 모시고 간호하고 있었으므로 설씨와 양씨 두 소저도 그 자리에 있었다. 이때 이부인이 물었다.

"장씨는 어찌 여러 날이 되도록 보이지 않느냐?"

설소저가 대답했다.

"장씨는 근래에 병이 있어 자리에 누운 지 오래되었습니다."

이부인이 사인에게 말했다.

"무슨 병이냐?"

이사인이 대답했다.

"감기에 걸려 큰 병이 되었습니다."

---

555) 위장(衛將) : 오위장(五衛將). 오위의 군사를 거느리던 장수로 종2품의 관원이었음. 오위는 좌・우・전・후・중앙의 다섯 방위를 지키는 군사를 이르는 말로 여기서는 궁을 지키는 수위대장을 이르는 말로 쓰임.

이부인이 놀라며 말했다.

“이런데도 내가 알지 못했구나.”

진공이 웃고 위로하며 말했다.

“장씨가 비록 젊은 나이에 병이 있으나 오래 지나면 자연히 조금 나아지는 기미가 있을 것이니 현의 과도한 말을 너무 곧이듣지 마시옵소서.”

부인이 웃으며 말했다.

“내 아들이 노모의 마음을 위로하려 그러는 것이겠지만 원래부터 현이
호탕한 것을 미워하여 장씨를 좋지 않게 생각하므로 오늘도 말이 이러
하니 고집이 여간 아니구나. 선한 데가 없다 하여도 아직 나타난 바 없 37
고 아랫사람을 다스리는 도리로도 편벽된 것은 좋지 않으니 그 자애를
두텁게 하고 사람을 만드는 것이 옳다. 너무 이같이 하면 원망하는 마
음을 일으켜 인륜에 아름답지 않은 변이 있을까 두렵구나.”

진공이 어머님의 훈계를 듣고 오직 “예, 예”하고 대답 할 따름이었다.

원래 진공은 장씨가 월앵이 가져다 준 차를 먹고 병든 것과 도적이 괴이한 서간을 빠트리고 달아난 것, 사인이 그것을 얻어다 깊이 감춰놓은 것 등 대개 양씨에게는 이롭지 않은 일들을 궁중에서는 듣지 못하였지만 양학사 부인과 사어사 부인이 풍문으로 듣고 와서 공에게 말해 주었기에 알고 있었다. 진공과 두 부인은 사인이 공을 속이는 뜻을 몰라 괴이히 여기며 서로 염려하고 있었다. 진공은 놀라운 마음을 이기지 못했으나 사인이 어떻게 하는지 보고 처치하려고 두 누이에게 당부하여 번거롭게 전파하지 말라 한 후 자기도 모르는 체하였다. 두 부인 역시 이를 옳게 여겨 모친이 들으시면 병중에 매우 놀라시고 공주 생각이 더하여 슬퍼하실 것

38 을 알고 쓸데없는 일을 하지 않으려 입을 다물었으므로 이부인은 전혀 알지 못했다. 그저 사인을 편애하여 자연히 장씨의 병을 자주 묻고 근심하니 진공이 간절히 위로하여 대단하지 않다고 대답한 것이었다.

이윽고 문안을 마친 후 설씨와 양씨 두 소저는 진부로 돌아왔다. 설소저가 양소저를 청하여 태청전에 이르러 자리를 이루고 장손 상궁과 설, 원 두 상궁이 함께 모여 지난 밤 기린각에서 일어난 변에 대해 의논하고 있었다. 그때 설상궁이 사인이 학사에게 하던 말을 자세히 전하자 양소저는 서간에 관한 일을 그제야 알고 매우 놀라 안색이 파랗게 질렸다. 장손씨가 탄식하며 양소저에게 말했다.

"옛날에 요리(要離)는 팔을 자르고 경기(慶忌)를 죽였으며[556] 측천(則天)은 자식을 죽여 큰일을 이뤘으니[557] 오늘 간사한 사람이 스스로 함정

---

556) 요리(要離)는 ~ 죽였으며 : 요리(要離)는 오자서(伍子胥)의 추천으로 오(吳) 왕 합려(闔閭)의 밑에서 일한 사람. 오자서는 초나라의 평왕(平王)에게 죽은 아버지의 원수를 갚기 위해 여러 나라를 떠돌다 초나라에 정착함. 당시 공자(公子)였던 광(光, 합려)의 쿠데타를 돕기 위해 인재를 구하던 중 요리에 대한 소문을 듣고 스스로 요리를 찾아가 교제를 청함. 경기(慶忌)는 당시 초나라 왕이었던 요왕(僚王)의 장남으로 용감하고 현명하여 쿠데타에 방해가 되는 인물이라 생각한 오자서는 경기를 위(衛)나라에 특별 대사로 내보내고 쿠데타를 성공시킴. 그 후 경기를 죽이기 위해 미리 포섭해 둔 요리를 데리고 와 합려에게 소개시킨 후 계략을 짰으며 그 계략대로 요리는 초나라를 치자고 주장하고 합려가 화를 내며 요리의 왼팔을 끊고 감옥에 넣자 오자서가 요리를 탈출시킴. 합려는 요리의 처자를 잡아 죽이고 요리는 그 원한을 선전해 경기가 요리를 믿게 한 후 경기를 암살함.

557) 측천(則天)은 ~ 이뤘으니 : 당나라의 제3대 고종(高宗)의 황후로서 나중에 황제가 된 측천무후(則天武后)는 재상으로 당나라 창업에 공헌한 무확(武朕)의 딸로서 뛰어난 미모로 14세 때 태종(太宗)의 후궁이 되었으나 태종의 총애를 받지 못하다가 황제가 죽자 장안의 감업사(感業寺)의 비구니가 됨. 태종의 5주기에 고종이 그 절을 찾았을 때 고종의 총애를 받게 되었으며 그 후 무후는 먼저 궁중 내의 비빈들을 제거하고 마침내 간계를 써서 황후 왕씨(王氏)를 모함하여 쫓아내고 스스로 황후가 됨. 무측천에게는 이홍(李弘), 이현(李賢), 이현(李顯), 이단(李旦)이라는 4명의 아들이 있었으나 그녀는 자신의 권세와 위치를 유지하기 위해 친자식을 죽이는 것도 불사함. 태자 이충(李忠)이 폐위되자 무측천의 장남 이홍이 황태자에 책봉되었으나 무측천은 자신이 공들여 닦아놓은 권력의 기반을 송두리째 아들에게 뺏기고 싶지 않아 24살의 아들에게 독약을 먹여서 죽임. 이홍이 죽은 지 한 달 후에 둘째 아들 이현이 태자에 책봉되었으나 다시 권력을 잃을지 모른다는 위기를 느낀 무측천은 다른 사람을 교사하여 태자가 여색을 탐한다고 모함해 이현은 태자의 신분을 박탈당하고 폐서인 되었다가 나중에 다시 파주(巴州)로 추방됨. 무측

에 빠진 것은 소저의 평생을 망치고자 함입니다. 더구나 공자의 사람
됨이 안팎이 다르고 심지가 무거워 가볍게 나타내지 않을수록 그 마음
속에 새겨둔 것은 클 것입니다. 이후 요악한 사람이 상황을 살피다가
또 어지러운 일을 일으킬 것이니 화가 어디서 미칠지 모르겠습니다.
더구나 소상궁의 고생이 이 같으니 돌아가신 진양공주께서 살아계신 39
다 해도 오늘 같은 변에서 공자의 마음을 풀어 소저를 구하시지는 못할
것입니다. 오직 조심하여 앞으로 일어날 일을 보시고 연약한 기질을
상하게 하지 마시옵소서."

양소저가 옷깃을 여미고 별 같은 눈에 맑은 눈물을 머금은 채 말했다.

"오늘 상궁이 저를 사랑하여 가르쳐주시니 감격을 이길 수 없습니다. 허나 이미 몸에 강상(綱常)의 죄악이 분명하니 모든 궁녀들이 비록 저를 아낀다 하여도 국법은 용서하기 어려울 것입니다. 빨리 아버님께 고하여 법을 바르게 하시길 원할 따름입니다."

장손씨와 설, 원 두 사람이 양소저를 위로하며 말했다.

"부인께서 누명을 쓰고 계시나 부인의 죄가 아니니[558] 하늘이 돌이켜 주실 날이 있을 텐데 어찌 이런 말씀을 하십니까? 더구나 공자께서 발설하지 않으시는 것은 스스로 아는 체하는 것이 옳지 않기 때문입니다. 부디 마음을 동요하지 마시옵소서."

소저가 감사하고 침소에 돌아오니 정신이 아득하고 혼백이 뛰노는 듯

천은 중종 이철을 폐위시킨 사흘 후에 파주로 사람을 보내어 이현을 죽였으나 약 반세기 가량 국정을 다스리면서 강력한 중앙집권 체제를 확립하여 사회적 안정과 경제적 발전을 이룩하였고 특히 농경장려, 인재중용, 측근단속 등의 조치를 취하여 당시의 사회를 효과적으로 안정시키고, 정관지치(貞觀之治)의 업적을 공고히 다져서 경제를 윤택하게 발전시킨 것으로 평가됨.

558) 누명을 ~ 아니니 : {누셜[縲絏] 듕[中]의 계시나}. 누(縲)는 검은 줄이요, 설(絏)은 얽는다는 뜻으로 죄인(罪人)을 묶는 포승(捕繩)을 말함. 『논어(論語)』「공야장(公冶長)」 편에 "비록 누설의 속에 있으나 그의 죄가 아니다[難在縲絏之中, 非其罪也]."라고 하였음.

하였다. 스스로 한 번 죽어 더러운 욕을 잊고 싶은 마음이 간절했으나 누
명을 풀지 못하고 죽으면 무익할 것을 알기에 분노하고 원망하는 마음을
억지로 추스르면서 침석에 누워 있었다. 아침저녁 모임에는 억지로 참고
40 나가 잠깐 있다 돌아왔지만 단장을 폐하여 옥 같은 얼굴이 날이 갈수록
초췌해졌다. 진공이 물었다.

"며늘아기가 근래 근심스런 안색이 있어 기색이 전과 다르니 왜 그런지 모르겠구나. 무슨 일이 있느냐?"

소저가 공손히 말씀드렸다.

"몸에 작은 병이 있어 자연 평소 같지 못하오나 어찌 근심 같은 것이 있겠습니까?"

진공이 한 번 혀를 차고 사인을 돌아보니 사인은 공이 벌써 아셨는가
싶어 마음이 좋지 않았다. 그러나 억지로 참고 죽서루에 이르니 소저가
푸른 귀밑머리에 구름같이 쪽진 머리로 눈물을 펑펑 흘리며 원상궁과 무
슨 말을 하자 원상궁이 손에 한 잔의 인삼차를 들고 소저를 위로하며 마
시길 권하고 있었다. 사인이 들어가자 소저는 즉시 눈물을 거두고 일어나
맞았다. 사인은 평소와 다름없는 말투로 천천히 자리를 이룬 후 의관을
거두어 잡고 두 눈으로 소저의 얼굴을 한참 동안이나 살펴보았다. 아녀자
의 부끄러운 마음에 진중한 남편이 사랑하는 마음에 아무 까닭 없이 이리
하여도 오히려 부끄러울 터에 하물며 강상의 누명을 실어 더럽고 근본 없
이 여기며 보는 눈이 이 같은 것을 상대했을 때에 그 마음이 어떠했겠는
41 가? 원통한 마음과 부끄러운 마음에 죽고자 해도 죽을 곳이 없었으나 사
람이 본래 심지가 넓고 마음이 철옹성 같으므로 안색이 편안하고 고요하
여 사인이 그 같은 마음을 전혀 알지 못하는 듯했다. 사인은 베개에 비스

듬히 기대어 하늘을 관망하며 양소저를 대하였다. 한 방의 부부를 함께 해치려 했던 그 흉악한 모략을 생각하니 모골이 송연했으나 짐짓 은근한 말투와 얼굴빛으로 소저의 손을 잡고 웃으며 말했다.

"내가 국사 때문에 바쁘고 장씨의 문병을 하느라 몸에 여가가 없어 부인을 오랫동안 찾지 못했으니 부인은 나와 서로 간에 믿음이 없다고 여기는 것은 아니요? 내 또한 부인을 대하니 많이 두렵고 서먹하여 옛날에 부부였는다는 것도 잊은 듯하구려."

말을 마치고 사인은 끊임없이 선웃음을 지었다. 소저는 장씨의 사악한 짓거리가 이같이 교묘하여 사인이 그것을 진실로 믿는 것을 원망할 수가 없었다. 또한 오늘처럼 거짓으로 은근한 표정을 짓고 모호하게 말하는 것을 들으니 더욱 놀라 몸 둘 바를 모르겠는데 어찌 즐거운 담소와 위엄 있는 기운을 낼 수 있겠는가? 소저는 얼굴에 부끄러워하는 기색이 하염없이
일어나 손을 뿌리치고 자리에서 잠깐 물러나 고개를 숙이고 말이 없었다. 42
사인이 소저를 불러 앉혀 놓고 한참 동안 물끄러미 보다가 또 다가가 손을 이끌고 자리에서 나오게 하여 웃으며 말했다.

"부인이 나의 박대를 원망하고 사랑을 구할 것 같으면 이렇듯 멀리 떨어져 앉아 매몰찬 체하겠소? 내 진실로 거취를 정하지 못하여 답답하고 우울하구려. 옛 사람이 이미 글을 두어 '옛사람의 은혜가 중하니 차마 새사람의 정을 구하지 못하리라' 하였으니 내가 그대에게 은혜가 없다 하나 수년 동안 부부로 지낸 인연이 있는데 어찌 이처럼 매몰차게 버린단 말인가?"

그러자 소저가 정색하고 대답했다.

"제가 비록 어질지는 못하나 일찍이 군자께 시집온 후로 예의에서 벗

어난 말이나 천박하고 비루한 행실이 없었거늘 어찌 이같이 구박하여 욕하시는지 모르겠습니다. 여자가 남편을 저버리는 것은 죽을죄인데 어찌 법으로 다스리지 않고 희언으로 비유하여 이르신단 말입니까?"

사인이 차갑게 웃고 말을 하지 않았다. 이윽고 조반이 나오자 사인은 아무렇지도 않게 흔쾌히 먹었으나 소저는 애닳고 구슬퍼 음식에 뜻이 없었다. 그때 원상궁이 나아가 말했다.

43 "부인께서는 연일 주무시는 것이 편치 않으시니 음식이라도 억지로 드셔서 기운을 보충하셔야 합니다."

사인도 이 말을 듣고 또한 은근히 권유했다. 그때 월앵이 차를 받들고 나오자 사인이 별안간 얼굴색을 바꾸고 차고 있던 칼을 빼어 앵을 상머리에서 베어버렸다. 놀란 피가 소저에게 뿌려지고 앵의 머리가 땅에 떨어지니 사인이 잘린 머리를 소저에게 던지며 말했다.

"부인은 나의 무지함을 용서하고 심복 시녀의 머리를 보시오."

소저는 이 모습을 보고는 간담이 서늘해지는 것 같아 능히 기운을 수습하지 못하고 역시 자리에 엎어져 기절했다. 원상궁은 미처 앵을 구하지 못하여 급히 시신을 끌어내고 한편으로는 소저를 부축하여 구하며 사인을 보고 말했다.

"공자께서 어찌 전쟁터에서 군법을 행하는 방식으로 무죄한 시녀 아이를 규방에서 베어버리시는지 그 이유를 알지 못하겠습니다. 무슨 생각으로 이러십니까?"

사인이 정색하고 말했다.

"상궁은 알지도 못하면서 도리어 나를 괴이히 여기니 우습구나."

말을 마치고 주머니 속에서 약을 꺼내어 양씨를 구하니 한참 후 소저가

숨을 내쉬고 정신을 차렸다. 사인이 침상에 비스듬히 누워 소저를 보며 44
희미하게 웃고 있으니 소저는 부끄럽고 분한 마음을 이기지 못했으나 어
쩔 도리가 없어 억지로 일어나 앉았다. 사인이 원상궁을 돌아보며 웃고
나서 이렇게 말했다.

"아까 우연히 칼을 희롱하여 앵을 베었으나 지금은 뉘우치고 있으니 상궁은 괴이히 알지 마라. 저 양씨는 내게 속한 사람이니 상궁이 저 사람을 과도히 사랑하여 나를 소원하게 대하는 것은 우리 돌아가신 어머님을 생각하는 일이 아니지 않은가?"

원상궁이 정색하고 말했다.

"천한 비자가 7세 때부터 궐 안에 들어가 공주를 가까이 모시며 한 번
도 죄를 진 적이 없었습니다. 공주께서 여주공이 되시던 날 비자와 설
상궁을 찬례관(贊禮官)[559]으로 삼으시어 여러 왕들과 공주 50인에게 대
례(大禮)를 가르쳐 관장하게 하셨으나 일찍이 그 예를 어긋나게 한다 하
신 적이 없었고 한 번도 일을 태만히 하여 주공의 엄중하심과 옥주의
성덕으로도 평온하지 못하셨던 것을 본 적이 없었습니다. 지금은 양부
인을 보좌하며 다행히 이 분이 덕이 있고 허물이 없는 데 탄복하여 역
시 돌아가신 공주의 며느리요, 공자의 정실이라 생각하며 비자가 존경 45
으로 받들었던 것인데 공자께서는 어찌된 이유로 부인께 노한 뜻을 비
자에게 옮겨 오늘 앵을 베어버리시고 이어 비자에게 호령하신단 말입
니까? 알지 못하겠습니다. 비자를 마저 베고자 하십니까? 주인과 종의
신분은 임금과 신하와 마찬가지니 살든지 죽든지 거역하지 못할 것입
니다. 죄가 있으면 정당하고 사리에 맞게 다스리시기 바라옵니다."

559) 찬례관(贊禮官) : 제사 때 임금을 앞에서 이끌어 제사를 지내던 관원.

사인이 목소리를 낮추어 사양하며 말했다.

"그대는 어찌 이런 말을 하느냐? 어머님께서 돌아가실 적에 우리 형제를 그대에게 의탁하신 것은 그 충성스런 뜻을 아셨기 때문이다. 지금 감히 그대를 가볍게 보고 꾸짖는 것이 아니네. 단지 마음에 괴로운 생각이 있어 그대와 친한 까닭에 말을 수습하지 못했으나 본심은 그렇지 않으니 그대는 허물로 생각하지 말게."

사인이 거듭 좋은 말로 일깨우고 나갔다.

이때 궁중에서는 사인이 앵을 베어 양씨에게 호령했다는 이야기를 듣
고 놀라움을 이기지 못하고 있었다. 그러나 진공은 성품과 도량이 엄하고
뜻이 고집스러워 사인이 장씨를 취한 후에는 거북한 마음을 속에 두어 사
랑하는 마음이 전과는 달랐다. 자연히 부자간이 극히 서먹해져서 매사를
깊이 마음에 새겨두므로 그에 관한 일은 말하지 않는 것이 좋겠다고 생각
46 하여 온 집안이 진공에게 이 말을 고하지 않았다. 진공이 사인을 보고 크
게 꾸짖어 그 까닭을 캐묻자 사인이 유창한 말솜씨로 취중에 괴이한 행동
을 한 것을 한없이 후회한다고 하면서 본심을 말하지 않았다. 주변 사람
들이 모두 웃으며 말했다.

"항복하는 사람은 죽이지 않는 법이라 하니 다시 할 말이 없구나."

이때 양소저는 사인이 월앵을 죽이고 나가는 것을 보고 눈물을 흘리며 원상궁에게 말했다.

"저의 재앙이 태산 같아 무죄한 시비가 저의 죄로 죽고 그대에게 꾸중이 미치게 했으니 진실로 얼굴이 두꺼워 세상에 살아남기를 바라는 것이 구차하구려. 장차 이 한 몸을 어찌 처치해야 좋겠소?"

원상궁이 위로하며 말했다.

"부인은 너무 걱정하지 마십시오. 천지의 도리는 순환하는 것이니 얼마 안 가 공자께서 깨달으실 것입니다. 다만 죽은 사람은 다시 살아나지 못하니 앵의 인생이 불쌍할 따름입니다."

양소저가 탄식했다. 이후로 양소저가 넋이 나간 듯하여 사람이 곁에 없으면 기운이 혼미해지므로 모든 궁인들과 원상궁이 양소저 곁을 떠나지 못했다.

이때 장씨는 사인이 말은 하지 않아도 양소저를 깊이 의심하는 기색으로 월앵을 베어버리고 애정을 끊은 것을 보고 마음속으로 즐거워했다. 47
다만 양씨를 믿는 사람이 많아 저 사람이 내쫓기는 화를 면하고 오히려 평안히 있는 것을 보고 이를 싫어했다. 그래서 가만히 양씨의 글씨를 본떠 진공의 부부를 해치려 하는 내용을 지어 나무 인형과 요망한 물건으로 영운전과 영하전을 범하였으나 장씨, 계영, 춘섬 세 사람이 대단히 영리하여 정세가 비밀하므로 알 사람이 없었다.

하루는 진공이 영하전에서 달빛을 살피며 천문(天文)을 보다가 문득 한 줄기 괴이한 기운이 궁전 좌우로부터 몰려와 전 위와 전 아래에 가득 차 있으므로 한숨 쉬며 탄식하고는 이렇게 말했다.

"요사스런 사람이 이렇게 집안을 어지럽히는구나."

그런 후 시중들던 소환에게 불을 들게 하고 기운이 나오는 곳을 파보니 여러 가지 흉악하고 더러운 물건들이 나왔다. 공은 그 필적은 보지도 않고 불에 태워버리고는 좌우에 있던 사람에게 말을 하지 말라고 당부했다. 또한 부형과 자제들을 보아도 겉으로 드러내지 않으니 그 사람됨이 이와 같았다.

20여 일이 지난 어느 날 진공이 엄태감과 함께 진(秦)·진(晉) 두 나라의 정사에 대해 의논하고 있는데 학사가 황급히 나아와 고했다.

48 "어머님께서 갑자기 기운이 막혀 정신을 차리지 못하십니다."

진공이 놀라서 말했다.

"이것이 어찌된 일이냐?"

학사가 미처 대답하기도 전에 궁인들이 잇달아 장부인의 위태함을 알렸다. 진공은 천천히 일어나 영운전으로 갔다. 장부인은 아관(牙關)[560]이 굳고 수족이 차가워 정신을 못 차리고 있었고 자녀들은 모친인 장부인을 붙들고 소리 내어 울부짖고 있었다. 진공이 그 까닭을 물으니 최상궁이 대답했다.

"부인께서 아까 몸이 피곤하다고 하시며 잠깐 침상에서 잠에 취해 정신이 아득하시더니 가위에 눌려 이렇게 되셨습니다."

진공이 나아가 자녀들의 울음을 그치게 하였다. 그리고 약을 쓰며 침을 놓아 잠깐 살 도리가 있는가 살펴본 후 곁에 앉아 맥을 살폈다. 한참이 지나자 장부인이 갑자기 숨을 내쉬고 정신을 차린 후 눈을 들어 진공을 보고 처연히 슬퍼하는 빛이 있었다. 진공은 기뻐하며 물었다.

"무슨 이유로 급히 막히었소?"

장부인이 말했다.

"우연히 몸이 피곤하여 잠깐 졸았는데 전 위에서 안팎으로 이상한 갑옷 입은 병사들이 창검으로 저를 쳤습니다. 그것이 꿈인 줄 모르고 자
49 연히 마음이 두려워 가위에 눌렸습니다. 사람들이 부르는 것을 아는데도 능히 깨지 못했는데 명공께서 이르러 침과 약을 쓰시면서부터 그 요사한 무리가 흩어져 정신을 수습할 수 있었습니다. 하마터면 죽음을

560) 아관(牙關) : 입속 구석의 윗잇몸과 아랫잇몸이 맞닿은 부분.

면치 못할 뻔하였습니다."

진공이 한동안 말없이 생각하다가 웃고는 이렇게 말했다.

"부인이 30여 세에 이르도록 말하는 것에 허튼 적이 없더니 오늘은 어찌 이런 말을 하시오? 오늘 일은 가위에 눌린 것이 아니오. 대단히 중대한 일이니 살피지 않으면 안 될 것이오."

그러고는 진공이 이날 숙소를 영운전으로 정하였다. 밤이 고요하고 사람이 흩어진 후 진공이 장부인에게 말했다.

"집안에 큰 변이 있으니 먼저 없앤 후 살펴야 할 것이오. 부인은 전 위의 겹 바람벽 사이를 떼어 보아 얻는 것이 있거든 살펴서 무엇인지 알려 하지 말고 그냥 불에 태워버리되 반드시 비밀히 하시오."

장부인은 모골이 다 송연하여 이렇게 말했다.

"알지 못하겠습니다. 이것이 무엇이며 공은 어찌 아십니까?"

진공이 웃으며 말했다.

"남자가 가슴 속에 만 권 서적을 넣을 때 그것이 어찌 성리(性理)의 학문뿐이겠소? 또 본래 기운을 보고 천체의 현상을 살피는 것은 우리 선조께서 하시던 바였소. 요사이 집안을 살피니 요사스런 기운이 이곳에 50
있은 지 이미 한 달이 되었으나 말하기 곤란하여 발설하지 않았소. 그랬더니 부인이 능히 진압하여 복종하게 하지 못하고 도리어 그 해를 받은 것이오. 그러니 파내어 없애려 하오."

장부인이 놀라움을 이기지 못하여 말했다.

"제가 13세에 공에게 돌아와 지금에 이르도록 돌아가신 진양공주와 다름없이 온 궁중이 제게 순종하고 존경하였는데 무슨 까닭으로 집안에 이런 변이 있겠습니까?"

진공이 웃으며 말했다.

"부인이 알려면 아직 멀었구려. 궁중의 사람들이 부인을 해친 것이 아니라 며느리 가운데서 그런 것이니 인륜에 큰 변이라 할 것이오. 다른 일은 드러내어 꾸짖을 수 있겠지만 이 일은 목숨이 달려 있는데다 국법으로 다스리면 현의 죄가 무거울 것이니 가히 가볍게 발설하지 못할 것이오."

장부인이 감동한 표정으로 칭찬하고 진공의 처사에 더욱 탄복했다.

다음날 아침 장부인이 최상궁과 함께 공이 말하던 데를 파니 과연 흉악하고 더러운 물건이 있었다. 부인은 그것을 즉시 불살라 버리고 이 일을 아무에게도 말하지 않았다. 며느리들 또한 알지 못했으나 부인은 속으로
51 장씨가 저지른 일이라는 것을 알고 있었다. 사인이 월앵을 베어버리고 양씨를 의심하므로 비록 입 밖에 내지는 않았으나 그 뜻이 주머니 속에 든 송곳[561] 같은 것을 생각하니 슬픈 마음이 복받쳐 탄식하며 말했다.

"내 이제 친조카로 인해 현의 금슬에 이처럼 마가 끼었구나. 내 진실로 생전에는 진공을 볼 낯이 없고 사후에는 진양공주께 죄를 받을 것이다. 마땅히 정세를 살펴 조카의 병세가 진짜인지 거짓인지 알아보아야 하겠다."

장부인이 이렇듯 뜻을 정하였다. 부인은 본래 총명하고 슬기롭기가 남보다 뛰어나 한 번 마음 먹은 후에는 살피는 눈이 귀신같았다.

하루는 곁에 있던 사람들에게 이렇게 말했다.

"조카 아이가 병든 지 오래되어도 내가 묻지 못했는데 오늘은 마침 집

561) 주머니 ~ 송곳 : {ᄂᆞ뭇치 송곳}. 'ᄂᆞ뭇'이란 주머니, 자루란 뜻으로 '낭중지추(囊中之錐)'란 재능이 아주 빼어난 사람은 숨어 있어도 저절로 남의 눈에 드러난다는 것을 비유적으로 의미한 말. 여기서는 마음을 밖으로 드러내지 않아도 그 마음이 훤히 드러난다는 뜻으로 쓰임.

안에 일이 없어 고요하니 한 번 기린각에 가 보아야겠구나."

좌우에 있던 사람들이 향을 잡고 길을 인도하였다. 부인이 서서히 걸음을 옮겨 기린각에 이르렀다. 소상궁은 이때 칼에 다친 상처가 위중하여 생사의 기로에 있었으므로 기린각은 계영과 춘섬이 차지한 바가 되어 있었다. 주인과 종 세 사람이 날로 흉악한 꾀를 이루어 사람을 함정에 빠뜨
리니 그 지경이 그릇되고 억지스러운[562] 데에까지 미쳐 있었다. 장씨가 52
병을 칭하고 들어앉은 지 한 달이 되도록 진공과 부인은 한 번도 문안을 온 적이 없고 동서와 시누이들도 걱정하는 기색이 없었다. 그러자 장씨는 이에 앙심을 품고 원망했으나 사인이 날이 갈수록 슬퍼하고 애석해하며 발자취가 이곳을 떠나지 않으며 간호를 지성으로 하므로 마음을 놓고 양씨를 죽이려 꾀하고 있었다. 그러다 이날 숙모가 직접 찾아온 것을 보고 거짓으로 병이 중한 척하며 눈을 감고 정신이 없는 체하니 부인이 다가가 장씨의 손을 잡고 말했다.

"조카는 병이 어떻기에 이렇듯 정신을 못 차리느냐? 나 또한 신상에 병이 있어 묻지 못하였지만 젊은 나이에 어찌 병이 이 지경에 이르렀단 말이냐? 비록 지금은 현이 새로운 정에 참혹하여 의리로 너를 간호하고 있지만, 젊은 남자의 마음인즉 분명 단장하고 웃으며 말하는 거동만 못하게 여길 것이다. 그러니 얼른 기운을 보하여 일어나거라."

이는 부인이 정도(正道)로 가르치면 듣지 않을 줄 알고 지혜로써 저를 격동시켜 일어나게 하려는 것이었다. 장씨와 계영 등은 부인의 한 마디에
춘몽이 깬 듯하였다. 장씨는 말을 하지 않았지만 계영이 울면서 말했다. 53

562) 그릇되고 억지스러운 : {방계곡경}. '반계곡경(盤溪曲徑)'으로 써야 함. 일을 바른 길을 좇아서 순탄하게 하지 않고 정당한 방법이 아닌 그릇되고 억지스럽게 함을 이르는 말.

"소저가 괴질에 걸려 큰 병자가 되었으니 제가 망극한 것은 말할 것도 없지만 친정의 어르신들께서 더욱 근심하시고 계십니다. 그러나 증세가 낫질 않으니 이를 어찌 하여야 하겠습니까?"

부인이 탄식하며 말했다.

"이 아이가 영특하고 지혜로워 부모님께서 편애하시니 어찌 염려하시지 않겠느냐? 다만 증세가 괴이하고 오래 가니 주공께서 의심하시고 병자를 집에 두지 못하리라 하시는구나. 장차 친정으로 돌려보내고자 하시니 이는 사인의 사랑으로 막을 수 있는 게 아니다. 너희들은 모름지기 지성으로 간호하여 빨리 낫게 하여야 할 것이다."

그러고는 장씨의 속을 알기 위해 안색을 살펴보니 꾀병이 분명했다. 장부인이 매우 애달파 하며 사인이 이를 몰라보는 것을 개탄하였다. 영운전에 돌아와 깊이 근심스러운 얼굴로 눈썹을 펴지 못하고 있는데 문득 사인이 들어왔다. 부인을 모시고 말씀을 나누는 가운데 부인이 사인에게 물었다.

"내 들으니 네가 괴이한 서간을 얻었다 하더구나. 내 한 번 볼 수 있겠느냐?"

사인이 머뭇거리며 쉽게 대답하지 못했으나 이윽고 이렇게 대답했다.

"괴이한 서찰을 얻은 지는 오래되었으나 부모님께서 곧이듣지 않으시
54 고 오히려 저를 꾸짖으실 듯하여 감히 아뢰지 못하였습니다. 하지만 어머님께서 보고자 하시니 드리겠습니다."

말을 마치고 주머니 안에서 한 통의 편지를 내어 드렸다. 부인이 받아서 보고 그 필적이 양씨와 유사한 것을 공교롭게 여기며 말했다.

"이 글을 보면 양씨의 죄가 가볍지 않구나. 허나 양씨는 숙녀와 열부의

행실을 갖춘 사람인데 어찌 몸소 이런 음란하고 사악한 죄를 범하겠느냐? 이는 반드시 간사한 사람이 양씨를 해치려 한 것일 것이다. 옥석을 가리기는 어려우나 네가 만일 양씨를 일방적으로 의심한다면 그것은 네가 사리에 어둡고 어리석음이 심한 탓이다. 옛날 정덕(正德)[563] 연간에 양귀비의 작태가 이와 똑같아 하태후의 필적을 도적하여 이리이리 하니 선제께서 사실인 줄 아시고 폐모시킬 움직임이 일어나고 하씨 삼족에 환란이 미칠 뻔하였다. 그러나 돌아가신 진양공주께서 밝으신 혜안으로 요사한 무리를 찾아내어 다스리시니 조정이 기쁜 마음으로 순종하여 대궐 안이 평안해졌다. 국가와 사가의 처첩 사이는 총애를 다투고 권세를 꺼리는 자가 있어 이런 일이 종종 있으니 지금 양씨의 억 55
울하고 원통함이 하태후마마의 사정과 같구나.

슬프다, 돌아가신 진양공주께서 안 계시니 누가 능히 양씨를 구하겠느냐? 그렇지만 내 능히 그 당부를 받아 사사로운 정을 끊고 공의(公義)를 잡았으니 조카의 사정을 봐줄 마음이 없구나. 이는 결단코 양씨가 한 일이 아닐 것이다. 조카 아이의 사람됨이 투기가 심하고 그 곁에서 돕는 계영과 춘섬이 심히 어질지 않으니 나쁜 일을 꾸몄대도 이상할 것이 없다. 네 어찌 이토록 깨닫지 못한단 말이냐?"

사인이 공손히 말했다.

"어머님의 가르침을 제가 공경하여 받들어야 마땅하겠으나 만일 장씨가 양씨를 잡고자 했다면 어찌 저리 병자가 되었겠습니까?"

부인이 웃으며 말했다.

"내가 너를 대하여 이 말을 하는 것은 옳지 않으나 이미 말이 난 후니

563) 정덕(正德) : 명나라 제11대 황제인 무종(武宗)의 연호로 재위기간은 1505~1521년임.

속이는 것도 부질없구나. 조카의 병은 오래지 않아 회복되리니 너는 모름지기 내 말을 헛되이 여기지 말아야 할 것이다."

그런 후 벼룻집 사이에서 양소저의 글씨를 꺼내어 그 서간과 한데 놓고 가리키며 말했다.

56 "이 두 장의 필적이 글자체는 비록 비슷하나 자세히 보면 전혀 다른 것
을 알 것이다. 너 또한 눈이 있을 텐데 어찌 이것을 알지 못하느냐?"

사인은 부인이 이같이 애써 말하는 것을 보고 글씨를 보니 과연 부인의 말씀과 같았다. 양씨의 필적은 철사를 드리운 듯한데 그 서간은 비록 교묘하게 모사하여 주옥같긴 하나 대체로 본래의 법은 전혀 달랐다. 이상하게 여기긴 했으나 궁중에 양씨를 해칠 사람이 없고 장씨를 의심한다 해도 지금 월앵이 탄 독에 중독되어 병자가 되었으니 어찌 도리어 남을 해칠 힘이 있겠는가? 계영과 춘섬이 천한 노비로 이처럼 천고에 독보적인 문필을 모방하여 간교한 꾀를 낼 수 있겠는가? 이렇듯 생각하자 필적이 비록 약간 다르다 해도 끝내 의심은 양씨에게 있었다. 그러나 부인의 말씀을 거역하여 다투는 것은 소용없는 일이므로 그저 온화하게 수응하고 조용히 물러났다. 부인은 사인이 끝내 깨닫지 못하는 것을 보고 탄식하기를 마지않았다.

이때 계영과 춘섬은 사람들이 자기들을 의심하는 것을 듣고 양씨를 무
57 고를 한 지 오래 지나도 동정이 없으므로 마음으로 두렵고 염려가 되었
다. 그래서 가만히 인전기를 불러 그로 하여금 양소저 침소에 가서 침소를 어지럽히고 양씨를 핍박하여 몸을 더럽히면 진공과 부인의 자애도 헛된 것이 될 것이며 사인은 더욱 발길을 끊을 것이라 말하였다. 이렇듯 흉계를 정하고 가만히 자기 집에서 나와 인전기에게 죽서루의 내실 위치를

가르쳐 주었다. 전기가 비수를 끼고 진궁에 이르니 진(晉) · 진(秦) 두 나라의 철갑 군사들이 칼과 창, 활과 화살을 들고 첩첩으로 빽빽하게 순찰하며 부중을 호위하고 있어 형가(荊軻)[564]나 섭정(攝政)[565]처럼 날래다 해도 침범할 수 없을 만큼 삼엄하였다. 수삼 일을 엿보다 끝내 들어가지 못하고 돌아와 계영에게 자세히 말하니 계영이 한참 동안 생각하다 웃으며 이렇게 말했다.

"그 정도에서 일을 그만 둘 수는 없소. 처음이 있으면 끝이 없지 못한
법이오. 그대가 들어가기 어렵다면 수염을 뽑고 여자 옷을 입은 후 장
씨 가문의 시비인 체하시오. 새벽에 곁문을 열 때 여러 사람 중에 섞여
서 들어오면 내가 마땅히 주작문에서 그대를 맞아 방안에 숨겨 주겠소.
그러다가 어두워진 후 양소저의 침소를 찾아 들어가면 되지 않겠소.
양소저를 겁탈하여 부부가 되면 그대에게는 복이고, 우리에게는 후환 58
이 없을 것이며, 나의 주인은 일생이 편안하리니 이 어찌 기막힌 꾀가
아니오?"

본래 인전기는 무뢰배에다 도박하던 부류로 많은 돈을 받고 절세미인까지 자기 것이 되리라는 얘기를 듣자 극형을 받아 죽는다 해도[566] 사양

---

564) 형가(荊軻) : 전국시대 말기의 위(衛)나라 사람. 형가는 술과 글을 좋아하고 검술에 뛰어난 비범한 인물이었지만 위나라에서 등용되지 않자 연(燕)나라로 오게 됨. 한량으로 지내던 형가는 검의 달인으로 이름 높은 전광(田光)에게 재능을 인정받음. 마침 연(燕) 나라의 태자 단(丹)이 진(秦)나라로부터 치욕을 받고 복수를 위해 전광을 찾았고 그가 추천한 인물이 형가. 형가는 자신을 인정해준 전광에 대한 의리로 진시황의 암살을 시도하지만 실패하고 죽임을 당함.

565) 섭정(攝政) : 전국시대(戰國時代) 한(韓)나라의 자객. 살인죄를 저지르고 어머니, 누나와 함께 제나라로 가서 백정 일을 하며 숨어 살고 있었을 때 엄중자(嚴仲子)란 사람이 한(韓)나라 재상 협루(俠累)와 원수지간이 되어 자기 대신 협루를 죽여줄 사람을 찾던 중 섭정을 발견하고 찾아가서 많은 돈을 주며 의뢰를 했으나 섭정은 늙은 어머니를 모셔야 한다고 거절함. 세월이 흘러 어머니가 죽자 섭정은 엄중자를 찾아가 자기를 알아준 것에 감동하여 부탁을 들어주겠다고 함. 엄중자는 암살 목표인 협루에 대해 자세히 가르쳐주고 지원을 아끼지 않겠다고 하지만 섭정은 혼자 협루의 집으로 찾아가 협루를 베어버리고 주변 사람들까지 다 죽여 버림. 그리고는 스스로 얼굴 가죽을 벗기고 눈알을 뽑고 배를 갈라 창자를 쏟아내며 자살을 함.

치 않을 판이었다. 그러니 한 번 나룻을 뽑는 것을 어찌 어렵게 여기겠는가? 흔쾌히 그 말에 따라 가장 잘 드는 칼로 수염을 밀고 거울을 들어 비춰보니 수염 자국이 아직 뚜렷했다. 이에 집게를 얻어 아픈 것을 참고 낱낱이 뽑아 흔적을 없애고 평복 한 벌을 얻어 여자의 차림새를 갖추었다. 전기는 외모가 준수하고 나이가 젊은 까닭에 마치 한 명의 키 큰 계집종 같았다. 계영이 이를 보고 크게 웃었다. 이렇듯 서로 때를 맞추고 들어와 장씨에게 가만히 자세한 얘기를 전하자 장씨가 남몰래 기뻐하며 말했다.

"내 만일 유모의 묘한 꾀가 없었다면 어찌 오늘이 있겠는가? 전기 또한 젊은 청춘으로 양씨와 부부가 되는 것도 나쁠 것이 없으니 족히 내 가슴에 있던 큰 걱정을 덜겠구나."

그러고는 장씨가 다음날부터 증세가 나은 척하고 움직이는 기색이 있
59 으므로 사인이 기뻐했으나 어머님 말씀이 맞으므로 괴이히 여겼다.

이때 양소저는 온갖 누명을 한 몸에 뒤집어쓴 채 밝은 날을 볼 기약이 없었다. 사인이 때때로 들어와 말과 표정은 은근히 하나 범접할 수 없이 강렬한 분노와 수치스런 모욕은 매번 더해만 갔다. 이렇게 몇 달이 지나자 빙옥(氷玉) 같던 마음도 시시로 스러지고 가을 달 같은 정신도 날로 줄어들며 꽃 같은 용모도 쇠잔하여 갔다. 양소저는 식음을 전폐하고 자리에 몸져 누워 세상일을 버린 채 지내었다.

하루는 달빛이 비단 창가에 밝게 비치고 차가운 바람이 수정 발을 흔드니 때는 바야흐로 초겨울 보름날이었다. 소저는 날씨가 쌀쌀한 것을 보자 마음이 더욱 좋지 않아 잠깐 비단 창을 열고 하늘가를 바라보며 구슬 같

566) 극형을 ~ 해도 : {명확[鼎鑊]과 부월(斧鉞)이라도}. 정확은 중국 전국(戰國) 시대에 죄인을 삶아 죽이던 큰 솥을 가리키며 부월은 작은 도끼와 큰 도끼를 의미함.

은 눈물이 얼굴에 가득한 것도 깨닫지 못하였다. 그때 사인은 부모님 잠
자리를 보아드린 후 중당에 있다가 날이 춥고 심사가 어지러워 술을 내오
게 해 여러 잔을 먹었다. 그리고 문득 죽서루에 이르러 문을 여니 양소저
가 하늘을 우러러 눈물을 흘리며 상심해 하고 있었다. 그 모습을 보니 빛
나는 얼굴은 달빛을 이기고 검푸른 머리카락은 탐스럽게 늘어져 아름다
운 귀밑머리를 가리고 있었으나 쇠잔한 거동과 초췌한 모습은 차마 보지
못할 지경이었다. 비록 참소에 혹하였다고는 하나 사인은 한 조각 가여 60
운 마음이 들어 불쌍하게 여겼다. 그러나 다시 생각해보니 스스로 한심하
였다.

'자기 스스로 인륜의 도리를 어기고 죄인이 되었으니 누구를 탓하겠는가? 혹 저렇게 슬퍼하는 것은 흉악한 꾀를 이뤄 전기와 화락하지 못한 것을 한스럽게 여기는 것은 아닌가? 아버님께서 일방적으로 저 사람을 사랑하시어 나를 용납하지 않으시니 이런 큰 변을 감히 아뢰어 처치하지 못하고 집안에 편히 두는 것이 가히 한심하구나.'

이처럼 생각하자 분한 마음이 맹렬하게 일어났다. 사인은 양소저에게 다가가 그 손을 잡아 자리 위에 끌어내어 앉히고 말했다.

"깊은 밤에 자지 않고 문을 열고 달을 바라보고 있으니 숨겨둔 정인(情人)을 기다리는 것은 아닌가? 내가 예의가 없어 색을 사랑하고 예를 가볍게 여기므로 오늘 밤 그대를 찾아 이르렀는데 영접하는 거동이 없고 슬퍼하는 모양이 이 같으니 이상하구려. 그대 양친이 무고하고 우리 부모님께서 나보다 그대를 소중히 여기시는데 무슨 일로 이처럼 바람을 맞으며 처량해하고 달을 대하여 눈물을 흘리며 우울해하는가? 나를 죽이고 전기와 화락하지 못함을 한스러워하는 것이로세."

61 말을 마치고는 눈을 높이 뜨고 슬퍼하는 이유를 묻기를 그치지 않았다. 소저는 귀에 더러운 말을 듣지 않기를 원해도 어찌할 수가 없고 사인을 보지 않기를 원해도 피할 방법이 없었다. 저의 욕을 대하여 할 말도 없고 또 감히 모진 위풍에 항거할 뜻도 없어 오직 안색을 바로 하고 눈길을 낮추어 입을 다문 채 대답하지 않았다. 사인은 혹 노하고 혹 사랑하며 이끌어 끌고 온갖 방법으로 희롱하는 듯했으나 실은 심히 괴로워 자기 또한 스스로 마음을 정하지 못하고 있었다. 그러나 소저가 끝내 얼굴빛을 동요치 않자 사인은 한참 동안 농지거리가 낭자하다 소매를 떨치고 나가버렸다. 소저는 이런 욕을 보고 죽지 못함을 더욱 한스러워했다.

그때 갑자기 상부(相府)[567]에서 양학사 부인이 양상서 부인과 함께 여러 조카들을 거느리고 진궁에 이르렀다. 장부인이 맞아 영운전에서 말씀을 나누다가 설씨와 양씨 두 사람을 불렀다. 양소저는 얼굴을 내밀 뜻이 없었으나 어머님 말씀을 거역할 수가 없어 나아가 뵈었다. 양학사 부인은 그 안타까운 모습을 보고 가엽고 비참한 마음을 막을 수 없어 소저로 하여금 앞으로 나오라 하여 손을 잡고 탄식하며 말했다.

62 "너희 부부는 일대의 아름다운 배필로 곧 옥황상제께서 명하신 배필이거늘 도리어 마가 이렇듯 끼어 규방 안에까지 욕이 미쳤구나. 현이가 그 금옥 같은 마음을 바꾸어 누명을 풀 기약이 없으니 너의 홍안박명(紅顔薄命)이 안타깝구나. 내 무안하여 아주버니와 동생을 볼 낯이 없으니 나중엔 어쩌면 좋단 말이냐? 장형은 부디 이상히 여기지 마십시오. 오로지 장씨를 들여서 이런 변고가 일어난 것이니 어찌 애달프다 하지

567) 상부(相府) : 재상의 관사(官舍)를 말함. 승상부(丞相府)라고도 함. 여기서는 승상 유우성의 집안을 말함.

않겠습니까?"

장부인이 부끄러워 얼굴을 붉히며 사양하여 말했다.

"제가 사람의 어미가 되어 그 자식을 인도하지 못하고 사람의 동렬이
되어 그 자식을 맡긴 부탁을 저버렸으니 생사 간에 부끄러워 몸 둘 바
를 모르겠습니다. 어찌 처치해야 하는지 모르는 것은 아니지만 일인즉
큰일이라 제 맘대로 하지 못하고 공의 처치를 기다렸습니다. 하지만
진공께서 자세히 아시지 못하는데다가 듣기로는 사단을 크게 일으켜
늘 현을 엄히 꾸짖으려 하신다니 이는 도리어 보호하는 도리가 아니라
차라리 입을 다물어 옳은 것도 그른 것도 없게 하고자 한 것입니다. 어
찌 추호라도 친척의 사사로운 정을 두어서 그러했겠습니까? 제가 본래
인정이 없고 종족을 존중하는 덕이 없을 뿐더러 더욱이 조카 아이에게
이르러서는 고개를 흔들고 눈을 닫아 보지 않기를 원하니 그 정이 얼 63
마나 서먹한지는 가히 아실 수 있을 것입니다. 어찌 부인의 직언을 이
상하게 여기겠습니까? 다만 양씨 아이의 사정이 불쌍하고 원통하여 하
늘에 사무쳤으니 현의 후함과 박함을 마음에 두지 않더라도 그 누명을
벗길 생각을 하면 계교가 없는 것은 아닙니다. 하지만 아직 때가 되지
못하였으니 이 아이를 위하여 애통하게 여길 따름입니다."

그러자 양소저가 일어나 공손히 말했다.

"이는 곧 제가 운수가 기구하여서인데 어찌 숙모님과 어머님의 과도하신 염려를 감당할 수 있겠습니까? 제가 몸가짐이 높지 못하고 처사가 미덥지 않아서 사람의 의심이 여기까지 미치고 욕이 부모님에게까지 미쳤습니다. 한 번 결심하여 부끄러움을 씻고자 하나 누명을 벗지 못하여 풀잎에 맺힌 이슬 같은 목숨을 버리지 못하고 낯을 들어 사람축에

끼어 있으니 진실로 제 무지함은 초목보다 심할 것입니다."

말을 마치고 맑은 눈물을 비 오듯 흘리며 옷을 적시니 좌우에 있던 사람들이 탄식하였다. 양학사 부인은 더욱 애처롭고 참혹하게 여겨 역시 눈물을 흘리며 말했다.

"차마 어찌 하겠느냐? 조카가 일시적으로 속고 있으나 본래 총명하고
64 식견이 넓으니 깨달을 날이 멀지 않을 것이다. 조급히 생각하여 옥구
슬을 부수고 아름다운 꽃을 떨어뜨릴 생각일랑 절대 하지 말고 와신상
담하여 다시 밝은 하늘을 볼 날을 기약하여라. 너의 덕으로 어찌 하늘
이 끝내 무심하시겠느냐?"

소저는 말없이 오열하고 좌중은 다 위로하며 얼마간 얘기를 나누다 밤이 깊어졌다. 양학사 부인은 소저를 어여삐 여겨 그 손을 잡고 일어나며 말했다.

"오늘 조카며느리와 더불어 죽서루에 가서 함께 자고 조용히 회포를 위로할 것이다."

양상서 부인도 웃으며 말했다.

"형님이 조카며느리를 따라 가시니 이 아우도 형님을 따라 가겠소."

드디어 두 부인이 소저를 데리고 촛불을 밝혀 죽서루에 이르렀다.

이때 전기는 여자 옷을 입고 진궁에 들어와 계영의 방에 숨어 있었다.
날이 어두워지자 가만히 죽서루에 이르러 안을 들여다보니 방안에는 촛
불이 밝았다. 원상궁이 여러 궁녀들과 더불어 침전 화로에 향기로운 차를
끓이는 등 여러 일을 분부하여 자못 번화하였다. 가만히 휘장 틈으로 쏘
아 보니 상궁이 모든 일을 다 정리한 후 난간으로 나와 궁녀에게 초롱을
65 들려 소저가 오면 맞으려고 기다리고 있는 탓에 마침 방 안은 아무 기척

이 없고 조용하였다. 전기가 이 틈을 타 황급히 방에 들어가 보니 병풍과 장막이 겹겹이 쳐져 있고 아름다운 침상 위에는 채색 이부자리를 펼쳐 놓아 기이한 향내가 코를 거슬리고 있었다. 전기는 기쁨을 이기지 못하여 칼을 품고 침상 밑에 엎드려 소저를 기다렸다.

이윽고 채롱의 불빛이 밝게 비치고 사람들 목소리가 떠들썩하게 들리더니 두 명의 부인과 소저가 차례로 방안에 들어와 자리를 이루자 원상궁이 이들을 영접하였다. 두 부인이 죽서루에서 밤을 지내려 하시는 것을 알고 즉시 침상을 여러 개 들여 놓고 이부자리를 펴니 화촉이 눈부시고 궁녀들이 분주했다. 시녀 소연이 소저의 침상을 옮겨 잠깐 물리려 하다가 갑자기 “애고고”하고 소리를 질렀다. 방안에 있던 사람들이 너나 할 것 없이 놀라 다가가 보니 침상 아래에서 젊은 남자가 손에 비수를 들고 상을 들치며 내닫는 것이었다. 모두 일시에 소리를 지르며 정신없이 분주했으나 양상서 부인은 침착한 태도로 급히 양소저를 이끌어 휘장 사이로 피하게 하였다. 도적이 방황하다가 뛰어 달아나자 궁중 안팎이 떠들썩하게 찾았으나 끝내 종적이 없었다.

진공은 이 변란에 대한 말을 듣고 더욱 놀랐다. 여러 아들과 함께 내전 66
으로 들어와 자리를 정한 후 두 누이가 와 있는 것을 보고 물었다.

“누이들은 어찌 여기 와 있는가?”

두 부인이 말했다.

“저희들은 달빛을 타서 여기에 이르렀습니다. 조카며느리의 우환을 슬퍼하다 이 기회에 함께 그 침소에서 밤을 지내며 위로하고자 하다가 뜻밖에 이리이리한 상황이 있어 심신이 다 아득해졌습니다. 비록 여러 사람이 있었으나 도적은 젊고 건장한 남자인데다가 비수를 가진지라 그것이 두려워 어지러이 당황해 하는 사이에 달아나고 말았습니다."

공은 한동안 말없이 생각하다가 이렇게 말했다.

"궁중 심처(深處)에 도적이 이같이 자주 침입하여 조금도 거리낌이 없으니 반드시 이 가운데 연고가 있을 것이다. 전에 순찰하는 사졸들이 이미 엄한 꾸지람을 받았거늘 어찌 감히 태만하여 두 번씩이나 잘못한단 말이냐? 당연히 도적이 멀리 가지 못했으리니 내 지혜로 잡으리라."

그런 후 좌우로 하여금 횃불로 군졸을 다 부르게 하여 밖으로는 순찰을
67 더욱 엄히 하고 내궁에서는 요란하게 굴지 말라고 명하였다. 군졸들이 다 흩어져 나간 후 공은 오직 심복 군졸 수백 인에게 검과 창을 들게 하여 전각 아래 기다리고 있으라 하고 자신은 합문(閤門)568)을 닫고 등을 밝힌 채 조용히 여러 부인들과 말씀을 나누었다. 양학사 부인이 양상서 부인에게 도적을 보고 피할 생각도 않고 양소저를 감춘 뜻을 묻자 양상서 부인이 말했다.

"도적이 칼을 들고 양씨 침상 아래 숨어 있었으니 그 뜻을 측량할 수 없었습니다. 다른 사람은 해치지 않겠지만 양씨에게 욕을 보이지 못하면 그 목숨을 해치리니 기미를 보아 끝을 헤아릴 수 있었습니다. 이러므로 아우가 도적을 보고 조카며느리를 급히 감춘 것입니다."

진공이 고개를 끄덕이며 말했다.

"누이의 생각이 금옥 같구나. 오늘 밤은 두 누이와 함께 밤새도록 회포를 풀고 술과 안주로 즐길 것이니 며늘아기와 여러 사람들을 한데 모으거라."

궁인들이 명을 받들어 주방에 분부하자 얼마 안 되어 옥쟁반과 금그릇

568) 합문(閤門) : 밖으로 드러나지 않은 출입문. 각문(閣門).

에 온갖 진귀한 음식들과 좋은 술이 올라왔다. 진공이 술병을 들어 스스
로 따라 마시고 모든 자녀들이 좌우에서 진공을 모셨다. 술이 반쯤 취하
여서는 두 부인이 양소저의 슬픈 사정과 괴로운 마음을 가엾게 여겨 탄식 68
하며 말했다.

"만일 공주께서 계신다면 집안이 어찌 이러하겠는가?"

진공이 참혹하여 얼굴빛을 바꾸고는 양소저를 나오라 하여 손을 잡고 위로하며 말했다.

"현이 어리석고 도리에서 어긋나나 내 일찍이 얼굴빛을 바꾼 적이 없었다. 너는 현의 정실로서 온 집안의 친족들이 그 원통함을 다 알고 있는데 어찌된 이유로 근심하고 염려하여 스스로 끝내고자 하느냐? 현이 비록 네 남편이라고는 하나 나 또한 현의 아비이다. 네게 관계되는 바가 적지 않으니 내 말을 주의 깊게 듣고 무고한 누명을 스스로의 신상에 빗대어 욕되게 생각하지 말거라. 오늘 내 말을 듣지 않으면 내 눈앞에서 용납하지 않을 것이다."

그런 후 앞에 놓인 술과 안주를 들어 소저에게 권하여 먹이고 진심으로
사랑하였다. 소저는 이때 놀란 얼굴빛이 차가운 재처럼 창백해지고 흐느
끼는 눈물이 바다같이 흘러 몸 둘 곳이 없었으나 홀로 방안에 있는 것이
두려워 숙모 옷을 붙들고 나와 있었다. 진공이 위로하고 사랑하며 좌중이
탄식하고 애석해 하는 것이 지극하였다. 사인은 양씨의 정부(情夫)가 들어
왔던 것은 아닌가 하는 의심이 들었지만 그런 기색을 부형이 알까 두려워 69
머리를 숙이고 어두운 데 앉아 한 마디도 안 하고 있었다. 양씨가 어찌 그
뜻을 모르겠는가? 더욱 죽고 싶은 마음을 금할 수 없었으나 시아버지께서
보살펴주신 은혜에 감사하여 거듭 절하며 감히 낯을 들지 못했다. 진공이

크게 책망하며 머리를 들게 하니 양씨가 마지못해 주시는 것을 맛보고 기운을 진정시켰다.

시간이 오래 지나자 종각의 북소리가[569] 잦아지며 오경(五更)에 이르렀다. 순찰 사졸의 소리는 한결같이 엄숙했다. 전각 안의 등불이 꺼지려 하자 공이 좌우 사람들에게 명하여 등불을 돋우고 여러 부인들을 다 방에 들어오게 하였다. 그런 후 합문(閤門)을 열고 전각 아래 있던 시위 장졸을 불러 명하였다.

"궁중에 도적이 여러 번 출입하였으니 바깥 사람이 안사람과 통하는 것이다. 이는 분명 침상 아래 숨어 있던 도적이리라. 너희들은 빨리 기린각을 에워싸고 방방곡곡을 뒤져 남녀노소를 가리지 말고 다 잡아 대령하라. 만일 추호라도 소홀히 함이 있으면 군법을 집행하리라."

이때 궁중 안팎에서는 자객과 도적이 든 것이 큰 변인지라 사람마다 모
70 두 놀라고 두려워하고 있었다. 그러나 진공이 큰 소리로 한 번 호령하자
모든 사졸이 진공의 엄함을 두려워하여 마치 주아부(周亞夫)[570]의 군대

569) 북소리가 : {경괴[更鼓ㅣ]}. 경고(更鼓)는 초경(初更) · 이경 · 삼경 · 사경 · 오경으로 나눈 밤의 시간(時間)을 알리기 위하여 치던 북을 말함.

570) 주아부(周亞夫) : 전한(前漢) 때 유방의 휘하에서 초를 멸하는 데 공을 세웠으나 유방의 무고 반역죄로 사형당한 강후(絳侯) 주발(周勃)의 아들로서 형 대신에 조후(條侯)로 책봉되었음. 병법에 통달했고 군을 통솔하는 능력이 뛰어났던 명장. 기원전 158년 흉노가 대규모로 한나라에 쳐들어 왔을 때 한 문제(文帝)는 주아부를 비롯한 세 장군을 파견해 패상과 극문, 세류 지방을 지키도록 했는데, 주아부는 세류(細柳)의 방어를 맡게 되었음. 세 장군을 파견한 후 문제가 친히 일선으로 가서 병사들을 위문하기로 했는데 먼저 패상과 극문지방을 방문하자 모든 병사들이 말을 타고 달려 나와 환영함. 황제는 다음으로 세류의 주아부 군대를 찾아갔으나 그곳은 모든 병사들이 갑옷을 입고 손에는 칼과 창을 든 채 삼엄하게 경비하며 문제 일행이 성문에 도착했는데도 막아서고 들여보내지 않음. 문제가 정식으로 사자를 보내 주아부에게 전하자 주아부는 그제야 비로소 황제 일행이 통과하도록 허락함. 문제가 주아부의 투철한 군인 정신을 칭찬하고 나서부터 사람들은 군기가 엄한 군대를 세류영(細柳營)이라고 부르게 됨. 문제가 죽은 후 경제 때 제후의 세력을 약화시키기 위한 정책에 오 · 초 등 7개국이 반발하여 반란을 일으켰으나 주아부가 총사령관이 되어 쉽게 평정함. 그러나 그의 강직함으로 인해 결국 경제의 미움을 받게 되어 모반의 혐의를 받고 감옥에서 그 스스로 굶어죽는 길을 택함.

같았으니 어찌 태만히 하겠는가? 일시에 일천 개의 횃불을 잡고 기린각을 에워쌌다. 진공이 먼저 사인으로 하여금 수십 명의 환관, 내시들에게 다 칼과 창을 잡게 하고 기린각 내실 문을 지키며 장씨를 놀라게 하지 말라 하니 그 예의를 지키는 것이 이 같았다.

이때 전기는 양소저를 겁탈하고자 죽서루 침상 밑에 엎드려 있다가 일이 공교롭게 되어 가느라 여러 부인들이 모두 침상을 옮기게 되어 일이 탄로나자 뛰어 달아났다. 그 뜻을 이루지도 못하고 계영이 준 많은 뇌물을 저버리지도 못하여 어떻게든 양씨를 해치고자 하였으나 사람이 많은데 놀라고 당황하여 양씨는 찾지 못한 채 잡힐까 두려워 재빨리 달아나 멀리 숨어 있었다. 처음엔 궁중이 진동하여 횃불과 사람들 목소리가 자자하므로 전기는 잔뜩 겁이 나 기둥을 밟고서 집 위에 엎드려 있었다. 그러다 들으니 전각 안에서 웅성거리는 소리가 나더니 모든 군사들이 서로 외치며 말하는 것이었다.

"주공께서 명하시길 도적은 벌써 달아났을 것이니 수고롭게 찾지 말고 71
순찰이나 엄히 하라 하신다."

이 말을 듣고 모든 군사들이 일시에 소리를 응하여 밖으로 흩어지자 전기가 그제야 계영의 방을 찾아갔다. 계영 등이 전기를 맞아 방에 들이고 계획이 실패한 것을 퍽 애달파 하였다. 전기를 여자 옷으로 바꿔 입히고 머물게 하였는데 그때 갑자기 수많은 군사들이 기린각을 첩첩이 에워싸고 행각과 아래 난간을 샅샅이 뒤지기 시작하니 전기는 이때 날개가 있어도 날지 못할 상황이었다. 속절없이 군사들에게 잡혀 목숨이 경각에 달리게 되자 심장이 뛰놀고 생각이 막혀서 몸이 함정에 들고 기름 가마에 빠진 듯했다. 계영과 춘섬도 어찌할 바를 모르고 다급해 했으나 이미 공의 명이 남녀를 무론하고 다 잡으라 하였으므로 모든 위장과 나졸들이 옥석을 가리지 않고 잡아매는 판국인지라 전기가 소리를 지르며 말했다.

"저는 장씨 집안의 유모로 우리 소저의 병문안을 왔으니 지금 장씨 집안에서는 급하게 기다리실 것입니다. 원컨대 저를 바삐 돌아가게 해주십시오."

그러자 여러 군사들이 꾸짖으며 말했다.

72 "너는 어떤 사람인데 담이 큰 체하느냐? 주공께서 엄히 명령하셨는데 우리가 너를 놓아 주겠느냐?"

모든 위장들은 그가 매우 다급해 하는 것을 보고 더욱 단단히 매었다. 전기는 본래 힘이 센 까닭에 매어 있던 끈을 끊고 달아나고자 했으나 모두 크게 소리 지르며 따로 사로잡아 전각 아래로 데리고 왔다.

"기린각 시종들을 잡아 대령했으나 도적은 없고 오직 여자들 40여 인만 있어 모두 잡아 대령했습니다."

그러자 공이 마침내 불을 밝히고 형벌 기구를 갖추게 하였다. 위엄을 보이며 모든 시종들을 차례로 점검하여 전기에게 미치니 좌우에 있던 사람들이 아뢰었다.

"이 사람 말로는 자기가 장씨 집안의 계집종이라 하나 주공께서 내외간에 소홀함이 없게 하라 명하셨으므로 함께 잡아왔나이다."

진공이 눈을 들어 전기를 자세히 보니 그 거동이 씩씩하고 건장하여 여자의 모습이 없는데다가 이마 한 복판에는 망건을 썼던 흔적이 희미하게 남아 있었다. 진공이 매우 놀라 화를 내며 좌우에 명하여 급히 몸을 뒤지게 하니 과연 그는 옷속에 비수를 감추고 있었다. 전각 위아래에 있던 허다한 사람들 중 놀라지 않는 사람이 없었다. 극형으로 엄히 문초하자 본

래 일생 남을 해칠지언정 남이 자기를 거스르는 것은 못 참는데다 주색이 73
나 밝히며 탕자로 돌아다니던 전기인지라 오늘 이처럼 무거운 형벌을 당
하며 진공의 위풍과 신명함을 보고 나자 감히 숨길 수가 없었다. 불과 30
여 대도 못 되어 낱낱이 자백하는데 그 말이 다음과 같았다.

"소인은 협사 전기입니다. 장부인의 유모 계영과 친척인 탓에 서로 알고 지냈는데 장부인이 진부에 들어온 후 유사인의 조강지처 양씨가 현명하고 아름다우며 권세 높음을 싫어하여 제게 돈과 비단을 주고 양씨를 없앨 계교를 가르쳤습니다. 처음 기린각에 들어가 어지럽히고 오늘은 나룻을 뽑고 여자 옷을 입은 것은 다 제 본심이 아니라 계영이 간곡히 부탁한 일이었습니다. 이제 일이 다 탄로 났으니 제가 어찌 숨기겠습니까?"

이 말을 듣고 좌우에 있던 사람들은 모두 놀랐다. 진공 또한 진노하여 즉시 계영 등을 잡아 엄히 문초하니 본래 흉악하고 험상궂은 괴물이라 한결같이 변명하며 말했다.

"전기는 저희들이 평생 본 적도 없는 사람입니다. 이는 분명 양소저에게 뇌물을 받고 저의 주인과 저를 모함하고자 하는 것이니 죽어도 원통하고 억울하옵니다."

진공이 상을 치면서 크게 꾸짖어 말했다.

"이런 무리를 그냥 두면 오히려 간악한 말을 할 뿐이니 빨리 극형에 처 74
하라."

모든 노비들이 명령을 받들어 각별히 엄하게 다스리니 매 한 대에 가죽과 살이 썩어 문드러지고 비린내 가득한 피가 좌우에 흩뿌려졌다. 10여 대를 넘기지 못하고 두 여자가 각각 실토하여 당초부터 계획하던 일을 낱

낱이 아뢰었다. 군관 석경이 붓을 들어 초사(招辭)를 써 올렸다. 공이 보니 이렇게 되어 있었다.

신첩(臣妾)[571] 계영은 본래 장부의 천한 종으로 시랑부인께 은혜를 입어 소저를 양육하는 소임을 맡았습니다. 그리하여 주인을 위하는 정성이라면 사지(死地)라도 사양치 않으려 하였습니다. 소저가 시가에 들어오신 후 주공과 부인께서 사랑해 주시고 사인께서도 소중히 대해주셨으나 양부인의 권세가 주인보다 위에 있었습니다. 그뿐 아니라 소상궁까지 우리 주인과 첩을 억제하여 한 가지 일도 자유롭게 못하게 하므로 소저께서는 새장에 갇힌 새처럼 답답한 신세가 되어 긴긴 날 참고 견디기 어려워하셨습니다.

소저께서 밤낮으로 번뇌하시며 벗어날 꾀를 의논하시므로 천한 계집들이 결국 꾀를 내어 전기와 의논하였습니다. 우리 소저께서도 양소저의 글씨를 한 번 보고 그 글자체를 모방하여 정부(情夫)의 편지를 지어내셨습니다. 또한 소상궁을 전기의 칼
75 로 해쳐 완전히 제어하고자 하셨으나 사인이 칼로 전기를 치시므로 전기는 기밀이 탄로날까 두려워 달아나면서 짐짓 주머니를 떨어뜨려 서간을 보게 하였습니다. 그런 후 소저께서 죽서루에 가서 월앵이 드린 차를 마시고 거짓으로 엎어져 기절하는 체한 것입니다. 낭군께서는 앵이 모해한 것인가 의심하시어 그 후 죽서루에 가 앵을 베어 양소저께 효시(梟示)[572]하셨으니 이는 모두 천한 계집들 혼자 한 일이 아닙니다. 인명을 상하게 하고 억울한 사람을 잡았으니 어찌 하늘이 무심하시겠습니까? 오늘 이렇게 일이 탄로났으니 죽여 주시옵소서.

---

571) 신첩(臣妾) : 여자가 임금이나 왕비 앞에서 자신을 지칭할 때 쓰는 말.
572) 효시(梟示) : 사람들을 깨우치게 하는 뜻으로 죄인의 목을 베어 나무 위에 매달아 뭇사람에게 보이는 것. 여기서는 월앵의 목을 양소저에게 보였던 일을 말함.

공은 그제야 사인이 앵을 베어버린 것을 알고 더욱 놀라 마침내 전기, 계앵, 춘섬 세 사람을 데리고 가 베어버리라 하였다. 이윽고 군사들이 세 개의 머리를 갖다 바쳤다. 공은 그것을 가지고 나가 효시한 후 사인을 불러 섬돌 아래 무릎을 꿇리고 꾸짖어 말했다.

"네 비록 나이가 어리다 하나 일찍이 시서(詩書)를 읽어 삼강오륜을 알
것이다. 양씨가 현명하고 아름다워 허물이 없으니 미인을 구하고자 한
다면 천하에 여자가 적지 않을 것인데 예의에서 어긋난 방법으로 장씨
를 얻어 나의 가정을 어지럽히고 가문에 불행을 끼쳤구나. 이제 계영
등의 초사를 보니 너 또한 한심하지 않느냐? 장씨 하나 때문에 이런 변 76
을 일으켰으니 이는 모두 너의 죄다. 월앵이 장씨가 마실 차에 독을 탔
다면 그 죄는 죽여도 시원치 않을 것이다. 마땅히 정당하고 사리에 맞
는 방법으로 죄를 미룰 곳이 없게 된 후 법을 쓰는 것이 옳거늘 장씨의
거짓 병을 몰라보고 앵을 의심한 것은 양씨를 믿지 않은 것이다. '죄 있
는 사람을 벌하라.'[573] 하였다고 정작 양씨를 꾸짖지는 않고 도리어 앵
을 상머리에서 베어 양씨 앞에서 효시하였단 말이냐? 양씨의 죄를 마
음에 두고 이런 큰일을 내게 의논하지도 않고 며늘아기를 죽도록 괴롭
혔으니 이는 진실로 잔인하고 박정할 뿐 아니라 불초함이 심하구나.
중히 다스려야 마땅하나 생각한 것이 있어 용서하고 강정(江亭)[574]으로
보낼 것이니 다시 글을 읽어 임금을 섬길 도리와 아비를 속이지 않을
행실을 배우고 허물을 고친 후에 돌아오너라."

그런 후 사인을 밖으로 끌어내었다. 드디어 날이 밝은 후 부모께 문안

573) 죄 ~ 벌하라 : {죄기죄[罪其罪]}. '그 죄에 대하여 벌을 줌'이란 뜻으로 여기서는 죄 있는 당사자에게 벌을 주라는 뜻으로 쓰임.

574) 강정(江亭) : 일종의 별장 같은 것으로 파악됨.

을 드리며 이 일을 아뢰자 여러 사람들이 모두 놀라며 공의 지혜에 탄복했다.

온 집안이 다 모인 후 진공은 시비로 하여금 장씨를 부르게 하였다.
77 그런 후 중청에 무릎을 꿇리고 그 죄목을 일러 듣게 한 후 가마 하나를
갖추어 장씨를 내보냈다. 장씨가 비록 간사하고 교활하다고는 하나 그 역시 부귀한 집안에서 곱게 자란 사람이었다. 일생 남을 업신여기고 사람을 눈 아래로 깔볼 줄만 알다가 죄를 묻는 공의 엄한 안색과 가족들의 놀라는 빛을 보자 오로지 노한 마음만 가득하였다. 장씨는 부끄러운 염치도 모르고 눈물을 흘리며 자신의 애매함을 변명하였다. 시어머니인 장부인이 그 자리에 있다가 진공의 노기가 점점 더하는 것을 보고 좌우 사람들을 꾸짖어 장씨를 가마에 넣었다. 장씨를 장씨 가문으로 보낸 후 장부인은 곧이어 시부모께 죄를 청하였다.

"저 때문에 조카 아이를 들여 환란이 이 지경에 이르렀으니 어른들 뵐 낯이 없습니다."

시부모가 위로하며 말했다.

"이는 현이의 금슬에 마가 끼고 양씨의 재앙이 무거워서인데 며늘아기가 어찌 죄를 청하느냐?"

사인이 아버지의 내침을 받고 물러나 외전에 나오니 궁관이 이미 흰 말과 안장을 갖추고 강정으로 떠나시길 재촉하였다. 사인이 탄식하며 말했다.

"내 일찍이 부모 슬하를 떠난 적이 없었는데 일이 괴이하게 되어 아버
78 님께 내침을 받았으니 어쩔 수 없구나. 명대로 물러가 노를 푸시기를
기다릴 것이다."

그러고는 감히 조부모를 뵙지도 못하고 공에게 다시 하직하지도 못한

채 영하전을 바라보며 사배(四拜)하고 말에 올라 강정으로 향했다.

진공은 장씨를 내친 후 양소저를 불러 위로하며 보살피고 사랑하였다. 그 정이 마치 젖 먹는 어린아이에게 하는 것 같으므로 소저는 감격을 이기지 못했다. 그러나 장씨가 집안에서 쫓겨나고 사인이 벌을 받아 멀리 내쳐진 것이 두렵고 황송하여 마음이 평소와 같지 못하니 공이 이를 더욱 기특하게 여기며 소저를 귀하게 여겼다. 공은 또한 소상궁의 정직함과 피해를 불쌍히 여겨 힘껏 약을 썼다. 마침내 소상궁이 살길을 얻자 눈앞에 불러 위로하고 월앵의 시체를 거둬 후히 묻어준 후 그 억울하고 원통함을 밝히게 했다. 온 궁중이 기쁜 마음으로 순종하고 집안사람들도 엄숙히 새겨들으니 장손씨 등은 다행스럽고 기쁜 마음을 이기지 못했다. 양태상 부중에서도 그제야 내막을 자세히 알고 한편으로는 놀라고 한편으로는 기뻐하며 공의 신명한 지혜와 덕에 탄복하였으며 그 후로는 딸아이의 일생을 다시 염려치 않았다.

진공이 장씨의 혼서(婚書)와 봉채(封采)[575]를 찾아 불 지른 후 장상서 부자를 청하여 계영 등의 초사를 보이며 말했다.

"내 아들의 호탕하고 어리석은 행동이 두렵고 댁의 따님의 사람됨을 79
잘 알기에 혼인을 허락하지 않은 것이었는데 아버님께서 따님을 보지 않으신지라 제가 고집으로 아들을 꾸짖는 것으로 잘못 여기시고 혼인을 허락하셨소. 따님이 제 집에 온 지 1년도 못 되어 소란을 일으켜 환란이 이 지경에 미쳤으니 이는 차마 사족(士族)의 일이라 할 수 없어 머물게 하는 것이 두려운 까닭에 돌려보냈소. 그러니 형은 딸아이를 훈

575) 혼서(婚書)와 봉채(封采) : '혼서'는 혼인 때 신랑집에서 예단과 함께 신부집으로 보내는 서간을 말하고 '봉채'는 혼인 전에 신랑 집에서 신부 집으로 채단(采緞)과 예장(禮狀)을 보내는 일. 또는 그 채단과 예장을 말함.

계하여 허물을 고치게 하고 저를 원망치 마시오."

장시랑은 너무 부끄러워 할 말이 없기에 다만 진공의 말에 사례하여 말했다.

"우리들은 반평생 동안 인척의 두터운 의리가 있으니 딸아이로 하여금 아드님의 건즐(巾櫛)을 받들게 하면 정이 더욱 친밀해질까 하였는데 이 지경을 보니 매우 부끄럽고 불행한 마음을 이기지 못하겠습니다. 제가 어찌 딸아이의 불초함을 알지 못하고 명공을 괴이히 여기겠습니까?"

진공 또한 은근히 화답하여 말투가 전과 다름없었으나 장부인은 장시랑을 보며 도리어 무안하게 여겼다. 장시랑이 돌아가 딸아이를 크게 꾸짖었다. 장씨의 조부모인 장상서 부부 또한 그 말을 자세히 듣고 매우 놀라 장씨를 매우 책망하며 내쫓긴 것을 원망하지 말고 허물을 고쳐 어진 데로
80 나아가라고 타일렀다. 그러나 장시랑 부인 김씨만은 홀로 깊은 한을 품어 딸아이를 불쌍하게 여기고 진공을 원망하였으니 이렇듯 모녀가 함께 진공에게 앙갚음을 할 생각을 하기 시작했다.

뉴시삼ᄃᆡ록 권지뉵

1면

챠셜 텬ᄌᆡ 놀나샤 소회를 은휘치 말고 알외라 ᄒᆞ시니 초벽이 다시 돈슈ᄒᆞ고 주왈 신은 본ᄃᆡ 경화의 어린 ᄯᆞᆯ이라 부뫼 빵방ᄒᆞ니 혈〃 ᄋᆞ녜 강포의 핍욕이 두립ᄉᆞ와 남장을 ᄒᆞ고 무예를 ᄇᆡ화 풍양의 진듕의 드러가고 심산의 도은ᄒᆞ와 쳔신만고를 디내고 뉴셰창을 만나 졔 비록 녀ᄌᆡ믈 아디 못ᄒᆞ옵고 지긔를 허ᄒᆞ오나 신이 녀ᄌᆞ의 몸으로 셰챵과 동ᄒᆡᆼᄒᆞ와 침식을 ᄒᆞᆫ가지로 ᄒᆞ여ᄉᆞ오니 의예 타인을 좃디 못ᄒᆞ올 거시오 스ᄉᆞ로 구ᄒᆞ여 도라가오미 상님월하의 누ᄒᆡᆼ과 다ᄅᆞ미 업ᄉᆞ오니 쓰ᄌᆞᆯ 결ᄒᆞ여 인뉸을 폐ᄒᆞ고 몸을 조히 ᄆᆞᄎᆞ미 소원이오나 도라보건ᄃᆡ 부모의 혈식이 다만 신쳡 일신의 이시니 ᄎᆞ마 복종절ᄉᆞᄒᆞᄂᆞᆫ 죄인이 되디 못ᄒᆞ올디라 ᄇᆡᆨ계무ᄎᆡᆨᄒᆞ와 그

2면

ᄋᆞᆨ이 ᄉᆡᆼ각건ᄃᆡ 폐하ᄂᆞᆫ 만민의 부뫼시니 반ᄃᆞ시 신의 졍ᄉᆞ를 가긍이 넉이시고 뉸긔를 완젼케 ᄒᆞ실디라 시고로 일만 번 죽으믈 무릅ᄡᅳ고 감히 방목의 일홈을 거러 셩춍을 어ᄌᆞ러이ᄋᆞᆸ고 진졍 소회를 주달ᄒᆞᄂᆞ이다 샹이 대경ᄒᆞ시고 ᄯᅩᄒᆞᆫ 긔특이 넉이샤 녕능후를 도라보시니 휘 ᄯᅩᄒᆞᆫ 대경ᄒᆞ여 안ᄉᆡᆨ이 여토ᄒᆞ더라 샹이 뉴승샹을 명ᄒᆞ샤 왈 셜녀의 ᄌᆡ모와 의협이 고인의 디나고 졍ᄉᆡ 가긍ᄒᆞ니 딤이 듕ᄆᆡ 되여 셰챵으로 셩혼ᄒᆞ리니 경은 뉵녜를 ᄀᆞ초아 져를 마자 심샹ᄒᆞᆫ ᄌᆞ부로 ᄃᆡ졉디 말나 졔 타향의 뉴락ᄒᆞᆫ 손이 되여 친ᄉᆞ를 말ᄒᆞ미 어려온 고로 과거를 인진ᄒᆞ여 ᄯᅳᆺ을 일우고져 ᄒᆞ니 이 ᄯᅩᄒᆞᆫ 지모요 튱녈이 개세ᄒᆞ고 문무 장원을 ᄒᆞ여시니 삼ᄇᆡᆨ간 집과 가동 복쳡을 젼네로 ᄉᆞ급ᄒᆞ고 특별이 녀혹ᄉᆞ 녀쟝군을 ᄒᆞ이여 녕능후 셰챵의 계비를 뎡ᄒᆞᄂᆞ니

3면

션ᄉᆡᆼ은 지실ᄒᆞ라 승샹이 어히 업시 넉이나 마디 못ᄒᆞ여 샤은ᄒᆞ니 녕능휘 츌반 주왈 당초 유산ᄒᆞ다가 셜녀를 만나오니 당셰 긔ᄌᆡ로 아라 다만 셩됴의 인ᄌᆡ 셩ᄒᆞ믈 깃거

ᄒᆞ옵고 신의 평ᄉᆡᆼ 익위 되올가 깃거 ᄒᆞ오니 엇디 녀화위남ᄒᆞᄂᆞᆫ 작용을 ᄯᅳᆺᄒᆞ여시리잇고 금일 이 거조ᄅᆞᆯ 보오니 경ᄒᆡᄒᆞ오믈 이긔디 못ᄒᆞ옵고 혼인은 풍화의 대관이오니 이ᄀᆞᆺ치 모다 친ᄋᆡᄒᆞᄂᆞᆫ 붕위 되엿다가 셩친ᄒᆞ오미 일셰의 시비와 의심을 면치 못ᄒᆞ올디라 일이 비록 젹으나 풍화의 관계ᄒᆞ오니 원컨ᄃᆡ 셜녀ᄅᆞᆯ 어젼의셔 ᄉᆡᆼ혈을 샹고ᄒᆞ여 일을 ᄆᆞᄎᆞᆷᄂᆡ 명ᄇᆡᆨ히 ᄒᆞ온 후 셩지ᄅᆞᆯ 밧들믈 원ᄒᆞᄂᆞ이다 샹이 쇼왈 경이 의심이 만토다 셜녀의 위인이 빙상이 ᄆᆞᆰ고 금옥이 견고홈 ᄀᆞᆺ흐니 엇디 경으로 ᄉᆞ〃로오믈 둘 재리오 연이나 경이 블안홀딘ᄃᆡ 맛당이 닙

4면

ᄀᆡᆨ의 시험ᄒᆞ리라 드ᄃᆡ여 초벽의 ᄑᆞᆯ을 내라 ᄒᆞ시니 셜시 어젼의셔 쾌히 옥비ᄅᆞᆯ ᄲᅢ혀 어람을 기ᄃᆞ릴ᄉᆡ 눈 ᄀᆞᆺ흔 ᄉᆞᆯ 우ᄒᆡ ᄋᆡᆼ혈이 단사 ᄀᆞᆺ흐니 만되 눈을 기우려 차탄ᄒᆞ더라 샹이 칭찬ᄒᆞ시고 즉시 초벽으로 금화홍포와 텬동빵개ᄅᆞᆯ 주시고 십ᄌᆞ가의 대가ᄅᆞᆯ 주샤 녕능후와 셩신ᄒᆞ라 ᄒᆞ시니 샤은ᄒᆞ고 궐문을 나매 그 ᄌᆡ모 풍ᄎᆡᄅᆞᆯ 아니 흠션ᄒᆞ 리 업고 녕능휘 평ᄉᆡᆼ 소망을 일우나 도로혀 의외로 아라 깃브믈 모ᄅᆞ더라 승샹이 졔ᄌᆞᄅᆞᆯ 거ᄂᆞ려 집의 니ᄅᆞ러 ᄎᆞᄉᆞᄅᆞᆯ 뎐ᄒᆞ니 졔인이 차악ᄒᆞ여 말이 업고 니부인이 미우ᄅᆞᆯ 삥긔여 ᄀᆞᆯ오ᄃᆡ 나ᄂᆞᆫ 용졸ᄒᆞᆫ 부인이라 이런 녈협을 ᄌᆞ부로 ᄒᆞ리오 괴롭고 괴로올디라 삼ᄋᆡ 죵시 아름다온 ᄌᆞ식이 아니로다 냥한님 부인이 쇼왈 부덕은 대가 덕요의 더으미 업ᄂᆞ니 녀ᄌᆞ의 삼낙뉵되 가히 당치 아니토소이다 샤어ᄉᆞ 부인

5면

이 낭쇼왈 삼형이 남져의 슉뇨ᄒᆞ미 분의 넘어 변방 괴믈을 어더 계시니 그러커든 뉵헌의 쥬야 ᄌᆞᆷ겨 그리 혹ᄒᆞ여 계시리잇가 녕능휘 쇼왈 우형이 그 녀ᄌᆡ믈 모ᄅᆞ고 위인과 ᄌᆡ조ᄅᆞᆯ 과듕ᄒᆞ여시나 엇디 혹ᄒᆞ도록 ᄒᆞ리오마ᄂᆞᆫ 연이나 쇼ᄆᆡ 볼지라도 아니 혹디 못ᄒᆞ리라 니뷔 잠쇼 왈 쇼ᄆᆡ의 말이 망녕 되도다 임의 셩지 ᄂᆞ려 블구의 셩친홀디라 형뎨〈지의〉 이시니 말ᄉᆞᆷ을 삼가지 아니리오 이 쇼졔 ᄯᅩᄒᆞᆫ 웃더라 황명이 계시니 마디 못ᄒᆞ여 즉시 ᄐᆡᆨ일 셩녜ᄒᆞ니 녕능휘 길복을 닙고 ᄇᆡᆨ냥으로 셜시ᄅᆞᆯ 마좌 와 독좌ᄒᆞ매 이 범연ᄒᆞᆫ 신뷔 아니라 만됴 경샹의 녀ᄌᆞ와 황친국족이 ᄃᆞ토아 구경ᄒᆞ려 모드니 빈ᄀᆡᆨ이 여운ᄒᆞ여 당새 좁고 쥬취 찬난ᄒᆞ여 ᄭᅩᆺ수플 ᄀᆞᆺ더라 진양공쥐 여러 금당쇼고ᄅᆞᆯ 거ᄂᆞ려 존고ᄅᆞᆯ 뫼시고 좌ᄎᆞᄅᆞᆯ 일우니 명광염뫼 만고의 독보ᄒᆞ

6면

여 텬하의 비우ᄒᆞ 리 업고 세 뉴시와 소시 등이 개〃히 특츌ᄒᆞ여 긔화 명월 ᄀᆞᆺ흐니 졔ᄀᆡᆨ이 쥬ᄎᆞ를 닛고 구경ᄒᆞ더니 이윽고 신뷔 니ᄅᆞ러 교ᄇᆡ를 파ᄒᆞ고 폐ᄇᆡᆨ을 밧드러 구고긔 드리니 모다 ᄇᆞ라보매 미목이 ᄡᅢ혀나 강산의 슈긔를 거두엇고 옥안이 쇄락ᄒᆞ여 쇼샹 쳥빙을 다듬은 ᄃᆞᆺ 블근 입과 구름 귀미치 진쇽연화 돗글이 무드디 아냐시니 ᄀᆞᄂᆞᆫ 허리와 놀난 봉익이 뉘 반ᄉᆡᆼ 남장ᄒᆞ고 활 ᄡᅩ며 검무ᄒᆞ던 녀ᄌᆡ라 ᄒᆞ리오 단장의 ᄉᆞ민 거시 업고 연분을 배프미 업시 ᄆᆞᆰ고 조흐며 곱고 놉흐미 일ᄉᆡᆼ 규듕의 아미를 그리고 용모를 다듬던 미녀 홍장이 다 탈ᄉᆡᆨᄒᆞ니 비러 ᄆᆞᆺᄂᆞ니 뉴부 문듕의 뉘 이와 ᄀᆞᆺᄒᆞᆫ고 공쥬ᄂᆞᆫ 의논 말고 그 졀묘히 고으며 연약히 ᄌᆞᄐᆡ를 □□공 부인 당시로 쇄락 ᄉᆡᆨ〃ᄒᆞ고 표일 상냥ᄒᆞ믄 양혹ᄉᆞ 부인이니 셜시 이 냥인의 ᄌᆞᄉᆡᆨ 품질

7면

을 아오라 득듕ᄒᆞᆫ 긔질이 뉴문 졔부의 ᄡᅢ혀나니 만좌 졔빈이 교구칭찬ᄒᆞ고 혹 그 힝ᄉᆞ를 우이 넉이더니 ᄃᆞ 흠의ᄒᆞ믈 ᄭᆡ닷디 못ᄒᆞ니 가히 그 위인을 알디라 신부슉쇼를 ᄆᆡ화뎡 마즌 편 원하뎡의 뎡ᄒᆞ니 녕능휘 슈고 아냐 이 ᄀᆞᆺᄒᆞᆫ ᄇᆡ우를 만나 평ᄉᆡᆼ 원이 죡ᄒᆞ니 만심이 흡연ᄒᆞ여 일ᄉᆡᆨ이 셔령의 넘으매 믄득 원하뎡의 향ᄒᆞ거ᄂᆞᆯ 졔ᄉᆡᆼ이 쇼왈 고구의 친ᄒᆞ므로 부〃의 의를 ᄆᆡ즈니 현뎨ᄂᆞᆫ ᄆᆞ음을 졀차ᄒᆞ여 녈협의게 취졸을 내디 말나 녕능휘 다만 미쇼부답이러라 ᄎᆞ야의 니부인이 쵹을 ᄇᆞᆰ히고 녀부를 모화 담화ᄒᆞᆯᄉᆡ 남시를 블너 그 손을 잡고 탄식 왈 삼ᄋᆞ의 긔샹이 일쳐로 늘글 위인이 아니나 현부의 쳥덕이 능히 진복ᄒᆞᆯ가 ᄒᆞ엿더니 죵시 이런 일이 이시니 운익이라 인녁으로 못ᄒᆞᆯ 거시오 신인이 ᄀᆞ장 비샹ᄒᆞᆯ 분 아니라 삼ᄋᆞ의 혹ᄒᆞ미 등한치 아니〃 현부의 일ᄉᆡᆼ을 어이 념녀

8면

치 아니리오 삼ᄋᆡ 셩졍이 극히 ᄆᆡ믈ᄒᆞ여 사ᄅᆞᆷ의 당단을 보아 ᄎᆡᆨ망을 놉히 ᄒᆞ니 ᄒᆞᆫ갓 ᄎᆞᄋᆞ의 과도 편벽ᄒᆞᆷ과 ᄀᆞᆺ디 아닐 것이니 모ᄅᆞ미 조심ᄒᆞ여 아ᄅᆞᆷ다오믈 샹히오디 말고 인의로 감화ᄒᆞ여 우리 념녀를 덜게 ᄒᆞ라 남시 감은ᄒᆞ여 졍금 샤례 왈 쇼뷔 비록 어디〃 못ᄒᆞ오나 규문 쳥덕을 샹히와 칠거를 범ᄒᆞ리잇고 ᄒᆞ믈며 신부ᄂᆞᆫ 홍션의 의협과

목난의 지략을 겸ᄒᆞ와 놉흔 ᄌᆡ조와 빗난 ᄒᆡᆼᄉᆡ 인〃의 흠탄홀 배라 쳡이 고인의 ᄒᆡᆼ젹을 깁히 ᄉᆞ모ᄒᆞ다가 이제 져런 녈협으로 일ᄐᆡᆨ의 샹ᄃᆡᄒᆞ여 엇게를 ᄀᆞᆯ오믈 영ᄒᆡᆼᄒᆞ고 흠ᄋᆡᄒᆞ올 배오 가부의 진듕ᄒᆞ믄 인지샹졍이라 엇디 감히 아쳐ᄒᆞ며 투긔하는 더로오미 이시리잇가 인ᄒᆞ여 공쥬를 향ᄒᆞ여 웃고 ᄀᆞᆯ오ᄃᆡ 옥쥬의 신명ᄒᆞ시믈 쇼쳡이 탄복ᄒᆞᄋᆞᆸᄂᆞ니 원컨ᄃᆡ 쳡의 젼뎡을 졈복ᄒᆞ샤 길흉을 ᄀᆞᄅᆞ치쇼셔 공쥬 잠쇼 왈 진양이

9면
딘단 쇼옹의 녕ᄒᆞ미 업ᄉᆞ니 부인의 젼뎡을 엇디 알니잇고 젼일 위연ᄒᆞᆫ 희롱이 언츰이 되여시니 졍히 부인의 블길ᄒᆞᆫ 말ᄉᆞᆷ을 ᄒᆞᆫᄒᆞ실디언뎡 탄복ᄒᆞ실 거시 업ᄂᆞ니이다 남시 낭〃이 웃고 화긔 ᄌᆞ약ᄒᆞ니 부인이 더옥 ᄋᆡ듕ᄒᆞ고 삼쇼졔 다 남시를 찬양ᄒᆞ고 신부의 활발ᄒᆞ고 작용 ᅟᅩ디믈 맛당이 못 넉여 ᄒᆞᆫ갈ᄀᆞ치 폄박ᄒᆞᄃᆡ 공쥬 홀노 말이 업서 니부인긔 고왈 관져 규목의 덕이 비록 아름다오나 각〃 만난 바를 ᄯᆞ라 경권이 이시니 신부의 ᄒᆡᆼ지 쾌단ᄒᆞ고 의ᄉᆡ 호일ᄒᆞ여 비록 녀ᄒᆡᆼ이 아니나 ᄯᅩ 상님월하의 쳔누ᄒᆞᆫ ᄒᆡᆼ젹으로는 쇼양블모ᄒᆞ여 몸을 나오미 ᄀᆞ장 졍대ᄒᆞ고 명쾌ᄒᆞ거늘 양부인 쾌단ᄒᆞ심과 냥부인 ᄌᆞ혜ᄒᆞ시므로 용납디 아니시미 심ᄒᆞ니 일편되시미 업디 아니ᄒᆞ이다 부인 왈 옥쥬의 관인ᄒᆞ신 말ᄉᆞᆷ이 맛당ᄒᆞ시니 녀ᄋᆞ 등 소견이 괴벽ᄒᆞ믈

10면
면치 못ᄒᆞ리로다 삼쇼괴 낭쇼 왈 신인의 념치 됴흐미 옥쥬의 문의 능히 용납ᄒᆞ니 엇디 고이치 아니리오 공쥬 미쇼브답ᄒᆞ고 야심ᄒᆞ매 각〃 헤여지다 녕능휘 평ᄉᆡᆼ 친ᄋᆡᄒᆞᆫ 븡위 화ᄒᆞ여 화쵹의 서로 모드니 신긔코 영ᄒᆡᆼᄒᆞ미 어이 비길 곳이 이시리오 쳔만 은ᄋᆡ와 만죵 풍뉴 산 비히 박ᄒᆞ니 댱부ᄒᆞ신 이 조강의 녯 졍을 니ᄌᆞ미 되엿더라 명됴의 셜시 ᄒᆞᆫ 벌 나샹과 ᄌᆞ의를 졍히 ᄒᆞ여 봉관의 칠보를 믈니치고 패옥을 졍히 ᄒᆞ여 구고긔 문안ᄒᆞ니 용모의 소아홈과 긔질의 탈쇽ᄒᆞ미 ᄇᆞ라매 신션 ᄀᆞᆺ흔디라 좌듕이 차탄ᄒᆞ고 승상이 그 ᄒᆡᆼᄉᆞ를 넘나게 넉이나 녀협지풍이 이시니 ᄒᆞᆫ갓 쇼〃녀의 오소ᄒᆞᆫ 네절노 져를 칙망치 못ᄒᆞ고 ᄯᅩ 용안 ᄌᆡ딜이 셰상의 독곱ᄒᆞ니 임의 ᄌᆞ부 항이 된 후 엇디 ᄉᆞ랑ᄒᆞ온 ᄆᆞ음이 업ᄉᆞ리오 나아오라 ᄒᆞ여 은근이 경계 왈

11면

그듸 풍양의 작녹을 믈니쳐 튱의를 나타내고 몸을 깁히 곱초아 삼으를 만나 죵신을 허흐듸 힝시 구챠치 아니며 튱녈과 의협이 셰의 쒸여나고 직죄 고금의 희한흐니 내 심히 아름다이 넉이느니 이제 텬명을 밧즈와 부듕의 도라오매 삼으의 조강지쳬이며 스덕이 슉뇨흐니 흐믈며 즈네 ㄱ초 이셔 정실을 경만치 못홀디라 신뷔 영웅의 도량과 녈亽의 풍치 이시니 셜〃흔 쇽틱는 더러이 넉이려니와 힝혀 녕위계구언뎡 무위우후라 흐는 쯧이 이셔 션후를 아라 복죵치 아닌 즉 나의 가법이 아니〃 신부의 일싱이 안향키 어려올디라 모르미 겸손흐고 화동흐여 솟 다온 일홈을 샹히오디 말나 셜시 직빅흐여 슈명흐매 믄득 웃는 보됴개 열니믈 씌돗디 못흐여 안식을 화히 흐고 공경듸왈 블쵸이 가엄의 훈과 즈모의 교를 듯디 못흐고 변방의 싱댱흐여

12면

강호의 셩을 보고 즈라니 힝실이 무식흐고 도리 블명흐나 고인의 현덕을 쫄와 효측고져 흐웁느니 엇디 질투징통흐며 샹원을 싀긔흐미 이시리잇고 대인의 말숨이 쳡을 아디 못흐시미라 인〃이 부뫼 쥬당흐여 인눈을 뎡흐미 이시듸 쳡은 부뫼 업고 친척을 의지홀 곳이 업시 산간의 표령흐다가 힝혀 녕능후를 만나오니 일싱 의지를 뎡코져 흔번 쯧을 뎡흐매 엇디 일신 영화를 위흐오며 亽〃 은의를 브라리잇고 부모 혈亽를 닛고져 흐와 금일의 니르오나 진실노 셰쇽 부녀의 소임을 원치 아니흐웁느니 다만 종亽 니을 일개 혈쇽을 어들진듸 녕능후의 자최를 쓴코 츠싱 계활을 산간의 부치랴 하웁는디라 엇디 통을 드토고 녀도를 길게 흐리잇고 승샹이 그 말숨을 올히 넉여 남시를 ㄱ르쳐 왈 이는 삼으의 조강이니 신뷔 맛당이 녜로 보라 셜시 눈

13면

을 드러 남시를 보니 익용□ 수려흐고 덕되 안샹흐여 일셰의 뉴됴흔 슉네라 즉시 피셕흐여 직빅 샤례 왈 쳡이 만〃 브득이 부인 덕국이 되니 부인 슉덕으로 용납흐시나 쳡이 엇디 참괴흐미 업亽리잇고 연이나 亽문 일믹이니 용셔흐샤 화동흐시믈 어들진듸 영힝치 아니흐리잇가 남시 아미를 느초고 답녜를 공슌이 흐여 왈 쳡이 부인의 고명과 고풍을 앙망흐미 우레 귀를 놀냄 곳더니 텬힝으로 일틱의 모다 동녈의 친흐미 이시니 엇디 블평지심이 이시리오 젼두의 보시믄 쳡의 용졸흐믈 아르실디라 한셜을

아닛ᄂᆞ이다 셜시 그 온유ᄒᆞ믈 감샤ᄒᆞ고 승샹과 부인이 셜시의 쾌활ᄒᆞᆫ 힝ᄉᆞ를 무던이 보ᄂᆞᆫ디라 옥영 등이 반슌타비ᄒᆞ여 웃더라 녕능휘 남시의 ᄌᆞ약홈과 셜시의 할연ᄒᆞ미 셰쇽의 쒸여나믈 영힝ᄒᆞ여 문안을 파ᄒᆞ고 월하

14면

뎡의 도라와 셜시를 보매 셜시 칭찬 왈 군후의 복이 놉도다 남부인을 보니 나의 샹원 녀군을 잘 어더 주엇ᄂᆞᆫ디라 용우ᄒᆞᆫ 무리 졍실이라 ᄒᆞ여 욕되이 구ᄂᆞᆫ 거조를 보디 아니미 엇디 다힝치 아니리오 녕능휘 쇼왈 남시의 현미ᄒᆞ믄 그ᄃᆡ 말 ᄀᆞᆺ거니와 그ᄃᆡ의 츌셰ᄒᆞ믄 나의 복이 아니냐 ᄉᆡᆼ이 그ᄃᆡ를 만난 후ᄂᆞᆫ 만ᄉᆡ 블관ᄒᆞ여 ᄉᆡᆼ즉동큐ᄒᆞ고 ᄉᆞ즉동혈ᄒᆞ믈 원ᄒᆞᄂᆞ니 타인은 ᄉᆡᆼ각지 아닛노라 셜시 졍ᄉᆡᆨ 왈 이ᄂᆞᆫ 필부의 무식ᄒᆞ미오 군ᄌᆞ의 말이 아니로다 군후의 힝ᄉᆡ 여ᄎᆞ 즉 쳡이 ᄉᆞ매를 쩔쳐 산간의 도라가 츌하리 부모 혈ᄉᆞ를 슷출디언뎡 놈의 금슬의 마댱이 되디 아니ᄒᆞ리라 녕능휘 년망이 웃고 왈 ᄎᆞ언은 일시 희롱이라 남시 결발부〃로 조강의 듕ᄒᆞ미 이시니 엇디 져ᄇᆞ리〃오 셜시 왈 군휘 임의 쳡으로 지긔붕위 되여시니 엇디 녹〃ᄒᆞᆫ 녀ᄌᆡ 되여 군후

15면

의 졀졔를 긴 날의 엇디 바드리오 군휘 남부인으로 화락ᄒᆞᆫ 여가의 혹 일 삭의 ᄒᆞᆫ번 무로며 일 년의 수삼ᄎᆞ를 ᄎᆞ자 부〃지의를 슷디 말고 냥신 가경과 등젼 월하의 시ᄉᆞ를 논문ᄒᆞ믈 무샹ᄒᆞ나 슉소란 뎡침의 ᄒᆞ여 됴곰도 감치 아닌 즉 쳡이 ᄇᆡ야흐로 심ᄉᆡ 편ᄒᆞ려니와 블연 즉 군후의 ᄠᅳᆺ을 좃디 못ᄒᆞ리로다 능휘 블열 왈 내 그ᄃᆡ로 더브러 붕우의 졍과 부〃의 친을 겸ᄒᆞ여 심샹ᄒᆞᆫ 부뷔 아니라 당뷔 ᄠᅳᆺ을 두고 엇디 녀ᄌᆞ의 졀졔를 감심ᄒᆞ리오 내 ᄀᆞ장 공평이 뎡ᄒᆞᄂᆞ니 일 삭의 망일식 논화 이시리니 그ᄃᆡᄂᆞᆫ 고집디 말나 셜시 깃거 아니나 나죵을 보라 아ᄃᆡ 즘〃ᄒᆞ고 일노조차 구고를 셩효로 밧들고 슉미를 졍셩으로 ᄃᆡ졉ᄒᆞ며 가부를 졍도로 셤기고 남시를 동긔ᄀᆞᆺ치 화동ᄒᆞ여 일호지어 ᄉᆞ미〃 업시 일마다 명쾌ᄒᆞ고 졍대ᄒᆞ니 가듕이 처음 웃던 쟈

16면

도 ᄉᆞ랑ᄒᆞ고 공경ᄒᆞ며 남시 지극후ᄃᆡᄒᆞ여 친이ᄒᆞ미 죠곰도 혐의로오미 업고 녕능후의 ᄋᆡ듕ᄒᆞ믄 비홀ᄃᆡ 업ᄉᆞ니 남시ᄂᆞᆫ 듕궤를 당ᄒᆞ여 소임이 다ᄉᆞᄒᆞ고 ᄌᆞ녜 층〃ᄒᆞ여

당듕이 요란ᄒᆞ니 셜시 거쳬 고요ᄒᆞ고 품은 ᄌᆡ예 심샹치 아니〃 ᄌᆞ연 남ᄌᆞ의 ᄆᆞ음이 잇글녀 비록 반월 식 갈나 잇다 ᄒᆞ나 나ᄌᆞᆫ 삼십 일을 온젼이 월하뎡의 이셔 ᄆᆡ화뎡의 가ᄂᆞᆫ 날이라도 셜시 여러 번 권ᄒᆞᆫ 후 니러나니 셜시 괴롭고 민망이 녁이며 남시 ᄯᅩ 셜시의 어진 줄 아나 녕능휘 ᄂᆞᆷ의 말을 기ᄃᆞ리디 아냐 공번도이 졔가ᄒᆞ여 ᄌᆞ긔 원홀 거시 업게 ᄒᆞ나 후ᄒᆞᆫ 가온ᄃᆡ ᄆᆞ음이 다ᄅᆞ고 친ᄒᆞᆫ 가온ᄃᆡ 녯 은졍이 업서시믈 보매 그 ᄋᆞᆨ이 탄식ᄒᆞ여 슬허ᄒᆞᄃᆡ 나타내미 업서 가디록 부도를 닥그니 녕능휘 ᄯᅩ 그 어딜믈 아ᄅᆞᄃᆡ ᄌᆞ연 ᄉᆞ졍의 잇글녀 강잉키 어려오니 이러구러 오뉵 삭

17면

이 디난디라 니부인이 깁히 ᄉᆞᆯ피고 혜아리ᄃᆡ 셰형은 공쥬의 덕을 아디 못ᄒᆞ고 외입ᄒᆞ여시매 ᄭᆡᄃᆞᆺ과져 ᄒᆞ여 니ᄅᆞ미 잇거니와 삼ᄋᆞᄂᆞᆫ 남시의 어딜믈 아ᄃᆡ ᄉᆞ졍의 잇글녀 ᄆᆞ음이 ᄂᆡ도ᄒᆞ나 ᄂᆞᆷ이 그ᄅᆞ다 ᄒᆞᆯ가 반월 식 갈나 이셔 ᄆᆡᄉᆞ를 공평이 ᄒᆞᄂᆞᆫ 테ᄒᆞ니 닐너 말ᄒᆞ미 어렵고 셜시 현텰ᄒᆞ여 댱시의 공교홈과 다ᄅᆞ니 남시 평ᄉᆡᆼ을 회복기 어렵도다 ᄒᆞ여 온가지로 ᄉᆞ량ᄒᆞ여 ᄉᆞᄉᆡᆨ이 블안ᄒᆞ더니 ᄆᆞᄎᆞᆷ 녕능휘 쇼ᄆᆡ 샤어ᄉᆞ 부인을 잇그러 드러오다가 모친 긔ᄉᆡᆨ을 보고 고이히 녁여 뭇ᄌᆞ오ᄃᆡ 부듕의 무ᄉᆞᆫ ᄯᅳᆺ ᄀᆞᆺ디 못ᄒᆞ신 일이 잇ᄂᆞ니잇가 모친 긔ᄉᆡᆨ이 엇디 블안ᄒᆞ시니잇가 부인이 냥구 후 탄왈 내 ᄇᆞᄌᆡ박덕으로 너희 등 과도ᄒᆞᆫ 복녹을 누릴 복이 업서 셰형의 편ᄉᆡᆨ홈과 현영의 이샹ᄒᆞᆫ 굿김과 옥영의 망녕된 거조를 ᄀᆞ초 보고 너ᄂᆞᆫ 셩품이 호방ᄒᆞ나 종요로오믈 미더 ᄌᆞ식 뉴의 ᄇᆞ라미 잇더니 근ᄂᆡ 힝ᄉᆡ 만

18면

히 가식ᄒᆞ고 조강을 져ᄇᆞ리미 만흐니 타인이 모ᄅᆞ나 내 엇디 모ᄅᆞ리오 일노 심ᄉᆡ ᄌᆞ연 블안ᄒᆞ도다 녕능휘 계슈 ᄇᆡ왈 효당갈녁이오 튱즉진명이라 ᄒᆞ니 엇디 ᄒᆞᆫ 쳐ᄌᆞ로 부모긔 근심을 씨치리잇고 원간 젼후의 쇼ᄌᆡ 고인을 져ᄇᆞ리미 업습거니와 ᄎᆞ후 더옥 삼가오리니 모친이 심ᄉᆞ를 편히 ᄒᆞ신 즉 블쵸의 죄를 쇽ᄒᆞ리로소이다 부인이 탄식 ᄇᆞ답ᄒᆞ니 녕능휘 옥면이 취홍ᄒᆞ고 봉안이 ᄂᆞ즉ᄒᆞ여 믁연 냥구의 부인이 다시 ᄀᆞᆯ오ᄃᆡ 내 ᄌᆞ연 너의 긔ᄉᆡᆨ을 ᄉᆞᆯ피미어ᄂᆞᆯ 남시의 탓만 녁이디 말나 능휘 슌〃 슈명ᄒᆞ고 니러나 바로 ᄆᆡ화뎡의 드러가 침상의 누엇기를 반일이나 ᄒᆞ니 남시 그 연고를 아디 못ᄒᆞ고 ᄒᆞᆫ ᄀᆞ의셔 슈션을 다ᄉᆞ리더니 셕양의 녕능휘 의관을 뎡돈ᄒᆞ고 단졍이 안자 안ᄉᆡᆨ

이 엄슉ᄒᆞ고 말ᄉᆞᆷ이 ᄆᆡᆼ녈ᄒᆞ여 부인을 ᄎᆡᆨᄒᆞᆯ시 부인이 ᄉᆞᄉᆡᆨ을 어ᄌᆞ러이고 동지

19면

아름답디 아냐 지아븨 ᄯᅳᆺ을 모ᄅᆞ고 구고긔 화평ᄒᆞᆫ 빗출 뵈디 아니ᄒᆞ며 그윽ᄒᆞᆫ 투긔를 이긔디 못ᄒᆞ여 부모의 념녀를 ᄭᅵ치니 이 엇디 부녀의 뎡슌ᄒᆞᆫ 덕이리오 인ᄒᆞ여 만단수죄ᄒᆞ여 졀ᄎᆡᆨᄒᆞ매 ᄆᆡ몰ᄒᆞ고 박졍ᄒᆞ미 칼노 버히며 돌을 ᄉᆞᆺᄂᆞᆫ ᄃᆞᆺᄒᆞ여 언단의 ᄎᆞ게 웃기를 그치디 아니〃 남시ᄂᆞᆫ ᄒᆞᆫ낫 유슌ᄒᆞ고 안졍ᄒᆞᆫ 녀ᄌᆡ라 가부의 이 ᄀᆞᆺᄒᆞᆫ 거조를 보매 눈믈 나믈 ᄭᆡ닷디 못ᄒᆞ여 ᄀᆞᆯ오ᄃᆡ 쳡이 군후를 조촌 지 십 년이 거의로ᄃᆡ 쇼심 공근하여 칠거를 삼가고 삼죵을 딕희여 득죄ᄒᆞ미 업더니 이제 군ᄌᆞ의 엄ᄒᆞᆫ 치ᄎᆡᆨ이 여ᄎᆞᄒᆞ시나 다 쳡의 녀외지언이니 엇디 황괴ᄒᆞ고 원억디 아니리오 죄 이시매 다ᄉᆞ리시믈 슌ᄒᆞᆯ디라 엇디 ᄒᆞᆫ갓 수죄ᄒᆞᆯ 분이리오마ᄂᆞᆫ 곡졀을 아디 못ᄒᆞ니 더옥 우민ᄒᆞᄂᆞ이다 녕휘 ᄲᅡᆼ셩을 ᄂᆞ초아 믁연 냥구의 ᄉᆞ매를 ᄯᅥᆯ쳐 니러나니 셜시ᄂᆞᆫ 신이ᄒᆞᆫ 녀ᄌᆡ라 가듕 긔식과 녕

20면

능후의 후박이 고ᄅᆞ디 아니믈 짐쟉고 ᄌᆞ탄 왈 내 본ᄃᆡ 영걸의 ᄯᅳᆺ을 두고 몸이 녀ᄌᆡ되여 긔구ᄒᆞᆫ 명되 부모의 혈ᄉᆞ를 도라보아 혼인의 구챠ᄒᆞ믈 피치 못ᄒᆞ고 녕능후를 조츠매 이제 군ᄌᆞ의 졔가를 못ᄒᆞ고 샹여의 무신ᄒᆞ미 이셔 슉녀의 ᄒᆞᆫ이 뉴미를 좁으게 ᄒᆞ고 나의 반ᄉᆡᆼ 의 협이 도로혀 소츰ᄒᆞ고 호통ᄒᆞᄂᆞᆫ 무리 되게 ᄒᆞ니 이ᄂᆞᆫ 진실노 만셰의 븟그러오미라 엇디 구〃히 이에 머믈니오 ᄒᆞ믈며 님군 주신 가새 이시니 ᄉᆞ당을 일워 부모 향화를 밧들면 이ᄂᆞᆫ 아들이 업다가 잇고 ᄉᆞᆺ촌 후를 다시 니으미라 맛당이 구고긔 귀령ᄒᆞ여 십ᄌᆞ가 본부의 도라가 져의 부〃를 편히 ᄒᆞ고 나의 효의를 완젼ᄒᆞ리라 ᄯᅳᆺ을 뎡ᄒᆞ매 녕능후의 오믈 마자 흔연이 담쇼ᄒᆞ다가 졍금의 쳡이 무타형뎨ᄒᆞ고 이제 텬ᄌᆞ의 주신 가샤 노복이 족히 션인의 졔ᄉᆞ를 밧들디라 맛당이 도라가 집을 뎡ᄒᆞ고 범ᄉᆞ를 쥰비ᄒᆞᆫ 후 다시 모

21면

드미 늣디 아니ᄒᆞ니 몬져 군후긔 알외노라 녕능휘 왈 내 블셔 이 ᄯᅳᆺ이 잇더니 그ᄃᆡ 말이 올흐니 엇디 좃디 아니리오 ᄉᆞ당을 일우고 졔ᄉᆞ를 뇨리ᄒᆞ미 효의 지극ᄒᆞᆯ디라

내 ᄯᅩᄒᆞᆫ 조차가 반ᄌᆞ지의를 펴리라 셜시 쇼왈 엇디 감히 군후의 졸개 ᄂᆡ림ᄒᆞ믈 ᄇᆞ라리오 쳡이 비록 브ᄌᆡ나 ᄎᆞᄉᆞᄂᆞᆫ 죡히 판득ᄒᆞ리니 군후ᄂᆞᆫ 념녀치 말나 인ᄒᆞ여 졍당의 드러가니 승샹이 ᄆᆞᄎᆞᆷ ᄂᆡ당의 잇거ᄂᆞᆯ 셜시 나아가 취품 왈 블쵸뷔 블힝ᄒᆞ여 형뎨 업고 부모제ᄉᆞ를 쥬ᄒᆞᆯ 사ᄅᆞᆷ이 업ᄂᆞᆫ디라 ᄉᆡᆼ각건ᄃᆡ 존부의 블관ᄒᆞᆫ 사ᄅᆞᆷ이니 일ᄉᆡᆼ을 허ᄒᆞ샤 텬ᄌᆞ 주신 집의 도라가 부모 향화를 밧들고 ᄆᆞ음이 안졍ᄒᆞ믈 엇게 ᄒᆞ신 즉 식뷔 ᄯᅩᄒᆞᆫ 셩덕을 감골명심ᄒᆞ와 시졀을 ᄯᆞᆯ와 셩뎡을 밧들믈 원ᄒᆞᄂᆞ이다 구괴 놀나 왈 식뷔 완지 오래디 아니코 녀ᄌᆞ 유힝이 원부모형뎨라 ᄒᆞ믈며 그ᄃᆡᄂᆞᆫ 유소취무소귀ᄒᆞᆫ 녀ᄌᆡ어ᄂᆞᆯ 엇디 십ᄌᆞ가 뷘 집의 가

22면

일ᄉᆡᆼ을 디내미 가ᄒᆞ리오 ᄉᆞ시 증샹과 일연 향화ᄂᆞᆫ 왕ᄂᆡᄒᆞ여 밧들미 온당ᄒᆞ도다 셜시 쳑연 타루 왈 구고의 존괴 ᄉᆞ리의 당연ᄒᆞ시나 ᄉᆞ리의 당연ᄒᆞ시나[1] 쇼뷔 임의 형뎨 업고 힝혀 부모의 혈식이 쳡 일신으로 비록 쟈랑내미 아니오나 요힝 남ᄌᆞ의 ᄉᆞ업을 일워 님군 은혜로 집을 일우고 ᄉᆞ시 향화를 밧들 만ᄒᆞ오니 비록 녀ᄌᆡ나 효의 엇디 남녜 다ᄅᆞ리잇고 녕능휘 임의 관져의 호귀 잇고 쳡은 번오의 사ᄅᆞᆷ으로 부듕을 요란ᄒᆞᆯ 분이라 유뮈 블관ᄒᆞ오니 믈너가 부모의게 인ᄌᆞ지도를 ᄒᆞ여 ᄉᆡᆼ아지은을 갑고 쳡심이 청졍무우히 즐기미 소욕의 족ᄒᆞ온디라 엇디 녀도로 쳡을 ᄎᆡᆨ망ᄒᆞ시리잇고 구괴 감동ᄒᆞ고 칭복ᄒᆞ여 ᄂᆞᆺ빗출 고치고 은근이 권유 왈 그ᄃᆡ 말이 지극히 올흐나 녀ᄌᆞ 삼죵이 듕ᄒᆞ니 삼ᄋᆡ 엇디 드ᄅᆞ리오 셜시 졍식 왈 구괴 허ᄒᆞ신 즉 군ᄌᆡ 엇디 조당ᄒᆞ리잇가 쳡심이 졍이구의라 구고

23면

ᄂᆞᆫ 의려치 마ᄅᆞ쇼셔 승샹이 그 ᄯᅳᆺ이 굿고 말이 올흐믈 드ᄃᆡ여 허ᄒᆞ여 왈 그ᄃᆡ ᄯᅳ지 곤졀ᄒᆞ므로 마디 못 허ᄒᆞᄂᆞ니 ᄉᆞ당을 일워 제ᄉᆞ를 밧들고 ᄌᆞ루 왕ᄂᆡᄒᆞ여 부도를 폐치 말나 셜시 ᄇᆡ샤ᄒᆞ고 믈너나 즉일 구가를 ᄇᆡ별ᄒᆞ고 본부의 도라갈ᄉᆡ 녕능휘 다만 졔 부모 ᄉᆞ당을 일우고 비복을 됴제ᄒᆞ여 범ᄉᆞ를 션쳐ᄒᆞ고 올가 녁이매 흔연이 ᄒᆞᆫ가지로 십ᄌᆞ가의 니ᄅᆞ니 이 ᄯᅩᄒᆞᆫ 흠ᄉᆞᄒᆞ신 문무장원각이라 광활ᄒᆞᆫ 누ᄃᆡ와 층〃ᄒᆞᆫ 쥬함

1) ᄉᆞ리의 당연ᄒᆞ시나 : 'ᄉᆞ리의 당연ᄒᆞ시나' 반복

이 십니를 둘너 웃듬 고뤼 이셔 강션뉘라 졔익ᄒᆞ엿거ᄂᆞᆯ 셜시 드듸여 침쳐를 뎡ᄒᆞ고 여러 노복의 됴알ᄒᆞᄂᆞᆫ 명텹을 보아 각〃 직ᄉᆞ를 분치ᄒᆞ며 부모 ᄉᆞ당을 봉안ᄒᆞ고 졔문 지어 졔ᄒᆞᆫ 후 듕당의 니ᄅᆞ러 좌우로 쥬반을 나와 옥잔의 향온을 부어 스ᄉᆞ로 잡고 ᄯᅩ 일빅를 부어 녕능후긔 보내여 왈 군은 잔을 다ᄒᆞ라 쳡이 고ᄒᆞᆯ 말이 잇ᄂᆞ이다 녕능휘 그 긔ᄉᆡᆨ을 의심ᄒᆞ나

24면

마디 못ᄒᆞ여 잔을 마시고 연고를 무ᄅᆞᆫ듸 셜시 정ᄉᆡᆨ 단좌ᄒᆞ여 고왈 녀ᄌᆞ의 도리 소텬을 앙망ᄒᆞ고 거취를 ᄌᆞ단ᄒᆞ미 업ᄉᆞᆯ 거시로듸 쳡이 부도의 진션치 못ᄒᆞ니 ᄒᆞᆫ갓 군후의 ᄯᅳᆺ을 좃디 못ᄒᆞᆯ디라 금일 일빅쥬로 젼일 부〃 되엿던 의를 ᄭᅳᆺ고 다시 형뎨와 붕우의 졍을 니어 지긔 교도를 열미라 군휘 임의 졍실이 이셔 유한ᄒᆞᆫ 덕이 〃시듸 외친닉소ᄒᆞ고 쳡을 구〃ᄒᆞᆫ 은ᄋᆡ로 치욕ᄒᆞ니 엇디 젼일 지긔리오 아심이 블열ᄒᆞ미 오랄 분 아니라 진실노 부모 신위 외로오시믈 ᄎᆞᆷ디 못ᄒᆞ여 구고긔 알외고 도라오니 일노조차 월하뎡을 가디 아닐 거시오 일망의 한번식 나아가 구고 셩은을 샤례ᄒᆞ고 도라오리니 ᄎᆞ후로 군후와 녜 ᄀᆞᆺ치 모호믈 엇디 못ᄒᆞᆯ디라 이 구ᄐᆞ여 나의 괴벽ᄒᆞ미 아니오 군후ᄂᆞᆫ 집의 가뫼 잇고 쳡은 다른 동긔 업서 고독 일신이 조종 신위를 ᄇᆞ리디 못ᄒᆞ미니 몸이 임의 군후 ᄀᆞᆺᄒᆞᆫ 호걸을

25면

빅ᄒᆞ여 일싱이 빗나고 영홰 극ᄒᆞ니 이 ᄯᅩᄒᆞᆫ 군후의 은혜라 엇디 구〃ᄒᆞᆫ 원앙 침상의 닐압ᄒᆞᆫ ᄉᆞ졍을 요구ᄒᆞ리오 피ᄎᆞ ᄆᆞ음을 ᄲᅥᆯ쳐 군휘 남부인과 화락ᄒᆞᆫ 여가의 잇다감 도라본 즉 맛당이 우음을 먹음어 영졉ᄒᆞᆯ디라 임의 진졍을 다 고ᄒᆞᄂᆞ니 힝혀 고이히 넉이디 말고 일즉이 도라가라 녕능휘 텽ᄒᆞᆯ의 심ᄉᆡ 황난ᄒᆞ고 간담이 뮈여지ᄂᆞᆫ ᄃᆞᆺᄒᆞ니 냥구히 악연 무언ᄒᆞ다가 믄득 잔을 더지고 블연 변ᄉᆡᆨ 왈 그듸 비록 남ᄋᆞ의 호긔 잇고 ᄌᆡ예 비상ᄒᆞ나 녀ᄌᆞ의 몸으로 텬ᄌᆞ긔 알외고 내게 도라오매 명졍언슌ᄒᆞ여 셰챵의 가인이라 엇디 감히 협긔와 ᄌᆡ조로ᄡᅥ 강ᄒᆞ믈 쳔ᄌᆞᄒᆞ리오 이제 스ᄉᆞ로 믈너와 가부를 빅반코져 ᄒᆞ미니 맛당이 나라희 알외여 별단 처치를 ᄒᆞᆯ디라 내 비록 용녈ᄒᆞ나 ᄋᆞ녀ᄌᆞ의 셜〃ᄒᆞᆫ 협긔를 졔어치 못ᄒᆞ고 감심ᄒᆞ여 졀졔를 바드리오 셜시 웃고 화평이 ᄀᆡ유 왈 군휘 ᄉᆡ른 노긔 이 ᄀᆞᆺᄒᆞ

26면

니 젼일 형뎨 붕우지졍을 ᄉᆡᆼ각ᄒᆞ여도 용샤ᄒᆞ미 이시려든 삼강의 듕ᄒᆞ미ᄯᆞ녀 일즉 이 ᄀᆞᆺ흐믈 모ᄅᆞ미 아니로ᄃᆡ 부뫼 ᄉᆡᆼ아ᄒᆞ샤 군후를 만나미 이시니 임의 ᄌᆡ조를 품고 산간의 도은ᄒᆞ여 쳔신만고를 격고 일만 험의와 난쳐ᄒᆞᆫ 가온ᄃᆡ 군후를 조ᄎᆞᆷ도 부모 유톄를 샹ᄒᆡ오디 못ᄒᆞ여 혈식이 니으믈 ᄇᆞ라미오 임의 군후의게 의탁ᄒᆞ여 일홈을 뎡ᄒᆞ매 강포를 막고 한가ᄒᆞᆫ 집의 ᄉᆞ묘를 밧드러 향화를 소임ᄒᆞ여 일ᄉᆡᆼ은 남ᄌᆞ의 도를 다ᄒᆞ고져 ᄒᆞᆷ도 부모를 위ᄒᆞ미라 ᄯᅳᆺ이 크게 뎡ᄒᆞ여시니 군후의 노긔로 요동ᄒᆞ리오 나라희 고ᄒᆞ믈 니ᄅᆞ디 말고 면젼의셔 법을 뵈여도 호발도 동치 아니ᄒᆞ리니 군후ᄂᆞᆫ 무익지노를 그치고 군ᄌᆞ의 관임ᄒᆞ믈 힘ᄡᅳ쇼셔 녕능휘 져의 강개ᄒᆞ여 굴치 아니믈 보매 구셜노 ᄒᆡ유치 못ᄒᆞᆯ 줄 알고 가연이 탄식 왈 내 임의 그대로 만나미 심샹ᄒᆞᆫ 부뷔 아니러니 마쟝이 이러ᄐᆞᆺ ᄒᆞ니 현마 엇디 ᄒᆞ

27면

리오 집의 도라가나 시졀을 ᄯᆞᆯ와 니ᄅᆞ러 서로 볼 날이 업디 아니리니 그ᄣᅢ의 막디 말나 남시ᄂᆞᆫ 조강의 졍을 두터이 ᄒᆞ고 샹원위치 혁〃ᄒᆞ니 아디 못게라 무ᄉᆞᆫ 일이 브족ᄒᆞ여 부인이 퇴손ᄒᆞ기예 니ᄅᆞ뇨 셜시 쇼왈 군휘 이 곳의 ᄌᆞ루 오고져 ᄒᆞ미 더옥 가치 아니토다 내 임의 군후의 통을 피ᄒᆞ고 집을 ᄃᆡᆨ히매 엇디 군후의 좌최를 잇글니오 ᄒᆞ믈며 남부인은 뇨됴ᄒᆞᆫ 가인으로 군후의 은졍이 년니 비익 ᄀᆞᆺ다가 도로혀 은의 셧긔고 블호ᄒᆞᆫ 빗치 ᄌᆞ즈니 이ᄂᆞᆫ 나의 연괴라 내 비록 념치 업ᄉᆞ나 참괴ᄒᆞ미 업ᄉᆞ리오 군후의 자최 ᄌᆞ즐딘ᄃᆡ ᄆᆡᆼ셰ᄒᆞ여 죽을지언뎡 서로 보디 아니리니 군후ᄂᆞᆫ ᄂᆡᆨ이 ᄉᆡᆼ각ᄒᆞ라 녕능휘 비록 노ᄒᆞ고 ᄒᆞᆫᄒᆞ나 져의 긔ᄉᆡᆨ이 칼 ᄀᆞᆺ고 언ᄉᆡ 녈〃ᄒᆞ여 ᄉᆞᄉᆡᆼ의 굴치 아닐디라 ᄒᆞᆯ일업서 오ᄃᆡᆨ 셰〃히 다래고져 슌히 조차 이 날 니별ᄒᆞ고 도라가매 셜시 뷘 집의 홀노 이셔 병셔와 시ᄉᆞ로 쇼일ᄒᆞ고 일 삭의 두 번식

28면

뉴부의 나아가 구고 친쳑을 ᄎᆞᆺ고 남시를 ᄃᆡᄒᆞ여 흔연이 반기미 ᄀᆞ 업ᄉᆞ며 혹 수삼일을 머므러도 존고긔 시침ᄒᆞ여 ᄉᆞ실의 도라가지 아니ᄒᆞ니 녕능휘 태산 ᄀᆞᆺᄒᆞᆫ 졍을 발뵐 길히 업ᄉᆞᆫ디라 구고 슉미 그 ᄒᆡᆼᄉᆞ를 칭복ᄒᆞ여 더옥 ᄉᆞ랑ᄒᆞ고 남시 그윽이 감동ᄒᆞ

여 싱각ᄒᆞᄃᆡ 졔 만니 타향의 소친재 가부여늘 도로혀 부〃의 졍을 슨코 망친의 유묘를 쫄와 뷘 집의 쳐량ᄒᆞ니 나의 구경지하의 형데 번셩ᄒᆞ고 선〃ᄒᆞᆫ ᄌᆞ녀를 쪄고 당의 즐거오므로뻐 도로혀 가부의 자최 드믈고 졍이 섯거믈 ᄒᆞᆫᄒᆞ미 엇디 붓그럽디 아니리오 ᄒᆞ여 ᄎᆞ후 더옥 공근 졀차ᄒᆞ여 셜시 친이ᄒᆞ믈 동포골육치 ᄒᆞ고 가부의게 더옥 삼가 속의 일덤 투심이 업ᄉᆞ매 밧기 더옥 화열ᄒᆞ니 일개 그 현슉ᄒᆞ믈 탄복ᄒᆞ고 셜시 공경화우ᄒᆞ여 됴곰도 뎍국ᄉᆞ이 ᄀᆞᆺ디 아니ᄒᆞᄃᆡ 홀노 녕능휘 셜시의 미믈ᄒᆞ믈 ᄒᆞᆫᄒᆞ고 당초의 남시 원심을 품어 ᄉᆞᄉᆡᆨ이 블

29면

호히 ᄒᆞ여 모친이 아ᄅᆞ시게 ᄒᆞ미 슉녀의 덕이 아니라 ᄒᆞ여 ᄒᆞᆫ번 ᄎᆡᆨᄒᆞᆫ 후 다시 서로 보디 아니ᄒᆞ여 ᄒᆡ 넘도록 언어를 통치 아니ᄒᆞ니 남시 가지록 공근ᄒᆞ고 모부인이 깁히 미온ᄒᆞ므로 녕능휘 마디 못ᄒᆞ여 다시 부인을 ᄎᆞᄌᆞ나 긔ᄉᆡᆨ이 젼일과 ᄂᆡ도ᄒᆞ고 힝지 엄슉ᄒᆞ여 미셰지ᄉᆞ의도 허믈을 용샤치 아니ᄒᆞ니 남시의 가부의 셩되 변ᄒᆞ여시믈 알고 더옥 조심ᄒᆞ고 구고 슉ᄆᆡ 남시를 두호ᄒᆞ여 무ᄉᆞ케 ᄒᆞ더라 일〃은 냥한님 부인 현영이 아ᄋᆞ 샤어ᄉᆞ 부인으로 더브러 듕당의셔 슈션을 다ᄉᆞ리며 시ᄉᆞ를 보더니 믄득 남시 강시 등이 ᄒᆞᆫ ᄃᆡ 모다 좌를 뎡ᄒᆞ고 쇼고의 글을 ᄒᆞᆫ가지로 보아 뇨됴슉녀는 군ᄌᆞ호귀로다 츰치힝치를 좌우모지로다 ᄒᆞᆫ 대문의 다ᄃᆞ라 강시 웃고 왈 문왕의 슉녀 ᄉᆞ복ᄒᆞ심도 이러ᄒᆞ시니 시인의 갈망ᄒᆞ믈 고이치 아니로다 셩인도 ᄉᆡᆨ을 싱각ᄒᆞ시니 ᄒᆞ믈며 범인이ᄯᆞ녀 남시 쇼왈 부인의 말이 그ᄅᆞ

30면

다 문왕이 슉녀를 구ᄒᆞ샤 ᄒᆞᆫ가지로 치국지도를 싱각ᄒᆞ시미니 엇디 호ᄉᆡᆨᄒᆞ신 ᄯᅳᆺ 이시리오 졍언간의 쥬렴 밧긔 인젹이 잇거늘 샤어ᄉᆞ 부인이 댱을 들고 보니 녕능휘 진공으로 더브러 화계ᄉᆞ 이로 ᄇᆡ회ᄒᆞ여 난간의 다ᄃᆞ랏거늘 졔쇼졔 댱을 지우고 고요히 안잣더니 진공이 난간의 안자 형데 좌를 뎡ᄒᆞ매 공이 웃고 ᄀᆞᆯ오ᄃᆡ 현데 근ᄂᆡ 셜수의 내치믈 닙고 남수의 투긔를 만나다 ᄒᆞ니 졍히 우형의 경ᄉᆡᆨ과 방블ᄒᆞ거니와 연이나 남수의 슉뇨ᄒᆞ심븐 셔젹 가온ᄃᆡ 진짓 어진 부인이오 셜쉬 ᄯᅩᄒᆞᆫ 구듕금궐의 곰초인 녀진 아니라 졍이 이신 즉 ᄇᆡᆨ 년을 동낙ᄒᆞ리니 엇디 거절ᄒᆞ믈 감심ᄒᆞ며 비록 뎌를 닛디 못ᄒᆞ나 조강을 무고히 박ᄃᆡᄒᆞ리오 임ᄉᆞ의 셩덕이 아닌 즉 투긔 면ᄒᆞ미 어렵고 셜

사 쇼〃 허믈이 이시나 오시 결발노 일됴의 소원ᄒᆞ미 이 경박ᄌᆞ의 호신ᄒᆞ미니 너의 일이 듕도를 엇디 못ᄒᆞ엿도다

31면

녕휘 침음ᄒᆞ다가 칭샤 왈 형당 명괴 맛당ᄒᆞ시니 쇼뎨 엇디 봉힝치 아니리잇고 다만 남시는 쇼뎨로 결발ᄒᆞ미 십 년이 거의오 여러 ᄌᆞ네 이셔 부〃 졍의 심샹치 아니〃 엇디 박ᄃᆡᄒᆞ미 이시리잇고마는 셜시는 신이ᄒᆞᆫ 사ᄅᆞᆷ으로 쇼뎨를 ᄯᆞᆯ와 셩명만 의지ᄒᆞ고 은툥을 구치 아니ᄒᆞ니 쇼졔 그 의협을 감동ᄒᆞ고 ᄌᆡ조를 ᄉᆞ랑ᄒᆞ여 자최 잠간 ᄌᆞ즈매 셜시 더옥 거절ᄒᆞ고 겸양ᄒᆞ거ᄂᆞᆯ 남시 만일 현텰ᄒᆞᆯ진ᄃᆡ 져의 졍ᄉᆞ를 측은ᄒᆞ고 쇼뎨의 고렴ᄒᆞ믈 올히 넉일 거시어ᄂᆞᆯ 그윽ᄒᆞᆫ 탄식과 쳐량ᄒᆞᆫ 안ᄉᆡᆨ으로 ᄌᆞ당과 삼ᄆᆡ게 뵈여 박명지인〃 쳬ᄒᆞ니 모친이 근심ᄒᆞ샤 우고를 당ᄒᆞᆫ ᄃᆞᆺᄒᆞ시니 쇼뎨 ᄯᅩ 심ᄉᆡ 편치 아닌디라 이 슉녀의 일이 아니오 셜시 쳥심 고의로 믈너나니 이 도시 남씨 빌미라 이 엇디 공후의 명뷔 되여 이ᄀᆞᆺ치 쳔비지힝을 ᄒᆞ미 븟그럽디 아니리오마는 모친이 슬하 ᄌᆞ익를 고렴ᄒᆞ샤 슌〃 경계ᄒᆞ시고

32면

쇼뎨 ᄯᅩᄒᆞᆫ 고졍을 닛디 아니려니와 ᄆᆞ음의 흡연ᄒᆞ믈 업도소이다 진공이 쇼왈 네 소견이 죵시 편ᄉᆡᆨᄒᆞ니 모ᄅᆞ미 남수긔 블평지심을 두디 말나 우형의 편벽ᄒᆞ므로도 댱시로 고졍을 ᄇᆞ리디 아냣ᄂᆞ니 남수의 현텰ᄒᆞ시므로 쇼〃지ᄉᆞ를 흠ᄒᆞ리오 셩인이 아닌 후야 엇디 허믈이 업ᄉᆞ리오 녕능휘 역쇼ᄒᆞ고 니러나고져 ᄒᆞ더니 믄득 눈을 드러 보니 당ᄂᆡ의 사ᄅᆞᆷ의 그림재 비최거ᄂᆞᆯ 녕능휘 당을 들고 보니 냥ᄆᆡ와 남시 등이라 그 자최를 엿드ᄅᆞ미 잇는가 미온ᄒᆞ여 안ᄉᆡᆨ을 변ᄒᆞ니 현영쇼졔 졍ᄉᆡᆨ고 녕능후를 ᄃᆡᄒᆞ여 ᄀᆞᆯ오ᄃᆡ 쇼ᄆᆡ 등이 금일 남강 냥형으로 녀공을 다ᄉᆞ리더니 냥형이 니ᄅᆞ샤 의외 담논이 이에 밋ᄎᆞ시니 졍히 일이 공교ᄒᆞ믈 고히이 넉이더니 삼형이 관형찰ᄉᆡᆨᄒᆞ샤 블쾌히 넉이시니 아디 못게라 진공 거〃의 드ᄅᆞ시는 말을 쇼ᄆᆡ 등이 츰텽치 못ᄒᆞ여 남형이 드ᄅᆞ시믈 아쳐ᄒᆞ실딘ᄃᆡ ᄋᆞ녀ᄌᆞ를 긔휘ᄒᆞᆯ

33면

댱부지언이 업ᄉᆞᆯ디라 만히 구챠ᄒᆞ시믈 그윽이 의아ᄒᆞᄂᆞ이다 녕능휘 말이 막히니 진

공이 찬왈 ᄎᆞᄆᆡ의 정논이 금옥 ᄀᆞᆺ흐니 삼데 긔를 누이고 징을 식ᄒᆞ여 퇴ᄒᆞ리로다 녕능휘 다만 잠쇼브답ᄒᆞ고 니러나니 남시 안ᄉᆡᆨ이 여일ᄒᆞ여 됴곰도 블평ᄒᆞ미 업ᄉᆞ니 쇼고 등이 흠ᄋᆡᄒᆞ더니 니부인이 듯고 녕능후를 지셩으로 ᄀᆡ유ᄒᆞ니 녕휘 ᄌᆞ교를 감동ᄒᆞ고 부인의 힝ᄉᆞ를 션복ᄒᆞ여 구정을 니어 화락ᄒᆞ나 셜시로 ᄯᅳᆺ을 펴지 못ᄒᆞᄆᆞᆯ ᄒᆞᆫᄒᆞ나 셜시 셰월이 오랠ᄉᆞ록 잡은 ᄯᅳᆺ이 더옥 구더 녕능휘 일 삭의 두어 번 가면 희ᄉᆡᆨ으로 마자 흔연이 졉ᄃᆡᄒᆞ나 만일 지류ᄒᆞ여 츄호나 과도ᄒᆞ미 이시면 안ᄉᆡᆨ을 졍히 ᄒᆞ고 원거ᄒᆞ여 됴곰도 용납디 아니〃 녕능휘 본ᄃᆡ 셩졍이 강직ᄒᆞ고 굿세ᄃᆡ 셜시의게 다ᄃᆞ라ᄂᆞᆫ 위엄을 더으디 못ᄒᆞ여 겨요 일 삭의 오뉵일을 묵어 도라오나 집이 다ᄅᆞ고 부뫼 계시니 츌입 거쳐를 임의로 못

34면

ᄒᆞ여 정을 펴디 못ᄒᆞ니 심하의 권년ᄒᆞ여 은ᄋᆡ 각별ᄒᆞᄃᆡ 능히 홀일업서 ᄌᆞ연 남시긔 후정이 흡연ᄒᆞ여 ᄌᆞ네 선〃ᄒᆞ고 셜시ᄂᆞᆫ 다만 일ᄌᆞ일녀를 두어 ᄆᆞᄎᆞᆷᄂᆡ 졍심을 일워 셜상셔의 졔ᄉᆞ를 닛고 셜시 ᄌᆞ네 이신 후ᄂᆞᆫ 더옥 녕능후의 자최를 우이 넉여 쇼연이 셰샹을 닛고져 ᄒᆞ니 녕능휘 뎌의 진쇽의 념이 업ᄉᆞᄆᆞᆯ 아ᄂᆞᆫ 고로 고이ᄒᆞᆫ 일이 이실가 일죵 그 ᄆᆞ음대로 거ᄉᆞ리미 업ᄉᆞ니 남시의게ᄂᆞᆫ 굿센 댱뷔오 엄ᄒᆞᆫ 남ᄌᆡ로ᄃᆡ 셜시의게든 즉 온화ᄒᆞ고 오소ᄒᆞ미 즐약ᄒᆞᆫ 녀ᄌᆞ ᄀᆞᆺ흔디라 셜시 그 ᄯᅳᆺ을 알고 그윽이 감샤ᄒᆞ고 블안ᄒᆞ여 ᄯᅩᄒᆞᆫ 부도를 극진이 닥그니 인〃이 다 녕능후의 복을 일ᄏᆞᆺ더라 셜시 십ᄌᆞ개 번요ᄒᆞᄆᆞᆯ 슬히 넉여 셩남 만셰산 겻ᄐᆡ 일좌 대가를 니ᄅᆞ혀 숑듁과 화초를 장뎜ᄒᆞ고 거쳐ᄒᆞ니 그윽ᄒᆞ고 놉흐미 은자의 뉘라 텬ᄌᆡ 공쥬로 인ᄒᆞ여 그 힝뎍을 드ᄅᆞ시고 차탄ᄒᆞ고 긔이히 넉

35면

이샤 그 집 문의 셜시튱녈문이라 표ᄒᆞ시고 후원의 브ᄅᆞ샤 태후와 황휘 좌ᄒᆞ시고 그 검무와 샤ᄌᆡ를 구경케 ᄒᆞ시니 과연 신인의 조홰라 냥뎐이 크게 칭찬ᄒᆞ샤 별호를 신샤장군이라 ᄒᆞ시고 장군인을 주어 황후를 시위ᄒᆞ라 ᄒᆞ시니 셜시 고ᄉᆞᄒᆞ나 뎨후의 ᄯᅳᆺ이 ᄌᆞ못 은근ᄒᆞ시니 마디 못ᄒᆞ여 샤은ᄒᆞ고 퇴ᄒᆞ니 일셰의 녀장군 일홈이 유명ᄒᆞᆫ디라 그 힝뎍을 의논컨ᄃᆡ 풍양의 봉작을 밧디 아니코 도주ᄒᆞ니 튱이오 녕능후를 아라보고 ᄯᆞᆯ와오니 협긔오 ᄒᆞᆫ번 과댱의 드러 문무장원을 ᄒᆞ니 ᄌᆡ죄 놉흐미오 구가의 드러가

통을 ᄉᆞ양ᄒᆞ고 믈너 부모 ᄉᆞ당을 직희니 효와 의 ᄒᆞᆫ가지로 빗난디라 놉흔 일홈을 명됴의 결우 리 업ᄉᆞᆫ디라 ᄎᆞ시 승샹과 부인이 녕능후의 금슬이 블화ᄒᆞ믈 근심ᄒᆞ더니 셜시의 퇴손ᄒᆞᄂᆞᆫ 현텰ᄒᆞᆫ 지혜 능히 남시의 일싱을 회복ᄒᆞ니 녕능휘 셜시를 닛디 못ᄒᆞ나 남시

36면

의 조강의 졍을 고렴ᄒᆞ여 ᄆᆞᄎᆞᆷᄂᆡ 구ᄌᆞ의 유신ᄒᆞ미 이셔 오복이 구뎐ᄒᆞ니 부뫼 깃거ᄒᆞ고 남시의 복을 인〃이 일ᄏᆞᆺ더라 모다 셜시를 칭찬ᄒᆞ여 왈 이 진짓 빅앙의 머리오 범의 ᄭᅩ리니 공쥬의 지인ᄒᆞ미 여신ᄒᆞ여 당초의 용납ᄒᆞ여 기리미라 ᄒᆞ더라 승샹부뷔 ᄌᆞ녀를 다 셩인ᄒᆞ여 당초 곡경이 가〃이 이시나 나죵은 무ᄉᆞᄒᆞ여 개〃히 화락ᄒᆞ여 영복이 무흠ᄒᆞ되 홀노 츈방혹ᄉᆞ 셰필이 박쇼져로 더브러 결발ᄒᆞ연 지 ᄉᆞ년의 은의 흡연치 못ᄒᆞ여 쇼져의 텬직국식을 눈의 긔특이 넉일지언뎡 무졍ᄒᆞ고 아름다온 덕힝을 올히 넉이나 흠의ᄒᆞ미 업서 ᄆᆡ일 야〃를 뫼셔 셔당의 잇고 됴ᄉᆞ의 츌입ᄒᆞ여 일월을 보ᄂᆡ되 ᄒᆞᆫ번 쇼져의 침소를 ᄎᆞ즈미 업ᄉᆞ니 부뫼 고이히 넉여 그 연고를 무른 즉 쇼지 나히 어리고 긔운이 약ᄒᆞ니 고인의 삼십 유실ᄒᆞ믈 효측고져 ᄒᆞ오니 엇디 무단이 박

37면

ᄃᆡᄒᆞ리잇고 ᄒᆞ여 말ᄉᆞᆷ이 슌〃ᄒᆞ니 부모도 당초ᄂᆞᆫ 싱의 긔질이 너모 쳥슈ᄒᆞ고 골격이 너모 쇄락ᄒᆞᆫ되 쇼져의 화월 ᄀᆞᄐᆞ믈 ᄇᆡᄒᆞ여 샹홀가 념네 이셔 구ᄐᆡ여 아른 쳬 아니코 도로혀 무던이 넉여 샹셔의 슈힝근신ᄒᆞᆷ ᄀᆞᆺ치 아랏더니 졈〃 희포 되여 싱의 나히 ᄎᆞ고 긔샹이 영위ᄒᆞ여 당형의 단듕ᄒᆞᆷ과 ᄎᆞ형의 쥰매ᄒᆞ믈 겸ᄒᆞ고 지긔롭고 풍늉ᄒᆞ미 희롱ᄒᆞᄂᆞᆫ 언어의ᄂᆞᆫ 녀ᄉᆡᆨ 부치의 범연치 아니ᄒᆞ되 홀노 쇼져의게 든 즉 ᄒᆞᆫ 덩이 빙상 ᄀᆞᄐᆞ여 졈〃 싱소ᄒᆞ니 부인이 우려ᄒᆞ믈 마디 아냐 박쇼져 침소 희운뎡으로 가믈 권ᄒᆞ면 싱이 흔연이 드러가 혹 ᄉᆞ오 일식 머므러 셔당으로 나가니 부인이 혹ᄉᆞ를 필ᄌᆞ로 심히 ᄉᆞ랑ᄒᆞᄂᆞᆫ디라 금슬이 소원ᄒᆞ믈 근심ᄒᆞ여 혹ᄉᆡ 쇼져 침실의 가ᄂᆞᆫ 날이면 반ᄃᆞ시 찬향 등으로 탐지ᄒᆞ여 고ᄒᆞ라 ᄒᆞ니 이인이 밤마다 여어보ᄃᆡ 쇼져로 말ᄒᆞ미 업고 즉시

38면

누어 자ᄂᆞᆫ 쳬ᄒᆞ다가 ᄃᆞᆰ이 울면 니러나 신셩ᄒᆞ고 외당으로 가ᄂᆞᆫ디라 쇼제 혹ᄉᆞ를 보면 심히 슈습ᄒᆞ니 부인이 심히 어엿비 너겨 무ᄋᆡᄒᆞ믈 친녀ᄀᆞᆺ치 ᄒᆞ고 ᄉᆡᆼ을 본 즉 온가지로 힐문ᄒᆞ고 ᄀᆡ유ᄒᆞ니 혹ᄉᆡ 그윽이 민망이 넉여 호언으로 위로 왈 쇼ᄌᆡ 임의 뎡노 더브러 결발ᄒᆞ여 피ᄎᆡ 허믈 뵈미 업고 뎌의 외모와 ᄒᆡᆼᄉᆡ 츌뉴ᄒᆞ여 졔수의 ᄂᆞ리미 업ᄉᆞ니 ᄒᆡᄋᆡ 엇디 항녀의 졍이 박ᄒᆞ리잇고마ᄂᆞᆫ 스ᄉᆞ로 셰샹 믈욕의 의ᄉᆡ 쇼연ᄒᆞ여 구〃히 샹ᄃᆡ홀 ᄯᅳᆺ이 업ᄉᆞ나 ᄯᅩ 부〃 화락이 엇디 구틔여 침상의 닐압ᄒᆞ믈 니ᄅᆞ리잇고 뎨 유슌ᄒᆞ고 쇼ᄌᆡ 화열ᄒᆞᆫ 즉 부챵부슈ᄒᆞ미어ᄂᆞᆯ 모친이 이러틋 념녀ᄒᆞ시매 ᄒᆡᄋᆡ 더옥 블안ᄒᆞᆫ디라 원컨ᄃᆡ 텬뎡ᄒᆞᆫ 쉬 도라가믈 기ᄃᆞ리시고 이ᄀᆞᆺ치 번뇌치 마ᄅᆞ시면 ᄒᆡᆼ심ᄒᆞ리로소이다 부인이 더옥 경혹ᄒᆞ여 ᄀᆞᆯ오ᄃᆡ 네 임의 그 현미ᄒᆞ믈 알오ᄃᆡ 이ᄀᆞᆺ치 ᄒᆞ니 더옥 고이

39면

ᄒᆞᆫ디라 뎡코 큰 병인이 아니면 금슬이 블화ᄒᆞ미어ᄂᆞᆯ 엇디 말ᄉᆞᆷ을 ᄭᅮ며 어버이를 속이ᄂᆞᆫ다 혹ᄉᆡ 쥬슌의 옥치를 비최여 웃고 ᄃᆡ왈 ᄒᆡᄋᆡ 임의 모친 ᄉᆡᆼ휵ᄒᆞ시믈 밧ᄌᆞ와 몸의 병이 업ᄉᆞ믄 부뫼 아ᄅᆞ시ᄂᆞᆫ 배오 뎌를 뮈워ᄒᆞ미 업ᄉᆞ믄 듕인의 보ᄂᆞᆫ 배라 이제 ᄂᆡ당의 자최 잠간 드므러 됴ᄉᆞ의 분망ᄒᆞ믈 믄득 의심ᄒᆞ시니 실노 우민ᄒᆞ와 도로혀 뎌를 괴로아 ᄒᆞᄂᆞ이다 부인 왈 여형 등이 셩취ᄒᆞᆫ 즉 다 ᄌᆞ네 이셔 슬하의 버럿거ᄂᆞᆯ 너ᄂᆞᆫ 셩혼 ᄉᆞ 년의 부쳬 말홈도 아디 못ᄒᆞ니 념녜 엇디 업ᄉᆞ리오 ᄇᆡᆨᄋᆞ의 일호 진념이 업ᄉᆞ므로도 금슬이 화ᄒᆞ고 일 삭의 슌일은 모란뎡의 드러가고 샹ᄃᆡᄒᆞ매 화평ᄒᆞ며 셰형의 편벽ᄒᆞ므로 삼 년을 공쥬를 박ᄃᆡᄒᆞ여 미친 거죄 이시나 만난 즉 흔연ᄒᆞ던 거시오 기여 졔ᄋᆞᄂᆞᆫ 개〃히 딘듕ᄒᆞ더니 네 홀노 형뎨 듕 업ᄉᆞᆫ 즈술 ᄒᆞ니 결연이 박ᄃᆡᄒᆞ미어ᄂᆞᆯ

40면

홀노 쳥고ᄒᆞ여 녀ᄉᆡᆨ을 블관이 넉이ᄂᆞᆫ 쳬ᄒᆞ니 이ᄂᆞᆫ 가식ᄒᆞ미라 비록 규방의 구〃히 침닉디 아니나 녜ᄉᆞ로올 거시어ᄂᆞᆯ 언어를 샹졉디 아니〃 ᄋᆞ부의 슈ᄉᆡᆨ과 네 거동을 어이 몰나 보리오 반ᄃᆞ시 소회 잇고 졍이 ᄆᆡ믈ᄒᆞ미니 모ᄌᆞ의친으로 엇디 은휘ᄒᆞ미 잇ᄂᆞ뇨 혹ᄉᆡ 안ᄉᆡᆨ을 졍히 ᄒᆞ고 쥰슌 ᄌᆡ비 왈 하감망냥형이리잇고 쇼ᄌᆞᄂᆞᆫ 일개 졸ᄉᆡ

라 그 듕도롤 아디 못ᄒᆞ고 도로혀 믹몰박졍ᄒᆞ더니 ᄎᆞ후 십분 명심ᄒᆞ여 ᄌᆞ교롤 밧들니이다 부인이 ᄌᆡ삼 ᄀᆡ유ᄒᆞ더라 원ᄂᆡ 승샹 ᄌᆞ녀 팔인 듕 문질이 빈〃ᄒᆞ여 셩현을 뫼셤 즉 ᄒᆞᆫ 덕힝이 이셔 반뎜 골힉오미 업ᄉᆞ믄 니부와 냥한님 부인이니 션조 효문공을 품슈ᄒᆞ미오 영웅이 개셰ᄒᆞ고 풍뉘 동탕ᄒᆞ여 대쟝부의 골격이 오로지 이시믄 진공과 양혹ᄉᆞ 부인이니 젼쥬승샹을 습ᄒᆞ미오 ᄌᆡ긔 츌인ᄒᆞ고 긔샹이 영오ᄒᆞ여

41면

왕도 사안의 풍치를 겸ᄒᆞᆫ 쟈는 녕능휘오 노셩ᄒᆞ고 팀듕ᄒᆞ여 언쇠 드믈고 희노롤 블현ᄒᆞ여 누ᄉᆞ덕의 도량을 가진 쟈는 북풍휘요 혹ᄉᆞ의 긔질은 졀미ᄒᆞᆫ 용모와 단엄ᄒᆞᆫ 긔샹이 젼혀 모부인을 달마 쥰슈ᄒᆞ고 아담ᄒᆞ며 소아ᄒᆞ고 단듕ᄒᆞ여 곡역후의 아름다옴과 뉴후의 미모롤 가져시니 부인이 그 긔질을 ᄉᆞ랑ᄒᆞ여 ᄉᆡᆼ닉의 하ᄌᆞᄒᆞ여 니ᄅᆞ미 업다가 취쳐ᄒᆞ여 금슬이 ᄂᆡᆼ낙ᄒᆞ믈 크게 근심ᄒᆞ여 ᄌᆞ루 경계ᄒᆞ니 혹ᄉᆡ 쇼져의 아름다오믈 아나 스ᄉᆞ로 졍이 믹〃ᄒᆞ여 서로 보매 괴로오미 심ᄒᆞ거ᄂᆞᆯ 모친의 념녀ᄒᆞ시믈 강잉ᄒᆞ여 희운뎡의 머믈미 십여일의 쇼져의 묽은 긔질과 빗난 ᄋᆡ용을 ᄃᆡᄒᆞ여 ᄒᆞᆫ번 말ᄒᆞ미 업서 긔ᄉᆡᆨ이 츄상 ᄀᆞᆺᄒᆞ니 쇼졔 심히 블안ᄒᆞ여 ᄒᆞᄂᆞᆫ디라 부인이 평ᄉᆡᆼ 말ᄉᆞᆷ이 드믈고 범ᄉᆞ롤 아디 못ᄒᆞᄂᆞᆫ 사ᄅᆞᆷ ᄀᆞᆺᄒᆞᄃᆡ 혹ᄉᆞ의게 다ᄃᆞ라ᄂᆞᆫ ᄂᆞᆼ히 무심치 못ᄒᆞ여 밤마다 탐지ᄒᆞ여

42면

그 ᄂᆡᆼ도ᄒᆞ믈 드ᄅᆞᆫ 즉 혹ᄉᆞ롤 보고 졀칙ᄒᆞ며 ᄀᆡ유ᄒᆞ믈 마디 아니〃 혹ᄉᆡ 도로혀 우환을 만남 ᄀᆞᆺᄒᆞ여 일〃은 담을 크게 ᄒᆞ고 술을 미란이 취ᄒᆞ여 희운뎡으로 드러가니 박쇼졔 단의홍군으로 쵹을 ᄇᆞᆰ히고 시ᄉᆞ롤 즘심ᄒᆞ니 옥골방형이 쵹하의 ᄇᆡ오ᄂᆞᆫ디라 혹ᄉᆡ 쏘ᄒᆞᆫ 흠ᄋᆡᆨᄒᆞ여 나아가 옥슈롤 잡고 닐오ᄃᆡ 부인이 셩문의 ᄉᆡᆼ댱ᄒᆞ여 시셔 녜긔롤 슈련ᄒᆞ니 셩인의 뇨됴슉녀롤 죵고낙지ᄒᆞ미 졍히 우리 부〃와 방블ᄒᆞ거ᄂᆞᆯ 엇디 아디 못ᄒᆞ미 심ᄒᆞ뇨 ᄉᆡᆼ이 그ᄃᆡ로 결발 ᄉᆞ년의 쳥산이 늙디 아냣고 녹슈 댱존ᄒᆞ니 ᄉᆡᆼ의 쯧이 오히려 밧브디 아니커ᄂᆞᆯ 근ᄂᆡ의 부인이 우ᄉᆡᆨ이 이셔 홍안의 ᄌᆞᄒᆞᆫ을 ᄆᆡᆺ고 ᄉᆡᆼ의 박졍을 ᄒᆞᆫᄒᆞ여 모친이 아ᄅᆞ시고 여러 번 졀칙ᄒᆞ시니 ᄉᆡᆼ이 마디 못ᄒᆞ여 금야ᄂᆞᆫ 집심을 허러 녹슈의 즐기믈 쳥ᄒᆞᄂᆞ니 부인은 막디 말나 박쇼졔 텬셩이 빙상 ᄀᆞᆺ고 셩되 츄월 ᄀᆞᆺᄒᆞ므로뻐 가부의 후박을 개렴ᄒᆞ리오마

43면

는 ᄒᆞᆨᄉᆞ의 동지 놈과 다ᄅᆞ니 신세 평샹치 못ᄒᆞ믈 슬허ᄒᆞᄃᆡ 일즉 ᄉᆞᄉᆡᆨ의 나타내미 업더니 이제 ᄒᆞᆨᄉᆞ의 취듕 셜만ᄒᆞᆫ 경ᄉᆡᆨ으로 드러와 이ᄀᆞᆺ치 됴희ᄒᆞ여 능욕ᄒᆞ믈 보고 심듕의 통히 ᄒᆞ여 나슈를 ᄲᅮ리치고 념임졍ᄉᆡᆨ 왈 쳡이 한미ᄒᆞᆫ 가문의 교훈ᄒᆞᆯ 배 업시 ᄉᆡᆼ댱ᄒᆞ여 군ᄌᆞ의 관〃ᄒᆞᆫ ᄡᅡᆨ이 아니므로 임의 그 더러이 넉이미 맛당ᄒᆞᆫ디라 감심ᄒᆞ여 심규의셔 환션을 ᄌᆡᄇᆡᄒᆞ미 업고 당문의 기력의 소ᄅᆡ를 늣기미 업서 구고 슉ᄆᆡ의 셩우를 밧ᄌᆞ와 ᄎᆞᄉᆡᆼ 계활이 안샹ᄒᆞ고 친당이 구경ᄒᆞ여 형뎨 번셩ᄒᆞ니 진퇴예 즐거올 ᄯᆞ름이라 엇디 구〃히 군ᄌᆞ의 자최를 텸망ᄒᆞ며 우ᄉᆡᆨ을 구고 안젼의 뵈오미 이시리잇고 군ᄌᆡ 부귀예 혼미ᄒᆞ샤 사ᄅᆞᆷ을 능만ᄒᆞ고 헛된 말ᄒᆞ시믈 잘ᄒᆞ시니 쳡이 불민ᄒᆞ나 그윽이 블복ᄒᆞᄂᆞ이다 ᄒᆞᆨᄉᆡ 모부인 권유ᄒᆞ시므로 드러오나 졍이 ᄆᆡᆨ〃ᄒᆞ고 심ᄉᆡ 괴로온 고로 쇼져의게

44면

증을 플고져 ᄒᆞ여 일당을 됴희ᄒᆞ고 곤케 ᄒᆞ더니 홀연 져의 안ᄉᆡᆨ이 ᄂᆡᆼ담ᄒᆞ고 답언이 명쾌ᄒᆞ여 슈습기로 됴곰도 굴티 아니믈 보고 그 졍뎡ᄒᆞ믈 항복ᄒᆞ나 오히려 블슌ᄒᆞ믈 미온ᄒᆞ여 믄득 졍ᄉᆡᆨ 왈 그ᄃᆡ 임의 명가의 ᄉᆡᆼ댱ᄒᆞ여 나의 은통을 부운ᄀᆞᆺ치 넉일딘ᄃᆡ ᄉᆡᆼ이 엇디 이곳의 오리오 ᄉᆡᆼ이 부모 명으로 쳔만 강잉ᄒᆞ여 니ᄅᆞ거ᄂᆞᆯ 언어돈지 이러ᄐᆞᆺ ᄒᆞ여 가부를 능멸ᄒᆞ니 금일노브터 서로 니별ᄒᆞ여 나가ᄂᆞ니 다시 부모의 권유ᄒᆞ시ᄂᆞᆫ 말ᄉᆞᆷ이 이변의 오게 ᄒᆞᆫ 즉 그ᄃᆡ 죄 등한치 아니리라 쇼제 아미를 숙이고 졍ᄉᆡᆨ ᄇᆞ답ᄒᆞ니 ᄒᆞᆨᄉᆡ ᄉᆞ매를 ᄯᅥᆯ치고 밧그로 나가는디라 찬향 등이 ᄌᆞ시 탐지ᄒᆞ고 도라가 니부인긔 슈말을 ᄌᆞ시 알외니 부인이 경아 왈 필ᄋᆡ 셩졍이 온듕ᄒᆞ여 셰긔로 방블ᄒᆞ믈 깁히 밋더니 이제 취광ᄒᆞ고 방탕ᄒᆞ여 믄득 졍실을 곤욕ᄒᆞ고 ᄋᆞ녀ᄌᆞ를 구박ᄒᆞ여 언단이 여ᄎᆞᄒᆞ니 엇디

45면

통히치 아니리오 ᄋᆞ부의 말이 잠간 강ᄒᆞ나 부덕의 휴손ᄒᆞ미 업거ᄂᆞᆯ 핑계ᄒᆞ여 것지ᄅᆞ미 이 ᄀᆞᆺᄒᆞ니 ᄎᆞ후 권유ᄒᆞ미 이신 즉 반ᄃᆞ시 ᄋᆞ부를 욕ᄒᆞ여 ᄎᆞ오의 거죄 이시리니 입열기 어렵도다 ᄒᆞ고 ᄒᆞᆫ탄ᄒᆞ믈 마지 아니터니 믄득 승샹이 드러오다가 부인의 말을

듯고 연고를 무른디 부인이 일쪽 즈녀 졔부의 힝스를 구장 아름답고 이샹흔 일 밧근 승샹긔 뎐흐미 업고 승샹이 또흔 션싱으로 쥬야 동쳐흐여 본디 대톄흐므로 가닉스를 아디 못흐는 사름 굿더니 부인이 금야의 ᄎᆞ스를 주시 뎐흔디 승샹이 놀나 왈 필익 심히 아둥흐고 단졍흐더니 이제 가닉에 잡된 일이 업시 현쳐를 박디흐믄 쳔만 의외라 엇디 블힝치 아니리오 명일 저를 블너 진졍을 무르리라 부인 왈 쳡이 블셔 빅단 권면흐여 혜 둘키의 니르디 가디록 이러흐고 도로혀 으부를 뮈이 넉이니 출하리 브려 두어 으부나 편케 흐미 올흘가 흐느이다

46면

승샹이 쇼왈 부모의 교훈을 듯디 아니코 안해게 벌쁘는 즈식을 두어 무어시 쁘리오 진실노 그러흔즉 죽여 업시흐미 올토다 부인이 믁연 탄식흐더라 명됴의 졔즈졔뷔 문안의 모히매 승샹이 샹셔를 나아오라 흐여 굴오디 노뷔 국스의 다스흐고 빅시를 뫼셔 닉당 츌입이 희소흐고 또 셩졍이 소탈흐여 쇼〃지스를 뭇디 아니므로 여등의 규방스를 아디 못흐미 방외지인 굿더니 이제 드르니 필익 으부를 박디흐여 힝시 패만흐다 흐니 구장 한심흔디라 여등이 아랏는다 샹셰 계슈 디왈 잠간 듯즈오미 잇스오매 근심이 젹지 아니흐오디 필데 즈교를 시힝치 아니흐오니 규졍흐올 길이 업스와 우민흐느이다 승샹이 우왈 부〃 후박은 인녁으로 못흔다 흐거니와 슈연이나 그 스단이 업시 이 굿흐믄 셰필의 괴패흐미라 노뷔 박샹셔로 동티고구의 친흠만 아니라 션군이 박태우로 스싱동결

47면

흐신 의는 관포의 아릭 아니라 그 즈손이 년혼흐여 젼일 됴흔 거술 니으믄 졍히 셕스를 닛디 아니흐미어늘 도로혀 으부의 홍안박명이 냥대인 녕빅이 구원의 평안치 아니시리니 필익 엇디 효의옛 즈식이리오 여등이 ᄎᆞ후는 셰필을 셔당의 용납디 말고 히운뎡을 써나디 말게 흐라 샹셔 곤계 흠긔 니러 빅샤 왈 근슈교의리니 하감역명이리잇고 승샹이 다시 말이 업시 니러나매 이째 혹싀 시좌흐여 야〃의 긔식이 십분 엄졍흐믈 보매 블승황공흐고 또 즈가를 향흐여 경계흐시는 말숨이 업스믈 더옥 블안흐여 믁연이 고개를 숙여 안잣더니 승샹이 나가믈 보고 뫼셔 나가고져 흐거늘 녕능휘 웃고 그 손을 잡아 머므러 왈 금일 엄명이 계시니 아모 셰필이라도 독셔당 난함의 발

걸고 누어 즘자기를 못ᄒᆞ리니 수이 ᄒᆡ운뎡으로 가라 혹시 선우슴 웃고 강잉ᄒᆞ여 발을 머추어 셔니 졔형이

48면

정식ᄒᆞ고 저마다 긔운을 짓ᄂᆞᆫ디라 심듕의 박시로 이리 괴롭도다 ᄉᆡᆼ각ᄒᆞ매 긔ᄉᆡᆨ이 더옥 ᄂᆡᆼ담ᄒᆞ고 ᄆᆡ믈ᄒᆞ여 ᄀᆞ을 서리와 겨을 눈 갓ᄒᆞ니 부인이 지긔ᄒᆞ고 깁히 경계 왈 네 이제 부모의 ᄉᆞ랑ᄒᆞ여 부뷔 화락고져 ᄒᆞ믈 원망ᄒᆞ고 ᄋᆞ부를 도로혀 뮈이 너긴 즉 ᄌᆞ식의 도리 아니오 부모의 ᄠᅳᆺ을 모ᄅᆞ미라 죄 ᄀᆞ장 가ᄇᆡ얍디 아니리니 편협이 ᄉᆡᆼ각디 말고 부명을 조ᄎᆞ라 혹시 ᄇᆡ샤 왈 쇼지 엇디 부모의 ᄌᆞᄋᆡᆨᄒᆞ시믈 아디 못ᄒᆞ고 도로혀 뎌를 뮈이 넉이리잇고마ᄂᆞᆫ 사ᄅᆞᆷ이 각〃 소집이 잇ᄉᆞᆸᄂᆞ니 지신은 막여쥐오 지ᄌᆞᄂᆞᆫ 막여뷔라 ᄒᆞ여신 즉 부뷔 ᄯᅩᄒᆞᆫ ᄯᅩᄒᆞᆫ 군신 일톄라 안해 알미 가부 ᄀᆞᆺᄒᆞ니 업ᄉᆞᆸᄂᆞ니 타인이 모ᄅᆞ나 쇼ᄌᆡ 엇디 박시의 일을 모ᄅᆞ리잇고 금일 ᄌᆞ당 존하의 ᄌᆞ시 고ᄒᆞ리이다 뎌 박시 안ᄉᆡᆨ이 교염ᄒᆞ고 ᄌᆡ졍이 총혜ᄒᆞ여 진실노 ᄌᆡ녀 가인이나 셩되 강한ᄒᆞ고 언에 쵸독ᄒᆞ여 쇼ᄌᆞ ᄀᆞᆺᄒᆞᆫ 졸ᄉᆞ로 ᄒᆞ여곰 감히 가뷘

49면

쳬ᄒᆞ디 못ᄒᆞ게 ᄒᆞ니 남의 되여 ᄋᆞ녀ᄌᆞ의 졀졔를 감심ᄒᆞ여 머리를 움치고 규방의 드러시믈 ᄎᆞ마 못ᄒᆞᆯ 배오 ᄒᆞ믈며 뎨 쇼ᄌᆞ를 박졍낭으로 아라 만난 즉 ᄇᆡᆨ안쳠시ᄒᆞ여 능만이 심ᄒᆞ고 ᄯᅩ 뎔노 화락ᄒᆞᆯ 복이 업서 은졍이 ᄆᆡᆨ〃ᄒᆞ니 피ᄎᆞ의 인연이 업ᄉᆞ미라 맛당이 텬명이 되여가믈 볼 거시어ᄂᆞᆯ 스ᄉᆞ로 간악ᄒᆞᆫ ᄂᆞᆺ빗출 지어 부모 안젼의 우ᄉᆡᆨ을 뵈와 부모의 잔잉히 넉이시믈 돌아 ᄒᆡᄋᆞ의게 엄ᄎᆡᆨ을 어더 주니 진실노 엄하의 죽을디언뎡 부〃지의를 니어 화락ᄒᆞ미 어렵도소이다 부인이 대ᄎᆡᆨᄒᆞ고 샹셔ᄂᆞᆫ 말이 업시 단엄ᄒᆞᆫ 긔ᄉᆡᆨ이 셜풍이 골졀을 브ᄂᆞᆫ ᄃᆞᆺᄒᆞ거ᄂᆞᆯ 진공이 대ᄎᆡᆨ 왈 네 야〃의 엄교와 모친의 ᄀᆡ유ᄒᆞ시믈 밧ᄌᆞ와 시각이 옴디 아냐셔 블초ᄒᆞᆫ ᄆᆞ음을 수시긔 옴기니 이 인ᄌᆞ의 도리 아니라 금슬 후박은 니ᄅᆞ디 말고 혼암무식ᄒᆞ미 여ᄎᆞᄒᆞ니 부형이 엇디 통ᄎᆡᆨ디 아니리오 혹시 황연 샤죄ᄒᆞ고 다시 말이 업ᄉᆞ니 ᄎᆞ시 박쇼

50면

졔 좌의 잇다가 피ᄎᆞ 긔ᄉᆡᆨ 됴치 아냐 협실의 피ᄒᆞ여 이 셜화를 ᄌᆞ시 듯고 심하의 탄

식ᄒᆞ여 ᄉᆡᆼ각ᄒᆞᄃᆡ 내 부모의 총ᄋᆡᄒᆞ시믈 밧자와 명창비궤의 시ᄉᆞ롤 즘심ᄒᆞ고 십삼의 능직소와 십ᄉᆞ의 흑지의롤 우이 넉여 팔구 셰의 녀공을 다 ᄇᆡ화 뉴문의 드러오매 구고의 홍은이 비록 산히 ᄀᆞᆺᄒᆞ나 흑ᄉᆞ의 박ᄃᆡ 일 년의 ᄒᆞᆫ번 무ᄅᆞ미 업다가 존고의 말ᄉᆞᆷ이 열 번 이시매 ᄒᆞᆫ번 보아 고식과 증염ᄒᆞ미 슌〃 ᄎᆞᆼ가ᄒᆞ여 거죄 작야디경의 니ᄅᆞ고 욕이 금일의 미ᄎᆞ니 구고의 년ᄋᆡᄒᆞ시므로 나의 신셰 더옥 편치 못ᄒᆞ고 뎨 ᄂᆞ치 괴로아 ᄒᆞ논ᄃᆡ 부형의 엄훈이 극ᄒᆞ니 뎨 만일 슌죵ᄒᆞᆫ 즉 내 몸이 구챠ᄒᆞ고 고집과 호승으로 부모 명을 슌죵치 아니ᄒᆞᆫ 즉 존구 노롤 도〃아 댱칙이 밋ᄎᆞ면 그때 내 어이 편ᄒᆞ리오 맛당이 믈너가 부모를 뫼셔 일ᄉᆡᆼ을 ᄆᆞ차 뎌의 ᄆᆞ음을 편케 ᄒᆞ고 나의 구챠ᄒᆞᆫ 욕을 면ᄒᆞ리라 ᄒᆞ더니 믄득 시비 드러와 보왈 박샹셔

51면

노애 파쳔ᄒᆞ샤 운남 포졍ᄉᆞ롤 ᄒᆞ여 시방 가시는 고로 외당의 오샤 쇼져를 브ᄅᆞ시ᄂᆞ이다 부인과 졔ᄉᆡᆼ이 대경ᄒᆞ고 쇼졔 혼블니톄ᄒᆞ여 급히 외당의 나오니 이때 박공이 삼지 다 닙신ᄒᆞ여 부ᄌᆞ ᄉᆞ인이 됴뎡 후록을 바다 쳥간졀딕ᄒᆞ여 나라 은혜를 갑고져 ᄒᆞ니 시졀의 써리미 되엿더니 텬ᄌᆡ 대동관의 유렵ᄒᆞ고져 ᄒᆞ샤 박공을 호가ᄒᆞ라 ᄒᆞ시니 공이 블가ᄒᆞ믈 ᄃᆞ톤ᄃᆡ 샹이 노ᄒᆞ샤 운남 포졍ᄉᆞ로 내치시ᄃᆡ 가권을 조차 ᄒᆞᆷ긔 가라ᄒᆞ시니 공이 즉일의 ᄇᆡᄉᆞᄒᆞ고 뉴부의 와 승샹과 녀셔를 볼ᄉᆡ 승샹과 졔인이 놀나믈 마디 아니ᄒᆞ고 쇼졔 나와 야〃롤 보매 부녜 눈믈이 옷기ᄉᆞᆯ 젹시니 승샹 부ᄌᆡ 참연ᄒᆞ더니 쇼졔 믄득 념임 ᄌᆡᄇᆡ 왈 쇼뷔 슬하의 의탁ᄒᆞ완지 ᄉᆞ년의 셩은이 호텬망극ᄒᆞ오나 만분지일을 갑습디 못ᄒᆞᄋᆞᆸ고 이제 부뫼 만니의 츌ᄒᆡᆼᄒᆞ여 도라올 긔약을 뎡치 못ᄒᆞ오니 원컨ᄃᆡ 쇼쳡의 ᄒᆡ골을 빌니샤 노부

52면

병모의 심ᄉᆞ를 위로케 ᄒᆞ시면 쇼쳡이 산은히덕은 골졀의 삭일가 ᄒᆞᄂᆞ이다 승샹이 경식 왈 ᄋᆞ부는 오가 사ᄅᆞᆷ이라 녀ᄌᆞ유ᄒᆡᆼ이 원부모형뎨로 ᄇᆡᆨ니블분상이어늘 엇디 ᄉᆞ정은 ᄎᆞᆷ디 못ᄒᆞ여 이런 말을 ᄒᆞᄂᆞ뇨 운남이 샹게 만여리오 도뢰 험난ᄒᆞ니 엇디 ᄋᆞ녀ᄌᆞ의 ᄒᆡᆼ홀 배리오 만〃 블가ᄒᆞ니 이런 의ᄉᆞ를 말나 쇼졔 계하의 ᄂᆞ려 고두 톄읍 왈 쇼쳡이 블혜 혼암ᄒᆞ오나 금일 귀령이 녜의에 블가ᄒᆞ오믈 모ᄅᆞ리잇고마는 그윽이 헤아리건ᄃᆡ 쇼쳡 일신은 존문의 유뮈 블관ᄒᆞ온디라 일신을 허락ᄒᆞ샤 부모의 여년을 위로

케 ᄒᆞ시면 텬의 힝혀 도로혀미 계샤 노뷔 ᄉᆡ 외긱이 되믈 면ᄒᆞ올딘ᄃᆡ 다시 셩문 슬하의 틈수ᄒᆞ와 구고의 홍은을 갑ᄉᆞ올가 ᄇᆞ라ᄂᆞ이다 인ᄒᆞ여 오열ᄒᆞ믈 마디 아니〃 박공이 ᄯᅩᄒᆞᆫ 혹ᄉᆞ의 박졍홈과 쇼져의 심ᄉᆞ를 대강 아랏는 고로 먼니 ᄶᅥ나믈 참연ᄒᆞ더니 녀ᄋᆞ의 이 ᄀᆞᆺᄒᆞ믈 보고 역시 근졀이 청ᄒᆞ여 수년 후

53면

올녀보내마 ᄒᆞ니 승상이 비록 블열ᄒᆞ나 박공의 가미 블과 수년지ᄂᆡ의 도라올디라 잠간 보내엿다가 모드믈 ᄉᆡᆼ각고 부녀의 지경을 막디 못ᄒᆞ여 ᄀᆞᆯ오ᄃᆡ 인형의 ᄎᆞ힝이 오래디 아닐 거시오 ᄋᆞ부의 ᄯᆞᆯ와가미 만〃 블가ᄒᆞᄃᆡ 형이 과도히 청ᄒᆞ고 오뷔 지셩으로 ᄋᆡ걸ᄒᆞ니 마디 못 허락ᄒᆞ나 만니 도로의 힝코져 ᄒᆞ미 심히 망녕 되도다 도라 혹ᄉᆞ를 보아 ᄀᆞᆯ오ᄃᆡ 박형의 소청을 엇디 ᄒᆞ리오 오ᄋᆞ의 ᄯᅳᆺ을 듯고져 ᄒᆞ노라 이ᄣᅢ 혹ᄉᆡ 쇼져의 부모 ᄯᆞᆯ오고져 ᄒᆞ믈 심니 미안ᄒᆞ고 박공이 ᄌᆞ가의게 청ᄒᆞ미 업시 다만 승샹명을 드러 ᄃᆞ려가믈 보매 안ᄉᆡᆨ을 졍히 ᄒᆞ고 계슈 ᄃᆡ왈 사ᄅᆞᆷ이 각〃 소집이 잇ᄉᆞᆸᄂᆞ니 박시 임의 조아의 효ᄅᆞᆯ 본밧고져 ᄒᆞ오니 쇼ᄌᆡ 엇디 일편도이 삼종을 칙ᄒᆞ리잇고 ᄒᆞ믈며 엄명이 계시니 쇼ᄌᆞ는 슌슈ᄒᆞ올 ᄯᆞᄅᆞᆷ이라 엇디 감히 한셜이 이시리잇고 승샹이 잠쇼ᄒᆞ고 박공이 그 ᄯᅳᆺ을 지긔ᄒᆞ고 쇼왈 노뷔 현셔의게

54면

청ᄒᆞᆫ 줄을 엇디 모ᄅᆞ리오마는 녕존이 우희 계시므로ᄢᅦ라 현셔는 허믈치 말고 허ᄒᆞ여 노부의 심ᄉᆞ를 위로ᄒᆞ게 ᄒᆞ고 ᄯᅩᄒᆞᆫ 쇼녀를 위ᄒᆞ여 당뷔 엇디 환거ᄒᆞ리오 명문 숙녀를 턱취ᄒᆞ고 타일 아녜 도라와든 ᄇᆞ리디 말고 거두믈 ᄇᆞ라노라 혹ᄉᆡ ᄇᆡ샤 왈 운남 만니의 군명 곳 아니면 듕국 ᄌᆡ샹의 갈 곳이 아니어ᄂᆞᆯ 쇼셰 득죄ᄒᆞᆫ 배 업시 쳐실노 ᄉᆡ외예 분슈ᄒᆞ오니 그윽이 의혹ᄒᆞ오나 ᄉᆞ셰 여ᄎᆞᄒᆞ고 엄명이 계시니 무슨 말솜을 ᄒᆞ리잇고 취쳐 일ᄉᆞ는 부형이 계시니 쇼셔의 ᄆᆞ음이 아니라 오딕 존명을 져ᄇᆞ리디 아니ᄒᆞ리이다 셜파의 셩안이 몽농ᄒᆞ고 미위 한상 ᄀᆞᆺᄒᆞ니 박공이 텀음미결ᄒᆞᄃᆡ 쇼졔 결ᄒᆞ여 가려ᄒᆞ는 고로 혹ᄉᆞ의 말을 귀 밧긔 듯는디라 박공이 녀ᄋᆞ의 졍심이 범연치 아니믈 알고 다만 승샹 부ᄌᆞ를 니별ᄒᆞ고 녀ᄋᆞ를 ᄃᆞ려갈ᄉᆡ 쇼졔 ᄂᆡ당의 드러와 존고와 뎨ᄉᆞ 슉ᄆᆡ를 ᄇᆡ별홀ᄉᆡ 니부인이 쳔

55면

만 몽듕 의외라 그 손을 잡고 눈믈을 흘녀 ᄎᆞ마 ᄯᅥ나디 못ᄒᆞ여 ᄀᆞᆯ오ᄃᆡ ᄋᆞᄇᆡ 비록 ᄂᆡ친지졍이 참담ᄒᆞ나 엇디 우리의 고렴ᄒᆞᆷ을 ᄇᆞ리고 식외에 니별을 감심ᄒᆞ며 나의 심ᄉᆞ를 슬피디 아닛ᄂᆞ뇨 더옥 승샹의 허락ᄒᆞ시미 고이토다 쇼졔 쥬루를 거두고 졍금 샤례 왈 쇼쳡이 비록 무상ᄒᆞ오나 엇디 구고 셩은을 져ᄇᆞ려 ᄉᆞ졍을 인ᄒᆞ여 부모를 ᄯᆞ오리잇고마ᄂᆞᆫ 진실노 일ᄉᆡᆼ 신셰 구〃ᄒᆞ여 군ᄌᆞ의 ᄆᆞ음을 어ᄌᆞ러이고 구고의 념녀를 ᄭᅵ쳐 블회 큰디라 ᄣᅢ를 타 부모를 ᄯᆞ라 만니 식의에 쳐량ᄒᆞᆷ을 위로ᄒᆞ고 군ᄌᆞ의 심ᄉᆞ를 안뎡코져 ᄒᆞ옵ᄂᆞ니 감히 무단이 귀령ᄒᆞ미 아니옵고 ᄯᅩᄒᆞᆫ 일신 유뮈 블관ᄒᆞ올 고로 존고의 일월 명감이 쇼쳡의 간폐를 신명이 됴림홈 ᄀᆞᆺ흐실디라 다만 복원 존고ᄂᆞᆫ ᄇᆡ혜망은ᄒᆞᄂᆞᆫ ᄇᆞ효를 용샤ᄒᆞ시믈 ᄇᆞ라ᄂᆞ이다 부인이 악연 탄식 왈 ᄋᆞ부의 ᄯᅳᆺ을 모ᄅᆞ미 아니로ᄃᆡ ᄂᆡ졍이 아오라ᄒᆞ니 엇디 별ᄒᆞᆫ을 이긔리오

56면

돈ᄋᆞ의 박졍ᄒᆞᆫ은 일시 운익이라 언에 ᄆᆡ몰ᄒᆞ미 ᄌᆞ유로 이 ᄀᆞᆺ흐여 현부의 옥결빙심을 쵹휘ᄒᆞ여 ᄎᆞᄒᆡᆼ이 이시니 엇디 통셕지 아니리오 연이나 방신을 보듕ᄒᆞ여 만니의 무ᄉᆞ히 발셥ᄒᆞ고 수이 모드믈 원ᄒᆞ노라 쇼졔 ᄇᆡ샤 톄읍ᄒᆞ여 ᄎᆞ마 ᄯᅥ나디 못ᄒᆞ더니 박공이 직촉ᄒᆞ여 ᄒᆡᆼ니를 ᄇᆞ야니 쇼졔 마디 못ᄒᆞ여 눈믈을 드리워 ᄌᆡᄇᆡ ᄒᆞᄃᆡᆨᄒᆞ매 부인이 보듕ᄒᆞᆷ을 니ᄅᆞ고 안숴 비 ᄀᆞᆺ흐며 뎨ᄉᆞ쇼괴 다 눈믈을 ᄲᅮ려 ᄯᅥ나믈 앗기고 공쥐 ᄯᅩᄒᆞᆫ 님ᄒᆡᆼ의 와 서로 보고 텬쉬라 ᄒᆞ여 말을 아니터라 쇼졔 일문을 ᄇᆡ별ᄒᆞ고 외당의 나와 승샹과 제슉을 하직ᄒᆞ매 혹ᄉᆞ를 향ᄒᆞ여 네를 ᄆᆞᆺ고 표연이 그 야〃를 ᄯᆞᆯ와 가ᄂᆞᆫ디라 혹ᄉᆡ 평일 박ᄃᆡ 태심ᄒᆞ나 님별ᄒᆞ여 그 가ᄂᆞᆫ 양을 보매 심ᄉᆡ 쳑연ᄒᆞ여 ᄒᆞᆫ가지로 박공 부듕의 니ᄅᆞ니 일개 블의예 ᄎᆞᄒᆡᆼ을 당ᄒᆞ여 창황산난ᄒᆞᆫ 듕 쇼져의 동ᄒᆡᆼᄒᆞᆷ을 듯고 부인이 녀

57면

ᄋᆞ의 신셰를 슬허 혹ᄉᆞ를 쳥ᄒᆞ여 톄읍 왈 노쳡이 필ᄋᆞ로 ᄀᆞᄅᆞ친 배 업ᄉᆞ므로 녀ᄋᆡ 군ᄌᆞ의 호귀 아니〃 낭군의 비루히 녁이믈 엇디 ᄒᆞᆫᄒᆞ리오마ᄂᆞᆫ 부모의 ᄌᆞ식 ᄉᆞ랑은 구〃ᄒᆞᆷ을 면치 못ᄒᆞ니 평일 잔잉ᄒᆞ미 심당을 버히ᄂᆞᆫ ᄃᆞᆺᄒᆞ더니 이제 동ᄒᆡᆼᄒᆞᆫ은 본ᄃᆡ 소원이나 그 신셰를 아조 결단ᄒᆞᆷ을 알디라 엇디 가련ᄒᆞᆷ을 이긔리오 현셔ᄂᆞᆫ 부귀번화

듕의 계시나 타향의 뉴락ᄒᆞᆫ 기부를 닛디 마ᄅᆞ시고 타일 ᄉᆡᆼ환ᄒᆞ미 잇거든 거두어 용납ᄒᆞ시믈 ᄇᆞ라ᄂᆞ이다 혹ᄉᆡ 피셕 빅샤 왈 쇼셰 악당지우를 닙ᄉᆞ와 동상의 모텸ᄒᆞ니 녕ᄋᆞ의 뇨됴유한ᄒᆞ미 평ᄉᆡᆼ 원ᄒᆞ던 배라 엇디 박ᄃᆡᄒᆞ미 이시리잇고 셩졍이 소활ᄒᆞ고 위인이 규방의 울젹ᄒᆞ믈 감심치 못ᄒᆞ므로 방인의 의심을 일위오미러니 악당이 의외 풍파로 만니의 힝ᄒᆞ시고 형인이 ᄌᆞ힝ᄒᆞ여 이에 니ᄅᆞ오니 쇼셔의 박ᄒᆞ미 아니라 엇디 조강을 니ᄌᆞ

58면

리잇고 부인이 탄식 샤례ᄒᆞ고 혹ᄉᆞ의 관옥 ᄀᆞᆺ흔 용모와 화류 ᄀᆞᆺᄒᆞᆫ 풍도를 흠익ᄒᆞ여 녀ᄋᆞ의 일이 편협ᄒᆞᆫ가 의심ᄒᆞ더라 날이 느즈니 박공이 가권을 거ᄂᆞ려 운남으로 향ᄒᆞᆯᄉᆡ 공의 댱ᄌᆞ 종문과 ᄎᆞᄌᆞ 종상과 삼ᄌᆞ 종완이 다 호가ᄒᆞ여 대동관의 가고 기여 ᄉᆞ직다 연고 이셔 ᄒᆞᆷᄭᅴ ᄯᆞ라 가디 못ᄒᆞ여 오딕 쇼ᄋᆞ 수삼인과 쇼져와 부인이 발힝ᄒᆞ니 친척제붕이 빅니의 와 젼별ᄒᆞ더라 어시의 박공이 남으로 갈ᄉᆡ 일노의 포졍ᄉᆞ 위의 거룩ᄒᆞ여 광동 디방의 니ᄅᆞ니 이 곳이 년〃의 흉황ᄒᆞ여 〈도적이〉 쳐〃의 ᄀᆞ득ᄒᆞ더라 이날 박공이 역관의 들믈 보고 모든 도적이 탐지ᄒᆞ여 힝듕지믈을 겁냑ᄒᆞ려 ᄒᆞ니 시졀이 졍덕 십일 년 츄팔월이라 박공은 별샤의 여라믄 문긱과 하리로 밤을 디내고 부인 쇼져는 하쳐를 닷ᄒᆞ여 모녜 졍히 고향을 ᄉᆡᆼ각고 휘루비창ᄒᆞ더니 야심ᄒᆞ매 부인은 자리의 나아가 좀을

59면

〈들고〉 쇼져는 홀노 쵹을 ᄃᆡᄒᆞ여 구고의 셩은과 혹ᄉᆞ의 박졍을 ᄉᆡᆼ각ᄒᆞ매 눈의 ᄒᆞᆫ 뎜 조오롬이 업서 탄식ᄒᆞ더니 믄득 드ᄅᆞ니 창외에 은〃이 인셩과 마ᄉᆡ 이셔 졈〃 갓가오니 쇼제 ᄆᆞ음이 녕ᄒᆞ고 셩이 혜힐ᄒᆞ여 강도의 겁탈ᄒᆞ민 줄 알고 창황이 시비의 오술 밧고아 닙고 급히 모친을 흔드러 ᄡᅵ와 ᄒᆞᆫ가지로 뒤문으로 ᄲᅱ여 난 후 함셩이 대진ᄒᆞ고 도적의 무리 방듕의 돌입ᄒᆞ니 창검이 살대 ᄀᆞᆺ흐여 자는 시녀의 무리를 어ᄌᆞ러이 죽이며 지믈을 착낙ᄒᆞ니 이ᄢᅢ 박공이 하쳐의셔 좀을 깁히 드럿다가 문긱의 무리 급히 ᄭᅵ여 ᄂᆡ샤의 도적이 드러시믈 고ᄒᆞ니 공이 대경ᄒᆞ여 년망이 휘하 ᄉᆞ졸과 본관 군니를 취쇼ᄒᆞ여 겨유 모드매 예워ᄡᅡ고 도적을 잡으려 ᄒᆞᆫ 즉 적이 블셔 허다 인명을 살해ᄒᆞ고 지믈을 가져 ᄃᆞ라나시니 ᄯᆞᆯ와 밋디 못ᄒᆞ고 ᄂᆡ샤의 드러가 본 즉 부인과 쇼

졔 간 곳이 업ᄉᆞ니 황

60면

망이 두루 ᄎᆞ즈매 역샤 뒤 깁흔 굴헝의 가 부인을 만나니 공이 쇼져의 간 곳을 무른ᄃᆡ 부인이 통곡 왈 녀ᄋᆡ 날노 더브러 젼경ᄒᆞ여 오더니 적을 만나 쳡을 죽이려 ᄒᆞ니 녀ᄋᆡ 울며 제 몸이 죵이 되여 은혜를 갑흘 거시니 어미를 살와지라 비니 적이 쳡을 노코 녀ᄋᆞ를 잡아가니 간 곳을 모ᄅᆞᄂᆞ이다 언파의 통곡ᄒᆞ니 공이 돈족실셩 왈 반ᄃᆞ시 죽으미 의심 업ᄉᆞ니 하 면목으로 뉴승상을 보리오 부인을 안둔ᄒᆞ고 관니를 흐터 각쳐로 심방ᄒᆞ미 이십여 일의 ᄆᆞᄎᆞᆷᄂᆡ 죵적을 모ᄅᆞ니 됴뎡 긔흔이 어긔므로써 브득이 운남을 향ᄒᆞ며 본현과 디방관의 이 소유를 니ᄅᆞ고 ᄎᆞ즈믈 쳥ᄒᆞ니 공이 됴뎡 듕신으로 잠간 파쳔ᄒᆞ나 명망이 듕흔 군ᄌᆡ오 뉴샹국의 식뷔요 뉴혹ᄉᆞ의 부인이라 ᄒᆞ여 일노의 진심ᄒᆞ여 ᄎᆞ즈나 죵시 표풍낙엽 ᄀᆞᆺ흐여 ᄎᆞ즐 곳이 업ᄉᆞ니 공의 부뷔 참졀통도 ᄒᆞ여 부인은

61면

쥬야호곡ᄒᆞ여 침식을 젼폐ᄒᆞ고 공은 슈발이 다 셰엿더라 셰월이 오라ᄃᆡ 쇼식을 모ᄅᆞ니 드ᄃᆡ여 젼인ᄒᆞ여 일을 뉴부의 고ᄒᆞ니라 이ᄣᆡ 뉴혹ᄉᆡ 박쇼져를 도라보내고 가ᄂᆡ의 업ᄉᆞ믈 싀훤ᄒᆞ여 언어동지 ᄇᆡ야흐로 평안ᄒᆞ니 니부인이 탄식ᄒᆞ믈 마디 아니코 뎨ᄉᆞ 슉ᄆᆡ 쇼져를 년셕ᄒᆞ더니 일〃은 혹ᄉᆡ 모부인 압희셔 쇼ᄆᆡ 샤어ᄉᆞ 부인으로 바독 두며 웃고 왈 ᄌᆞ량이 근ᄂᆡ 쇼ᄆᆡ를 곤욕ᄒᆞ지 아니〃 쇼ᄆᆡ ᄆᆞ음이 호화ᄒᆞ여 우형을 지우려 ᄒᆞ거니와 만일 거년 근심을 만나시면 금일 흥이 업ᄉᆞ리라 쇼제 답왈 쇼ᄆᆡ 그 박ᄃᆡ를 흔ᄒᆞ미 아니라 그 즐욕을 ᄎᆞᆷ디 못ᄒᆞ여 ᄒᆞ더니 지싱지인이 되여 그 건즐을 밧드니 녀ᄌᆡ 되미 엇디 구챠치 아니리오 혹ᄉᆡ 왈 모친과 냥ᄆᆡᄂᆞᆫ 샤싱을 근심ᄒᆞ시나 우형은 그 박ᄃᆡ 아닐 줄 짐쟉ᄒᆞ더니라 부〃의 은졍이 업술진ᄃᆡ 샹ᄃᆡᄒᆞ기 슬흐려든 엇디 ᄒᆞ로도 ᄯᅥ나디 아니코 ᄃᆡ희여 안자 조ᄅᆞ리오 이러므로

62면

쇼ᄆᆡ를 속이랴 일시 호흥으로 희롱이믈 아랏노라 쇼제 잠쇼 브답ᄒᆞ고 부인이 츄연 왈 옥영은 지은 죄 이시매 샤냥이 졔어ᄒᆞ노라 보채ᄂᆞᆫ 거죄 잇거니와 박쇼부ᄂᆞᆫ 무순

죄 이셔 빅두의 탄을 끼쳐 홍안박명을 닐위고 집의 잇기도 엇디 못ᄒᆞ여 만니의 냥친을 ᄯᆞᆯ와 가니 엇디 참연치 아니리오 근닉의 ᄋᆞ뷔 업ᄉᆞ니 네 쾌락ᄒᆞ여 ᄒᆞᄂᆞᆫ 거동이 ᄎᆞ마 인졍이 아니라 널노 무ᄉᆞᆫ 원쉬 잇더뇨 혹ᄉᆡ 말이 업서 복슈유〃러니 승샹이 니부 형뎨로 드러오ᄃᆡ 안ᄉᆡᆨ이 차악ᄒᆞ여 좌를 뎡ᄒᆞ고 운남 박공의 셔찰을 내여 혹ᄉᆞ를 내여주니 혹ᄉᆡ 견필의 안ᄉᆡᆨ이 변ᄒᆞ믈 ᄭᆡ돗디 못ᄒᆞ더니 승샹이 냥구 탄식 왈 고인이 증모의 투져ᄒᆞ믈 니ᄅᆞ거니와 나는 세 번 뎐언의 븍을 더지〃 아니리니 ᄋᆞ뷔 그 모친을 구ᄒᆞ랴 도적을 ᄯᆞᆯ와 가나 졀을 일흘 니 만무ᄒᆞ니 슈졀ᄒᆞᆫ 즉 반ᄃᆞ시 죽어실디라 엇디 참졀치 아니ᄒᆞ리오 당초 부녀의 졍을 막디 못하고 ᄯᅩ 박형

63면

이 오라디 아냐 올 거시므로 다만 만니 힝역을 근심ᄒᆞᆯ디언뎡 엇디 이런 일이 이실 줄 아라시리오 부인은 쳥뉘 비 ᄀᆞᆺᄒᆞ여 혹ᄉᆞ를 칙 왈 이 다 네 타시라 ᄋᆞ뷔 품질이 긔화 ᄀᆞᆺ고 덕힝이 금옥 ᄀᆞᆺᄒᆞ여 반뎜 골희오미 업거ᄂᆞᆯ 네 공연ᄒᆞᆫ 박ᄃᆡ와 고ᄉᆡᆨ이 날노 더으고 나죵은 욕셜이 태심ᄒᆞ여 ᄆᆞᄎᆞᆷᄂᆡ 집의 머믈기를 엇디 못하여 이 환난을 만나니 어ᄂᆞ 면목으로 타일 박공을 보려 ᄒᆞᄂᆞ뇨 승샹이 역시 칙 왈 ᄋᆞ부의 쳥고강개지심이 능히 너를 피ᄒᆞ려 ᄒᆞ여 ᄎᆞ힝이 잇다가 환을 만나시니 이 도시 너의 무샹ᄒᆞ므로 현부를 궃기게 ᄒᆞ미라 엇디 통ᄒᆞᆫ치 아니리오 혹ᄉᆡ ᄯᅩᄒᆞᆫ ᄀᆞ이 업서 부복무언이러니 승샹이 미워 참연ᄒᆞ여 외당으로 나가니 졔인이 각〃 허여뎌 진공이 침뎐의 도라와 박쇼져의 젼후슈말을 ᄌᆞ시 뎐ᄒᆞ니 공쥬 탄왈 텬수를 인녁으로 엇디 잘 면ᄒᆞ리오마ᄂᆞᆫ 구괴 별단 엄칙ᄒᆞ시

64면

믄 타일 박부인이 ᄉᆡᆼ환ᄒᆞ나 ᄌᆞ힝ᄒᆞ여 이 ᄀᆞᄐᆞᆫ 환난을 만나믈 혹ᄉᆡ 더옥 증염ᄒᆞ여 ᄉᆞ단이 이실가 구고의 븕으시므로 젼두를 미리 념녀ᄒᆞ샤 혹ᄉᆞ의 ᄯᅳᆺ을 졔어ᄒᆞ시미어니와 막비텬쉬니 엇디 혹ᄉᆞ의 연괴리오 공이 칭션 왈 션지라 현비의 명텰ᄒᆞ시미 능히 부모의 ᄉᆞ려ᄒᆞ시믈 지긔ᄒᆞ니 긔 ᄯᅩᄒᆞᆫ 후각ᄒᆞ엿ᄂᆞ니 맛당이 ᄒᆞᆫ가지로 샤뎨를 졀칙ᄒᆞ여 그 ᄆᆞ음을 졔어ᄒᆞ리라 공쥬 미쇼 왈 구고의 원녜 지극ᄒᆞ시고 명공이 박부인 위ᄒᆞᆫ 후의나 능히 혹ᄉᆞ의 ᄆᆞ음을 회셕디 못 ᄒᆞᆫ번 어ᄌᆞ러오믈 면치 못ᄒᆞ리이다 공이 졈두ᄒᆞ고 ᄎᆞ언을 니부의게 뎐ᄒᆞ니 탄식칭션ᄒᆞ믈 마디 아니터라 이ᄯᅢ 승샹이 가졍 하리로

각쳐의 심방ᄒᆞ나 죵적을 지향ᄒᆞ여 ᄎᆞ즐 길히 업ᄉᆞ니 인〃이 참혹히 넉이고 혹식 비록 은졍이 업ᄉᆞ나 ᄉᆞ싱의 엇디 동념ᄒᆞ미 업ᄉᆞ리오 ᄉᆞ싱이 아모리 되여시믈 모ᄅᆞ니

65면

슈졀ᄒᆞᆫ 즉 죽어실 거시오 죽디 아냐신 즉 졀을 일허실 거시니 ᄉᆞ싱의 영결이 된디라 심하의 ᄒᆞᆫᄒᆞ여 ᄉᆡᆼ각ᄒᆞᄃᆡ 내 비록 박ᄃᆡᄒᆞ나 능멸구튝ᄒᆞᆫ 배 업거ᄂᆞᆯ 뎨 스ᄉᆞ로 강개ᄒᆞ며 쳥결ᄒᆞᆫ 쳬ᄒᆞ여 ᄉᆞ매를 쩔치고 부모를 ᄯᅩᆯ와 만니의 언귀ᄒᆞ여 이런 화를 만나니 ᄋᆞ녀의 작용이 길치 아니믈 죡히 알니로다 이제 부뫼 새로이 칙ᄒᆞ시고 졔형이 다 내 타슐 삼으미 박시 ᄒᆡᆼ혀 ᄉᆡᆼ환의 구ᄒᆞ나 내 깁히 치부ᄒᆞ믈 방비ᄒᆞ시미라 부모 형뎨 ᄉᆞ랑ᄒᆞ샤 가도ᄅᆞᆯ 온젼콰져 ᄒᆞ시미나 당뷔 텬하를 어ᄒᆞ여 치군요슌ᄒᆞ고 내 몸을 직셜의 빗내미 엇디 ᄒᆞᆫ 박시의 유뮈 이시며 ᄒᆞ믈며 셰ᄃᆡ 샹문의 ᄉᆡᆼ당ᄒᆞ여 금마옥당의 쥬인으로 수빅 잉쳡과 금차 십이를 ᄀᆞ초매 텬하의 지미가인이 젹디 아니려든 무어시 ᄯᅳᆺ ᄀᆞᆺ디 아냐 도적의게 잡혀 간 박시를 뉴렴ᄒᆞ리오 ᄒᆞ여 이후로 동지긔ᄉᆡᆨ이 타연ᄒᆞ여

66면

ᄉᆞ됴 여가의 음풍영월ᄒᆞ여 시쥬로 즐기고 입의 박시를 거드지 아니〃 부뫼 박시를 더옥 잔잉히 넉이고 ᄉᆡᆼ의 거동이 ᄂᆡ도ᄒᆞ고 닙신ᄒᆞᆫ 위의로 나히 이십이 거의라 ᄆᆡ양 환부로 두미 어려워 승샹이 부인ᄃᆞ려 왈 ᄋᆞ부의 ᄉᆞ싱을 아디 못ᄒᆞ고 필ᄋᆡ 환부로 일ᄉᆡᆼ 독거ᄒᆞᆯ 니 업ᄉᆞ니 지취를 ᄒᆞ여 권도로 가ᄉᆞ를 맛뎟다가 요ᄒᆡᆼ ᄋᆞ뷔 ᄉᆡᆼ환ᄒᆞ거든 위를 뎡ᄒᆞ미 맛당ᄒᆞ도다 부인이 츄연 블낙 왈 샹공 말ᄉᆞᆷ이 맛당ᄒᆞ시나 타인이 업서도 ᄋᆞ부의 박명이 극ᄒᆞ던 거시니 이제 취ᄒᆞᆫ 후 ᄒᆡᆼ혀 ᄉᆡᆼ환ᄒᆞᆫ들 필ᄋᆡ 엇디 용납ᄒᆞᆯ 니 이시리잇고 아딕 더 기ᄃᆞ려 보아 다시 의논ᄒᆞ미 늣디 아니ᄒᆞ이다 승샹이 팀음 브답ᄒᆞ더니 일이 공교ᄒᆞ여 이때 승샹의 친우 슌화는 젼일 듕셔령 슌환경의 ᄌᆞ라 위인이 강직ᄒᆞ고 념결ᄒᆞ여 그 부친을 달맛더니 블ᄒᆡᆼᄒᆞ여 부쳬 니어 조ᄉᆞᄒᆞ고 슬하의 일개 녀ᄋᆡ 이셔 년근 십오 셰

67면

의 셩혼치 못ᄒᆞ엿고 원족의 아들을 어더 후ᄉᆞ를 니으니 님망의 승샹을 쳥ᄒᆞ여 탁고 왈 쇼뎨 하ᄂᆞᆯ긔 죄를 어더 신후를 명녕의게 의탁ᄒᆞ고 오딕 고〃혈〃ᄒᆞᆫ 녀ᄋᆡ 이셔 불

미용둔ᄒᆞ나 쇼졔의 일개 혈쇽이니 의지홀 곳이 업ᄉᆞ믈 가련이 녁여 형이 거두샤 녕낭 오인 듕 ᄒᆞ나흘 의지ᄒᆞ여 제 일ᄉᆡᆼ을 ᄆᆡ몰케 마ᄅᆞ시면 망우를 닛디 아니미라 구원의 눈을 곰으리라 ᄒᆞ고 망ᄒᆞ니 승샹이 크게 슬허 치상을 극진이 ᄒᆞ고 슌공ᄌᆞ 남ᄆᆡ를 무휼ᄒᆞ믈 친ᄋᆞᆺ치 ᄒᆞ더니 삼 년이 디나고 의외 혹ᄉᆞ 부뷔 각니ᄒᆞ여 회합홀 긔약이 업ᄂᆞᆫ디라 승샹이 믄득 슌시로ᄡᅥ 혹ᄉᆞ와 셩녜ᄒᆞ여 망우의 소탁을 일우고져 ᄒᆞ매 일이 ᄯᅩᄒᆞᆫ 명졍언슌ᄒᆞ니 뉘 감히 하ᄌᆞᄒᆞ리오 승샹이 드ᄃᆡ여 슌가의 긔별ᄒᆞ고 뉵녜를 ᄀᆞᆺ초아 ᄇᆡᆨ냥으로 슌시를 ᄎᆔᄒᆞ매 부인과 뎨ᄉᆞ쇼괴 박시를 ᄉᆡᆼ각고 참연ᄒᆞ여 화긔 감ᄒᆞ니 승샹이 부인ᄃᆞ려 왈 혹ᄉᆡᆼ이 부인

68면

아ᄅᆞ믈 녀듕 군ᄌᆞ로 아랏더니 진실노 ᄋᆞ녀지랏다 필ᄋᆡ 박시로 조강결발ᄒᆞ여 타인이 업시 부뫼 권ᄒᆞᆫ 즉 더옥 괴로아 ᄒᆞ미 운익이오 잠간 귀령ᄒᆞ매 적환을 만남도 그 명이라 타일 도라오매 슌시 이시므로 더 박명홀 니 이시리오 ᄋᆞ뷔 도라오믈 밋디 못ᄒᆞ고 남ᄋᆡ 환거홀 의 업ᄉᆞ니 아딕 ᄎᆔᄒᆞ여 맛뎟가가 요힝 ᄋᆞ뷔 도라온 즉 샹원위를 뎡홀디라 엇디 셜〃ᄒᆞᆫ 슬프믈 ᄒᆞ리오 부인이 기용샤례ᄒᆞ더라 혹ᄉᆞᄂᆞᆫ 됴흐며 구즈믈 모ᄅᆞᄂᆞᆫ ᄉᆞ름ᄀᆞᆺ치 식ᄂᆞᆫ 대로 길복을 닙고 슌시를 마자 도라와 독좌를 파ᄒᆞ고 구고긔 폐ᄇᆡᆨ홀식 모다 보니 신뷔 킈 ᄀᆞ장 커 거의 팔쳑이나 ᄒᆞ니 혹ᄉᆞ도곤 ᄇᆡ히 크며 허리 크고 엇게 베 부트며 궁둥이 추혀븟고 목이 움ᄎᆞ며 등이 넙고 술빗치 부희고 둣거오며 눈이 둥글고 눈섭이 셩긔며 니매 내밀고 입이 헤여지며 코히 주저안자 둘니 업ᄉᆞ며 말을 시작ᄒᆞᆫ 즉 우숨이 몬져 나고 동셔로 고면

69면

ᄒᆞ며 다리롤 드더지며 고개를 그덕여 긔운을 스ᄉᆞ로 이긔디 못하ᄂᆞᆫ디라 만좌 빈ᄀᆡᆨ이 믁연 무언ᄒᆞ고 승샹이 한심이 녁여 잠간 우ᄉᆞ니 신부의 유모 시녀 등이 다 깃거 왈 승샹 노애 우리 쇼져를 보고 깃거ᄒᆞ신다 ᄒᆞ여 저희도 웃ᄂᆞᆫ디라 운슈션ᄉᆡᆼ이 역쇼 왈 초공이 여러 며ᄂᆞ리롤 어드ᄃᆡ 일즉 금일ᄀᆞᆺ치 즐기믈 보디 아냐시니 이 신뷔 아름다오믈 가히 알니로다 간의공이 니어 왈 초공의 희식이 젼혀 신부를 깃거 이리 ᄒᆞ미라 대강 가ᄂᆡ 부녀들이 너모 염미ᄒᆞ고 쳥약ᄒᆞ여 슈복의 흠이오 셰필은 더옥 부인 듕도 졀묘ᄒᆞᆫ 미인 ᄀᆞᆺ흔ᄃᆡ 박시 더옥 ᄌᆞᄉᆡᆨ이 긔묘ᄒᆞ여 향복디 아닐너니 신부의 근검ᄒᆞ고

장대ᄒᆞ미 진짓 뎡광의 뉘라 깃거ᄒᆞ미 고이치 아니토다 인ᄒᆞ여 혹ᄉᆞ를 나아오라 ᄒᆞ여 골오ᄃᆡ 신뷔 뎌리 긔특ᄒᆞ니 네 손복ᄒᆞᆫ가 념ᄒᆞᄂᆞ니 삼가 듀ᄃᆡᄒᆞ여 박시의 ᄒᆞᆫ을 ᄭᅵ치디 말나 좌듕이 다 우어 복의 넘게 염미ᄒᆞᆫ

70면

신뷔라 ᄒᆞ니 혹시 미쇼ᄒᆞ고 밧그로 나가거ᄂᆞᆯ 모다 대쇼 왈 셰필이 고온 신부를 오래 보미 복의 해로올가 나가ᄂᆞ냐 ᄒᆞ니 신뷔 이 말을 듯고 화관을 기우리고 ᄒᆞᆫ ᄆᆞᄃᆡ를 크게 웃ᄂᆞᆫ디라 졔인이 뎌 거동을 보고 일시의 ᄀᆡ쇼러라 이날 즐겁디 아닌 혼인을 디내고 깃브디 아닌 신부를 보ᄃᆡ 뎨 도를 우이 넉여 사ᄅᆞᆷ마다 우ᄉᆞ니 도로혀 즐거온 잔치 되여 환셩이 낭쟈ᄒᆞ여 죵일토록 즐기고 셕양의 파연ᄒᆞ여 신부 슉소를 박시 잇던 희운뎡의 뎡ᄒᆞ고 부모도 혹ᄉᆞ의 거동을 보려 아모 말도 아니ᄒᆞᄃᆡ 고이코 이샹ᄒᆞᆯᄉᆞᆫ 혹시 밤의 혼뎡ᄒᆞ고 희운뎡으로 가ᄂᆞᆫ디라 모다 고이히 넉여 니부의 졍대ᄒᆞᆷ과 진공의 노셩ᄒᆞ므로도 ᄎᆞᆷ디 못ᄒᆞ여 모부인긔 고왈 필뎨 비록 깃거ᄒᆞ미 업ᄉᆞ나 ᄯᅩᄒᆞᆫ 괴로와ᄒᆞ미 업서 의구히 신방을 가니 극히 이샹ᄒᆞᆫ디라 모친은 셔모로 탐지ᄒᆞ샤 그 동졍을 보라 ᄒᆞ쇼셔 부인이 역쇼ᄒᆞ고 찬향 등으로 가보라 ᄒᆞᆫᄃᆡ 셜영

71면

쇼졔 웃고 왈 쇼ᄆᆡ도 맛당이 가셔 신인의 아릿다오믈 다시 보고 거〃의 거동을 다 보고 오리이다 드ᄃᆡ여 향 등으로 더브로 희운뎡의 니ᄅᆞ러 ᄇᆞ라보니 사창의 쵹영이 어른기고 신인의 쇼셩이 낭쟈ᄒᆞ여 혹ᄉᆞ로 슈작ᄒᆞᄂᆞᆫ디라 쇼졔 ᄀᆞ이 업시 넉여 난간ᄀᆞ의 안고 냥인으로 방듕 경식을 보라 ᄒᆞ니 혹ᄉᆞ와 신뷔 샹ᄃᆡᄒᆞ여시매 태을진인 것희 구두ᄉᆞ재 뫼심 ᄀᆞᆺᄒᆞ며 호식은 인지소욕이오 남녀의 ᄒᆞᆫ가지라 혹ᄉᆞ의 옥모영풍을 ᄀᆞ장 흠션ᄒᆞ여 깃븐 ᄆᆞ음이 속의 이시니 ᄒᆞᆫ〃ᄒᆞᆫ 우음이 더옥 가음여러 거믄 니와 프른 입슈얼을 들추며 셕샹 좌듕의 남녀 항녈과 족패를 뭇져 졍ᄒᆞ여 이젼 듯던 바를 변졍ᄒᆞ며 올흐며 그ᄅᆞᆷ을 니ᄅᆞ고 고으며 보지 슬흐믈 시비ᄒᆞᄂᆞᆫ디라 혹시 비록 판탕이 넉이고 샹 업시 넉이나 오히려 박쇼져의 어름이 ᄂᆡᆼᄒᆞ고 옥이 견강ᄒᆞᆫ 품질의ᄂᆞᆫ 일분 싀훤이 넉여 슌〃 슈작ᄒᆞ고 쵹을 ᄭᅳ고 ᄒᆞᆫ가지로 나위예 나아가 부〃지도를 폐치 아니

72면

ᄒᆞ니 찬향 등이 부인 명으로 박쇼져 침당 엿보미 ᄒᆞ로도 궐치 아나시ᄃᆡ 죵시 혹ᄉᆞ의 친ᄒᆞ믈 보디 못ᄒᆞ고 쇼져의 ᄉᆡᆼ혈이 의구ᄒᆞ여 ᄶᅥ낫더니 금일 슌시의 추용박면의 긔괴ᄒᆞᆫ 인믈노 이 ᄀᆞᆺᄒᆞ믈 차악ᄒᆞ여 탄식ᄒᆞ고 양한님 부인으로 도라와 이 ᄉᆞ연을 ᄌᆞ시 고ᄒᆞ니 부인과 졔공이 놀나고 도로혀 슈상이 넉이며 부인이 댱탄 왈 이 ᄯᅩ ᄋᆞ부의 팔ᄌᆡ랏다 니뷔 함쇼 ᄃᆡ왈 필뎨 박수를 소ᄃᆡᄒᆞ고 신부를 후ᄃᆡᄒᆞ미 인녁과 범안의 미촐 배 아니믈 알외오미라 진실노 아름다이 넉이ᄂᆞᆫ ᄯᅳᆺ이 아니〃니이다 부인이 뎜두 탄식ᄒᆞ더라 명일 신뷔 문안ᄒᆞ니 ᄆᆞᄎᆞᆷ 공쥬도 좌의 잇ᄂᆞᆫ디라 신뷔 모든 쇼년의 섯기매 ᄎᆞ마 블ᄉᆞᄒᆞ여 ᄎᆞ마 보디 못ᄒᆞᄂᆞᆫ디라 졔인이 아니 우ᄉᆞ 리 업ᄉᆞᄃᆡ 공쥬와 소시 현영 삼인이 안ᄉᆡᆨ이 ᄌᆞ약ᄒᆞ더니 됴부인이 믄득 우어 왈 신뷔 구가의 드러오매 소릉이 무어슬 쥬ᄒᆞᄂᆞ뇨 신뷔 고개를 느리혀고 입을 무러 ᄃᆡ왈 집이 가난

73면

ᄒᆞ고 부뫼 업ᄉᆞ니 비홀 거시 밥 짓기와 방하 ᄶᅵ키를 잘ᄒᆞ 옵고 여나믄 일은 아디 못ᄒᆞᄂᆞ이다 니부인이 잠간 웃고 됴부인을 도라보아 ᄀᆞᆯ오ᄃᆡ 이 아ᄒᆡ 질슌ᄒᆞ고 우직ᄒᆞ여 년쇼비의 우음이 되ᄂᆞᆫ디라 져〃ᄂᆞᆫ 부졀 업ᄉᆞᆫ 말ᄉᆞᆷ을 뭇디 마ᄅᆞ시미 힝심ᄒᆞ여이다 됴부인이 냥〃이 웃고 말을 그치니 모든 쇼년녀ᄌᆡ 입을 ᄀᆞ리와 우음을 ᄎᆞᆷ더니 졔ᄉᆡᆼ이 드러와 남좌녀우를 분ᄒᆞ여 안즈니 ᄲᅢ혀난 골격과 쇄락 신치 텽샤의 됴요ᄒᆞᆫ 듕 혹ᄉᆞᄂᆞᆫ 더옥 년쇼ᄒᆞ므로 ᄀᆞᆺ 퓐 년화와 초ᄉᆡᆼ반월 ᄀᆞᆺᄒᆞ여 아릿다이 고은 광치 형뎨 듕 특츌ᄒᆞ니 슌시로 비ᄒᆞ매 우쥬 ᄉᆞ이로도 비치 못홀디라 박쇼져의 텬향국ᄉᆡᆨ과 난ᄌᆞ혜심을 나모라고 뎌 추용으로 동낙ᄒᆞᆫ 비위를 ᄉᆡᆼ각ᄒᆞ면 혹시 도로혀 더러온디라 졔인이 그 부〃 후박을 아디 못ᄒᆞ여 차탄홀 분이오 혹시 ᄯᅩᄒᆞᆫ 모ᄅᆞ미 아니로ᄃᆡ ᄌᆞ연 강작ᄒᆞᄂᆞᆫ 졍이 〃셔 놈이 니ᄅᆞ디 아냐셔 날마다 희운뎡을 가니 녕

74면

능휘 쇼왈 필뎨 요ᄉᆞ이야 박〃쥬도 승다탕이오 추쳐악쳡도 승공방이믈 ᄭᆡ드라시니 신인이 ᄀᆞ장 유복ᄒᆞ도다 혹ᄉᆡ 역쇼ᄒᆞ고 희운뎡으로 가더라 이러구러 여러 ᄃᆞᆯ이 되나 박시 ᄉᆡᆼ존을 아디 못ᄒᆞ고 혹ᄉᆞᄂᆞᆫ 몽니의도 ᄉᆡᆼ각ᄒᆞ미 업ᄉᆞ니 부인이 일월이 오랠ᄉᆞ록 ᄀᆞ골이샹ᄒᆞ더니 이 ᄯᅢ 산셔 산동 하람 하븍이 년ᄒᆞ여 긔군ᄒᆞ여 인민이 뉴리ᄒᆞ고 도

적이 쳐〃의 니러나니 샹이 근심ᄒᆞ샤 대신을 모화 치민지도를 무ᄅᆞ시니 태흑ᄉᆞ 양공이 주왈 각쳐 도적이 긔군ᄒᆞ기로 긔군홀 분 아니라 관니 탐남ᄒᆞ고 포졔 날노 힝ᄒᆞ여 빅셩이 원망ᄒᆞ여 산님의 취소ᄒᆞᄂᆞᆫ 무리 되ᄂᆞᆫ디라 맛당이 덕힝이 겸비ᄒᆞᆫ 대신을 보내여 진무ᄒᆞ고 툐안ᄒᆞᆫ 즉 가히 군병을 슈골니 아냐셔 진뎡ᄒᆞ리이다 당금애 치국안민홀 덕힝군ᄌᆡ 뉘가 ᄒᆞᆫ뇨 경이 쳔거ᄒᆞ라 양공이 주왈 졔신이 다 소당이 잇삽거니와 덕힝이 겸비ᄒᆞ고 문질이 셩문의 나아갈 쟈ᄂᆞᆫ

75면

뉴셰긔라 폐해 맛당이 ᄎᆞ인으로 변방□□ 술펴 무민샹군ᄒᆞ고 민심을 진뎡ᄒᆞ여 덕졍을 펴시면 셩싀을 동치 아냐셔 인의로 산동 산셔를 다ᄉᆞ리이다 샹이 대열ᄒᆞ샤 션싱의 소견이 딤의 쯧과 ᄒᆞ시고 즉일의 니부샹셔 뉴셰긔로 텬하슌무도뎜검을 ᄒᆞ이시고 샹쥬국을 더으샤 졀월을 주시고 포졍ᄉᆞ 이하를 션참후계ᄒᆞᄂᆞᆫ 샹방검을 주시니 셰긔 굿이 ᄉᆞ양 왈 신이 ᄌᆡ죄 업고 흑식이 고두ᄒᆞ와 듕임을 당치 못ᄒᆞ올 분 아니오라 아비 질병이 팀면ᄒᆞ오니 졍니 ᄎᆞ마 먼니 써나디 못ᄒᆞ오니 폐하ᄂᆞᆫ 각별이 지용이 ᄀᆞ즌 냥신을 퇵ᄒᆞ샤 맛지시고 신의 지졍소원을 술피시믈 ᄇᆞ라ᄂᆞ이다 샹이 쇼왈 경은 식녹듕신이어ᄂᆞᆯ 국가 위란지시의 ᄉᆞ졍을 니ᄅᆞᄂᆞ뇨 딤이 아ᄂᆞ니 경부의 병이 슉질이라 엇디 잠간을 써나디 못ᄒᆞ리오 다시 ᄉᆞ양치 말고 임ᄉᆞ를 션치ᄒᆞ고 도라와 딤의 근심을 덜게 ᄒᆞ라 샹셰 홀일업서 샤은슈명ᄒᆞ고

76면

부듕의 도라오니 일개 모다 별회를 악연ᄒᆞ며 션싱이 그 손을 잡고 츄연블낙 왈 내 아ᄒᆡ 봉작이 놉고 소임이 듕ᄒᆞ니 ᄀᆞ장 신속ᄒᆞ여도 일 년이나 되리니 노뷔 슉병이 ᄣᅢ로 쳠극ᄒᆞ니 만일 블힝홀진ᄃᆡ 부ᄌᆡ 다시 보믈 엇디 미드리오 샹셰 안싁을 변ᄒᆞ고 온화이 위로 ᄃᆡ왈 히ᄋᆡ 이제 슬하를 써나오나 오뉵 삭 후ᄂᆞᆫ 도라오올디라 엇디 일년도록 이시리잇고 ᄇᆞ라건ᄃᆡ 야〃ᄂᆞᆫ 무익ᄒᆞᆫ 샹회를 마ᄅᆞ시면 히ᄋᆡ ᄆᆞ음을 잡아 국ᄉᆞ를 뭇고 신혼을 밧들가 ᄒᆞᄂᆞ이다 션싱이 강잉ᄒᆞ여 웃고 왈 남ᄌᆡ 닙됴ᄒᆞ매 님군 셤길 날은 만코 아비 셤길 날은 젹다 ᄒᆞ니 현마 엇디 ᄒᆞ리오 일시 니졍을 촘디 못ᄒᆞ미라 드ᄃᆡ여 쇼연을 베퍼 젼별ᄒᆞ니 샹셰 죵일 부모를 뫼셔 위로ᄒᆞ고 인ᄒᆞ여 셔헌의셔 뫼셔 자니 션싱이 모란뎡의 가 자믈 권ᄒᆞᆫᄃᆡ 샹셰 웃고 ᄃᆡ왈 ᄂᆡ일 발힝ᄒᆞᆫ 즉 거의 히를 격홀디라

엇디 쳐ᄌᆞ를 ᄎᆞᆺ고 야〃 침변을 ᄯᅥ나리잇고 션ᄉᆡᆼ이 승샹을 도라보

77면

아 ᄋᆡ듕ᄒᆞ미 ᄀᆞ이 업더라 명됴의 정랑의 모다 ᄉᆞ위 부모긔 하딕ᄒᆞ매 긔운이 온화ᄒᆞ고 안ᄉᆡᆨ이 유열ᄒᆞ여 ᄇᆡ별ᄒᆞ고 듕당의 나와 ᄌᆞ가 부인을 청ᄒᆞ여 봉양ᄒᆞᆯ 도를 부탁ᄒᆞ며 ᄒᆞᆫ 말이 ᄉᆞ〃의 미ᄎᆞ미 업시 눈을 드러 보디 아니코 가연이 거름을 두로혀니 제인이 감탄ᄒᆞ더라 샹셰 궐하의 ᄇᆡᄉᆞᄒᆞ고 절월을 거ᄂᆞ려 몬뎌 산셔 하븍 하람을 진슈ᄒᆞᆯᄉᆡ 슌무도뎜검은 됴뎡 대신으로 텬ᄌᆞ의 몸을 ᄃᆡᄒᆞ여 샹방검과 션참후계ᄒᆞᄂᆞᆫ 위권이 이시니 일노의 딘동ᄒᆞ여 위덕이 병ᄒᆡᆼᄒᆞ며 소과의 인의지화로 교유ᄒᆞ여 형벌을 삼가고 사ᄅᆞᆷ을 ᄉᆞ랑ᄒᆞ여 비록 ᄉᆞ죄인이라도 강샹죄인과 살인쟈를 발간 젹복ᄒᆞ미 신명 ᄀᆞᆺᄐᆞ여 ᄒᆞᆫ 고을의 ᄉᆞ죄슈 수십 인식 아니 살온 곳이 업ᄉᆞ며 거의 만여 인이 살기를 어드니 인덕이 텬하의 딘동ᄒᆞ여 ᄇᆡᆨ셩이 다 툭ᄒᆞ여 ᄀᆞᆯ오ᄃᆡ 뉴공이 아니면 억만창ᄉᆡᆼ이 엇디 살기를 어드리오 변방 ᄉᆞ민이 개〃히 앙망ᄒᆞ여 왈 인이 유일텬

78면

아 즉유이텬이라 ᄒᆞ여 명진텬하ᄒᆞ고 공개ᄉᆞ히ᄒᆞ니 뉴점검이 정긔와 절월이 향ᄒᆞᄂᆞᆫ 곳의 ᄇᆡᆨ셩이 다 요슌치민이 되니 임의 산셔 하람 하븍을 다ᄉᆞ려 간니와 쥰민지관을 사획ᄒᆞ고 산민 도적을 툐안ᄒᆞ여 어든 재 수십만이라 무위ᄒᆞ고 녜도를 ᄀᆞᄅᆞ쳐 관군의 너허 봉상을 밧게 ᄒᆞ고 다시 산동의 니ᄅᆞ니 이 곳은 녜 노국으로 쥬공의 소봉야요 공부ᄌᆞ 살시던 ᄯᅡ히라 오히려 여풍이 이셔 집마다 현가ᄒᆞ고 향당의 늙으니를 공경ᄒᆞᄃᆡ 시절이 흉황ᄒᆞ여 주리고 버ᄉᆞᆫ 재 길히 ᄭᆞᆯ녓ᄂᆞᆫ디라 뎜검이 즉시 창고를 여러 ᄇᆡᆨ셩을 진무ᄒᆞ고 환과고독을 각별이 무휼ᄒᆞ여 의식을 더으니 산동이 오리다 아냐 긔근ᄒᆞ미 업ᄉᆞᆫ디라 뎜검이 국ᄉᆡ 잠간 한가ᄒᆞ믈 인ᄒᆞ여 본향 유식ᄒᆞᆫ 노ᄉᆞ를 청ᄒᆞ여 본토 풍쇽을 ᄎᆡ방ᄒᆞ며 어진 션ᄇᆡ를 무ᄅᆞ니 모든 유ᄉᆡᆼ이 ᄀᆞᆯ오ᄃᆡ 이 ᄯᅡ흔 공ᄌᆡ 나신 곳이라 사ᄅᆞᆷ마다 오륜을 삼가니 각별ᄒᆞᆫ 현ᄉᆡ 업거니와 다만 거년 츄의 ᄒᆞᆫ 션ᄇᆡ 이 곳의 와 ᄒᆞᆨ힝

79면

을 닥그니 그 얼굴과 ᄌᆡ죄 당세의 ᄒᆞ나히오 겸ᄒᆞ여 인믈이 더옥 긔이ᄒᆞᆫ 듕 거오ᄒᆞ여 사ᄅᆞᆷ 샹졉기를 간대로 아니코 날마다 포슬위좌ᄒᆞ여 죵일 독셔ᄒᆞ고 의식을 념치 아니

코 뜻이 낙〃ᄒᆞ여 일호 시쇽의 므드디 아니코 쥬인 노괴 밥을 ᄒᆞ여 겨요 긔갈을 면ᄒᆞ나 또 관겨히 넉이디 아니〃 진짓 일단ᄉᆞ와 일표음으로 안빈낙도홈과 ᄀᆞᆺᄒᆞ니이다 뎜검이 텽파의 탄왈 셩인의 ᄡᅡ흘 디나며 현쟈의 고명을 드ᄅᆞ니 인ᄉᆡᆼ이 헛되디 아니믈 알니로다 졔ᄉᆞᄂᆞᆫ 쳥컨ᄃᆡ ᄒᆞᆨᄉᆡᆼ을 인진ᄒᆞ여 현ᄉᆞ를 보게 ᄒᆞ라 졔ᄉᆡᆼ이 ᄃᆡ왈 기인이 교우ᄒᆞ기를 아니ᄒᆞ고 믈외에 쒸여나 시셔로 벗ᄒᆞ니 쇼ᄉᆡᆼ 등이 ᄒᆞᆫ번을 겨요 보아시나 믁〃 반일의 초〃ᄒᆞᆫ 한훤으로 손샤ᄒᆞ고 죵시 회샤ᄒᆞ미 업ᄉᆞ니 션ᄉᆡᆼ이 하리로 쳥ᄒᆞ시면 혹쟈 현셩홀넌지 쇼ᄉᆡᆼ이 인진ᄒᆞᄆᆞᆫ 어려올가 ᄒᆞᄂᆞ이다 졈검이 기용 왈 ᄎᆞᄂᆞᆫ 고ᄉᆡ라 엇디 감히 쳥ᄒᆞ리오 샤관을 ᄀᆞᄅᆞ친 즉 ᄒᆞᆨᄉᆡᆼ이 나아가 고풍을 텸망ᄒᆞ리라 졔ᄉᆡᆼ이 이러홀딘ᄃᆡ 만

80면

나미 쉬오리이다 셩문 뒤ᄒᆡ 초려 삼간이 잇고 그 가온ᄃᆡ 폭푀 이셔 경치 비샹ᄒᆞ니 이곳 기인의 쥬인ᄒᆞᆫ 곳이니이다 뎜검이 텽파의 졔ᄉᆡᆼ을 샤례ᄒᆞ여 보내고 명일 미복으로 졔ᄉᆞ의 니ᄅᆞᄂᆞᆫ 대로 ᄎᆞ자가니 삼간 모옥이 물을 님ᄒᆞ고 녹님도힝이 길흘 덥허 거쳐 유아ᄒᆞ고 화목춍듕의 ᄉᆡ비를 반기ᄒᆞ여시니 진짓 무릉도원이오 별유텬디러라 안흐로셔 ᄇᆡᆨ발 노괴 나오다가 뎜검을 보고 거롬을 머초거ᄂᆞᆯ 뎜검이 공슌이 읍ᄒᆞ여 왈 디나가ᄂᆞᆫ ᄀᆡᆨ인이 이 곳 경개 긔이ᄒᆞ므로 잠간 다리를 쉬오고져 ᄒᆞᄂᆞ니 노파ᄂᆞᆫ 잠간 ᄀᆡᆨ실을 빌니라 노패 왈 집이 좁고 과뫼 어린 ᄯᆞᆯ ᄒᆞ나만 ᄃᆞ리고 이시니 귀ᄀᆡᆨ을 머므ᄅᆞ기 어려온디라 이리로셔 뒤흐로 드러가면 산쉬 졀승ᄒᆞ고 경개 더옥 쳥슈ᄒᆞᆫᄃᆡ 셔당이 이시니 존ᄀᆡᆨ은 날을 ᄯᆞᆯ와오라 뎜검이 칭샤ᄒᆞ고 노고를 조차 십여보의 ᄒᆞᆫ 초당의 니ᄅᆞ니 당듕의 ᄒᆞᆫ 셔ᄉᆡᆼ이 문을 등 두어 안자 글을 닑으니 셔셩이 한가ᄒᆞ고 쳥쇄ᄒᆞ여 단

81면

혈의 어린 봉이 울며 곤산의 □□을 ᄢᆡ치ᄂᆞᆫ ᄃᆞᆺᄒᆞ니 심하 이모ᄒᆞ여 노고ᄃᆞ려 문왈 ᄎᆞ인이 엇던 사ᄅᆞᆷ고 노괴 ᄃᆡ왈 이ᄂᆞᆫ 쳡의 녀셰라 셩졍이 고요ᄒᆞ여 사ᄅᆞᆷ 보기를 슬희여 ᄒᆞᄃᆡ 샹공이 머므실 곳이 업ᄉᆞ므로 잠간 쉬여 가시게 이에 뫼셔 왓ᄂᆞ이다 인ᄒᆞ여 압셔 드러가 블너 ᄀᆞᆯ오ᄃᆡ 낭군은 귀ᄀᆡᆨ이 오시니 영졉ᄒᆞ여 쥬인의 도리를 ᄒᆞ쇼셔 그 쇼년이 이 말을 듯고 ᄎᆡᆨ을 덥고 머리를 두로혀 ᄀᆡᆨ의 오믈 보고 안셔히 니러마자 녜를 ᄆᆞᆺ고 좌를 뎡ᄒᆞ매 피ᄎᆞ 다 놀나고 의심ᄒᆞ니 아디 못게라 이 엇던 사ᄅᆞᆷ인고 챠셜 박쇼

제 부모를 ᄯᆞ라 가다가 도적을 만나 적뉘 니검과 검차로 모부인을 범하믈 보고 ᄉᆞᄉᆡᆼ을 도라보디 아니코 나아가 비러 왈 네 비록 적뉘나 ᄯᅩᄒᆞᆫ 사ᄅᆞᆷ이라 일시 긔곤을 ᄎᆞᆷ디 못ᄒᆞ여 이런 일을 ᄒᆞ나 본ᄃᆡ 원쉬 업ᄉᆞ니 엇디 무고히 해코져 ᄒᆞᄂᆞ뇨 다른 적되 네 어버이를 너 보ᄂᆞᆫ ᄃᆡ 해코져 ᄒᆞᆫ 즉 네 ᄆᆞ음이 엇더

82면

ᄒᆞ리오 내 비록 ᄲᆞᆯ ᄃᆡ 업ᄉᆞᆫ ᄋᆞ녀ᄌᆞ나 너를 조차 죵이 되여 금일 어미 살은 은혜를 갑흘 거시니 인명을 해치 말나 제적이 쇼져의 ᄋᆡ원ᄒᆞᆫ 소ᄅᆡ와 긔이ᄒᆞᆫ 풍용을 보매 감동ᄒᆞ고 깃거 부인을 노코 쇼져를 ᄃᆞ려가니 쇼제 죽기를 뎡ᄒᆞ고 적을 ᄯᆞ와 ᄒᆞᆫ 강ᄀᆞ의 다ᄃᆞ라ᄂᆞᆫ 도적이 어든 보화를 ᄂᆞᆫ호며 술을 부어 서로 취ᄒᆞ거ᄂᆞᆯ 쇼제 정신을 뎡ᄒᆞ여 보니 그 딜ᄌᆞ 박원이 년이 십ᄉᆞ 세라 부인이 항일 양휵ᄒᆞ여 ᄉᆞ랑ᄒᆞ미 제손의 넘은 고로 이에 ᄃᆞ려 오더니 박공과 밧 햐쳐의 잇기로 환을 면ᄒᆞ고 그 의복이 여러 벌 힝장의 잇더니 금일 도적이 가져와 ᄂᆞᆫ호매 갓가이 잇ᄂᆞᆫ디라 쇼제 적의 진취ᄒᆞ믈 인ᄒᆞ여 ᄀᆞ마니 딜ᄋᆞ의 건복을 닙고 수플 ᄉᆞ이를 쎄쳐 동셔를 혜디 아냐 수업시 ᄃᆞ라나 날이 ᄇᆞᆰ은 후 졍

83면

신을 출혀 보니 이 졍히 양ᄌᆞ강ᄀᆞ이니 오십여 리를 왓더라 쇼제 동셔를 분변치 못ᄒᆞ고 도적이 ᄯᆞ을가 두려 졍히 아모리 ᄒᆞᆯ 줄을 모ᄅᆞ더니 홀연 ᄒᆞᆫ 무리 샹고션이 믈ᄀᆞ의 와 ᄆᆡ엿고 여러 사ᄅᆞᆷ이 잇거ᄂᆞᆯ 쇼제 나아가 무러 왈 이 곳 디명은 무어시며 어ᄃᆡ로 가ᄂᆞᆫ ᄇᆡ뇨 션듕인이 쇼제 의폐 비쇽ᄒᆞᄃᆡ 거지 창황ᄒᆞ믈 보고 그 듕 ᄇᆡᆨ발 노옹이 이셔 닐오ᄃᆡ 이 곳 디명은 딘강뷔오 믈은 양ᄌᆞ강이니 우리ᄂᆞᆫ 산동 사ᄅᆞᆷ으로 소항쥐와 믈화를 ᄆᆡ매ᄒᆞ고 시방 도라가ᄂᆞᆫ 뉘어니와 쇼년의 거동을 보니 귀가 공ᄌᆞ로ᄃᆡ 반ᄃᆞ시 적화를 만나가 시브니 사라나기를 ᄀᆞ장 잘ᄒᆞ도다 다만 츄죵ᄒᆞᄂᆞᆫ 폐 업디 아니리니 가히 잠간 내 ᄇᆡ의 올나 화를 피하라 쇼제 ᄉᆡᆼ각ᄒᆞᄃᆡ 내 몸이 녀ᄌᆞ오 ᄒᆞ믈며 구가를 먼니 ᄯᅥ나 부모를 ᄎᆞᆺ디 아니

84면

코 산동의 뉴락ᄒᆞ미 가치 아니ᄒᆞ니 이리로셔 광동부를 ᄎᆞᄌᆞ 갈 거시라 ᄒᆞ여 졍히 침

음ᄒᆞ더니 홀연 등 뒤ᄒᆡ 여닐곱 장ᄉᆡ 검극을 잡아 풍우ᄀᆞ치 ᄯᅩᆯ오며 웨여 왈 쇼적은 ᄃᆞᆺ디 말나 ᄒᆞᄂᆞᆫ디라 쇼졔 대경ᄒᆞ여 황망이 노댱의게 청ᄒᆞ여 왈 도적이 급히 ᄯᅩᆯ오니 노댱은 잔명을 구ᄒᆞ라 노옹이 급히 션창을 여러 쇼져를 ᄇᆡ의 올니고 닷출 드러 듕뉴ᄒᆞ니 적이 대호 왈 션듕의 오른 쇼년이 복건 대적이니 수이 잡아 ᄂᆞ리오라 노옹이 드른 쳬 아니코 샤공을 ᄌᆡ촉ᄒᆞ여 일시의 ᄇᆡ를 저어 표〃히 산동을 향ᄒᆞ니 적이 홀일업서 도라 갈디라 쇼졔 비록 환을 면ᄒᆞ나 부모를 ᄎᆞ즐 길히 업서 ᄒᆞᆫ갓 노옹을 의지ᄒᆞ여 강호의 표탕ᄒᆞ연 디 두어 ᄃᆞᆯ이 디난 후 연쥐부의 니ᄅᆞ니 원ᄂᆡ 이 노옹의 셩명

85면

은 양태뵈라 늙도록 샹고의 소임을 ᄒᆞᄃᆡ 가산이 부족ᄒᆞ고 아들이 업더니 쇼져의 풍용긔질을 ᄉᆞ랑ᄒᆞ고 ᄎᆞ마 써날 ᄯᅳᆺ이 업서 ᄒᆞᆫ가지로 집의 도라가니 노쳐와 쇼녜 잇ᄂᆞᆫ디라 노옹이 쇼져로ᄡᅥ 쇼녀와 셩네ᄒᆞ여 일ᄉᆡᆼ을 의지코져 ᄒᆞ니 쇼졔 뎌의 은근ᄒᆞᆫ ᄯᅳᆺ을 막디 못ᄒᆞ여 다만 ᄀᆞᆯ오ᄃᆡ 내 일시 적화를 만나 뉴락ᄒᆞ나 본ᄃᆡ ᄌᆡ샹 문미의 슈힝ᄒᆞᄂᆞᆫ 션ᄇᆡ오 ᄯᅩ 취쳐ᄒᆞ야시니 고치 아니코 취ᄒᆞ미 녜 아니라 아ᄃᆡᆨ 영약을 굿게 ᄒᆞ여 타일 친당의 도라간 후 금일 은혜를 져ᄇᆞ리디 아니리라 노옹이 그 말을 올히 넉여 쇼녀로ᄡᅥ 언약을 굿게 ᄒᆞ고 범ᄉᆞ를 셔랑으로 ᄒᆞ더니 오라디 아냐 노옹이 병드러 죽으니 쇼졔 참혹히 넉여 치상ᄒᆞ여 영장 후 더옥 경ᄉᆞ의 갈 길히 ᄭᅳᆫ허지믈 악연ᄒᆞ고 쥬인 노고의 모녜 쇼져 의지ᄒᆞ미 븍두 ᄀᆞᆺ더니 이러구러

86면

ᄒᆡ진ᄒᆞ고 명츈 화시의 니ᄅᆞ러ᄂᆞᆫ 남북 냥쳬 망〃ᄒᆞ고 ᄌᆞ가의 쇼식을 부칠 곳이 업서 쥬야 간댱을 ᄉᆞᆯ오며 심ᄉᆞ를 ᄂᆞᆺ겨 드ᄃᆡ여 셩명을 박종언이라 ᄒᆞ고 ᄌᆞ를 ᄌᆞ상이라 ᄒᆞ여 셔당의셔 글을 닑어 ᄆᆞ음을 쇼유ᄒᆞ고 사ᄅᆞᆷ을 샹졉ᄒᆞ미 업ᄉᆞᄃᆡ 공곡의 유란이오 박셕의 보옥으로 ᄌᆞ연 일홈이 나타나 본향 다ᄉᆡ ᄎᆞ〃 뎐파ᄒᆞ여 ᄀᆞᆯ오ᄃᆡ 곡뎡의 일개 셔ᄉᆡᆼ이 이시니 그 얼굴이 ᄒᆡ ᄀᆞᆺᄒᆞ며 눈이 별 ᄀᆞᆺ고 그 소ᄅᆡ 봉쇼 ᄀᆞᆺ고 그 풍ᄎᆡ 옥슈 ᄀᆞᆺᄒᆞ니 이 벅〃이 칠십 ᄌᆞ의 휘라 ᄆᆡ일 곡듕의 도은ᄒᆞ여 안연의 안빈과 증숨의 샹숑을 노래ᄒᆞ미 이 사ᄅᆞᆷ이라 ᄒᆞ여 일향이 모ᄅᆞ리 업ᄉᆞᄃᆡ 나아가 본 즉 그 외모를 흠션ᄒᆞ니 문답이 ᄆᆡ몰ᄒᆞ여 처음의 크게 아던 쟈ᄂᆞᆫ 무미히 넉이미 되여 ᄎᆞᆺ디 아니〃 이러므로 안졍이 머므더니 뉴뎜검이 현ᄉᆞ를 광문ᄒᆞ므로 본향 졔

87면

ᄉᆡᆼ이 쳔거ᄒᆞ여 그 지취를 알고져 ᄒᆞ미라 뎜검이 ᄎᆞ일 초려의 샹ᄃᆡᄒᆞ매 쇼뎨 져를 본
즉 이 분명이 뉴니뷔오니 뷔 또 져를 보매 벅〃이 일흔 아ᄌᆞ미 박시라 비록 의건이
밧고이고 모양이 다ᄅᆞ나 냥안츄강과 미우ᄎᆡᄉᆡᆨ이 박시 아니오 뉘 이런 사ᄅᆞᆷ이 이시리
오마ᄂᆞᆫ 일시의 발셜ᄒᆞ미 됴티 아냐 다만 웃고 그 셩명을 무른 즉 흐ᄅᆞᄂᆞᆫ ᄃᆞᆺ ᄒᆞᆯ디라
뎜검이 또ᄒᆞᆫ ᄌᆞ가의 ᄌᆞ호를 다 니ᄅᆞ고 왈 쇼ᄉᆡᆼ이 외람이 샹은을 닙ᄉᆞ와 텬ᄒᆞ를 ᄉᆞᆯ피
매 고단ᄒᆞᆫ 쟈를 츄연ᄒᆞ며 원억ᄒᆞᆫ 거ᄉᆞᆯ ᄉᆞᆯ피ᄂᆞ니 현ᄉᆞ의 자최 비록 한가ᄒᆞ나 너모 고
단ᄒᆞ고 가난을 군ᄌᆡ 평안이 넉이나 그러나 ᄆᆡᆼᄌᆞ의 호연지긔도 곡긔로ᄡᅥ 나시니 그
식을 못ᄒᆞᆫ 즉 엇디 도를 일우리오 이 곳이 고향이 아니신가 시브니 당돌ᄒᆞ나 ᄒᆞᆨᄉᆡᆼ을
ᄯᆞᆯ와 경ᄉᆞ의 나아간 즉 ᄒᆞᆫ번 샹님의 노라 튱텬경인ᄒᆞ믈 반당ᄒᆞᆯ ᄉᆞ이예 이시리

88면

니 션ᄉᆡᆼ은 닉이 ᄉᆡᆼ각ᄒᆞ라 박시 평일 니부의 위인을 아ᄂᆞᆫ디라 ᄃᆞ려가미 반ᄃᆞ시 녜로
ᄒᆞᆯ 거시오 ᄒᆞ믈며 이 곳의 이시미 원이 아니어ᄂᆞᆯ 긔특ᄒᆞᆫ 긔회를 하ᄂᆞᆯ이 주시니 엇디
아니 가리오마ᄂᆞᆫ ᄎᆞ마 다시 ᄒᆞᆨᄉᆞ를 ᄃᆡᄒᆞᆯ ᄂᆞᆺ치 업고 ᄒᆞᆨᄉᆡ 더옥 운남을 ᄌᆞᄒᆡᆼᄒᆞ여 적뉴
의 분주ᄒᆞ며 강호의 뉴락ᄒᆞ미 큰 ᄆᆞᆯ니 되여 용납디 아닐디라 니부를 비록 ᄯᆞᆯ와 가나
경ᄉᆞ 본부의 가 부모를 기ᄃᆞ리고 ᄎᆞᄉᆡᆼ 계활을 ᄆᆞᆺ고져 ᄒᆞ여 피셕 샤례 왈 쇼ᄉᆡᆼ은 ᄎᆞ야
미쳔ᄒᆞᆫ 사ᄅᆞᆷ이어ᄂᆞᆯ 존대인이 하림ᄒᆞ샤 평ᄉᆡᆼ 소ᄆᆡ로ᄡᅥ 친ᄋᆡᄒᆞ시미 골육 ᄀᆞᆺ흐샤 거두
어 도라가고져 ᄒᆞ시니 이 본ᄃᆡ 고향이 아니오 경ᄉᆞ의 친쳑이 이시니 만일 샹경ᄒᆞ믈
어든 즉 일ᄉᆡᆼ을 안과ᄒᆞ리니 이 다 존대인 은덕이라 쇼ᄉᆡᆼ이 분골쇄신ᄒᆞ나 다 갑습디
못ᄒᆞ리로소이다 니뷔 흔연 칭샤 왈

89면

ᄉᆞ히지ᄂᆡ 긔형뎨오 피ᄎᆞ ᄉᆞ문일ᄆᆡᆨ이니 션ᄉᆡᆼ은 과도히 겸양치 마ᄅᆞ쇼셔 드ᄃᆡ여 좌우
로 ᄒᆞ여곰 하소의 가 두낫 교ᄌᆞ와 아역을 블너 니ᄅᆞ매 뎜검이 몸을 니러 읍양 왈 복
이 당돌ᄒᆞ나 션ᄉᆡᆼ은 교ᄌᆞ의 올나 ᄒᆡᆼᄒᆞ시믈 쳥ᄒᆞᄂᆞ이다 박쇼졔 져의 녜모와 거동을
보매 반ᄃᆞ시 아라보믈 알고 참괴ᄒᆞ고 슬허ᄒᆞ나 즈레 발셜치 못ᄒᆞ여 짐즛 쾌히 샤례
ᄒᆞ고 교ᄌᆞ의 올나 아ᄃᆞᆼ의 니ᄅᆞ니 뎜검이 유벽ᄒᆞᆫ 별샤를 어더 박ᄉᆡᆼ을 안둔ᄒᆞ고 ᄎᆞ후

로 공양과 디접이 다 녜로뻐 ᄒᆞ여 됴곰도 분요ᄒᆞ미 업고 ᄯᅩᄒᆞᆫ 와셔 보미 업더니 수월이 디나매 국ᄉᆞ를 ᄆᆞᆺ고 발힝ᄒᆞ기를 님ᄒᆞ여 박싱의 쥬인 양 노괴 박싱을 ᄎᆞ자 보아 왈 낭군이 경ᄉᆞ를 향ᄒᆞ시니 쇼녀를 엇디 ᄒᆞ리오 박싱이 답왈 파랑이 당뷔 업고 유녀로 더브러 ᄉᆞ고무친ᄒᆞ니 엇디 날을

90면

ᄯᆞᆯ와 경ᄉᆞ의 나아가디 아니리오 내 지셩으로 그ᄃᆡ 모녀를 편케 ᄒᆞ리라 노괴 깃거 허락ᄒᆞ니 박싱이 드ᄃᆡ여 뎜검긔 뵈고 이 소유를 고ᄒᆞ니 뎜검이 잠쇼 왈 힝듕의 녀ᄌᆞ를 동힝ᄒᆞ미 블가ᄒᆞᄃᆡ 션싱의 가실이니 혐의 업ᄉᆞᆯ디라 엇디 남은 술위와 냥ᄌᆞ를 앗기리오 박싱이 샤례ᄒᆞ고 즉시 노고의 모녀를 ᄒᆞᆫ가지로 힝니를 출혀 뎐검의 뒤흘 ᄯᆞᆯ오니 뎜검이 일노의 무휼ᄒᆞ며 보호ᄒᆞ미 극진치 아니미 업고 박싱을 본 즉 의관을 다시옴 슈렴ᄒᆞ며 무릅흘 ᄭᅮ러 공슈궤좌ᄒᆞ여 눈을 드러 보디 아니며 말ᄉᆞᆷ의 다 퇴손공경ᄒᆞ니 죵자와 아역이 그 관원이 이러ᄐᆞᆺ 공경ᄒᆞᄂᆞᆫ 사ᄅᆞᆷ을 어이 ᄐᆡ만ᄒᆞ리오 일힝이 던동ᄒᆞ여 츄졸ᄒᆞ미 되여 경ᄉᆞ의 다ᄃᆞ르니 쟝ᄎᆞᆺ 명일 황도의 들디라 ᄎᆞ시 졍덕 십이년 하오월이라 텬긔 훈

91면

화ᄒᆞ고 남풍이 셔리ᄒᆞ니 월ᄉᆡᆨ이 긱관의 비최매 ᄉᆞ향지심이 ᄇᆡᄒᆞ니 뎜검이 집을 ᄯᅥ나미 반년이라 부모형뎨의 영슌ᄒᆞ믈 원ᄒᆞ고 일노 강산을 국ᄉᆞ로ᄡᅥ 유람치 못ᄒᆞ고 ᄉᆞ친지회 급ᄒᆞ여 쇽졀 업시 도라오믈 앗겨 구듕의 쇼시 일슈를 은〃히 읇흐니 셩음이 편〃이 ᄂᆞ라 운쇼의 ᄉᆞᄆᆞᆺᄂᆞᆫ디라 이ᄯᅢ 박싱을 ᄯᆞᆯ와 오던 노괴의 녀ᄋᆡ 긱관 뒤히 하쳐ᄒᆞ여 자디 아니코 홀노 안자 ᄉᆡᆼ각ᄒᆞ매 내 비록 박샹공으로 언약이 구드나 제 일즉 반뎜 유의ᄒᆞᄂᆞᆫ 빗치 업고 ᄯᅩ 거동을 보니 부친의 은혜를 위ᄒᆞ여 우리 모녀를 경ᄉᆞ의 ᄃᆞ려가 후히 거ᄂᆞ리고져 ᄒᆞ나 구ᄐᆡ여 부〃의 은졍을 허ᄒᆞᆯ 니 업ᄉᆞᆫ디라 내 일이 졍히 범ᄐᆞᆫ ᄉᆞᄅᆞᆷ ᄀᆞᆺ흐여 취새 어렵도다 이러ᄐᆞᆺ ᄉᆞ량ᄒᆞ여 뎐〃 쵸ᄉᆞᄒᆞ더니 믄득 풍편의 ᄆᆞᆰ은 소ᄅᆡ 은〃이 귀를 놀내니 화뎡

92면

의 학이 빵〃이 울고 념하의 연ᄌᆡ 어ᄌᆞ러이 ᄂᆞ라 그 소를 일허 분〃ᄒᆞ니 이 졍히 무

유학지즘 교요읍고 쥬지니 뷔라 그 녀지 스스로 쳔누흔 힝실이 발흐여 년망이 소릭를 추자 동당을 넘어 킥샤의 니르러 브라보니 일개 귀인이 금포옥딕로 월식을 씌여 십댱 고딕의 단좌흐여시니 몱은 광치는 월광을 이긔고 아룸다온 얼골은 옥이 더러오니 비록 박싱의 졀미흠과 굿디 아니나 동탕흐고 쇄락흐미 쏘흔 나으미 이시니 황홀흐여 바로 나아가 심〃이 절흐여 골오딕 노야는 쇼쳡의 당돌흐믈 용샤흐시고 침셕의 남은 짜흘 허락흐샤 일싱을 헛도이 늙디 아니케 흐쇼셔 뎜검이 정히 수향지심이 브라나 우연이 일슈 시를 읊퍼 소릭 맛디 못흐여셔 홀연 면젼의 일개 쇼익 돌입흐여 이굿흐믈 보매 심하

93면

의 경히흐여 눈을 드니 그 녀지 용뫼 졀셰흐고 틱되 싸혀나 비록 경셩 경국지식이 아니나 화월의 빗출 가져시니 구장 고이히 넉여 몸을 니러 골오딕 남녜 다르고 밤이 깁헛거늘 엇던 녀지완딕 긱관의 니르러 이런 비례지언을 흐느뇨 그 녀지 다시 절흐여 골오딕 쳡은 연쥐 양태보의 쏠이라 아비 샹고의 무리오 가문이 미쳔흐여 죡히 닐념즉디 아니나 일즉 홍블기의 협긔를 흠모흐더니 아비 박공주의 명을 구흐고 인흐여 쇼쳡으로 건즐을 밧들게 흐니 공지 블고이취라 흐여 죵시 쳡을 거둘 쓰이 업고 이제 경수의 드려가 추싱 계활을 뇨리흐믈 니르딕 셩친홀 말을 아니흐니 쳡의 모녜 브라미 망단흐여 스스로 죵신대수를 념녀흐더니 노야의 셩음이 규아를 감동흐고 풍당이 평싱 소원이라 녀힝을 닛고 당돌이

94면

나아오믄 태양의 남은 빗출 뽀이고져 흐미라 원컨딕 노야는 어엿비 넉이샤 용납흐쇼셔 뎜검이 텽파의 블승차악흐여 골오딕 사룸이 금슈와 다르믄 념치 이시미라 월댱규벽은 냥졍이 굿흔 후 잇느니 그딕 엇던 사룸이완딕 혼야의 돌입흐야 나희 슈힝지심을 더러이고져 흐느뇨 만일 박싱의 눗출 보디 아닌 즉 목젼의 징계홀 일이 업디 아니흐딕 만히 관샤흐여 도라보내느니 섈니 가 다시 이런 무음을 두디 말나 언에 식〃흐고 긔운이 샹텬 굿흐니 양가 녀지 눈믈을 흘니고 골오딕 노야의 슈힝흐시미 진실노 옥 굿흐시나 우녀의 하상지원이 젹디 아니리니 원컨딕 노야는 측은지심을 드리오쇼셔 뎜검이 단졍이 안자 엄뎡이 닐오딕 식을 보고 녜를 니즈며 니를 보고 의를 니즈믄

쇼인의 일이라

95면

나 뉴셰긔 ᄆᆞ음이 본ᄃᆡ 용녈ᄒᆞ고 셩경이 빙상 ᄀᆞᆺᄒᆞᆫ 듕 녀ᄌᆡᆨ의 ᄯᅳᆺ이 ᄎᆞᆫ지 ᄀᆞᆺᄒᆞᆫ디라 미인이 그릇 알미니 ᄲᆞᆯ니 믈너가고 더ᄯᅥ디 말나 그 녀ᄌᆡ 크게 울고 도라가ᄃᆡ 죵시 다시 눈을 드러 보디 아니ᄒᆞ더라 명됴의 뎜검이 박ᄉᆡᆼ의 햐쳐의 나아가 서로 읍양ᄒᆞ여 나아가 좌를 일우고 공경ᄒᆞ야 문왈 션ᄉᆡᆼ이 경ᄉᆞ의 나아가시매 혹ᄉᆡᆼ을 조차 샤관을 뎡ᄒᆞ시리잇가 친쳑을 ᄎᆞ자 의지코져 ᄒᆞ시ᄂᆞ니잇가 박ᄉᆡᆼ이 공경 ᄃᆡ왈 쇼ᄉᆡᆼ이 본ᄃᆡ 경ᄉᆞ 인으로 타향의 뉴락ᄒᆞ다가 존대인 은혜로 고향의 도라가니 은덕이 하ᄒᆡ ᄀᆞᆺᄒᆞᆫ디라 경듕 금하교 ᄀᆞ의 어사듕승 박동문은 족친이라 나아가 의탁고져 ᄒᆞᄂᆞ이다 뎜검이 허락ᄒᆞ고 즉시 발ᄒᆡᆼᄒᆞ여 황도의 니ᄅᆞ러 친신ᄒᆞᆫ 가뎡으로 박ᄉᆡᆼ을 뫼셔 박상셔 부

96면

듕으로 보ᄂᆡ고 ᄌᆞ가ᄂᆞᆫ 궐하의 나아가 복명ᄒᆞ니 텬ᄌᆡ 인견ᄒᆞ샤 크게 반기시고 깃그샤 옥음이 은근ᄒᆞ샤 돈유 왈 딤이 덕경을 닥디 못ᄒᆞ여 히운이 년ᄒᆞ여 흉황ᄒᆞ고 ᄉᆞ방이 블안ᄒᆞ여 녀민이 도현ᄒᆞ거ᄂᆞᆯ 경이 능히 션졍과 명교로 만민이 희지ᄒᆞ고 ᄉᆞ이 복죵ᄒᆞ니 그 공덕이 등한치 아닌디라 딤이 엇디 칭샤치 아니ᄒᆞ리오 특별이 샹듀국 문연각 태혹ᄉᆞ 셩의빅을 봉ᄒᆞ여 션셰를 승습게 ᄒᆞᄂᆞ니 경은 공이 놉고 샹이 박ᄒᆞᆷ을 고이히 넉이디 말나 뎜검이 돈슈고ᄉᆞ 왈 신이 됴고마ᄒᆞᆫ 셔ᄉᆡᆼ으로 닙됴ᄒᆞ완디 십 년의 셩덕을 돕ᄉᆞ오미 업ᄉᆞᆸ고 ᄎᆞᄒᆡᆼ의 더옥 왕졍을 베퍼 난개 친님ᄒᆞ시믈 ᄃᆡᄒᆞ온 즉 샹벌이 블명ᄒᆞ고 치셩이 삭연ᄒᆞ오니 엇디 감히 이런 듕쟉을 밧ᄌᆞ오리잇고 샹이 우왈 경은 덕ᄒᆡᆼ군ᄌᆡ라

97면

왕쟈의 ᄉᆞ위 되미 맛당ᄒᆞ니 엇디 부유의 ᄉᆞ양을 ᄒᆞ리오 딤의 ᄯᅳᆺ이 결ᄒᆞ야시니 고딥히 츄ᄉᆞ치 말나 뎜검이 샹의 구드시믈 보고 부득이 샤은ᄒᆞ고 퇴ᄒᆞ매 젹거ᄉᆞ마로 공후의 위의를 ᄀᆞ초아 부듕의 니ᄅᆞ니 이ᄣᅢ 뉴부의셔 뎜검을 보내므로브터 ᄉᆞ위 부뫼 념네 ᄀᆞ이 업고 션ᄉᆡᆼ이 더옥 근심ᄒᆞ더니 오라디 아냐 션졍과 치셩이 회쟈ᄒᆞ여 놉흔 봉쟉과 빗난 위의로 도라와 슬하의 ᄇᆡ례ᄒᆞ매 반년지ᄂᆡ의 긔위 더옥 헌앙ᄒᆞ고 용안이

더옥 쇄락ᄒᆞ여 츄월이 텬듕의 교결ᄒᆞ고 경운이 화풍을 마즌 듯ᄒᆞ여 일품 쟝복과 공후의 위의 풍치를 도으니 단엄졍숙ᄒᆞᆫ 긔상이 대귀인 모양이 니러시니 션싱이 크게 반기고 두굿겨 손을 잡고 흔연 왈 사ᄅᆞᆷ이 도적을 치고 상벌노 닙공봉작을 밧

98면

ᄌᆞ와도 오히려 깃브거ᄂᆞᆯ 내 아히 인의로 ᄉᆞ방을 다ᄉᆞ려 호싱지덕이 명진텬하ᄒᆞ매 도라와 텬ᄌᆞ의 녜우를 닙ᄉᆞ오니 진짓 쾌ᄒᆞᆫ 아들이오 션인의 지우ᄒᆞ신 종손이라 엇디 환열ᄒᆞ미 젹으리오 졈검이 ᄌᆡ비 샤례ᄒᆞ더라 ᄎᆞ일 일개 ᄒᆞᆫ당의 모다 별회를 서로 니ᄅᆞ고 치민지도를 무러 그 신이ᄒᆞᆫ 결옥과 인후관대ᄒᆞᆫ 덕졍을 드러 언〃ᄉᆞ〃의 냥친의 두굿김과 졔뎨 족당의 탄복ᄒᆞ미 칠십ᄌᆞ의 듕니 우럼 ᄀᆞᆺ흐니 이 졍히 문질이 ᄀᆞ즉ᄒᆞᆫ 군ᄌᆡ러라 믄득 날이 져물매 믄득 가뎡 호경이 밧긔와 알외ᄃᆡ 쇼복이 노야 교지를 밧ᄌᆞ와 박샹공을 뫼셔 금하교 박샹셔 부듕으로 가오니 마ᄎᆞᆷ 듕승 노야 칠형뎨 ᄒᆞᆫ당의 계시거ᄂᆞᆯ 쇼복이 인진ᄒᆞ와 드러가오니 박샹공 노애 듕승 노야긔 무슨

99면

말ᄉᆞᆷ을 ᄒᆞ시더니 모든 노야와 박샹공이 ᄒᆞᆫ가지로 창황이 드러가시더니 이윽고 안희셔 곡셩이 곡셩이[2] 딘동ᄒᆞ고 조ᄎᆞ ᄯᆞ라가던 부녀 이인이 ᄯᅩ 안흐로 드러가고 쇼복은 도라가라 ᄒᆞ오니 그 연고를 몰나 도라왓ᄂᆞ이다 뎜검이 미쇼ᄒᆞ고 졈두ᄒᆞ거ᄂᆞᆯ 승샹이 그 연고를 무ᄅᆞᆫᄃᆡ 뎜검이 드ᄃᆡ여 연쥐 가 박시 〈만나〉 ᄃᆞ려온 슈말을 ᄌᆞ시 고ᄒᆞ니 부뫼 크게 경희ᄒᆞ고 좌듕이 차악ᄒᆞ더니 믄득 슌시 둣거온 입을 들추고 큰 눈을 허황이 ᄡᅥ 뎜검을 향ᄒᆞ여 ᄀᆞᆯ오ᄃᆡ 슉〃은 왕ᄉᆞ로 가 계시니 공ᄉᆞ나 ᄒᆞ실디라 박시 ᄃᆞ려오미 브졀 업도소이다 졔인이 히연ᄒᆞᄃᆡ 졈검이 안셔히 공슈 ᄃᆡ왈 왕ᄉᆞ를 ᄆᆞᄎᆞᆫ 후 ᄉᆞ〃를 ᄯᅩ ᄇᆞ리디 못ᄒᆞ오미니 수〃ᄂᆞᆫ 고이히 넉이디 마ᄅᆞ쇼셔 말ᄉᆞᆷ과 긔운이 화평ᄒᆞᆯ 분이오 됴곰도 우이 넉이ᄂᆞᆫ 긔ᄉᆡᆨ이 업ᄉᆞ니

100면

좌위 탄복ᄒᆞ더라 이ᄯᅢ 혹싀 슌시의 긔괴ᄒᆞ믈 보니 스ᄉᆞ로 참괴ᄒᆞ고 박시 싱환ᄒᆞ미

---

2) 곡셩이 : '곡셩이' 반복.

의심 업ᄉᆞ믈 〈드〉ᄅᆞ매 비록 다ᄒᆡᆼᄒᆞ나 뎌의 ᄌᆞᄒᆡᆼᄒᆞ여 일이 이ᄀᆞᆺ치 어ᄌᆞ러오믈 깃거 아냐 죵시 ᄉᆞᄉᆡᆨ을 동치 아니ᄒᆞ니 어시의 부뫼며 형뎨의 눈이 다 ᄌᆞ가 신샹의 향ᄒᆞᄂᆞᆫ 디라 믄득 평안치 아냐 거연이 니러나 외당의 나와 누엇더라

뉴시삼ᄃᆡ록 권지칠

1면

어시애 뉴뎜검이 인ᄒᆞ여 박시 남장으로 쳐신동지 쳔만 긔이ᄒᆞ고 ᄯᅩ 쥬인ᄒᆞ엿ᄂᆞᆫ 바 노고와 일개 쇼애 이셔 쇼아로ᄡᅥ 박시의 가실이라 지목ᄒᆞ여 ᄯᆞᆯ와왓ᄂᆞᆫ 바ᄅᆞᆯ 베프ᄃᆡ 양가 녀ᄌᆡ ᄌᆞ가ᄅᆞᆯ 유의ᄒᆞ여 역샤의 나왓던 말을 니ᄅᆞ디 아니ᄒᆞ니 대개 비례지언을 옴기디 아니ᄒᆞ미러라 승샹과 부인이 ᄋᆞᄌᆞ의 안총을 긔특이 넉여 왈 광동과 연쥐 샹게 수쳔 니오 박시 임의 남녜 밧고여 쳐실 어더시니 일이 십분 명ᄇᆡᆨᄒᆞ거ᄂᆞᆯ 네 역녀 듕의 ᄒᆞᆫ번 보아 분별ᄒᆞ니 총명ᄒᆞ미 ᄉᆞ광의 디나고 쇼부의 환난 가온ᄃᆡ 쳐신ᄒᆞ미 이ᄀᆞᆺ치 명현ᄒᆞ니 지혜 긔특ᄒᆞ거니와 쟝ᄎᆞᆺ 엇디 적혈을 버서낫더뇨 뎜검이 ᄃᆡ왈 쇼ᄌᆡ 임의 수신 줄 안 후ᄂᆞᆫ 모ᄅᆞᄂᆞᆫ 테ᄒᆞ고 힐난ᄒᆞ여 무ᄅᆞ미 가치 아

2면

니ᄒᆞ고 뎨 ᄯᅩ 스ᄉᆞ로 니ᄅᆞ미 업ᄉᆞ니 다만 모호히 뵈셔 올디언뎡 그 연유ᄅᆞᆯ ᄒᆡᄋᆡ 역시 아디 못ᄒᆞᄂᆞ이다 진공이 쇼왈 형당의 ᄒᆡᆼᄒᆞ시ᄂᆞᆫ 배 진실노 팀듕ᄒᆞ샤 범인의 미출 배 아니나 ᄯᅩᄒᆞᆫ 굼거오시믈 면치 못ᄒᆞ리로소이다 뎨 임의 박쉬믈 아ᄅᆞ시미 ᄇᆞᆰ으실진ᄃᆡ 엇디 ᄒᆞᆫ번 쾌히 무러 비록 그ᄃᆡ 내 아ᄌᆞ미라 바로 니ᄅᆞ디 못ᄒᆞ나 엇디ᄒᆞ여 이 곳의 뉴락ᄒᆞ며 이 쥬인은 엇던 사ᄅᆞᆷ인고 뭇디 아니리잇고 뎜검이 쇼왈 ᄎᆞ뎨 의논이 유리ᄒᆞ나 임의 박쉴시 분명ᄒᆞ니 반ᄃᆞ시 도적의 소혈 가온대로조차 남의ᄅᆞᆯ 변챡ᄒᆞ고 도주ᄒᆞ여 연쥐ᄀᆞ디 뉴락ᄒᆞ여 노고의 집의 쥬인ᄒᆞ매 노괴 그 풍용긔질을 과혹ᄒᆞ여 핍박ᄒᆞ여 구혼ᄒᆞ매 마디못 권도로 뎡약ᄒᆞ고 아딕 의지ᄒᆞ려 ᄒᆞ다가 경ᄉᆞ의 도라오매 거ᄂᆞ려와 은혜ᄅᆞᆯ 갑고져 ᄒᆞ미라 엇디 무러 알니오 션ᄉᆡᆼ이

3면

쇼왈 내 아히 소견은 신명ᄒᆞ고 딜ᄋᆞ의 말솜은 명빅ᄒᆞᄃᆡ 소견이 각〃 다ᄅᆞ도다 이 인이 다 잠쇼 믁연이러니 션싱이 우왈 안해 일헛다가 ᄎᆞᄌᆞᆫ 놈은 어ᄃᆡ로 가뇨 승샹이 ᄃᆡ왈 필ᄋᆡ 공연이 작식ᄒᆞ고 피ᄒᆞ여 나가니 그런 괴믈이 업ᄉᆞᆫ디라 아모도 말〃고 그 거동을 보사이다 션싱이 대쇼ᄒᆞ더라 니뷔 이날 셔헌의셔 냥대인을 뫼셔 ᄉᆞ오 일 직슉ᄒᆞ고 모든 형뎨로 셔당의셔 별회를 편 후 십여 일 후 모란뎡의 나아가 부인을 ᄎᆞᄌᆞ니 니부인이 그 힝ᄉᆞ를 ᄉᆞ〃의 ᄋᆡ듕ᄒᆞ여 탄왈 빅ᄋᆞ의 효우 빅힝이 신명의 질졍ᄒᆞ여도 붓그러오미 업거니와 셰필은 무ᄉᆞᆫ 힝실을 닥노라 사ᄅᆞᆷ이 죽을 곳의셔 사라 도라오믈 드ᄅᆞᄃᆡ ᄎᆞ자 볼 의ᄉᆞ를 아닛ᄂᆞᆫ고 박시 ᄯᅩᄒᆞᆫ 가부의 일을 짐작ᄒᆞ고 진퇴의 무광이 넉여완 ᄃᆡ 오라ᄃᆡ 우리의게 고ᄒᆞ미 업고 박듕승 형뎨

4면

ᄯᅩᄒᆞᆫ 긔별ᄒᆞ미 업ᄉᆞ니 아디 못게라 쟝ᄎᆞᆺ 엇디코져 ᄒᆞᄂᆞᆫ고 양혹ᄉᆞ 부인이 ᄃᆡ왈 박형이 반ᄃᆞ시 환난의 분주ᄒᆞ믈 구가의셔 쳔히 넉여 더옥 불관이 아는가 슬허ᄒᆞ고 무안ᄒᆞ여 이러틋 ᄒᆞ미니 더옥 가련ᄒᆞᆫ디라 야애 박듕승 형뎨를 쳥ᄒᆞ샤 은근이 브ᄅᆞ시미 올흘가 ᄒᆞᄂᆞ이다 현영쇼대 츄연 왈 박형의 졍ᄉᆡ 참혹ᄒᆞ믄 니ᄅᆞ도 말고 그 효의와 탈신ᄒᆞᆫ 지혜 족히 쳥ᄉᆞ의 드리웜 즉ᄒᆞ니 오형은 비록 ᄇᆞ리나 부뫼 어엿비 넉이샤 안젼의 거두워 무휼ᄒᆞ시미 원이로소이다 부인이 탄왈 냥 녀의 말이 최션ᄒᆞ니 명일 승샹긔 의논ᄒᆞ리라 ᄒᆞ더라 이때 박쇼졔 뉴졈검의 셩우로 경ᄉᆞ의 도라와 본부의 니ᄅᆞ니 졔형이 처음은 아디 못ᄒᆞ다가 곡졀을 드ᄅᆞᆫ 후 비로소 씨ᄃᆞ라 서로 붓들고 통곡ᄒᆞ며 젼후 슈말을 ᄌᆞ시 듯고 양가

5면

모녀의 은혜를 감격ᄒᆞ여 후당의 안둔ᄒᆞ고 어시 쇼져를 ᄃᆡᄒᆞ여 ᄀᆞᆯ오ᄃᆡ 뉴싱이 너를 보낸 후 혹 됴당의셔 아등을 만나〃 죠곰도 은근ᄒᆞᆫ ᄉᆞ식이 업고 밋 화란을 드ᄅᆞ매 더옥 닉도ᄒᆞ야 슌시를 죄취ᄒᆞ고 너를 ᄎᆞᄌᆞᆯ 의ᄉᆡ 업ᄉᆞ니 구괴 비록 후ᄒᆞ나 녀ᄌᆞ 삼죵이 ᄭᅳᆫ넛ᄂᆞᆫ디라 네 이제 뉴뎜검을 조차오나 근본을 니ᄅᆞ디 아냣고 뎌 ᄯᅩ 너를 아디 못ᄒᆞ니 운남을 긔별ᄒᆞ여 야〃의 션쳐ᄒᆞ시믈 기ᄃᆞ리미 엇더ᄒᆞ뇨 쇼졔 탄식 ᄃᆡ왈 쇼ᄆᆡ 셰간의 듯디 못ᄒᆞᆫ 환난을 만나 쳔신만고ᄒᆞ여 뉴뎜검을 조차 환경ᄒᆞ니 졔 임의 일안의

아라보고 일노의 지극히 공경후되ᄒᆞ야 ᄃᆞ려오미 그 녜를 다ᄒᆞ미오 ᄆᆞᄎᆞᆷ닋 근본을 무ᄅᆞ미 업ᄉᆞ니 이 분명이 알므로 힐문치 아니미라 이제 집의 도라와 졔형을 만나고 ᄯᅩ 구괴 계시니 ᄇᆞ리며 거두믄 뎌 집 쳐분이어니와 고치 아닌믄 올치 아니〃 일변 운남의 알외고

6면

뉴부의 실ᄉᆞ를 고ᄒᆞ여 뎨 쳔히 넉여 ᄇᆞ릴딘ᄃᆡ 믈너 심규의셔 부모 졔형을 우러〃 여년을 ᄆᆞᄎᆞ미 ᄯᅩᄒᆞᆫ 산동 노상의셔 걸식홈과 비기리잇가 어ᄉᆞ 형뎨 참연 년측ᄒᆞ여 일변 운남으로 긔별ᄒᆞ고 일변 뉴부의 나아가 승샹긔 젼후 슈말을 ᄌᆞ시 고ᄒᆞᆫᄃᆡ 승샹이 비록 아라시나 새로이 경희ᄒᆞ여 골오ᄃᆡ 당초 박형이 만니의 힝ᄒᆞ므로 ᄋᆞ뷔 ᄉᆞ졍을 ᄎᆞᆷ디 못ᄒᆞ매 ᄋᆡ걸ᄒᆞ믈 ᄎᆞ마 막디 못홀 형셰므로 박브득이 조차 보낸 거시 오늘날 환의 미ᄎᆞ니 도시 노부의 허믈이라 후회ᄒᆞ나 밋디 못ᄒᆞ리로다 돈ᄋᆡ 연쥐셔 ᄋᆞ부를 만나 동힝ᄒᆞ믈 드러시나 날이 오라ᄃᆡ 군등의 니ᄅᆞᄂᆞᆫ 말이 업ᄉᆞ믈 고이히 넉이더니 이제 진뎍ᄒᆞᆫ 곡졀을 드ᄅᆞ니 평ᄉᆡᆼ 요힝이라 즉일의 거마를 보내리니 ᄋᆞ부의 도라오믈 지류케 말나 어ᄉᆡ 피셕샤례 왈 년숙의 무휼ᄒᆞ시ᄂᆞᆫ 셩권이

7면

쇼ᄆᆡ로 ᄒᆞ여곰 호텬망극ᄒᆞ오나 다만 쇼ᄆᆡ 명되 긔구ᄒᆞ여 희한ᄒᆞᆫ 화란을 만나 몸이 적혈의 ᄲᅡ지고 변복 탈신ᄒᆞ여 뉴리 분주ᄒᆞ오매 규듕의 녜도를 문허 ᄇᆞ려시니 비록 옥이 조흐며 어름이 ᄆᆞᆰ은 거시 흐리디 아냐시나 ᄇᆡᆨ희예 죄인이오 반비의 궁문 ᄇᆞᆲ디 아니믈 비기매 스ᄉᆞ로 참괴ᄒᆞ미 문명의 정실을 감당치 못홀디라 믈너 부형을 의탁ᄒᆞ여 여년을 ᄆᆞᆺ고져 ᄒᆞ여 쇼ᄉᆡᆼ으로 ᄒᆞ여곰 당돌이 년숙긔 취품ᄒᆞ고 문명의게 쳥ᄒᆞ여 허락ᄒᆞ시믈 원ᄒᆞ오니 엇디 감히 존문의 나아와 명부의 빗촐 감ᄒᆞ리잇고 승샹이 졍ᄉᆡᆨ 왈 군의 말이 고이토다 사ᄅᆞᆷ이 각〃 시졀을 ᄯᆞ롸 경권이 이시니 엇디 일도로 의논ᄒᆞ리오 ᄋᆞ뷔 몸으로ᄡᅥ 녕당을 ᄃᆡᄒᆞ믄 효되오 변복 탈신ᄒᆞ믄 지혜라 조아의 효와 목난의 담냑을 겸ᄒᆞ고 나죵 ᄉᆡ동ᄉᆡᆼ을 ᄯᆞ롸 도라

8면

오니 무어시 븟그러오며 명졀의 구애ᄒᆞ리오 우리 부지 ᄇᆞ야흐로 탄복 흠ᄋᆡᄒᆞ믈 이긔

디 못ᄒᆞ거ᄂᆞᆯ 믄득 이런 말노 사ᄅᆞᆷ을 의심ᄒᆞ니 심히 평일 ᄇᆞ라던 배 아니로다 셜파의 식〈〃〉ᄒᆞ미 츄텬 ᄀᆞᆺᄒᆞ니 어ᄉᆡ 황공 샤례 왈 쇼딜이 감히 년슉을 의심ᄒᆞ미 아니라 ᄋᆞ녀직 환난을 만나 도로의 뉴락ᄒᆞ다가 도라오매 념치의 안심치 못ᄒᆞᆯ 배오 문명의 ᄯᅳᆺ을 아디 못ᄒᆞ여 샤ᄆᆡ 과연 존문의 나아오믈 참황ᄒᆞ니 혈심으로 친당의 죵신ᄒᆞ믈 원ᄒᆞ므로 감히 취품ᄒᆞ미러니 셩은이 여ᄎᆞᄒᆞ시니 엇디 다시 틱만ᄒᆞ리잇고 승샹이 답왈 돈ᄋᆞ의 고이ᄒᆞᆫ 거조ᄂᆞᆫ 그 아비 역시 아디 못ᄒᆞ거니와 다만 일을 올히 ᄒᆞᆫ 즉 만릭 디방이라도 가히 힝ᄒᆞ리니 ᄋᆞ뷔 엇디 호의ᄒᆞ리오 현계ᄂᆞᆫ 도라가 뎐ᄒᆞᆯ디어다 어ᄉᆡ 년셩 칭샤ᄒᆞ고 도라가 승샹의 말ᄉᆞᆷ을 ᄌᆞ시 뎐ᄒᆞ니 쇼졔 믁연감탄이러

9면

니 셕양의 믄득 뉴부의셔 거냥과 위의 니ᄅᆞ러 녕능휘 밧긔 와시믈 고ᄒᆞ니 어ᄉᆡ 년망이 마자 온 연고를 무ᄅᆞᄃᆡ 휘 답왈 수시 평안이 도라오시ᄆᆡ 경ᄉᆡ 냥 문의 극ᄒᆞᆫ디라 쇼뎨 등이 ᄯᅩᄒᆞᆫ 희힝ᄒᆞ믈 이긔디 못ᄒᆞ더니 금일 부명을 밧ᄌᆞ와 수시를 뫼셔 가려 니ᄅᆞ러시니 졔형은 쌜니 수시긔 고ᄒᆞ라 어ᄉᆞ 형뎨 감격ᄒᆞ여 즉시 쇼져를 지촉ᄒᆞ여 보내니 쇼졔 구고 혜틱과 녕능후의 셩우를 감은ᄒᆞ나 딘퇴예 무광ᄒᆞ믈 슬허 니러날 의ᄉᆡ 업ᄉᆞᄃᆡ 형셰 ᄒᆞᆯ일업서 졔형을 니별ᄒᆞ고 옥눈의 올나 뉴부의 도라오니 일문이 듕당의 대회ᄒᆞ여 쇼져를 마줄ᄉᆡ 쇼졔 나아가 당하의셔 고두 청죄 왈 쇼쳡이 구고의 산히 ᄀᆞᆺᄒᆞ신 은덕을 져ᄇᆞ리고 부모의 ᄌᆞ익를 권년ᄒᆞ여 만니 도로의 발셥ᄒᆞ다가 ᄆᆞᄎᆞᆷᄂᆡ 적화를 만나 풍진의 뉴락ᄒᆞ와 쳔신만고를 디내고 다

10면

시 당하의 나아오니 구고 셩은이 호탕ᄒᆞ시나 쇼쳡이 ᄉᆞᄉᆞ로 참황 송뉼ᄒᆞ오미 욕ᄉᆞ무지로소이다 구괴 반기고 깃브믈 이긔디 못ᄒᆞ여 쌜니 좌우로 븟드러 올니매 부인은 옥슈를 잡고 눈믈을 흘녀 말을 못ᄒᆞ고 승샹이 위로 왈 이거시 다 ᄋᆞ부의 운익이라 현마 엇디ᄒᆞ리오 ᄆᆞ음을 진뎡ᄒᆞ야 약질을 보듕ᄒᆞ고 브졀 업ᄉᆞᆫ 심ᄉᆞ를 허비치 말나 ᄋᆞ직 비록 박졍ᄒᆞ나 나의 싱젼은 지긔 업디 아니리니 모ᄅᆞ미 안심관회ᄒᆞ라 쇼졔 감은 황괴ᄒᆞ여 직ᄇᆡ 슈명ᄒᆞ매 쥬뤼 년낙ᄒᆞ여 의샹이 저즈니 졔인이 참연ᄒᆞ고 구괴 익셕ᄒᆞ더니 믄득 일딘 향ᄂᆡ 코흘 거ᄉᆞ리고 패옥 소ᄅᆡ 어ᄌᆞ러오매 슌시 새 단장을 거륵이 ᄒᆞ여 울슉블슉 버틔오고 좌의 니ᄅᆞ니 박쇼졔 괴이ᄒᆞ여 냥구히 ᄇᆞ라〈보〉더니 냥한님

부인이 미쇼 왈 이ᄂᆞᆫ 오형의 ᄌᆡ취 슌져제니 형으로 위지덕국이

11면

로소이다 쇼제 텽필의 가ᄇᆡ야이 니러나 피ᄎᆡ 녜ᄅᆞᆯ ᄆᆞᆺ고 좌ᄅᆞᆯ 일우매 슌시 큰 눈을 모지게 ᄯᅳ고 구든 말을 두〃어려 몬뎌 ᄀᆞᆯ오ᄃᆡ 쳡이 뉴문의 드러와 부인의 ᄀᆞᆺ긴 말을 드ᄅᆞ매 벅〃이 도적의 긔물이 되여 ᄒᆞᆨᄉᆞ로 인연이 업ᄉᆞᆯ가 ᄒᆞ엿더니 구ᄐᆞ여 도라와 나의 ᄆᆞ음을 어ᄌᆞ러이니 엇디 뉴뎜검을 ᄒᆞᆫ치 아니ᄒᆞ리오 다만 뎌런 ᄌᆞ식 긔질노 엇던 도적이 노화 보내리오 반ᄃᆞ시 핍박ᄒᆞᄂᆞᆫ 욕을 보아시리니 명부 항녈이 욕되도다 박쇼제 옥모ᄅᆞᆯ 슈졍ᄒᆞ고 말ᄉᆞᆷ이 뎡〃ᄒᆞ여 날호여 답왈 녀ᄌᆞ의 절개ᄂᆞᆫ 피ᄎᆞ의 ᄒᆞᆫ가지오 부녀의 ᄒᆡᆼ실은 규법이 일ᄆᆡᆨ이라 금일 환난 여ᄉᆡᆼ으로 구고 슉ᄆᆡ의 양츈 혜ᄐᆡᆨ이 ᄒᆞ여곰 ᄒᆞᆫ 방셕을 용납ᄒᆞ신 즉 엇디 부인의 구박ᄒᆞ시ᄂᆞᆫ 욕이 이 ᄀᆞᆺ흐믈 감심ᄒᆞ리오 다만 일ᄐᆡᆨ의 모다 ᄒᆞᆫ 사ᄅᆞᆷ을 셤기

12면

리니 감히 고인의 셩ᄉᆞᄅᆞᆯ 흠앙ᄒᆞ여 화목ᄒᆞ믈 원ᄒᆞᄂᆞ이다 슌시 손을 부뷔며 몸을 그덕여 희〃히 웃고 좌우ᄅᆞᆯ 도라보아 말이 업ᄉᆞ니 이 구ᄐᆡ여 투심이 잇ᄂᆞᆫ 거시 아니라 사ᄅᆞᆷ이 녀ᄌᆞ의 투긔ᄂᆞᆫ 녜ᄉᆞ 잇ᄂᆞᆫ 거시라 드러시매 ᄯᅩ ᄒᆞᄂᆞᆫ 톄ᄒᆞ나 진실노 투심이 아니라 좌듕이 ᄒᆡ괴히 넉이고 박쇼져의 옥모화ᄐᆡ로 슌시ᄅᆞᆯ ᄃᆡᄒᆞ매 더옥 표〃히 ᄲᅡ혀나 보옥이 와셕의 섯기고 명쥬 모래 가온ᄃᆡ 비췸 ᄀᆞᆺ흐니 니부인이 심하의 쇼져ᄅᆞᆯ ᄋᆡ듕ᄒᆞ고 슌시의 이샹ᄒᆞᆫ 추용과 ᄒᆡ괴ᄒᆞᆫ 인ᄉᆞ로 ᄒᆞᆨᄉᆞ의 ᄃᆡ졉을 어더시믈 고이히 넉이더라 이 날 부인이 쇼져ᄅᆞᆯ ᄌᆞ가 협실의 두어 침실을 뎡치 아니ᄒᆞ니 이ᄂᆞᆫ ᄒᆞᆨᄉᆞ의 의ᄉᆡ 쳔니 ᄀᆞᆺ흐믈 알고 출ᄒᆞ리 갓가이 두어 종요로이 졍을 ᄂᆞᆫ호고져 ᄒᆞ미라 ᄒᆞᆨᄉᆡ 이 날 한원의 입번ᄒᆞ여 집의

13면

잇디 아니ᄒᆞ엿더니 수일 후 츌번ᄒᆞ야 승샹긔 뵈오나 공이 박시 와시믈 니ᄅᆞ디 아니ᄒᆞ니 아디 못ᄒᆞ더니 ᄂᆡ당의 니ᄅᆞ니 졔쉬 다 모다시ᄃᆡ 삼ᄆᆡᄅᆞᆯ 보디 못ᄒᆞ리러라 모친긔 ᄇᆡ알ᄒᆞ고 형데 담쇼홀ᄉᆡ 다만 드ᄅᆞ니 협실의셔 투호 소ᄅᆡ 징연ᄒᆞ고 담쇠 낭〃ᄒᆞ니 ᄒᆞᆨᄉᆡ 모친긔 뭇ᄌᆞ오ᄃᆡ 쇼ᄌᆡ 입번ᄒᆞ미 오라니 삼ᄆᆡ 구가의 갓ᄂᆞᆫ가 넉여ᄉᆞᆸ더니 이

에 이셔 나오디 아니믄 엇디미니잇고 부인이 답왈 네 밧그로셔 드러오니 협실의 잇ᄂᆞᆫ 녀ᄋᆡ 엇디 알니오 진공이 잠쇼ᄒᆞ고 이셩으로 블너 왈 삼ᄆᆡᄂᆞᆫ 엇디 나오디 아닛ᄂᆞ뇨 모친이 수〃를 브ᄅᆞ시니 ᄒᆞᆫ가지로 나오라 언미파의 협실 문이 열니고 ᄉᆞ위 쇼졔 ᄒᆞᆫ갈ᄀᆞᆺ치 봉관 옥패로 예〃히 나아오더니 박쇼졔 눈을 드러 보니 혹시 이에 잇ᄂᆞᆫ디라 만심이 다 참괴ᄒᆞ야 아미를 숙이고 거름을 머초거ᄂᆞᆯ 혹ᄉᆞᄂᆞᆫ 쳔만 무심 듕이라 안ᄉᆡᆨ

14면

이 경히ᄒᆞ야 냥구 숙시ᄒᆞ매 쇼졔 월용화틱와 옥모염광이 비승젼일ᄒᆞ니 반가옴과 놀나오믈 이긔디 못ᄒᆞᄃᆡ 뎌의 원흠과 ᄌᆞ긔 무단박경이 ᄯᅩᄒᆞᆫ 참괴ᄒᆞ니 도로혀 흔연ᄒᆞᆫ 빗치 돈연ᄒᆞ야 안ᄉᆡᆨ을 곳치고 셩안을 ᄂᆞ초아 다시 보디 아니ᄒᆞ니 셩의빅이 좌의셔 뎌 부〃의 긔ᄉᆡᆨ을 보고 혹ᄉᆞ를 냥구히 보아 정ᄉᆡᆨ 왈 수시 널노 더브러 격년 니별ᄒᆞ야 금일 상봉ᄒᆞ매 엇디 서로 보ᄂᆞᆫ 네 업ᄉᆞ미 이 ᄀᆞᆺᄒᆞ뇨 혹시 강잉ᄒᆞ야 니러 박쇼져로 녜필ᄒᆞ매 혹시 오사를 숙이고 홍픠 뎡돈ᄒᆞ야 긔ᄉᆡᆨ이 츄상ᄒᆞᆫ월 ᄀᆞᆺᄒᆞᆫ디라 쇼졔 즉시 협실노 드러가거ᄂᆞᆯ 비로소 아담ᄒᆞᆫ 담쇼와 온화ᄒᆞᆫ 화긔 츈양이 므ᄅᆞ녹아시니 부인이 말을 아니ᄒᆞ고 기리 탄식ᄒᆞ더라 ᄎᆞ후 혹시 쇼져를 ᄌᆞ루 만나보ᄃᆡ ᄃᆡᄒᆞᆫ 즉 변ᄉᆡᆨᄒᆞ믈 ᄭᆡ돗디 못ᄒᆞ니 쇼졔 더옥 ᄉᆡ

15면

스럽고 소원ᄒᆞ야 혹ᄉᆞ의 자최를 아라 피ᄒᆞ미 밋디 못할 ᄃᆞᆺᄒᆞ니 서로 보디 아니미 오라더니 일〃은 ᄉᆡᆼ이 혼뎡을 파ᄒᆞ고 니러나고뎌 ᄒᆞ더니 박쇼졔 ᄆᆞᄎᆞᆷ 협문을 여다가 피치 눈이 마조치니 쇼졔 놀나 즉시 문을 기우리니 혹시 잠간 머므러 모친이 피ᄒᆞ여 나간다 칙ᄒᆞ시믈 면코져 ᄒᆞ더니 믄득 모부인 침상하의 ᄉᆡᆼ혈 그ᄅᆞ시 노혀시믈 보고 이ᄂᆞᆫ 무어시 쁘려 ᄒᆞ시ᄂᆞ니잇고 부인 왈 나조희 모든 쇼ᄋᆞ들을 표뎜ᄒᆞ던 거시라 ᄋᆞ뷔 너의 드러오믈 보고 미처 거두디 못ᄒᆞ고 협실노 드러갓ᄂᆞᆫ 고로 잇ᄂᆞ니라 혹시 웃고 왈 쇼ᄌᆡ 드러와든 박시 피ᄒᆞᆯ 연괴 업ᄉᆞᆯ ᄃᆞᆺᄒᆞ오ᄃᆡ 쳐시 고이토소이다 샤어ᄉᆞ 부인이 정ᄉᆡᆨ 왈 가〃ᄂᆞᆫ 거즛 은근ᄒᆞᆫ 쳬 마ᄅᆞ쇼셔 형의 거동이 ᄂᆡ도ᄒᆞ니 박형이 엇디 피치 아니리잇고 혹시 강쇼 왈 날을 피ᄒᆞᆯ딘ᄃᆡ 광동 도적과 살니〃 이 가듕

16면

의셔 날을 피ᄒᆞ고 협실의 웅거ᄒᆞ미 아니 가쇠냐 비록 모친이 ᄌᆞ익ᄒᆞ시나 이 곳 나의 안해라 ᄒᆞ여 ᄉᆞ랑ᄒᆞ시미니 박공의 녀ᄋᆞ로 무단ᄒᆞᆫ 사ᄅᆞᆷ은 모친이 이 ᄀᆞᆺ디 아니ᄒᆞ실 거시어ᄂᆞᆯ 근본을 ᄉᆡᆼ각디 아니ᄒᆞ고 젼후 ᄒᆡᆼᄉᆡ 실노 통ᄒᆡᄒᆞ니 내 엇디 가뷘 톄ᄒᆞ리오 광동 도적의 비복이 칭명 뉴셰필의 쳬라 ᄒᆞ고 부모형뎨의 은양을 밧ᄌᆞ오며 날을 구슈ᄀᆞᆺ치 피ᄒᆞ니 쇼ᄆᆡᄂᆞᆫ 공논ᄒᆞ라 내 일즉 보니 진양공쥬 신위 왕희ᄒᆞ시며 부유 일국ᄒᆞ샤 ᄎᆞ형으로 부뷔 되시매 ᄎᆞ형의 엄ᄒᆞ시미 황녀라 ᄒᆞ여 삼가시미 업ᄉᆞ시ᄃᆡ 공쥬 젼후 셩식을 밧고시미 업고 ᄆᆞᄎᆞᆷ내 덕으로 감화ᄒᆞ여 됴곰도 부덕을 손ᄒᆞ시미 업ᄉᆞ믈 니ᄅᆞ도 말고 쇼ᄆᆡ의 급ᄒᆞᆫ 셩과 쟈른 혬이 당초 샤ᄉᆡᆼ을 격노ᄒᆞ야 실톄ᄒᆞ여시나 나죵의 그 곤욕과 능멸ᄒᆞ믈 보ᄃᆡ 공슌이 ᄎᆞᆷ아 괴로오미 피 토ᄒᆞ고 죽기예 니ᄅᆞᄃᆡ

17면

능히 하영당을 피ᄒᆞ야 샤ᄉᆡᆼ을 ᄃᆡ티 아니미 업ᄉᆞ니 부〃의 되 임의 텬디로 샹ᄒᆞ고 존비 군신의 톄면이 이시니 능히 슬희여 피치 못ᄒᆞ고 즐겨 구치 못ᄒᆞᆯ디라 스ᄉᆞ로 텬뎡ᄒᆞᆫ 배 잇거ᄂᆞᆯ ᄎᆞ인은 ᄠᅳᆺ이 교만ᄒᆞ고 박ᄃᆡᄒᆞ믈 원ᄒᆞ야 날노ᄡᅥ 가부로 아디 아니ᄒᆞ니 진실노 서로 볼 ᄂᆞᆺ치 업거니와 ᄯᅩ 엇디 놉흔 톄ᄒᆞ리오 날노ᄡᅥ 도적이 되여도 뎌만 미려ᄒᆞᆫ 쇼아를 만나 무심이 두며 헛도이 노흐리오 형댱이 일시 의긔예 격동ᄒᆞ샤 ᄃᆞ려오시나 실은 그ᄅᆞᆺ ᄒᆞ시미라 반ᄃᆞ시 도적과 동모ᄒᆞ여 흉ᄒᆞᆫ ᄠᅳᆺ을 품고 이에 니ᄅᆞ럿ᄂᆞ니 졔ᄆᆡᄂᆞᆫ 너모 혹ᄒᆞ여 친근이 구디 말나 셜파의 ᄂᆡᆼ쇼ᄒᆞ고 니러나니 부인이 평ᄉᆡᆼ 처음으로 대로ᄒᆞ여 크게 ᄭᅮ지저 왈 블쵸ᄌᆞ 힝신 쳐ᄉᆡ 일마다 괴악ᄒᆞ여 금일 ᄎᆞ언이 이시니 이 ᄎᆞ마 ᄉᆞ류의 말이 아니라 인ᄌᆞ 엇디 이러ᄐᆞᆺ ᄒᆞ리오 ᄋᆞ뷔 텬ᄉᆡᆼ 효의 츌인ᄒᆞ므로 부모

18면

ᄅᆞᆯ ᄯᆞᆯ와 만니의 귀령ᄒᆞ다가 환난을 만나 몸으로ᄡᅥ 모친을 구ᄒᆞ고 지혜로 환을 버서 도라오니 효셩과 지혜 ᄀᆞ즉ᄒᆞ미오 너의 고염ᄒᆞᄂᆞᆫ 긔식을 블안ᄒᆞ여 몸을 피ᄒᆞ니 념치 고상ᄒᆞ미라 무ᄉᆞᆫ 연고로 공연ᄒᆞᆫ 능욕과 치칙이 여ᄎᆞᄒᆞ리오 명일노브터 내 눈의 뵈디 말나 혹ᄉᆡ 황공 사죄 왈 쇼ᄌᆡ 모친 슬하의 이십 년을 교무ᄒᆞ샤 ᄒᆞᆫ번 그ᄅᆞ다 ᄒᆞ시ᄂᆞᆫ 말솜이 업더니 박시로 인ᄒᆞ여 부회 이 ᄀᆞᆺᄒᆞ니 진짓 블쵸ᄒᆞᆫ 계집이라 젼일 ᄒᆡᄋᆡ 잠간

괴로온 말을 ᄒᆞ니 ᄉᆞ매를 뻘쳐 운남을 향ᄒᆞ여 죠곰도 부도를 ᄉᆡᆼ각디 아니터니 금일 또 ᄎᆞ언이 박시를 니별홀 ᄯᅢ로소이다 부인이 익노경식ᄒᆞ니 혹식 지삼 샤죄ᄒᆞ고 밧그로 나가더라 이ᄯᅢ 박쇼졔 협실의셔 뉴ᄉᆡᆼ의 말을 듯고 기리 탄식고 쳥누를 먹음어 말이 업더라 부인이 블너 무ᄋᆡᆨᄒᆞ고 권면ᄒᆞ

19면

고 겻히셔 자라 ᄒᆞ니 쇼졔 졍금 ᄇᆡ샤 왈 쇼쳡의 블용누질이 군ᄌᆞ의 관〃ᄒᆞᆫ ᄧᆞᆨ이 아니오 구고의 고렴ᄒᆞ시미 도로혀 군ᄌᆞ의 ᄆᆞ음이 편티 아냐 일이 난쳐ᄒᆞᆫ 고로 당초 몸을 비러 부모를 ᄯᆞᆯ오미 구ᄐᆡ여 군ᄌᆞ를 원망ᄒᆞ미 아니로ᄃᆡ 군지 미안ᄒᆞ미 깁고 명되 긔박ᄒᆞ여 도듕의 공교히 적화를 만나 쳔만 위란ᄒᆞᆫ 가온ᄃᆡ 탈신ᄒᆞ오니 텬디신명이 됴림ᄒᆞ시나 쳡신의 븟그러오믄 업ᄉᆞᄃᆡ 군ᄌᆞ의 더러이 넉이미 여ᄎᆞᄒᆞ니 도시 쳡의 위인이 비아ᄒᆞ고 힝실이 쳔누ᄒᆞ미라 엇디 감히 ᄂᆞᆺ출 드러 구고긔 뵈오리잇고 ᄉᆞᄉᆞ로 몸을 죽여 죄를 다ᄉᆞ리고 군ᄌᆞ의 ᄯᅳᆺ을 쾌히 ᄒᆞ미 맛당ᄒᆞ오ᄃᆡ ᄎᆞᆷ디 못ᄒᆞᄂᆞᆫ 바ᄂᆞᆫ 노뷔 쇠년의 블쵸녀로 인ᄒᆞ여 샹심ᄒᆞ미 ᄇᆡᆨ발이 니러나고 ᄌᆞ뫼 적화의 나믄 넉시 쇼녀로뻐 더옥 실혼ᄒᆞ여 운졀ᄒᆞ믈 드ᄅᆞ니 ᄉᆡᆼ젼의 ᄒᆞᆫ번 보아 유ᄒᆞᆫ을 플고뎌 ᄒᆞ므로 잔명이

20면

금일ᄭᆞ디 안연ᄒᆞ오니 강샹의 죄인이로소이다 셜파의 쳥뉘 환난ᄒᆞ니 부인이 블승감동ᄒᆞ고 삼쇼괴 관위ᄒᆞ더라 ᄎᆞ시 쇼져를 ᄯᆞᆯ와 오던 양가 노고의 모녜 쇼져를 젼혀 남ᄌᆞ로 아다가 일됴의 녀ᄌᆡ 되여 이 본ᄃᆡ 뉴혹ᄉᆞ의 처지며 박샹셔 녀지라 어히 업고 망단ᄒᆞ여 아모리 홀 줄을 아디 못ᄒᆞ여 ᄒᆞ니 쇼졔 비록 셰렴이 업ᄉᆞ나 뎌의 은혜를 갑디 못홀가 우려ᄒᆞ여 심식 더옥 어ᄌᆞ러오니 졔형의게 긔별ᄒᆞ여 의식을 십분 후히ᄒᆞ고 맛당ᄒᆞᆫ 곳을 듯보아 뎌의 일ᄉᆡᆼ을 졔도ᄒᆞ라 ᄒᆞ니 어ᄉᆞ 형뎨 ᄯᅩᄒᆞᆫ 진심ᄒᆞ여 ᄃᆡ졉ᄒᆞ고 너비 가랑을 듯보아 혼인코져 ᄒᆞᆫᄃᆡ 기녜 뉴뎜검을 조ᄎᆞ믈 원ᄒᆞ여 죽기로 긔약ᄒᆞ니 어식 민망이 넉여 뉴부의 와 쇼져를 보고 이 말을 드른대로 뎐ᄒᆞᄃᆡ 쇼졔 어히 업서 ᄃᆡ왈 이ᄂᆞᆫ 결단코 되디 못ᄒᆞ리니 ᄇᆡᆨ슉의 셩졍이 타인

21면

과 다ᄅᆞ시고 슉당의 엄ᄒᆞ시미 존구의 관인ᄒᆞ샤 경권을 쓰심과 ᄀᆞᆺ디 아니ᄒᆞ시니 엇디

가ᄂᆡ예 잡뉴를 두시리오 어ᄉᆡ 왈 그러나 뎌 녀ᄌᆡ ᄉᆞᄉᆡᆼ으로 결단ᄒᆞ니 쟝ᄎᆞᆺ 엇디ᄒᆞ리오 경히 남ᄆᆡ ᄃᆡᄒᆞ여 근심ᄒᆞ더니 믄득 녕능휘 혹ᄉᆞ로 더브러 나와 어ᄉᆞ로 한훤을 파ᄒᆞᆫ 후 온 연고로 무러 슈말을 ᄌᆞ시 알매 녕능휘 대쇼 왈 박형은 도라가 그 녀ᄌᆞ의게 ᄌᆞ시 뎐ᄒᆞ라 하늘이 길고 ᄶᅡ히 오라나 우리 ᄇᆡᆨ시의 뎡심은 고치디 아니ᄒᆞᆯ 거시오 ᄇᆡᆨ뷔 더옥 엄ᄒᆞ샤 만일 아등이 방외예 유졍ᄒᆞ미 이신 즉 부녀의 실ᄒᆡᆼᄀᆞ치 놀나시니 진실노 가망이 업ᄉᆞ리니 각별이 타쳐의 호걸을 ᄀᆞᆯ희여 셤기고 망녕된 의ᄉᆞ를 두디 말나 ᄒᆞ라 어ᄉᆡ 역시 웃고 도라가 이 말노ᄡᅥ 니ᄅᆞ니 그 녀ᄌᆡ ᄒᆞᆯ일업서 드ᄃᆡ여 뎡심을 고쳐 어ᄉᆞ의 친우 샹우현의 쇼실이 되여가니 어ᄉᆞ 등이 지극 돌보아 죵신

22면

토록 쇠치 아니ᄒᆞ고 그 녀ᄌᆡ 노모로 더브러 죵신토록 안과ᄒᆞ여 ᄌᆞ녜 족ᄒᆞ고 부귀를 누리니 이 ᄯᅩᄒᆞᆫ 기부의 젹션여음이러라 이ᄢᅢ 녕능휘 박어ᄉᆞ를 보내고 셔당의 도라오니 셩의ᄇᆡᆨ이 진공과 부풍후를 ᄃᆞ리고 쥬역을 ᄒᆡ득ᄒᆞ여 팔괘를 프러 내더니 녕능휘 웃고 ᄎᆞᄉᆞ를 뎐ᄒᆞᄃᆡ 셩의ᄇᆡᆨ이 졍ᄉᆡᆨ 브답이어ᄂᆞᆯ 진공이 ᄎᆡᆨ을 덥고 쇼이문왈 뎌 녀ᄌᆡ 일즉 서로 보미 잇더니잇가 엇디 능히 앙모ᄒᆞ여 ᄎᆞ즐 ᄯᅳ디 잇ᄂᆞ니잇고 심히 고이토소이다 셩의ᄇᆡᆨ이 잠쇼 왈 ᄎᆞ뎨의 말이 가쇠로다 뎌 녀ᄌᆡ 박수로 칭명부뷔라 ᄒᆞ여 후거의 조ᄎᆞ니 벗의 쳐실노 냥식과 쥬찬을 공급ᄒᆞ나 엇디 서로 보미 이시리오 마ᄎᆞᆷ ᄀᆡᆨ관의 월ᄉᆡᆨ을 ᄯᅴ여 ᄉᆞ향지심으로 ᄂᆞᆯ시 일슈를 읇퍼 울젹ᄒᆞᄆᆞᆯ 쇼견ᄒᆞ더니 홀연 뎌 여ᄌᆡ 월댱ᄒᆞ여 면뎐의 닐너 언에 여

23면

ᄎᆞᄒᆞᆫ디라 거졀ᄒᆞ여 도라보내엿더니 오히려 ᄀᆡ과ᄒᆞᆯ 줄 아디 못ᄒᆞ고 이러ᄐᆞᆺ 념치 업ᄉᆞᆫ 말노ᄡᅥ 스ᄉᆞ로 그 일ᄉᆡᆼ을 함코져 ᄒᆞ니 진실노 통ᄒᆡᄒᆞ도다 진공이 대쇼 왈 뎌 녀ᄌᆡ 비록 ᄒᆡᆼ실이 쳔누ᄒᆞ나 사ᄅᆞᆷ은 족히 아라보앗ᄂᆞ이다 박수의 녀ᄌᆡᄆᆞᆯ 아디 못ᄒᆞ나 그 ᄯᆞᆯ오미 브졀 업ᄉᆞᄆᆞᆯ 알고 형댱의 음뉼과 셩음이 풍운이 변ᄒᆞ고 쇽뫼 놀나니 호탕ᄒᆞᆫ 규아로 ᄒᆞ여곰 엇디 감동티 아니ᄒᆞ리오 가히 홍불기의 뉘라 거두어 금차녈의 용납ᄒᆞ셤 즉ᄒᆞ이다 셩의ᄇᆡᆨ이 미쇼 왈 내 본ᄃᆡ 너희ᄀᆞᆺ치 호걸의 ᄯᅳᆺ이 업ᄉᆞ니 하쥐예 뇨됴ᄒᆞᆫ 슉녜라도 여러흘 모호미 원이 아니어ᄂᆞᆯ ᄒᆞᄆᆞᆯ며 월댱 규벽의 쳔ᄒᆞᆫ 녀ᄌᆞ를 니ᄅᆞ랴 녕능휘 왈 연이나 뎌 녀ᄌᆡ ᄒᆡᆼ혀 슈졀ᄒᆞᆫ 즉 엇디 ᄒᆞ시리잇고 셩의ᄇᆡᆨ 왈 이 엇딘 말고 내 본

딕 뎌와 언약이 업고 뎨 일즉 내게 간셥ᄒᆞ미 업ᄉᆞ

24면

니 엇디 슈졀 두 ᄌᆡ 이시리오 진실노 슈졀ᄒᆞᆯ 녀절딘딕 당초의 박수를 쏠와오며 또 날을 유의ᄒᆞ미 이시랴 연즉 길히 ᄀᆞ득ᄒᆞᆫ 사ᄅᆞᆷ이 다 뎌의 슈졀ᄒᆞ미 되리라 졔싱이 박댱대쇼ᄒᆞ더라 혹식 좌의 이시딕 곡딕간 ᄒᆞᆫ 말을 시비치 아니코 단슌의 호치 비최여 은〃히 함쇼ᄒᆞ니 진공이 그 손을 잡고 우어 왈 필뎨ᄂᆞᆫ 어이ᄒᆞᆫ 말을 아니ᄒᆞᄂᆞ뇨 박수의 가인을 어드시미 네 뜻은 엇더ᄒᆞ뇨 혹식 웃고 딕왈 이 곳 화란의 권도를 취ᄒᆞ미니 쇼뎨 엇디 방해로오미 이시리잇고 공이 우쇼 왈 너ᄂᆞᆫ 그덧 슌수를 취ᄒᆞ고 박수ᄂᆞᆫ 그ᄉᆞ이 양녀를 어드시니 피치 ᄀᆞᆺ흔디라 맛당이 죠용이 만나 가인을 포폄ᄒᆞ고 별회를 니ᄅᆞ미 올거ᄂᆞᆯ 엇디 ᄎᆞ자 뭇ᄂᆞᆫ 일이 업ᄂᆞ뇨 혹식 쇼이브딕어ᄂᆞᆯ 공이 답언을 ᄌᆡ촉ᄒᆞ니 혹식 딕왈 뎨 온 후 협실을 웅거ᄒᆞ고 쇼뎨를 딕치 아니〃 엇

25면

디 만나 말ᄒᆞᆯ 틈이 이시리잇고 진공이 그 등을 어ᄅᆞ몬뎌 쇼왈 이ᄂᆞᆫ 너희 허언이라 지셩이 감텬인 즉 신명을 통ᄒᆞ리니 협실을 니ᄅᆞ디 말나 쇠셩과 양댱의 구드미라도 ᄎᆞᆺ고져 ᄒᆞ믄 만나리니 너의 힝식 진실노 인졍이 아니라 박쉬 엇디 ᄒᆞᆫ이 당신의 깁디 아니리오 언파의 졔형이 일시의 니해와 인졍을 닐너 ᄀᆡ유ᄒᆞ믈 마디 아니ᄒᆞ딕 혹식 다만 믁연 브딕러라 혹식 원닉 박쇼져를 ᄒᆞᆫ번 보아 말ᄒᆞ고져 ᄒᆞ딕 형영을 보디 못ᄒᆞ니 믹양 틈을 엿더니 일〃은 니부인이 삼녀로 더브러 됴 빅 냥 부인 침당의 모다 가ᄉᆞ를 의논ᄒᆞᆯ식 당이 오래 븨여시니 혹식 됴회로셔 바로 닉당의 드러와 모친이 아니 계시믈 보고 시비ᄃᆞ려 무러 슈운각의 가시믈 알고 틈이 이시믈 ᄭᆡᄃᆞ라 협실을 열고 드러가니 박쇼졔 운환 옥빙이 어ᄌᆞ러워 아미의 쳔단 수ᄒᆞᆫ을 ᄯᅴ여 셔

26면

안을 딕ᄒᆞ여 고셔를 보다가 혹ᄉᆞ를 보고 안식이 참슈ᄒᆞ여 진슈를 숙이고 니러 ᄒᆞᆫ ᄀᆞ의 안거ᄂᆞᆯ 혹식 ᄌᆞ가의 박ᄒᆞ므로 뎨 싀스러워ᄒᆞ믈 알오딕 그 ᄉᆞ싴이 블안ᄒᆞ여 먼니 좌ᄒᆞᄂᆞᆫ 거동이 심히 뮈온디라 완연이 깃거 아냐 믄득 단졍이 안자 졍식 왈 인지부부ᄂᆞᆫ 부화쳐슌ᄒᆞ고 부신쳐뎡ᄒᆞ미 오륜의 듕ᄉᆡ어ᄂᆞᆯ 그딕 내게 도라온 후 싱의 박졍을

ᄒᆞᆫᄒᆞ고 침상 ᄉᆞ은을 요구ᄒᆞ여 ᄒᆞᆫ이 깁허 ᄉᆡᆼ을 본 즉 변ᄉᆡᆨᄒᆞ고 부모제형의게 교언녕ᄉᆡᆨ으로 짐즛 ᄉᆡᆼ의 박ᄃᆡ를 들추어 ᄎᆡᆨᄒᆞ시믈 구ᄉᆡᆨᄒᆞ니 이 엇디 부녀의 ᄇᆞᆰ은 ᄒᆡᆼ실이리오 젼일 부모의 엄훈을 두려두어 말ᄉᆞᆷ을 모친긔 알외매 ᄌᆞᆼ텽ᄒᆞ고 대로ᄒᆞ여 표연이 운남을 ᄒᆡᆼᄒᆞᄃᆡ 죠곰도 가뷔라 ᄒᆞ여 내게 췌품ᄒᆞ미 업고 도듕의 적화를 만나 뉴락ᄒᆞ믄 낙미지ᄋᆡᆨ이나 ᄯᅩᄒᆞᆫ 그ᄃᆡ ᄌᆞ취ᄒᆞᆫ 배라 이제

27면

도라와 무어시 빗나고 존듕ᄒᆞ여 날을 보며 작ᄉᆡᆨᄒᆞ고 ᄀᆡ에ᄒᆞ야 혹 피ᄒᆞ고 혹 견집ᄒᆞ여 교긍ᄒᆞᆫ 거동이 당부의 안져의 쳔연치 아니미 심ᄒᆞ고 ᄒᆡᆼᄉᆡ 극히 요샤ᄒᆞ니 내 젼후의 입을 버려 그ᄃᆡ를 ᄎᆡᆨᄒᆞ미 업고 구튝ᄒᆞ미 업서 부뫼 후ᄃᆡᄒᆞ라 ᄒᆞ시면 후ᄃᆡᄒᆞ고 드러가라 ᄒᆞ시면 드러가 나타난 ᄉᆞ단이 업시 이ᄀᆞᆺ치 어ᄌᆞ러오믄 그ᄃᆡ 죄라 도금ᄒᆞ야ᄂᆞᆫ 젼일과 다ᄅᆞ나 그ᄃᆡ ᄒᆡᆼᄉᆡ 밋브디 아니코 신명이 쳔누ᄒᆞ니 나의 조강이라 일ᄏᆞᄅᆞ미 욕된디라 내 임의 안해로 아디 아닌 즉 그ᄃᆡ 엇디 감히 우리 부모긔 ᄌᆞ부 소임을 ᄒᆞ고 이 협실의셔 놉흔 톄ᄒᆞ리오 산동 양가 녀ᄌᆡ 그ᄃᆡ 안해라 ᄒᆞ여 ᄯᆞᆯ와오다가 ᄯᅩ ᄇᆡᆨ형을 유의ᄒᆞᄂᆞᆫ 더러오미 이시니 비록 환난의 변복을 ᄒᆞ나 ᄯᅩ 엇디 취쳐ᄒᆞᄂᆞᆫ 긔괴ᄒᆞ미 이셔 ᄉᆞ단이 이ᄀᆞ치 어ᄌᆞ러오니 블길ᄒᆞᆫ 녀ᄌᆞ의 작얼이 사〃의 어ᄌᆞ러오미 여ᄎᆞ

28면

ᄒᆞ니 무ᄉᆞᆷ 면목으로 ᄇᆡᆨ형을 보오며 이 가듕의 거두를 ᄒᆞ고져 ᄒᆞᄂᆞ뇨 그ᄃᆡ ᄒᆡᆼ실이 ᄂᆞ졸 분 아니라 념치 업ᄉᆞ미 심ᄒᆞ니 ᄲᆞᆯ니 도라가라 쇼제 뎌의 무단ᄒᆞᆫ 곤욕이 이 ᄀᆞᆺ흐믈 보매 심하의 분ᄒᆡᄒᆞ나 당초 운남 ᄒᆡᆼ도를 잘못ᄒᆞ고 화란을 ᄀᆞ초 당ᄒᆞ니 ᄌᆞ긔 ᄯᅩᄒᆞᆫ 쾌ᄒᆞᆫ 안면이 업서 온슌이 샤죄 왈 군ᄌᆞ의 엄ᄒᆞᆫ 치ᄎᆡᆨ이 이에 미ᄎᆞ시니 쳡이 비록 우용ᄒᆞ나 엇디 참괴ᄒᆞ믈 아디 못ᄒᆞ리잇고 다만 원망ᄒᆞ며 호통ᄒᆞᆫ다 말ᄉᆞᆷ은 심히 쳡의 ᄯᅳᆺ이 아니라 군ᄌᆞ의 심오지심으로 억탁ᄒᆞ시미 쇼연ᄒᆞ니 쳡이 ᄒᆞᆫ번 죽으미 더ᄃᆡ믈 더옥 통ᄒᆞᆫᄒᆞᄂᆞ이다 도라가믈 ᄌᆡ촉ᄒᆞ시니 명을 봉ᄒᆡᆼᄒᆞ미 가ᄒᆞᄃᆡ 쳡이 부모를 ᄯᆞᆯ오므로 군ᄌᆞ를 원망ᄒᆞᆫ다 ᄒᆞ시니 ᄎᆞ후 내치시나 이 문뎡의셔 죽을디언뎡 도라갈 ᄯᅳᆺ이 업서이다 혹ᄉᆡ 작ᄉᆡᆨ 냥구의 져의 거지 안샹ᄒᆞ고 용뫼 ᄂᆞ즉ᄒᆞ여 답언이 온공

29면

ᄒᆞ믈 보고 잠간 ᄉᆞ쉭을 플고 반향 후 눈을 드러 그 얼굴을 닉이 보아 심니의 함쇼ᄒᆞ여 믄득 ᄀᆞᆯ오ᄃᆡ ᄉᆡᆼ을 피ᄒᆞ여 먼니 가 안즈믄 엇디오 쇼졔 운환을 ᄂᆞ초고 옥면이 ᄃᆡ홍ᄒᆞ여 답디 아니〃 ᄉᆡᆼ이 ᄯᅩ 닐오ᄃᆡ ᄉᆡᆼ이 그ᄃᆡᄃᆞ려 힐문ᄒᆞᆯ 일이 이시니 갓가이 나아와 ᄌᆞ시 드ᄅᆞ라 쇼졔 ᄎᆞ언의 미처ᄂᆞᆫ 심하의 더옥 차악ᄒᆞᄃᆡ믁연 졍식ᄒᆞ여 요동치 아니ᄒᆞ니 ᄉᆡᆼ이 노왈 그ᄃᆡ 내 말을 목젼의 시힝ᄒᆞ미 업ᄉᆞ니 이ᄂᆞᆫ ᄉᆡᆼ의 박졍을 ᄒᆞᆫᄒᆞ고 광동 도적으로 은ᄋᆡ 깁흐미라 엇디 박졍낭 뉴ᄉᆡᆼ의 말을 시힝ᄒᆞ리오 쇼졔 옥안이 여토ᄒᆞᆯ 분이오 죵시 답디 아닌ᄃᆡ ᄉᆡᆼ이 온가디로 곤욕ᄒᆞ여 나아오믈 핍박ᄒᆞᄃᆡ ᄆᆞᄎᆞᆷᄂᆡ 동티 아니〃 ᄉᆡᆼ이 대로ᄒᆞ여 ᄉᆞ매를 ᄯᅥᆯ쳐 니러 나오며 ᄭᅮ지저 왈 그ᄃᆡ 적혈의 드러가 실졀ᄒᆞ미 반ᄃᆞᆺᄒᆞᆫ 고로 ᄉᆡᆼ이 아라보미 이실가 이러ᄐᆞᆺ 원거ᄒᆞ미라 만일 그러티 아니면 엇디 가부의 말

30면

을 시힝치 아니리오 ᄎᆞ후 부모긔 신셩과 형뎨 공회예 왕ᄂᆡᄒᆞ여 날노ᄡᅥ 비례의 얼골을 보게 말나 드ᄃᆡ여 문을 ᄆᆞ이 다치고 밧긔로 나가니 쇼졔 희허함탄ᄒᆞ여 믁〃 무언이라 니부인이 볼셔 도라와 혹ᄉᆞ의 협실의 이시믈 듯고 ᄀᆞ마니 그 문답을 다 드ᄅᆞ매 블승차악ᄒᆞ여 쇼져를 더옥 에엿비 녁이더라 혹ᄉᆡ ᄎᆞ후 더옥 노긔를 품어 안ᄉᆡᆨ이 ᄂᆡᆼ엄ᄒᆞ고 말ᄉᆞᆷ이 더옥 ᄆᆡ몰ᄒᆞ여 사ᄅᆞᆷ이 박쇼져 말 곳 ᄒᆞ면 변ᄉᆡᆨᄒᆞ고 니러나니 가ᄂᆡ인이 다 ᄒᆞᆯ일업서 ᄒᆞ더라 쇼졔 이후로 졔인과 담쇼를 그치고 존고의 명이 아닌 즉 지게 밧글 나디 아냐 유〃히 실혼ᄒᆞ며 담〃이 산쥭엄ᄀᆞᆺ치 협실의셔 날을 보내여 몸의 치의와 슈식을 ᄀᆞ추디 아니ᄒᆞ며 일양 벼개의 ᄇᆞ려 뎨ᄉᆞ 쇼고의 못ᄀᆞ디의 참예치 아니ᄒᆞ고 범ᄉᆞ의 죄인으로 ᄌᆞ쳐ᄒᆞ여 옥셜 ᄀᆞᆺ흔 긔뷔 날노 쵸쳬ᄒᆞ고 츄상 ᄀᆞᆺ흔 졍신이 시로 감ᄒᆞ

31면

ᄂᆞᆫ디라 니부인이 심하의 잔잉ᄒᆞ여 호언으로 무ᄋᆡᄒᆞ며 관위ᄒᆞ나 녀ᄌᆞ의 념치의 그 가뷔 강샹 대죄로 의심ᄒᆞ믈 보매 심ᄉᆡ 엇디 안한ᄒᆞ리오 밤의 ᄒᆞᆫ낫 ᄌᆞᆷ이 업서 텰야토록 도등ᄒᆞ고 식음이 졈〃 감ᄒᆞ여 용뫼 환형ᄒᆞ기예 미쳣더니 일〃은 승샹이 ᄂᆡ당의 드러와 죠용이 말ᄉᆞᆷᄒᆞ여 ᄌᆞ뷔 모다시믈 보고 부인을 보아 왈 근ᄂᆡ의 쇼부를 보디 못ᄒᆞᆯ소

뇨 부인 왈 우뷔 근닉 우환의 즘겨 쳡도 주루 보디 못ᄒᆞᄂᆞ이다 승샹이 시녀로 쇼져를 브ᄅᆞ니 쇼졔 듕회 듕 나아가 혹ᄉᆞ를 ᄃᆡᄒᆞ믈 졀박ᄒᆞ나 감히 존명을 틱만치 못ᄒᆞ여 강잉ᄒᆞ여 소두를 헤뽈고 나와 감히 형뎨 항녈의 안디 못ᄒᆞ여 말셕의 ᄉᆞ러 뵈매 쵸체ᄒᆞᆫ 안ᄉᆡᆨ과 쇠란ᄒᆞᆫ 단장이 더옥 졀묘쇼쇄ᄒᆞ고 븟그리ᄂᆞᆫ 틱도와 슬픈 ᄉᆡᆨ이 만좌의 흥을 감ᄒᆞᄂᆞᆫ디라 승샹이 놀나 왈 우부를 못 보안지 오라더니 거ᄌᆈ 어이 이 ᄀᆞᆺᄒᆞ뇨 쇼

32면

졔 부복 샤왈 쇼쳡이 쳔신만고ᄒᆞ와 존구 덕틱으로 슬하의 즐거우미 의구ᄒᆞ오나 부모 존문을 아디 못ᄒᆞ와 ᄉᆞ려ᄒᆞᄂᆞᆫ 회푀 듕ᄒᆞ온 고로 ᄌᆞ연 평샹치 못ᄒᆞ와 대인 념녀ᄒᆞ샤믈 ᄭᅵ치오니 블쵸ᄒᆞᆫ 죄 더옥 듕ᄒᆞ도소이다 승샹이 잔잉 ᄋᆡ련ᄒᆞ여 은근 관위ᄒᆞ고 혹ᄉᆡᆨ 투목시지ᄒᆞ여 그 용뫼 환형ᄒᆞ여시믈 그윽이 가련이 넉이ᄃᆡ 졍이 업ᄉᆞᆫ 바의 측은지심도 범연ᄒᆞ여 무심무려ᄒᆞ더라 이윽고 쇼졔 ᄂᆡ러 드러간 후 셩의ᄇᆡᆨ이 좌듕을 ᄃᆡᄒᆞ여 왈 박수의 긔ᄉᆡᆨ이 오라디 아냐 대병이 날디라 필뎨 엇디 관념치 아닛ᄂᆞᆫ다 혹ᄉᆡᆨ 믁연브ᄃᆡ러라 박쇼졔 협실의 이션디 ᄉᆞ오 삭의 혹ᄉᆞ의 곤욕을 밧고 심ᄉᆡᆨ 날노 쵸조ᄒᆞ여 것ᄎᆞ로 나타내디 아닐디언뎡 간댱은 다 ᄉᆞ럿ᄂᆞᆫ디라 비죵이 발ᄒᆞ여 졍신이 아득ᄒᆞ고 챵체 극듕ᄒᆞᄃᆡ 죽기를 ᄌᆞ구ᄒᆞ여 시녀와 쇼고 등 ᄃᆞ래도 니ᄅᆞ디 아니

33면

ᄒᆞ고 거즛 풍한의 샹훌와 ᄒᆞ여 금〃의 쓰엿더니 십여 일의 니ᄅᆞ러ᄂᆞᆫ 증셰 더옥 위독ᄒᆞ여 임의 ᄌᆞ루 혼졀ᄒᆞ기의 미ᄎᆞ니 부인과 삼쇼졔 참혹히 넉이고 승샹과 졔ᄉᆡᆼ이 닐오ᄃᆡ 병셰 이러ᄒᆞ니 박듕승 형뎨 왕닉ᄒᆞ여 보나 협실이 너모 닉근ᄒᆞ니 침당을 뎡ᄒᆞ여 올므미 올타 ᄒᆞ여 쇼져를 샹의 누은 재 븟드러 빅화뎡이란 당의 옴기니 이 곳은 부인 침소 마즌 편이오 모란뎡 ᄆᆡ화뎡이 서로 년ᄒᆞᆫ 집이러라 이러구러 날이 오래ᄃᆡ 일양 듕ᄒᆞ니 의원을 청ᄒᆞ여 약을 쓰고 일개 모다 구완ᄒᆞᄃᆡ 혹ᄉᆡᆨ ᄒᆞᆫ번 드러가 무ᄅᆞ미 업서 젼혀 모ᄅᆞᄂᆞᆫ 둣ᄒᆞ니 승샹이 통ᄒᆞᆫᄒᆞ여 더브러 말ᄒᆞ디 아니ᄒᆞ고 박듕승 형뎨 오나 승샹이 ᄃᆞ리고 병을 의논홀디언뎡 혹ᄉᆞ를 부치디 아니ᄒᆞ니 ᄉᆡᆼ이 오히려 무류ᄒᆞ고 블평지심이 이셔 넌즈시 ᄃᆞᆫ니며 눈치를 보아 사ᄅᆞᆷ이

34면

업슨 째를 타 드러가 보니 만분 위독ᄒᆞ여 침셕의 ᄇᆞ려시니 심하의 참담ᄒᆞ여 나아가 그 손을 잡고 증셰를 무ᄅᆞ나 답언이 업ᄂᆞᆫ디라 그 옥골빙ᄌᆞ로뻐 일ᄉᆡᆼ 박명을 ᄭᅵ쳐 그 명이 ᄆᆞ자 ᄉᆞᆺ고뎌 ᄒᆞ믈보매 ᄌᆞ긔 무신박졍ᄒᆞ미 심ᄒᆞ고 뎌의 졍ᄉᆡ 참혹ᄒᆞᆫ디라 슬픈 의ᄉᆡ 밍동ᄒᆞ여 그 ᄑᆞᆯ을 ᄲᅢ혀 보매 옥비의 ᄉᆡᆼ혈이 단사 ᄀᆞᆺᄐᆞ니 이를 보아도 인졍이 박ᄒᆞ고 잔잉ᄒᆞ미 심어오긔ᄒᆞ니 가연 탄식ᄒᆞ고 인ᄒᆞ여 그 몸을 어ᄅᆞ문뎌 일신의 뎜육이 업고 ᄒᆞᆫ 촉뇌 되여시믈 샹심ᄒᆞ여 ᄉᆡᆼ각ᄒᆞᄃᆡ 이ᄂᆞᆫ 나의 ᄒᆞᆫ 말의 용심ᄒᆞ미 이 ᄀᆞᆺᄐᆞ여 죽기를 ᄌᆞ구ᄒᆞ미라 편작이 ᄉᆡᆼ환ᄒᆞ나 회춘ᄒᆞ기 어려오니 만일 일호나 졍신을 슈습ᄒᆞᆫ 즉 죠용이 유셰ᄒᆞ여 ᄆᆞ음 도로혀미 내게 잇디 의약의 잇디 아니리라 ᄒᆞ여 두루 몸을 ᄆᆞᆫ뎌 보더니 ᄉᆡᆼ의 손의 등의 다ᄒᆞ매

35면

쇼제 혼〃ᄒᆞᆫ 가온ᄃᆡ 몸을 소〃쳐 놀나ᄂᆞᆫ ᄃᆞᆺᄒᆞ며 ᄂᆞᆺ빗치 ᄑᆞᄅᆞ고 ᄉᆡᆨ믹이 ᄭᅳ처지니 ᄉᆡᆼ이 대경ᄒᆞ여 일변 약을 나오매 일변 등을 보니 대죵이 만창ᄒᆞ여 임의 셩농ᄒᆞ여시니 왼 등이 다 ᄑᆞᄅᆞ고 검어 ᄎᆞ마 보디 못ᄒᆞᆯ너라 ᄉᆡᆼ이 이를 보매 어린 ᄃᆞᆺ 취ᄒᆞᆫ ᄃᆞᆺᄒᆞ고 병이 이러ᄒᆞᄃᆡ 사ᄅᆞᆷ이 다 아디 못ᄒᆞ고 샹한으로 치료ᄒᆞ던 일이 도로혀 우음이 나고 쇼졔 죵시 니ᄅᆞ디 아냐 죽기를 뎡ᄒᆞᆫ 본심을 알매 더옥 블샹이 넉여 즉시 시녀로 삼 쇼져를 쳥ᄒᆞ여 창쳐를 뵈매 삼 인이 실ᄉᆡᆨ 왈 뎌런 줄을 쇼ᄆᆡ 등도 몰낫더니 이제ᄂᆞᆫ ᄒᆞᆯ 일업ᄂᆞ이다 져 증셰로 엇디 회츈ᄒᆞ리오 혹ᄉᆡ 즉시 외당 승샹과 듕승 형뎨를 ᄃᆡᄒᆞ여 이 말을 뎐ᄒᆞ고 왈 이ᄂᆞᆫ 젼쥬창쳐의 연괴니 죵의를 쳥ᄒᆞ여 파죵ᄒᆞᆫ 후 약을 ᄡᅥ 요ᄒᆡᆼ 살기를 ᄇᆞ라려니와 고털 긔ᄒᆞᆫ이 디나시니 회두ᄒᆞ미 어려올너이다 승

36면

샹과 졔인이 다 놀나 일시의 드러와 보고 차악ᄒᆞ여 즉시 여러 의원을 블너 뵈매 아모도 감히 하슈ᄒᆞ 리 업서 팔십여 인이 ᄒᆞᆫ걸ᄀᆞᆺ치 공슈ᄒᆞ여 왈 쇼의 등이 일ᄉᆡᆼ 의슐을 ᄒᆞᄃᆡ 이런 독죵을 보디 아냐숩고 ᄒᆞ믈며 고털 긔ᄒᆞᆫ이 디나시니 망녕도이 하슈ᄒᆞ여 일을 내리잇고 승샹 왈 슈단이 텬명이니 엇디 여등의 타ᄉᆞᆯ 삼으리오 ᄉᆞᄉᆡᆼ 간 파죵ᄒᆞ여 미심ᄒᆞ미 업게 ᄒᆞ라 그 듕 어의 최각은 슐업이 고명ᄒᆞᆫ디라 이에 젹은 ᄂᆞᆯ난 칼을 들고 모든 ᄃᆡ 고ᄒᆞᄃᆡ 이 죵긔ᄂᆞᆫ ᄒᆞᆫ갓 침으로 파죵ᄒᆞᆯ 만ᄒᆞ디 못ᄒᆞ여 창쳐를 다 버혀

화태의 관골뇨독을 쓸 거시니 병 드르신 부인이 긔운이 약ᄒᆞ여 즈레 일이 날가 두리ᄂᆞ이다 승샹 왈 만일 병인이 보젼ᄒᆞ면 대션이오 부지치 못ᄒᆞᆫ 들 현마 어이 ᄒᆞ리오 의심 말고 고치라 최각이 ᄀᆞᆯ오ᄃᆡ 사ᄅᆞᆷ이 만히 쪄 붓드러야 하슈홀소이다 승샹이 좌

37면

우를 도라보니 진공 형뎨는 다 흠신 츌외ᄒᆞ고 박듕승 형뎨는 남ᄆᆡ 간이나 녜법이 숨엄ᄒᆞ여 블공식ᄒᆞ며 브동셕ᄒᆞᄂᆞᆫ 버ᄅᆞ시라 쇼져의 위급ᄒᆞ믈 보고 다 휘루 비창홀디언뎡 나아가 볼 ᄯᅳᆺ이 업ᄉᆞ니 승샹이 여러 양낭과 시녀로 쇼져를 븟드러 안으라 ᄒᆞ고 친히 창쳐를 님ᄒᆞ여 의쟈로 더브러 지극히 삼가고 솔펴 하침ᄒᆞ매 독혈이 살 뽀 듯ᄒᆞ여 승샹 금포의 누혈이 저즈니 혹식 ᄎᆞ경을 보아 쇼져를 잔잉ᄒᆞ믄 니ᄅᆞ도 말고 부친의 이 곳흐시믈 감격ᄒᆞᆫ 듕 ᄌᆞ긔 엇디 안심ᄒᆞ리오 나아가 고ᄒᆞᄃᆡ 쇼ᄌᆡ 삼가 ᄒᆞ올 거시니 대인은 평안이 좌ᄒᆞ시미 힝심ᄒᆞ이다 승샹이 드른 톄 아니ᄒᆞᆫᄃᆡ 박듕승 형뎨 흡긔 니러 청ᄒᆞᄃᆡ 누의 ᄉᆡᆼ도ᄂᆞᆫ ᄇᆞ라디 못ᄒᆞ옵고 년슉의 귀톄 블안ᄒᆞ시리니 문명으로 ᄃᆡ힝ᄒᆞ시미 맛당ᄒᆞ옵고 쇼딜 등도 ᄒᆞᆫ가지로 솔피리이다 승샹이 ᄇᆞ야흐로 믈

38면

너나매 혹식 즉시 폴을 것고 나아가 괄골ᄒᆞ여 뇨독ᄒᆞ기를 ᄆᆞᄎᆞ매 약을 부치고 븟드러 누인 후 가슴의 돈짝만ᄒᆞᆫ 온긔 이셔 겸〃 ᄉᆡᆼ긔 잇는 ᄃᆞᆺᄒᆞᆫ디라 승샹과 졔인이 대열ᄒᆞ더라 혹식 ᄎᆞ후 ᄆᆞ음을 도로혀 쇼져의 이 병을 죵시 니ᄅᆞᄃᆡ 아닛ᄂᆞᆫ 뎡심과 ᄉᆡᆼ혈이 의구ᄒᆞ믈 보매 니젓다가 ᄭᆡ틴 사ᄅᆞᆷ ᄀᆞᆺ치 츄연 감동ᄒᆞ고 참연 ᄋᆡ셕ᄒᆞ여 병소를 ᄯᅥ나디 아니ᄒᆞ고 구병ᄒᆞ기를 지셩으로 ᄒᆞ니 일개 깃거ᄒᆞ며 고이히 넉이더니 누칠 일이 되매 쇼졔 겸〃 인ᄉᆞ를 출혀 혹ᄉᆞ의 이시믈 보고 놀나고 참괴ᄒᆞ여 심히 슈습ᄒᆞ고 어려워ᄒᆞᄂᆞᆫ디라 혹식 그 ᄯᅳᆺ을 알고 더옥 친근이 구호ᄒᆞ며 젼일 박ᄃᆡᄒᆞ던 일을 뉘우ᄎᆞ믈 닐너 방듕의 ᄉᆞ람이 업ᄉᆞᆫ 즉 그 손을 잡고 ᄀᆡ유ᄒᆞᄂᆞᆫ 말이 긋디 아니〃 쇼졔 비록 젼일 곤욕이 ᄀᆡᆨ골이 노호오나 가부의 일이라 홀일업고 당시 ᄒᆞ여 지은 ᄆᆞ음이 아니믈

39면

보매 고이히 넉이나 입을 여러 말을 아니ᄒᆞ고 ᄆᆡ양 병을 탁ᄒᆞ여 눈을 ᄀᆞᆷ고 ᄂᆞᆺ출 빠보디 아니ᄒᆞ더니 일망이 디나매 창쳬 잠간 나아 비록 긔거치 못ᄒᆞ나 눕기를 ᄉᆞᄉᆞ로

ᄒᆞᄂᆞᆫ디라 혹ᄉᆞ의 쥬야 겻희 이시믈 괴로이 넉여 벽을 향ᄒᆞ여 누언지 두어 날이러니 니부인이 친님ᄒᆞ여 병을 뭇고 년일ᄒᆞ여 ᄋᆞᄌᆞ의 지극ᄒᆞ믈 깃거ᄒᆞ며 쇼져의 ᄆᆡ몰ᄒᆞ믈 알고 짐줏 닐오ᄃᆡ ᄋᆞ부의 병이 널노 ᄒᆞ여 나시니 구병ᄒᆞ기나 잘ᄒᆞ라 혹ᄉᆡ 웃고 ᄃᆡ왈 사름의 화복슈단이 다 텬뎡이니 엇디 쇼ᄌᆞ의 타시리잇고 부뫼 ᄆᆡ양 뎌러틋 ᄒᆞ시므로 ᄋᆞ녀의 블통ᄒᆞᆫ 소견이 믄득 ᄌᆞ듕ᄒᆞ여 쇼ᄌᆞ 곳 보면 작ᄉᆡᆨᄒᆞ고 뭇ᄂᆞᆫ 말도 답디 아니코 ᄌᆡ 작일브터 홀연 뎌 병신을 쳔신만고ᄒᆞ여 향벽ᄒᆞ고 혹 미음이나 마시다가도 쇼ᄌᆞ 곳 보면 즉시 눈 주어 아스라 ᄒᆞ여 먹디 아니ᄒᆞ더니 금됴의 약을 달혀 가져왓ᄉᆞᆸ거ᄂᆞᆯ 쇼ᄌᆡ 그 졍히 달힌가

40면

알녀 ᄒᆞ여 보온 후 먹기를 권ᄒᆞᆫ 즉 믁연이 벙어리 쑴 니ᄅᆞ기 ᄒᆞ다가 면강ᄒᆞ여 바다 약을 ᄌᆡ삼 슉시ᄒᆞ고 먹디 아니ᄒᆞᄋᆞᆸ거ᄂᆞᆯ 여러 슌 먹기를 ᄌᆡ촉ᄒᆞ온 즉 홀연 ᄂᆞᆺ치 븕고 눈믈을 먹음어 약을 먹고 즉시 토ᄒᆞ며 그 권ᄒᆞᄂᆞᆫ 줄을 우이 넉이고 ᄯᅩ 딤독이나 잇ᄂᆞᆫ가 의심ᄒᆞ니 쇼ᄌᆡ 그 구완ᄒᆞᆯ 길이 업ᄂᆞ이다 부인이 쇼져를 도라보아 왈 돈ᄋᆞ의 말 ᄀᆞᆺ흘딘ᄃᆡ ᄋᆞ뷔 ᄯᅩᄒᆞᆫ 과도ᄒᆞ도다 너희 부뷔 혹 노ᄒᆞ온 일이 이시나 부덕은 유슌이 웃듬이니 ᄋᆞᄌᆞ의 일이 ᄒᆞᆫᄒᆞ오나 우리를 보아 기리 치부치 아냠 즉ᄒᆞ니라 ᄒᆞ니 이ᄂᆞᆫ 부인이 혹ᄉᆞ의 회심ᄒᆞ믈 깃거ᄒᆞ고 쇼졔 ᄯᅩ 젼일을 깁히 치부ᄒᆞ여 격노ᄒᆞᆯ가 잠간 억졔ᄒᆞ미러라 쇼졔 슈연이 안ᄉᆡᆨ을 ᄂᆞ초아 드ᄅᆞᆯ ᄯᆞᄅᆞᆷ이오 혹ᄉᆞ의 여러 됴건 억탁ᄒᆞ믈 변ᄇᆡᆨᄒᆞ미 업더라 부인이 도라가신 후 혹ᄉᆡ ᄉᆡᆨ츰코 안잣다가 밧긔 나가ᄂᆞᆫ 톄ᄒᆞ고 문 밧긔 안자 드ᄅᆞ니 쇼졔

41면

다만 혀 ᄎᆞ기를 마디 아니ᄒᆞ고 말이 업더라 혹ᄉᆡ 셕양의 다시 드러가 병을 무ᄅᆞ니 답디 아니커ᄂᆞᆯ 혹ᄉᆡ 웃고 왈 모친이 니ᄅᆞ시ᄃᆡ 드디 아니코 가디록 교긍ᄒᆞᆫ 쳬ᄒᆞ니 ᄉᆡᆼ도 광동 도적 ᄀᆞᆺ흐면 부인이 업슈이 아니 넉이리니 내 원간 그ᄃᆡ 쥬표를 보디 아냐시니 금일 보리라 드ᄃᆡ여 폴을 ᄲᅢ혀 쥬표를 다시 보고 쇼 왈 부인이 날노 더브러 부뷔 아니 되여시믄 ᄉᆡᆼ의 연괴어니와 적혈의셔 능히 이를 완젼ᄒᆞ믄 실노 이샹ᄒᆞ니 아니 거ᄌᆞᆺ 거ᄉᆞᆯ ᄶᅵᆨ어 뉴ᄉᆡᆼ을 속이ᄂᆞ냐 쇼졔 그 말과 거동을 흉히 넉여 안ᄉᆡᆨ이 연지 ᄶᅵ치 니ᄀᆞᆺ흐여 손을 ᄲᅮ리쳐 아슬 제 창체 다시 ᄶᅵ여뎌 독혈이 낭쟈ᄒᆞ고 인ᄉᆞ를 모ᄅᆞ니 ᄉᆡᆼ이

놀나 년망이 약을 ᄲᅢ리고 슈족을 쥐믈너 냥구 후 인ᄉᆞ를 출히매 혹ᄉᆡ ᄯᅩ 노ᄒᆞ여 ᄀᆞᆯ오 ᄃᆡ 내 비록 젼일 그ᄃᆡ를 박ᄃᆡᄒᆞ여 ᄒᆞᆫ이 당문의 이시나 도금ᄒᆞ여 뉘우처 부〃의 지극 ᄒᆞᆫ 의 오샹을 삼가거ᄂᆞᆯ ᄒᆞᆫ갈

42면

ᄀᆞᆺ치 거졀ᄒᆞ여 죵시 감화ᄒᆞ미 업ᄉᆞ니 이 엇디 ᄇᆞ덕의 온당ᄒᆞᆫ 도리오 ᄆᆞᄎᆞᆷᄂᆡ 이 ᄀᆞᆺᄒᆞᆯ 딘ᄃᆡ 내 ᄯᅩᄒᆞᆫ 별난 쳐치 이시리라 쇼제 탄식 ᄇᆞ답이러라 혹ᄉᆡ 짐즛 노ᄉᆡᆨ으로 외당의 나와 ᄉᆞ오 일이 되매 스ᄉᆞ로 ᄎᆞᆷ디 못ᄒᆞᆯ 분 아니라 져의 병이 오히려 ᄉᆞᄉᆡᆼ을 뎡치 못 ᄒᆞ니 뉘오ᄎᆞ미 이실가 두리고 뎨 ᄯᅩᄒᆞᆫ 살기를 괴로이 넉이고 죽기를 원ᄒᆞᄂᆞᆫ ᄆᆞᄋᆞᆷ으 로 그 병을 됴리ᄒᆞᆯ 니 업서 만일 일됴의 쇄옥낙화ᄒᆞ면 뉘우처 밋디 못ᄒᆞᆯ디라 다시 ᄇᆡᆨ 화뎡의 드러가 병을 무러 비록 답언이 업ᄉᆞ나 긔ᄉᆡᆨ을 보아 병을 구완ᄒᆞ고 의약을 지 셩으로 ᄒᆞ니 증셰 날노 차복ᄒᆞ난디라 가듕이 다 깃거ᄒᆞ고 운슈 션ᄉᆡᆼ이 우어 왈 녀ᄌᆞ 의게ᄂᆞᆫ 가부 ᄀᆞᄐᆞᆫ 니 업도다 초공 부쳬 박시 ᄉᆞ랑이 옥영의 우히로ᄃᆡ ᄆᆞᄎᆞᆷᄂᆡ 비죵을 모ᄅᆞ고 셰필은 젹년 뭇디 아냣다가 잠간 드러가 아라내니 그 친소를 여긔 알니로다 졔인이 다 대쇼ᄒᆞ고

43면

승샹 왈 그 놈이 박ᄃᆡ이심ᄒᆞ다가 홀연 문병ᄒᆞ긴들 범연치 아냐 아니 흉참ᄒᆞ니잇가 션ᄉᆡᆼ이 쇼 왈 박시 명이 길고 제 유복ᄒᆞᆫ ᄯᅢ라 ᄌᆞ연 은근ᄒᆞᆫ ᄯᅳᆺ이 나미니 엇디 흉참ᄒᆞ 리오 승샹도 잠쇼ᄒᆞ더라 박쇼제 일ᄉᆡᆼ 신셰를 슬허ᄒᆞ고 혹ᄉᆞ의 곤욕을 원통ᄒᆞ여 용녀 ᄒᆞ기로 ᄉᆞ병을 니ᄅᆞ혓더니 구고의 지셩을 닙고 혹ᄉᆡ ᄯᅩ 뎨 그르믈 뉘웃고 새 은졍이 흡연ᄒᆞ여 구병ᄒᆞᄂᆞᆫ 졍셩이 졈〃 두텁고 젼일은 공연ᄒᆞᆫ 치칙과 노ᄉᆡᆨ이 니음차더니 당 시 ᄒᆞ여ᄂᆞᆫ 힝혀 쇼져의 노긔와 회고지심이 이실가 두려ᄒᆞ니 인ᄉᆡ 번복ᄒᆞ미 이 ᄀᆞᆺ더 라 슌일이 디나매 쇼제 쾌차ᄒᆞ여 여샹ᄒᆞ니 처음으로 소셰를 일우고 드러가 구고긔 문안ᄒᆞ니 ᄆᆞᆰ은 긔질과 쇄락ᄒᆞᆫ 용안이 새로이 쵸츌ᄒᆞ여 셜듕의 옥ᄆᆡ와 옥반의 명쥬 ᄀᆞᆺ흐니 졔인이 새로이 칭ᄋᆡᄒᆞ고 탄복ᄒᆞ더니 믄득 슌시 드러와 쇼져를 보고 블연 작 ᄉᆡᆨ 왈 뎌 요

44면

믈이 사라나시니 내 젼졍이 가이 념녀롭도다 드듸여 몸을 도로혀 나가니 좌위 쇼져를 보매 안식이 여일ᄒᆞ고 화긔 ᄌᆞ약ᄒᆞ니 구괘 더옥 익듕ᄒᆞ고 뎨ᄉᆞ슉미 칭복ᄒᆞ더라 문안을 파ᄒᆞ고 쇼년부인ᄂᆡ 듕당의 모다 셩의ᄇᆡᆨ 부인 소시 시녀를 명ᄒᆞ여 쥬찬을 나오고 화긔를 여러 웃고 왈 아등이 어려셔 뉴문의 드러와 구고의 셩은과 뎨ᄉᆞ슉미의 지우를 닙어 인셰 험난 영욕을 아디 못ᄒᆞ고 부귀를 누리ᄃᆡ 박부인 화란과 곤익은 셰샹의 잇디 아닌 경식이어ᄂᆞᆯ 이제 ᄉᆞ병지여의 의구샹ᄃᆡᄒᆞ여 안항이 ᄀᆞ죽ᄒᆞ니 쳡등의 영힝ᄒᆞ미 구셜노 형용ᄒᆞᆯ 배 아니라 금일 ᄆᆞᄎᆞᆷ 가듕이 고요ᄒᆞ고 형뎨 모다시니 쥬효를 ᄀᆞᆽ초아 박부인긔 하샹을 권ᄒᆞᄂᆞ이다 박쇼졔 옷기ᄉᆞᆯ 녀ᄆᆡ고 샤례 왈 쳡이 셩문의 의탁ᄒᆞ므로 구고의 셩은〃 니ᄅᆞ도 말고 졔형의 ᄉᆞ랑ᄒᆞ시미 ᄇᆡᆨ골의 삭일디라 엇디 감은ᄒᆞ믈

45면

니ᄅᆞ리잇고마ᄂᆞᆫ 다만 몸의 누명이 잇고 듕병을 소복디 못ᄒᆞ여시니 셩권을 승당티 못ᄒᆞᆯ가 ᄒᆞᄂᆞ이다 양혹ᄉᆞ 부인이 위로 왈 왕ᄉᆞᄂᆞᆫ 일시 운익이라 엇디 ᄆᆡ양 ᄉᆡᆼ각ᄒᆞ고 근심ᄒᆞ미 어이 괴롭디 아니ᄒᆞ리오 금일은 소형의 말ᄉᆞᆷᄀᆞ치 형뎨 모다 즐기사이다 드듸여 슌시를 쳥ᄒᆞ니 냥한님 부인이 말녀 왈 ᄎᆞ인이 니른 즉 아담ᄒᆞᆫ 못ᄀᆞ디예 취루ᄒᆞᆫ 풍패 니러나리니 브졀 업도소이다 셜영쇼졔 낭쇼 왈 셩인의 ᄀᆞ의 양홰 이시니 뎌런 뉘이셔야 무미치 아니리니 아은 셰샹일을 아디 못ᄒᆞᄂᆞᆫ도다 좌듕이 다 웃더라 이윽고 슌시 칠보단장을 새로이 어ᄅᆡ게 ᄒᆞ고 드러와 박쇼져 우흐로 좌를 일우니 삼쇼괴 웃고 왈 금일 소형이 형뎨 모든 잔치를 베퍼시매 우리 다 모다시ᄃᆡ ᄒᆞᆯ노 형이 아니 계시니 쳥ᄒᆞ과이다 슌시 됴히 넉여 깁ᄉᆞ매를 드러 코흘 삐ᄉᆞ며 우서 왈 ᄆᆞᄎᆞᆷ 연괴 이셔 당듕의 잇더니

46면

은근이 쳥ᄒᆞ시니 감샤ᄒᆞ이다 인ᄒᆞ여 좌를 뎡ᄒᆞ매 강시와 박시 ᄉᆞ이예 잇ᄂᆞᆫ디라 좌우로 고면ᄒᆞ여 냥 인의 옥모화틔를 즘탁ᄒᆞ여 ᄉᆞᆯ피다가 블의예 ᄒᆞᆫ ᄆᆞᄃᆡ 급ᄒᆞᆫ 기ᄎᆞᆷ을 인ᄒᆞ여 통긔ᄒᆞᄂᆞᆫ 소ᄅᆡ 난간이 터디ᄂᆞᆫ ᄃᆞᆺᄒᆞ니 좌듕이 처음은 다 무슴 이샹ᄒᆞᆫ 변인가 놀나더니 이윽고 분취 딘동ᄒᆞ니 만좌 졔인의 향긔를 거ᄉᆞ리ᄂᆞᆫ디라 제부인이 일시의 치

슈를 드러 코흘 ᄀ리오니 일노뻐 이 잔치 일홈을 엄비연이라 ᄒ더라 슌시 졔인의 ᄉ매 드러 코 막으믈 보고 오히려 붓그려 ᄂᆞᆺ출 븕히고 고개를 숙여 오라도록 말을 아니 ᄒ니 소시 뎌의 무류ᄒ믈 보고 졔인을 눈주어 진뎡ᄒᆞᆫ 후 셩찬을 나와 즐기더니 슌시 쥬식을 보매 두 손을 ᄀ로 들고 그 ᄌ미를 좀탁ᄒ여 슈륙진찬이 상의 ᄀ득ᄒ고 마시 아름다오믈 됴히 넉여 일시의 못 다 먹으믈 밧바 ᄑ른 입시울을 들추며 흠긔 후그러 너허 일시 간

47면

의 즛 삐버 다 먹으니 강쇼졔 뎌의 뷘 그ᄅ술 노코 무류히 안자시믈 보고 ᄌ가 상의 진미 수삼긔를 옴겨 권ᄒ니 슌시 흔연이 바다 먹으매 좌듕의 진국부인 댱시 그윽이 우이 넉여 믄득 닐오ᄃᆡ 금일 못ᄀ디예 아름다온 술을 나와 즐기디 아니리오 쳡이 궁듕의셔 ᄌ뎨ᄒᆞᆫ 향온을 두어 졍히 박부인 싱환ᄒ믈 치ᄒ코져 ᄒ더니 소형이 몬뎌 베퍼 계시니 감히 ᄉᆞᆺ출 니어 ᄒᆞᆫ 잔을 부어 형뎨의 졍을 펴고뎌 ᄒᄂ이다 삼쇼괴 일시의 골오ᄃᆡ 댱형이 쳔승지부로뻐 ᄒᆞᆫ번 형뎨 못ᄂᆞᆫ 잔치를 아니시믈 고이히 넉이더니 임의 이 ᄠᅳᆺ이 이실딘ᄃᆡ 엇디 쾌히 가져와 주린 ᄇᆡ를 치오디 아닛ᄂ뇨 댱시 낭〃히 웃고 좌우로 쵀샹궁의게 쥬찬 보내믈 니ᄅ니 시녜 승명ᄒ여 가더니 슈유의 진양궁으로셔 홍샹치의 ᄒᆞᆫ 시녀 삼십여 인이 옥반금긔예 찬을 ᄀ초아 모든 부인ᄂᆡ 압마다 드리고 호쥬를

48면

나와 잉무ᄇᆡ예 부어 ᄎ례로 진뎡ᄒ니 소부인 잠쇼 왈 오ᄂᆞᆯ 쳡의 두어 그ᄅᆞᆺ 찬션으로뻐 댱부인이 셩연을 니으시니 광치 ᄇᆡ승ᄒ도소이다 드ᄃᆡ여 쥬ᄇᆡ를 나와 서로 권ᄒ매 소시와 댱시 다 박쇼져를 향ᄒ여 치하ᄒ고 각별 슌시를 권ᄒ미 업ᄉ니 슌시 노를 먹음고 댱부인을 깁히 뮈워 보니 댱시 아라보고 쏠니 옥잔의 향온을 만쟉ᄒ여 슌시를 권ᄒ여 골오ᄃᆡ 우리 뎨ᄉ 형뎨 즐기ᄂᆞᆫ 가온ᄃᆡ 부인의 화풍셩모를 샹ᄃᆡᄒ여 쳡의 졍셩을 ᄇ리디 아니시고 누추ᄒᆞᆫ 진찬을 맛보시니 감샤ᄒ믈 이긔디 못ᄒ여 삼가 잔을 드러 치하ᄒᄂ이다 슌시 깃거 바다 마시매 댱시 년ᄒ여 권ᄒ니 칠팔 ᄇᆡ예 미처ᄂᆞᆫ 슌시 대취ᄒ여 만면이 통홍ᄒ고 두 ᄑᆞᆯ을 쏩내여 쥬흥을 이긔디 못ᄒ니 강부인이 좌치 샹근ᄒ므로 쥬취를 괴로이 넉여 믄득 니러 셧녁 난간의 ᄶᅩ로 안

49면

즈니 박쇼졔 그 뜻을 알고 함쇼ᄒᆞ고 슌시 ᄆᆞ춤 보고 블연 대로 왈 박시 ᄌᆞ식을 밋고 날을 비쇼ᄒᆞ거니와 뉴혹ᄉᆞ의 은졍은 엇디 못ᄒᆞ여 싱혈이 의구타 ᄒᆞ니 너의 고은 빗치 광동 도적을 깃길 분이라 이 가ᄂᆡ예셔 나의 뎍국인 쳬ᄒᆞ미 당돌ᄒᆞ고 념치 업ᄉᆞ니 내 맛당이 낭군긔 알외고 듕죄ᄒᆞ리라 박쇼졔 믁연브답ᄒᆞ고 소 당 냥 부인을 향ᄒᆞ여 ᄀᆞᆯ오ᄃᆡ 금일 냥위 존형의 후ᄃᆡᄒᆞ시믈 닙어 음식이 ᄇᆡ예 ᄎᆞ고 술이 입의 족ᄒᆞᆫ디라 쇼뎨 감은ᄒᆞ믈 이긔디 못ᄒᆞᄃᆡ 녜 아닌 말이 귀를 더러이니 강잉ᄒᆞ여 안잣기 어려온디라 각별이 타일 침당의 나아가 샤례ᄒᆞ리이다 셜파의 나슈를 ᄯᅥᆯ쳐 니러나니 슌시 대로ᄒᆞ여 쥐듕의 미친 ᄆᆞ음이 나는 고로 ᄇᆞ디블각의 닓더나 박쇼져를 ᄭᅳ어 업디르고 압히 노흔 상을 드러 난만이 치며 왈 내 금일 요인으로 더브

50면

러 ᄉᆞ싱을 결ᄒᆞ리라 네 근ᄂᆡ 칭병ᄒᆞ고 혹ᄉᆞ를 유인ᄒᆞ여 죵뎍이 내 방듕의 ᄉᆞᆺ게 ᄒᆞ니 삼싱의 원쉬라 엇디 용샤ᄒᆞ리오 인ᄒᆞ여 쇼져의 의상을 다 ᄲᅳᆺ고 운환을 다 ᄯᅳ더 경식이 참혹ᄒᆞᄃᆡ 슌시 본ᄃᆡ 건장ᄒᆞ고 힘이 센 고로 쇼졔 지란약질노 듕병지여라 운신티 못ᄒᆞ여 인ᄉᆞ를 모ᄅᆞ니 모다 처음은 그 거동을 보려 안잣다가 슌시 구타ᄒᆞ미 이에 니ᄅᆞ믈 보고 삼쇼괴 일시의 니러나 슌시를 밀티고 쇼져를 아ᄉᆞ려 ᄒᆞ매 슌시 크게 소ᄅᆡ디ᄅᆞ고 쇼져를 걸타 안자 무수 난타ᄒᆞ고 두 주머괴를 어ᄌᆞ러이 내여 두ᄅᆞ니 아모도 감히 갓가이 가디 못ᄒᆞᄂᆞᆫ디라 좌듕의 신샤장군 셜시 슌시의 작난을 보고 블승통히ᄒᆞ여 분연이 니러나 압히 노흔 샹을 밀티고 슌시를 ᄭᅳ어 니ᄅᆞ혀며 쇼져를 아슨ᄃᆡ 슌시 뛰놀며 셜시와 빠호고져 ᄒᆞᆫᄃᆡ 셜시 미〃히 웃고 그 손을 잡아 안치매 슌시 감히 이긔디 못ᄒᆞ

51면

여 믈너나니 모다 박쇼져를 븟드러 ᄇᆡᆨ화뎡의 가 진뎡킈 ᄒᆞ니 졔인이 다 파ᄒᆞ여 졍당의 드러가 삼쇼졔 ᄎᆞᄉᆞ를 모친긔 고ᄒᆞ니 부인이 블승차악ᄒᆞ여 말이 업거ᄂᆞᆯ 삼인이 도로혀 우어 왈 아등이 평일 셜형이 부도의 어긔믈 낫바ᄒᆞ더니 금일 슌시를 졔어ᄒᆞᄂᆞᆫ 쾌ᄒᆞ미 이시니 쇼녀 등이 하풍의 츄주ᄒᆞ믈 감심ᄒᆞᆯ디라 ᄇᆡ야흐로 문무의 길히 ᄒᆞᆫ

가지믈 ᄡᅴᄃᆞ라 젼일 소견이 일편되믈 뉘웃ᄂᆞ이다 셜시 미쇼 ᄇᆞ답이러라 이윽고 셩의ᄇᆡᆨ 오곤계 드러와 이 말을 듯고 다 경히ᄒᆞ여 왈 이ᄂᆞᆫ 가법을 어ᄌᆞ러이고 션후를 착난ᄒᆞ여 블가ᄉᆞ문어타인이니 필뎨의 가되 ᄆᆞᄎᆞᆷᄂᆡ 온젼치 못ᄒᆞ리로소이다 진공이 문왈 부인ᄂᆡ 못거지의 술쥬졍이 고이ᄒᆞ니 엇던 사ᄅᆞᆷ이 온슌치 못ᄒᆞᆫ 부인을 술을 권ᄒᆞ여 ᄉᆞ단을 니ᄅᆞ혀뇨 옥영이 쇼왈 이ᄂᆞᆫ 젼혀 당형의 권ᄒᆞ미라 아ᄅᆞᆷ다온 말

52면

ᄉᆞᆷ으로 됴ᄒᆞᆫ 술을 년ᄒᆞ여 권ᄒᆞ니 대취ᄒᆞᆫ디라 웃듬은 당형의 타시오 지ᄎᆞᄂᆞᆫ 강형의 죄라 누추ᄒᆞᆫ 악취를 괴로이 넉여 쎨치고 니러나기로 박형이 잠간 우ᄉᆞ니 슌형이 보고 대로ᄒᆞ여 능욕과 구타의 경샹이 만단차악ᄒᆞ니 만일 셜형의 용녁 곳 아니면 쇼ᄆᆡ 등의 약골이 엇디 구ᄒᆞ여시리오 안자셔 상ᄉᆞ를 볼 번 ᄒᆞ이다 졔인이 더옥 히연ᄒᆞ고 진공이 봉안을 흘녀 당시를 보아 졍ᄉᆡᆨ 왈 가ᄂᆡ예 ᄉᆞ단을 니ᄅᆞ혀내미 그ᄃᆡ 죄라 엇디 슌수의 타시리오 술은 ᄌᆞ고로 광약이니 남ᄌᆞ도 면키 어렵거든 ᄒᆞ믈며 부인 녀ᄌᆞ의 ᄆᆞ음이 어이 온젼ᄒᆞ리오 셩의ᄇᆡᆨ이 미쇼 왈 ᄎᆞ뎨의 말이 가쇠로다 슌수의 술 취ᄒᆞ고 투긔ᄒᆞ미 엇디 당수의 타시리오 날노ᄡᅧ 보건ᄃᆡ 필뎨의 졔가지되 삭연ᄒᆞᆫ 연괸가 ᄒᆞ노라 됴부인이 쇼왈 이러나 져러나 블셔 디난 일이니 의논ᄒᆞ여 ᄡᅳᆯᄃᆡ 업

53면

ᄉᆞᆫ디라 아모커나 엇더케 취ᄒᆞ연ᄂᆞᆫ고 보고 시브니 슌시를 브ᄅᆞ라 시네 승명ᄒᆞ여 가더니 이윽고 도라와 웃고 말을 아니ᄒᆞ니 됴부인이 고이히 넉여 므ᄅᆞᆫᄃᆡ 시네 ᄯᅩ ᄃᆡ치 아니코 입을 ᄡᆞᆨ고 웃ᄂᆞᆫ디라 셩의ᄇᆡᆨ 당ᄌᆞ 건이 나히 팔 셰라 됴부인이 명ᄒᆞ여 슌시를 브ᄅᆞ라 ᄒᆞ니 건이 ᄲᆞᆯ니 나아가 본 즉 슌시 대취ᄒᆞ여 것구러뎌 음식을 무수히 구토ᄒᆞ고 누어 ᄌᆞᆷ을 깁히 드러 코 고으ᄂᆞᆫ 소ᄅᆡ 우레 ᄀᆞᆺᄒᆞ니 건이 크게 놀나고 우이 넉여 즉시 도라와 됴부인긔 고왈 슌숙뫼 대취ᄒᆞ여 인ᄉᆞ를 모ᄅᆞ니 브ᄅᆞ디 못ᄒᆞ고 입의ᄂᆞᆫ 음식이 ᄀᆞ득이 나오고 아ᄅᆡ로ᄂᆞᆫ 분쉬 흐르더이다 좌듕이 대쇼ᄒᆞᆫᄃᆡ 셩의ᄇᆡᆨ이 졍ᄉᆡᆨ 왈 건이 ᄋᆞ쇼의 요망ᄒᆞᆫ 말을 ᄒᆞ니 ᄌᆞ딜의 도리 아니라 비록 유ᄋᆡ나 경계 아니미 가티 아니이다 부인이 쇼왈 내 아ᄒᆡᄂᆞᆫ 우은 말 〃나 뎌의 거동이 내 역시 ᄎᆞᆷ디 못ᄒᆞ니 건이 엇디 웃디 아니리오 혹ᄉᆡ ᄇᆞ야

54면

ᄒᆞ로 우어 ᄀᆞᆯ오ᄃᆡ 건의 말을 형댱이 칙ᄒᆞ시니 쇼뎨 졀도ᄒᆞ믈 츰디 못ᄒᆞ리로소이다 웃디 아닌 즉 인졍이 아니라 건의 일이 딕ᄒᆞ니이다 셩의빅이 미쇼 브답이러라 시의 박쇼졔 슌시의 댱욕을 바다 졔인의 구ᄒᆞ믈 닙어 침소의 도라오매 스ᄉᆞ로 인ᄉᆡᆼ 신셰 를 ᄒᆞᆫᄒᆞ고 샹한녀류의 머리를 ᄯᅳᆺ기며 매 마ᄌᆞ미 ᄌᆞ긔 신샹의 미ᄎᆞ믈 크게 븟그려 기 리 탄식고 팀셕을 의지ᄒᆞ엿더니 혹ᄉᆡ 드러와 병이 쾌히 나으믈 깃거ᄒᆞ고 금됴의 뎐 지 박공의 운남 션치ᄒᆞᆫ 공젹을 일ᄏᆞ르샤 셩심이 십분 젼일을 뉘우ᄎᆞ시니 미구의 승 칙ᄒᆞ여 도라올 긔미 이시믈 뎐ᄒᆞ고 담쇄 ᄌᆞ약ᄒᆞ나 슌시의 말을 ᄉᆞᄉᆡᆨ디 아니〃 쇼졔 ᄯᅩᄒᆞᆫ 면강ᄒᆞ여 두어 됴건을 ᄃᆡᄒᆞ고 유〃이 단좌ᄒᆞ매 팀졍ᄒᆞᆫ 긔도와 쇄락ᄒᆞᆫ 광ᄎᆡ 촉 하의 됴요ᄒᆞ니 혹ᄉᆡ 탄복공경ᄒᆞ더니 야심ᄒᆞ매 ᄒᆞᆫ가지로 원앙금니예 나

55면

아가 처음으로 냥셩의 친을 일우니 은졍의 진듕ᄒᆞ미 비길 ᄃᆡ 업ᄉᆞᄃᆡ 쇼졔 슈습ᄒᆞ미 듕ᄒᆞᆯ 분 아니라 혹ᄉᆞ의 이젼 의심ᄒᆞ고 곤욕ᄒᆞ던 일을 ᄉᆡᆼ각고 당시ᄒᆞ여 은근ᄒᆞ믈 보 매 골경신히ᄒᆞ믈 ᄭᆡ돗디 못ᄒᆞ니 명됴의 쇼졔 경ᄃᆡ를 ᄃᆡᄒᆞ여 믁〃히 단장ᄒᆞᆯ ᄯᅳᆺ이 업 고 미우의 근심이 ᄌᆞᆷ겨시니 혹ᄉᆡ 그 ᄯᅳᆺ을 알고 미쇼 왈 날이 평명의 니ᄅᆞ럿거ᄂᆞᆯ 부인 이 엇디 문안의 참예티 아닛ᄂᆞ뇨 쇼졔 ᄃᆡ왈 몸의 질병이 여샹티 못ᄒᆞ니 신셩ᄒᆞᆯ ᄯᅳᆺ이 업서이다 혹ᄉᆡ 웃고 밧그로 나가니 ᄇᆡ야흐로 쇼셰를 일우고 존당의 드러가니 부인이 작일 슌시의 일을 뭇디 아니나 그윽이 쇼져의 약질이 샹ᄒᆞᆯ가 념녀ᄒᆞ더라 삼녀로 ᄒᆞᆫ 가지로 안젼의셔 투호치이며 녀공지ᄉᆞ를 담논ᄒᆞ여 셕양이 되ᄃᆡ 쇼졔 즐겨 침당의 도 라가디 아니ᄒᆞ고 협실의셔 사어ᄉᆞ 부인으로 더브러 촉을

56면

니은 후도 니러날 ᄯᅳᆺ이 업ᄉᆞ니 옥영쇼졔 웃고 왈 형이 병이 나은 후도 녯 침소를 ᄉᆡᆼ 각ᄒᆞ니 유신ᄒᆞ미 극ᄒᆞ도다 빅화뎡이 요원ᄒᆞ고 ᄂᆡᆼ낙ᄒᆞ여 협실 안졍홈만 ᄀᆺ디 못ᄒᆞ니 몽혼이 ᄆᆡ양 이 곳의 이시나 부인이 ᄎᆞᆺ디 아니시니 심히 ᄯᅳᆺ과 다ᄅᆞ이다 옥영이 쇼왈 형이 녯곳을 닛디 아니실딘ᄃᆡ 금일노브터 ᄒᆞᆫ가지로 깃드리사이다 니부인이 냥 인의 문답을 드러 그윽이 쇼져의 ᄯᅳᆺ을 알고 심히 어엿비 넉이ᄃᆡ 혹ᄉᆞ의 노를 니ᄅᆞ혈가 두 려 우어 왈 녀지 방샤를 임의로 올므미 올티 아니〃 오ᄋᆡ 반ᄃᆞ시 고이히 넉일디라 ᄋᆞ

부는 일죽이 도라가라 쇼졔 감히 거역디 못ᄒᆞ여 침소의 니ᄅᆞ니 혹ᄉᆡ 블셔 당듕의셔 쵹을 붉히고 침셕의 비겨 쇼져를 기ᄃᆞ리ᄂᆞᆫ디라 쇼졔 그윽이 블평ᄒᆞ여 먼니 좌를 일우매 혹ᄉᆡ 가월빵미의 쳔단화긔와 쥬순호치의 우음이 츈풍이 도

57면

라와 나아가 옥슈를 잡고 닐오ᄃᆡ 밤이 임의 깁헛거ᄂᆞᆯ 엇디 도라오미 더ᄃᆡ여 날노 ᄒᆞ여곰 뷘 방의 무류케 ᄒᆞᄂᆞ뇨 부인의 거동이 새로이 우환 만난 사름 ᄀᆞᆺᄒᆞ여 ᄉᆡᆼ을 보매 ᄉᆞᄉᆡᆨ이 평샹티 아니〃 우리 부뷔 쇼년결발노 오늑지의 니ᄅᆞ러 원앙금니의 친이ᄒᆞ미 처음이나 〈정의〉 친ᄒᆞ믄 오라거ᄂᆞᆯ 과도히 슈습ᄒᆞ여 이러ᄒᆞ미 인뉸지의를 모ᄅᆞ미라 부인의 명달ᄒᆞ므로뻐 엇디 쇽셰 ᄋᆞ녀의 틱도를 면티 못ᄒᆞᄂᆞ뇨 쇼졔 아미를 ᄂᆞ족이 ᄒᆞ여 옥면이 대홍ᄒᆞ고 츄패 더옥 ᄀᆞᄂᆞ라 일언을 답디 아니ᄒᆞ니 혹ᄉᆡ 쳔만ᄋᆡ듕ᄒᆞ며 빅단유셰ᄒᆞ여 ᄒᆞᆫ가지로 나위예 나아가매 쇼져의 긔ᄉᆡᆨ이 상월 ᄀᆞᆺ고 동지 눈도곤 ᄎᆞ니 ᄉᆡᆼ의 졍을 일호 가랍ᄒᆞ미 업ᄉᆞᄃᆡ 혹ᄉᆡ 더옥 공경ᄒᆞ고 놉히 넉여 은ᄋᆡ 태산하히 ᄀᆞᆺᄒᆞ니 젼일 박ᄃᆡᄒᆞ던 일은 조믈의 희롱이믈 알니러라 이후ᄂᆞᆫ 혹ᄉᆞ의 죵젹이 빅화뎡을 ᄠᅥ나디 아니ᄒᆞ고

58면

쇼져 곳 ᄃᆡᄒᆞ면 츰되던 셩졍도 화려ᄒᆞ고 믹몰ᄒᆞ던 ᄂᆞᆺ빗도 눅어지니 그 빅형은 본ᄃᆡ 믈욕의 버서난 위인이어니와 진공의 두 부인 ᄃᆡ졉ᄒᆞᄂᆞᆫ 듕졍은 본ᄃᆡ 대아의 풍치 잇고 녕능후ᄂᆞᆫ 젼쥬엄뎡ᄒᆞᆫ 가온ᄃᆡ 공경ᄒᆞ미 이셔 ᄆᆞ음을 노치 못ᄒᆞ고 부풍후ᄂᆞᆫ 원간 노셩ᄒᆞ여 과도ᄒᆞᆫ 일이 업더니 혹ᄉᆞ의게 니ᄅᆞ러ᄂᆞᆫ 슌시로 부〃지의를 펴나 일즉 은졍이 믹〃ᄒᆞ여 범연ᄒᆞ미 극ᄒᆞ니 ᄉᆡᆨ칙부〃 간이러니 박쇼져를 듕봉ᄒᆞ매 농검이 지합ᄒᆞ고 파경이 두렷ᄒᆞ여 혹ᄉᆡ 이십 츈광의 처음으로 부〃샹ᄋᆡ를 알매 단듕ᄒᆞ고 견권ᄒᆞ미 도로혀 형뎨 듕 최심ᄒᆞ여 종요롭고 화평ᄒᆞ미 ᄉᆡᆼᄂᆡ의 희노를 동티 아니ᄒᆞ고 일마다 긔특이 넉이니 일개 다 크게 깃거ᄒᆞ고 ᄯᅩᄒᆞᆫ 이샹이 넉이더라 이날 과연 텬지 박공을 탁용ᄒᆞ샤 참지졍ᄉᆞ 녜부샹셔를 ᄒᆞ이샤 역마로 브ᄅᆞ시니 박어ᄉᆞ 등이 텬은을

59면

감격ᄒᆞ고 깃거 영ᄃᆡᄒᆞ더라 슌시 이ᄯᅢ 엄비연의 취ᄒᆞᆫ 거시 몽농ᄒᆞ여 듕당의 것구러뎌

더니 ᄌᆞ가 시비 잇그러가믈 인ᄒᆞ여 히운뎡의 도라오매 명일 슉취 ᄭᆡᆫ 후 유모 시비 작일ᄉᆞ를 니ᄅᆞ니 참괴ᄒᆞ고 분연ᄒᆞ여 여러 날 문안을 블참ᄒᆞ고 침소의 이셔 혹ᄉᆞ의 드러오믈 기ᄃᆞ리ᄃᆡ 죵시 오디 아니〃 시녀로 탐지ᄒᆞ여 년일 빅화뎡의 머므ᄂᆞᆫ 줄 알고 대로ᄒᆞ여 ᄒᆞᆫ번 크게 작난ᄒᆞ려 ᄒᆞ더니 일〃은 혹ᄉᆡ 됴회를 파ᄒᆞ고 박어ᄉᆞ 곤계 삼인으로 더브러 빅화뎡의 드러와 남ᄆᆡ 서로 보아 반기며 어ᄉᆞ 등이 혹ᄉᆞ의 긔ᄉᆡᆨ이 젼일과 ᄂᆡ도ᄒᆞ믈 깃거 죠용이 모다 늣도록 담쇼ᄒᆞ더니 슌시 ᄀᆞ마니 와 여어보니 박어ᄉᆞ 등이 다 ᄌᆞ포 옥ᄃᆡ로 ᄃᆡ각과 한원의 명ᄉᆡ라 겸ᄒᆞ여 옥모영풍이 쇼져와 방블ᄒᆞ고 혹ᄉᆡ 또 옥안화모의 오사를 벗겨 쇼져로 샹ᄃᆡᄒᆞ여 긔ᄉᆡᆨ이 츈풍 ᄀᆞᆺᄒᆞ니 이를 보

60면

매 노긔와 투심이 빅댱이나 놉하 ᄃᆞ라드러 욕ᄒᆞ고뎌 ᄒᆞᄃᆡ 오히려 사ᄅᆞᆷ이 만ᄒᆞᆷ을 지란ᄒᆞ더니 어ᄉᆞ 등이 니러가매 박쇼졔 빅별ᄒᆞ고 망연이 졔형의 가ᄂᆞᆫ ᄃᆡ로 ᄇᆞ라고 일흔 거시 잇ᄂᆞᆫ ᄃᆞᆺᄒᆞ거ᄂᆞᆯ 혹ᄉᆡ 흔연이 웃고 그 ᄉᆞ매를 잇그러 ᄒᆞᆫ가지로 안자 왈 악당이 오라디 아냐 도라오시면 부인이 친당의 귀령ᄒᆞ여 즐길 거시어ᄂᆞᆯ 엇디 홀〃이 넉이미 이 ᄀᆞᆺᄒᆞ뇨 쇼졔 손을 ᄲᅮ리티고 셔안 압히 나아가 슈션을 다ᄉᆞ리니 혹ᄉᆡ 웃고 ᄯᆞ라가 ᄃᆡ 답을 ᄌᆡ촉ᄒᆞ고 희롱ᄒᆞ여 구〃ᄒᆞ매 갓가오ᄃᆡ 쇼졔 죵시 입을 여러 슈작ᄒᆞ미 업ᄉᆞ니 혹ᄉᆡ 더옥 은근 위곡ᄒᆞᆫ디라 슌시 이 거동을 보고 십분 대로ᄒᆞ여 소ᄅᆡ 디르고 ᄃᆞ라드러 어ᄌᆞ러이 ᄂᆞᆯ치며 주머괴로 쇼져를 치고뎌 ᄒᆞ거ᄂᆞᆯ 혹ᄉᆡ ᄎᆞ경을 안도ᄒᆞ매 참혹히 넉이고 또 쇼졔 샹홀가 두려 좌우로 슌시를 븟드러 히운뎡으로 보내니 슌시 여러 시비의게 잇

61면

글녀 가며 통곡ᄒᆞᄂᆞᆫ디라 혹ᄉᆡ 니러 셔헌의 나와 이 소유를 승샹긔 고ᄒᆞ고 다ᄉᆞ리시믈 청ᄒᆞ니 공이 슌시의 젼후 작난을 ᄇᆞᆰ이 드러시나 이 망우의 소탁야요 션셰 슈은ᄒᆞᆫ 사ᄅᆞᆷ의 ᄌᆞ손이라 ᄒᆞ여 ᄒᆞᆫ 말을 ᄎᆡᆨᄒᆞ미 업고 무흘ᄒᆞ믈 두터이 ᄒᆞ더니 금일 혹ᄉᆞ의 내치고뎌 ᄒᆞ믈 보매 졍ᄉᆡᆨ 왈 네 젼후 힝ᄉᆡ 블민ᄒᆞ미 이 ᄀᆞᆺᄒᆞ니 이십 년 소혹이 무어시뇨 내 임의 뎌의 이샹ᄒᆞ믈 모ᄅᆞ미 아니오 그 죄 츌화의 맛당ᄒᆞ나 슌공의 은혜와 슌형의 소탁을 ᄉᆡᆼ각ᄒᆞ여 강샹의 대악이 아닌 즉 츌거ᄒᆞᆯ ᄯᅳᆺ이 업ᄉᆞ니 이제 쇼부를 치고 작난ᄒᆞ므로 내 엇디 망은무의ᄒᆞᆫ 사ᄅᆞᆷ이 되리오 오ᄋᆞᄂᆞᆫ 맛당이 졔가의 일편되디 말며 ᄋᆞ

뷔 쏘 셩덕으로 감화ᄒᆞ여 죵시 온젼ᄒᆞᆫ 사ᄅᆞᆷ이 되게 ᄒᆞ고 다시 슌시의 단쳐를 내게 알외디 말나 혹식 문파의 셕연이 ᄊᆡᄃᆞ라 공슈지빅 왈 쇼직 셩되 일편되와 졔가ᄒᆞ

62면

오미 그 듕도를 엇디 못ᄒᆞ와 뎌의 광태ᄒᆞ오미 여ᄎᆞᄒᆞ오ᄃᆡ 스ᄉᆞ로 허믈을 ᄊᆡᄃᆞᆺ디 못ᄒᆞ옵더니 엄교를 듯ᄌᆞ오니 셕연ᄒᆞ온디라 삼가 존명을 밧들니이다 드ᄃᆡ여 믈너나 이 말을 쇼져의게 뎐ᄒᆞ니 쇼졔 안식을 졍히 ᄒᆞ고 ᄃᆡ왈 존구 셩덕이 이 ᄀᆞᆺᄒᆞ시니 군직 맛당이 슈심근신ᄒᆞ샤 좌와의 닛디 마ᄅᆞ시고 명심봉힝ᄒᆞ시미 가ᄒᆞ이다 ᄒᆞ믈며 슌부인이 친당이 구몰ᄒᆞ고 경〃 일신이 그림재 외로오니 삼죵의탁이 오딕 군ᄌᆞᄭᅴ 잇ᄂᆞᆫ디라 그 졍니를 츄연ᄒᆞ샤 슌시 일믹을 닛게 ᄒᆞ시미 이 쏘ᄒᆞᆫ 군ᄌᆞ의 음덕이라 엇디 부녀의 젹은 투긔와 실녜ᄒᆞ므로ᄡᅥ 대죄 되리잇고 쳡이 비록 어디〃 못ᄒᆞ나 져근 졍셩을 다ᄒᆞ여 슌부인 ᄆᆞ음을 만의셔 ᄒᆞ나흘 플니〃 군직 쏘ᄒᆞᆫ ᄋᆞ녀ᄌᆞ의 허믈을 족가치 마ᄅᆞ쇼셔 혹식 그 인ᄌᆞᄒᆞᆫ 말ᄉᆞᆷ과 명달ᄒᆞᆫ 소회를 드ᄅᆞ매 탄복ᄒᆞ고 칭션ᄒᆞ믈 마디

63면

아냐 ᄀᆞᆯ오ᄃᆡ ᄉᆡᆼ이 당년의 블명무식ᄒᆞ여 부인을 박ᄃᆡᄒᆞ고 가도를 어ᄌᆞ러여 금일 괴로오믈 당ᄒᆞ니 뉘웃ᄎᆞ나 밋기 어렵거니와 슈연이나 뎌의 졍식 참혹ᄒᆞ고 외로오미 부인 말과 ᄀᆞᆺ고 쏘 대인 명괴 계시니 인의로 감화ᄒᆞ여 슌공의 은혜를 갑흐미 션조를 닛디 아니미라 ᄒᆞ더라 ᄎᆞ후 슌시 긔괴ᄒᆞᆫ 일이 이셔도 혹식 됴곰도 칙ᄒᆞ여 고이히 넉이디 아니코 일 삭의 사오 일식 슉소를 ᄒᆞᆫ가디로 ᄒᆞ여 후ᄃᆡᄒᆞ고 믹ᄉᆞ를 화평키를 쥬ᄒᆞ여 그 긔괴ᄒᆞᆫ 춰졸을 본 즉 죠용이 녜로 경계ᄒᆞ여 일마다 극진ᄒᆞ니 슌시 본셩이 토미ᄒᆞ고 패려ᄒᆞ나 혹ᄉᆞ를 본ᄃᆡ ᄉᆞ랑ᄒᆞ고 졍이 구산 ᄀᆞᆺᄒᆞ니 샹히 일마다 됴히 넉여 보ᄂᆞᆫ디라 소부인의 유한ᄒᆞᆫ 덕힝과 공쥬의 신셩ᄒᆞᆫ ᄌᆞ질과 남부인 인ᄌᆞ온화ᄒᆞᆷ과 셜시의 툐세탁아ᄒᆞᆷ과 당부인 졀인ᄒᆞᆫ ᄌᆡ화와 강부인 쳔연졍슉ᄒᆞᆷ과 박시의 안졍

64면

ᄌᆞ혜ᄒᆞᆷ과 삼쇼고의 어름이 ᄆᆞᆰ으며 옥이 조ᄒᆞᆫ 긔질을 ᄆᆡ양 샹ᄃᆡᄒᆞ여 ᄒᆞ나토 본밧고뎌 ᄒᆞ미 업ᄉᆞᄃᆡ 홀노 혹ᄉᆞ의 일동일졍을 개〃히 긔특이 넉여 샹시 범ᄉᆞ를 ᄒᆞ라ᄒᆞᄂᆞᆫ 대로 ᄒᆞ고 일마다 본바드니 마치 입내내ᄂᆞᆫ 사ᄅᆞᆷ ᄀᆞᆺᄒᆞ여 얼굴이 다ᄅᆞ나 동용졔되 의연

이 혹ᄉᆞ ᄀᆞᆺᄒᆞ니 셰월이 오라매 습여셩졍ᄒᆞ고 화여심셩ᄒᆞ야 공뷔 다 일워 완연이 얼굴 보기 슬흔 뉴셰필이 되여시니 일가 쇼년 남네 아니 우ᄉᆞ 리 업서 다 ᄀᆞᄅᆞ쳐 우어 왈 셰필이 남ᄌᆞ 듕 ᄀᆞ장 단아ᄒᆞ뒤 슌시의 ᄇᆡ호ᄂᆞᆫ 졔되 이러ᄐᆞᆺ 됴용치 못ᄒᆞ뇨 ᄒᆞ여 서로 웃고 셜영쇼졔 형뎨 듕 담쇄 화려ᄒᆞᆫ 고로 혹ᄉᆞ와 슌시를 본 즉 긔롱ᄒᆞ믈 마디 아냐 우어 왈 오형은 ᄇᆡ호ᄂᆞᆫ 졔ᄌᆞ 이시니 거롬을 됴용이 것고 님거의 ᄉᆞ매 ᄯᅥᆯ치기를 그치고 담쇼ᄒᆞᆫ 제 금션치기를 ᄌᆞ루 말나 ᄒᆞ믈며 무릅 안고 음영ᄒᆞᄂᆞᆫ 시ᄉᆞᄂᆞᆫ 더옥 부인의 일이

65면

아니라 엇디 공슌ᄒᆞᆫ 뎨ᄌᆞ ᄀᆞᄅᆞ치믈 이리 잘못ᄒᆞ시ᄂᆞ뇨 혹ᄉᆡ 웃고 왈 나의 힝ᄉᆡ 일마다 긔이ᄒᆞ여 슌시 잘 ᄇᆡ호니 브덕의 온슌ᄒᆞᆫ 도리라 엇디 쇼ᄆᆡ의 양ᄉᆡᆼ을 개〃히 포폄ᄒᆞᄂᆞᆫ 패려ᄒᆞ매 비기리오 쇼졔 낭〃이 웃고 답디 아니〃 혹ᄉᆡ 니러 밧그로 나가다가 ᄆᆞᄎᆞᆷ 간의공의 손ᄌᆞ 형이 년이 십여 셰라 손의 시젼을 들고 오거ᄂᆞᆯ 혹ᄉᆡ 나아오라 ᄒᆞ여 그 글을 풍송ᄒᆞ고 댱단을 희비히 니른 후 인ᄒᆞ여 그 영민ᄒᆞ믈 ᄉᆞ랑ᄒᆞ여 머리를 쓰다듬고 등을 어ᄅᆞ문뎌 희롱ᄒᆞ다가 나가니 슌시 ᄲᆞᆯ니 ᄯᆞ라가 마치 혹ᄉᆞ ᄒᆞ던 대로 형을 잡아 안치고 ᄀᆞ래니 형이 나히 임의 십 셰 디낫고 인ᄉᆡ 또 슉셩ᄒᆞᆫ디라 슌시의 ᄒᆞᄂᆞᆫ 즛슬 고이히 넉여 ᄯᅥᆯ치고 니러나니 슌시 분ᄒᆞ여 ᄭᅮ지저 왈 젹은 도적놈이 이제 아자븨 ᄉᆞ랑은 공슌이 바드뒤 나의 무ᄋᆡᄒᆞ믄 멸시ᄒᆞ니 어룬을 아디 못ᄒᆞ니 무례ᄒᆞ미 통분타 ᄒᆞ거ᄂᆞᆯ 셜영쇼졔 이 거동을

66면

보코 크게 우이 넉여 형뎨 서로 니ᄅᆞ고 졀도ᄒᆞ믈 마디 아니ᄒᆞ더라 그러나 혹ᄉᆞ와 박쇼졔 일양 슌시를 후ᄃᆡᄒᆞ고 화동ᄒᆞ여 종시를 보젼ᄒᆞ니 이 젼혀 혹ᄉᆞ의 도량이 관대ᄒᆞ미오 박쇼져의 인ᄌᆞ혜심이 무지ᄒᆞᆫ 토구를 감동ᄒᆞ미러라 오라디 아냐 운남 박공이 도라오매 쇼졔 친당의 도라와 부모를 뵈니 공과 부인이 녀ᄋᆞ를 븟들고 슬프며 반기믈 측냥티 못ᄒᆞ여 피ᄎᆞ 젼후슈말을 드ᄅᆞ매 ᄇᆡ야흐로 혹ᄉᆞ의 회심ᄒᆞ여 부뷔 화동ᄒᆞ믈 알고 깃브믈 이긔디 못ᄒᆞ뒤 슌시 취ᄒᆞ여시믈 듯고 부인이 놀나고 근심ᄒᆞ거ᄂᆞᆯ 쇼졔 만〃 무해ᄒᆞ믈 고ᄒᆞ고 승샹의 혹ᄉᆞ 경계ᄒᆞ던 말노ᄡᅥ 고ᄒᆞ니 박공이 탄 왈 초공은 인현군ᄌᆡ라 덕냥이 이러ᄐᆞᆺ 관대ᄒᆞ니 여러 아들이 다 품슈ᄒᆞ미 잇도다 이 말이 최션ᄒᆞ

니 삼가 봉힝ᄒᆞ여 그 아름다온 뜻을 져ᄇᆞ리디 말나 ᄒᆞ더라 쇼졔 일 삭을

67면

머므러 부모긔 니졍을 펴고 뉴부의 도라가니 구고 슉미 새로이 반기고 ᄉᆞ랑ᄒᆞ미 비홀 ᄃᆡ 업더라 혹신 이때 츈방의 ᄃᆡ딕ᄒᆞ연지 여러 ᄒᆡ예 춍명과 ᄌᆡ식이 일ᄃᆡ의 ᄲᅡ혀나니 텬ᄌᆡ ᄉᆞ랑ᄒᆞ샤 ᄌᆞ루 야ᄃᆡ의 인견ᄒᆞ샤 경셔를 강논ᄒᆞ시고 시부를 등졔ᄒᆞ시매 특이ᄒᆞᆫ 문당과 영오ᄒᆞᆫ 위인이 진짓 관옥승상이오 헌아샤인이라 일〃은 후원 됴고ᄃᆡ의 텬ᄌᆞ와 황휘 태후를 뫼셔 유람ᄒᆞ시매 빅쾌 작〃ᄒᆞ고 뉴지 탕〃ᄒᆞ여 스ᄉᆞ로 츔추믈 보시고 좌우를 도라보아 ᄀᆞᆯ오샤ᄃᆡ 아름답다 시졀경개 이 ᄀᆞᆺ흐미여 만일 총명특이ᄒᆞᆫ 풍뉴혹ᄉᆞ 곳 아니면 이 경을 긔록디 못ᄒᆞ리니 쌜니 한원과 츈방의 입번ᄒᆞᆫ 제혹ᄉᆞ를 명툐ᄒᆞ라 ᄂᆡ시 승명ᄒᆞ여 슈유의 회주 왈 입번 졔신의 한님혹ᄉᆞ 냥션과 츈방혹ᄉᆞ 뉴셰필과 금문딕ᄉᆞ 셩관과 운슈션싱 표딜 듕셔샤인 강션공과 강형 슈 손ᄌᆞ 시강

68면

혹ᄉᆞ 뎡원 초공 표뎨을 블너 다 문밧긔셔 명을 기ᄃᆞ리ᄂᆞ이다 샹이 즉시 드러오라 ᄒᆞ시니 졔인이 추진ᄒᆞ여 뎐폐의 부복ᄒᆞᆫᄃᆡ 샹이 ᄀᆞᆯ오샤ᄃᆡ 궁듕의 일이 업고 심히 울젹ᄒᆞ여 후원의 유람ᄒᆞ니 경믈이 아름다온디라 경등을 블너 군신이 챵화ᄒᆞ여 일시 승ᄉᆞ를 긔록고뎌 ᄒᆞ노라 졔인이 부복 샤은ᄒᆞ니 샹이 몬뎌 오언졀구 일슈를 지어 ᄂᆞ리오시고 각〃 ᄎᆞ운ᄒᆞ라 ᄒᆞ시니 다ᄉᆺ 혹ᄉᆡ 어제를 밧ᄌᆞ와 필연을 나오매 샹이 또 ᄀᆞᆯ오샤ᄃᆡ 녯날 칠보의 능ᄒᆞ미 쳔고의 뎐ᄒᆞ고 당시의 문인 ᄌᆡ〃 만흔디라 고인이 니른 바 인ᄌᆡ를 놈의 ᄃᆡ예 비디 아닛는다 ᄒᆞ니 엇디 대명 됴뎡의 엇디 ᄒᆞᆫ낫 ᄌᆡ죄 업ᄉᆞ리오 경등이 쪼ᄒᆞᆫ 박혹문ᄉᆞ로 반싱을 시부를 셥녑ᄒᆞ여 도로혀 고인만 ᄀᆞᆺ디 못ᄒᆞ랴 금일 맛당이 경등의 ᄌᆡ조를 시험ᄒᆞ여 녯사ᄅᆞᆷ과 고하를 븐변ᄒᆞ리라 드ᄃᆡ여 ᄂᆡ시로 ᄒᆞ

69면

여곰 계샹의 셰워 닐곱 거름을 걸니시고 시를 일우라 ᄒᆞ시니 졔혹ᄉᆡ 승명ᄒᆞ여 일시의 하필ᄒᆞ여 글을 일우매 필셰 비등ᄒᆞ여 풍운이 변식ᄒᆞ고 농새 쒸노는 듯ᄒᆞ여 칠보안희 츈방혹ᄉᆞ 뉴셰필과 한님혹ᄉᆞ 냥션의 글이 몬뎌 오ᄅᆞ고 기여 삼인은 칠보를 디난 후 일워시나 오히려 날 그림재 옴디 아냐시니 명됴의 인ᄌᆡ 셩ᄒᆞ믈 알니러라 샹이

대찬ᄒᆞ샤 냥한님을 녜부샹셔 듕셔령을 더으시고 뉴혹ᄉᆞ로 동각태혹ᄉᆞ 니부샹셔를 비ᄒᆞ시고 기여 삼인은 다 샹ᄉᆞ를 후히 ᄒᆞ시다 오인이 샤은ᄒᆞ고 다 각〃 ᄒᆞ터디매 뉴샹셰 환가ᄒᆞ여 궐듕ᄉᆞ를 고ᄒᆞ니 승샹이 더옥 국은을 감격ᄒᆞ고 졔직 벼술이 졈〃 놉하 ᄎᆞ례로 승탁ᄒᆞ믈 보고 셩만ᄒᆞ믈 두려 졔ᄌᆞ를 경계ᄒᆞ여 공검ᄒᆞ고 겸퇴ᄒᆞ믈 힘뻐 쳐신ᄒᆞ매 부ᄌᆞ 뉵 인의 덕힝과 위권이 텬하

70면

의 딘동ᄒᆞ더라 승샹이 이ᄀᆞᆺ치 부귀 듕의 이시나 빈긱을 ᄃᆡ졉ᄒᆞᆫ 여가의 쳐신ᄒᆞ믈 한소ᄒᆞᆫ 유싱ᄀᆞᆺ치 ᄒᆞ여 회빈음쥬ᄒᆞ미 업고 문뎡의 풍뉴 소ᄅᆡ ᄭᅳ쳣더니 시졀이 구월 듕양의 니ᄅᆞ니 진양공쥐 홀연 진공을 ᄃᆡᄒᆞ여 닐오ᄃᆡ 쳡이 ᄉᆡᆼ각건ᄃᆡ 인ᄌᆡ 됴고마ᄒᆞᆫ 공명도 능히 현양부모ᄒᆞ미 효지시아어늘 명공은 쳔승의 부귀로뻐 그 친을 봉양ᄒᆞ미 업서 ᄒᆞᆫ번 슈샹을 밧드디 아니ᄒᆞ니 비록 존구의 공검ᄒᆞ신 덕이 번화샤치를 금ᄒᆞ시는 뜻 이시나 명공의 곤계 홀노 봉친ᄒᆞ는 도리의 미진ᄒᆞᆫ디라 엇디 이ᄭᆡ를 타 ᄒᆞᆫ번 연셕을 여러 강능의 슈를 툭ᄒᆞ디 아니ᄒᆞᄂᆞ뇨 공이 샤례 왈 현비의 ᄀᆞᄅᆞ치믈 션복ᄒᆞᄂᆞ니 복이 엇디 이 뜻이 업ᄉᆞ리오마는 대인이 냥신가경과 탄강진일의 반ᄃᆞ시 톄읍영모ᄒᆞ여 쥬육을 나오디 아니시니 엇디 감히 풍악으로뻐

71면

더으리오 시고로 디금 뜻을 일우디 못ᄒᆞ엿더니 현비의 말을 드ᄅᆞ니 참괴ᄒᆞᆫ디라 맛당이 형뎨 샹의ᄒᆞ여 판츌ᄒᆞ리라 드ᄃᆡ여 곤계로 샹냥ᄒᆞ매 셩의빅 왈 현뎨의 말이 엇디 인ᄌᆞ의 지극히 원ᄒᆞ는 배 아니리오마는 냥대인이 허ᄒᆞ실 니 업ᄉᆞ니 우형이 우민ᄒᆞ여 ᄉᆡᆼ각건ᄃᆡ 슉부긔 알외여 권유ᄒᆞ시믈 쳥ᄒᆞ미 만젼ᄒᆞ니 그리ᄒᆞᆫ 후 아등이 근걸ᄒᆞ여 허락을 엇ᄌᆞ오리라 ᄒᆞ고 드러가 몬뎌 간의공을 뵈와 ᄎᆞᄉᆞ를 고ᄒᆞᆫᄃᆡ 간의공이 웃고 ᄀᆞᆯ오ᄃᆡ 이는 인ᄌᆞ의 도리라 냥뎨 엇디 견집ᄒᆞ리오 내 맛당이 녁권ᄒᆞ리라 즉시 대셔헌의 나와 승샹형뎨를 ᄃᆡᄒᆞ여 왈 부뫼 기셰ᄒᆞ시므로브터 우리 삼인이 동거ᄒᆞ여 비록 광금댱침의 즐거오미 이시나 호쥬셩찬을 ᄀᆞ초고 가관금슬을 베퍼 ᄒᆞᆫ번 즐기미 업ᄉᆞ니 ᄆᆞ음이 심히 무류ᄒᆞᆫ디라 냥뎨는 홀노 이 ᄆᆞ음이 업ᄂᆞ냐 션ᄉᆡᆼ

72면

과 승상이 츄연 뒤왈 국은이 듕ᄒᆞ샤 집이 호부ᄒᆞ고 영통이 극ᄒᆞᆫ디라 엇디 부탕된 연셕과 풍악으로뻐 년쇼빅 샤치ᄒᆞᆫ ᄆᆞ음을 도〃고 셩만ᄒᆞ믈 삼가디 아니리잇고 간의공이 ᄀᆞᆯ오ᄃᆡ 냥데의 말이 비록 올흐나 ᄯᅩᄒᆞᆫ ᄒᆞ나흘 알고 둘흘 모ᄅᆞᄂᆞᆫ도다 셕년의 빅뷔 위거삼공ᄒᆞ샤 신위 후빅ᄒᆞ시니 영통과 후록이 엇디 초공의 아ᄅᆡ 되시리오마ᄂᆞᆫ 조부뉵십일 셰 회갑연셕을 베프시매 균텬광악을 질주ᄒᆞ고 만됴빅관이 됴뎡을 기우려 모닷던디라 엇디 풍악연셕을 고집히 피ᄒᆞ리오 이제 셰ᄀᆡ 형데 오 인이 다 공후의 놉흐미 잇고 삼셰 다 일ᄃᆡ 명시라 어디 ᄒᆞᆫ번 모다 즐기미 업ᄉᆞ리오 모ᄅᆞ미 고집디 말나 승상이 미처 ᄃᆡ티 못ᄒᆞ여셔 셩의빅 형데 오 인이 다 의관을 졍히 ᄒᆞ고 면젼의 니ᄅᆞ러 다 공슈시립ᄒᆞ여 부친 허락이 업ᄉᆞ믈 보고 셩의

73면

빅과 진공이 향젼ᄒᆞ여 주왈 대인 명괴 맛당ᄒᆞ시나 도라보건ᄃᆡ 인지 닙신양명ᄒᆞ여 친을 봉양티 못ᄒᆞᆫ 즉 엇디 금슈와 다ᄅᆞ리잇고 쇼ᄌᆞ 등 다ᄉᆞᆺ 곤계 일즉 쳥운의 등양ᄒᆞ여 봉강지닉 녈토를 분ᄒᆞ여 쳔승후빅의 집이오 옥보와 금인이 상샹의 ᄀᆞ득ᄒᆞ여시ᄃᆡ ᄒᆞᆫ번 슈샹을 밧드디 못ᄒᆞ오니 블쵸ᄒᆞ미 심ᄒᆞ온디라 평일 오됴의 반포와 승냥 슈달의 일을 ᄉᆡᆼ각ᄒᆞ와도 금슈만 ᄀᆞᆺ디 못ᄒᆞ오믈 붓그려 ᄒᆞᄋᆞᆸᄂᆞ니 원컨ᄃᆡ 듕양절일의 듯글 여러 두 대인긔 만년슈를 올니믈 쳥ᄒᆞᄂᆞ이다 승상이 블열ᄒᆞ나 션ᄉᆡᆼ을 위ᄒᆞ고 ᄯᅩ 간의공의 권유홈과 졔ᄌᆞ의 지셩을 믈니티디 못ᄒᆞ여 강잉ᄒᆞ여 허락ᄒᆞ니 졔ᄌᆡ 크게 깃거 합녁ᄒᆞ여 대연을 ᄀᆡ당홀ᄉᆡ 금슈 챠냥은 빅니의 둘너 하ᄂᆞᆯ을 ᄀᆞ리왓고 교방녜악은 졔후의 위의를 다ᄒᆞ여시며 삼쳔챵녀ᄂᆞᆫ 홍금단장이 ᄭᅩᆺ수플이

74면

되엿거ᄂᆞᆯ 신풍향온과 산희진찬은 술못과 고기뫼히 되엿고 운남녀지와 영가황감은 옥반금긔예 ᄀᆞ득ᄒᆞ니 못 가온ᄃᆡ 젹닌이 요동ᄒᆞ고 당 아ᄅᆡ ᄉᆞ매 앙알ᄒᆞ믈 볼디라 이날 ᄂᆡ외 빈긱이 운홍무집ᄒᆞ니 텬ᄌᆡ 드ᄅᆞ시고 니원뎨ᄌᆞ와 샹방진찬으로뻐 진공 등의 영친ᄒᆞ믈 치하ᄒᆞ시니 거륵ᄒᆞᆫ 위의 금슈 우희 ᄭᅩᆺ ᄀᆞᆺ흐여 셩만ᄒᆞ미 만고의 비ᄒᆞᆯ 리 업더라 졔긱이 모히매 공후각노로 브터 이쳔셕 이하 ᄡᅥ디 니 업ᄉᆞ니 그 ᄉᆔ 만여 인이라 ᄎᆞ례로 좌를 뎡ᄒᆞ고 풍뉴를 나와 날이 ᄂᆞ즈매 셩의빅이 관옥 ᄀᆞᆺᄒᆞᆫ 풍신의 후빅의 관

면을 ᄀᆞ초아 몬뎌 옥빅를 밧드러 두 대인긔 넌ᄒᆞ여 삼잔 슈빅를 올니고 강능의 슈를 노래ᄒᆞ매 샹운셔일 ᄀᆞᆺ흔 ᄌᆞ딜과 화풍감우 ᄀᆞᆺ흔 긔샹이 만좌의 소사나고 녜도의 졍슉홈과 딘퇴예 규뫼 이시미 셩현의 풍치 잇고 청신ᄒᆞᆫ 셩

75면

음이 구쇼의 봉황이 화명ᄒᆞᄂᆞᆫ 듯ᄒᆞ여 텬긔 믄득 화창ᄒᆞ며 혜풍이 니러나 군싱 초목이 다 싱긔를 내ᄂᆞᆫ 듯ᄒᆞ니 만좌 졔인이 상연이 안식을 동ᄒᆞ며 션싱과 승샹이 그 풍신문당을 보매 잔을 어ᄅᆞᆫ먼뎌 두굿기고 슬허ᄒᆞ더라 진공이 또ᄒᆞᆫ 구장면복과 젼후 패옥으로 옥잔을 밧드러 헌ᄒᆞ고 일곡을 브르니 쇄락ᄒᆞᆫ 셩음이 당공의 어릭여 구쇼의 학녜 운한의 달ᄒᆞ며 뎍눈의 퉁쇄 뉵뉼을 화ᄒᆞᄂᆞᆫ 듯 웅건ᄒᆞᆫ 문치와 신이ᄒᆞᆫ 풍뉘 바로 벽쇼의 ᄡᅩ이ᄂᆞᆫ 듯 동탕ᄒᆞᆫ 신치와 쥰상ᄒᆞᆫ 긔샹이 일딕예 무뎍ᄒᆞ니 승샹과 션싱이 두굿기미 비홀딕 업더라 녕능후와 부풍휘 ᄎᆞ례로 잔을 드리니 ᄆᆞᆰ은 골격과 영호ᄒᆞᆫ 풍뉘 니빅의 호긔와 딘평의 용모를 겸ᄒᆞ여 풍뉴혹식오 일딕 명공이라 튝슈 가ᄉᆞ를 브ᄅᆞ매 ᄆᆞᆰ은 소릭 곤산의 박옥을 ᄭᆡ리고 벽오의 난봉이 우ᄂᆞᆫ 듯ᄒᆞ니 좌위

76면

다 칭션 탄복ᄒᆞ더라 샹셔의 니ᄅᆞ러ᄂᆞᆫ 옥빅의 향온을 드리고 가ᄉᆞ를 브ᄅᆞ매 청신ᄒᆞᆫ 격됴와 슈미ᄒᆞᆫ 안홰 쳔고의 옥인긔남이오 졔인의 가싀 다 조화의 졍긔를 아사 문쟝과 셩음이 셰샹의 드믄 배오 셩의빅과 진공의 가ᄉᆞᄂᆞᆫ 음향이 더옥 놉하 만고의 ᄒᆞ나히로딕 오히려 녜도 가온딕 진션진미ᄒᆞᆫ 곡됴를 사ᄅᆞᆷ이 슈렴ᄒᆞ고 탄복ᄒᆞᄂᆞᆫ 배오 샹셔의게 미처ᄂᆞᆫ ᄆᆞᆰ은 음뉼과 신이ᄒᆞᆫ 옥셩이 당단을 골나 단혈의 봉황이 소릭를 화ᄒᆞ며 산듕 암샹의 션인이 옥쇼를 부ᄂᆞᆫ 듯ᄒᆞ니 그 입의셔 나ᄂᆞᆫ 소릭 ᄀᆞᆺ디 아닌디라 좌듕의 태혹ᄉᆞ 양공이 탄지칭션 왈 금일 셩연의 참예ᄒᆞ여 졔공의 셩음과 문당을 보니 탄복ᄒᆞ고 흠션ᄒᆞ믈 니ᄅᆞ도 말고 됴뎡의 인직 만흐믈 힝희ᄒᆞᄂᆞ이다 청ᄒᆞᄂᆞ니 졔공의 가싀 진션진미ᄒᆞ여 다시 더을 거시 업거니와 금슬을 능히 친히 ᄒᆞ여 모든

77면

귀를 쾌케 ᄒᆞ시리잇가 셩의빅이 ᄉᆞ샤 왈 졸ᄒᆞᆫ 가싀 가친의 슈셕을 헌하홀지언뎡 엇디 졔존션싱의 과당ᄒᆞ시믈 당ᄒᆞ리잇고 삼가 명ᄒᆞ시믈 밧들니〃 금일ᄉᆞᄂᆞᆫ 갈녁 승안

ᄒᆞ여 열친ᄒᆞ믈 요구ᄒᆞ매 엇디 취졸을 ᄀᆞᆷ초리잇고 셜파의 칠현금을 나와 의란도 일곡을 ᄐᆞ니 그 소ᄅᆡ 화ᄒᆞ고 곡되 신셩ᄒᆞ여 빈ᄀᆡᆨ이 다 ᄂᆞᆺ빗출 고치고 옷기ᄉᆞᆯ ᄀᆞᆺ쳐 념의여 공경ᄒᆞ고 항복ᄒᆞ더라 진공이 ᄯᅩᄒᆞᆫ 좌우로 금현을 나와 광능산 ᄒᆞᆫ 곡됴를 ᄐᆞ니 셩음이 슈묘ᄒᆞ고 웅건ᄒᆞ여 화표 쳔년의 야학이 춤추ᄂᆞᆫ ᄃᆞᆺ 쳥풍이 니러나 목엽이 분〃이 ᄡᅥ러지며 오동 우ᄒᆡ 긔이ᄒᆞᆫ 새 ᄂᆞᆯ개를 부쳐 압ᄒᆡ 니ᄅᆞ러 비무ᄒᆞ니 공이 ᄉᆡᆨ을 변ᄒᆞ고 쥬를 어ᄅᆞᄆᆞᆫ뎌 ᄐᆞ기를 그치니 졔인이 다 놀나 어린 ᄃᆞᆺᄒᆞ더라 녕능후의 슈션도와 부풍후의 혜고음과 샹셔의 귀산도를 ᄐᆞ미 개〃히 졀인ᄒᆞ여 텬하 명금

78면

이라 ᄃᆞᆺ난 재 아니 경찬ᄒᆞ리 업더라 삼셰 니어 헌쟉ᄒᆞ니 양샹셔의 쥰아ᄒᆞᆷ과 냥ᄉᆡᆼ의 온듕ᄒᆞ며 샤ᄉᆡᆼ의 호상ᄒᆞ미 ᄒᆞᆫ결ᄀᆞᆺ치 츌뉴ᄒᆞ니 승샹이 흔연이 ᄉᆞ랑ᄒᆞ고 두굿기더라 셕양이 되매 죵일 진환ᄒᆞ고 ᄀᆡᆨ이 흐터지니 졔공이 승샹을 뫼셔 ᄂᆡ당의 니ᄅᆞ러ᄂᆞᆫ 소부인과 진양공쥬 모든 금당쇼고로 더브러 됴니 냥 부인을 밧드러 빈ᄀᆡᆨ을 슈응ᄒᆞ니 ᄂᆡᄀᆡᆨ이 역시 만여 인의 ᄂᆞ리디 아니ᄒᆞ더라 즐기믈 다ᄒᆞ고 빈ᄀᆡᆨ이 흐터진 후 오ᄃᆡᆨ 종족 부녀와 가ᄂᆡ 친쳑이 모닷더니 승샹과 션ᄉᆡᆼ이 좌를 뎡ᄒᆞ매 공쥬 좌우로 상을 드리고 졔ᄉᆡᆼ과 모든 녀ᄌᆡ 부모긔 슈샹을 다시 올닐ᄉᆡ 진궁 녀악을 셩히 베프고 공쥬 몸을 니러 쳥ᄒᆞ여 ᄀᆞᆯ오ᄃᆡ 금일 냥 대인과 냥 부인긔 슈셕을 헌하ᄒᆞ오매 블쵸ᄒᆞᆫ 아ᄒᆡ 등이 감ᄋᆡ 준소의 잔을 부어 밧들믈 원ᄒᆞᆸᄂᆞ니 궁듕 녀악이 보암 ᄌᆞᆨ디 아니ᄒᆞ

79면

오나 이 아ᄒᆡ 미ᄒᆞᆫ 졍셩이라 대인은 당돌ᄒᆞ믈 관셔ᄒᆞ쇼셔 승샹이 공경 ᄃᆡ왈 복이 번화부귀를 구치 아니ᄒᆞᄃᆡ 졔ᄌᆞ의 쳥을 막디 못ᄒᆞ여 금일 번요ᄒᆞ미 극ᄒᆞ고 텬은이 빗내 더으샤 션은과 풍뉴를 주시니 일마다 외람ᄒᆞ거ᄂᆞᆯ 공쥬 별녜로 ᄉᆞᆺ출 니으샤 다시 셩연으로ᄡᅥ 더으시니 감샤ᄒᆞ믈 이긔디 못ᄒᆞᄂᆞ이다 공쥬 샤례ᄒᆞ고 소시를 도라보아 읍양 왈 금일ᄉᆞᄂᆞᆫ 형뎨 ᄎᆞ례를 가히 건네디 못ᄒᆞ리니 쳥컨ᄃᆡ 부인이 몬뎌 잔을 드리쇼셔 소부인이 마디 못ᄒᆞ여 금관젹의를 졍히 ᄒᆞ고 명월 환패 당〃ᄒᆞ여 잉무ᄇᆡ를 밧브러 구고긔 진헌ᄒᆞ니 풍영ᄒᆞᆫ 안ᄉᆡᆨ과 쇄락ᄒᆞᆫ 긔질이 금분화왕이오 녹슈부용이라 긔되 뎡슉ᄒᆞ고 녜뫼 유한ᄒᆞ여 진짓 셩의빅의 텬뎡호귀라 ᄉᆞ위 구고의 아름다이 넉이미 흡연ᄒᆞ더라 소부인이 예를 ᄆᆞᆺ고 믈너나니 공쥬 몸을 니러나매 셜샹

80면

궁이 복옥 원앙빅에 향온을 밧드러 드리니 공쥐 졍식흔딕 셜샹궁이 황공흐여 금준을 밧드러 나오매 공쥐 바다 친히 준소의 술을 부어 구고긔 나아오니 그 녜복의 정제흠과 동용의 규뫼 이시미 그림으로 형용치 못흐고 지필노 모샤치 못흘디라 잔을 놉히 드러 진뎡흐고 믈너 공슈 스빅흐니 승샹부뷔 숑연이 공경흐여 블감흐믈 일캇고 졔례흐믈 쳥흐딕 공쥐 죵시 녜를 다흔 후 믈너나 다시 궤좌흐여 옷기슬 념의고 시녀를 도라보니 낭옥 쇼아 등이 필연을 밧드러 압희 나아오매 공쥐 좌간의셔 촉나를 펴고 치필을 잡아 슈셕시 일 슈를 지어 구고긔 진헌흐고 다시 직빅 왈 한묵을 희롱흐미 여즈의 도리 아니오나 금일 만년슈샹의 강능을 튝흐오매 엇디 흔 잔 술노뻐 아희 쁘즐 다흐리잇고 시고로 미흔 직조로뻐 누즌 졍셩을 만의 흐나흘 표흐누이다 승

81면

샹부뷔 뎌의 셩덕녜힝은 아란디 오래나 그 직조는 합문 노쇠 처음이라 셤쉬 동흐는 가온딕 연운이 니러나 얼픗〃〃 브람 길희 닉펴디 둣흐니 깁 우희 샹광이 어릐고 붓긋희 오운이 넘노라 먼니셔 보매 명월쥬 십이 줄이 깁 우희 구으는 둣흐고 그 글신줄 아디 못흘디라 승샹과 부인이 경황흐여 바다보매 셔긔 빅익여 두 눈의 경긔를 아이미 되니 흔갓 손으로 어루문뎌 어린 둣흐기를 오래 흐다가 좌우를 명흐여 벽샹의 놉히 부치고 졔즈와 일문으로 흐여곰 보라흐니 졔인이 일졔히 텸망흔 즉 문톄의 깁흐미 샹고 적 굿흐여 요슌의 문댱과 츈츄의 필샥흐시믈 겸흐엿고 필획이 종왕의 무리를 압두흐여 뇽봉이 교회흐니 만고의 비흘 거시 업고 글이 젹고 스의 근졀흐딕 그 뜻을 알기 어렵고 어려온디라 졔인이 견파의 블승탄복흐고 〈구고와〉 셩의빅이

82면

더옥 흠션 경모흐믈 이긔디 못흐여 골오딕 옥쥬는 쵸방 귀인으로 년쇼부인 이시어늘 이런 심원흔 대직를 두어 계시니 엇디 말셰탁쇽의 두미 앗갑디 아니리오 진실노 요슌 공밍의 압희 가 힐문흐미 맛당흐니 시쇽 쇼〃 문스로 흐여곰 엇디 그 만일을 휘득흐리오 칭복흐믈 슷디 아니〃 공쥐 블감샤례흐더라 댱시 공쥬를 니어 잔을 드리매 싸혀난 긔질과 졀셰흔 용안이 운니명월이오 계화일지니 그 풍용식광이 진짓 공쥬 아

릭 흔 사름이러라 쏘 ᄎ례 녕능후 부인긔 미ᄎ니 남시 긔질이 온화ᄒ고 용뫼 슈려ᄒ여 니홰 셰우를 씌임 ᄀ흐니 구괴 쏘 흔연이지ᄒ더라 니어 셜시 잔을 드리매 표일흔 신치와 쇄락흔 신광이 늠〃히 영걸의 풍치 잇더라 강시 슈샹을 드리매 긔질이 츄월 ᄀ고 용식이 츈화 ᄀ흐니 구괴 개〃히 두긋기더라 박쇼졔 뉴리빅를

83면

밧드러 진뎡ᄒ니 윤틱흔 용안과 아담흔 긔질이 다람화 흔 가지 혜풍의 부치ᄂ 둣흔 디라 승샹 부뷔 각별이 두긋기더라 슌시 쏘 잔을 드리매 긴 의샹의 쥬변 못ᄒᄂ 거름과 실톄ᄒᄂ 모양이 만좌의 우음을 도으니 졔인이 졀도ᄒ믈 씌돗디 못ᄒ고 승샹이 ᄌ녀의 셩효를 당ᄒ여 부모를 싱각ᄒ고 종일토록 감창ᄒ더니 슌시의 거동을 보아ᄂ 쏘흔 함쇼ᄒ믈 마디 아니〃 역시 효뷔러라 삼녜 니어 슈쥬를 올니〃 온아흔 틱도와 빙뎡흔 ᄌ용이 소시 당시 등으로 차등ᄒ미 업서 난ᄌ혜질과 션풍화뫼 좌우의 됴요ᄒ여 날빗출 아스니 승샹의 녀부 열흔 사름 듕 순시ᄂ 의논치 말녀니와 십인 듕 공쥬ᄂ 텬디 판츌ᄒ여 ᄌ싱민 이릐로 셩지시야요 싀지종야니 감히 쥬옥화류로 비우ᄒ여 의논홀 배 아니오 기여 구인을 니ᄅ건딕 흐억이 고으며 쇄락

84면

히 빗나믄 소시오 졀묘히 고으며 연약히 ᄌ틱로오믄 댱시오 쳔연히 조흐며 아담히 슈려ᄒ믄 남시오 긔이히 고으며 표〃히 쌔혀나믄 셜시오 풍영ᄒ딕 경신ᄒ고 식〃이 빗나믄 강시오 윤틱ᄒ고 쇼쇄ᄒ여 혜힐ᄒ고 소아ᄒ믄 박시니 삼녀를 니롤진딕 셜영의 긔품과 용뫼 셜시 ᄀ고 현영의 한아ᄒ고 쳔연흔 긔질이 소시 ᄀ고 옥영의 맛 조게 고으며 아름다오미 댱시 ᄀ흐여 개〃히 경셩경국의 식이 흔 쎄 션아 ᄀ고 겸ᄒ여 ᄌ조와 덕힝이 고인의 디난디라 진공의 오형뎨와 양싱 등 삼인이 흔갈ᄀ치 빵을 일치 아낫더라 ᄌ셔 팔인의 문혹과 덕힝이 만일 시졀을 만나 티군틱민ᄒ여 그 도를 펼진딕 족히 텬하를 어ᄒ여 국개 태평ᄒ고 ᄉ이 빈복홀 거시로딕 님군이 그 님군이 아니오 시졀이 그 시졀이 아니라 딘번 니응의 화를 두려 쇽졀업시 아ᄂ 거슬 곰초고 유〃

85면

히 소임을 다ᄉ려 댱야지음ᄒ여 셰월을 보내니 그 군신제회 쌔 아니미 엇디 앗갑디

아니리오 승상과 부인이 ᄌᆞ녀의 현미홈과 부셔의 츌듕ᄒᆞ믈 보매 새로이 희힝ᄒᆞ믈 이긔디 못ᄒᆞ여 술이 취ᄒᆞ매 승상이 졔ᄌᆞ를 나아오라 ᄒᆞ여 셩의빅의 손을 잡고 진공의 등을 어ᄅᆞ만뎌 일변 눈믈을 흘니며 션싱을 도라보아 ᄀᆞᆯ오ᄃᆡ 쇼뎨 고독 일신으로 힝혀 형당의 무휼ᄒᆞ시미믈 닙ᄉᆞ와 죵텬의 슬픈 거술 위로ᄒᆞ고 형뎨 서로 의지ᄒᆞ더니 션군의 젹덕을 닙ᄉᆞ와 여러 쇼ᄋᆞ비 쳥운의 등양ᄒᆞ고 ᄌᆡ혹과 인믈이 아비를 욕 먹이디 아니리니 엇디 희힝티 아니며 ᄯᅩᄒᆞᆫ 션친을 ᄉᆡᆼ각ᄒᆞᄂᆞᆫ 눈믈이 흐ᄅᆞ디 아니ᄒᆞ리잇고 션싱이 역시 타루 왈 현뎨의 놉흔 복과 ᄌᆞ딜의 특이ᄒᆞ믄 쳔고의 드믄디라 이 실노 션친의 젹덕여경이라 우형이 ᄯᅩᄒᆞᆫ 텬디신명의 믁우ᄒᆞ시믈 감격ᄒᆞ여 능히

86면

침좌의 깃븐 거술 이긔디 못ᄒᆞ나 고인이 셩만ᄒᆞ믈 경계ᄒᆞᄂᆞᆫ 말이 이시니 금일 연셕으로 조차 현뎨의 복을 더옥 두려 ᄒᆞᄂᆞ니 공셩신퇴ᄒᆞ여 이 즐거오믈 기리 누리믈 ᄉᆡᆼ각ᄒᆞ고 부귀예 ᄯᅳᆺ을 두디 말나 우형이 ᄯᅩᄒᆞᆫ 박복ᄒᆞᆫ 명도로 현뎨의 봉양을 바다 ᄉᆞ마빅강의 늙으미 업시 현뎨의 밧들믄 온공의 힝실이 이셔 일신의 복이 과ᄒᆞ니 샹〃의 외람ᄒᆞᄂᆞ니 믈셩이쇠ᄂᆞᆫ 고기변야라 두리건ᄃᆡ 금일 ᄀᆞᄐᆞᆫ 날이 다시 잇디 아니홀가 ᄒᆞ노라 승상과 졔공이 션싱 말솜을 감동ᄒᆞ고 셩의빅이 크게 념녀ᄒᆞ여 믄득 온화ᄒᆞᆫ 말솜으로 두 대인을 관위ᄒᆞ더라 야심토록 진환ᄒᆞ여 ᄃᆞᆰ이 울매 승상 형뎨 대취ᄒᆞ여 븟들녀 셔헌의 나아가 취팀ᄒᆞ매 모든 ᄌᆞ딜이 뫼셔 자고 명됴의 승상이 졔ᄌᆞ로 더브러 궐하의 나아가 됴회 ᄒᆞ고 작일 은ᄉᆞᄒᆞ신 텬은을 슉샤ᄒᆞ니라 승상과 션싱의

87면

우ᄋᆡᄒᆞ미 가디록 두터워 일시를 ᄯᅥ나디 아니ᄒᆞ고 셔헌의 뫼셔 므릿 시ᄉᆞ와 녜도를 문답ᄒᆞ여 관긴ᄒᆞᆫ ᄉᆞ괴 아니면 ᄂᆡ실을 ᄎᆞᆺ디 아냐 서로 의지ᄒᆞ미 ᄌᆞ별ᄒᆞ니 졔ᄉᆡᆼ이 ᄯᅩᄒᆞᆫ 감히 ᄉᆞ실의 견혀 머므디 못ᄒᆞ여 십여 일식 쳬번ᄒᆞ여 뫼시더라 션싱이 본ᄃᆡ 긔질이 쳥슈ᄒᆞ고 셩되 고집ᄒᆞ야 션상과 후상의 집녜 태고ᄒᆞ므로ᄡᅥ 병이 깁히 드러 ᄣᅢ〃 복발ᄒᆞ니 승상과 ᄌᆞ딜이 우려ᄒᆞ더니 이ᄠᅢ 간의공이 풍한의 샹ᄒᆞ여 우연이 미류ᄒᆞᆫ 병이 이십여 일만의 믄득 기셰ᄒᆞ니 션싱이 과도히 슬허 녯병이 복발ᄒᆞ니 상셕의 위돈ᄒᆞ매 승상이 쵸황ᄒᆞ고 셩의빅이 쥬야지셩으로 구호ᄒᆞ여 〈만〉방으로 다ᄉᆞ리ᄃᆡ 병셰 날노 듕ᄒᆞ여 엄졀홀 디경의 미ᄎᆞ니 승상의 망극ᄒᆞ미 부모긔 ᄂᆞ리미 업서 그 ᄂᆞᆺ출 다

히고 손을 잡아 눈믈이 금포를 적시고 셩의빅이 풀을

88면

버히고 손을 짯가 싱혈노 드리오매 냥구의 션싱이 눈을 써 승샹의 통샹홈과 셩의빅의 혈흔이 낭쟈ᄒᆞᆷ을 보매 정신을 뎡ᄒᆞ여 겨요 니러 안자 졀칙 왈 내 현데로 더브러 동쳐 ᄉᆞ십여 년의 부귀 극ᄒᆞ고 나히 쇠ᄒᆞᆫ디라 ᄉᆡᆼ각건ᄃᆡ 션군의 셩덕으로ᄡᅥ 하슈를 누리디 못ᄒᆞ여 계시거ᄂᆞᆯ 나의 블쵸ᄒᆞ므로ᄡᅥ 오십이 거의니 금일 죽으미 낫브리오 부모 혈믹이 힝혀 현데 일 인으로 졔ᄋᆡ 다 영귀ᄒᆞ여 션인의 후를 니으니 우형이 디하의 도라가매 깃븐 쇼식을 알욀 말솜이 이실디라 졍히 귀심이 살 ᄀᆞᆺᄒᆞ여 거리ᄭᅵ미 업거ᄂᆞᆯ 과도ᄒᆞ미 이 ᄀᆞᆺᄒᆞ뇨 ᄒᆞ믈며 셰ᄀᆡ 셩회 과인ᄒᆞ고 품질이 쳥약ᄒᆞ니 만일 현데 보호ᄒᆞ며 경계홈 곳 아니면 능히 삼년을 부디치 못ᄒᆞ리니 엇디 ᄋᆞ녀의 우룸을 효측ᄒᆞ고 대톄를 ᄉᆡᆼ각디 아닛ᄂᆞ뇨 ᄯᅩ 셩의빅을 도라보아 ᄀᆞᆯ오ᄃᆡ 네 만일

89면

노부를 닛디 아닌 즉 몸을 보젼ᄒᆞ여 삼 년을 ᄆᆞᆺ고 네 모친을 봉양ᄒᆞ며 네 두 아을 어디리 ᄀᆞᄅᆞ쳐 그른 곳의 ᄲᅡ디게 말고 무익ᄒᆞᆫ 디통으로 셩인의 듕도를 어그릇디 말나 승샹이 톄읍휘루 왈 호텬이 쇼데로ᄡᅥ 그 죄를 ᄇᆞᆰ히샤 형댱이 이에 니ᄅᆞ시니 오딕 하ᄂᆞᆯ이 쇼데를 죽이시미니 강잉코뎌 ᄒᆞ나 엇디 억졔ᄒᆞ리잇고 슈연이나 유명을 져ᄇᆞ리디 아니ᄒᆞ오리니 병심을 관회ᄒᆞ쇼셔 셩의빅이 피셕 ᄌᆡ빈 혈누를 드리오고 ᄃᆡ답을 능히 일우디 못ᄒᆞ니 션ᄉᆡᆼ이 츄연ᄒᆞ여 승샹의 손을 잡아 ᄀᆞᆯ오ᄃᆡ 금일 현데를 영결ᄒᆞ니 하일의 서로 보리오 모ᄅᆞ미 오ᄋᆞ를 보호ᄒᆞ여 천년을 안향ᄒᆞ라 셜파의 돗글 고치고 단졍이 안자 셩의빅의 손을 잡고 허다 죵효ᄒᆞ믈 니ᄅᆞ고 명이 진ᄒᆞ니 향년이 ᄉᆞ십구 셰라 합가의 곡셩이 진텬ᄒᆞ고 승샹이 션ᄉᆡᆼ의 명졀ᄒᆞᆷ을

90면

보고 두어 소릐 호곡의 피를 토ᄒᆞ고 ᄭᅡ히 것구러지니 졔ᄌᆡ 황〃이 븟드러 진뎡ᄒᆞ매 승샹이 정신을 출혀 다시 시상의 나아가 어ᄅᆞ믄며 통곡 왈 오형의 어진 덕으로 이에 니ᄅᆞ미 진실노 우셩을 죽이미로다 말노 조차 긔운이 막히니 친쳑과 졔ᄌᆡ 븟드러 빅단 긔유ᄒᆞ여 인ᄉᆞ를 출히매 상녜를 다ᄉᆞ려 념빙홀ᄉᆡ 됴긱과 종족이 승샹의 통샹홈과

셩의ᄇᆡᆨ의 지효ᄅᆞᆯ 보매 눈믈 아니 흘니 리 업더라 텬ᄌᆞ 드ᄅᆞ시고 션ᄉᆡᆼ의 쳥덕을 앗기샤 태ᄌᆞ쇼부ᄅᆞᆯ 츄증하시고 녜관으로 치졔ᄒᆞ시다 승샹이 초상을 다ᄉᆞ려 션ᄉᆡᆼ을 장ᄒᆞᆫ 후 됴부인을 밧드러 셤기믈 부모ᄀᆞᆺ치 ᄒᆞ고 션ᄉᆡᆼ 친ᄌᆞ 셰광 셰찬 등을 긔츌도곤 ᄋᆡ훅ᄒᆞ며 션ᄉᆡᆼ 됴셕 졔ᄉᆞ의 ᄒᆞᆫ ᄯᆡ도 폐치 아냐 비록 병이 이셔 긔운을 슈습디 못ᄒᆞ나 졔뎐의 궐ᄒᆞ미 업고 소식 ᄎᆡ미로 긔년을 디내니 시인이 효우ᄅᆞᆯ 아니 감동

91면

ᄒᆞ 리 업고 니부인의 곡진ᄒᆞ미 승샹과 ᄒᆞᆫ가지라 이ᄯᆡ 셩의ᄇᆡᆨ이 초상으로브터 ᄋᆡ쳑ᄒᆞᄂᆞᆫ 곡읍과 츄원영모ᄒᆞᄂᆞᆫ 졍셩이 ᄒᆞᆫ갈ᄀᆞᆺ치 녜ᄅᆞᆯ 잡아 장ᄉᆞᄅᆞᆯ 디내매 슈묘코져 ᄒᆞ거ᄂᆞᆯ 됴부인이 울고 승샹긔 쳥ᄒᆞ여 ᄀᆞᆯ오ᄃᆡ 셰긔 위인이 약ᄒᆞᆫᄃᆡ 공산 숑츄의 금즙ᄒᆞ여 위로ᄒᆞ 리 업ᄉᆞᆫ 즉 반ᄃᆞ시 슬프믈 다ᄒᆞ여 부지치 못ᄒᆞ리니 이 아ᄒᆡ 만일 위ᄐᆡᄒᆞᆯ딘ᄃᆡ 쳡이 부ᄌᆞᄅᆞᆯ 여희고 의지ᄒᆞᄂᆞᆫ 배 셰긔어ᄂᆞᆯ 엇디 그 부지ᄒᆞᆯ 도리ᄅᆞᆯ ᄉᆡᆼ각디 아니리오 슉〃은 ᄀᆡ유ᄒᆞ샤 셰찬 등으로 슈묘ᄒᆞ고 셰긔로ᄡᅥ 반혼ᄒᆞ여 도라오게 ᄒᆞ쇼셔 승샹이 조차 장ᄉᆞ 후 목쥬ᄅᆞᆯ 뫼셔 부듕의 니ᄅᆞ러 셩의ᄇᆡᆨ이 모부인을 지효로 봉양ᄒᆞ며 상녜ᄅᆞᆯ 지극히 ᄒᆞ여 임의 삼년의 미ᄎᆞ니 눈믈이 진ᄒᆞ여 피나고 형ᄒᆡ 환탈ᄒᆞ여 쟝을 집고 겨요 니러나니 녯날 옥골봉형으로 풍영ᄒᆞᆫ 긔뷔 의연이 쵹

92면

뉘 되여시니 보ᄂᆞᆫ 니 다 위ᄐᆡ히 넉이고 ᄉᆡᆼ부뫼 근심ᄒᆞ여 대의로 ᄀᆡ유ᄒᆞᄃᆡ 더옥 것거지고 뮈여디ᄂᆞᆫ ᄃᆞᆺᄒᆞ여 강잉치 못ᄒᆞ니 됴부인이 쥬야 용녀ᄒᆞ여 식음을 폐ᄒᆞ고 ᄀᆡ유ᄒᆞ니 셩의ᄇᆡᆨ이 유열ᄒᆞᆫ 안ᄉᆡᆨ과 화평ᄒᆞᆫ 말ᄉᆞᆷ으로 모친을 위로ᄒᆞ여 그 안뎌의 비ᄉᆡᆨ을 뵈디 아니ᄒᆞ더니 일〃은 아ᄎᆞᆷ 졔ᄅᆞᆯ ᄆᆞᆺ고 믈너 난두의 나와 피 두어 되ᄅᆞᆯ 토ᄒᆞ니 됴부인이 뎌 거동을 보고 인ᄒᆞ여 곡긔ᄅᆞᆯ ᄭᅳᆫ코 쥬야 호읍하여 시일노브터 혼침ᄒᆞ니 셩의ᄇᆡᆨ이 쥬야 시측ᄒᆞ여 의약을 지셩으로 ᄒᆞ고 쥭음을 친히 밧드러 졍셩이 못 미ᄎᆞᆫ 곳이 업ᄉᆞᄃᆡ 부인이 톄읍ᄒᆞ여 죽기로 결단ᄒᆞᄂᆞᆫ디라 셩의ᄇᆡᆨ이 망극ᄒᆞ여 ᄀᆞᆫ졀이 소유ᄅᆞᆯ ᄆᆞᆺᄌᆞ온ᄃᆡ 부인이 우러 왈 내 미망잔쳔으로 투ᄉᆡᆼᄒᆞ믄 너ᄅᆞᆯ 미더 집을 보젼ᄒᆞ고 셰찬 등을 졔도ᄒᆞ여 부군의 ᄭᅵ친 말을 져ᄇᆞ리디 아닐가 ᄒᆞ더니 네 이제 과도ᄒᆞ미 혈누와 토혈의 미쳐시니

93면

셕목이 아니면 부지홀 길히 업는디라 엇디 내 무음이 엇디 엇디 살고 시브리오 내 일죽 보니 션대인의 골법으로도 집상ᄒᆞ시기로 위틱ᄒᆞ시고 네 부친의 오십을 넘디 못ᄒᆞ미 삼상의 젹샹ᄒᆞ여 슈를 엇디 못ᄒᆞ미라 사름의 혈육지신으로 이러ᄒᆞ고 무ᄉᆞ치 못ᄒᆞᆯ 줄을 혜아리매 내 삼혼이 몬뎌 비월ᄒᆞ는디라 이러므로 내 몬뎌 죽어 네 조ᄉᆞᄒᆞ는 참경을 보디 아니려 ᄒᆞ노라 셜파의 통곡ᄒᆞ믈 그치디 아니〃 셩의빅이 안식을 화히 ᄒᆞ고 돈슈샤죄 왈 히ᄋᆞ의 블통ᄒᆞᆫ 죄로 모친의 비쳑ᄒᆞ시미 이에 미ᄎᆞ시니 이 다 히ᄋᆞ의 죄로소이다 지어토혈은 우연이 긔운이 올나 그러하오나 엇디 ᄋᆡ훼ᄒᆞ여 발ᄒᆞ여시리잇가마는 모친이 이곳치 니ᄅᆞ시니 무음을 진뎡ᄒᆞ여 됴양ᄒᆞ오리니 원컨디 념녀치 마ᄅᆞ쇼셔 부인이 드듸여 미음을 나와 권ᄒᆞ고 서로 위로ᄒᆞ여 됴긱과 됴셕 졔ᄉᆞ 밧근 부인 안젼을 써나디

94면

아니ᄒᆞ여 지극ᄒᆞᆫ 효셩이 신명을 감동ᄒᆞ니 부인이 ᄋᆡ듕ᄒᆞ미 날노 더어 모ᄌᆡ 서로 위로ᄒᆞ여 삼 년을 무ᄉᆞ히 디내니 합문 상해 새로이 슬허ᄒᆞ며 셰찬 등이 시묘ᄒᆞ여 도라오매 셩의빅이 일방의 동숙ᄒᆞ여 의식을 일톄로 ᄒᆞ고 소부인이 삼 년 졔ᄉᆞ의 지셩이 동쵹ᄒᆞ고 됴부인 셤기믈 그림재 좃돗ᄒᆞ여 셰찬 쳐 양시와 셰광 쳐 위시를 ᄉᆞ랑ᄒᆞ고 화목ᄒᆞ니 인〃이 탄복ᄒᆞ더라 슬픈 가온듸 셰월이 여류ᄒᆞ여 탈상ᄒᆞᆫ 후 텬ᄌᆡ 셩의빅을 녯벼술노 브ᄅᆞ시니 마디 못ᄒᆞ여 힝공ᄒᆞ매 승샹이 션싱을 여희므로 만ᄉᆡ 무심ᄒᆞ고 호흥이 돈연ᄒᆞ여 티ᄉᆞᄒᆞ고 믈너나니 텬ᄌᆡ 구든 뜻을 막디 못ᄒᆞ샤 승샹을 ᄀᆞ라 주시고 본직 초국공의 태ᄌᆞ태부를 빅ᄒᆞ샤 집의셔 양노ᄒᆞ게 ᄒᆞ시고 승샹을 셩의빅을 ᄒᆞ이샤 경ᄉᆞ를 다ᄉᆞ리라 ᄒᆞ시니 셰긔 쳥현지덕으로 국ᄉᆞ를 보정ᄒᆞ여

95면

니음양 슌ᄉᆞ시를 흡연이 힝ᄒᆞ니 됴애 슉쳥ᄒᆞ고 만민이 낙업ᄒᆞ더라 어시의 승샹 부뷔 평안ᄒᆞ고 션싱이 망ᄒᆞ므로 비쳑ᄒᆞᆫ 가온듸나 진공 형뎨 영통부귀 새로오니 ᄌᆞ연 번화 영낙이 새로와 셩의빅이 년ᄒᆞ여 팔ᄌᆞ이녀를 싱ᄒᆞ고 진공이 오ᄌᆞ이녀를 두고 녕능휘 남부인긔 삼ᄌᆞ삼녀오 셜부인긔 일ᄌᆞ일녀오 부풍휘 뉵ᄌᆞ일녀를 나코 샹셔공이 박부인긔 ᄉᆞᄌᆞ일녀오 슌부인긔 오ᄌᆞᄉᆞ녀를 나흐니 ᄌᆞ녜 다 샹셔를 품슈ᄒᆞ여 개〃히 화월

굿고 그 모친의 블쵸홈과 닉도ᄒᆞ니 보ᄂᆞ니 다 이샹이 넉이더라 양혹ᄉᆞ 부인은 ᄉᆞᄌᆞ 삼녜오 냥샹셔 부인은 뉵ᄌᆞ이녜오 샤어ᄉᆞ 부인은 삼ᄌᆞ오녜라 졔익 다 곤산의 보벽이오 히듕의 황농 굿ᄒᆞ여 부모의 영풍과 션셰를 습ᄒᆞ여 츌어범뉴ᄒᆞ니 이 진실노 젹션여음이러라

뉴시삼딕록 권지팔

1면

챠셜 진공이 공쥬와 댱부인으로 동낙ᄒᆞ연 지 십여 년이라 공쥐 히를 년ᄒᆞ여 이ᄌᆞ일녀를 두고 댱부인이 삼ᄌᆞ일녀를 나하 ᄌᆞ녜 졔쇼ᄋᆞ 듕 특이ᄒᆞ믄 공쥬의 댱ᄌᆞ 관과 ᄎᆞᄌᆞ 현이 비록 년유ᄒᆞ나 긔샹이 츌뉴ᄒᆞ여 군죵 칠십여 인 가온딕 쒸여날 분 아니라 일딕에 무덕ᄒᆞ니 공과 승샹이 혹익ᄒᆞ고 일개 칭찬ᄒᆞ여 합문의 듕망을 홀노 쳔ᄌᆞᄒᆞ고 녕영쥬 쇼졔 공쥬의 댱니보옥으로 ᄉᆞ셰라 교용염틱 흡연이 모비를 달마시니 태휘 더옥 과익ᄒᆞ샤 궁금의 드려다가 양휵ᄒᆞ시니 공쥐 이 굿흔 긔이흔 ᄌᆞ녀를 나하 슬하의 두고 샹통이 졈〃 더으샤 므릇 국가 대옥과

2면

외국 됴공이 이신즉 샹이 공쥬를 브ᄅᆞ샤 인견ᄒᆞ시고 의논ᄒᆞ시니 공쥐 신명흔 덕과 춍명흔 직조로 졍ᄉᆞ를 돕ᄉᆞ오미 십여 년의 흔글굿치 국졍이 다술고 집의 도라온 즉 구고의 듕딕홈과 공의 하히 굿흔 은익 날노 더어 슈유불니ᄒᆞ딕 ᄆᆞ음을 간냑히 ᄒᆞ고 뜻을 공검흔딕 두어 힝식 ᄉᆞ〃의 슉연ᄒᆞ니 그 안졍ᄒᆞ고 법다오미 일월 굿ᄒᆞ며 구고 감지와 태후뎐 망궐신셩지녜를 흔 쌔도 폐치 아니ᄒᆞ여 믹양 모후 슬하 써나오믈 슬허ᄒᆞ니 공이 위로 권면ᄒᆞ여 셰월이 임의 뉴슈 굿ᄒᆞ니 졍덕 십오 년 동의 니ᄅᆞ러는 일〃의 공쥐 구고긔 문안ᄒᆞ고 여러 뎨ᄉᆞ쇼고를 쳥ᄒᆞ여 진궁의 도라와 좌를 뎡ᄒᆞ고 우어 왈 금일은 쥬공의 탄일이라 공이 임의

3면

쥬찬으로써 부모긔 올니고 곤계로 즐기니 진양이 쏘흔 뎨ᄉᆞ로 더브러 남은 음식을

ᄂᆞᆫ호고 죠용이 모다 회포를 펴고뎌 ᄒᆞᄂᆞ이다 졔부인이 일시의 ᄃᆡ왈 옥쥬 말ᄉᆞᆷ이 감격ᄒᆞ시니 쳡등이 ᄯᅩᄒᆞᆫ 션찬과 향온을 맛보고 ᄇᆞᆰ은 의논을 듯ᄌᆞ오믈 원ᄒᆞᄂᆞ이다 공쥐 흔연이 좌우로 셩찬을 나와 죵일토록 즐기더니 좌듕의 모든 쇼ᄋᆡ 나련ᄒᆞ여 ᄎᆡ의를 브쳐 나아오니 옥반의 명쥬 구을고 쳥텬의 ᄇᆞᆰ은 별이 버렷ᄂᆞᆫ ᄃᆞᆺᄒᆞ거ᄂᆞᆯ 각〃 ᄌᆞ뫼 나오혀 가챠ᄒᆞ고 슉당이 칭ᄋᆡᄒᆞ여 두굿길ᄉᆡ 소부인이 쇼왈 좌듕의 허다 쇼ᄋᆡ 개〃히 경ᄌᆞ옥골이니 가히 션조의 젹덕ᄒᆞ시믈 알니로소이다 승샹의 시쳡 찬향 월셤 등이 ᄀᆞ의 잇다가 ᄀᆞᆯ오ᄃᆡ 쳔인 등의 소견은

4면

이 ᄒᆞᆫ갓 션노야 셩덕 분 아냐 졔쇼공ᄌᆡ 부모의 영풍을 습ᄒᆞ민가 ᄒᆞᄂᆞ이다 엇디 일편도이 션셰만 일ᄏᆞ르시ᄂᆞ니잇가 양혹ᄉᆞ 부인이 낭연 쇼왈 셔모의 말이 하류의 무식ᄒᆞ믈 면티 못ᄒᆞ리로다 졔ᄋᆡ 부풍모습ᄒᆞ여 아ᄅᆞᆷ다올진ᄃᆡ 슌형의 여러 ᄌᆞ녜 ᄒᆞ나토 모습이 업서 개〃히 아ᄅᆞᆷ다오뇨 벅〃이 우리 션조의 셩덕으로 ᄌᆞ손의 문을 놉히미라 공쥐 탄왈 양부인의 ᄇᆞᆰ은 의논이 거울 ᄀᆞᆺ도다 이제 여러 뎔ᄋᆡ 가풍과 셰덕을 샹히오디 아니ᄒᆞ고 부듕 영화 부귀 젼고의 듯디 못ᄒᆞᆫ 배라 즐거우미 비록 극ᄒᆞ나 만영의 두리오미 업디 아니터니 엄귀 공셩신퇴ᄒᆞ샤 고요히 양노ᄒᆞ시고 ᄇᆡᆨ슉이 덕으로 됴뎡을 진뎡ᄒᆞ시니 엇

5면

디 존문의 큰 복이 아니리오 금일 형뎨 모다 즐기미 ᄯᅩᄒᆞᆫ 사ᄅᆞᆷ의 엇디 못ᄒᆞᆯ 영홰라 헛도이 날을 보내디 못ᄒᆞ리니 뎨ᄉᆞ쇼고의 친ᄒᆞ므로ᄡᅥ 엇디 은휘ᄒᆞ여 슈습ᄒᆞᆯ 배 이시리오 진양이 튱년의 셩문의 니강ᄒᆞ여 녈위부인의 후의를 만히 닙으매 친ᄋᆡᄒᆞ미 골육 ᄀᆞᆺᄒᆞ여 서로 ᄂᆡ외ᄒᆞᆯ 줄을 모ᄅᆞ고 셩품이 소활ᄒᆞ므로ᄡᅥ 심듕의 두ᄂᆞᆫ 뜻이 업ᄂᆞ니 그윽이 보건ᄃᆡ 졔부인이 ᄌᆞ질이 총명ᄒᆞ고 미목이 슈려ᄒᆞ여 개〃히 문ᄎᆡ를 ᄡᅴ여시니 반ᄃᆞ시 흉금의 ᄇᆡᆨ혼 배 젹디 아니실디라 원컨ᄃᆡ 금일 즐기므로ᄡᅥ 뎨를 ᄒᆞ여 ᄉᆞ운 ᄒᆞ나식 지어 승ᄉᆞ를 긔록ᄒᆞ고 타일 ᄌᆞ손으로 ᄒᆞ여곰 우리 등 자최를 알게 ᄒᆞ미 가ᄒᆞ니 녈위부인의 고견은 엇더 ᄒᆞ시뇨 소부인이 졍

6면

금 ᄃᆡ왈 쳡 등이 ᄌᆡ죄 비록 용졸ᄒᆞ나 엇디 ᄒᆞᆫ 슈를 지어 옥쥬의 ᄀᆞᄅᆞ치시믈 쳥티 아니리〈잇〉오 공줘 희동안식ᄒᆞ여 좌우로 필연을 나와 화젼을 펴고 일시의 시를 일우매 만텬의 쥬옥이 어ᄅᆡ고 농새 비무ᄒᆞ여 연운이 니러나니 칠보를 넘디 못ᄒᆞ여 졔부인의 글이 블셔 니러 각〃 득의ᄒᆞ미 귀신을 울닐 묘싊라 공줘 보기를 ᄆᆞᆺ고 피셕ᄒᆞ여 칭샤 왈 녈위부인의 묘영 가작이 온아코 향염ᄒᆞ미 삼ᄇᆡᆨ편 아ᄅᆡ 잇디 아니ᄒᆞ니 진양이 흠탄ᄒᆞ며 경복ᄒᆞ믈 이긔디 못ᄒᆞᄂᆞ니 슈연이나 소부인 광달ᄒᆞ신 문톄와 셜부인 호상ᄒᆞ신 됴격과 냥부인 유아ᄒᆞ신 문ᄌᆡ 삼쟝장원이라 진양이 하풍의절ᄒᆞ믈 면티 못ᄒᆞ리로소이다 졔부인이 샤례 왈

7면

엇디 감히 옥쥬의 과당ᄒᆞ시믈 당ᄒᆞ리잇고 쳡 등이 임의 존명을 밧ᄌᆞ와 취졸을 ᄀᆞᆷ초디 아냐습거니와 외람이 옥쥬의 ᄎᆞ운ᄒᆞ시믈 ᄇᆞ라믄 목과를 더뎌 경거로ᄡᅧ 갑ᄒᆞ믈 원ᄒᆞᄂᆞ이다 공줘 미쇼 왈 졸ᄒᆞᆫ 글귀 병이 만ᄒᆞ나 엇디 홀노 ᄲᅥ러디리잇고 좌우로 필연을 나와 일 슈를 일우매 이 엇디 범쇽 문쟝으로 니ᄅᆞ리오 회두 ᄉᆞ이의 ᄉᆞ운을 일워 ᄎᆞ례로 벽샹의 부치고 서로 칭찬ᄒᆞ믈 마디 아니ᄒᆞ더니 믄득 공이 곤계로 더브러 이에 니ᄅᆞ니 모든 부인의 즐기믈 보고 거름을 잠간 머추워 글 일우믈 기ᄃᆞ려 나아가니 졔부인이 ᄯᅩᄒᆞᆫ 니러 마즈매 공이 읍양ᄒᆞ여 좌뎡ᄒᆞ고 공경ᄒᆞ여 ᄀᆞᆯ오ᄃᆡ 금일 졔쉬 누쳐의 강굴ᄒᆞ샤 쳔ᄒᆞᆫ 집의 광ᄎᆡ를 빗내시니 감격ᄒᆞ믈 이긔디

8면

못ᄒᆞ고 ᄯᅩ 빗내 읇프신 거시 잇는가 시브니 당돌ᄒᆞ나 ᄒᆞᆫ번 구경ᄒᆞ믈 원ᄒᆞᄂᆞ이다 졔부인이 다 블평ᄒᆞ여 ᄉᆞ샤ᄒᆞ고 냥혹ᄉᆞ 부인이 웃고 ᄃᆡ왈 ᄋᆞ녀ᄌᆞ의 못ᄀᆞ디예 졔형이 모드시니 심히 아쳐로온디라 원컨ᄃᆡ 외뎐으로 나가샤 아담ᄒᆞᆫ 연회를 어ᄌᆞ러이디 마ᄅᆞ쇼셔 셩의ᄇᆡᆨ이 션싱 삼 년을 디낸 후 처음으로 쥬ᄇᆡ를 잡아 진공의 근쳥ᄒᆞ므로 이에 니ᄅᆞ럿더니 본ᄃᆡ 노셩ᄒᆞ여 ᄌᆡ조를 ᄉᆞ랑ᄒᆞ고 공쥬의 문ᄎᆡ를 당년 슈셕시의 보아 십분 경복ᄒᆞᄃᆡ 다시 쳥티 못ᄒᆞ엿더니 금일 조각을 묘히 어든디라 ᄯᅩᄒᆞᆫ 좌샹의셔 닐오ᄃᆡ 남녜 비록 다ᄅᆞ나 동긔지의 이시니 졔쉬 엇디 우리를 ᄂᆡ외ᄒᆞ시리오 ᄒᆞ믈며 금일은 ᄎᆞ데의 싱일이라 ᄂᆡ외 ᄒᆞᆫ 당의 모다

9면

형뎨 쇼일ᄒᆞ미 맛당이 졍니의 가ᄒᆞ니 옥쥬 안젼의 셜만ᄒᆞ미 황공ᄒᆞ나 원컨ᄃᆡ 졔수와 삼ᄆᆡ의 음영ᄒᆞ신 거ᄉᆞᆯ 구경코뎌 ᄒᆞᄂᆞ이다 졔부인이 ᄒᆞᆯ일업서 시녀를 명ᄒᆞ여 벽샹의 시를 ᄣᅦ혀 셩의ᄇᆡᆨ긔 보내니 셩의ᄇᆡᆨ이 흠신ᄒᆞ고 ᄎᆞ례로 보아 ᄌᆞ가 부인의 문댱을 처음으로 보아 심하의 경아ᄒᆞ며 졔수졔ᄆᆡ의 ᄌᆡ조를 칭찬블이ᄒᆞ여 말단의 공쥬ᄎᆞ운의 니ᄅᆞ러ᄂᆞᆫ 얼굴을 슈렴ᄒᆞ고 피셕ᄌᆡᄇᆡ 왈 복이 비록 ᄌᆡ조를 쟈랑내디 못ᄒᆞ나 셩명의 툥우ᄒᆞ시믈 닙ᄉᆞ와 두 번 장원이 되엿더니 금일 옥쥬의 신명ᄒᆞ신 문톄ᄂᆞᆫ ᄌᆞ고로 보디 못ᄒᆞᆫ 배니 하풍의졀ᄒᆞ믈 마디 못ᄒᆞᆯ 배요 ᄯᅩ 옥쥬의 글이 깁고 ᄯᅳᆺ이 놉흐시믄 니ᄅᆞ도 말고 너모 고상ᄒᆞ시므로 호연이 ᄡᅳ

10면

이여 완듕ᄒᆞ신 거시 젹으니 복의 두려ᄒᆞᄂᆞᆫ 배라 시ᄂᆞᆫ 셩졍의 나니 가히 고치디 못ᄒᆞ시려니와 ᄒᆞᆯ노 ᄎᆞ뎨의 복이 구원티 못ᄒᆞ믈 감읍ᄒᆞ옵ᄂᆞ니 옥쥬의 신명ᄒᆞ시므로ᄡᅥ 엇디 아디 못ᄒᆞ시리오마ᄂᆞᆫ 이런 말이 엇디 잇ᄂᆞ니잇고 공쥐 웃기ᄉᆞᆯ 녀ᄆᆡ고 츄연 왈 셰식 거의라 진양이 ᄆᆞ음이 임의 슬프니 글이 엇디 ᄒᆞᆯ노 즐거오리잇고 슈연이나 샹공의 놉흐신 시감과 ᄇᆰ은 지식을 탄복ᄒᆞ옵ᄂᆞ니 금일 즐거오믈 후일의 엇디 ᄉᆡᆼ각디 아니리잇고 셩의ᄇᆡᆨ이 아연 탄식고 진공이 크게 의려 왈 됴흔 못ᄀᆞ지의 엇디 슬픈 빗치 잇ᄂᆞ니잇고 공쥐 이제 쳥츈으로 몸의 병이 업ᄉᆞ니 이러틋 ᄒᆞ미 가치 아니토다 공쥐 ᄀᆡ용화긔ᄒᆞ여 다시 쥬찬을 나와 달난ᄒᆞ여 즐

11면

기고 졔부인 글을 니어 ᄎᆞ례로 병풍을 ᄆᆡᆫ드러 공쥐 침변의 두고 심히 ᄉᆞ랑ᄒᆞ더라 날이 어두온 후 모다 흐터지다 이ᄧᅢ 텬ᄌᆡ 유렵을 즐기샤 대동부의 힝〃ᄒᆞ실ᄉᆡ 진양공쥐 입궐 됴현ᄒᆞ고 간ᄒᆞ여 ᄀᆞᆯ오ᄃᆡ 태휘 츈취 놉흐시고 셩톄 ᄌᆞ루 미령ᄒᆞ시니 폐해 가히 먼니 ᄯᅥ나디 못하실 거시오 인군이 졍ᄉᆞ를 닥디 아니코 젼녑을 일삼으미 가치 아니〃 폐하ᄂᆞᆫ 원턴ᄃᆡ 유힝ᄒᆞ기를 그치시고 덕졍을 닥가 인심을 진뎡ᄒᆞ쇼셔 샹이 유예미결이러니 ᄉᆞ례감이 용ᄉᆞᄒᆞ여 굿ᄒᆞ여 어개 츌녑ᄒᆞ시니 공쥐 텬수를 인녁으로 두로혀디 못ᄒᆞᆯ 줄 알고 톄읍ᄇᆡ별ᄒᆞ고 궁의 도라와 일노브터 식음이 감ᄒᆞ고 의용이 고〃

ᄒᆞ여 눈썹의 우국ᄒᆞᄂᆞᆫ 근심과 ᄉᆞ군ᄒᆞᄂᆞᆫ 눈믈이 씃디 아니〃

12면

공이 호언으로 관위 왈 어개 블과 수월이면 도라오시리니 현비 엇디 과도ᄒᆞ미 이 ᄀᆞᆺᄒᆞ뇨 공쥐 탄식 왈 명공이 아디 못ᄒᆞ시ᄂᆞ냐 텬ᄌᆡ 져ᄉᆡ 아니 계시고 뎨셩이 심히 ᄇᆞᆰ디 아냐 오ᄉᆡᆨ긔운이 하람의 이시니 타일 동샤를 니을 재 홍국 쇼ᄌᆞ의 이실디라 비록 어진 님군이 니으나 우리 션뎨와 모후의 휘 ᄭᅥ처지믈 진양이 ᄎᆞ마 엇디 보리오 셜파의 홍뉘 환난ᄒᆞ니 공이 ᄯᅩᄒᆞᆫ 슬허 탄식 왈 텬되 깁고 머흐니 현비ᄂᆞᆫ 과도히 원녀를 말나 ᄒᆞ더니 명년 이월의 샹이 동방의셔 침병ᄒᆞ샤 미처 도라오디 못ᄒᆞ시고 붕ᄒᆞ시니 이 졍덕 신ᄉᆞ 듕츈이라 부음이 경ᄉᆞ의 니ᄅᆞ매 됴애 황〃ᄒᆞ여 일변 ᄌᆡ궁을 뫼와 경ᄉᆞ의 오고 일변 니을 님군을 태후긔 취품ᄒᆞᆯᄉᆡ 이

13면

ᄣᆡ 진양공쥐 궐듕의 드러가 태낭〃을 보호ᄒᆞ며 ᄋᆡ쳑ᄒᆞᄂᆞᆫ 졀죄 녜법의 극진ᄒᆞ여 궁듕이 다 공쥬의 녕대로 상녜를 출혀 셩복을 디낸 후 됴뎡이 태후긔 니으 리를 주쳥ᄒᆞᆫᄃᆡ 태휘 이ᄣᆡ 망극ᄒᆞ샤 인ᄉᆞ를 아디 못ᄒᆞ시더니 이 말을 드ᄅᆞ시고 더옥 통곡ᄒᆞ시니 공쥐 간왈 이ᄂᆞᆫ 국가 대ᄉᆡ라 ᄒᆞᆫ갓 슬프기를 이긔디 못ᄒᆞ여 마디 못ᄒᆞᆯ 거시오 여러 황족이 이시나 다 뎨왕의 샹이 아니라 다만 흥헌의 쇼ᄌᆡ ᄌᆞ못 긔이ᄒᆞ니 맛당이 뎐지ᄒᆞ샤 ᄎᆡᆨ봉ᄒᆞ쇼셔 태휘 ᄭᆡ드ᄅᆞ샤 뎨명ᄒᆞ시니 군신이 마자 셰우매 이 가졍황뎨라 공쥐 황족 ᄂᆡᄌᆞ를 거ᄂᆞ려 진하ᄒᆞᆯᄉᆡ 신황뎨 각별이 녜ᄃᆡᄒᆞ여 ᄀᆞᆯ오〈샤〉ᄃᆡ 공쥬의 션뎨를 셥졍ᄒᆞ시던 공덕과 어진 졍ᄉᆡ 딤의 흠앙ᄒᆞ

14면

미 오란디라 금일 인ᄉᆡ 변ᄒᆞ므로 궁금 츌입과 태후 봉양ᄒᆞᄋᆞᆸᄂᆞᆫ 길흘 녜와 달니 아디 마ᄅᆞ쇼셔 드ᄃᆡ여 후례로 존경ᄒᆞ샤 군신지의를 아니시고 스승녜로 ᄒᆞ시니 공쥐 샤은ᄒᆞ고 믈너 미양궁의 도라오매 태휘 블승톄읍ᄒᆞ샤 긔ᄉᆡᆨ이 엄홀ᄒᆞᆯ ᄃᆞᆺᄒᆞ신디라 공쥐 이 거동을 보ᄋᆞᆸ고 오ᄂᆡ 촌단ᄒᆞ고 심당이 믜여지ᄂᆞᆫ ᄃᆞᆺᄒᆞ여 긔운이 막히나 낭〃의 슬허ᄒᆞ시믈 위ᄒᆞ여 이셩화긔ᄒᆞ고 됴흔 말ᄉᆞᆷ으로 위로ᄒᆞ여 ᄎᆞ마 ᄯᅥ나디 못ᄒᆞ더니 진공이 글을 공쥬긔 씨쳐 ᄀᆞᆯ오ᄃᆡ

국가의 슬프믈 당ᄒᆞ여 현비 이제 태낭〃 슬하 ᄶᅥ나미 진실노 난연ᄒᆞ나 복의 집이 누셰 샹은으로 쥬야 심연과 박빙을 님ᄒᆞᆫ ᄃᆞᆺᄒᆞ여 ᄇᆞ야흐로

15면

ᄉᆞᆺ그러ᄒᆞ미 몸 둘 곳이 업거ᄂᆞᆯ 현비 엇디 ᄉᆞ졍만 ᄉᆡᆼ각ᄒᆞ고 구듕의 오래 거ᄒᆞ여 인언을 취ᄒᆞ시ᄂᆞ뇨 만ᄉᆡ 만히 번복ᄒᆞ미 잇ᄂᆞᆫ디라 현비ᄂᆞᆫ ᄂᆡᆨ이 ᄉᆡᆼ각ᄒᆞ라

ᄒᆞ엿더라 공쥐 간필의 크게 탄왈 이 말이 올흐니 내 엇디 아디 못ᄒᆞ리오마ᄂᆞᆫ 대ᄉᆡ 거의라 ᄎᆞ마 슬하를 ᄶᅥ나디 못ᄒᆞ리로다 ᄒᆞ고 일월을 궁듕의 뉴ᄒᆞ매 태후의 슬허ᄒᆞ샤미 날노 더어 쟝ᄎᆞᆺ 위ᄐᆡᆨᄒᆞ시니 공쥐 망극ᄒᆞ여 젼조단발ᄒᆞ고 즘심치ᄌᆡᄒᆞ여 후원의 단을 뭇고 친히 텬디신녕긔 모후의 명을 비러 몸소 ᄃᆡ신ᄒᆞ믈 쳥ᄒᆞ니 지극ᄒᆞᆫ 졍셩과 신이ᄒᆞᆫ ᄌᆡ죄 신명을 감동ᄒᆞᆯ 거시로ᄃᆡ 태휘 임의 심ᄉᆡ 샹ᄒᆞ시고 텬명이 진ᄒᆞ시므로 촌회 업고 공쥐 ᄇᆞ야흐로 븍두의 비ᄂᆞᆫ

16면

ᄯᅢ 일진 대풍이 니러나 댱막을 거두텨 태후의 쥬등을 것구로 치니 공쥐 ᄒᆞᆫ 소ᄅᆡ를 ᄒᆞ고 ᄡᅡ히 업더뎌 피를 토ᄒᆞ고 혼졀ᄒᆞ여 단하의 ᄂᆞ려지니 좌위 븟드러 인ᄉᆞ를 출히매 드ᄃᆡ여 졔를 파ᄒᆞ여 미양궁의 도라와 슉식을 젼폐ᄒᆞ고 모후의 침변을 ᄶᅥ나디 아니ᄒᆞ더니 태휘 일〃은 눈을 드러 보시니 하후와 졍덕황뎨 친녀 슉경공쥐 여러 비빙으로 더브러 좌우로 뫼셔 안고 진양공쥐 낭〃 손을 밧들고 ᄂᆞᆺ출 졉ᄒᆞ여 쥬뤼 환난ᄒᆞ여 만신이 쇼연이 ᄉᆞ라지고뎌 ᄒᆞᄂᆞᆫ디라 태휘 졍신을 출혀 크게 늣기시고 드ᄃᆡ여 신황뎨를 쳥ᄒᆞ여 ᄀᆞᆯ오샤ᄃᆡ 블힝ᄒᆞ여 대힝황뎨 뎌ᄉᆡ ᄡᅳ쳐지고 쳥년의 붕ᄒᆞ시믈 보니 힝혀 뎨를 어더 종샤 님자를

17면

삼아시나 도라보건ᄃᆡ 딤의 골육이 진양공쥬 분이오 대힝황뎨 긔츌이 슉경공쥬 일 인이니 그 고독ᄒᆞ미 디하의 눈을 곱디 못ᄒᆞ리니 뎨ᄂᆞᆫ 맛당이 은통을 ᄒᆞᆫ가지로 ᄒᆞ여 외로온 ᄌᆞ식이 어버이 ᄉᆡᆼ각ᄂᆞᆫ 졍을 에엿비 녁이쇼셔 인ᄒᆞ여 허다 권년ᄒᆞᄂᆞᆫ 말ᄉᆞᆷ을 ᄒᆞ시고 공쥬의 손을 잡고 붕ᄒᆞ시니 샹이 ᄋᆡ통ᄒᆞ믈 마디 아니시고 하태후와 공쥬를 각별이 권유ᄒᆞ샤 친히 쥭음을 권ᄒᆞ시니 공쥐 셜음으로 녜를 폐티 아니ᄒᆞ며 샹이 권위

ᄒᆞ시믈 봉순치 아니미 업ᄉᆞ나 심곡은 임의 다 ᄉᆞ라뎟더라 므릇 송풍과 범ᄉᆞ의 의심되고 결치 못ᄒᆞᄂᆞᆫ 일은 샹이 공쥬긔 개〃히 의논ᄒᆞ샤 셩복을 디내고 공쥐 혼뎡의 곡빅ᄒᆞᆫ 후 인

18면

ᄒᆞ여 황뎨긔 하딕 왈 신이 셩은을 닙ᄉᆞ와 폐하의 통우ᄒᆞ시미 삼됴의 ᄒᆞᆫ갈ᄀᆞᆺᄒᆞ시니 맛당이 삭망됴하를 폐티 아남 즉ᄒᆞ오ᄃᆡ 신의 몸의 병이 ᄆᆡ이여 오라디 아니ᄒᆞ올디라 다시 뇽안의 됴회ᄒᆞ고 궁듕을 보디 못ᄒᆞ리로소이다 샹이 감창ᄒᆞ여 위로 왈 공쥬ᄂᆞᆫ 황고와 모후의 댱니보옥으로 ᄯᅩ 녀쥬공이 되여 통지의 존ᄒᆞ미 이셔 션뎨의 통우ᄒᆞ시던 배라 금일 인ᄉᆡ 변ᄒᆞ므로 ᄆᆞ음을 달니 ᄒᆞ시리오 병을 됴티ᄒᆞ여 딤을 보졍ᄒᆞ믈 ᄇᆞ라ᄂᆞ이다 공쥐 샤은ᄒᆞ고 미양궁과 댱싱뎐을 도라보아 혈뉘 효의를 적시고 하후긔 빅ᄉᆞᄒᆞ매 하휘 ᄯᅩᄒᆞᆫ 집슈통곡ᄒᆞ샤 니별ᄒᆞ시니 뉵궁비빙과 만궁궁인이 슬허ᄒᆞ디 아니리 업더라

19면

슉경공쥐 나와 빅별ᄒᆞ매 진양공쥐 그 손을 잡고 어ᄅᆞ믄뎌 우러 ᄀᆞᆯ오ᄃᆡ 텬지 특은으로 우리 슉딜을 무휼ᄒᆞ시니 셩덕이 호텬망극ᄒᆞ나 맛당이 더옥 조심ᄒᆞ미 올흐니 네 가부 녀챵닌이 왕쟉의 외람ᄒᆞ미 잇고 녀시 일문이 너모 셩ᄒᆞ니 ᄆᆞ음을 졀차ᄒᆞ여 대ᄂᆡ 츌입을 말고 쇼심근신ᄒᆞ라 슉경공쥐 톄읍비샤ᄒᆞ더라 신황뎨 졍궁 셜시ᄂᆞᆫ 평졔공 셜영의 녀라 ᄋᆡ용이 슈려ᄒᆞ고 덕되 안졍ᄒᆞ여 국모의 가ᄒᆞ시고 귀비 댱시ᄂᆞᆫ 태후 친딜이라 만히 거오ᄒᆞ고 간힐ᄒᆞᄃᆡ ᄌᆞᄉᆡᆨ이 졀셰ᄒᆞ여 통이 궁듕의 읏듬이러라 이날 모다 공쥬를 빅별홀ᄉᆡ 셜휘 ᄉᆞ부지녜로 답녜를 ᄀᆞ장 공슌이 ᄒᆞ시고 그 ᄋᆡ창ᄒᆞᆫ 거동을 보시매 위ᄒᆞ

20면

여 눈믈을 흘니시며 댱귀비ᄂᆞᆫ 태후 친딜이라 더옥 친〃지의로 참쳑ᄒᆞ믈 이긔디 못하더니 공쥐 귀비를 도라보아 ᄀᆞᆯ오ᄃᆡ 귀비ᄂᆞᆫ 어딜고 공검ᄒᆞ여 분의를 삼가고 덕을 닥가 우리 낭〃 가문의 븟그러오미 업게 ᄒᆞ라 만일 틔만ᄒᆞ미 이실딘ᄃᆡ 뉘우처도 밋디 못ᄒᆞ리라 댱귀비 ᄌᆡ빅슈명ᄒᆞ고 감히 말을 못ᄒᆞ니 댱귀비 거오ᄒᆞ미 뉵궁과 텬ᄌᆞ를 묘

시ᄒᆞᄃᆡ 진양공쥬긔도 감히 심졍을 뵈디 못ᄒᆞ더라 셜후와 당귀비 ᄌᆞ식이 궁듕의 특이ᄒᆞ냐 진양공쥬긔 비ᄒᆞᆫ 즉 명월이 교결ᄒᆞᆫᄃᆡ 듕셩이 비취 ᄀᆞᆺ더니 금일 효복 가온ᄃᆡ 더옥 ᄲᅡ혀나니 인〃이 새로이 경앙ᄒᆞ더라 공쥐 봉년의 ᄇᆡᆨ포를 두ᄅᆞ고 소당을 ᄉᆞ며 도라올싀 힝

21면

ᄒᆞ여 진부의 니ᄅᆞ매 뉴시 일문이 모다 ᄒᆞᆫ가지로 됴상ᄒᆞᄂᆞᆫ 네를 파ᄒᆞᆫ 후 공쥬의 긔식이 엄〃ᄒᆞ고 용뫼 환형ᄒᆞ믈 보고 구고와 진공이 크게 놀나고 두려ᄒᆞ여 븟드러 침뎐의 드리고뎌 ᄒᆞ니 공쥐 ᄉᆞ양 왈 태후낭〃 ᄌᆡ궁이 혼뎐의 계시니 진양이 엇디 놉흔 집을 ᄉᆡᆼ각ᄒᆞ리오 드ᄃᆡ여 좌우로 ᄒᆞ여곰 ᄂᆞ즌 집을 서르저 상막을 ᄇᆡᆨ셜ᄒᆞ고 거적을 ᄭᆞᆯ며 ᄡᅱ를 볘여 궁듕과 궁인의 장속이 ᄇᆡᆨ운 ᄒᆞᆫ ᄣᅦ 되엿더라 공쥐 최마를 벗디 아니ᄒᆞ고 ᄉᆞ시 곡읍을 ᄒᆞᆫ 즉 셩음이 쳐완ᄒᆞ여 사ᄅᆞᆷ이 ᄎᆞ마 듯디 못ᄒᆞ고 반ᄃᆞ시 긔운이 진ᄒᆞᆫ 후 곡읍을 그치ᄂᆞᆫ디라 ᄒᆞᆫ 그ᄅᆞᆺ 미음을 ᄒᆞ로 ᄒᆞᆫ번 마시고 공과 ᄌᆞ녀를 보나 됴곰도 ᄆᆞ음을 머므러 알녀 ᄒᆞ미

22면

업서 더옥 공을 본 즉 역싀ᄒᆞ여 깃거 아니〃 공이 임의 그 ᄯᅳᆺ을 알고 심하의 감동ᄒᆞ여 다시 가디 아니ᄒᆞ고 ᄯᅩᄒᆞᆫ 뎌의 부지치 못ᄒᆞ게 되믈 슬허ᄒᆞ여 삼ᄆᆡ와 당부인으로 ᄒᆞ여곰 ᄃᆡ희여 보호ᄒᆞ며 만단유세ᄒᆞ나 공쥐 다시 사ᄅᆞᆷ의 말을 귀예 머므러 드ᄅᆞ미 업고 쥬야 톄읍ᄒᆞ니 구괴 슬피 넉여 친히 니ᄅᆞ러 권유ᄒᆞᆫ 즉 공쥐 샤례ᄒᆞ여 음식을 맛보며 언어를 일워 평샹ᄒᆞᆫ ᄃᆞᆺᄒᆞ나 구괴 도라간 즉 다시 벼개의 더뎌 쇼〃히 영모ᄒᆞ미 망〃이 ᄯᆞᆯ올 ᄃᆞᆺᄒᆞᆫ디라 임의 삼춘을 디내고 계하의 니ᄅᆞ러 국장을 디내고 공쥐 더옥 ᄉᆡ훼 골입ᄒᆞ여 병이 위틱ᄒᆞ니 진공이 블승참졀ᄒᆞ여 졸곡을 디낸 후 친히 상막의 니ᄅᆞ러 서로 볼싀 공쥐

23면

ᄇᆡᆨ셜 ᄀᆞᆺᄒᆞᆫ 긔뷔 쇼삭ᄒᆞ고 일월 ᄀᆞᆺᄒᆞᆫ 광치 감ᄒᆞ여 옥골이 드러나고 ᄉᆡᆨ믹이 실낫 ᄀᆞᆺᄒᆞ여 최복과 거적의 혈흔이 낭자ᄒᆞ여 ᄎᆞ마 보디 못ᄒᆞᆯ디라 공이 이를 보매 간담이 최졀ᄒᆞ여 그 손을 잡고 실셩당통 왈 오호 현비며 오호 현비야 금하위경이며 금하위경고

션뎨 현비를 싱아ᄒᆞ샤 태낭〃 그 끼치시니 현비 임의 션뎨를 여희시고 금일의 니ᄅᆞ히 무ᄉᆞᄒᆞ엿거늘 ᄎᆞ마 낭〃 ᄌᆞ익를 인ᄒᆞ여ᄡᅥ 이 경식의 미처 대의를 싱각디 아니코 삼상을 ᄆᆞᆺ디 못ᄒᆞ게 되엿ᄂᆞ뇨 현비 죵시 ᄆᆞ음을 도로혀디 아냐 ᄉᆞ싱을 결홀딘ᄃᆡ 내 엇디 ᄎᆞ마 ᄌᆞ녀의 고〃홈과 현비의 귀텬ᄒᆞ믈 보리오 ᄒᆞᆫ가지로 죽어 평셕의 밍셰를 져ᄇᆞ리디 아니리라 셜

24면

파의 눈믈이 빅포를 적시니 공쥐 슈연이 안식을 고쳐 경히 ᄒᆞ고 좌를 잠간 믈녀 ᄀᆞᆯ오ᄃᆡ 진양이 션뎨를 여희ᄋᆞᆸ고 부지ᄒᆞ믄 모후를 도라 보오미라 이 엇디 션상이 슬프미 후상과 다ᄅᆞ미 이시리오 슈연이나 ᄉᆞ싱은 유명ᄒᆞ니 스ᄉᆞ로 말믜암디 못ᄒᆞ여 텬뎡이 이시니 엇디 ᄌᆞ분필ᄉᆞᄒᆞ미 이시리오 내 거년의 글을 지으매 녕빅이 금일을 짐쟉ᄒᆞ고 진양이 또 스ᄉᆞ로 아랏ᄂᆞ니 이는 나의 텬명이 진ᄒᆞ미오 상녜의 샹ᄒᆞ미 아니라 ᄒᆞ믈며 명공은 우흐로 군친이 계시고 형뎨 ᄀᆞ죽ᄒᆞ니 엇디 ᄋᆞ녀ᄌᆞ를 인ᄒᆞ여 ᄉᆞ싱 두 ᄌᆞ를 수이 넉이ᄂᆞ뇨 공이 진실노 이 ᄆᆞ음이 이실딘ᄃᆡ 션조의 죄인이 되고 구텬 타일의 진양을 서로 보기 어려오리니 ᄲᆞᆯ니 외

25면

뎐으로 나가샤 스ᄉᆞ로 존듕ᄒᆞ고 상녜를 위월치 말미 가ᄒᆞ이다 공이 그 엄경ᄒᆞᆫ 말ᄉᆞᆷ과 ᄉᆞᆷ엄ᄒᆞᆫ 녜도를 보매 공경ᄒᆞᄂᆞᆫ ᄆᆞ음과 슬픈 ᄯᅳᆺ이 하슈 ᄀᆞᆺᄒᆞ여 공쥬의 옥슈를 노치 아니코 죽기로ᄡᅥ 니러날 ᄯᅳᆺ이 업서 타루 왈 내 금일 상녜를 힝티 아니미 엇디 구ᄐᆞ여 부〃낙ᄉᆞ로 인ᄒᆞ미리오 현비 위틱ᄒᆞ미 지는 날 ᄀᆞᆺᄒᆞ나 알 니 업ᄉᆞᆫ디라 태낭〃 ᄌᆡ텬지녕이 현비를 고련ᄒᆞ시미 능히 눈을 ᄀᆞᆷ디 못ᄒᆞ시리니 내 엇디 낭〃 셩은을 닛고 일편도이 상녜를 일ᄏᆞ라 현비의 남은 날을 도라보디 아니리오 날노ᄡᅥ 외뎐의 나가고뎌 ᄒᆞ거든 현비 ᄆᆞ음을 두로혀 몸을 보듕ᄒᆞᆫ 즉 맛당이 결복 후 서로 보기를 구ᄒᆞ려니와 그러치

26면

아닌 즉 금일노브터 이 곳을 ᄠᅥ나디 못ᄒᆞ리로다 공쥐 경식 왈 명공이 진양 알오미 ᄒᆡ뎨지동ᄀᆞᆺ치 넉이ᄂᆞ냐 태낭〃이 명공긔 범연ᄒᆞᆫ 군신지의와 다ᄅᆞ시나 이는 족히 닐넘

즉디 아니커니와 쏘흔 당〃흔 대의로 신즈 분의 명빅흐니 흐믈며 션데 삼년상이 년텹흐여 몸이 최마를 닙고 부인의 손을 잡고 좌를 비기미 무식흔 셔인이라도 붓그러오믈 알녀든 흐믈며 쳔승국군으로 상녜를 힝치 아니미 이 곳흐니 이 도시 진양의 연괴라 맛당이 나의 머리를 버혀 그 죄를 샤흐염 즉흐도다 셜파의 봉안이 구늘고 옥면의 블근 긔운이 오르니 밍녈흐미 츄상 굿흐여 공이 슈연이 샤흐고 믁〃히

27면

손을 노하 쇽졀 업시 눈물이 옷기슬 적셔 좌우로 즈녀를 드려 오라 흐니 일공즈 관이 년이 팔 셰오 츠공즈 현이 뉵 셰오 녀이 소 셰라 층〃이 나아오매 교〃흐여 히더의 명쥐요 염〃흐여 곤산의 보벽이라 각〃 유모를 맛뎌 공쥐 브르미 업시 드려 오디 말나 흐여시므로 가비야이 나오디 못흐더니 그 수쳑흔 거동을 보고 관과 현이 상연이 슬허 눈믈을 흘니고 녀이 모친 손을 잡고 가슴의 머리를 다혀 이완이 브르지져 우는디라 근시인이 츠마 보디 못흐여 블승톄읍이오 공의 흐르는 안쉬 좌셕의 소못츠 긔운이 거의 막힐 둣흐니 공쥐 츄연이 식을 고치고 좌우를 도라보아 골오디 내 임의 황고와 모후의 싱휵흐신 호텬대은을 갑스오

28면

디 못흐옵고 능히 현능을 쏠와 시위티 못흐니 쇼〃 유으를 엇디 족히 니르리오마는 명이 임의 진흐여 모즈의 졍이 구런 날이 젹으니 이제 유치의 고〃흐미 오히려 참연흔디라 인졍이 그음 업스믈 알니로다 슈연이나 내 무음이 편티 아닐 분이오 유익흐미 업스니 쌜니 드려가 당부인 휵양흐시믈 밧줍게 흐라 언파의 기리 탄식흐나 다시 눈을 드러 보미 업고 공과 졉화홀 〈의식 업스니〉 공이 머므디 못흐여 외뎐의 나와 밤의 텬샹을 우러〃 보니 공쥬의 쥬셩 문창셩이 빗치 황〃흐여 써러지고뎌 흐는디라 공이 이슈격흉흐고 비뤄 여우흐여 모든 의쟈를 드리고 공쥬긔 나아가 치료흐믈 청흔디 공쥐 탄왈 명공이 평일 통

29면

달흐고 사름의 슈요당단을 췌탁흐는 놉흐미 이시디 엇디 홀노 진양을 아디 못흐누뇨 내 임의 병이 고황을 침노흐고 텬쉬 다흐여시니 초목으로 도로혈 배 아니라 엇디 무

익흔 약믈을 번거롭게 ᄒᆞ리오 공이 타루ᄒᆞ고 다시 쳥티 못ᄒᆞ니 공쥬 날노 슬프믈 더어 졈〃 시긱의 긔운이 다ᄅᆞ고 아조 위돈ᄒᆞ매 텬ᄌᆡ 드ᄅᆞ시고 어의와 약믈이 쓧디 아니ᄒᆞ고 하태휘 대경ᄒᆞ샤 비빙과 궁인이 년쇽ᄒᆞ여 위문ᄒᆞ시ᄃᆡ 죠곰도 텬명과 공쥬의 효심을 두로혀디 못ᄒᆞ니 뉴부 상하와 궁듕이 황〃ᄒᆞ여 텬단과 븍두의 빌고져 홀ᄉᆡ 공이 스ᄉᆞ로 목욕ᄌᆡ계ᄒᆞ여 후원의 단을 무어 양지ᄒᆞ려 ᄒᆞ더니 공쥬 혼미흔 듕 두어 날 공의 문병ᄒᆞ미

30면

업ᄉᆞ믈 보고 좌우ᄃᆞ려 닐오ᄃᆡ 쥬공이 반ᄃᆞ시 툭텬ᄒᆞᄂᆞᆫ 거죄 잇ᄂᆞᆫ디라 비ᄌᆞᄂᆞᆫ 날을 위ᄒᆞ여 쥬공긔 알외라 명공이 일ᄉᆡᆼ 셩인의 경계를 드러 계시리니 득죄어텬이면 빌배 업다 ᄒᆞ니 이 진양의 텬명이 진ᄒᆞ미라 엇디 양지ᄒᆞ여 그 슈를 어드미 이시리오 ᄒᆞ믈며 국군이 톄위 존듕ᄒᆞ고 셰쇄흔 일이 업ᄉᆞ리니 ᄋᆞ녀ᄌᆞ를 위ᄒᆞ여 ᄉᆞᄉᆡᆼ의 츰디 못ᄒᆞ므로ᄡᅧ 이리ᄒᆞ미 가티 아니코 진양이 남은 날이 업ᄉᆞ니 죠용이 별회를 니ᄅᆞ고 이러틋 근노치 마ᄅᆞ쇼셔 ᄒᆞ라 궁인이 텽녕ᄒᆞ여 밧비 공의게 고ᄒᆞ니 공이 악연 왈 심의라 ᄎᆞ인이여 ᄆᆞ츰ᄂᆡ 홀일업ᄉᆞ니 이ᄂᆞᆫ 하늘이 날을 죽이시미라 현마 엇디 ᄒᆞ리오 드ᄃᆡ여 드

31면

ᄃᆡ여[3] 침뎐의 도라와 공쥬를 보니 증셰 더옥 침듕ᄒᆞ여 십분 위틱ᄒᆞ니 공이 나아가 옥슈를 잡고 병을 뭇고뎌 ᄒᆞ매 긔운이 몬뎌 쓰처지니 혼미ᄒᆞ여 인ᄉᆞ를 모ᄅᆞᄂᆞᆫ디라 좌위 놀나 븟드러내매 셩의빅이 졔뎨로 더브러 외뎐의 ᄃᆡ후ᄒᆞ여 병을 의논ᄒᆞ더니 진공의 혼졀ᄒᆞ믈 듯고 드러와 약을 나와 반향 후 진뎡ᄒᆞ매 셩의빅이 칙ᄒᆞ여 ᄀᆞᆯ오ᄃᆡ 부모의 ᄉᆡᆼ아지은이 막대ᄒᆞ고 군샹의 후록과 영통을 밧ᄌᆞ오ᄃᆡ 군부의 호텬지은도 ᄯᆞ라 죽ᄂᆞ 니 업거ᄂᆞᆯ 부〃 ᄉᆞ졍으로 이런 거조를 ᄒᆞ여 ᄉᆞ린의 긔롱을 취ᄒᆞᄂᆞ뇨 이제 공쥬의 효의와 튱녈이 너의 이런 졍을 도라보디 아니시ᄂᆞᆫ ᄆᆞ음과 현뎨 남의 되여 군친을 ᄇᆞ리고 이 곳흐믈 비우하여 ᄉᆡᆼ

3) 드ᄃᆡ여 : '드ᄃᆡ여' 반복

32면

각ᄒᆞ여 보라 공이 ᄆᆞᆨ연 냥구의 샤왈 형당이 쇼데ᄅᆞᆯ 아ᄅᆞ실디라 엇디 부〃 ᄉᆞ졍을 ᄎᆞᆷ디 못ᄒᆞ리오마ᄂᆞᆫ 뎌 ᄀᆞᆺᄒᆞᆫ 셩덕으로 ᄆᆞᄎᆞᆷᄂᆡ 단명ᄒᆞ미 이에 니ᄅᆞ믈 ᄎᆞᆷ디 못ᄒᆞ미라 스ᄉᆞ로 과도ᄒᆞ믈 아ᄅᆞᄃᆡ 고치디 못ᄒᆞᄂᆞ이다 졔공이 ᄒᆞᆯ일업서 위로ᄒᆞ고 외뎐의 가 상ᄉᆞᄅᆞᆯ ᄃᆡ령ᄒᆞ고 공은 다시 드러가 공쥬ᄅᆞᆯ 보니 공쥐 잠간 졍신을 출혀 좌우의 븟들녀 니러안자 공을 ᄃᆡᄒᆞ여 ᄀᆞᆯ오ᄃᆡ 명공이 필부의 신을 ᄃᆡᆨ히고뎌 ᄒᆞ여 구〃ᄒᆞᆫ 졍으로 진양을 욕ᄒᆞ미 태심ᄒᆞ니 디하의 서로 볼 ᄂᆞᆺ치 업ᄉᆞᆯ디라 명공이 이 ᄆᆞ음을 도로혀디 아닐진대 당샹의 빵친을 엇디ᄒᆞ며 슬하의 이미 일흔 ᄌᆞ녀ᄂᆞᆫ 어ᄃᆡᄅᆞᆯ 의지ᄒᆞ리오 ᄆᆞ음을 널녀 경듕을 ᄉᆡᆼ각ᄒᆞ시고 진양

33면

이 죽은 후 과도ᄒᆞᆫ 거조로 셰상시비ᄅᆞᆯ 일위디 마ᄅᆞ쇼셔 드ᄃᆡ여 당부인을 쳥ᄒᆞ여 탁고 왈 진양이 블ᄒᆡᆼᄒᆞ여 단명ᄒᆞ니 부인으로 다시 즐기믈 엇기 어려온디라 부인 현덕으로 진양이 말이 업서도 능히 ᄒᆡᆼᄒᆞ려니와 ᄌᆞ녀ᄅᆞᆯ 무양ᄒᆞ고 셩인ᄒᆞ믈 삼가 의방의 아름다오믈 샹희오디 말며 궁듕을 졍졔ᄒᆞ여 나의 법도ᄅᆞᆯ 변티 말나 엄광과 당손시ᄂᆞᆫ 이 근신 튱냥지인이니 말이 ᄃᆡᆨᄒᆞ나 ᄡᅥ리디 말고 녯 소임을 폐케 말나 관ᄋᆞᄂᆞᆫ 안졍ᄒᆞᆫ 군ᄌᆡ로ᄃᆡ 현ᄋᆞᄂᆞᆫ 만히 호탕ᄒᆞ니 타일 반ᄃᆞ시 금슬의 마당이 만흘디라 부인은 모ᄅᆞ미 졍도로 ᄀᆞ르쳐 소탁을 닛디 마ᄅᆞ쇼셔 다시 공을 향ᄒᆞ여 왈 명공이 ᄒᆞᆫ갓 ᄋᆞ녀의 눈믈과 탄식으로

34면

죽기ᄅᆞᆯ 일ᄏᆞ라 하쥐 졍도로 만난 부뷔로ᄃᆡ 도로혀 포쥬의 구챠ᄒᆞ믈 ᄉᆡᆼ각ᄒᆞ시니 서로 보미 심히 참괴ᄒᆞ나 ᄉᆡᆼ각건ᄃᆡ 십여 년 부〃지의ᄅᆞᆯ ᄒᆞᆯ노 모ᄅᆞ리오 니별을 당ᄒᆞ매 ᄆᆞ음의 슬프믈 ᄎᆞᆷ디 못ᄒᆞ여 그른 일을 개회티 아니코 금일 말ᄉᆞᆷ을 ᄭᅵ치ᄂᆞ니 이친을 뫼셔 기리 영슌ᄒᆞ고 작녹을 탐티 말며 진양이 임의 망ᄒᆞᆫ 즉 태원으로ᄡᅥ 나라희 드리고 관의 형뎨로 ᄒᆞ여곰 승습ᄒᆞ시ᄂᆞᆫ 과분ᄒᆞ믈 조심킈 ᄒᆞ쇼셔 ᄯᅩ 구고 숙ᄆᆡᄅᆞᆯ 쳥ᄒᆞ여 니별ᄒᆞᆯᄉᆡ 구고긔 고왈 블쵸ᄒᆞᆫ 아희 텬쉬 진ᄒᆞ여 금일 ᄌᆞ하의 슬프믈 ᄭᅵ치오니 죄악이 듕ᄒᆞᆫ디라 그윽이 존하의 뵈오믈 붓그리ᄂᆞ이다 원컨ᄃᆡ 블쵸ᄋᆞᄅᆞᆯ ᄉᆡᆼ각디 마ᄅᆞ시고 쳔츄ᄅᆞᆯ 안낙ᄒᆞ시믈 ᄇᆞ라ᄂᆞ이다

35면

승상이 눈물이 슈염의 니음차 기리 희허 왈 안연이 단명ᄒᆞ고 명되 조셰ᄒᆞ시니 공쥬의 셩덕으로 금일이 이시미 그 하늘이오 국운의 돌녀시니 엇디 ᄒᆞᆫ갓 복의 집만 블힝ᄒᆞ리오 부인은 옥슈를 잡고 가슴을 어ᄅᆞ믄뎌 ᄀᆞᄅᆞᄃᆡ 옥쥬의 셩덕과 대효로 슈를 누리디 못ᄒᆞ시믄 우리 복이 박ᄒᆞ고 앙홰 옥쥬긔 미ᄎᆞ미라 원컨ᄃᆡ 쳡이 ᄃᆡᄒᆞ믈 텬디신명긔 비ᄂᆞ니 옥쥬ᄂᆞᆫ 태낭〃 텬붕디통을 져기 관억ᄒᆞ샤 우리 졍과 삼ᄋᆞ의 외로오믈 싱각ᄒᆞ쇼셔 공쥐 츄연 왈 존고의 아히 앗기시ᄂᆞᆫ ᄆᆞ음이 급ᄒᆞ샤 이 말숨이 계시나 아히 명이 텬쉬라 만일 집상ᄒᆞ므로 죽을딘ᄃᆡ ᄌᆞ고의 혈읍삼년과 ᄌᆞ공의 뉵년거려의 엇디 부지ᄒᆞ미 이시리

36면

잇고 젹은 일도 텬쉬오 면티 못ᄒᆞᆯ 거시 하늘이라 진양이 신위 왕희ᄒᆞ여 쳔승의 부귀를 누련디 십 년이 디나니 이 족ᄒᆞᆫ디라 엇디 금일 죽으미 앗가오리잇고 구고ᄂᆞᆫ 학발오치ᄒᆞ샤 만년 영슌ᄒᆞ시믈 원ᄒᆞᄂᆞ이다 셜파의 ᄌᆞ녀를 ᄃᆞ려오라 ᄒᆞ니 당부인 삼ᄌᆞ일네 ᄒᆞᆫ가지로 니ᄅᆞ매 공쥐 쓰다듬아 ᄎᆞ례 영쥬쇼져긔 미처ᄂᆞᆫ 당부인ᄃᆞ려 닐오ᄃᆡ 관의 형뎨ᄂᆞᆫ 오히려 날을 알녀니와 아디 못게라 ᄎᆞᄋᆞᄂᆞᆫ 어믜 얼굴을 모ᄅᆞ리니 부인은 예엿비 넉여 그 일싱을 졔도ᄒᆞ라 당부인이 눈물이 비 ᄀᆞᆺᄒᆞ여 ᄌᆡᄇᆡ 왈 금일 옥쥬의 유교를 듯ᄌᆞ오매 쳡의 넉시 ᄉᆞ라디고 ᄣᅢ 화ᄒᆞ나 엇디 니ᄌᆞ미 이시리잇고 ᄒᆞ믈며 공이 계시니 삼ᄋᆞ의 평싱은 지셩으로

37면

졔도ᄒᆞ리니 옥쥬ᄂᆞᆫ 념녀티 마ᄅᆞ쇼셔 공쥐 탄왈 진양이 부인 덕을 아란디 십 년이오 ᄒᆞ믈며 공의 부ᄌᆞ 간을 사ᄅᆞᆷ이 닐너 당보ᄒᆞᆯ 배 아니로ᄃᆡ 이 ᄌᆞ모의 구〃ᄒᆞᆫ 졍이 마디 못ᄒᆞ미라 부인이 이시니 궁듕ᄉᆞ와 공을 ᄂᆡ조ᄒᆞᄂᆞᆫ 졍ᄉᆞᄂᆞᆫ 진양이 말을 허비티 아닛ᄂᆞ이다 ᄯᅩ 당손샹궁을 블너 닐오ᄃᆡ 내 당년의 경으로ᄡᅥ ᄂᆡ외ᄉᆞ를 맛뎌 보니 근신ᄒᆞ미 가히 뉵쳑을 의탁ᄒᆞ염 즉ᄒᆞᆫ디라 모ᄅᆞ미 엄광으로 더브러 공ᄌᆞ 형뎨와 군쥬를 봉양ᄒᆞ며 인도ᄒᆞ믈 졍도로 ᄒᆞ여 안과ᄒᆞ라 ᄯᅩ 당부인 셤기믈 내 이신 ᄣᅢᄀᆞᆺ치 ᄒᆞ여 젼휘 다ᄅᆞ게 말나 드ᄃᆡ여 두 봉 화젼을 당손시를 맛뎌 왈 이후 궁듕의 연괴 잇거든 이를 보ᄃᆡ

가졍 뉵 년의 첫 화젼

38면

을 보고 가졍 십삼 년의 둘재를 보아 삼가 닛디 말나 당손시 고두톄읍ᄒᆞ여 슈명ᄒᆞ매 관현냥ᄌᆞ를 나아오라 ᄒᆞ여 여등이 나히 비록 어리나 오히려 인ᄉᆞ를 아니 어미 ᄉᆡᆼ각을 과히 말고 ᄒᆞᆨ문을 힘ᄡᅳ며 튱효를 삼가고 당손시와 엄태감을 스승으로 셤겨 져ᄇᆞ리디 말나 관의 형뎨 절ᄒᆞ여 명을 밧고 오열비읍ᄒᆞ여 진〃이 늣기고 말을 못ᄒᆞ니 공쥐 안ᄉᆡᆨ을 동ᄒᆞ여 기리 혀ᄎᆞ고 닐오ᄃᆡ 텬되 엇디 내 아ᄒᆡ게 이대도록 극ᄒᆞ뇨 현마 엇디 ᄒᆞ리오 당의 ᄌᆞ뫼 이시니 날과 ᄒᆞᆫ가지오 ᄒᆞ믈며 네 엄친이 무양ᄒᆞ시니 단명ᄒᆞᆫ 어미를 ᄉᆡᆼ각디 말나 이에 녀쥬공 고명과 통ᄌᆡ 옥보를 봉ᄒᆞ고 공을 도라보아 왈 진양이 죽은 후 유표와 인슈

39면

를 나라히 드리라 말노조차 옥톄 방〃ᄒᆞ여 의슈의 ᄉᆞ뭇ᄎᆞ니 이ᄂᆞᆫ 녜일을 ᄉᆡᆼ각고 슬허ᄒᆞ미러라 ᄋᆡ원ᄒᆞᆫ 거동과 쇄락ᄒᆞᆫ 광ᄎᆡ 효의 가온ᄃᆡ 더옥 소사나 그 명이 진코뎌 ᄒᆞ매 ᄇᆡᆨ틔 만염이 더옥 찬난ᄒᆞ여 비컨ᄃᆡ 츄슈의 샤양이 비최고 부상효월의 오운이 덥혓ᄂᆞᆫ ᄃᆞᆺ 산쳔의 졍명지긔ᄂᆞᆫ 미목의 더옥 녕형ᄒᆞ고 구름 ᄀᆞᆺᄒᆞᆫ 녹발이 어ᄌᆞ러워 옥빈을 ᄀᆞ리와시니 ᄇᆡᆨ년이 녹엽의 ᄡᅡ이고 명쥬 벽히의 비최ᄂᆞᆫ ᄃᆞᆺᄒᆞ여 모든 부인의 화안옥틔 광ᄎᆡ를 아이ᄂᆞᆫ디라 긔운이 빙셜을 무어시며 뇽ᄌᆞ봉질과 일월지광이 만고의 무빵ᄒᆞ믈 금일 더옥 ᄭᆡᄃᆞ라 인〃의 앗기고 슬허ᄒᆞ미 비ᄒᆞᆯ 곳이 업고 공의 ᄀᆞᆨ골통샹ᄒᆞ믄 엇디 ᄒᆞᆫ갓

40면

부〃 ᄉᆞ졍을 의논ᄒᆞ리오 이ᄣᅢ 텬ᄌᆡ 드ᄅᆞ시고 그 튱효셩덕을 감동ᄒᆞ샤 친히 진부의 힝〃ᄒᆞ시니 진공이 지영ᄒᆞ여 공쥬의 와탑의 니ᄅᆞ시니 공쥐 됴복을 몸의 언고 셩은을 샤례ᄒᆞᆯᄉᆡ ᄆᆞᆰ은 졍신과 신이ᄒᆞᆫ 옥셩은 의구ᄒᆞᄃᆡ 냥안의 졍ᄎᆡ 밧그로 나타나 방듕이 ᄇᆞᆰ고 명광의 긔이ᄒᆞ미 더옥 슈발ᄒᆞ여 셕일 안졍ᄒᆞ고 슉연ᄒᆞᆫ 광휘 일월을 ᄀᆞ리오던 ᄣᅢ를 ᄉᆡᆼ각ᄒᆞ매 이 졍히 믈그림자 속의 지ᄂᆞᆫ ᄒᆡ 요〃홈 ᄀᆞᆺᄒᆞ니 샹이 그 명ᄆᆡᆨ이 급ᄒᆞ믈 보시매 눈믈을 ᄂᆞ리와 ᄀᆞᆯ오샤ᄃᆡ 태휘 븡ᄒᆞ시미 오라디 아냐셔 녀쥬공이 이에 미ᄎᆞ니

엇디 종샤의 블힝이 아니리오 공쥐 샤례 왈 신이 죄악이 듕ᄒᆞ와 태낭〃 흑양ᄒᆞ신 호텬대은

41면

을 갑습디 못ᄒᆞ읍고 삼상이 딘ᄒᆞ디 아냐셔 명이 몬뎌 긋코져 ᄒᆞ오니 디하의 눈을 곰디 못홀 거시오 폐하의 통우 ᄒᆞ시미 여ᄎᆞᄒᆞ샤 누샤의 어개 친님ᄒᆞ시니 감은ᄒᆞ오미 간뇌도디 ᄒᆞ오나 만분지일을 갑습디 못ᄒᆞ리로소이다 상이 크게 슬허 위로ᄒᆞ시고 환궁ᄒᆞ시니 공쥐 븟들녀 ᄉᆞ빅 하딕ᄒᆞ읍고 조초 졔왕 공쥬 왕비 오십여 인이 나아와 문병ᄒᆞᄃᆡ 공쥐 졔족을 보고 츄연 탄식 왈 슬프다 진양이 녈위로 더브러 다시 미양궁 됴회를 ᄒᆞ고져 ᄒᆞ나 능히 어드랴 녈위는 명분을 삼가고 소임을 조심ᄒᆞ여 기리 무양ᄒᆞ라 남챵왕 부인 슉경공쥬를 나아오라 ᄒᆞ여 그 손을 잡고 머리를 어ᄅᆞ므뎌 각별 년〃무이ᄒᆞ여 경계 왈 현딜은 조심ᄒᆞ고 공경ᄒᆞ여 우리 션데의 교훈을 욕디 말나

42면

모든 황친이 다 눈믈을 흘니고 슉경공쥬는 부황이 붕ᄒᆞ신 후 모낭〃 태후와 슉모 진양공쥬만 우러다가 위인이 비록 진양공쥬긔 밋디 못ᄒᆞ나 ᄉᆡ덕이 겸비ᄒᆞ여 유한졍뎡ᄒᆞ미 일셰를 기우리는 슉녀라 진양공쥐 일개 딜녀로 졍덕황뎨 골육이 이 공쥬 분이라 ᄒᆞ여 ᄉᆞ랑ᄒᆞ고 귀듕ᄒᆞ며 ᄀᆞᄅᆞ치믈 엄히 ᄒᆞ여 부가의 예셩을 어덧더니 이날 와 영결ᄒᆞ매 븟들고 호읍ᄒᆞ여 ᄎᆞ마 써나디 못ᄒᆞ니 근시인이 ᄎᆞ마 보디 못ᄒᆞ더라 날이 기울매 모다 영결ᄒᆞ고 흐터지니 공이 나아가매 공쥐 여러 사ᄅᆞᆷ을 ᄃᆡ졉ᄒᆞ고 ᄯᅩ 어개 친님ᄒᆞ시므로 ᄌᆞ못 졍신을 뻐시므로 더옥 혼〃ᄒᆞ니 공이 그 위급ᄒᆞ믈 보매 ᄒᆞᆫ가지로 누어 묘연이 셰상을 슷

43면

고져 ᄒᆞ매 임의 날이 진ᄒᆞ여 동창의 효ᄉᆡᆨ이 비최ᄃᆡ 공쥬와 ᄀᆞᆺ치 혼침ᄒᆞ여 니디 아냣더니 날이 느ᄌᆞ매 공쥐 졍신을 출혀 눈을 드러보매 공이 일팀의 누어 눈을 곰고 즘연이 셰상을 아디 못ᄒᆞ는 ᄃᆞᆺᄒᆞᆫ디라 공쥐 믄득 닐오ᄃᆡ 진양이 말이 미ᄒᆞ여 공이 치텽ᄒᆞ미 업도다 진공이 희연이 공쥬의 손을 잡고 기리 한숨뎌 왈 현비는 잠간 고마ᄒᆞ믈 ᄂᆞ초아 십여 년 은의를 용납ᄒᆞ라 내 소견이 무식ᄒᆞ고 나히 졈어 당년의 현비로 허다 괴

로오믈 보게 ᄒᆞ고 인연이 이리 덧업ᄉᆞᆯ 거ᄉᆞᆯ 뉵 년 샹니ᄒᆞ여 부뷔 깃드리미 겨요 구 년이라 비록 결발 십오 년이나 진짓 동긔ᄂᆞᆫ 구 년이 못ᄒᆞ니 ᄆᆡ양 젼일을 ᄉᆡᆼ각ᄒᆞᆫ 즉 ᄒᆞᆫᄢᅢ ᄯᅥ나믈 앗기더니

44면

이제 쟝춧 만고 니별이 다ᄃᆞ라시니 엇디 ᄒᆞᆫ가지로 누어 평ᄉᆡᆼ 소회를 펴디 아니리오 현비의 죽ᄂᆞᆫ 날은 나의 명이 진ᄒᆞᄂᆞᆫ 날이니 진실노 이 ᄆᆞ음을 도로혀디 못ᄒᆞᆯ디라 죽기예 니ᄅᆞ러 무ᄉᆞᆫ 녜를 잡으리오 ᄒᆞᆫ가지로 누어 ᄒᆞᆷ긔 죽으믈 원ᄒᆞ노라 공ᄌᆔ 평일 공의 고집을 아ᄂᆞᆫ 고로 깁히 념녀ᄒᆞ여 탄식 왈 고인이 녀ᄉᆡᆨ을 경계ᄒᆞ믈 ᄆᆡ양 고이히 넉여 ᄉᆡᆼ각ᄒᆞᄃᆡ 사오나온 계집이 교언녕ᄉᆡᆨ으로 남ᄌᆞ를 그ᄅᆞᆺ 인도ᄒᆞ매 ᄉᆡᆨ이 해되나 덕이 이신 즉 엇디 방해로오리오 ᄒᆞ엿더니 금일이야 ᄇᆡ야흐로 고인의 말이 올흐믈 ᄭᆡ닷ᄂᆞ니 진양이 이제 죽기의 니ᄅᆞ러 공의 ᄉᆞᄉᆡᆼ 두 ᄌᆞ 노흐믄 도시 나의 박면을 인ᄒᆞ미니 엇디 참괴ᄒᆞ미 업ᄉᆞ리오

45면

군ᄌᆡ 님ᄉᆞ의 관을 그ᄅᆞ디 아니ᄒᆞᆫ다 ᄒᆞ니 엇디 죽기의 니ᄅᆞ러 그 녜를 폐ᄒᆞ리오 공이 임의 고금을 박남ᄒᆞ여 흉금의 만권셔를 장ᄒᆞ고 셩인의 교훈을 ᄒᆞᆫ 일도 효측디 아니ᄒᆞ여 도로혀 미ᄉᆡᆼ신슌의 어리믈 본밧고뎌 ᄒᆞ니 슬프다 ᄭᆡ닷디 못ᄒᆞ미여 엇디 ᄒᆞ리오 당년 일은 일시 운익이어ᄂᆞᆯ 이제 엇디 일ᄏᆞ라 뉘우ᄎᆞᆯ 배리오 ᄉᆞᄉᆡᆼ이 잠간 ᄎᆡᆨ지ᄒᆞ나 모ᄅᆞ미 오라디 아닐 거시오 공이 ᄯᅩᄒᆞᆫ 슈흔이 하슈의 잇디 아니〃 귀심을 밧바 말고 이친을 죵효ᄒᆞ고 ᄌᆞ녀를 셩인ᄒᆞ여 쳐ᄉᆞ를 온듕이 ᄒᆞ미 가치 아니랴 진양이 평셕의 명공을 져ᄇᆞ리미 업고 말이 밋브디 아니미 업ᄉᆞᄃᆡ 공이 ᄒᆞᆯ노 죽기의 니ᄅᆞ러 ᄡᅵ친 말을 ᄎᆡᆨ납ᄒᆞ미 업ᄉᆞ니 병심이 더옥 황난ᄒᆞ니 명공

46면

이 만일 십 년 은졍과 부〃의 지심ᄒᆞ미 이실딘ᄃᆡ 진양의 지셩소원을 ᄉᆡᆼ각ᄒᆞ여 거두어 용납ᄒᆞ쇼셔 말ᄉᆞᆷ이 근졀ᄒᆞ고 긔운이 화평ᄒᆞ여 ᄒᆞᆫ 뎜 ᄉᆞᆨ틔를 머믈우미 업ᄉᆞ니 공이 감동ᄒᆞ고 ᄭᆡᄃᆞ라 눈믈을 드리워 샤례ᄒᆞ더라 이윽ᄒᆞᆫ 후 공ᄌᆔ 당손시를 명ᄒᆞ여 공의게 〈식상을〉 올니고 근졀이 희유ᄒᆞ여 ᄀᆞᆯ오ᄃᆡ 진양이 공의 가모 소임을 금일의 다

ᄒᆞ니 공〃은 셜〃ᄒᆞ믈 그치고 음식을 맛보아 기리 써나는 ᄆᆞ음을 위로ᄒᆞ라 공이 그 영결인 줄 알매 오열비창ᄒᆞ믈 마디 아니ᄒᆞᄃᆡ ᄯᅩᄒᆞᆫ 그 권유ᄒᆞ믈 다시 듯디 못ᄒᆞᆯ 줄 알고 강잉ᄒᆞ여 됴반을 파ᄒᆞ매 공쥐 방듕을 쇄소ᄒᆞ고 최복을 ᄀᆞ초아 븟들녀 망궐ᄉᆞ빅ᄒᆞ고 침좌의 나아가 돗글 정히 ᄒᆞ고 침

47면

어명이 진ᄒᆞ니 향년이 이십오 셰오 시셰 가경 원년 임오 츄팔월 무오일이라 큰 별이 후원의 써러지니 소릭 우레 ᄀᆞᆺ고 ᄇᆞᆰ은 빗치 ᄉᆞ방으로 헤여지니 이 공쥬 쥬셩이라 가히 슬프고 앗갑도다 텬되 현인을 앗기시니 엇디 ᄉᆞᄉᆡᆼ을 인녁으로 도로혀리오 임의 운여를 도로혀매 진국 옥쇄 븨여시니 이째 공이 공쥬의 명졀ᄒᆞ믈 보고 크게 ᄒᆞᆫ 소릭를 ᄒᆞ고 싸히 업더지니 승샹과 졔형뎨 일시의 븟드러 내여오매 관의 형뎨 이 거동을 보아 오닉 뮈여지고 심혼이 니톄ᄒᆞ니 모비의 시신을 븟들고 가슴의 ᄂᆞᆺ출 다혀 브ᄅᆞ지져 우는 소릭 셕목간댱이라도 ᄎᆞ마 보디 못ᄒᆞᆯ디라 니부인과 졔부인이 니ᄅᆞ러 미처 영결티 못ᄒᆞ믈 ᄒᆞᆫᄒᆞ고 서

48면

로 븟드러 호곡ᄒᆞ믈 마디 아니ᄒᆞᄃᆡ 공쥐 싱시 녜의 엄ᄒᆞ던디라 그 슬프므로 녜를 폐티 못ᄒᆞ여 일변 공을 구ᄒᆞ고 공ᄌᆞ 형뎨를 븟드러 내여 오며 나라히 알외고 일변 발상ᄒᆞᆯ식 궁듕 부듕이 일톄로 호곡ᄒᆞ니 나라히 황〃ᄒᆞ고 녜ᄉᆞ 공쥬와 ᄀᆞᆺ디 아냐 션뎨를 보졍ᄒᆞ미 오란 고로 고가와 뉴풍과 덕졍이 시틱이민이 구ᄒᆞ여 만됴빅관과 뎐야 ᄉᆞ셔의 니ᄅᆞ히 고비를 상흠 ᄀᆞᆺᄒᆞ니 엇디 ᄒᆞᆫ 부인의 상ᄉᆞ를 니를 배리오 텬지 드ᄅᆞ시고 팀뎐의셔 거이ᄒᆞ샤 궐닉 딘동ᄒᆞ니 하태휘 미처 보아 영결치 못ᄒᆞ믈 과히 슬허 진션을 폐ᄒᆞ시고 쥬야통곡ᄒᆞ시며 뉵궁비빙과 삼쳔지녈이 ᄃᆞ토아 진궁의 니ᄅᆞ러 곡벽ᄒᆞ고 황친국족이 구름

49면

름[4] ᄀᆞᆺ치 모혀시나 인ᄉᆡ 변ᄒᆞ여 상하 닉외 곡셩이 하늘의 ᄉᆞᄆᆞᆺᄎᆞ니 이째 경샹은 ᄎᆞ마

4) 름 : '름' 반복

보디 못ᄒᆞ리러라 승샹이 졔ᄌᆞ를 더브러 상녜를 잡아 녜관으로 치상홀ᄉᆡ 임의 념습ᄒᆞ여 공을 반함ᄒᆞ기를 직촉ᄒᆞ니 공이 이때 혼미ᄒᆞ여 두어 날이로ᄃᆡ 니러날 줄 모ᄅᆞ더니 승샹의 명을 조차 겨요 시상의 나아가 금구를 열고 공쥬를 보니 용뫼 완연이 견일 ᄀᆞᆺ흔디라 공이 이를 보매 긔운이 거ᄉᆞ려 피를 토ᄒᆞ고 혼졀ᄒᆞ여 업더지니 승샹이 친히 나와 약을 드리워 인ᄉᆞ를 출히매 크게 칙ᄒᆞᄃᆡ 네 이제 ᄉᆞ졍을 인ᄒᆞ여 아비와 님군을 두고 이 ᄀᆞᆺ흔 거조를 ᄒᆞ니 내 사ᄅᆞᆷ을 ᄃᆡ홀 ᄂᆞᆺ치 업도다 공이 졍신을 졍ᄒᆞ여 샤죄ᄒᆞ고 강잉ᄒᆞ여 반함

50면

ᄒᆞ고 인ᄒᆞ여 관을 븟드러 태쳥뎐 뎡팀의 셩빙ᄒᆞ니 공이 부형의 경계와 공쥬의 유언을 ᄉᆡᆼ각ᄒᆞ여 쳔만 진졍ᄒᆞ매 ᄇᆡ야흐로 초상을 다ᄉᆞ려 셩복을 디낼ᄉᆡ 사ᄅᆞᆷ을 ᄃᆡᄒᆞ여는 담쇠 ᄌᆞ약ᄒᆞ니 모ᄅᆞᄂᆞ 니는 도로혀 인졍을 박히 넉이더라 셩복 날 승예 흰 옷 닙으시고 ᄇᆡᆨ관이 호위ᄒᆞ여 진궁의 와 됴곡ᄒᆞ시고 됴셔ᄒᆞ샤 시호를 지효진튱문명녀쥬공진양공쥬라 ᄒᆞ시고 태뢰로 졔문 지어 치졔ᄒᆞ시니 그 거륵ᄒᆞ미 나라흘 기우리더라 장ᄉᆞ를 디내매 하태휘 졔문 지어 치졔ᄒᆞ시며 뉵궁비빈이 ᄎᆞ례로 치뎐ᄒᆞ니 궐듕이 황〃ᄒᆞ미 태후 상ᄉᆞ의 다ᄅᆞ미 업고 하휘 친히 공쥬의 어려셔브터 츌궁ᄒᆞ시던 일을 ᄉᆡᆼ각고 ᄒᆡᆼ장을

51면

긔록ᄒᆞ여 ᄂᆞ리오시니 ᄉᆞᄉᆡᆼ의 거룩ᄒᆞᆫ 영툥이 죠곰도 감티 아니코 진공이 ᄯᅩᄒᆞᆫ 공쥬의 유표와 고명인슈를 올니매 샹이 더옥 통도ᄒᆞ샤 상장의 녜존ᄒᆞ시미 고왕금ᄂᆡ의 듯디 못ᄒᆞᆫ 배러라 진공이 이때 황〃홀〃ᄒᆞ여 임의 초상을 디내고 장일이 다ᄃᆞᄅᆞ니 그 망ᄒᆞ믈 ᄭᆡᄃᆞᄅᆞ면 긔운이 막히고 혹 니ᄌᆞ면 평샹ᄒᆞ여 사ᄅᆞᆷ을 ᄃᆡᄒᆞ나 어린 ᄃᆞᆺᄒᆞ여 곡읍을 못ᄒᆞ니 니부인이 셩복을 디내고 도라와 새로이 ᄆᆞ음을 뎡티 못ᄒᆞ고 그 ᄌᆞ녀를 ᄃᆞ려와 어ᄅᆞ문뎌 더옥 참졀ᄒᆞᄃᆡ 관은 임의 공을 ᄯᆞᆯ와 상측의 이셔 상인의 소임을 ᄒᆞ여 노셩당쟈 ᄀᆞᆺ고 현의 남ᄆᆡ는 부인 슬하의셔 시〃로 모비를 브ᄅᆞ지져 우는 소ᄅᆡ 부인 간댱을 ᄉᆞᆺ는 ᄃᆞᆺ 곡긔를 그치고 팀셕의 위돈ᄒᆞ여 졔부

52면

를 본 즉 부인이 더옥 슬허 왈 가히 에엿브고 가히 슬프도다 공쥐 너희 무리로 더브러 항널을 일워 나아오시매 ᄆᆞ음이 흐뭇ᄒᆞ여 우환을 닛더니 이제 여러 날이 디나ᄃᆡ 엇디 명월 ᄀᆞᆺ흔 광취와 아름다온 ᄌᆞ질을 보디 못ᄒᆞ고 유치의 고〃 ᄒᆞᆫ 소ᄅᆡ 내 간댱을 놀내ᄂᆞ뇨 안연의 어딜므로 삼십의 요ᄒᆞ니 후셰의 앗기미 쳔츄의 슷디 아냣거늘 하늘이 셩심인덕과 만고 무빵ᄒᆞᆫ ᄌᆡ질노뻐 쇽졀 업시 ᄉᆞ라지게 ᄒᆞ시ᄂᆞ뇨 내 나히 오십이 거의오 셰샹 영화를 누려 진실노 낫브미 업고 앗가오미 업ᄉᆞᄃᆡ 오히려 사라 참혹ᄒᆞᆫ 경샹을 ᄃᆡᄒᆞ니 엇디 텬도를 흔티 아니리오 이러틋 늣겨 쥬야호읍ᄒᆞ니 역시 쇠패ᄒᆞ여 병이 니럿더니 공이 모친의 과샹ᄒᆞ시믈 듯고 셕

53면

곡 후 틈을 어더 모부인긔 뵈오니 부인이 공의 ᄉᆞ쉭이 환탈ᄒᆞ여 얼굴의 ᄒᆞᆫ 졈 혈쉭이 업고 동지실조ᄒᆞ야 돈연이 녯날 영풍이 ᄉᆞ라뎌 쇼연이 긔운이 진ᄒᆞᆫ 듯ᄒᆞ믈 보고 오ᄂᆡ 촌단ᄒᆞ여 공의 손을 잡고 실셩통곡 왈 우리 죄악이 공쥬긔 미처 이런 거동을 보고 너의 이 ᄀᆞᆺᄒᆞᆫ 거동을 보니 나의 간댱이 ᄇᆞ아지는디라 댱슈ᄒᆞ미 엇디 ᄒᆞᆫ 되디 아니ᄒᆞ리오 공이 쳔만 심회를 관억ᄒᆞ여 긔지를 진뎡ᄒᆞ더니 부인의 말숨을 듯ᄌᆞᆸ고 제수졔ᄆᆡ 여구히 버러 안항이 ᄀᆞ즉ᄒᆞᄃᆡ 홀노 공쥬의 자최 ᄇᆡ여시믈 보니 심담이 뮈여지는 듯 감잉ᄒᆞ여 기리 한숨 지고 ᄉᆞ쉭을 화히 ᄒᆞ여 위로 왈 블쵸ᄌᆡ 힝부신명ᄒᆞ고 쳔박ᄒᆞᆫ 복분의 외람ᄒᆞᆫ 쟉위를 누려 텬의 외오 넉이시미

54면

공쥬긔 미ᄎᆞ니 뎌의 현덕이 엇디 삼십도 누리디 못ᄒᆞ리잇고마는 도시 히ᄋᆞ의 죄라 그 청츈과 ᄌᆞ녀의 참졀ᄒᆞ믄 쇼ᄌᆡ 임의 심혼이 ᄉᆞ라뎌습거니와 이 쏘ᄒᆞᆫ 텬쉬니 현마 어이 ᄒᆞ리잇고 더옥 모친은 슬하의 졔쉬 계시고 ᄒᆞ믈며 쇼ᄌᆡ 잇ᄉᆞ오니 이ᄀᆞᆺ치 과도히 익쳑ᄒᆞ샤 죽은 사ᄅᆞᆷ의 ᄇᆞ효를 더으게 마ᄅᆞ시면 히ᄋᆡ 실셩ᄒᆞᆫ ᄆᆞ음을 잡아 쵸황ᄒᆞ미 덜홀가 ᄒᆞᄂᆞ이다 부인이 더옥 슬허 눈믈이 비 ᄀᆞᆺ더니 현과 녀ᄋᆡ 부친을 여러 날 못보앗다가 금일 만나매 일시의 나아가 무릅히 안겨 늣기며 우러 모비를 ᄎᆞᆺ는디라 공이 ᄌᆞ녀를 보매 긔운이 흉격의 막히고 눈믈이 ᄉᆡᆷ 솟듯ᄒᆞ여 좌셕의 고이니 능히 ᄒᆞᆫ 소ᄅᆡ를 못ᄒᆞ고 오ᄃᆡ 녀ᄋᆞ의 손을 잡고 ᄋᆞᄌᆞ의 머리를 어ᄅᆞ

55면

ᄆᆞᆫ더 반향을 톄읍ᄒᆞ여 공의 ᄇᆡᆨ포광슈의 믈을 부은 ᄃᆞᆺ 졈〃 긔ᄉᆡᆨ이 엄홀ᄒᆞᆫ ᄃᆞᆺᄒᆞ니 냥샹셔 부인이 눈믈을 거두고 현의 남ᄆᆡ를 안아 협실의 ᄎᆡ우고 위로 왈 형의 회푀 이러ᄒᆞ시미 그ᄅᆞ다 ᄒᆞ미 아니라 오ᄃᆡᆨ 부뫼 계시믈 ᄉᆡᆼ각ᄒᆞ샤 ᄆᆞ음을 진뎡ᄒᆞ쇼셔 공이 믁연냥구의 기리 탄식 왈 하늘이 진실노 노ᄒᆞ시미라 현마 엇디 ᄒᆞ리오 슈연이나 죽어 도라간 사ᄅᆞᆷ도 이시니 사라 영화를 누리며 잠간 슬허ᄒᆞ믈 념녀ᄒᆞᆯ 배 이시리오 다만 모친이 과도ᄒᆞ시니 우형의 ᄆᆞ음이 더옥 편티 아닌디라 현의 남ᄆᆡ를 보신 적마다 ᄋᆡ샹ᄒᆞ시리니 궁듕의 당손시 잇고 저희 유모 보뫼 이셔 보양ᄒᆞ니 예 두디 말고 ᄃᆞ려가리라 ᄒᆞ고 드ᄃᆡ여 ᄌᆞ녀를 거두어 궁의 니ᄅᆞ니 당부인이 녕운

56면

뎐의 ᄃᆞ려와 ᄌᆞ긔 ᄌᆞ녀와 ᄒᆞᆫ ᄃᆡ 두고 무수 궁인이 밧드러 보호ᄒᆞ더라 이때 진양부 ᄂᆡ외 무수 궁인 태감과 궁관 하류의 니ᄅᆞ히 쥬모의 귀텬ᄒᆞᆫ 슬프믄 니ᄅᆞ도 말고 ᄒᆞᆫ갈ᄀᆞᆺ치 녜를 잡아 착난ᄒᆞ미 업ᄉᆞ며 당부인이 당년의 년쇼투협지심이 잇다가 공쥬의 감화ᄒᆞ므로브터 그 덕ᄐᆡᆨ을 쌔의 삭여 동심일톄로 앙망ᄒᆞᄂᆞᆫ 정셩이 골육의 디나더니 이제 쳔만 ᄉᆡᆼ각디 아닌 ᄌᆡ익이 니러 공쥬의 망ᄒᆞ믈 보니 그 고〃ᄒᆞᆫ ᄌᆞ녀의 잔잉ᄒᆞᆷ과 공의 과도ᄒᆞᆫ 슬프믈 ᄃᆡᄒᆞ여 간당이 ᄉᆞᆺᄂᆞᆫ ᄃᆞᆺᄒᆞ고 공쥬의 화ᄒᆞᆫ 말ᄉᆞᆷ과 어진 덕이 졈〃 머러 궁듕의 곡셩이 ᄉᆞᆺ디 아니믈 보매 심담이 ᄇᆞ아져 됴셕졔를 님ᄒᆞ여 곡읍의 ᄋᆡ통ᄒᆞ미 지셩의 나니 여러 부인이 다 감탄ᄒᆞ

57면

고 션됴 후궁 등이 하태후의 ᄌᆞ루 치젼ᄒᆞ시므로 진부 왕ᄂᆡ ᄉᆞᆺ디 아니ᄒᆞ여 슬피매 궁듕이 정제ᄒᆞ여 슬프므로 죠곰도 황난ᄒᆞ미 업고 당부인이 사ᄅᆞᆷ을 마자 공경ᄒᆞᄂᆞᆫ 졀ᄎᆞ와 슬허ᄒᆞᄂᆞᆫ 녜뫼 텬셩의 이시니 졔인이 탄복ᄒᆞ고 하휘 드ᄅᆞ시고 탄왈 공쥬의 덕이 능히 ᄎᆞ인을 감화ᄒᆞ니 ᄒᆞ믈며 궁인과 친쳑의 ᄆᆞ음이ᄯᆞ녀 드ᄃᆡ여 범구를 정제ᄒᆞ여 상장을 도으시니 궁듕 부듕이 창황비통ᄒᆞ여 곡셩이 진텬ᄒᆞ니 진공이 공쥬의 관을 ᄆᆞ자 둔셕의 도라보낼 일을 ᄉᆡᆼ각ᄒᆞ니 ᄒᆞᆫ번 죽어 동귀코져 원이로ᄃᆡ 부형의 놉흔 교훈과 공쥬의 님죵부탁을 ᄉᆡᆼ각ᄒᆞ매 ᄆᆞ음을 졀차ᄒᆞ여 곡읍을 간대로 아니ᄒᆞ고 상장졔구를

ᄀᆞ장 됴용이 출혀 일마다 친집

58면

ᄒᆞ여 녜예 어긋나 공쥬의 평일 뜻을 넘고미 업고 범ᄉᆞ를 정졔ᄒᆞ매 시절이 납월 초슌이라 졔후의 녜로 오월 장ᄉᆞ를 ᄒᆞ여 산능을 ᄀᆞ초고 공이 ᄉᆞᄉᆞ로 치졔ᄒᆞ려 홀ᄉᆡ 임의 졔믈을 셜ᄒᆞᆫ 후 좌우로 문방을 나와 셔셔 쳔언을 일우니 필셰 비동ᄒᆞ여 사ᄅᆞᆷ을 놀내ᄂᆞᆫ디라 녕능휘 왈 형의 문치ᄂᆞᆫ 창졸의 지으셔도 맛당ᄒᆞ거니와 일이 너모 초〃ᄒᆞᆫ가 ᄒᆞᄂᆞ이다 공이 츄연 왈 내 여러 슌 경영ᄒᆞ여 졔문을 일우려 ᄒᆞᆫ 즉 정신이 어득ᄒᆞ니 ᄒᆞᆫ ᄌᆞ를 짓디 못ᄒᆞ엿더니 ᄆᆞᄎᆞᆷᄂᆡ ᄒᆞᆫ 말도 아니믈 ᄎᆞ마 못ᄒᆞ여 잠간 평ᄉᆡᆼ의 만일을 긔록ᄒᆞ니 엇디 우형의 쓰즐 일만의 ᄒᆞ나흘 모샤ᄒᆞ여시리오 졔인이 탄식ᄒᆞ더라 공이 쟉을 헌ᄒᆞ고 샹셔로 ᄒᆞ여곰 닑으니 기문 왈

59면

유셰ᄎᆞ 가경 원년 임오 삭 초슌일 신묘의 부마ᄂᆞᆫ 위 가절 진국공 금ᄌᆞ광 녹태우 뉴셰형은 청쟉 셔슈지젼으로 대힝현비지셩대덕승현진듕〈지효〉문명녀쥬공 진양공쥬 통지 녕좌의 고ᄒᆞ여 ᄀᆞᆯ오ᄃᆡ 오호 인지라 유령은 큰 가문의 아ᄅᆞᆷ다온 샹셰오 농즁닌지의 귀ᄒᆞ미로다 신이ᄒᆞᆫ 직질과 츌인ᄒᆞᆫ 텬셩이 ᄉᆡᆼ이지〃ᄒᆞ며 ᄉᆡᆼ이지졔ᄒᆞ여 츌어기류ᄒᆞ며 발호기췌ᄒᆞ니 ᄉᆡᆼ민이 이시므로 홀노 그 덕을 가진 쟈ᄂᆞᆫ 현비로다 션됴의 봉쟉을 밧ᄌᆞ와 놉흔 일홈이 녀쥬공의 쇼〃ᄒᆞ고 쇼심공근ᄒᆞᆫ 정ᄉᆡ 샤직의 나타나도다 삼됴의 녜우를 ᄒᆞᆫ갈ᄀᆞᆺ치 밧ᄌᆞ오니 ᄉᆞᄉᆡᆼ의 빗난 거시 구젼ᄒᆞ도다 ᄉᆡᆼ어십셰오 쏘 이셴 졔고의게 니강ᄒᆞ니 부귀ᄒᆞᆫ

60면

ᄃᆡ ᄉᆡᆼ당ᄒᆞ여 포의지가를 셤기ᄃᆡ 공검ᄒᆞ고 비약ᄒᆞ여 아황의 덕이 잇도다 내 듕년의 허믈이 만하 츄ᄉᆞ지심의 비뤼 쳔항이라 식견이 고루ᄒᆞ여 현비의 괴로오믈 만히 ᄭᅵ치ᄃᆡ 강샹을 기리 잡아 원망ᄒᆞᄂᆞᆫ ᄉᆞ쇡과 온노ᄒᆞᄂᆞᆫ 뜻이 업서 옥 ᄀᆞᆺ흔 ᄆᆞ음이 어질기 하ᄂᆞᆯ ᄀᆞᆺ고 붉으미 ᄒᆡ ᄀᆞᆺ흐니 속의 일뎜 하ᄌᆡ 업도다 겸손ᄒᆞᄂᆞᆫ 덕을 픔고 믈너 태후를 시봉ᄒᆞ니 동〃ᄒᆞᆫ 효의 구가의 ᄉᆞ〃 은혜를 ᄇᆞ리도다 입을 다〃 사ᄅᆞᆷ의 허믈을 ᄀᆞ리오매 뉴당 이문의 위틱ᄒᆞ미 반셕ᄀᆞᆺ치 평안ᄒᆞ도다 통지라 녯허믈을 뉘우ᄎᆞ매 금슬이

고ᄅᆞ고 죵괴 화ᄒᆞ니 부챵부슈ᄒᆞ미 봄날이 ᄃᆞᄉᆞᄒᆞ도다 몸이 뎡휘 되매 버금 사ᄅᆞᆷ의 허믈을 샤ᄒᆞ고 에엿비 넉이

61면

이미 골육 ᄀᆞᆺ고 그 죄를 관셔ᄒᆞ미 쑷글 스리침 ᄀᆞᆺ도다 ᄂᆡ조ᄒᆞᄂᆞᆫ 덕이 먼니 임ᄉᆞ를 쏠오니 쥬아의 숑시 궁듕의 양〃ᄒᆞ도다 오희라 효봉감지와 슉흥야ᄆᆡᄒᆞᄂᆞᆫ 힝실이 대우의 분음을 앗기심과 문왕의 일삼ᄒᆞ시믈 효측ᄒᆞ고 나의 ᄌᆞᄆᆡ와 곤계 졔수를 화우ᄒᆞ고 구족을 존셔ᄒᆞ며 쥰덕을 ᄇᆞᆰ히고 ᄌᆞ녀를 ᄀᆞᄅᆞ치며 이 국을 교화ᄒᆞ며 일언을 발치 아냐셔 만셩이 족ᄒᆞ도다 오호 통지라 국운이 듕비ᄒᆞ니 텬명이 새 님금긔 도라간디라 ᄒᆞᆫ 번 난여를 ᄇᆡ별ᄒᆞ매 뎨셩이 동방의 ᄣᅧ러지도다 싱민의 블힝이 태낭〃긔 미ᄎᆞ니 현비의 틍효로ᄡᅥ 금일이 이시미 텬쉬로다 샹님의 튝텬ᄒᆞ매 ᄇᆞ람이 쥬등을 것구로 치니 피를 토ᄒᆞ고 졔를 파ᄒᆞ

62면

도다 태휘 ᄆᆞᄎᆞᆷᄂᆡ 붕ᄒᆞ시니 상녜를 듕도로 다ᄒᆞ고 믈너 녯집의 도라오매 슬프미 더으니 약질이 날노 진ᄒᆞ도다 오회라 녯 얼굴이 임의 변ᄒᆞ고 뉵ᄆᆡᆨ이 ᄉᆞ라져시ᄃᆡ 틍효로온 ᄆᆞ음은 더ᄒᆞ도다 텬쉬 임의 진ᄒᆞ니 무익ᄒᆞᆫ 양지ᄒᆞ믈 허티 아니ᄒᆞᄂᆞᆫ도다 죽기 보기를 도라감ᄀᆞᆺ치 넉이니 놉흔 훅문이 셩교를 져ᄇᆞ리디 아냣도다 고복ᄒᆞ기예 니ᄅᆞᄃᆡ 낭연ᄒᆞᆫ 졍신과 엄듕ᄒᆞᆫ 녜법이 덧〃이 잡은 거슬 폐티 아니〃 현비의 이 ᄀᆞᆺᄒᆞᆫ 셩과 이 ᄀᆞᆺᄒᆞᆫ 덕으로 텬되 엇디 갑흐미 박ᄒᆞ뇨 십오 년 진젹이 슬하의 삼ᄋᆡ로ᄃᆡ 다 쵸ᄎᆞᆫ과 강보를 면티 못ᄒᆞ여시니 피창챠텬이 ᄎᆞ마 엇디 여긔 니ᄅᆞ뇨 녜브터 셩재 복을 밧디 못ᄒᆞ고 현재 슈를 누리디 못ᄒᆞ나

63면

현비의 셩덕으로 명이 단ᄒᆞ미 이에 니ᄅᆞ믄 혜아리디 못ᄒᆞᆫ 배라 이ᄂᆞᆫ 괴녹이 태과ᄒᆞ고 힝실이 신명을 져ᄇᆞ려 앙홰 현비의게 밋도다 오회라 거름이 ᄆᆡ양 졍뎐을 향ᄒᆞ고 일을 의논ᄒᆞ매 몬뎌 뭇기를 ᄉᆡᆼ각ᄒᆞ여 ᄭᆡᄃᆞᄅᆞ매 믄득 헛된디라 우러〃 운텬의 달ᄒᆞ여 이 슬픔과 유ᄒᆞᆫ이 궁티 아니믄 당년 일을 뉘우처 뉵〈년상〉니ᄒᆞᆫ ᄒᆞᆫ이 ᄉᆞᆼ싱의 가히 닛디 못ᄒᆞ고 하늘이 비록 ᄌᆡ조를 앗기시고 어진 거슬 거두시나 오히려 십 년만 더 빌니

샤 ᄌᆞ녀의 남춰 녀가ᄒᆞᆷ믈 보고 이에 니른 즉 내 엇디 필부의 우름을 ᄒᆞ리오 맛당이 고언의 고분ᄒᆞᆷ믈 효측ᄒᆞᆯ 거시어ᄂᆞᆯ 유ᄌᆞ와 히녀의 고〃ᄒᆞᆷ믈 날노 ᄒᆞ여곰 보고 엇디 견ᄃᆡ리오 오회라 뉴광이 살 ᄀᆞᆺᄒᆞ여 녕구를 기리 도라보낼디라

64면

동노ᄒᆞᄂᆞᆫ 밍세를 일우디 못ᄒᆞ니 동혈ᄒᆞᆷ믈 원ᄒᆞᆯ ᄯᆞ름이라 슬프다 궁듕을 보매 ᄉᆞ당은 듕〃ᄒᆞ고 곡셩은 쳐〃ᄒᆞᆫᄃᆡ 현비의 죡젹과 슈튁이 밋디 아닌 곳이 업ᄉᆞ니 믁은 자최를 이긔여 ᄡᅳ디 못ᄒᆞ고 츄강과 츈산은 안뎌의 버러시며 옥음과 현에 이변의 징연ᄒᆞᄃᆡ 술펴 보고 드른 즉 헛된디라 내 심간이 셕이 아니오 목이 아니로ᄃᆡ 참ᄂᆞᆫ 바ᄂᆞᆫ 부모를 위ᄒᆞ고 ᄌᆞ녀를 도라보미라 이제 현비를 일흐매 엇디 ᄒᆞᆫ갓 부〃의 ᄉᆞ졍을 ᄉᆡᆼ각ᄒᆞ리오 어딘 스승을 일허 몸의 허믈을 규졍ᄒᆞ 리 업고 국ᄉᆞ를 더브러 의논ᄒᆞ 리 업ᄉᆞᆷ믈 더옥 통샹ᄒᆞᄂᆞ니 엇디 고의 블힝 분이리오 진실노 진국신민의 블힝ᄒᆞ미로다 님죵 유언과 ᄌᆞ녀의 셩인ᄒᆞᆷ믄 내

65면

몸이 이신 젼은 져ᄇᆞ리미 업ᄉᆞ리니 군이 임의 ᄌᆞ질이 츌뉴ᄒᆞ고 졍신이 비범ᄒᆞ니 ᄉᆞ싱의 다ᄅᆞ미 업ᄉᆞᆯ디라 고의 ᄆᆞ음을 거의 알니〃 ᄒᆞᆫ 잔을 드러 만고의 기리 니별ᄒᆞᄂᆞ니 유령은 오히려 흠향ᄒᆞ라 ᄒᆞ엿더라 닑기를 파ᄒᆞ매 샹셔의 쳐완ᄒᆞᆫ 셩음과 진공의 근졀ᄒᆞᆫ 문톄 ᄡᅡᆼ으로 인심을 감동ᄒᆞ여 상하의 눈믈이 히슈 ᄀᆞᆺ고 진공이 방셩대곡ᄒᆞ여 통졀ᄒᆞ기를 마디 아니ᄒᆞ니 사ᄅᆞᆷ이 ᄎᆞ마 보디 못ᄒᆞᆯ너라 졔를 파ᄒᆞᆫ 후 공이 녕침의 드러가 관을 어ᄅᆞ문뎌 긔운이 막히니 일공ᄌᆞ 관이 최복을 ᄡᅳ을고 상댱을 의지ᄒᆞ여 ⟨소⟩당을 들고 드러와 고왈 금일 야〃의 이ᄀᆞᆺ치 ᄒᆞ시미 쇼ᄌᆞ의 ᄆᆞ음이 더옥 최졀ᄒᆞ니 원컨ᄃᆡ 야〃ᄂᆞᆫ 셩톄를 보듕ᄒᆞ샤 비회를 관억

66면

ᄒᆞ시믈 ᄇᆞ라ᄂᆞ이다 말노조차 눈믈이 옥면의 ᄀᆞ득 ᄒᆞ니 공이 ᄎᆞ마 보디 못ᄒᆞ여 공ᄌᆞ를 나오혀 안고 인ᄒᆞ여 공쥬 녕팀을 나와 베고 누어 탄식 왈 금일 네 아비 네 모비를 니별ᄒᆞ여 현궁의 도라보내리니 평일 즐기던 일이 ᄒᆞᆫ ᄭᅮᆷ이라 금일이 디난 즉 다시 녕팀과 관을 보디 못ᄒᆞ리니 널노 더브러 ᄒᆞᆫ가지로 이에 누어 네 모친 나믄 향긔를 ᄲᅩ이

미 ᄯᅩᄒᆞᆫ 가ᄒᆞ도다 공ᄌᆡ 기리 늣겨 말이 업ᄉᆞ니 공이 ᄋᆞᄌᆞ를 품고 팀셕의 비겨 혼〃 침숴ᄒᆞ엿더니 우연이 면시ᄒᆞ여 잠간 조을매 비몽간의 믄득 공쥬를 만난디라 몸의 운상무의를 닙고 손의 옥규를 잡고 용뫼 완연이 평일 ᄀᆞᆺᄒᆞ여 용치와 광염이 빅분 쳥신ᄒᆞ고 졍뎐의셔 힝도를 출히ᄂᆞᆫᄃᆡ 좌우 젼후의

67면

난학이 넘놀고 금동옥네 절월과 긔번을 잡아 싱황을 질주ᄒᆞ니 공이 반가옴과 슬프믈 이긔디 못ᄒᆞ여 밧비 나아가 공쥬를 붓들고 닐오ᄃᆡ 별후 현비ᄂᆞᆫ 무양ᄒᆞ시냐 복이 현비를 여힌 후 ᄒᆞᆫ번 죽기를 원ᄒᆞᄃᆡ 결티 못ᄒᆞᄂᆞᆫ 바ᄂᆞᆫ 부모와 현비의 유언이라 이제 쟝춧 녕구를 ᄆᆞ자 니별케 되니 날노 ᄒᆞ여곰 어ᄃᆡ를 의탁ᄒᆞ여 진뎡ᄒᆞ라 ᄒᆞᄂᆞ뇨 공쥐 졍쉭고 본 톄 아니〃 공이 악연이 가숨을 두드려 통곡 왈 현비 엇디 복을 블쾌히 넉이ᄂᆞ뇨 내 현비를 좃디 못ᄒᆞ믄 님죵 말을 져ᄇᆞ리디 못ᄒᆞ미라 무숨 허믈이 잇관ᄃᆡ 유명의 격ᄒᆞ믈 핑계ᄒᆞ여 ᄒᆞᆫ번 쑴의도 아니 뵈더니 금일 쳔ᄌᆡ의 엇기 어려온 긔회를 만나 ᄒᆞᆫ 말을 아니ᄒᆞ여 날노 ᄒᆞ여곰 죽어도 눈을 곰디

68면

못ᄒᆞ게 ᄒᆞᄂᆞ뇨 현비 ᄆᆞ츰ᄂᆡ 용납디 아닌 즉 보ᄂᆞᆫ ᄃᆡ셔 ᄌᆞ결ᄒᆞ여 싱ᄉᆞ의 슬픈 거술 니ᄌᆞ리라 공쥐 빵셩을 동ᄒᆞ여 공을 냥구히 보아 ᄯᅩᄒᆞᆫ 츄연이 안쉭을 고치고 손을 드러 읍샤 왈 명공의 고련ᄒᆞ시ᄂᆞᆫ 졍이 족히 금셕을 ᄉᆞ못출 거시오 룱은 글노 기리 가ᄂᆞᆫ 넉술 위로ᄒᆞ시니 음혼이 감격ᄒᆞ여 공의 ᄯᅳᆺ을 모ᄅᆞᄂᆞᆫ 거시 아니라 평싱의 ᄇᆞ라ᄂᆞᆫ 배 공의 힝싀 이러ᄒᆞ믈 원티 아니코 튱효냥젼ᄒᆞᆫ 군ᄌᆡ 되시과뎌 ᄒᆞ더니 소원을 하ᄂᆞᆯ이 허티 아니샤 공이 쳔금지구로 필부의 구〃ᄒᆞ믈 면티 못ᄒᆞ시니 진양이 구원 명〃지듕의 공을 그룻민든 죄ᄂᆞᆫ 육단부형ᄒᆞ여 공의 셴셰의 쳥죄코뎌 ᄒᆞᄂᆞ니 유명이 길히 다ᄅᆞ고 ᄉᆞ싱이 ᄂᆡ도ᄒᆞ며 부〃의 친ᄒᆞ미 오륜의 듕싀라 ᄯᅩᄒᆞᆫ

69면

혐의 분명커ᄂᆞᆯ 공이 엇디 죽은 사ᄅᆞᆷ의 침셕을 인ᄒᆞ여 구〃ᄒᆞᆫ ᄉᆞ졍을 닐위여 구원의 음혼이 븟그러오믈 픔게 ᄒᆞᄂᆞ뇨 말을 지어 다 진실노 이ᄀᆞᆺ흘딘대 타일 서로 보디 아니리니 이 헛말이 아니라 셜파의 기리 읍ᄒᆞ고 운여의 오ᄅᆞ매 ᄒᆞᆫ 줄 싱개 뇨량ᄒᆞ여 운

쇼의 ᄉᆞ못츠니 공이 흠신ᄒᆞ여 이윽이 혼팀ᄒᆞ엿다가 ᄭᆡᄃᆞᄅᆞ니 이 남가일몽이라 옥음봉셩이 이변의 징연ᄒᆞ고 월광일안을 다시 보디 못ᄒᆞ리러라 공이 번연 긔좌ᄒᆞ여 실셩통곡 왈 ᄎᆞ인의 ᄆᆞ음이 ᄉᆞ싱이 이 ᄀᆞᆺᄒᆞ니 엇디 죽으므로 아름이 업ᄉᆞ리오 드ᄃᆡ여 관을 향ᄒᆞ여 ᄌᆡᄇᆡ 왈 복이 군을 만고의 니별ᄒᆞ매 스ᄉᆞ로 춤디 못ᄒᆞ여 잠간 현비 침셕을 비러 경을 위로ᄒᆞ더니 붉은 경계 이 ᄀᆞᆺᄒᆞ니 군이

70면

진실노 죽디 아냣ᄂᆞᆫ디라 내 엇디 감히 망인으로 ᄃᆡ졉ᄒᆞ리오 셜파의 쳔항누쉬 상복을 적시더라 인ᄒᆞ여 ᄋᆞᄌᆞ를 잇그러 외뎐의 나와 빈긱을 ᄃᆡ졉ᄒᆞ매 거지 ᄌᆞ약ᄒᆞ니 그 ᄂᆡ외 다ᄅᆞ고 ᄆᆞ음 잡으미 여ᄎᆞᄒᆞ더라 초공과 뉴시 졔인이 졔문 지어 치졔ᄒᆞ매 문ᄉᆡ 비졀ᄒᆞ고 졍셩이 근곡ᄒᆞ며 당부인과 모든 금장쇼괴 다 쥬과를 ᄀᆞ초고 글을 지어 니별ᄒᆞ니 상하의 곡셩이 니엇고 황친국족과 졔왕부마와 왕비공쥬 등이 다 뭇고 늌원비빙이 다 나오니 하태휘 친히 난여를 ᄀᆞ초아 진궁의 힝코뎌 ᄒᆞ시니 샹이 간왈 공쥐 비록 존ᄒᆞ나 인신이오 낭〃이 만승국모로셔 녀가의 츌입ᄒᆞ시미 가티 아닌가 ᄒᆞᄂᆞ이다 하휘 우르셔 왈 진양 통ᄌᆡᄂᆞᆫ 냥묘의 통우ᄒᆞ시

71면

금지옥엽으로 태낭〃 당니보옥이니 ᄒᆞ믈며 딤의 스승으로 션됴의 녀쥬공을 빅ᄒᆞ여 계시니 엇디 ᄒᆞᆫ번 그 도라가ᄂᆞᆫ 길을 송별치 아니리오 태낭〃이 만일 계실딘ᄃᆡ 진궁의 힝ᄒᆞ시미 금일의 잇디 아니시리니 딤이 금일 힝ᄒᆞ여 태후 뜻을 밧ᄌᆞᆸ고뎌 ᄒᆞᄂᆞ니 ᄒᆞᆫ번 법 밧긔 일을 ᄒᆞ나 폐하긔 해로오미 업ᄉᆞ리니 닉이 싱각ᄒᆞ쇼셔 샹이 샤례 왈 낭〃 셩괴 지셩의 나시니 엇디 구ᄐᆞ여 국가의 해로오리잇고 잠간 권되믈 알외미러니 ᄒᆞᆫ번 힝ᄒᆞ시미 맛당ᄒᆞ이다 하휘 즉일 난예 움즉여 나시니 만됴빅관이 호위ᄒᆞ여 진궁의 니ᄅᆞ매 진궁 뇨쇽과 졔공쥬 졔귀인이 마자 뫼셔 태쳥뎐의 니ᄅᆞ〈시〉니 진양궁 찬녜 관셜 슉혜와 원경운이 이에 공쥬 명졍을 븟드러 뎐의

72면

ᄂᆞ려 후를 맛ᄌᆞ와 뎐의 오ᄅᆞ신 후 인ᄒᆞ여 명졍을 네 번 숙여 슉샤ᄒᆞᄂᆞᆫ 거동을 ᄒᆞᆫᄃᆡ 하휘 이를 보시고 참통ᄒᆞ믈 이긔디 못ᄒᆞ샤 ᄀᆞᆯ오샤ᄃᆡ 공쥐 싱시의 군신의 명분을 엄

히 ᄒᆞ여 미셰지ᄉᆞ의도 폐티 아니터니 이제 망ᄒᆞᆫ 후조차 이런 녜를 힝ᄒᆞ니 슬프믈 돕는도다 드ᄃᆡ여 녕좌의 나아가시니 소당이 듕〃ᄒᆞ고 쇽졀 업ᄉᆞᆫ 관이 이셔 음용이 기리 격ᄒᆞ여시니 낭〃이 실셩통곡ᄒᆞ샤 머리를 관의 브드이져 우ᄅᆞ시니 좌우 궁빈이 븟드러 진뎡ᄒᆞ시매 좌우로 초국부인을 됴회ᄒᆞ라 ᄒᆞ시니 니부인이 흰 됴복으로뻐 나아와 군신이 서로 통곡홀ᄉᆡ 하후의 ᄋᆡ완ᄒᆞ신 곡셩과 니부인의 ᄀᆞ골ᄒᆞᆫ 슬프미 피치 누쉬 흘너 안존 ᄃᆞᆺ기 저ᄌᆞ니 공쥬의 음혼이 아ᄅᆞ

73면

미 이시면 늣기미 업ᄉᆞ리오 수운이 참담ᄒᆞ고 녈일이 믁〃ᄒᆞ여 사ᄅᆞᆷ의 비회를 더으더라 하휘 반향 후 곡읍을 그치시고 뎐교 왈 미망 잔쳔이 션뎨와 태후를 여희오므로브터 그윽이 녀쥬공의 도으믈 ᄇᆞ라ᄂᆞᆫ 배러니 공쥐 쳥년의 망ᄒᆞ니 국가의 블힝이 극ᄒᆞᆫ디라 딤이 통상ᄒᆞᄂᆞᆫ 졍이 엇디 ᄒᆞᆫ갓 슈족의 의 분이리오 더옥 ᄌᆞ녀의 고〃ᄒᆞ믈 ᄉᆡᆼ각ᄒᆞᆫ 즉 ᄆᆞ음이 썻거디ᄂᆞᆫ디라 부인이 슬프믈 어이 견ᄃᆡᄂᆞ뇨 부인이 흉격이 막혀 겨요 니러 ᄉᆞᄇᆡ 주왈 신민이 블힝ᄒᆞ와 국개 호텬의 ᄋᆡ통을 년ᄒᆞ여 만나ᄋᆞᆸ고 신의 ᄂᆡ외 일문이 편벽ᄒᆞᆫ 앙화를 닙ᄉᆞ와 진비의 귀텬ᄒᆞ시믈 보오니 신의 간담이 ᄇᆞ아디ᄂᆞᆫ ᄃᆞᆺᄒᆞ오믄 ᄌᆞ녀의 고혈ᄒᆞ옴과 옥쥬의 셩덕

74면

으로 단명ᄒᆞ신 앗가오믄 신의 몸을 ᄃᆡ티 못ᄒᆞ오믈 ᄒᆞᆫᄒᆞᄋᆞᆸᄂᆞ니 금일 난개 친님ᄒᆞ샤 인견ᄒᆞ시믈 닙ᄉᆞ오니 셕ᄉᆞ를 ᄉᆡᆼ각ᄒᆞ와 운졀ᄒᆞ믈 이긔디 못거이다 휘 쳑연 탄식ᄒᆞ시고 당시를 블너 닐오샤ᄃᆡ 경이 그ᄅᆞ믈 뉘웃고 덕을 닥가 녀쥬공 소탁을 져ᄇᆞ리디 아니ᄒᆞᄂᆞᆫ가 시브니 딤이 아ᄅᆞᆷ다이 넉이ᄂᆞ니 ᄌᆞ녀를 에엿비 넉이고 궁듕을 무휼ᄒᆞ여 인ᄉᆡ 변ᄒᆞ므로 ᄆᆞ음을 밧고디 말나 당부인이 눈믈을 드리워 샤은ᄒᆞ더라 이윽ᄒᆞ여 하휘 환궁ᄒᆞ시고 날이 쟝ᄎᆞᆺ 어두어 시ᄀᆡᆨ이 님ᄒᆞ매 궁듕 ᄂᆡ외 일만 쵸롱을 붉히고 공쥬의 관을 븟드러 슬위예 올닐ᄉᆡ 이째 승샹이 진공의 ᄆᆞ음을 졔어ᄒᆞ노라 일ᄌᆞᆨ 과도ᄒᆞᆫ 슬프믈 뵈디 아냣더니 쟝ᄎᆞᆺ 도게 반ᄒᆞᄂᆞᆫ 양을 보아도

75면

십분 통샹ᄒᆞ여 방셩대곡ᄒᆞ매 눈믈이 옷 압흘 적시고 앙장ᄒᆞᆫ 소ᄅᆡ 만인 듕 쒸여나 슬

프미 사룸을 동호니 호믈며 진공의 모음이야 측냥호리오마는 죵시 훈 소릐 우름이 업서 위의와 범수를 정제호여 산능의 니루매 천당만수는 부람의 놀니여 빅운이 되엿고 삼쳑명졍은 경쉭이 더옥 쳐량호더라 임의 관을 현궁의 누리오매 승샹부주와 황쳑 제왕의 슬허호는 곡셩이 뫼흘 움즉이고 하놀을 흔드니 공이 긔운을 진뎡호고 친히 혈을 슬펴 현궁의 누려 범수를 친집호여 무춘 후 나아와 하놀을 우러〃 크게 훈 소릐를 탄식호고 믁연이 어린 둣호기를 오래호다가 진뎡호딕 익쳑훈 빗과 과도훈 곡읍이 업는디라 제왕 초왕은 효종황뎨 후궁 소싱이오 진양

76면

공쥬 지친으로 ᄀ장 슬허호더니 진공의 타연호믈 보고 고이히 넉여 무러 골오딕 진양 주군은 녀듕 셩현이라 이제 블힝 조셰호시니 만방녀민과 뎐야수셔의 니루히 앗기고 슬허호미 혈셩의 비초수니 호믈며 명공의 항녀의 듕훈 의로뻐 과쳑호는 수쉭이 업수믄 니루도 말고 도로혀 동지 타연호시니 능히 그 모음이 평샹호셔 이러호니잇가 진공이 텽파의 츄연 왈 녈위대왕이 복을 아디 못호시는도다 고인이 운호딕 댱개 심어통곡이라 호니 우디 아니미 울기의셔 더훈 소회 잇누니 엇디 무익훈 곡읍이 혹싱의 가숨 가온딕 뜻을 능히 베플니오 초왕 등이 탄식호더라 임의 장수를 필호매 태감 등과 궁관으로 묘를 딕히오고 목쥬를 시러 도라올식 수싱

77면

의 거륵훈 위의 감티 아니호딕 경믈이 상감티 아닌 거시 업수니 공이 심혼이 다 황홀호여 녕위를 졍뎐의 봉안훈 후 믈너 듕당의 나와 주녀를 안고 탄식 일셩의 눈믈이 낫치 ᄀ득호고 인호여 피를 토호고 인수를 모르니 니부인이 추경을 보고 나아와 울고 기유 왈 네 이제 몸을 도라보디 아니미 이 곳흐니 부모의 너 수랑코 앗기미 엇디 부〃의 졍분이리오 노뫼 쟝춧 몬뎌 죽어 너의 이 곳흔 거동을 보디 말고뎌 호노라 공이 텽파의 경동호여 겨요 니러 지빅 왈 블쵸지 목젼의 참혹호믈 춤디 못호와 절부의 셜〃훈 거조로 주괴 이 곳흐시니 만싀라도 쇽디 못호리로소이다 맛당이 모음은 졀차호여 브효를 끼치디 아니호리이다 부인이 직삼 관위호니 공이

78면

슌〃 응딕ᄒᆞ고 ᄎᆞ후 냥ᄌᆞ를 ᄃᆞ려 녕하뎐의 이셔 닉외ᄉᆞ를 엄태감과 당손시를 맛뎌 큰 일 밧근 알외디 말나 ᄒᆞ고 당부인과 서로 보디 아냐 공쥬 녀ᄋᆞ 영쥬쇼져를 당부인이 친녀도곤 ᄋᆡ휼ᄒᆞ매 공의 자최 잇다감 녀ᄋᆞ를 ᄯᆞᆯ와 녕운뎐 난간ᄀᆞ의 니ᄅᆞ럿다가도 즉시 도라가니 나라 삼년상이 이실 분 아니라 ᄎᆞ마 타인을 ᄃᆡ티 못ᄒᆞ여 이긋티 낙〃ᄒᆞᄃᆡ 당부인이 죠곰도 의려ᄒᆞᄂᆞᆫ ᄉᆡᆨ이 업서 됴셕 곡읍의 ᄋᆡ쳑ᄒᆞᄂᆞᆫ 졀죄 혈셩의 ⟨나⟩ ᄌᆞ녀를 무ᄋᆡᄒᆞ미 긔츌의 디나고 당손시 이하 ᄃᆡ졉ᄒᆞ믈 녜로 ᄒᆞ며 힝ᄉᆡ 하ᄌᆞ홀 거시 업ᄉᆞ니 궁듕이 슉연ᄒᆞ고 닉외 복죵ᄒᆞᆫ 분 아니라 모든 궁인 태감과 진부 뇨쇽의 니ᄅᆞ히 공쥬의 셩덕과 법졔의 준힝ᄒᆞ미 즁승과 규

79면

구의 착난ᄒᆞ미 업ᄉᆞ니 공이 ᄆᆞ음의 더옥 고견ᄒᆞ여 념녀홀 배 업고 화됴월셕과 샤양 모텬의 샹심ᄒᆞᄂᆞᆫ 회푀 온젼ᄒᆞ여 부모형뎨와 빈ᄀᆡᆨ붕우를 ᄃᆡᄒᆞᆫ 즉 화ᄒᆞᆫ 담쇠 ᄌᆞ약ᄒᆞ여 일호 슬픈 빗치 업다가도 근심이 오ᄂᆞᆫ 거ᄉᆞᆫ 밤이라 좌우 복시ᄒᆞᄂᆞᆫ 쇼환과 궁애 버러 명쵹이 놉핫고 금침이 외로온ᄃᆡ 홀노 ᄋᆞᄌᆞ를 품고 누어 십 년 연낙을 텰야토록 ᄉᆡᆼ각ᄒᆞᆫ 즉 두 눈의 ᄒᆞᆫ낫 좀이 업서 황홀이 취ᄒᆞᆫ 듯ᄒᆞ고 망연이 일흔 듯ᄒᆞ더니 블셔 시졀이 밧고여 명년 신졍의 니르니 공이 ᄎᆞ마 궁쇽빅신의 됴하를 밧디 못ᄒᆞ여 상요의 팀면ᄒᆞ엿더니 엄태감이 눈믈을 흘니고 나아가 품ᄒᆞ여 왈 우리 낭〃이 귀텬ᄒᆞ시므로브터 신 등이

80면

ᄎᆞ마 됴하홀 ᄯᅳᆺ이 업ᄉᆞᄃᆡ 그러나 국법을 슬프기로 폐티 못홀디라 쥬공은 닉이 ᄉᆡᆼ각ᄒᆞ쇼셔 공이 니러 안자 탄식 왈 그ᄃᆡᄂᆞᆫ 태낭〃 소탁ᄒᆞ신 진양궁 궁관이라 이제 션비 망ᄒᆞ니 ᄎᆞ마 녯 소임을 다시 힝ᄒᆞ여 뉘게 됴하를 알외려 ᄒᆞᄂᆞ뇨 내 ᄯᅩᄒᆞᆫ 홀노 안자 바ᄃᆞ믈 원티 아닛ᄂᆞ니 당손시로 더브러 대강을 춍졔ᄒᆞ여 착난ᄒᆞ미 업게 ᄒᆞ고 후의 공지 ᄌᆞ라거든 셩인ᄒᆞᆫ 후 녯 소임을 힝ᄒᆞ나 그 젼은 이런 일을 말게 ᄒᆞ라 내 셩경이 호번ᄒᆞᆫ 거술 됴히 아니 녁이ᄃᆡ 션비ᄂᆞᆫ 금지옥엽으로 위치 막대ᄒᆞ니 그 법을 일시의 막디 못ᄒᆞ미러니 이제 그 몸이 업ᄉᆞᆫ 후ᄂᆞᆫ 포의지개니 이런 츰녜를 엇디 감히 ᄡᅳ리오 공ᄌᆞ형뎨 ᄌᆞ란 즉 아비 비록 션빅나 그 ᄌᆞ모

81면

의 봉작을 딕희리니 녜일을 슈습ᄒᆞ나 나는 결연이 시힝티 아니리라 태감이 고두 왈 쥬공이 비록 이리ᄒᆞ시나 져근 일이 아니라 진딘 이국 빅신과 닉외 삼만여 인이 년〃의 오늘을 우러〃 뉴풍과 션졍이 히 오래엿거놀 일됴의 폐ᄒᆞᆫ 즉 인심이 어ᄌᆞ러워 일시의 슈복기 어려오니 션비 승하ᄒᆞ션 지 삼년이 못디 못ᄒᆞ여 엇디 그 법을 프러 ᄇᆞ려 소락을 져ᄇᆞ리〃잇고 신이 션비를 니ᄌᆞ미 아니라 그 맛디신 바를 딕희고뎌 ᄒᆞ옵ᄂᆞ니 쥬공은 닉이 싱각ᄒᆞ쇼셔 공이 츄연 냥구의 희허 탄식ᄒᆞ고 좌우를 명ᄒᆞ여 관복을 ᄀᆞ초고 졍뎐의 드러가 공쥬의 좌를 평일ᄀᆞᆺ치 빅셜ᄒᆞ고 공이 빵으로 남면ᄒᆞ여 좌를 일워 딘하를 바들ᄉᆡ 닉외 관뇨와 듕인 하졸의 니ᄅᆞ히 뎐샹

82면

을 ᄇᆞ라보아 공쥬의 허위를 텸망ᄒᆞ고 눈믈 아니 흘니리 업서 위ᄒᆞ여 통곡ᄒᆞ 리 태반이라 당시 쏘ᄒᆞᆫ 동벽의 안자 쳥뉘의 샹의 년낙ᄒᆞ니 당손시 셜슉혜 등의 ᄆᆞ음이야 닐너 무엇ᄒᆞ리오마ᄂᆞᆫ 공쥬의 어하ᄒᆞᄂᆞᆫ 법과 교화의 붉으미 ᄒᆞᆫ갈ᄀᆞᆺ치 졍슉ᄒᆞ여 슬프믈 츔고 죠용이 ᄎᆞ례로 딘하를 일워 녜를 파ᄒᆞᆫ 후 공이 녕좌의 나아가 방셩대곡ᄒᆞ여 인ᄒᆞ여 피를 토ᄒᆞ고 긔졀ᄒᆞ니 좌위 붓드러내매 일노조차 병을 어더 녕하뎐의 나와 됴리ᄒᆞᄃᆡ 됴티 못ᄒᆞ고 날로 미류ᄒᆞ니 궁듕이 황〃ᄒᆞ더라 이때 텬ᄌᆞ 진비의 셩덕과 튱효를 감동ᄒᆞ시고 위인과 문당을 츄모ᄒᆞ샤 임의 그 장ᄉᆞ를 디낸 후 유표와 녀쥬공 고명과 통ᄌᆞ 옥보를 ᄒᆞᆫ가지로

83면

공쥬 묘당의 봉안ᄒᆞ라 ᄒᆞ시고 태원으로뼈 공의게 도라보내샤 틱지 왈 진양은 이 곳 션뎨의 봉ᄒᆞ신 배라 공줴 임의 ᄌᆞ녜 이시니 엇디 봉강지닉의 녈토를 봉티 아니며 공쥬ᄂᆞᆫ 범연ᄒᆞᆫ 금지옥엽이 아니라 공이 종샤의 나타나고 덕이 셥졍ᄒᆞ기의 이셔 녀쥬공이 된 즉 딤이 엇디 그 졔ᄉᆞ와 후손으로 ᄒᆞ여곰 별뎐이 업ᄉᆞ리오 태원으로 ᄌᆞ〃손〃이 승습ᄒᆞ고 그 졔예 텬ᄌᆞ네악을 쓰게 ᄒᆞ라 ᄒᆞ시니 공이 샹소ᄒᆞ여 여러 번 ᄉᆞ양ᄒᆞᄃᆡ 샹의 더옥 견고ᄒᆞ신디라 공이 스ᄉᆞ로 ᄌᆞ긔 총녕ᄒᆞᆫ 바 진국공 골기를 쳥ᄒᆞᆫᄃᆡ 샹이 죵블윤ᄒᆞ시니 공이 크게 번뇌ᄒᆞ여 심ᄉᆡ 날노 더으니 병이 더옥 층가ᄒᆞ니 홀일업서 병

들믈 말ᄆᆡᄒᆞ고 죵일 고와ᄒᆞ여 식음을 폐ᄒᆞ고 침병ᄒᆞᆫ 디 여러

84면

ᄃᆞᆯ이 되니 의용이 환탈ᄒᆞ고 긔상이 쵀찰ᄒᆞ여 거지 여윈 학 ᄀᆞᆺ흐니 부모형뎨 크게 념녀ᄒᆞ여 ᄇᆡᆨ단 ᄀᆡ유ᄒᆞ나 공이 ᄉᆞᄉᆡᆨ이 타연ᄒᆞ고 됴셕 곡읍이 과도치 아니ᄒᆞᄃᆡ ᄎᆞᆷ디 못ᄒᆞᄂᆞᆫ 바ᄂᆞᆫ 그 ᄆᆞ음이라 침쉬 다 편티 아냐 인녁으로 두로혀디 못ᄒᆞ더니 얼픗ᄒᆞᆫ 셰월이 츈해 진ᄒᆞ고 공쥬의 초긔 다ᄃᆞᄅᆞ니 궁듕 상해 슬허ᄒᆞ미 새롭고 공ᄌᆞ남ᄆᆡ 됴셕으로 모비를 브ᄅᆞ지져 호읍ᄒᆞ니 ᄋᆡ창ᄒᆞᄂᆞᆫ 셩음과 수쳑ᄒᆞᆫ 형용이 ᄎᆞ마 보디 못ᄒᆞ리러라 공이 병이 깁흐므로 능히 됴셕졔를 님티 못ᄒᆞ고 혹 강질ᄒᆞ여 니〈ᄅᆞ〉럿다가도 공ᄌᆞ등이 이 ᄀᆞᆺ흔 경ᄉᆡᆨ을 본즉 유〃히 혀ᄎᆞ고 긔운이 ᄇᆡ히 블평ᄒᆞ니 승샹과 부인이 공으로 ᄒᆞ여곰 공ᄌᆞ형뎨 우름을 듯디 못ᄒᆞ게 ᄒᆞ더니

85면

임의 쇼상을 디내고 공이 샹감ᄒᆞᄂᆞᆫ 회푀 더은 고로 상요의 위돈ᄒᆞ여 비록 강잉ᄒᆞ여 인ᄉᆞ를 출히나 능히 긔거를 못ᄒᆞ고 ᄌᆞ루 긔운이 혼미ᄒᆞᄂᆞᆫ디라 승샹이 공을 와 보고 ᄀᆞᆯ오ᄃᆡ 네 병이 깁고 외뎐이 너모 요원ᄒᆞ니 듕당 화쳥뎐의 올마 네 모친과 누의 등이라도 ᄌᆞ루 츌입ᄒᆞ여 보게 ᄒᆞ면 병심이 오히려 나으리니 노뷔 ᄆᆡ양 와 잇디 못ᄒᆞ고 셰긔 등이 됴ᄉᆞ의 분망ᄒᆞ니 홀노 외뎐의셔 환시 등만 ᄃᆡᄒᆞ여 무어ᄉᆞ로 쇼견ᄒᆞ리오 공이 겨요 ᄃᆡ왈 명대로 ᄒᆞ리이다 승샹이 다시 ᄀᆞᆯ오ᄃᆡ 신ᄌᆡ 되여 닐념 죽디 아니나 임의 나라 초긔 디낫고 네 병이 위틱ᄒᆞ니 엇디 권되 업ᄉᆞ리오 당가 식부로 ᄒᆞ여곰 병신을 ᄉᆞᆯ펴 ᄯᆡ를 아라 식음 온ᄂᆡᆼ지졀을 마초아 구호ᄒᆞ면 궁인 환관의 비길 배 아니오 네 몸의

86면

유익ᄒᆞ미 젹디 아니ᄒᆞ리라 이 ᄯᅩᄒᆞᆫ 권되니 너ᄂᆞᆫ ᄉᆡᆼ각ᄒᆞ라 공이 츄연이 동ᄉᆡᆨᄒᆞ여 ᄃᆡ왈 야〃 교훈이 이러ᄐᆞᆺ ᄒᆞ시니 ᄒᆡᄋᆞ의 죄 더옥 듕ᄒᆞ믈 ᄭᆡᄃᆞᆺᄂᆞ이다 연이나 국휼 삼상이 디나디 아냐시니 신ᄌᆡ 엇디 쳐ᄌᆞ를 ᄎᆞ즈리잇고마는 일호나 ᄒᆡᄋᆞ의 몸의 유익ᄒᆞᆯ가 경계ᄒᆞ시미니 ᄒᆡᄋᆡ 임의 나히 삼십이 〈거의〉오 ᄯᅩᄒᆞᆫ ᄌᆞ식을 두어 양ᄌᆞ 방지부모은이라 ᄒᆞ믈 ᄭᆡᄃᆞᆺᄉᆞᆸᄂᆞ니 엇디 몸을 도라보디 아니ᄒᆞ리잇고 일시 블평ᄒᆞ오나 ᄉᆞᄉᆡᆼ의 념

네 업ᄉᆞ오리니 복망 대인은 관심쇼려ᄒᆞ쇼셔 승샹이 기리 탄식 왈 노뷔 션인의 젹덕여경으로 여빅의 ᄀᆞ 업ᄉᆞᆫ 영화를 누려 금일 그 ᄌᆡ앙이 니러나믈 보니 신명의 득죄ᄒᆞ믈 가히 알디라 두리오믈 이긔 못ᄒᆞ고 너의 병증이 심샹티 아닌디라

87면

노뷔 ᄆᆞᄎᆞᆷᄂᆡ 쇠년의 ᄌᆞ하의 상명ᄒᆞ미 이실가 두리ᄂᆞ니 너ᄂᆞᆫ ᄉᆡᆼ각ᄒᆞ여 몸을 조심ᄒᆞ고 필부의 신을 효측디 말나 공이 텽파의 톄ᄉᆞ모골ᄒᆞ고 한츌텸빗ᄒᆞ여 니러 빅샤 왈 쇼ᄌᆡ 슈무상이오나 ᄉᆡᆼ아ᄒᆞ신 호텬대은을 닛ᄌᆞ올 배 아니오니 복원 야〃ᄂᆞᆫ 념녀를 더르시믈 ᄇᆞ라ᄂᆞ이다 드ᄃᆡ여 강작ᄒᆞ여 니러나고져 ᄒᆞ니 승샹이 다시 ᄀᆡ유 왈 일시의 이러틋 홀 배 아니오 네 셩졍이 범인과 달나 심네 이신 즉 병이 되니 일편된 고집을 도로혀디 못ᄒᆞ미라 모ᄅᆞ미 네 몸이 군친의 아ᄅᆡ 잇고 쳐ᄌᆡ 네 아ᄅᆡ 이시믈 ᄭᆡᄃᆞ르라 네 이를 모ᄅᆞ미 아니로ᄃᆡ 일공이 막혀시니 노부의 붓그려 ᄒᆞᄂᆞᆫ 배라 우리 션군이 션부인을 빅호샤 은의 오륜의 ᄀᆞ즉ᄒᆞ시고 우리 모비의 츌군ᄒᆞ시미

88면

엇디 범쇽 부녀의 비ᄒᆞ실 배리오마ᄂᆞᆫ 허다 곡경이 무수ᄒᆞ니 출하리 부인을 져ᄇᆞ리실디언뎡 효ᄂᆞᆫ 완젼ᄒᆞ시니 노뷔 이제 ᄉᆡᆼ각ᄒᆞ여도 츄모ᄒᆞ여 눈믈 흐ᄅᆞ믈 ᄭᆡ둣디 못ᄒᆞᄂᆞ니 션조긔 브득지ᄒᆞ셔ᄂᆞᆫ 념네 부귀와 부〃의 밋디 못ᄒᆞ시미라 고로 션군의 놉흔 덕과 큰 효ᄒᆡᆼ이 듕화후 ᄒᆞ나히시니 네 아비 블쵸ᄒᆞ여 능히 일만의 ᄒᆞ나흘 효측디 못ᄒᆞ나 샹시 너희 무리 ᄒᆡᆼ혀 나믄 혈ᄆᆡᆨ을 니을가 ᄇᆞ라더니 네 이제 공쥬의 망ᄒᆞ미 참담통셕ᄒᆞ여 심샹ᄒᆞᆫ 부〃와 ᄀᆞᆺ디 못ᄒᆞ나 엇디 병을 니ᄅᆞ혀 이에 니를 줄 알니오 부ᄌᆞ의 졍이 상명ᄒᆞ기의 니ᄅᆞ믄 족히 ᄒᆞᆫᄒᆞᆯ 배 업거니와 션군의 대효로ᄡᅥ 그 ᄌᆞ손이 어버이를 ᄇᆞ리고 안해를 ᄯᆞᆯ와 죽은 아희 이시믈 더옥

89면

붓그리고 슬허ᄒᆞ노라 공이 대참ᄒᆞ여 빅빅 샤죄ᄒᆞ고 감히 ᄂᆞᆺ출 드디 못ᄒᆞ니 승샹이 다시 ᄀᆡ유ᄒᆞ여 공을 듕당의 옴기고 당부인을 명ᄒᆞ여 믈읫 구병ᄒᆞ기를 경계ᄒᆞ고 도라가니 공이 부친의 텬일 ᄀᆞᆺ흔 위풍으로ᄡᅥ ᄌᆞ이ᄒᆞ시미 지극ᄒᆞᆫ 졍인 줄 ᄭᆡ둣고 감은황공ᄒᆞ여 ᄎᆞ후 심ᄉᆞ를 십분 관회ᄒᆞ고 식음을 강잉ᄒᆞ여 나오고 의약을 힘ᄡᅳᄃᆡ 홀노 부

인 보기를 구치 아니〃 부인이 ᄯᅩᄒᆞᆫ 나아가디 못ᄒᆞ더니 일〃은 공이 침뎐의셔 공쥬의 평일 지은 글을 ᄉᆞᆯ펴 념네 다른 곳의 밋디 못ᄒᆞ더니 ᄂᆡ시 믄득 보왈 댱샹셔 노애 ᄂᆡ림ᄒᆞ시이다 공이 즉시 쳥ᄒᆞ여 드러오매 공이 금구를 드ᄅᆞ고 벼개를 븟드러 니러 안자 손을 드러 샤례 왈 혹ᄉᆡᆼ이 병이 이셔 영졉ᄒᆞ믈 일흐니 죄를 샤ᄒᆞ쇼셔 댱공

90면

이 답왈 공의 병이 낫디 못ᄒᆞ니 엇디 네를 다ᄒᆞ리오 인ᄒᆞ여 좌의 나아가 한훤을 파ᄒᆞᆫ 후 공의 신ᄉᆡᆨ을 ᄌᆞ시 보고 크게 경녀ᄒᆞ여 왈 공의 신ᄉᆡᆨ이 여ᄎᆞᄒᆞ니 경악ᄒᆞ믈 이긔디 못ᄒᆞ리로다 대개 증졍이 엇더ᄒᆞ여 공의 쟝긔로 이ᄀᆞᆺ치 되엿ᄂᆞ뇨 공이 날호여 ᄃᆡ왈 혹ᄉᆡᆼ이 우연ᄒᆞᆫ 병이 상요의 팀면ᄒᆞ믈 면티 못ᄒᆞ니 오래 문하의 나아가디 못ᄒᆞ엿더니 누지의 강굴ᄒᆞ시니 감샤ᄒᆞ믈 이긔 못ᄒᆞ리로소이다 쇼ᄉᆡᆼ의 병증은 대단 고통ᄒᆞ미 업시 ᄌᆞ연 침쉬 블평ᄒᆞ여 일월이 오래매 믄득 고황을 침노ᄒᆞ니 그윽이 당 우ᄒᆡ 냥친을 ᄉᆡᆼ각ᄒᆞ여 브효를 ᄭᅵ칠가 두려ᄒᆞᄂᆞ이다 샹셰 더옥 경아 왈 공이 ᄇᆞ야흐로 쳥츈쟝년이라 엇디 젹은 병을 인ᄒᆞ여 이런 말을 ᄒᆞᄂᆞ뇨 이러틋 ᄉᆞ셰 문

91면

답ᄒᆞ여 날이 느즈매 댱공이 ᄀᆞᆯ오ᄃᆡ 노뷔 오기 쉽디 아니ᄒᆞ고 ᄂᆡ뎐이 요원ᄒᆞ니 쇼녀를 나오라 ᄒᆞ여 잠간 보믈 쳥ᄒᆞ노라 공이 쥬뎌ᄒᆞ다가 좌우로 댱부인을 쳥ᄒᆞ니 부인이 그 야〃의 와시믈 반기나 공의 곳의 나아가믈 어려이 너이거ᄂᆞᆯ 댱손샹궁이 나아가 ᄀᆞᆯ오ᄃᆡ 쥬공이 ᄉᆞ〃로이 부인을 쳥ᄒᆞ여도 거역ᄒᆞ미 가티 아니ᄒᆞ거ᄂᆞᆯ ᄒᆞ믈며 존대인이 쳥ᄒᆞ시미어ᄂᆞᆯ 엇디 지류ᄒᆞ시ᄂᆞ니잇고 부인이 탄왈 샹궁의 ᄀᆞᄅᆞ치미 맛당ᄒᆞ나 션비 귀텬ᄒᆞ시므로브터 피ᄎᆞ의 슬픈 회푀 흉히를 놀내니 엇디 홀노 사라 안연 샹ᄃᆡᄒᆞ여 즐기고뎌 ᄒᆞ리오 시고로 서로 보기를 원티 아닛노라 댱손시 감격ᄒᆞ여 역시 눈믈을 흘녀 왈 부인의 어진 덕이 우리 션비를 닛디 아니시미라 쳡 등이 감격ᄒᆞ믄 니ᄅᆞ

92면

디 말고 션비 지텬지녕이 부인 현심을 감동ᄒᆞ시려니와 쥬공의 심회 날노 더으시고 듕병이 신샹의 ᄆᆡ여시니 부인을 보시고 슬허 ᄒᆞ시나 ᄯᅩᄒᆞᆫ 위회ᄒᆞ실 배 계시리니 이러틋 서로 먼니 ᄒᆞ샤 됴호ᄒᆞᆫ 도리를 아니신 즉 부인이 서로 보아 위로코뎌 ᄒᆞ시나 어

려올가 ᄒᆞᄂᆞ이다 부인이 크게 ᄭᆡᄃᆞ라 이에 니러 샤례ᄒᆞ고 화쳥뎐의 니ᄅᆞ니 모든 쇼환과 궁쳡이 먼니 지영ᄒᆞ여 감히 우러〃 보디 못ᄒᆞ더라 공이 믄득 ᄉᆡᆨ을 고치고 관을 정히 ᄒᆞ여 말이 업더니 부인이 야〃를 비현ᄒᆞ고 공을 향ᄒᆞ여 절ᄒᆞ매 공이 강잉 답녜ᄒᆞ더라 당공이 녀ᄋᆞ를 보고 오래 보디 못ᄒᆞ믈 일ᄏᆞᆺ고 공의 병을 념녀ᄒᆞ여 셜홰 ᄌᆞ못 긴디라 부인이 응ᄃᆡᄒᆞ매 녜뫼 죠용ᄒᆞ고 졀치 합도ᄒᆞ니 공이 그 낭셩과 뎐

93면

향을 샹ᄃᆡᄒᆞ여 공쥬를 ᄉᆡᆼ각ᄒᆞ니 ᄆᆞ음이 더 어ᄌᆞ럽고 비회 ᄌᆞ츌ᄒᆞ여 잠간 츄파를 옴겨 부인을 보니 흰 의샹이 정결ᄒᆞ고 운환무빈이 옥협의 ᄂᆞ즉ᄒᆞ여 졀승ᄒᆞᆫ 표치 ᄒᆞᆫ번 보매 황홀ᄒᆞ니 공이 믄득 반기고 슬허 쳥누를 먹음고 안셕을 의지ᄒᆞ여 의〃히 혜아리미 잇더니 샹셰 임의 니러나매 부인이 ᄇᆡ별ᄒᆞ고 드러가고뎌 ᄒᆞ다가 공을 도라보니 옥 ᄀᆞᆺᄒᆞᆫ 얼굴이 누르러 ᄒᆞᆫ뎜 혈ᄉᆡᆨ이 업고 풍영ᄒᆞᆫ 신치 쇠잔ᄒᆞ여 ᄲᅧ 드러나시니 부인이 심니의 슬프믈 이긔디 못ᄒᆞ여 믄득 옷기슬 념의고 공을 향ᄒᆞ여 두 번 절ᄒᆞ고 ᄀᆞᆯ오ᄃᆡ 션비 승하ᄒᆞ시므로브터 삼ᄇᆡᆨ뉵십여 일의 일ᄀᆞᆨ도 슬프믈 닛디 못ᄒᆞ나 금일 명공의 병셰를 ᄉᆡᆼ각ᄒᆞ니 쳡이 감히 션비의 업ᄉᆞ므로ᄡᅧ 넌낙고

94면

져 ᄒᆞ미 아니라 공의 쳔금신상을 념녀ᄒᆞ매 애 일만 고ᄇᆡ ᄉᆞᆫ허지니 공이 엇디 박남경뎐ᄒᆞ여 근신오륜ᄒᆞ며 힝어삼강지샹의 군친이 막대ᄒᆞ믈 아디 못ᄒᆞ고 홀노 부〃 ᄉᆞ정으로 대댱부의 몸이 그릇 되미 이에 니ᄅᆞ시뇨 쳡이 당년의 큰 허믈을 지어 죄 쥬륙을 면티 못ᄒᆞᆯ 거시어ᄂᆞᆯ 션비 은혜를 드리오샤 형벌을 면ᄒᆞ고 초로 ᄀᆞᆺᄒᆞᆫ 인ᄉᆡᆼ으로 ᄒᆞ여곰 다시 텬일을 보게 ᄒᆞ시고 인뉸을 온젼이 ᄒᆞ샤 금일의 미쳐ᄂᆞᆫ 도로혀 고혈ᄒᆞᆫ ᄌᆞ녀를 의탁ᄒᆞᄂᆞᆫ 밋보미 이시니 쳡이 비록 무상ᄒᆞ나 엇디 감은코 몽혜ᄒᆞ믈 ᄇᆡᆨ골의 삭이디 아니리오 쥬야호읍ᄒᆞ여 그 덕을 감격ᄒᆞ고 그 ᄉᆞ랑을 의지ᄒᆞ여 ᄉᆞᄉᆡᆼ지간의 편ᄀᆞᆨ을 닛디 못ᄒᆞᆯ 배로ᄃᆡ 일홈이 뎍인의 ᄆᆡ이여 사ᄅᆞᆷ이 쳡

95면

의 말을 의심ᄒᆞᆯ가 두려 소회를 달키 어려오ᄃᆡ ᄯᅩᄒᆞᆫ 명공의 ᄇᆞᆰ으므로 거의 쳡을 아ᄅᆞ실디라 긔회ᄒᆞᆯ 줄을 아디 못ᄒᆞ고 심곡을 거ᄒᆞᆯ너 간ᄒᆞᄂᆞᆫ 바ᄂᆞᆫ 공이 다만 션비를 아ᄅᆞ

시고 군친을 싱각디 아니시믈 골돌ᄒᆞ고 셔비의 녕이 명〃 듕 공의 일을 개탄ᄒᆞ시리니 공은 닉이 싱각고 튱효를 완젼ᄒᆞ쇼셔 셜파의 만항청뉘 의상이 〈다〉 저즈니 공이 번연이 니러안자 기리 탄식고 골오ᄃᆡ 현ᄌᆡ라 부인의 말이 올코 딕ᄒᆞ니 셔비를 ᄃᆡᄒᆞᆫ 둣ᄒᆞ도다 ᄒᆞ믈며 부형의 놉흔 교훈을 밧ᄌᆞ와 신싱 미슌의 어리미 이시리오마는 ᄆᆡ양 그 셩덕과 의용을 싱각ᄒᆞᆫ 즉 긔운이 막히믈 면티 못ᄒᆞ니 내 쏘ᄒᆞᆫ ᄆᆞ음으로 못ᄒᆞ거니와 임의 쯧을 두로현 디 오래니 병이 비록 미류ᄒᆞ나 가복

96면

ᄒᆞ미 머디 아닐디라 부인은 념녀를 과히 말고 ᄌᆞ녀 무휼ᄒᆞ믈 긔출ᄀᆞᆺ치 ᄒᆞ라 내 병이 이러ᄒᆞ고 국휼 삼년이 오히려 진치 아냐시니 서로 ᄎᆞᆺ디 못ᄒᆞ나 나ᄌᆡ ᄃᆡᄒᆞ여 말ᄒᆞᆷ은 가치 아니미 업ᄉᆞ니 부인은 삼ᄆᆡ로 더브러 ᄌᆞ루 나아와 병심을 위로ᄒᆞ라 부인이 샤왈 명공이 쾌히 ᄭᆡᄃᆞᄅᆞ시니 문호의 만힝이라 ᄌᆞ녀 무휼ᄒᆞᆫ 측ᄒᆞ미 브졀 업ᄉᆞ니 쳡이 비록 블민ᄒᆞ나 엇디 ᄎᆞᄉᆞ의 군ᄌᆞ 념녀를 ᄭᅵ치리잇고 오딕 신샹을 됴호ᄒᆞ시믈 원ᄒᆞᄂᆞ이다 드ᄃᆡ여 니러나고뎌 ᄒᆞ니 공이 오히려 뉴련ᄒᆞᄂᆞᆫ 쯧이 이시니 부인이 죠용이 골오ᄃᆡ 공의 병이 나으시고 쳡이 무양홀딘ᄃᆡ 피ᄎᆞ 젼뎡이 잇ᄂᆞᆫ디라 엇디 ᄋᆞ쇼의 일이 이시리잇고 닉이 싱각ᄒᆞ샤 신듕ᄒᆞ쇼셔 공이 은근ᄒᆞᆫ

97면

ᄉᆡᆨ으로 도라보내고 쏘ᄒᆞᆫ 탄식 왈 죽은 사ᄅᆞᆷ을 싱각ᄒᆞ나 쇽졀 업고 ᄌᆞ연 셰샹ᄉᆡ 이러ᄒᆞ니 내 홀노 무졍ᄒᆞ여 그러ᄒᆞ미 아니로다 ᄒᆞ더라 ᄎᆞ후 공이 졈〃 향차ᄒᆞ여 동십월의 니ᄅᆞ러ᄂᆞᆫ 소복ᄒᆞ여 니러나니 일가 ᄂᆡ외 딘동ᄒᆞ여 경ᄉᆞ를 치하ᄒᆞ고 공이 쏘ᄒᆞᆫ 브효 면ᄒᆞ믈 깃거ᄒᆞ나 셰월이 갈ᄉᆞ록 공쥬를 싱각ᄒᆞ면 심담이 촌졀ᄒᆞ여 왕〃이 토혈ᄒᆞᄂᆞᆫ 병이 이시니 부뫼 깁히 우려ᄒᆞ더라 셰월이 뉴슈 ᄀᆞᆺᄒᆞ여 공쥬 삼년을 임의 ᄆᆞᄎᆞ매 승샹부〃 왈 공의 통샹ᄒᆞ미 새로아 녕위를 옴겨 묘당의 봉안ᄒᆞ고 공이 태쳥뎐을 ᄎᆞ마 보디 못ᄒᆞ여 깁히 ᄌᆞ모고 삼년 후 드ᄃᆡ여 당부인을 ᄎᆞ자 일 삭의 오뉵 일 삼ᄉᆞ 일을 부인 침소의 모드매 공듕 노쇠 공의

98면

녕운뎐 츌입을 본 즉 더옥 슬허ᄒᆞ니 공과 부인이 쏘ᄒᆞᆫ 즐기므로 깃브믈 삼디 아냐 부

뷔 모다 말솜ᄒᆞ매 ᄌᆞ연 희허ᄒᆞᄂᆞᆫ 탄셩이 니러나고 ᄂᆡ외를 인의로 교화ᄒᆞ여 궁듕이 안낙ᄒᆞ여 평안ᄒᆞ더라 슬픈 가온ᄃᆡ 셰월이 임염ᄒᆞ여 ᄉᆞ오 년이 디나매 일공ᄌᆞ 관이 십이 셰 되니 이 졍히 뇽ᄌᆞ봉손이라 특이ᄒᆞᆫ 풍광은 모비를 담고 쥰호ᄒᆞᆫ 골격은 부친을 습ᄒᆞ여 옥골신치 인뉴의 소사나고 흑힝문질이 더옥 비쇽ᄒᆞ니 승샹이 졔손의 넘게 ᄉᆞ랑ᄒᆞ고 듕히 넉여 왈 이 아ᄒᆡᄂᆞᆫ ᄌᆞ모의 ᄐᆡ교와 텬셩을 습ᄒᆞ여시니 반ᄃᆞ시 내 집을 니어 셰덕을 챵ᄒᆞ고 종ᄉᆞ를 빗내리라 ᄒᆞ며 공의 ᄋᆡ듕ᄒᆞ믄 ᄌᆞ녀 듕 최심ᄒᆞ여 공쥐 망ᄒᆞ므로브터 일시를 ᄯᅥ나디 아니

99면

ᄒᆞ니 공ᄌᆡ ᄯᅩ 효셩이 튤텬ᄒᆞᆫ디라 당부인 침당이 젹막ᄒᆞ믈 그윽이 념녀ᄒᆞ여 십셰 디난 후ᄂᆞᆫ 스ᄉᆞ로 모든 아을 거ᄂᆞ려 녕운뎐의셔 부인을 뫼셔 희쇼로 쇼일ᄒᆞ여 공이 외뎐의셔 머므ᄂᆞᆫ ᄯᆡ야 나아가 시좌ᄒᆞ니 공이 그 ᄠᅳᆺ을 알고 그 효심을 긔특이 넉이고 모든 슉당이 긔롱ᄒᆞ여 당부인 효ᄌᆡ라 ᄒᆞ여 웃더라

뉴시삼ᄃᆡ록 권지구

1면

챠셜 진부의셔 슬픈 가온ᄃᆡ 셰월이 임염ᄒᆞ여 ᄉᆞ오 년이 디나매 일공ᄌᆞ 관이 십이 셰의 니ᄅᆞ니 뇽ᄌᆞ봉손으로 특이ᄒᆞᆫ 풍골은 부친을 습ᄒᆞ고 긔려ᄒᆞᆫ ᄉᆡᆨ광은 모비를 품슈ᄒᆞ여시며 총명효우ᄒᆞ고 돈후뎡더ᄒᆞ미 군죵 가온ᄃᆡ ᄲᅱ여나니 승샹이 졔손의 넘게 ᄋᆡ듕ᄒᆞ여 ᄀᆞᆯ오ᄃᆡ 이 아ᄒᆡ ᄌᆞ모의 ᄐᆡ교와 현셩ᄒᆞ믈 습ᄒᆞ여시니 반ᄃᆞ시 내 집을 니어 셰덕을 챵ᄒᆞ고 종ᄉᆞ를 빗내리라 ᄒᆞ고 공의 긔ᄋᆡ취듕ᄒᆞᄂᆞᆫ 졍은 ᄌᆞ녀 듕 최심ᄒᆞ여 공쥐 망ᄒᆞ므로브터 일시를 ᄯᅥ나디 아니〃 공ᄌᆡ ᄯᅩᄒᆞᆫ 셩회 츌텬ᄒᆞ여 당부인 침당이 젹막ᄒᆞ믈 그윽이 념녀ᄒᆞ여 십 셰 디난 후ᄂᆞᆫ 스ᄉᆞ로 졔뎨를 거ᄂᆞ려 녕운뎐의셔 희쇼로 쇼일ᄒᆞ여 공이 외뎐의 잇ᄂᆞᆫ ᄯᆡ야 나아가 시좌시팀ᄒᆞ니 공이 그 ᄠᅳᆺ을 알고 그 효심을 탄복ᄒᆞ고 모든 슉당이 긔롱ᄒᆞ여 당부인 효ᄌᆡ라 우ᄉᆞ니 당부인이 두굿기며 공쥬

2면

ᄅᆞᆯ ᄉᆡᆼ각ᄒᆞ여 뎌러틋 댱셩ᄒᆞᄃᆡ 보디 못ᄒᆞ믈 슬허ᄒᆞ더라 년이 십삼의 니ᄅᆞ니 궁듕 샹하의 츄앙ᄒᆞ고 밧들미 공과 일톄라 공쥬를 ᄉᆡᆼ각ᄂᆞᆫ 잰 즉 공ᄌᆞ 형뎨와 영쥬쇼져긔 졍셩이 지극ᄒᆞ니 공ᄌᆡ 이러틋 호치 듕 ᄌᆞ라ᄃᆡ 공검효뎨ᄒᆞ고 온듕침뎡ᄒᆞ여 ᄇᆡᆨᄉᆡ 진션ᄒᆞ니 공이 그 인효ᄒᆞᆫ ᄒᆡᆼ실을 본 적마다 탄식ᄒᆞ여 공쥬와 ᄒᆞᆫ가지로 보디 못ᄒᆞ믈 슬허ᄒᆞ니 공ᄌᆡ 더옥 츄원영모ᄒᆞ여 야〃를 지효로 셤기고 댱부인 밧들믈 ᄉᆡᆼ흑ᄒᆞᆫ ᄌᆞ모ᄀᆞᆺ치 ᄒᆞ여 됴곰도 간격이 업ᄉᆞ며 모비 ᄉᆞ당의 됴셕의 허ᄇᆡᄒᆞ믈 폐티 아니〃 공이 더옥 긔특이 넉여 보ᄃᆡ 뇨됴슉완을 어더 공ᄌᆞ의 ᄇᆡ우를 삼고 공쥬의 가도를 니어 후ᄉᆞ를 부치려 ᄒᆞᄂᆞᆫ 고로 너비 구ᄒᆞᄃᆡ 공ᄌᆞ와 방블ᄒᆞ 니를 만나기 어려오니 졍히 근심ᄒᆞ더니 이ᄣᅢ 좌승샹 셜흠이 일녀를 두어 용안ᄉᆡᆨᄐᆡᆨ 무ᄡᅡᆼᄒᆞ고 ᄌᆡ덕이 ᄲᅡ혀나니 방년이 십이셰의 ᄉᆞ라를 ᄆᆡ즌 곳

3면

이 업더니 진부 뉴공ᄌᆞ의 셩화를 듯고 ᄆᆡ시로 구혼ᄒᆞ니 공이 유예 미결이어ᄂᆞᆯ 댱부인이 눈믈을 흘녀 왈 이 셜승샹은 쳡의 표형이니 그 녀ᄋᆡ ᄉᆞ셰예 쳡이 외가 연회예가 보니 비록 유ᄋᆡ나 ᄌᆡ모와 덕셩이 진짓 관의 ᄡᅡᆼ이어ᄂᆞᆯ 쳡이 흠ᄋᆡᄒᆞ여 도라와 션비긔 셜ᄋᆞ의 긔이ᄒᆞ믈 일〃히 고ᄒᆞ니 션비 손가락을 타혜 아리시더니 쳡ᄃᆞ려 닐오샤ᄃᆡ 관ᄋᆡ 아ᄃᆡᆨ 어렷거니와 셩취ᄒᆞᆯ 적 부인이 닛디 말나 텬연이 이에 이시니 ᄒᆡᆼ혀 어긘 즉 블샹ᄒᆞ리라 ᄒᆞ시니 쳡이 ᄃᆡᄒᆞᄃᆡ 쳡이 비록 혼미ᄒᆞ나 ᄌᆞ군의 총명ᄒᆞ시므로ᄡᅧ 엇디 니ᄌᆞ시미 이시리잇고 고ᄒᆞ니 션비 탄식브답ᄒᆞ시더니 금일 보디 못ᄒᆞ시믈 아ᄅᆞ시미라 셜ᄋᆞ의 아ᄅᆞᆷ다오믄 의심 업ᄉᆞ니 명공은 호의치 마ᄅᆞ쇼셔 진공이 눈믈 흐르믈 ᄭᆡᄃᆞᆺ디 못ᄒᆞ여 드ᄃᆡ여 허혼ᄒᆞ고 ᄐᆡᆨ일ᄒᆞ여 셩녜ᄒᆞᆯᄉᆡ 공ᄌᆡ ᄇᆡᆨ냥으로 신부를 마자 도라와 독좌ᄒᆞ니 궁듕 부

4면

듕이 다 공쥬를 ᄉᆡᆼ각고 슬허ᄒᆞ믈 이긔디 못ᄒᆞ더라 공과 댱부인이 빈ᄀᆡᆨ을 쳥ᄒᆞ여 대연을 ᄇᆡ셜ᄒᆞ고 승샹부〃를 뫼셔 신부를 볼ᄉᆡ 아ᄅᆞᆷ다온 용안과 졀셰ᄒᆞᆫ 긔질이 진짓 폐월슈화지용이오 팀어낙안지ᄐᆡ라 팔ᄌᆞ 아황과 셩젼 운빈이 강산슈긔를 거두엇고 셩안화험의 일만ᄌᆞᄐᆡ를 씌여시며 덕셩이 유한ᄒᆞ고 녜뫼 졍슉ᄒᆞ여 슉녀ᄉᆞ덕이 겸비

ᄒᆞ니 만쇄 ᄃᆞ토아 하례ᄒᆞ고 진공이 일희일비ᄒᆞ여 흐ᄅᆞᄂᆞᆫ 안싊 금포를 적시니 일쇄 블승감창ᄒᆞ고 댱부인이 신부의 폐ᄇᆡᆨ을 ᄉᆞ양 왈 션비의 ᄌᆡ텬지녕이 ᄇᆞᆰ이 비최시니 쳡이 엇디 당돌히 그 좌를 거ᄒᆞ리오 드ᄃᆡ여 평ᄇᆡ로 현알을 밧고 공ᄌᆡ 신부로 더브러 공쥬 ᄉᆞ당의 올나 ᄇᆡ현ᄒᆞᆯᄉᆡ 공이 졔문 지어 신부의 현묘ᄒᆞ믈 고ᄒᆞ고 〈공ᄌᆡ〉 ᄐᆞᆫ셩톄읍ᄒᆞ믈 마디 아니ᄒᆞ니 공의 곤계 ᄎᆞ마 보디 못ᄒᆞ고 신뷔 ᄯᅩᄒᆞᆫ 인심이 감창ᄒᆞ여

5면

안ᄉᆡᆨ을 곳치니 옥뫼 ᄋᆡ원ᄒᆞ여 ᄭᅩᆺ치 광풍을 만나고 ᄃᆞᆯ이 흑운의 ᄡᆞ임 ᄀᆞᆺ더라 대례를 디내고 신부 슉소를 태청뎐의 뎡ᄒᆞᆯᄉᆡ 긔용즙믈을 정졔ᄒᆞ여 공쥬 ᄉᆡᆼ시ᄀᆞᆺ티 ᄒᆞ고 댱손시와 졔궁희 셜쇼져를 보호ᄒᆞ여 밧들며 소임을 출혀 녜일이 완연ᄒᆞ니 공이 현부를 어더 궁듕이 졍졔ᄒᆞ고 님재 이시믈 보고 깃브며 슬프믈 이긔디 못ᄒᆞ고 공ᄌᆡ 새로이 슬허ᄒᆞ니 댱부인과 조모 니부인이 관위ᄒᆞ여 신방의 도라보내매 공ᄌᆡ 태청뎐의 니ᄅᆞ러ᄂᆞᆫ 등쵹이 휘황ᄒᆞ고 향연이 안개 ᄀᆞᆺᄒᆞᆫᄃᆡ 신뷔 셩장아ᄐᆡ로 니러 마즈니 좌우의 ᄎᆡ녀 궁애 수플 ᄀᆞᆺᄒᆞ여 당년 경ᄉᆡᆨ이 의구ᄒᆞᄃᆡ 홀노 모비의 자최를 보디 못ᄒᆞ고 심장이 여할ᄒᆞᄃᆡ 강잉ᄒᆞ여 좌를 일우고 신인을 보니 진실노 곤산의 보옥이오 ᄒᆡ뎌의 명쥬라 심하의 ᄒᆡᆼ열ᄒᆞ나 더옥 츄모디통이 ᄌᆡ심ᄒᆞ여 쳥뉘 텸금ᄒᆞ니 댱손시 나아가 ᄀᆞᆯ오ᄃᆡ 금일 공ᄌᆡ 신인을 마즈샤

6면

션비 자최를 니으시니 일이 비록 슬프나 ᄯᅩᄒᆞᆫ 경ᄉᆡ라 관억ᄒᆞ시미 가ᄒᆞ이다 공ᄌᆡ 눈믈을 거두고 탄식ᄒᆞ더라 야심ᄒᆞ매 상요의 나아가니 원앙비취의 노름이라도 밋디 못ᄒᆞ리러라 효고를 응ᄒᆞ여 이 인이 소셰ᄒᆞ고 몬뎌 녕운뎐의 니ᄅᆞ니 ᄎᆞ일 공이 댱부인으로 더브러 신부의 현미ᄒᆞ믈 영ᄒᆡᆼᄒᆞ고 녜일을 감상ᄒᆞ여 쵹을 ᄇᆞᆰ히고 텰야토록 자디 못ᄒᆞ엿더니 신부와 ᄋᆞᄌᆞ의 신셩ᄒᆞ믈 보고 두굿기며 ᄯᅩᄒᆞᆫ 슬허 공ᄌᆞ의 손을 잡고 신부를 나아오라 ᄒᆞ여 어ᄅᆞ문뎌 탄식 왈 션비 하계ᄒᆞᆫ 지 오 년의 ᄒᆞ로도 즐거오미 업서 뎡젼을 도라보아 황냥ᄒᆞ믈 ᄎᆞ마 보디 못ᄒᆞ더니 금일 현부를 어더 슉미ᄒᆞ미 이러ᄐᆞᆺᄒᆞ고 녯 침뎐의 등쵹이 됴요ᄒᆞ믈 보니 네 모비의 ᄉᆡᆼ시 ᄀᆞᆺᄒᆞ여 나의 ᄆᆞ음이 슬픈 듕 깃븐디라 모ᄅᆞ미 부화 쳐슌ᄒᆞ여 망모와 나의 념녀를 ᄭᅵ치디 말며 신뷔 ᄯᅩᄒᆞᆫ 셩덕을 힘ᄡᅥ 졔ᄉᆞ를 삼가고 ᄒᆡᆼ실을 닥가 너의 고모의 ᄌᆡ

7면

텬지녕으로써 아름 업시 넉이디 말나 이 인이 피셕ᄌᆡ빅ᄒᆞ여 명을 듯고 공ᄌᆡ 상연 하루ᄒᆞ믈 금치 못ᄒᆞ니 공이 광슈를 드러 누흔을 졔어ᄒᆞ고 쇼졔 감동ᄒᆞ믈 이긔디 못ᄒᆞ더라 셜쇼졔 인ᄒᆞ여 궁듕의 머므러 구고와 존당을 셩효로 밧들고 슉당졔모의 니ᄅᆞ히 공경ᄒᆞ여 섬기고 슉ᄆᆡ를 화우ᄒᆞ고 ᄋᆡᄃᆡᄒᆞ믈 지셩으로 ᄒᆞ며 궁듕 노쇼를 덕으로 화협ᄒᆞ여 ᄒᆞᆫ갈ᄀᆞᆺ치 후ᄃᆡᄒᆞ고 일ᄉᆞ를 ᄌᆞ임ᄒᆞ미 업서 대신 즉 당부인긔 취품ᄒᆞ고 쇼신 즉 당손시와 의논ᄒᆞ여 됴곰도 구모의 착난ᄒᆞ미 업고 네모 덕힝이 진션진미ᄒᆞ니 공ᄌᆡ 듕ᄃᆡᄒᆞ고 공의 특별ᄒᆞᆫ ᄌᆞᄋᆡ를 바드나 더옥 조심ᄒᆞ여 봉영집옥ᄒᆞᆷ ᄀᆞᆺᄒᆞ니 궁듕이 안뎡ᄒᆞ고 녜일이 변티 아니ᄒᆞ니 존당구고의 긔ᄋᆡᄒᆞᆷ과 합문의 예셩이 흡연ᄒᆞ더라 이러구러 수년이 디나니 국가의 일이 업더니 대쟝군 셔운이 병드러 죽으니 샹이 통도ᄒᆞ시며 그 교ᄃᆡ를 됴뎡의 무르시니 일시 믈

8면

망이 진공의게 도라가니 부마도위 뉴셰형이 츌쟝입샹ᄒᆞ여 문무젼ᄌᆡ 이시니 가히 듕외 군마를 총독ᄒᆞ염 즉ᄒᆞ니이다 샹이 의윤ᄒᆞ샤 인ᄎᆞ로 공이 병마대쟝군이 되매 군무를 ᄀᆞ음 아라 위권이 됴야의 딘동ᄒᆞ고 덕튁이 ᄉᆞ방의 흡연ᄒᆞ더라 가졍 뉵 년의 니ᄅᆞ러는 텬ᄌᆡ 셩명ᄒᆞ시나 궐듕이 블안ᄒᆞ여 귀비 댱시 셜후를 도모ᄒᆞ는 긔미 잇고 ᄉᆞ례감 진슈댱경 등이 농권ᄒᆞ여 진신을 만히 살해ᄒᆞ니 셩의빅이 능히 힘으로 두루혀디 못ᄒᆞᆯ 줄 알고 샹소ᄒᆞ여 벼슬을 ᄀᆞᆯ고 집의 도라와 고요히 이친을 봉양ᄒᆞ여 쳔년을 계교ᄒᆞ고 여러 형뎨 다 됴ᄉᆞ의 참예치 아냐 몸을 보젼ᄒᆞ여 문호의 화를 조심ᄒᆞᄃᆡ 홀노 진공이 셩졍이 강개ᄒᆞ고 튱셩이 격녈ᄒᆞ여 평일 국ᄉᆞ를 진튱ᄒᆞ고 집을 도라볼 ᄯᅳᆺ이 업더니 이제 궁금의 후비의 챵궐ᄒᆞ미 잇고 국졍이 날노 그ᄅᆞ믈 보매 젼일 공쥬의 셥졍ᄒᆞ던 일을 ᄉᆡᆼ각고 기리 탄식ᄒᆞ믈

9면

마디 아니코 환관의 용ᄉᆞᄒᆞ믈 보매 노발이 튱관ᄒᆞ니 분연이 칼을 어ᄅᆞ믄뎌 모든 고쟈를 몬뎌 버히고 후의 알욀 ᄯᅳ즐 두어시ᄃᆡ 모든 형뎨와 의논ᄒᆞᆫ 즉 반ᄃᆞ시 말닐 거시

오 승샹이 쏘훈 허티 아닐디라 부형긔 고티 아니코 본부 스졸과 가뎡을 거느려 바로 궐하의 가 스례감 당뉴를 버히고 군젼의 나아가 쳔즈훈 죄를 청코져 흐니 의식 솟치 누르디 못흐는디라 일개 망연이 아디 못흐되 홀노 일공지 알고 죠용이 간왈 시졀이 녜와 다르고 야애 부마의 귀흐므로 왕공의 돈흠과 대쟝군의 듕권을 겸흐여 위권의 놉흐미 진적양후 굿흐시니 쇼심근신흐도 쇼인의 쩌리미 극히 두립거늘 엇던 고로 이런 대스를 경이히 흐샤 진번두무의 화를 싱각디 아니시느니잇고 공이 상연 슈루 왈 네 아비 십삼의 닙됴흐여 이제 이십 년이라 국은이 하히경흐거늘 이제 일명을 앗겨 쥐무리를 됴뎡의 용납흐여 이 무리 농권해인흐믈 믁연이 보고

10면

타연이 동됴훈 즉 죽어 디하의 가 하 면목으로 션뎨긔 뵈오며 네 모비를 보오리오 당〃이 일명을 브려 국은을 갑흐리니 여등이 다시 번득디 말나 공지 직삼 고간흐되 공이 종블텽흐고 당츳 닉뎐의 드러가 융복을 닙으려 흐매 공지 크게 우러 왈 대인이 추스를 힝흐샤 텬지 만일 용납디 아니시면 엇디 흐시리잇고 공 왈 신지 국가를 위흐여 죽은들 엇디 흐리오 흐믈며 간신을 버혀 국가의 해를 덜미 대신의 도리라 텬지 술피신 즉 네 아뷔 튱셩을 아르실 거시오 일이 셜사 블힝흐여 샹이 진노흐시나 당간을 다 죽인 후는 다시 살을 길히 업스니 흔갓 네 아비를 죽이실 뜨름이라 남이 되여 죽기를 두려 간당으로 흐여곰 종샤를 위틱케 흐리오 공지 악연호읍흐고 궁듕이 황〃흐니 당손시 츳경을 보고 밧비 공쥬 님종시 주던 화젼을 내여 첫 봉을 쪠혀 보니 우히 뻐시되 쥬공이 평싱 셩졍이 강개흐여 일을 쇠흐

11면

매 일우기를 크게 넉이고 일의 완급을 술피디 아니흐니 이 화를 취훌 밍되라 국졍이 그룻 되는 일이 이신 즉 반드시 감분훈 므음이 니러나 셩화굿치 급히 싱각흐여 위틱훈 일이 이시리니 비직 맛당이 내 글노 쥬공긔 드려 만젼흐게 흐라 흐엿더라 당손시 이를 보매 비창흐믈 이긔디 못흐여 밧비 화젼을 밧드러 공의 압희 가 고왈 션비 님망의 끼치신 슈셰 이셔 쥬공긔 드리라 흐신 고로 비직 감히 거역디 못흐여 진헌흐느이다 공이 션비 두즈의 심혼이 다 경동흐여 스긔를 잠간 진뎡흐고 화젼을 바다 보니 우희 공쥬 옥보를 치고 친히 일홈 두엇는디라 공이 청뉘 왈 환난흐여 봉훈 거술 쪠히니

공쥬의 친필이라 문ᄎᆡ 찬난ᄒᆞ여 완연이 평일 ᄀᆞᆺ더라 셔의 ᄀᆞᆯ와시ᄃᆡ
통ᄌᆡ 진양은 돈슈ᄌᆡᄇᆡ 진공 좌하의 올니ᄂᆞ니 사ᄅᆞᆷ이 셰샹의 나매 일ᄉᆡᆼ일ᄉᆞᄂᆞᆫ 고금의 면티 못ᄒᆞ

12면

ᄂᆞ니 진양이 엇디 홀노 면ᄒᆞ리오 슈연이나 공이 진양을 죽은가 아디 말나 몸은 비록 죽어시나 ᄆᆞ음은 멸티 아냐 공의 신샹과 국가를 위ᄒᆞ여 념녀ᄒᆞᄂᆞ니 ᄉᆞ례감 진규 등이 오ᄂᆞᆯ날이 이실 줄 모ᄅᆞ미 아니라 텬쉬 우리 종샤를 길게 아니샤 국ᄆᆡᆨ을 슷ᄂᆞᆫ 빌ᄆᆡ라 진양이 엇디 하ᄂᆞᆯ을 거역ᄒᆞ여 망녕도이 이 무리를 버혀 후세 시비를 드ᄅᆞ리오 진양이 국은을 닙ᄉᆞ와 몸이 쥬공의 모텸ᄒᆞ여 텬ᄌᆡ 뭇디 아니시ᄂᆞᆫ 정ᄉᆡ 업고 듯디 아니시ᄂᆞᆫ 말ᄉᆞᆷ이 업ᄉᆞ니 엇디 됴고마ᄒᆞᆫ 죵뉴를 제어치 못ᄒᆞ여 후환을 취ᄒᆞ리오마ᄂᆞᆫ 젼두 인ᄉᆞ를 혜건ᄃᆡ 국ᄆᆡᆨ이 ᄆᆞᄎᆞᆷᄂᆡ 환관의 손의 그ᄅᆞᆺ 될디라 금일 뎌 무리를 업시ᄒᆞ나 후일 ᄯᅩ 다시 업ᄉᆞ리오 시고로 ᄆᆡᆨ연이 그쳐 진양의 몸이 몬뎌 진ᄒᆞ니 이후 작화ᄂᆞᆫ 니ᄅᆞ디 못ᄒᆞ려니와 공이 비록 위권이 태듕ᄒᆞ나 군신의 지긔ᄒᆞ시미 어슈의 낙이 아니오 시졀이 ᄯᅢ 아닌 줄 엇디

13면

아디 못ᄒᆞ고 일시 튱분으로ᄡᅥ 화를 도라보디 아니리오 국ᄉᆞ를 위ᄒᆞ여 공의 몸은 비록 앗기디 아니나 당샹의 빵친을 니ᄌᆞ미 가ᄒᆞ니잇가 공이 이제 긔병ᄒᆞ여 환관을 친즉 일을 미처 일우디 못ᄒᆞ여셔 텬ᄌᆡ 진노ᄒᆞ샤 홰 구족의 미ᄎᆞ리니 국가의 유익ᄒᆞ미 업고 부졀 업시 몸이 죽어 필부의 ᄭᅬ 업ᄉᆞ미 가티 아니〃 공은 덕으로 뎌 무리를 감화ᄒᆞ여 쇼심근신ᄒᆞ고 문호를 보젼ᄒᆞ믈 ᄇᆞ라ᄂᆞ니 필연을 님ᄒᆞ여 정신이 황난ᄒᆞ니 만의 일을 고ᄒᆞᄂᆞ이다 ᄒᆞ엿더라
진공이 견필의 모발이 숑연ᄒᆞ여 섈니 셔간을 향ᄒᆞ여 공슈ᄌᆡᄇᆡ 왈 괴 평일 현비 알오미 호혹녜의ᄒᆞ여 셩덕이 놉흐믈 아나 이ᄀᆞᆺ티 신명예지ᄒᆞ믈 알니오 가히 연쟉이 홍곡을 모ᄅᆞ미라 십오 년 결발부뷔라 ᄒᆞ기 블가ᄒᆞ고 ᄯᅩ 군이 죽디 아니미 진뎍ᄒᆞ니 일노조차 슬프믈 그치고 ᄀᆞᄅᆞ치믈 밧들니라 말노조차 톄뤼 죵

14면

ᄒᆞ니 공ᄌᆞ형뎨와 좌우 궁애 블승톄읍ᄒᆞ더라 드ᄃᆡ여 공쥬 셔간을 깁히 간ᄉᆞᄒᆞ고 ᄉᆞ긔ᄅᆞᆯ 진뎡ᄒᆞ여 몸을 삼가 국ᄉᆞᄅᆞᆯ 진심ᄒᆞᆯ 분이러라 ᄎᆞ공ᄌᆞ 현이 십여 셰의 영풍옥골이 인뉴의 소사나고 문장ᄌᆡ홰 특이ᄒᆞ여 셔〃쳔언을 일우니 군죵 뉵십여 인 듕 ᄲᅢ혀나고 일공ᄌᆞ의 탁월ᄒᆞᆫ 문당 필법이라도 오히려 일분 츼지ᄒᆞ미 이시니 그 쵸츌ᄒᆞ믈 알디라 조부모의 과ᄋᆡ홈과 모든 슉당의 ᄉᆞ랑ᄒᆞ미 졔뉴의 웃듬이라 이 ᄀᆞᆺᄒᆞᆫ ᄌᆡ모로 부형이 ᄉᆞ랑ᄒᆞᄂᆞᆫ 가온ᄃᆡ 잔잉ᄒᆞ믈 더으고 일궁이 보양ᄒᆞ믈 부형과 ᄀᆞᆺ치 밧드니 부귀 호치 교ᄋᆡ 가온ᄃᆡ 믄득 의ᄉᆡ 방ᄌᆞᄒᆞ고 힝지 호일ᄒᆞ여 그 형의 슈힝ᄒᆞᄂᆞᆫ 도덕과 ᄂᆡ도ᄒᆞᆯ디라 당부인이 공을 ᄃᆡᄒᆞ여 ᄀᆞᆯ오ᄃᆡ 션비 님망의 현의 호탕ᄒᆞ믈 니ᄅᆞ시더니 이제 보니 ᄇᆞᆰ이 비최시미라 ᄎᆞᄋᆡ 부귀편ᄋᆡ 듕 ᄉᆡᆼ당ᄒᆞ여 조심ᄒᆞ고 삼가ᄂᆞᆫ ᄠᅳᆺ이 업서 겨유 슈렴ᄒᆞ미 공의 안젼

15면

이라 두리건ᄃᆡ ᄇᆡᆨ힝을 슈련치 못ᄒᆞᆯ가 ᄒᆞ니 ᄒᆞᆫ갓 ᄉᆞ랑으로ᄡᅥ ᄀᆞᄅᆞ치믈 폐티 마ᄅᆞ쇼셔 공이 츄연 탄왈 내 아디 못ᄒᆞ미 아니라 그 무모ᄒᆞ믈 잔잉ᄒᆞ고 아ᄃᆡᆨ 어리므로 ᄇᆞ려 두엇더니 부인의 말이 올흐니 ᄎᆞ후ᄂᆞᆫ 명심ᄒᆞ리라 ᄒᆞ고 므ᄅᆞᆺ 공ᄌᆞ의 쳐신힝지를 슬피매 공의 셩이 엄듕ᄒᆞᆫ 고로 ᄌᆞᄋᆡᄒᆞ므로 그 허믈을 용샤티 아니〃 공ᄌᆡ 두려 장긔를 ᄀᆞᆷ초고 ᄒᆞᆨ문을 힘ᄡᅥ 문니 날노 당진ᄒᆞ더라 이ᄣᅢ 태샹경 양찬은 태ᄒᆞᆨᄉᆞ 양졍화의 ᄌᆡ오 ᄒᆞᆨᄉᆞ 양관의 형이라 일ᄌᆞ일녀를 두어시니 녀ᄋᆞ의 명은 벽쥐라 ᄉᆡᆼ셩ᄒᆞ미 경ᄌᆞ옥골이오 션풍이질이니 월용화틔 셰의 무ᄡᅡᆼᄒᆞ고 셩질이 유한졍뎡ᄒᆞ며 시ᄉᆞ문한이 소샤를 압두ᄒᆞ니 부뫼 과ᄋᆡᄒᆞ여 그 ᄡᅡᆼ을 구ᄒᆞ더니 진부 이공ᄌᆞ의 특이ᄒᆞ믈 듯고 ᄆᆡ시로 구혼ᄒᆞ니 공이 ᄯᅩᄒᆞᆫ 규슈의 현미ᄒᆞ믈 ᄂᆡᆨ이 드럿ᄂᆞᆫ 고로 쾌허ᄒᆞ고 ᄐᆡᆨ일ᄒᆞ여 셩녜ᄒᆞ니 긔구의 풍화홈과 냥신

16면

인의 ᄲᅢ혀나미 차등이 업ᄉᆞ니 존당구고의 두굿김과 슬프미 교집ᄒᆞ고 궁듕 샹하의 영힝ᄒᆞ고 창감ᄒᆞ믈 이긔디 못ᄒᆞ더라 양ᄒᆞᆨᄉᆞ 부인이 츄연이 탄왈 만일 공쥐 계시면 냥딜의 현미ᄒᆞ믈 서로 년ᄒᆞ여 깃브고 쾌ᄒᆞᆯ 거술 쇽졀 업시 슬픈 심회 분이니 엇디 ᄒᆞᆫᄒᆞᆸ디 아니리오 진공이 탄왈 텬하ᄉᆡ ᄠᅳᆺ과 ᄀᆞᆺ디 못ᄒᆞ미 열희셔 팔구라 ᄒᆞ니 현마 엇디ᄒᆞ

리오 신뷔 유한ᄒᆞ고 슉뇨ᄒᆞ여 셜식부의게 지미 업고 도로혀 염광이 쇄락ᄒᆞ믄 더으ᄃᆡ 너모 슈미ᄒᆞ고 너모 경쳥ᄒᆞ여 얼프시 진비의 습이 이시니 아니 슈흔의 해로오미 이실가 셩의빅 왈 아니라 향슈 다 남ᄌᆞᄒᆞ나 ᄌᆡ앙이 만흘샹이라 현ᄋᆡ 호탕ᄒᆞ니 그 팔ᄌᆞ의 마당이 이실가 ᄒᆞ노라 공이 과연 ᄒᆞ여 ᄃᆡ왈 형당 말ᄉᆞᆷ이 맛당ᄒᆞ시이다 ᄒᆞ더라 양쇼졔 인유구가ᄒᆞ여 효봉구고ᄒᆞ며 화우슉ᄆᆡᄒᆞ믈 셜쇼져를 ᄯᆞᆯ와 ᄒᆞᆫ 곳 미진ᄒᆞ미 업고 가부를 녜로 셤겨 셩되 졍녈ᄒᆞ고 힝실

17면

이 츄상 ᄀᆞᆺᄒᆞ니 궁듕이 ᄋᆡ듕ᄒᆞ미 셜쇼져와 일양이 오양혹ᄉᆞ 부인이 친〃지의로 ᄌᆞ별이 ᄉᆞ랑ᄒᆞ며 공의 ᄌᆞᄋᆡ는 니를 거시 업ᄉᆞᄃᆡ 홀노 ᄉᆡᆼ의 ᄯᅳᆺ이 낙〃ᄒᆞ여 구ᄐᆞ여 박ᄃᆡᄒᆞ믄 업ᄉᆞ나 ᄆᆞ음이 규방의 울젹ᄒᆞ믈 됴히 아니 넉여 ᄆᆡ양 외뎐의셔 궁감 쇼환의 무리로 뉵예를 니ᄅᆞ고 혹 거믄고를 어ᄅᆞᄆᆞᆫ뎌 긔운을 소챵ᄒᆞ니 공이 그 쳐ᄉᆡ 뇌락ᄒᆞ믈 두굿기나 오히려 금슬이 흡연티 못ᄒᆞᆫ가 념녀ᄒᆞ고 당부인이 깁히 근심ᄒᆞ여 양시로 영쥬 형뎨와 ᄒᆞᆫ ᄃᆡ 두어 공ᄌᆞ의 문안시예 반ᄃᆞ시 투호와 바독의 뉴로 뎌 부〃의 친ᄒᆞ믈 권ᄒᆞ니 공ᄌᆡ 명이 난 즉 식이는 대로 시힝ᄒᆞ여 ᄆᆡ믈ᄒᆞ미 업고 ᄀᆡ지 ᄌᆞ못 은근ᄒᆞ나 침소 츌입이 ᄌᆞ못 희소ᄒᆞ니 부인이 일〃은 당손시를 쳥ᄒᆞ여 공ᄌᆡ ᄉᆞ실의 드러가는 ᄶᅢ를 아라 후박을 ᄉᆞᆯ피라 ᄒᆞ니 당손시 ᄯᅩᄒᆞᆫ 념녀ᄒᆞ던 고로 ᄎᆞᆺ는 ᄶᅢ를 ᄉᆞᆯ피니 두어 ᄃᆞᆯ이 디난 후 공ᄌᆡ 양쇼져 침실의 가 은근이 말

18면

ᄉᆞᆷ ᄒᆞ다가 침셕의 은ᄋᆡ 흡연ᄒᆞ여 ᄋᆡ듕ᄒᆞᆫ 부〃로 소원ᄒᆞ미 업더니 신셩ᄒᆞ라 니러 밧그로 나간 후는 ᄯᅩ 죵젹이 젹연ᄒᆞ니 당손시 이 ᄉᆞ연을 부인긔 고ᄒᆞ니 부인이 의아ᄒᆞ여 공의게 ᄌᆞ시 고ᄒᆞ고 왈 이 아ᄒᆡ 아니 방외예 고이ᄒᆞᆫ 일이 잇ᄂᆞ니잇가 공이 답왈 그러ᄒᆞᆯ 니 업거니와 양쇼뷔 미우의 문ᄎᆡ 너모 녕형ᄒᆞ여 피ᄎᆞ 운익 이셔 아딕 ᄆᆞ음이 소원ᄒᆞᆫ가 시브거니와 혹 져 가온ᄃᆡ 미아를 ᄉᆡᆼ각ᄒᆞᆫ 즉 ᄀᆞ장 해로오리라 ᄒᆞ고 당손시와 엄태감을 분부ᄒᆞ여 공ᄌᆞ긔 홍장시아와 교방챵녀를 갓가이 ᄉᆞ환ᄒᆞ믈 금ᄒᆞ여 ᄂᆡ실의 든 밧근 다 쇼환으로 복시ᄒᆞ라 ᄒᆞ니 엄태감의 고집과 당손시의 쥬밀ᄒᆞ미 공의 명을 조차 비록 셜도 ᄀᆞᆺᄒᆞᆫ 챵녀와 ᄌᆞ운 ᄀᆞᆺᄒᆞᆫ 궁아라도 유졍ᄒᆞ믄 새로이 갓가이 나아가 졉화홈도 어려오미 남경과 븍경 ᄀᆞᆺᄒᆞ니 공ᄌᆡ 임의 모든 눈치를 알고 ᄯᅩᄒᆞᆫ 이런ᄃᆡ 무

심 무려ᄒᆞ여 ᄃᆞᆫ니더니 당부인이 근친ᄒᆞ여 여

19면

러 날 되니 공ᄌᆡ 일〃은 가뵈오매 부인이 반겨 마자 ᄃᆞ리고 말솜ᄒᆞ더니 믄득 안흐로셔 패옥 소ᄅᆡ 당〃ᄒᆞ며 일위 미인이 년긔 십여 세는 ᄒᆞ고 홍샹치의로 년보를 가ᄇᆡ야이 옴겨 나아오다가 공ᄌᆞ의 등 두어 안자시믈 보고 낭〃이 우서 ᄀᆞᆯ오ᄃᆡ 가개 작일 쇼ᄆᆡ를 투호 지우믈 애ᄃᆞᆯ나 ᄒᆞᄂᆞ니 원컨ᄃᆡ 바독으로 셜치ᄒᆞ믈 ᄇᆞ라ᄂᆞ이다 부인이 웃고 왈 이는 진부 이랑이라 네 가개 아니〃 섈니 드러가라 그 미인이 대경ᄒᆞ여 년망이 거롬을 도로혀거ᄂᆞᆯ ᄉᆡᆼ이 그잉셩을 듯고 놀나 투목으로 잠간 술피니 그 녀ᄌᆡ 빙뎡뇨라ᄒᆞ고 졀묘쇄락ᄒᆞ여 구름 ᄀᆞᆺ흔 귀밋과 눈 ᄀᆞᆺ흔 긔부의 츈산 ᄀᆞᆺ흔 아미와 효셩 ᄀᆞᆺ흔 냥안이며 도화 ᄀᆞᆺ흔 냥협의 쥬슌호치 ᄀᆞ득ᄒᆞᆫ ᄌᆞᄐᆡ 어ᄅᆡ여시니 괵국의 지분 아님과 비연의 경신ᄒᆞ믈 겸ᄒᆞ여 교연졀셰ᄒᆞ미 비ᄒᆞᆯ 리 업ᄂᆞᆫ디라 다만 당부인 쇼시 ᄌᆞ식과 ᄒᆞᆫ가지니 양쇼져의 식ᄐᆡ용광이 뎌만 못ᄒᆞ미 아

20면

니로ᄃᆡ 그 연〃뇨라ᄒᆞ여 졀묘히 어엿브미 밋디 못ᄒᆞᆯ 듯ᄒᆞᆫ디라 공ᄌᆡ 대경황홀ᄒᆞ여 가ᄂᆞᆫ ᄃᆡ를 ᄇᆞ라고 냥안을 쏘아 졍혼을 일허시니 부인이 그 거동을 보고 ᄀᆞ장 미안이 넉여 날호여 ᄀᆞᆯ오ᄃᆡ 네 날을 네게 엇던 사ᄅᆞᆷ이라 ᄒᆞᄂᆞᆫ다 공ᄌᆡ 황공 ᄃᆡ왈 모친은 쇼ᄌᆞ의 ᄌᆞ뫼시니 엇디 이런 말솜을 ᄒᆞ시ᄂᆞ니잇가 부인 왈 내 비록 너를 나치 아냐시나 이 곳 션비 동녈이오 네 부친의 쇼년 결발이니 네 엇디 ᄒᆞᆫ갓 졔모로 알니오 피ᄎᆡ 다친 ᄉᆡᆼ ᄀᆞᆺ거ᄂᆞᆯ 엇디ᄒᆞᆫ 고로 녜모를 출히미 업서 규듕 쳐녀를 방ᄌᆞ히 숙시ᄒᆞ여 비례를 됴곰도 삼가미 업ᄉᆞ니 이 엇던 도리뇨 뎌 나의 딜녀니 형ᄆᆡ지의 잇ᄂᆞᆫ디라 공경ᄒᆞ고 셜만히 보디 말나 셜파의 ᄉᆞ긔 심히 단엄ᄒᆞ니 공ᄌᆡ 황공사죄ᄒᆞ고 믈너오다 원ᄂᆡ 이 녀ᄌᆞᄂᆞᆫ 부인 친남 당시랑의 녀ᄋᆡ니 명은 셜혜라 방년 십삼의 교용염ᄐᆡ 숙모부인과 다ᄅᆞ미 업고 셩되 총오혜힐ᄒᆞᄃᆡ

21면

텬셩이 편협싀투ᄒᆞ여 투현질 능ᄒᆞ니 제게 나으 니를 ᄭᅥ리고 므릿 셔칙 가온ᄃᆡ도 녀후의 인톄와 왕도 위딩 쳐의 투악을 올히 넉이니 그 부모는 영오ᄒᆞ믈 긔이ᄒᆞᄃᆡ 당부

인이 그윽이 됴히 아니 넉여 시랑이 뉴공즈의 지모를 스랑ᄒᆞ여 구혼ᄒᆞᄃᆡ 부인이 함구블언ᄒᆞ여 죵시 기구를 아냣더니 이 날 뉴공지 의외예 만나 서로 보매 공지 오시브터 절식을 만히 보아 뜻이 고산 ᄀᆞᆺ흐ᄃᆡ 당시를 ᄒᆞᆫ번 보매 ᄆᆞ음이 어리고 졍이 취ᄒᆞ여 능히 촘디 못홀 ᄃᆞᆺᄒᆞ나 모부인 ᄉᆞ식 이 십분 졍엄ᄒᆞ니 감히 ᄉᆞ식디 못ᄒᆞ고 도라와 그 아ᄋᆞ 삼공ᄌᆞ 혜를 ᄃᆞ리고 죠용이 무러 ᄇᆡ야흐로 댱시랑 규쉬믈 알고 ᄯᅩᄒᆞᆫ 허혼ᄒᆞᆫᄃᆡ 업ᄉᆞ믈 드ᄅᆞ니 지취홀 뜻이 쵸조착급ᄒᆞ여 일야 ᄉᆞ모ᄒᆞ믈 이긔디 못ᄒᆞ니 어린 ᄃᆞᆺ 취홀 ᄃᆞᆺᄒᆞ니 어ᄂᆞ 결을의 양시를 ᄉᆡᆼ각ᄒᆞ리오 수일 후 부인이 도라오나 긔ᄉᆡᆨ이 단엄ᄒᆞ여 드리미러 말 ᄇᆞ치미 어려온디라 계괴 업서 침블안셕ᄒᆞ고

22면

식블감미ᄒᆞ여 수월이 되매 의용이 환탈ᄒᆞ고 형뫼 쵸쳬ᄒᆞ니 공이 이런 연고를 아디 못ᄒᆞ고 신샹의 병이 잇ᄂᆞᆫ가 근심ᄒᆞ더니 ᄎᆞ년 츈의 텬지 셩묘의 ᄇᆡ알ᄒᆞ시고 인지를 ᄲᅢ시매 공ᄌᆞ형뎨 군죵형뎨로 ᄒᆞᆷᄀᆡ 관경ᄒᆞ여 관과 현이 동방 등과 ᄒᆞ여 관은 쟝원ᄒᆞ고 현은 둘재ᄒᆞ니 형뎨 십오 십삼의 계화금포로 부듕의 도라오니 일문의 영광은 니ᄅᆞ디 말고 승샹 부〃와 공이 두긋기ᄂᆞᆫ 가온ᄃᆡ 공쥬를 ᄉᆡᆼ각고 새로온 비회를 이긔디 못ᄒᆞ더라 삼일 유과 후 공이 슬프나 냥친을 위ᄒᆞ여 경연ᄒᆞ고 글을 지어 공쥬 ᄉᆞ당의 고ᄒᆞᆫ 후 텬뎡의 슉샤ᄒᆞ니 텬지 뎌의 형뎨 ᄒᆞᆫ 빵 쇼년으로 풍뉴문지를 ᄉᆞ랑ᄒᆞ시고 ᄯᅩᄒᆞᆫ 금지옥엽이믈 아름다이 넉이샤 칭익ᄒᆞ시고 관은 츈방혹ᄉᆞ를 ᄒᆞ이시고 현은 태ᄌᆞ샤인을 ᄒᆞ이샤 ᄌᆞ루 야ᄃᆡ의 근시ᄒᆞ여 뇌외로 츌입게 ᄒᆞ시니 궐듕이 다 공쥬의 냥지 동방 등과ᄒᆞ믈 긔특이 넉여 칭찬 왈 녀

23면

쥬공의 셩덕으로 냥공ᄌᆞ의 닙신영홰 이 ᄀᆞᆺ흐믈 못보시니 엇디 비챵티 아니리오 ᄒᆞ고 각별이 귀히 넉이며 하휘 ᄂᆡ뎐의 인견ᄒᆞ샤 그 의형미목이 공쥬를 품슈ᄒᆞ여시믈 보시고 반기고 슬허ᄒᆞ샤 샹ᄉᆞ와 은영이 별뎐의 밋더라 공ᄌᆞ형뎨 임의 닙됴ᄒᆞ여 각〃 쳐ᄌᆞ를 봉관화리를 주시고 영화믈망이 일셰를 기우리니 모비를 ᄉᆡᆼ각고 츄원영모ᄒᆞ믄 셰월노 더으나 존당부모를 셩효로 셤기고 뎨ᄆᆡ를 우ᄋᆡᄒᆞ미 지극ᄒᆞ니 공의 ᄉᆞ랑ᄒᆞ고 듕히 넉이미 날노 더으니 반졈 시름이 업슬 거시로ᄃᆡ 홀노 현이 닙신 후로 지취홀 의식 날노 급ᄒᆞ나 입의 바로 니ᄅᆞ디 못ᄒᆞ고 홀노 이신 즉 탄식 쵸챵ᄒᆞ니 댱부인이 그윽

이 지긔ᄒᆞ고 당손시를 블너 이 일을 니ᄅᆞ고 탄왈 이 아ᄒᆡ 호탕ᄒᆞ고 방일ᄒᆞ미 슛치 누르기 어려오니 블구의 병이 날디라 샹궁은 죠용이 그 소회를 뭇고 인ᄒᆞ여 기유ᄒᆞ라 당손시 ᄯᅩᄒᆞᆫ 놀나 이에 공ᄌᆞ의 침실 듁셜누의 니ᄅᆞ니 공ᄌᆡ 안셕의 지혀

24면

샹ᄉᆞ편 일슈를 을펴 기리 툐창ᄒᆞ거ᄂᆞᆯ 당손시 나아가 무러 ᄀᆞᆯ오ᄃᆡ 공ᄌᆡ 년쇼ᄒᆞ시나 일쥭 등양ᄒᆞ여 남ᄋᆞ의 영홰 극ᄒᆞ시고 ᄯᅩ 양쇼져 ᄀᆞᆺ흔 부인을 어드샤 금슬죵고의 낙이 대아를 블워 아니ᄒᆞ실 거시어ᄂᆞᆯ 하고로 ᄂᆡ실의 자최를 슨흐시고 외로이 이 곳의 팀와 ᄒᆞ샤 놈모로ᄂᆞᆫ 글노뼈 우탄ᄒᆞ시ᄂᆞ뇨 노쳡이 연고를 몰나 의혹ᄒᆞᄂᆞ니 원컨ᄃᆡ ᄇᆞᆰ이 히셕ᄒᆞ쇼셔 ᄉᆡᆼ이 이ᄯᆡ 심ᄉᆡ 블안ᄒᆞ여 소셰를 폐ᄒᆞ고 츄연고와ᄒᆞ여 당시의 옥안화티를 ᄉᆡᆼ각고 념녜 다른 ᄃᆡ 밋디 아니터니 당손시의 이ᄀᆞᆺ치 무ᄅᆞᆷ을 만나 일변 놀나고 ᄌᆞ긔 음영ᄒᆞ던 글을 드른가 우이 녁여 즉시 운발을 거두고 당건을 숙여 니러 안자 웃고 왈 우연이 몸이 곤ᄒᆞ고 심ᄉᆡ 울젹ᄒᆞ여 누어시매 무료ᄒᆞᆷ을 인ᄒᆞ여 고인의 글을 을펄시나 무슴 연괴 이시며 유의ᄒᆞ미 이실 거시라 노파랑이 고이히 녁여 뭇ᄂᆞ뇨 당손시 정ᄉᆡᆨ 왈 공ᄌᆡ 우리 션비의 ᄉᆡᆼ휵ᄒᆞ심과 쥬공의 ᄇᆞᆰ은

25면

교훈을 밧ᄌᆞ와 녜 아닌 ᄧᅡᄒᆞᆯ 드ᄃᆡ디 아니시고 녜 아닌 말을 니ᄅᆞ디 아니샤 ᄒᆡᆼ실을 슈련ᄒᆞᆯ 거시어ᄂᆞᆯ 허다 셩현셔 가온ᄃᆡ 엇디 경박ᄌᆞ의 샹ᄉᆞ편을 음영ᄒᆞ시리오 ᄯᅩ 노쳡이 의심된 배 이시니 공ᄌᆞᄂᆞᆫ 긔이디 마ᄅᆞ쇼셔 공ᄌᆡ 얼굴을 슈렴ᄒᆞ여 ᄀᆞᆯ오ᄃᆡ 아디 못게라 파〃의 뭇고뎌 ᄒᆞᄂᆞᆫ 배 무어시뇨 드르믈 원ᄒᆞ노라 당손시 탄식 냥구의 톄뤼 죵힝ᄒᆞ여 ᄀᆞᆯ오ᄃᆡ 노쳡이 당태후 지우ᄒᆞ시믈 밧ᄌᆞ와 션비를 보호휵양ᄒᆞ와 인ᄒᆞ여 금일의 니ᄅᆞ니 가히 공ᄌᆞ긔 구신이라 니를디라 모ᄅᆞ미 말 만흐믈 고이히 녁이디 마ᄅᆞ쇼셔 노쳡이 션비를 여희매 외로은 튱셩이 구원의 ᄯᆞ라 뫼시디 못ᄒᆞᆫ 바ᄂᆞᆫ 공ᄌᆞ남ᄆᆡ 삼인이 고〃히 히뎨를 면티 못ᄒᆞ믈 닛디 못ᄒᆞ미라 공ᄌᆞ 형뎨 당셩 닙됴ᄒᆞ매 족히 션비의 슛처진 자최를 니을디니 노쳡의 영ᄒᆡᆼ은 니ᄅᆞ디 말고 미말복예의 인졍이라도 슬프고 깃브믈 엇디 다 이긔리오마ᄂᆞᆫ 공ᄌᆞ의 ᄒᆡᆼ신쳐ᄉᆡ 일공ᄌᆞ와 크게 ᄀᆞᆺ디 아니샤

26면

힝젹이 표홀ᄒᆞ고 거지 당황ᄒᆞ여 깁히 은우를 품어 신식의 쵸쳬ᄒᆞ미 날노 심ᄒᆞ시니 큰 의심 된 일이오 또 ᄇᆡ우로 니른 즉 양쇼졔 유한졍뎡ᄒᆞ샤 진짓 하쥐의 아름다온 슉녀오 ᄉᆡᆨ틱염광이 츌군ᄒᆞ시니 이는 반ᄃᆞ시 션비의 ᄌᆡ텬지녕이 도으샤 ᄇᆡᆨ년 가우를 만나시미니 스ᄉᆞ로 평ᄉᆡᆼ이 쾌ᄒᆞ고 문호의 경ᄉᆡ어ᄂᆞᆯ 엇딘 고로 금슬지락이 ᄆᆡᆨ〃ᄒᆞ여 일삭의 두 번 님티 아니시니 그 어딜믈 모ᄅᆞ고 이러ᄒᆞ시면 혼암ᄒᆞ시미오 알고 이러ᄒᆞ시면 이는 블인ᄒᆞ시미라 원컨ᄃᆡ 공ᄌᆞ는 션비의 늣거온 자최를 츄모ᄒᆞ샤 부뷔 화동ᄒᆞ고 종ᄉᆞ의 지치를 널니시믈 ᄇᆞ라ᄂᆞ이다 공ᄌᆡ 슈연 ᄀᆡ용ᄒᆞ고 니러 ᄇᆡ샤 왈 현이 블쵸ᄒᆞ여 힝ᄉᆡ 미진ᄒᆞ므로 파패 이ᄀᆞᆺ치 ᄇᆞᆰ이 ᄀᆞᄅᆞ치니 감격ᄒᆞ고 비창ᄒᆞ믈 이긔디 못ᄒᆞᄂᆞ니 ᄒᆞ믈며 양시는 현미ᄒᆞᆫ 녀ᄌᆡ라 엇디 박ᄃᆡᄒᆞ리오마는 나히 졈고 ᄆᆞ음이 호탕ᄒᆞ여 ᄋᆞ녀ᄌᆞ로 오래 샹ᄃᆡᄒᆞ여 잇디 못ᄒᆞ여 그러ᄒᆞ미오 본ᄃᆡ 염박ᄒᆞ미 아

27면

니〃 이는 념녀티 말나 다만 나의 은우는 파패 임의 아라시니 엇디 긔이리오 과연 모월 모일의 모부인이 귀령ᄒᆞ신 ᄯᅢ 가 뵈옵다가 여차〃〃ᄒᆞᆫ 녀ᄌᆞ를 만나 그 긔질과 미뫼 ᄌᆞ연 심혼을 놀내니 ᄉᆞᄉᆡᆨ의 나타믈 면티 못ᄒᆞ여 모부인이 깁히 칙ᄒᆞ시니 감히 다시 뭇ᄌᆞᆸ디 못ᄒᆞ고 도라와 혜뎨ᄃᆞ려 무르니 당시랑 규슈로 년긔 십여의 영셜 회문의 ᄌᆡ조를 겸ᄒᆞ다 ᄒᆞ니 ᄉᆞ모지심이 일가일층ᄒᆞ여 심병이 금일의 니ᄅᆞ러시니 진실노 임의로 ᄆᆞ음을 도로혀디 못ᄒᆞᆯ디라 파〃는 나의 허믈을 용샤ᄒᆞ고 힝혀 션비의 골육인 줄 고렴ᄒᆞ여 부모긔 잘 쥬션ᄒᆞ여 졍유를 알외여 쳥년요졀ᄒᆞ믈 면케ᄒᆞ라 당손시 골경신히ᄒᆞ여 믁연 냥구의 그 ᄯᅳᆺ을 능히 두로혀디 못ᄒᆞᆯ 줄 알고 다만 위로 왈 공ᄌᆞ의 말ᄉᆞᆷ을 드ᄅᆞ니 ᄉᆞ극히연ᄒᆞ나 ᄆᆞ음을 능히 졔어ᄒᆞ여 두루혀디 못ᄒᆞ시리니 노쳡이 맛당이 부인긔 의논ᄒᆞ여 쥬션ᄒᆞ여 볼디니 공ᄌᆞ는 ᄉᆞ긔를 진뎡ᄒᆞ여 양쇼져를 후ᄃᆡ

28면

ᄒᆞ시고 힝ᄉᆞ를 온듕이 ᄒᆞ사 호방ᄒᆞᆫ ᄯᅳᆺ을 졀차ᄒᆞ쇼셔 년긔 쇼년이오 젼뎡이 머러시니 인연 곳 이시면 ᄌᆞ연이 만나리니 무슴 일 노심쵸ᄉᆞᄒᆞ리오 다만 부인은 마디 못 허ᄒᆞ시나 쥬공이 듯디 아니실가 ᄒᆞᄂᆞ이다 공ᄌᆡ 더옥 망연ᄒᆞ여 슈려ᄒᆞᆫ 미우의 일만 근심이 ᄆᆡ쳣고 일빵 효셩의 츄쉬 어ᄅᆡ여 ᄆᆡᆨ〃 쵸챵ᄒᆞ니 당손시 그 힝ᄉᆞ를 한심ᄒᆞ나 ᄯᅩᄒᆞᆫ

우려ᄒᆞ여 직삼 관위ᄒᆞ고 도라와 부인긔 ᄌᆞ시 고ᄒᆞ니 부인이 악연 슈루 왈 슬프다 션비 님망의 ᄌᆞ녀를 내게 의탁ᄒᆞ샤 정녕ᄒᆞᆫ 옥음이 이변의 잇거놀 이제 날노 비로서 ᄎᆞᄋᆞ의 힝실이 샹ᄒᆞ고 금슬의 마당이 되니 하 면목으로 디하의 가 션비긔 뵈오리오 쥬공이 엄위 태과ᄒᆞ시니 현을 비록 ᄉᆞ랑ᄒᆞ시나 이 일은 결연이 용샤치 아니ᄒᆞ실 거시오 혼인을 허ᄒᆞ시미 만무ᄒᆞ니 아딕 함구ᄒᆞ여 현의 ᄀᆡ과ᄒᆞ믈 ᄇᆞ라노라 당손시 감격ᄒᆞ여 ᄀᆞᆯ오ᄃᆡ 이ᄂᆞᆫ 공ᄌᆞ의 호탕ᄒᆞ신 연괴니 부인이 엇디 허믈을 ᄌᆞ당ᄒᆞ시리오

29면

ᄭᆡᄃᆞ르실 니 만무ᄒᆞ니 부인긔 쥬공긔 권유ᄒᆞ샤 죠용이 쥬션ᄒᆞ여 그 소원을 일우게 ᄒᆞ시고 양쇼져긔 금슬을 근권ᄒᆞ여 그 ᄆᆞ음이 감화케 ᄒᆞ쇼서 쇼년 남ᄋᆡ 혈긔 미뎡ᄒᆞ니 두리건ᄃᆡ ᄉᆞᆼ싱의 념네 이시리이다 부인이 아미를 수집ᄒᆞ여 믁〃 함탄이러니 마춤 진공이 녕운뎐의 니ᄅᆞ러 념하의 잉뷔 빵〃이 ᄂᆞ라 질드리믈 보고 거름을 머추고 셧다가 이 말을 드ᄅᆞᆫ디라 블승통히ᄒᆞᄃᆡ 아른 쳬ᄒᆞ면 부인과 당손시 공ᄌᆞ를 위ᄒᆞ여 권유ᄒᆞ난 셜홰 이실 줄 알고 거름을 두로혀 외뎐으로 나가 졔ᄌᆞ를 블너 시셔를 강논ᄒᆞ다가 현을 경계ᄒᆞ여 ᄀᆞᆯ오ᄃᆡ 네 긔샹이 너모 발월ᄒᆞ여 슈힝ᄒᆞ미 머러시니 외당의셔 탄금작가ᄒᆞ여 긔운을 너모치디 말고 ᄋᆞ부의 곳의 이셔 글을 닑어 일〃의 두 번식 네 긔를 내게 강ᄒᆞ라 관은 힝실을 삼가ᄃᆡ 네 위인이 부창되여 군ᄌᆞ의 덕이 아니라 힝혀 함위 경박

30면

ᄒᆞ면 내게 블쵸ᄒᆞᆫ ᄌᆞ식이오 타일 거하의 가망모를 보디 못ᄒᆞ리니 오ᄋᆞᄂᆞᆫ 맛당이 셥심ᄒᆞ여 아뷔 ᄀᆞᄅᆞ치믈 헛되이 듯디 말나 셜파의 안ᄉᆡᆨ이 십분 경슉ᄒᆞ고 긔운이 서리 ᄀᆞᆺ흐니 공ᄌᆡ 황연이 빅샤슈명ᄒᆞ고 즉시 긔쳐를 ᄂᆡ실의 ᄒᆞ여 쇼져와 깃드리매 쇼져의 향염ᄒᆞᆫ 용모와 아룸다온 덕되 실노 쳔고의 희한ᄒᆞᆫ디라 ᄉᆡᆼ이 ᄯᅩᄒᆞᆫ 공경 듕ᄃᆡᄒᆞ여 항녀의 은ᄋᆡ 서의ᄒᆞ미 업ᄉᆞᄃᆡ 일념의 댱쇼져를 ᄉᆞ모ᄒᆞ여 침좌의 ᄆᆡ양 탄식ᄒᆞ고 죵야 블ᄆᆡᄒᆞ니 양쇼졔 ᄌᆞ못 영오ᄒᆞᆫ디라 그윽이 고이히 넉이ᄃᆡ 감히 뭇디 못ᄒᆞ더니 공ᄌᆡ ᄒᆞ로 두 번식 야〃긔 강숑ᄒᆞ고 강을 그친 즉 ᄂᆡ실의셔 비록 울젹ᄒᆞ여 외당을 ᄉᆡᆼ각ᄒᆞ나 공이 아춤의 냥ᄌᆞ를 ᄃᆞ려 됴참ᄒᆞ고 ᄒᆞ로 세 번식 승샹부〃긔 문안홀 적 슌마다 친히 쇼환으로 ᄒᆞ여곰 공ᄌᆡ ᄂᆡ실의 이시며 업ᄉᆞᄆᆞᆯ 무러 종적을 ᄎᆞᄌᆞ미 궐티 아니〃 공

직 부친의 슬피미 엄ᄒᆞ고 ᄌᆞ상ᄒᆞᆷ믈 두려 조

31면

심ᄒᆞ여 디내더니 이러구러 가을이 디나니 공직 졈〃 수쳑ᄒᆞ여 상셕의 신음ᄒᆞ니 궁듕이 황〃ᄒᆞ고 댱부인과 댱손시 우려ᄒᆞᄃᆡ 공의 긔식이 엄쥰ᄒᆞ고 셩되 강밍ᄒᆞ여 노ᄅᆞᆯ 발ᄒᆞᆫ 즉 당칙이 엄ᄒᆞ니 댱부인의 언변담냑과 댱손시의 튱근졍딕ᄒᆞᄆᆞ로도 감히 말을 내디 못ᄒᆞ여 지류ᄒᆞᆯ ᄉᆞ이예 셰월이 여러 번 밧고엿ᄂᆞᆫ디라 ᄉᆡᆼ이 ᄉᆞ모지심이 날노 더ᄒᆞ고 ᄯᅩ 혜와 경의 말을 드ᄅᆞ니 댱시랑이 동상을 너비 구ᄒᆞᆫ다 ᄒᆞᄂᆞᆫ디라 질쇽쟈의 아이미 될가 공겁ᄒᆞ여 스ᄉᆞ로 ᄎᆞᆷ디 못ᄒᆞ니 ᄀᆞ마니 봉셔ᄅᆞᆯ 닥가 혜ᄅᆞᆯ 주어 ᄀᆞᆯ오ᄃᆡ 댱시랑이 젼일 우형으로 언약이 이시니 현데 맛당이 글노ᄡᅧ 댱시랑긔 회답을 맛다오라 삼공직 ᄃᆡ왈 뎐ᄒᆞ믄 뎐ᄒᆞ려니와 형이 표슉으로 무슨 언약이 계시더니잇고 ᄉᆡᆼ이 쇼이 답왈 네 아디 못ᄒᆞ리니 뎐ᄒᆞᆯ만ᄒᆞ라 공직 심니의 짐쟉고 우이 넉이나 쇼년 ᄀᆞ래옴이 셩ᄒᆞᆫ 고로 글을 가져 댱시랑긔 드려 왈 이 형이 슉뷔 실긔ᄒᆞ실가 두려

32면

셔찰을 올니더이다 시랑이 고이히 넉여 왈 대저 아ᄅᆞᆷ믈 ᄌᆞ딜ᄀᆞ치 ᄒᆞ나 일즉 언약ᄒᆞᆫ 일이 업ᄉᆞ니 이 엇딘 말고 드ᄃᆡ여 셔간을 ᄢᅦ혀 보니 ᄒᆞ여시ᄃᆡ 태ᄌᆞ샤인 뉴현은 ᄌᆡ빅ᄒᆞ고 삼가 일봉셔ᄅᆞᆯ 댱시랑 대인긔 올니ᄂᆞ니 남녜 댱셩ᄒᆞ여 인뉸을 츌히매 ᄇᆡ필은 몸이 뭇도록 동노동혈ᄒᆞ니 그 범연이 못ᄒᆞᆯ디라 만일 어진 지아비와 어진 안해ᄅᆞᆯ 엇디 못ᄒᆞᆫ 즉 인뉸의 ᄒᆞᆫ이 되ᄂᆞ니 현이 부귀예 ᄉᆡᆼ댱ᄒᆞ나 ᄆᆞ음이 녀ᄉᆡᆨ의 잇디 아니터니 우연이 녕ᄋᆞ쇼져의 옥모ᄅᆞᆯ ᄇᆞ라보아 평ᄉᆡᆼ 소원이 족ᄒᆞᆫ 고로 비록 쳔누ᄒᆞ나 모텸 국은ᄒᆞ여 냥쳬 외람티 아닌디라 녕ᄋᆞᄅᆞᆯ ᄌᆡ취ᄒᆞᆷ믈 원ᄒᆞ나 모부인이 고집히 허티 아니시고 부형이 엄ᄒᆞ시니 능히 쇼ᄉᆡᆼ의 ᄯᅳᆺ을 펴디 못ᄒᆞ여 쇽졀 업시 심병을 닐위여 명이 됴셕의 이시니 대인이 평일 친딜ᄀᆞ치 ᄉᆞ랑ᄒᆞ시던 졍의ᄅᆞᆯ 고렴ᄒᆞ샤 가친긔 샹의ᄒᆞ여 거두어 동상의 참예케 ᄒᆞ시면 쇼ᄉᆡᆼ이 ᄌᆡᄉᆡᆼ지은을 ᄉᆞᄉᆡᆼ의 갑디

33면

못ᄒᆞᆯ가 ᄒᆞᄂᆞ이다 ᄒᆞ엿더라 시랑이 간파의 차악ᄒᆞ여 말을 못ᄒᆞ더니 ᄯᅩᄒᆞᆫ 대쇼 왈 이 아ᄒᆡ 부귀예 ᄉᆡᆼ댱ᄒᆞ여 ᄆᆞ음의 거칠 거시 업ᄉᆞᄆᆞ로 이런 셔찰을 감히 내게 부쳐 ᄌᆡ취

코져 ᄒᆞ니 방ᄌᆞᄒᆞ믄 극ᄒᆞ거니와 그 위인과 ᄌᆡ혹은 내 본ᄃᆡ ᄉᆞ랑ᄒᆞᄂᆞᆫ 배라 엇디 쇼녀로 셤기믈 혐의ᄒᆞ리오마ᄂᆞᆫ ᄆᆡᄌᆡ 무손 뜻인지 됴히 아니 넉이고 진공이 일ᄏᆞ르미 업ᄉᆞ니 처엄의 일우디 못ᄒᆞᆫ 혼인을 이제 더옥 ᄌᆡ취ᄒᆞ라 ᄒᆞᆯ 니 업거ᄂᆞᆯ 년쇼ᄇᆡ 효 박ᄒᆞ니 여ᄎᆞᄒᆞ도다 다만 녀ᄋᆞ를 우연이 보아 ᄉᆞ상ᄒᆞ미 이 ᄀᆞᆺᄒᆞ니 의예 타문의 보내미 거림ᄒᆞ고 셩블셩간의 ᄃᆡ답 아니미 가티 아니타 ᄒᆞ고 즉시 회셔를 일워 혜를 주니 공ᄌᆡ ᄉᆞ매의 너코 진부의 도라와 몬뎌 녕하뎐의 나아가 야〃긔 뵈오니 공이 오ᄌᆞ의 분〃이 당부 왕ᄂᆡᄒᆞ믈 고이히 넉여 무러 왈 네 무ᄉᆞ 일노 당부의 갓더뇨 ᄃᆡ왈 브ᄅᆞ시므로 갓더니이다 공 왈 무순 연고로 부ᄅᆞ시더뇨 공ᄌᆡ 머뭇겨 ᄃᆡ답을 수이 못ᄒᆞ니 공이

34면

필유묘ᄆᆡᆨᄒᆞ믈 ᄭᆡᄃᆞ라 믄득 눈을 드러 오ᄌᆞ를 보니 거동이 황겁ᄒᆞ여 답언이 궁진ᄒᆞᆫ디라 공이 뎡식ᄒᆞ고 소ᄅᆡ를 놉혀 무ᄅᆞ니 공ᄌᆡ 더옥 황망ᄒᆞ여 겨요 ᄃᆡ왈 외조뫼 오래 보디 못ᄒᆞ믈 ᄉᆞ모ᄒᆞ샤 브르시더이다 공이 노왈 너 어린 아ᄒᆡ 아비 속일 의ᄉᆡ 몬뎌 나시니 살와 ᄲᅧᆯ ᄃᆡ 업순디라 즉긱의 군법을 ᄒᆡᆼᄒᆞ리니 수이 ᄃᆡ고ᄒᆞ라 공ᄌᆡ 대경실ᄉᆡᆨᄒᆞ여 혼ᄇᆡᆨ을 다 일코 ᄉᆞ매로셔 셔간을 내여 드리니 공이 바다 보매 이 곳 당시랑의 회답이라 ᄉᆞ의 은근 위곡ᄒᆞ여 만일 부명을 어더 쳥혼ᄒᆞ미 이신 즉 녜를 일우리니 잘 도모ᄒᆞ라 ᄒᆞ엿ᄂᆞᆫ디라 공이 블연 변ᄉᆡᆨ고 셔간을 ᄆᆡ쳐 왈 당ᄌᆞ휘 나히 ᄉᆞ십이 되엿고 벼슬이 츈경의 니ᄅᆞ러 엇디 년쇼ᄇᆡ로 더브러 이런 셔찰을 슈응하리오 언파의 노긔대발ᄒᆞ여 좌우로 삼공ᄌᆞ를 잡아 ᄂᆞ리와 수죄ᄒᆞᄃᆡ 혹문을 폐ᄒᆞ고 비례의 셔찰을 가지고 젼녕ᄒᆞᄂᆞᆫ 군ᄉᆞ의 분주ᄒᆞᆷ ᄀᆞᆺ치 부형을

35면

긔망ᄒᆞ고 ᄒᆡᆼ실을 쳔누히 ᄒᆞ믈 엄칙ᄒᆞ여 옥듕의 가돈ᄃᆡ 공ᄌᆡ 블승황공ᄒᆞ여 ᄒᆞᆯ 말을 못ᄒᆞ고 가치이니 공이 〈ᄉᆞ긔〉 엄정ᄒᆞ여 미위 믁〃ᄒᆞ고 안ᄉᆡᆨ이 상텬 ᄀᆞᆺᄒᆞᄃᆡ 현ᄃᆞ려 이 일을 무ᄅᆞ미 업고 당부인을 보나 이런 곡졀을 니ᄅᆞ디 아니〃 부인이 공ᄌᆞ의 하옥ᄒᆞᆫ 연유를 드ᄅᆞ매 히연ᄒᆞ믈 이긔디 못ᄒᆞᄃᆡ 공의 뜻을 알매 감히 뭇디 못ᄒᆞ여 모ᄅᆞᄂᆞᆫ 톄ᄒᆞ며 당손샹궁이 샤인을 보고 삼공ᄌᆞ의 하옥ᄒᆞ믈 닐너 ᄀᆞᆯ오ᄃᆡ 공ᄌᆡ 비록 ᄉᆞ졍이 급ᄒᆞ시나 엇디 비례예 셔찰노 ᄒᆡᆼ실을 상히오고 삼공ᄌᆞ의 신샹의 듕칙이 밋게 ᄒᆞ니 쥬공이 샹공을 칙디 아니시미 뜻이 더옥 엄ᄒᆞ시미라 능히 ᄆᆞ음이 평안ᄒᆞ시랴 모ᄅᆞ미

젼일을 뉘우츠샤 ᄉ려를 덜고 긔운을 됴보ᄒ여 수이 니러나 쥬공긔 샤죄ᄒ시고 삼공ᄌ를 구ᄒ쇼셔 샤인이 텽파의 심황낙담ᄒ여 감히 ᄂ실의 잇디 못ᄒ여 강질ᄒ여 부젼의 현셩ᄒ매 공이 담쇠ᄌ약ᄒ여 평일노 다르미 업ᄉ니 ᄉ이 ᄆ음이 더옥

36면

숫그러 ᄒ여 반일을 뫼셔 경칙ᄒᄂ 말이 이실가 기ᄃ리ᄃ ᄆ츰ᄂ 동졍이 업ᄉ니 더옥 황구ᄒ여 믈너와 모부인을 뵈오니 부인이 그 손을 잡고 눈믈을 흘녀 왈 내 무상ᄒ여 션비의 탁고를 져ᄇ려 널노 ᄒ여곰 션셰명풍을 츄락ᄒ미 이에 미츠니 하 면목으로 타일의 샹견션비ᄒ오리오 셜파의 오열비상ᄒ믈 마디 아냐 쳥뉘 넌낙ᄒ여 ᄌ금의를 젹시니 ᄉ이 쏘ᄒ 감창ᄒ고 참괴ᄒ여 고두샤죄 왈 욕지 무상ᄒ여 금일 모친의 이ᄀ흐시믈 닐위고 무죄ᄒ 삼뎨를 옥니의 곤ᄒ믈 ᄭ치오니 진실노 안면이 둣겁고 블효지죄 태산 ᄀᄌ온디라 엄하의 다ᄉ리믈 기ᄃ리오ᄃ 대인이 ᄉ식디 아니시니 엄의를 아디 못ᄒ와 더옥 황공민울ᄒᄂ이다 부인이 탄식 왈 혜의 취리ᄂ 제 죄이 벌을 바드미 맛당ᄒ니 츄호 앗가오미 업거니와 네 부친이 너를 다ᄉ리디 아니시믄 젼두를 보시미라 네 더옥 조심ᄒ여 다시 촉노치 말나

37면

ᄉ이 부인의 온화ᄒ 경계 이ᄀ치 졀당ᄒ믈 드ᄅ매 감격ᄒ고 황공ᄒ여 ᄇ샤ᄒ고 믈너 듕당의 나오니 일공지 졔뎨군죵을 거ᄂ려 뉵예를 닉여 동지안뎡ᄒ고 의식 한가ᄒ니 ᄉ이 도로혀 블워 ᄉ각ᄒᄃ 우리 형뎨 부귀교ᄋ 듕 근심을 모ᄅ더니 힝실을 닥디 못ᄒ여 야〃의 엄식과 삼뎨의 하옥ᄒᄂ 무안ᄒ믈 보니 엇디 븟그럽디 아니리오 ᄒ여 쥬뎌ᄒ고 나아가디 아니ᄒ니 일공지 ᄎᄉ를 다 아ᄂ디라 샤인의 긔식을 보고 믄득 블너 왈 셩양이 엇디 먼니 산보ᄒ고 형뎨 항의 드디 아닛ᄂ뇨 샤인이 ᄒ가지로 나아가 ᄌ조를 닉이더니 셩의ᄇ 댱ᄌ건이 시년이 십팔이라 군죵 가온ᄃ ᄇ형으로 노셩ᄒ고 졍대ᄒ미 부친을 습ᄒ여시니 모도 쇼년의 취듕ᄒᄂ 배 관과 현을 웃듬ᄒ더니 금일 좌의셔 샤인이 언쇼를 ᄒ나 미우의 수식이 은〃ᄒ믈 보고 그 ᄉ상을 쏘ᄒ 드럿ᄂ디라 미쇼ᄒ고 골오ᄃ 셩양이 신식이 고〃ᄒ고 형뫼 우화ᄒ 둣

38면

ᄒᆞ니 초나라ᄒᆞᆯ 위ᄒᆞ미 아니로ᄃᆡ 엇디 이러ᄐᆞᆺ 되엿ᄂᆞ뇨 아ᄎᆞᆷ의 슉부 말ᄉᆞᆷ을 듯ᄌᆞ오니 혜뎨 옥듕의 가치이고 이샹ᄒᆞᆫ 셔찰이 누셜ᄒᆞᆫ가 시브니 아등이 ᄯᅩᄒᆞᆫ 숑연ᄒᆞ여 현뎨를 ᄎᆞ즈니 ᄂᆡ실의 잇다 ᄒᆞ므로 보디 못ᄒᆞ고 옥듕의 가 혜뎨를 보아 무르려 ᄒᆞ니 슉부의 녕이 엄ᄒᆞ여 형뎨 등이 서로 보디 못ᄒᆞ게 ᄒᆞ신다 옥졸이 굿이 막으니 보디 못ᄒᆞ고 도라왓ᄂᆞ니 현뎨 임의 셩현셔ᄅᆞᆯ 닑어 부형의 뎡대ᄒᆞᆫ 교훈을 밧ᄌᆞ오니 엇디 비례ᄅᆞᆯ 아디 못ᄒᆞ리오마ᄂᆞᆫ 기간쥬의 이시미니 소회를 듯고뎌 ᄒᆞ노라 ᄉᆡᆼ이 쇼이ᄃᆡ왈 쇼뎨 ᄒᆡᆼᄉᆡ 아름답디 아니〃 졔형의게 고ᄒᆞᆯ ᄂᆞᆺ치 업ᄂᆞᆫ디라 젼두의 ᄌᆞ연 아ᄅᆞ시리니 ᄉᆞᄉᆞ로 춰졸을 챵셜ᄒᆞᆯ 념치 업서이다 건이 쇼왈 네 임의 그 블미ᄒᆞ믈 ᄉᆞᄉᆞ로 알고 범ᄒᆞ미 모ᄅᆞ고 저즌 죄와 달나 더옥 아름답디 아니〃 슉부의 혜ᄅᆞᆯ 가도시고 너를 됴히 보시미 당칙을 밧ᄌᆞᆸᄂᆞ니도곤 더옥 황공ᄒᆞᆯ ᄆᆞᄃᆡ로다

39면

ᄉᆡᆼ이 답쇼왈 고인이 운ᄒᆞᄃᆡ 오날 술이 이시매 취ᄒᆞ고 ᄂᆡ일 근심이 이시매 당ᄒᆞ라 ᄒᆞ니 임의 그ᄅᆞᆺᄒᆞᆫ 일을 뉘우처도 무익ᄒᆞ니 맛당이 잔 가온ᄃᆡ 거술 나와 즐기미 가ᄒᆞ고 셜〃이 ᄉᆡᆼ각ᄒᆞ여 근심ᄒᆞ미 무익ᄒᆞ도소이다 일공ᄌᆡ 뎡ᄉᆡᆨ 왈 사ᄅᆞᆷ이 지극히 어리나 제 몸은 ᄉᆞ랑ᄒᆞᄃᆡ 너ᄂᆞᆫ ᄉᆞᄉᆞ로 함ᄒᆞ니 이 졍히 셩인의 니ᄅᆞᆫ 바 걸쥬의 망기신을 네게 뻠족ᄒᆞᆫ디라 블승한심ᄒᆞ고 인ᄌᆡ 되여 부모ᄅᆞᆯ 긔망ᄒᆞ고 ᄒᆡᆼ실을 천ᄌᆞᄒᆞ며 사ᄅᆞᆷ의 ᄒᆡᆼ이 뇌여 아을 ᄀᆞᄅᆞ치믈 비례로 부촉ᄒᆞ여 엄칙을 닙게 ᄒᆞ나 능히 슈졸ᄒᆞ여 회과ᄒᆞ믈 ᄉᆡᆼ각디 아니〃 념치 상진ᄒᆞ믈 알니로다 좌듕이 대쇼왈 우리ᄂᆞᆫ ᄌᆞ시 모ᄅᆞ거니와 대강 무ᄉᆞᆫ 죄고 현양은 곡졀을 닐너 그 죄예 경듕을 우리 몬뎌 됴뉼ᄒᆞ미 엇더ᄒᆞ뇨 일공ᄌᆡ ᄃᆡ왈 혜뎨 부젼의 무ᄉᆞᆫ 셔간을 누셜ᄒᆞ여 즉시 잡아 가도시니 엇디 알니오 대개 ᄎᆞ뎨 비례의 셔간을 맛뎌 왕ᄂᆡᄒᆞ다가 대인 엄뇌 발ᄒᆞ시미니 골돌

40면

ᄒᆞ믈 이긔디 못ᄒᆞᄂᆞ이다 모다 혹 웃고 혹 긔롱ᄒᆞ여 희언이 슷디 아니ᄃᆡ 샤인이 형의 칙을 듯고 참식이 만면ᄒᆞ여 다시 말을 못ᄒᆞ니 혹ᄉᆡ 그으이 년셕ᄒᆞ여 다시 칙디 아니코 온화히 위로ᄒᆞ더라 ᄉᆡᆼ의 일을 슉당과 승상부뷔 알고 차악ᄒᆞ여 공을 권ᄒᆞ여 엄히 경계ᄒᆞ라 ᄒᆞᄃᆡ 공이 심하의 혜아리미 잇ᄂᆞᆫ 고로 일시의 가ᄇᆡ야이 칙디 아니ᄒᆞ고 버

금 죄를 듕히 다ᄉᆞ려 삼공ᄌᆞ를 샤티 아니ᄃᆡ 샤인을 보면 ᄉᆞ긔 ᄌᆞ약ᄒᆞ여 혹 웃고 말ᄉᆞᆷ ᄒᆞᆯ 적이 이셔 십여 일의 니ᄅᆞᄃᆡ ᄒᆞᆫ번도 이 일을 일ᄏᆞ르미 업ᄉᆞ니 ᄉᆡᆼ이 더옥 숫그려 ᄒᆞ여 부친의 죄 ᄂᆞ리믈 영ᄃᆡᄒᆞ고 양쇼져 침소의셔 자고 새벽마다 녕하뎐의 나아가 문안ᄒᆞ고 ᄯᆞᆯ와 ᄃᆞᆫ녀 ᄐᆡ만ᄒᆞ미 업ᄉᆞᄃᆡ 일념의 댱쇼져 옥모를 ᄉᆞ모ᄒᆞ여 닛고뎌 ᄒᆞ나 닛디 못ᄒᆞ고 샹ᄉᆞ 일념이 골슈의 박혓거ᄂᆞᆯ 것ᄎᆞ로 부친을 두려ᄒᆞ고 일변 삼공ᄌᆞ의 슈죄ᄒᆞ믈 블안ᄒᆞᄃᆡ 오히려 여싀 되여 댱시로 동방의 ᄌᆞ승 ᄆᆡᄌᆞ믈

41면

슉야 갈망ᄒᆞ니 안ᄉᆡᆨ이 더옥 쵸쳬ᄒᆞ여 식음을 젼폐ᄒᆞ고 동지 게어르며 담쇄 ᄉᆞ라지니 공이 그 ᄠᅳᆺ이 ᄒᆡ혹디 못ᄒᆞᆯ 줄 알고 그 ᄒᆡᆼᄉᆞ를 통ᄒᆡᄒᆞ여 죽어도 댱시를 어더 줄 ᄠᅳᆺ이 업서 심하의 큰 고집이 구더시니 구외예 일ᄏᆞ르미 업고 ᄉᆡᆼ의 ᄒᆡᆼ지를 술필 분이러니 일〃은 공이 졔ᄌᆞ를 거ᄂᆞ려 부모긔 문안ᄒᆞ고 일개 모다 죠용이 말ᄉᆞᆷᄒᆞ여 셜홰 공쥬 긔 미ᄎᆞ매 만좌 ᄂᆞᆺ빗출 고치고 니부인과 양혹ᄉᆞ 부인 삼형뎨ᄂᆞᆫ 옥뉘 방〃ᄒᆞ여 나삼 이 젓ᄂᆞᆫ디라 진공이 츄연 희허ᄒᆞ여 봉안의 츄광이 움ᄌᆞᆨ이니 광슈를 드러 누흔을 졔 어ᄒᆞ거ᄂᆞᆯ 양혹ᄉᆞ 부인이 샤인의 병을 녀렴ᄒᆞ여 ᄣᅢ를 타 닐오ᄃᆡ 공쥬 계실제 삼뎔을 ᄌᆞ익ᄒᆞ미 범연치 아니시더니 님죵의 죽기 보기를 도라감ᄀᆞᆺ치 넉이시ᄃᆡ 오히려 관의 형뎨를 보시면 ᄉᆞᄉᆡᆨ이 참연ᄒᆞ여 츄파의 믈결이 동ᄒᆞ시니 그 ᄉᆞ랑ᄒᆞ여 닛디 못ᄒᆞ시믄 족히 알디라 이제 냥결이 닙됴ᄒᆞ여 영홰 일문의 빗출

42면

도을 분 아니라 풍신직홰 쳔고의 드므니 엇디 아름답디 아니리오마ᄂᆞᆫ 근간 현이 몸의 병이 깁허 신ᄉᆡᆨ이 쇠약ᄒᆞ고 ᄯᅩ 혜뎔의 하옥ᄒᆞ미 제 연고로 아라 심ᄉᆡ 편티 아냐 ᄒᆞ니 병듕 실셥ᄒᆞ미 반ᄃᆞᆺᄒᆞᆯ디라 쳥컨ᄃᆡ 형은 혜를 샤ᄒᆞ샤 현의 ᄆᆞ음을 편케ᄒᆞ신 즉 금일 공쥬를 ᄉᆡᆼ각ᄒᆞ샤 타루ᄒᆞ시미 헛되디 아니실 거시어ᄂᆞᆯ 뎔오를 뎌러ᄐᆞᆺ 조ᄅᆞ시며 그 어미를 ᄉᆡᆼ각ᄒᆞ시미 브졀 업도소이다 공이 슬프믈 강잉ᄒᆞ여 잠쇼 왈 현ᄆᆡ 평일 통달ᄒᆞ더니 오히려 녀ᄌᆞ의 소견을 면티 못ᄒᆞ엿도다 내 만일 공쥬를 닛디 아닐딘ᄃᆡ 현을 듕히 다ᄉᆞ릴 거시로ᄃᆡ 셰월이 오래매 ᄌᆞ연이 닛ᄂᆞᆫ 고로 혜ᄂᆞᆫ 치칙ᄒᆞ나 현은 다ᄉᆞ리디 아닛ᄂᆞ니 ᄎᆞ익 만일 사름의 념치 이실딘ᄃᆡ 죄를 면ᄒᆞ미 어미 업ᄉᆞᆫ 연괴믈 아라 더 쉽고 무류ᄒᆞᆯ 거시어ᄂᆞᆯ 현ᄆᆡ 말이 우형의 ᄠᅳᆺ과 ᄂᆡ도ᄒᆞ도다 공의 웃ᄂᆞᆫ 가온ᄃᆡ 이 ᄒᆞᆫ

말솜이 사룸으로 ᄒᆞ여곰 모골이 구송ᄒᆞ니

43면

샤인이 관을 숙이고 옥면이 도화의 훈식을 씌여 공의 말솜을 황공ᄒᆞ고 일변 슬허 봉안의 눈믈이 써러질 듯ᄒᆞ니 니부인이 관의 형뎨를 편이ᄒᆞ고 년긔 놉흐매 긔운이 쇠모ᄒᆞ여 셩되 눅엇는디라 샤인의 거동을 보고 어엿브믈 이긔디 못ᄒᆞ고 ᄯᅩᄒᆞᆫ 공쥬를 싱각고 눈믈을 금치 못ᄒᆞ여 골오ᄃᆡ 네 말이 노모의 ᄆᆞ음이 심히 쾌티 아니토다 이 아히 그른 일이 이시나 즉시 다ᄉᆞ려 경계티 아니ᄒᆞ고 셰월노 쳔연ᄒᆞ여 견집ᄒᆞ고 보채미 심ᄒᆞ니 공쥬를 니젓노라 말이 올흐미라 고〃ᄒᆞᆫ 아히 너만 ᄇᆞ라고 이시미 블샹토 아냐 이리 ᄒᆞᄂᆞ냐 공이 웃고 ᄃᆡ왈 그 어미 이시면 칙ᄒᆞ미 쇼ᄌᆞ의 우히 이시리니 아룸다온 힝ᄉᆞ를 몰나보고 꾸지ᄌᆞ며 ᄉᆞ랑치 아닛는 거시 아니오니 슬허ᄒᆞ실 배 아니로소이다 승샹 왈 현의 죄는 등한치 아니나 뉘우ᄎᆞ미 이실 거시오 ᄒᆞ믈며 혜ᄋᆞ는 제 죄 아니라 그만ᄒᆞ여 노흐라 공이 계슈 ᄃᆡ왈 명대로 ᄒᆞ리이다 승샹이 즉시 삼공ᄌᆞ를 샤ᄒᆞ여 브ᄅᆞ니

44면

공ᄌᆡ 당하의셔 공슈샤죄ᄒᆞ고 감히 우러〃 보디 못ᄒᆞ니 녕능휘 쇼왈 호탕ᄒᆞᆫ 형의 신임ᄒᆞ다가 옥듕 구경을 ᄒᆞ니 이 졍히 낙미의 읙이로다 모든 슉당이 다 웃고 진공과 냥부인은 졍싀고 눈을 드러 보디 아니〃 공ᄌᆡ 더옥 황공ᄒᆞ여 ᄂᆞᆺ출 드디 못ᄒᆞᄂᆞᆫ디라 승샹이 나아오라 ᄒᆞ여 경계ᄒᆞ고 ᄯᅩ 샤인을 졀칙ᄒᆞ여 슈신힝도를 니ᄅᆞ매 냥인이 ᄌᆡᄇᆡ슈명ᄒᆞ니 니부인이 공을 향ᄒᆞ여 골오ᄃᆡ 용샹ᄒᆞᆫ 범인도 그릇ᄒᆞ믈 씻듯는 재 만커놀 ᄒᆞ믈며 현을 니ᄅᆞ랴 오ᄋᆞ는 그 허믈을 관샤ᄒᆞ여 너모 심히 칙디 말나 공이 모친의 이긋흐시믈 보고 강잉 슈명ᄒᆞ고 도라와 ᄉᆞ긔 평샹ᄒᆞ고 다시 일캇디 아니ᄒᆞ니 공ᄌᆡ 더옥 조심ᄒᆞ여 여러 돌이 되니 시졀이 듕동의 니ᄅᆞ러는 샤인이 날노 ᄉᆞ렴ᄒᆞ여 의식 궁진ᄒᆞ매 친히 당쇼져긔 셔찰을 브쳐 그 뜻을 탐지ᄒᆞ고 월댱규벽이라도 감심ᄒᆞ여 엇고 그칠 뜻이 이시ᄃᆡ 공과 당부인이 삼공ᄌᆞ 이하로 여러 쇼ᄋᆞ를 당부의 가디 못ᄒᆞ게

45면

막고 ᄂᆡ외예 하령ᄒᆞ여 샤인의 일동일졍을 다ᄉᆞᆯ려 알외게 ᄒᆞ니 싱이 슈족을 놀니디

못ᄒᆞ고 울적히 심〃ᄒᆞ여 방외예 놀고뎌 ᄒᆞ나 공이 허티 아니ᄒᆞ고 밤이면 궁아로 ᄒᆞ여곰 ᄂᆡ실의셔 자며 ᄰᅵ믈 슬펴 알외라 ᄒᆞ여 ᄒᆞᆫ 째를 ᄂᆞᆺ디 아니〃 샤인이 ᄉᆡᆼ각ᄒᆞᄃᆡ 야〃의 엄밀ᄒᆞ시미 이대도록 ᄒᆞ시니 비록 ᄠᅳᆺ이 이시나 베프기 어려온디라 맛당이 ᄉᆞ긔를 진뎡ᄒᆞ여 야〃의 의심을 플니라 ᄒᆞ고 다시 공의 말을 기ᄃᆞ리디 아니ᄒᆞ고 양쇼져 침실을 ᄲᅥ나디 아냐 금슬이 흡연ᄒᆞ며 동지 단졍ᄒᆞ여 근심ᄒᆞᄂᆞᆫ ᄉᆡᆨ을 나타내디 아니ᄒᆞᄃᆡ 공의 긔찰이 날노 더으고 댱쇼져 만날 긔약이 묘연ᄒᆞᆫ디라 쵸조착급ᄒᆞ여 심녜 듕ᄒᆞ니 댱탄단우ᄒᆞ여 침좌의 ᄒᆞᆫ탄ᄒᆞ믈 마디 아니ᄒᆞ니 양쇼졔 임의 샤인의 말을 ᄌᆞ시 듯고 심하의 그 녀ᄉᆡᆨ을 관뎡ᄒᆞ믈 개탄ᄒᆞ고 심ᄉᆡ 샹키의 미쳐시믈 그윽이 념녀ᄒᆞᄃᆡ ᄉᆡᆼ이 홀노 쳐ᄒᆞᆫ 즉 안ᄉᆡᆨ이 져상ᄒᆞ여 혜아리미 만타가도 쇼져를 ᄃᆡᄒᆞ여는 화긔ᄌᆞ약ᄒᆞ여 안ᄉᆡᆨ

46면

이 화평ᄒᆞ고 혹 샹ᄉᆞᄒᆞᄂᆞᆫ 글을 음영ᄒᆞ다가도 쇼져를 보면 급히 곰초아 ᄂᆡ외ᄒᆞ미 심ᄒᆞᄃᆡ 쇼졔 ᄯᅩᄒᆞᆫ 아른 쳬 아니ᄒᆞ더니 이러구러 명년 신졍을 만나 궁듕이 분요ᄒᆞ고 셰알ᄒᆞᄂᆞᆫ 빈ᄀᆡᆨ이 년쇽ᄒᆞ니 샤인이 ᄯᅩᄒᆞᆫ 됴ᄉᆞ와 졉빈의 분망ᄒᆞ고 군죵형뎨 즐기ᄂᆞᆫ 가온ᄃᆡ 나경믈이 번화ᄒᆞ믈 보니 더옥 댱시를 ᄉᆞ렴ᄒᆞ여 바독 두ᄂᆞᆫ 핑계로 삼공ᄌᆞ를 ᄃᆞ리고 깁흔 난간의셔 좌우를 츼우고 닐오ᄃᆡ 져 적현뎨 우형을 인ᄒᆞ여 듕칙을 밧ᄌᆞ오니 심니의 참괴ᄒᆞ더니 조부 셩덕으로 옥듕을 면ᄒᆞ니 영힝ᄒᆞ거니와 ᄒᆞᆫ번 목 메기로 밥 먹기를 폐티 못ᄒᆞᆯ디라 이제 셰알ᄒᆞ기를 고ᄒᆞᆫ 즉 대인이 막디 아니ᄒᆞ시리니 우형의 일련 졍셔를 댱시긔 뎐ᄒᆞ여 회답을 어더오면 현뎨의 은혜를 측냥티 못ᄒᆞ리로다 셜파의 공ᄌᆞ를 향ᄒᆞ여 절ᄒᆞ거ᄂᆞᆯ 공지 황망이 븟드러 안쳐 왈 형댱의 말ᄉᆞᆷ을 쇼뎨 시힝치 말고져 ᄒᆞ미 아니로ᄃᆡ 힝혀 누셜ᄒᆞᆫ 즉 쇼뎨의 죄ᄂᆞᆫ 니ᄅᆞ디 말

47면

고 형댱 신샹의 유해ᄒᆞ리니 일노ᄡᅥ 난쳐ᄒᆞ여 ᄒᆞᄂᆞ이다 샤인이 웃고 왈 현뎨 일을 잘 못ᄒᆞ여 누셜ᄒᆞ여시나 엇디 미양 그러ᄒᆞ리오 쇽어의 ᄑᆞᆯ이 두 번 브러져야 냥의 된다 ᄒᆞ니 피치 크게 속아시니 ᄎᆞ후ᄂᆞᆫ 그러티 아니리라 공지 마디 못ᄒᆞ여 ᄀᆞᆯ오ᄃᆡ 뎐ᄒᆞ믄 뎐ᄒᆞ려니와 표ᄆᆡ의게 무어시라 ᄒᆞ리잇고 샤인 왈 녜브터 ᄌᆡᄌᆞ가인이 ᄠᅳᆺ이 비최고 졍이 만타 ᄒᆞ니 내 임의 뎌를 ᄂᆞᆺ디 못ᄒᆞ여 ᄒᆞ니 뎨 ᄯᅩ 날을 ᄂᆞᆺ디 아닐디라 현뎨 시험ᄒᆞ

여 이 글을 뎐ᄒᆞ고 회답을 밧다오라 삼공지 바다 낭듕의 너코 부젼의 가 말ᄉᆞᆷᄒᆞ다가 믄득 고왈 댱부의셔 쇼ᄌᆞ 등의 셰알 아니믈 박졍타 칙ᄒᆞ시니 〈엇디 ᄒᆞ리잇고〉 공이 날호여 답왈 가고져 ᄒᆞᆯ진ᄃᆡ 갈디어다 공지 믁연이 퇴ᄒᆞ여 샤인을 보고 부친의 허치 아니시믈 뎐ᄒᆞ고 블쾌ᄒᆞ시믈 고ᄒᆞ니 샤인이 쵸조ᄒᆞ여 다시 ᄢᅬ를 뎡ᄒᆞ여 의논ᄒᆞ고 이날 져녁의 형뎨 공을 뫼셔 ᄂᆡ뎐의셔 담쇼ᄒᆞ더니 공이 셜양 냥 식부와

48면

영쥬쇼져 형뎨를 압히 안치고 두굿기고 ᄉᆞ랑ᄒᆞ믈 이긔디 못ᄒᆞ며 ᄯᅩ 이런 ᄌᆞ미를 ᄒᆞᆯ노 보믈 슬허ᄒᆞ더니 부인 왈 혜의 나히 십삼 셰 되여시니 혼인을 구ᄒᆞ미 엇더ᄒᆞ니잇고 공이 답왈 관의 형뎨를 너모 조혼ᄒᆞ여 현의 방ᄌᆞᄒᆞ미 심ᄒᆞ니 ᄒᆞ믈며 혜ᄂᆞᆫ 지혹이 미진ᄒᆞ고 위인이 노슉디 못ᄒᆞ니 나히 츤 후 셩취ᄒᆞ미 늣디 아니〃이다 부인 왈 명공 말ᄉᆞᆷ이 맛당ᄒᆞ시나 혜의 노셩티 못ᄒᆞ믄 텬셩이라 엇디 취쳐 조만의 이시리잇고 근ᄂᆡ예 젹은 총명을 밋고 혹문을 폐ᄒᆞ여시ᄃᆡ 명공이 셩공ᄒᆞᆫ 현은 ᄒᆞ로 두 ᄯᅢ 식강을 바다 권당ᄒᆞ시고 혜ᄂᆞᆫ ᄇᆞ려두어 ᄎᆞᆺ디 아니시니 더옥 방일ᄒᆞᆫ디라 공의 ᄯᅳᆺ을 몰나 의혹ᄒᆞᄂᆞ이다 공이 쇼왈 혜ᄂᆞᆫ 지죄 덕을 이긔ᄂᆞᆫ 아ᄒᆡ라 그 힝실을 ᄀᆞᄅᆞ치고 혹문을 권치 못ᄒᆞ리니 부인의 알 배 아니라 언미의 삼공지 피셕 궤고 왈 ᄒᆡᄋᆡ 궁듕의셔 ᄌᆞ연 번화ᄒᆞᆫ 믈싀의 ᄆᆞ음이 젼일치 못ᄒᆞ니 외가의 가 두어 ᄃᆞᆯ

49면

글을 닑어 셩현의 글을 닑어 부박ᄒᆞᆫ ᄆᆞ음을 진뎡코뎌 ᄒᆞ옵ᄂᆞ니 감히 취품ᄒᆞᄂᆞ이다 공이 ᄋᆞᄌᆞ의 댱부의 가고뎌 ᄒᆞ믈 지긔ᄒᆞ고 닐오ᄃᆡ 네 말이 올흐니 ᄲᆞᆯ니 가 공부ᄒᆞ라 공지 대희ᄒᆞ여 즉시 니러 하딕ᄒᆞᆯ식 공이 안ᄉᆡᆨ을 졍히 ᄒᆞ고 나아오라 ᄒᆞ여 ᄀᆞᆯ오ᄃᆡ 내 잠간 의심ᄒᆞᄂᆞᆫ 일이 이시니 네 능히 진뎡을 니를소냐 공지 본ᄃᆡ 모친을 달마 담냑이 만흔디라 안ᄉᆡᆨ이 ᄌᆞ약ᄒᆞ여 지ᄇᆡ 왈 아디 못거이다 무ᄉᆞᆫ 일이니잇고 공이 잠쇼 왈 고인이 후ᄉᆡᆼ을 가히 두렵다 ᄒᆞ니 가히 너 ᄀᆞᄐᆞᆫ 간악ᄒᆞᆫ 무리를 니ᄅᆞ미로다 내 임의 네 아비 되여 여등의 경ᄉᆡᆨ이 명〃현뎌ᄒᆞ믈 모ᄅᆞ리오 네 형을 위ᄒᆞ여 홍낭의 소임을 죽기로 감심ᄒᆞ니 내 ᄯᅩ 아니 경계치 못ᄒᆞᆯ디라 면젼의셔 졍ᄐᆡ를 진츌ᄒᆞ리니 다시 ᄉᆞ미ᄂᆞᆫ 담긔 잇ᄂᆞᆫ가 보리라 드ᄃᆡ여 좌우를 명ᄒᆞ여 공ᄌᆞ의 몸을 뒤니 옷 ᄉᆞ이의 일봉셔를 ᄀᆞᆷ초앗ᄂᆞᆫ디라 밧드러 올니매 공이 ᄎᆞ게 웃고 바다 안

50면

상의 노흐니 모든 ᄌᆞ네 실ᄉᆡᆨᄒᆞ고 샤인과 공ᄌᆡ ᄂᆞᆺ빗치 흙 ᄀᆞᆺ흐여 말을 못ᄒᆞ더라 공이 셔간을 ᄠᅦ혀 보니 이 댱쇼져긔 부친 바요 대개 용모를 ᄇᆞ라보고 ᄉᆞ모ᄒᆞ미 근졀ᄒᆞᄃᆡ 부명을 어더 인연을 일울 길히 업ᄉᆞ니 만일 ᄉᆞ〃로이 ᄆᆞᆺ기를 허락ᄒᆞᆫ 즉 죽기를 혜디 아냐 도모ᄒᆞ마 ᄒᆞ엿ᄂᆞᆫ디라 보기를 ᄆᆞᄎᆞ매 면ᄉᆡᆨ의 ᄎᆞᆫ 긔운이 ᄀᆞ득ᄒᆞ여 거두어 ᄉᆞ매의 너코 셩모를 졍히 ᄒᆞ여 냥ᄌᆞ를 슉시ᄒᆞ니 삼공ᄌᆞᄂᆞᆫ 산 죽엄이 되여 혼ᄇᆡᆨ이 ᄂᆞ라ᄂᆞ고 샤인은 면관히ᄃᆡᄒᆞ여 계하의셔 쳥죄ᄒᆞ니 공이 몸을 니러 녕하뎐의 나와 몬뎌 삼공ᄌᆞ의 징계티 못ᄒᆞ고 다시 이런 셔찰을 가져 왕ᄂᆡᄒᆞ고 부형긔 망ᄒᆞ믈 대ᄎᆡᆨᄒᆞ여 ᄉᆞ십댱을 듕타ᄒᆞ여 그리로셔 남문 밧긔 바로 내쳐 브ᄅᆞ미 업시 다시 오디 말나 ᄒᆞ고 좌우로 샤인을 잡아 ᄂᆞ리오매 뎐샹뎐하의 시위ᄒᆞ엿던 궁관ᄂᆡ시의 무리 ᄒᆞᆫ갈ᄀᆞᆺ치 서로 도라보아 놀나더니 공이 믄득 눈믈을 ᄂᆞ리워 ᄀᆞᆯ오ᄃᆡ 네 유하를 겨요

51면

면ᄒᆞ며 ᄌᆞ모를 일허 고〃히 의지ᄒᆞᄂᆞᆫ 배 내게 이시니 ᄆᆞ음의 고련ᄒᆞᄂᆞᆫ 배 타인의 부ᄌᆞ와 ᄀᆞᆺ디 아니ᄒᆞ더니 이제 네 ᄒᆡᆼ실이 이ᄀᆞᆺ치 무상ᄒᆞ니 ᄒᆞᆫ갓 풍뉴호화로 챵누의 놀미 아니오 신슌 미ᄉᆡᆼ의 어림도 아니라 몸이 ᄉᆞ류의 이셔 됴뎡 명ᄉᆞ로 칭ᄒᆞ며 비례의 셔찰노 ᄉᆞ문규슈를 욕ᄒᆞ믈 됴곰도 어려이 넉이미 업ᄉᆞ니 ᄎᆞ마 이런 일을 ᄒᆞ고 무ᄉᆞᆫ 일을 못ᄒᆞ리오 셜파의 좌우를 ᄭᅮ지저 큰 매를 셤ᄐᆡᆨᄒᆞ여 결댱ᄒᆞ니 ᄉᆡᆼ이 엇디 일ᄉᆡᆼ 이런 ᄐᆡ댱을 바다시리오 수십 댱이 넘디 못ᄒᆞ여셔 셩혈이 낭쟈ᄒᆞ고 신샹의 병이 깁흔 바의 놀나고 두리믈 겸ᄒᆞ여 긔운을 슈습디 못ᄒᆞ나 공이 임의 젹튝ᄒᆞᆫ 분이 대발ᄒᆞ매 노긔 녈화 ᄀᆞᆺ흐여 ᄇᆞ야흐로 군법을 ᄒᆡᆼ코져 ᄒᆞᄂᆞᆫ디라 엇디 댱ᄎᆡᆨ의 앗길 ᄯᅳᆺ이 이시리오 호령이 뇌뎡 ᄀᆞᆺ흐여 ᄉᆞ십여 댱의 니ᄅᆞ러 모든 군졸이 ᄉᆡᆼ의 뉴혈이 낭쟈ᄒᆞ믈 보고 ᄎᆞ마 매를 더으디 못ᄒᆞ여 머믓기니 공이 대로 왈 ᄎᆞ뢰

52면

감히 가쥬의 녕을 거역ᄒᆞ니 ᄲᆞᆯ니 내여가 슈급을 효시ᄒᆞ라 도부ᄉᆔ 집댱ᄒᆞ던 ᄉᆞ졸을 미러내여 가 문밧긔 가 버히고뎌 ᄒᆞ더니 ᄆᆞᄎᆞᆷ 냥왕이 진공을 보랴 이에 니ᄅᆞ러 ᄒᆡᆼ형ᄒᆞ라ᄂᆞᆫ 거조를 보고 무ᄅᆞᆫᄃᆡ 감형관이 ᄃᆡ왈 쥬공이 공ᄌᆞ를 댱ᄎᆡᆨᄒᆞ시매 ᄉᆞ예 그 ᄐᆡ댱

이 듕ᄒᆞ므로 잠간 지류ᄒᆞ니 위령ᄒᆞ믈 노ᄒᆞ샤 군법을 안ᄒᆞ라 ᄒᆞ시ᄂᆞ이다 왕 왈 날을 위ᄒᆞ여 날회고 내와시믈 고ᄒᆞ라 군관이 쟬니 드러가 냥왕의 와시믈 고ᄒᆞ니 공이 이ᄄᆡ 샤인을 오십 여 당을 듕히 치매 일공지 테읍ᄋᆡ걸ᄒᆞᄃᆡ 듯디 아니터니 엄태감이 진부 뇨쇽과 허다 환관으로 더브러 다 사모를 벗고 고두뉴혈ᄒᆞ여 테읍 왈 쥬공긔 친ᄌᆡ오 션비의 ᄭᅵ치신 배 공ᄌᆞ형뎨로 진딘 냥국의 ᄇᆞ라미 두 공ᄌᆞ 신샹의 잇습거ᄂᆞᆯ 이제 비록 죄 듕ᄒᆞ나 ᄉᆡᆼ을 도라보디 아니시니 신등이 옥쥬 탁고를 밧ᄌᆞ와 공ᄌᆞ를 보젼치 못ᄒᆞᆫ 즉 구천 타일의 션비긔 음쥬를

53면

밧ᄌᆞ올디라 복원 쥬공은 쇼환 등의 젼가 냥쳔으로 공ᄌᆞ의 당칙을 ᄃᆡᄒᆞ여지이다 언파의 통곡ᄒᆞ믈 마디 아니ᄒᆞ니 공이 태감의 이 ᄀᆞᆺ흔 튱셩을 감동ᄒᆞ여 공ᄌᆞ를 샤ᄒᆞ고 형벌긔구를 거둘ᄉᆡ 좌위 보왈 냥왕 뎐해 ᄂᆡ림ᄒᆞ시이다 공이 급히 마자 한훤필의 왕이 쇼왈 쇼종이 명공을 보오려 니ᄅᆞ매 밧긔 죄슈를 버히려 ᄒᆞ믈 보고 죄목을 무ᄅᆞ매 ᄉᆞ죄의 간범ᄒᆞ미 업고 님자를 위ᄒᆞᆫ 튱셩이 아름답거ᄂᆞᆯ 공의 인덕으로 엇디 형벌이 과ᄒᆞ시뇨 그 원억ᄒᆞ믈 측은ᄒᆞ여 당돌이 머므ᄅᆞ고 고ᄒᆞᄂᆞ니 쇼종의 ᄂᆞᆺ출 봐아 용샤ᄒᆞ시리잇가 공이 흔연 ᄃᆡ왈 복의 집이 이국을 총셥ᄒᆞ여 인심이 ᄒᆞᆫ갈ᄀᆞᆺ지 아니〃 군뉼이 아니면 졔어키 어려오니 위령ᄒᆞᄂᆞᆫ 무리를 버혀 법을 졍히 ᄒᆞ더니 대왕이 고견ᄒᆞ샤 인의로 니ᄅᆞ시니 공경ᄒᆞ여 밧드디 아니리잇가 왕이 칭샤ᄒᆞ더라 이윽고 냥왕이 도라간 후 공이 혹ᄉᆞ를 블너 닐오ᄃᆡ 현의 힝ᄉᆡ 아니 경계치

54면

못ᄒᆞᆯ 고로 다ᄉᆞ려시니 네 모ᄅᆞ미 ᄂᆡ실의 안둔ᄒᆞ여 됴셥게 ᄒᆞ라 그 힝지 한심ᄒᆞ니 나ᄂᆞᆫ 서로 보디 아니리니 네 구병ᄒᆞ고 보호ᄒᆞ믈 샹심ᄒᆞ라 혹ᄉᆡ ᄇᆡ샤ᄒᆞ고 믈너와 샤인을 뉵셜누의 븟드러 누이고 졔궁인이 그 인ᄉᆞ 모ᄅᆞ믈 창황ᄒᆞ여 눈믈을 흘니고 공을 원망ᄒᆞ 리 만하 공쥬를 ᄉᆡᆼ각고 늣기ᄂᆞᆫ 소ᄅᆡ 긋디 아니〃 당손시 졍ᄉᆡᆨ고 ᄎᆡᆨᄒᆞᄃᆡ 부ᄌᆞ지간이 군신 ᄀᆞᆺ흐니 공ᄌᆡ 그런 죄를 짓고 쥬공긔 슈ᄎᆡᆨᄒᆞ매 죄 듕ᄒᆞ고 벌이 경ᄒᆞ거ᄂᆞᆯ 엇디 감히 쥬공을 원망ᄒᆞ리오 여등이 이런 무지ᄒᆞᆫ 말노 우흘 범ᄒᆞ니 우리 션비 교화를 욕 먹이미라 스ᄉᆞ로 붓그럽디 아니냐 졔궁인이 일시의 그ᄅᆞᆺᄒᆞ믈 샤죄ᄒᆞ고 샤인을 구호ᄒᆞᆯᄉᆡ ᄉᆡᆼ이 평ᄉᆡᆼ 처음으로 듕당을 닙고 부친 엄뇌 뇌뎡 ᄀᆞᆺ흐여 여러 날이 디나ᄃᆡ

노긔 그치디 아냐 평일 ᄌᆞ익ᄒᆞ던 은졍이 돈연ᄒᆞ믈 보매 심혼을 다 일허 여러 슌 혼졀ᄒᆞ니 궁듕이 진경ᄒᆞᄃᆡ 공이 죵시 아른 쳬 아니

55면

코 녕하던의셔 빈긱을 졉ᄃᆡᄒᆞ다가 그 날 셕양의 부모긔 나아가 샤인의 일을 ᄌᆞ시 고ᄒᆞ니 승샹부뷔 차악 왈 이 아희 ᄌᆡ긔 츌인ᄒᆞ나 위인이 팀졍ᄒᆞ니 큰 그ᄅᆞ시 될가 ᄒᆞ엿더니 엇디 이런 괴이ᄒᆞᆫ 일이 이셔 녀ᄉᆡᆨ의 외입ᄒᆞ미 이 디경의 미ᄎᆞᄆᆞᆫ 실노 ᄉᆡᆼ각디 못ᄒᆞᆫ 배로다 셩의ᄇᆡᆨ 곤계 다 ᄒᆡ연ᄒᆞ여 말이 업더라 공이 ᄋᆞᄌᆞ를 딩계코져 듕치ᄒᆞ여시나 본ᄃᆡ ᄉᆞ랑ᄒᆞᄂᆞᆫ 졍이 타인의 부ᄌᆞ로 비ᄒᆞᆯ 배 아니라 그 듕히 샹ᄒᆞ여 ᄌᆞ로 혼졀ᄒᆞ믈 드ᄅᆞ니 엇디 ᄆᆞ음이 편ᄒᆞ리오 입의 말이 업ᄉᆞ나 죵야 블ᄆᆡᄒᆞ고 명됴의 신ᄉᆡᆨ 곤뇌ᄒᆞ여 피를 토ᄒᆞ고 샹요의 위돈ᄒᆞ니 혹ᄉᆡᆨ 샤인을 구호ᄒᆞ다가 공의 환후를 듯고 경황ᄒᆞ여 급히 녕하던의 나아가 문후ᄒᆞ니 공이 오ᄌᆞ의 쵸황ᄒᆞᆫ 거동을 보고 심하 ᄋᆡ련ᄒᆞ여 ᄀᆞᆯ오ᄃᆡ 네 아비 ᄌᆞ식을 ᄀᆞᄅᆞ치디 못ᄒᆞ여 인뉸의 변이 잇게 ᄒᆞ니 사라 신민을 볼 ᄂᆞᆺ치 업고 디하의 네 모비를 ᄃᆡᄒᆞ미 븟

56면

그럽디 아니리오 달야토록 ᄉᆞ샹ᄒᆞ매 애둘오미 골돌ᄒᆞ므로 구병이 침칙ᄒᆞ니 현은 이의어니와 너ᄂᆞᆫ 슈힝ᄒᆞ믈 옥ᄀᆞᆺ치 ᄒᆞ여 아을 딩계ᄒᆞ고 내 ᄆᆞ음을 위로ᄒᆞ라 혹ᄉᆡᆨ 쳑연비샤ᄒᆞ고 믈너와 샤인을 ᄃᆡᄒᆞ여 이 말을 니ᄅᆞ니 샤인이 황공감동ᄒᆞ고 블효를 ᄌᆞ칙ᄒᆞ나 듕심의 댱시ᄂᆞᆫ 니즐 길히 업ᄉᆞ니 희허ᄌᆞ차ᄒᆞ여 날노 쵸조ᄒᆞ니 댱하 어혈이 플니디 아냐 댱독이 셩ᄒᆞ고 병셰 위악ᄒᆞ니 무수ᄒᆞᆫ 의재 쥬야 ᄃᆡ령ᄒᆞ여 의약이 못 밋ᄎᆞ미 업ᄉᆞᄃᆡ 촌효를 보디 못ᄒᆞ고 졈〃 엄홀ᄒᆞᆯ 디경의 니ᄅᆞ니 공이 그 ᄉᆞ렴을 긋디 못ᄒᆞ믈 알고 ᄉᆞ졍이 참연ᄒᆞ나 그 힝ᄉᆞ를 보아ᄂᆞᆫ 앗가오미 업다 ᄒᆞ여 드러와 보디 아니ᄒᆞ고 의약을 긋ᄎᆞ니 졔형뎨 닐오ᄃᆡ 현ᄋᆡ 비록 호탕ᄒᆞ나 쇼년 남ᄋᆞ의 호방을 족가티 못ᄒᆞᆯ 거시니 댱시를 취ᄒᆞ미 무방ᄒᆞ고 집히 ᄉᆡᆼ각ᄒᆞ여 죽으믈 안자셔 보고 구치 아니미 인졍이 아니라 ᄒᆞᆫᄃᆡ 공이 쇼왈

57면

셩인이 부위 ᄌᆞ은ᄒᆞ여 ᄃᆡᆨ지 기듕이라 ᄒᆞ나 오히려 당치 아닌 즉 어하를 못ᄒᆞ리니 풍

화를 어즈러이는 즈식을 스스로 업시티 못ᄒᆞ나 엇디 구ᄐᆞ여 비례로 살오리오 셩의빅이 쇼왈 현데 집법ᄒᆞ여 현을 구치 아니나 부즈의 도는 됴용ᄒᆞ미 귀ᄒᆞ고 엄ᄀᆞᆨᄒᆞ미 유익디 아니코 취졸이 졈〃 니러나니 만일 처음의 혼인을 뎡ᄒᆞ여시면 금일 비례의 글이 다시 나디 아니ᄒᆞᆯ디라 현이 눈의 만권셔를 보고 부형의 훈교 듕 이 의ᄉᆞ를 내여 죽기로 그치디 아니미 쏘ᄒᆞᆫ 텬쉬라 진양공쥐 현의 호탕ᄒᆞ시믈 니ᄅᆞ시미 금일을 아ᄅᆞ시미니 고집히 하늘을 이긔랴 ᄒᆞ니 그 뜻인 즉 딕ᄒᆞ나 시운을 아디 못ᄒᆞ미라 쏘ᄒᆞᆫ 블통ᄒᆞ미 심치 아니랴 공이 오히려 즐겨 조츨 뜻이 업서 ᄀᆞᆯ오ᄃᆡ 이런 블쵸ᄌᆞ는 가셩을 욕 먹이며 뉴시 청덕과 셰ᄃᆡ 도혹을 현으로ᄡᅥ 문희 치리니 ᄒᆞ믈며 녀 댱ᄋᆞ를 보니 용식이 너모 홀난ᄒᆞ고 미우의 살긔 ᄀᆞ득ᄒᆞᆫ디라 엇디 알고 닐위여

58면

가ᄂᆡ를 어즈러이리오 현이 죽으면 ᄉᆞ졍이 참혹ᄒᆞ나 가법은 난치 아니리니 결연이 허티 못ᄒᆞ리이다 셩의빅이 잠쇼 브답이러라 양혹ᄉᆞ 부인 삼형데 빅단 ᄀᆡ유ᄒᆞᄃᆡ 공이 뜻이 더옥 구더 드ᄃᆡ여 듁셜누 밧긔 허다 공당을 블너 샤인의 누은 창 밧긔셔 관곽을 ᄣᆞ여 상ᄉᆞ를 ᄃᆡ령ᄒᆞ니 모다 공의 고집을 ᄒᆞᆫᄒᆞ고 이 ᄀᆞᆺᄒᆞᆫ 거조를 보매 어히 업서 말을 못ᄒᆞ고 혹시 부친 거동을 보매 모골이 숑연ᄒᆞ여 샤인을 구ᄒᆞᆯ 길히 업ᄉᆞ믈 슬허 눈믈을 흘니고 샤인의 손을 잡고 ᄀᆞᆯ오ᄃᆡ 우리 형데 일즉 모비를 여히고 야〃를 의지ᄒᆞ여 댱셩ᄒᆞ매 비록 여러 형데 이시나 모비의 혈ᄆᆡᆨ은 오딕 우리 형데와 쇼ᄆᆡ라 동긔 삼인이 늒아디통을 품어 이제 요힝 너와 내 닙신양명ᄒᆞ여 됴뎡 명ᄉᆡ 되고 어딘 ᄇᆡ우를 어더 일싱이 쾌ᄒᆞ거ᄂᆞᆯ 네 엇디 부귀영화 가온ᄃᆡ 힝실을 닥디 아니코 도로혀 한슈의 투향홈과 신슌의 규벽ᄒᆞ믈

59면

흠모ᄒᆞ여 부젼의 듕칙을 밧ᄌᆞᆸ고 청년의 요졀ᄒᆞ여 인뉸의 죄인이 되고뎌 ᄒᆞᄂᆞ뇨 네 병이 이러ᄒᆞᄃᆡ 대인이 죵시 허혼ᄒᆞ실 뜻이 업고 관곽을 다ᄉᆞ리시니 엄의 견뎡ᄒᆞ시믈 아올디라 조부모와 슉당의 만단히유ᄒᆞ시미 효험이 업ᄉᆞ니 네 댱ᄎᆞᆺ 엇디코뎌 ᄒᆞ여 ᄆᆞ음을 두로혀디 못ᄒᆞᄂᆞᆫ다 샤인이 기리 탄식 ᄃᆡ왈 쇼데 모비를 여히온 디통이 ᄌᆡ심ᄒᆞ오나 ᄌᆡ조와 문필이 타인의게 지〃 아니〃 힝실을 닥고 문호를 욕디 아니랴 녀ᄉᆡᆨ을 경계ᄒᆞ여 궁듕 ᄂᆡ외 홍장의 유의ᄒᆞ미 업고 양시 ᄀᆞᆺᄒᆞᆫ 미쳐를 어드ᄃᆡ 됴곰도 과도ᄒᆞ

미 업서 도로혀 늠의 의심을 닐위니 엇디 녀식을 팀혹ᄒᆞ리잇고마는 뎌를 ᄒᆞᆫ번 본 후는 졀노 ᄆᆞ음의 ᄆᆡ치여 닛고뎌 ᄒᆞ나 능히 닛디 못ᄒᆞ고 잠간 본 후는 ᄆᆡ양 그 얼굴이 눈의 ᄡᅥ나디 아냐 넉시 ᄉᆞᆱ을 비러 놀내니 쇼뎨 역시 아디 못ᄒᆞ여 ᄒᆞᄂᆞ니 이제 야〃의 엄칙ᄒᆞ시미 ᄉᆞᄉᆡᆼ을 고렴티 아니시니 ᄉᆡᆼ뎐의 뎌를 만나디 못ᄒᆞᆯ디라

60면

ᄎᆞ후로 블효를 면티 못ᄒᆞ고 사라 부형의 ᄃᆞᆨ죄ᄒᆞᆯ 사름이 되며 죽어 모비를 볼 ᄂᆞᆺ치 업ᄂᆞᆫ디라 인뉸의 죄인이 되여 션산의 계장ᄒᆞᆯ ᄂᆞᆺ치 업ᄂᆞ이다 셜파의 긔운이 혼미ᄒᆞ여 인ᄉᆞ를 모ᄅᆞ니 급히 약을 나와 구ᄒᆞ고 공의게 고ᄒᆞ니 공이 폐목요슈ᄒᆞ여 말을 듯디 아닌ᄃᆡ 댱부인이 눈믈을 흘니고 즘이를 ᄢᅢ혀 쳥죄 왈 쳡으로 빌미 되여 현의 심ᄉᆡ 샹ᄒᆞ고 ᄉᆞ단이 니러나니 원컨ᄃᆡ 쳡의 죄를 다ᄉᆞ려 현을 경계ᄒᆞ고 인ᄉᆡᆼ을 구발ᄒᆞ샤 션비를 ᄉᆡᆼ각ᄒᆞ쇼셔 현이 비록 호탕ᄒᆞ나 품슈ᄒᆞ미 범ᄋᆡ 아니니 나히 ᄎᆞ면 스ᄉᆞ로 ᄭᆡᄃᆞ라 진츄ᄒᆞ미 젹디 아닐디라 명공이 엇디 ᄎᆞ마 죽으믈 보고 구치 아니시ᄂᆞ뇨 딜ᄋᆡ 유한ᄒᆞᆫ 덕이 업고 셩힝이 교오ᄒᆞ나 양시 슉녀의 뇨됴ᄒᆞ미 잇고 댱손시와 쳡이 이시니 거의 보젼ᄒᆞ여 작난이 젹을디라 명공은 현의 어린 나흘 어엿비 넉이쇼셔 공이 블연작ᄉᆡᆨ 왈 부인이 딜녀를 ᄃᆞ려와 ᄋᆞ부의 근심을 닐위

61면

고져 ᄒᆞ니 이 엇딘 ᄯᅳᆺ이뇨 공쥐 님망의 ᄌᆞ녀로ᄡᅥ 부인긔 의탁ᄒᆞ여 ᄇᆞ라미 만커늘 부인이 엇디 져ᄇᆞ리미 이에 미처 친딜을 ᄃᆞ려와 오ᄌᆞ를 도〃고져 ᄒᆞᄂᆞ뇨 부ᄌᆞ지졍은 인소난언이니 내 현을 앗기미 부인만 못ᄒᆞ디 아닐디라 한셜을 말디어다 부인이 대참ᄒᆞ여 말을 못ᄒᆞ고 샤인이 병셰 졈〃 더ᄒᆞᄃᆡ 공이 무르미 업ᄉᆞ니 심하의 슬허 혹ᄉᆞᄃᆞ려 왈 쇼뎨 야〃의 품을 ᄡᅥ나미 오라디 아니커늘 이제 엄안을 ᄡᅥ난디 일망이 거의라 원컨ᄃᆡ ᄒᆞᆫ번 뵈와 영결ᄒᆞ믈 고ᄒᆞ여지이다 혹ᄉᆡ ᄎᆞ마 보디 못ᄒᆞ여 울고 공의게 고ᄒᆞᆫᄃᆡ 공이 노왈 아비를 ᄉᆡᆼ각ᄒᆞ여 보고져 ᄒᆞᆯ딘ᄃᆡ 이 병이 업ᄉᆞ리니 제 임의 날을 니ᄌᆞ니 내 엇디 서로 보아 부질 톄ᄒᆞ리오 다시 현의 ᄉᆞᄉᆡᆼ을 내게 고치 말나 혹ᄉᆡ 망극ᄒᆞ여 조부긔 나아가 샤인의 위틱ᄒᆞ믈 고ᄒᆞ고 부친을 권유ᄒᆞ시믈 ᄋᆡ걸ᄒᆞ니 승샹부뷔 경아 왈 현의 병을 드러시나 댱칙의 샹ᄒᆞ민가 ᄒᆞ엿더니 당시로 빌미ᄒᆞ여 이러

62면

홀딘딕 진실노 통힉ᄒᆞ나 죵시 허티 아니미 블통ᄒᆞ미라 내 맛당이 칙ᄒᆞ여 셩혼ᄒᆞ게 ᄒᆞ리라 셩의빅이 잠쇼 주왈 ᄎᆞ데 쇼년 적 일이 비록 이와 다ᄅᆞ나 심병은 방블커늘 현을 듕칙ᄒᆞ여 용샤티 아니미 심ᄒᆞ고 관곽을 ᄀᆞ초아 죽기를 ᄃᆡ령ᄒᆞ니 엄교를 슌히 밧들 니 업ᄂᆞ이다 승샹 왈 부ᄌᆞ ᄎᆞ비 텬디 ᄀᆞᆺ거늘 제 엇디 내 말을 듯디 아니리오 일이 비록 한심ᄒᆞ나 경권을 둘 배오 현이 비록 외입ᄒᆞ여시나 영걸의 남ᄌᆡ어늘 만일 사디 못홀딘대 엇디 뉘우ᄎᆞᆷ과 앗갑디 아니리오 내 증셰를 보고 셰형을 ᄀᆡ유ᄒᆞ리라 드ᄃᆡ여 졔ᄌᆞ를 거ᄂᆞ리고 진부의 니ᄅᆞ러 샤인의 병소로 나아가니 댱부인과 댱손시 양쇼져로 더브러 구호ᄒᆞ다가 승샹이 친님ᄒᆞᆷ을 보고 일시의 니러 마ᄌᆞ니 승샹이 좌뎡ᄒᆞ고 샤인은 이윽이 슬피니 수십 일ᄂᆡ 용뫼 환탈ᄒᆞ고 긔식이 엄〃ᄒᆞ여 명이 경국의 ᄉᆞᆺ게 되여 금〃과 침셕의 혈흔이 낭쟈ᄒᆞ엿고 댱창

63면

을 보니 크게 위듕ᄒᆞᆫ디라 승샹이 잔잉ᄒᆞ고 차악ᄒᆞᆷ을 이긔디 못ᄒᆞ여 그 손을 잡고 병을 무ᄅᆞ니 싱이 다만 눈믈만 흘니ᄂᆞᆫ디라 승샹이 셩의빅을 도라보아 골오ᄃᆡ 이대도록 듕치ᄒᆞ여 병셰 위틱ᄒᆞ엿거늘 제 아비 서로 보디 아니ᄒᆞ미 석호도 곤심ᄒᆞ니 셰형의 모질믈 금일이야 알과라 졔공이 공슈 왈 ᄃᆡᆯᄋᆞ의 작죄 비경ᄒᆞ니 ᄀᆡ과코뎌 ᄒᆞ미라 엇디 부ᄌᆞ지졍이 업서 이러ᄒᆞ미리잇가 슈연이나 ᄉᆞ싱이 듕ᄒᆞ니 대인 안젼의 브ᄅᆞ샤 권유ᄒᆞ시니 맛당ᄒᆞ도소이다 승샹이 좌우로 진공을 브ᄅᆞ니 공이 부친의 님ᄒᆞ시믈 듯고 년망이 추진응명ᄒᆞ매 녕능후 이하ᄂᆞᆫ 일시의 니러 곳쳐 좌를 뎡ᄒᆞ니 의관이 졍졔ᄒᆞ고 녜뫼 슉〃ᄒᆞ더라 승샹이 졍식고 공을 ᄃᆡᄒᆞ여 왈 네 일즉 글을 닑어 늦샹을 알니〃 ᄎᆞ익 비록 블쵸ᄒᆞᆫ 힝실이 이시나 죠용이 경계ᄒᆞ여 ᄡᅵ돗기를 기ᄃᆞ릴 거시어늘 엇디 이대도록 듕댱을 더으고 ᄒᆞᆫ갈ᄀᆞᆺ치 용납디 아냐 이 디경의 미ᄎᆞ니 셩인의 경계

64면

ᄌᆞ식을 죽이라 ᄒᆞ신 곳이 어ᄃᆡ 잇더뇨 노부ᄂᆞᆫ 일즉 너의 블쵸ᄒᆞᆷ을 이ᄀᆞᆺ치 듕칙ᄒᆞ미 업던디라 너의 훈ᄌᆞ의 엄ᄒᆞᆷ은 승어뷔로다 공이 황연이 부복 ᄃᆡ왈 현의 좌상은 슈빙ᄒᆞᆫ 녀ᄌᆞ로 져ᄇᆞ리디 못홀 신이 이셔 여ᄎᆞᄒᆞ면 비록 구〃ᄒᆞ나 ᄉᆞ싱을 앗기디 아니리 잇가마ᄂᆞᆫ 이ᄂᆞᆫ 공연이 타문 규슈를 유의ᄒᆞ여 월댱규벽을 감심코뎌 ᄒᆞ니 쇼지 진실노

딕인홀 늣치 업고 저를 살와 무어시 쓰리잇가 ᄒᆞ믈며 당ᄋᆡ 심지 냥슌ᄒᆞ믈 아디 못ᄒᆞ고 ᄌᆞ식이 너모 공교로오니 무식ᄒᆞᆫ 아ᄒᆡ 과도히 혹ᄒᆞ여 가ᄂᆡ 어ᄌᆞ러올 거시니 출하의 상명을 취ᄒᆞ미 나을디라 진실노 저의 죽기를 샤홀 뜻이 업습더니 엄교를 듯ᄌᆞ오니 블승황공ᄒᆞ여 욕ᄉᆞ무디로소이다 승샹이 노왈 현ᄋᆡ 닙됴ᄒᆞ여 금마옥당의 놀며 엇디 냥쳐를 취티 못ᄒᆞ리오 네 아비 명을 역ᄒᆞ고 손ᄋᆞ를 칙디 못ᄒᆞ리니 쌜니 당시를 취ᄒᆞ여 현의 명을 구ᄒᆞ고 부ᄌᆞ의 샹은ᄒᆞᄂᆞᆫ 블힝을 면케 ᄒᆞ라 진공이 계상지

65면

빅 왈 현이 닙신ᄒᆞ기로 지취홀딘딕 텬하의 녀지 젹디 아니ᄒᆞ오니 브딕 당시를 취ᄒᆞ리잇가 언미파의 승샹이 작식 왈 너의 블통ᄒᆞ미 여ᄎᆞᄒᆞ믄 노뷔 싱각디 못홀 배라 아븨 명을 거역ᄒᆞ고 ᄌᆞ식을 브딕 죽여 뜻을 세우고져 ᄒᆞ니 블효블인ᄒᆞ미 여ᄎᆞᄒᆞ냐 내 맛당이 쥬당ᄒᆞ여 통혼ᄒᆞ고 현을 구ᄒᆞ리라 셜파의 필연을 나와 셩의빅으로 딕셔ᄒᆞ여 구혼홀ᄉᆡ 공이 홀일업서 믁연 시좌러니 셔간을 일워 혹ᄉᆞ를 명ᄒᆞ여 당부의 보내라 ᄒᆞᆫ대 혹ᄉᆡ 야〃의 긔식이 블쾌ᄒᆞ믈 보고 감히 니러나디 못ᄒᆞ여 머믓기니 녕능휘 쇼왈 관이 혜를 딩계ᄒᆞ여 셔찰 가지고 왕ᄂᆡᄒᆞ믈 어려이 넉이니 우슉이 맛당이 딕힝ᄒᆞ리라 드딕여 좌우로 셔찰을 맛뎌 닙긱의 회답을 밧다오라 ᄒᆞ니 이쌔 샤인이 눈을 곰고 반싱반ᄉᆞᄒᆞ여시나 이 일의ᄂᆞᆫ 정셩이 ᄀᆞ즉ᄒᆞ여 ᄌᆞ시 듯고 조부 셩덕을 감격ᄒᆞ여 힝혀 당가의셔 듯디 아닐가 저허 죄오미 극ᄒᆞ나 공의 좌치 지근ᄒᆞ여 의복이 년ᄒᆞ여시니

66면

긔식을 아ᄅᆞ실가 두려 통셰 듕ᄒᆞ믈 탁ᄒᆞ고 셜히 금니로 늣출 ᄀᆞ저오니 좌듕이 그 뜻을 알고 미〃히 웃고 공은 죵시 눈을 옴기디 아냐 다만 승안화긔를 고치디 아니터니 슈유의 당부 회답이 니ᄅᆞ러 당샹셔 부ᄌᆞ의 치샤ᄒᆞ미 ᄌᆞ못 위곡ᄒᆞ여 쾌히 허혼ᄒᆞ엿ᄂᆞᆫ디라 승샹이 흔연이 깃거 샤인의 금니를 열고 무위 왈 이제ᄂᆞᆫ 네 원이 니러시니 념녀를 프러 몸을 됴보ᄒᆞ고 회과 슈졸ᄒᆞ라 노뷔 쥬당ᄒᆞ여 혼ᄉᆞ를 일우리니 네 아비 말고져 ᄒᆞ나 홀일업ᄉᆞ리라 샤인이 감히 말을 못ᄒᆞ나 붓그럽고 황공ᄒᆞ여 옥면을 븕히고 몸을 동ᄒᆞ여 벼개의 업듸여시니 승샹이 어엿비 넉여 그 손을 잡고 양쇼져를 나아오라 ᄒᆞ여 골오딕 내 이 일을 즐겨ᄒᆞ미 아니라 손ᄋᆞ의 명을 앗기고 쇼부의 홍안을 념녀

ᄒᆞ미라 쇼부는 ᄋᆞ녀의 조ᄇᆡ야온 심ᄉᆞ로 블호ᄒᆞᆫ 뜻을 두디 말고 슉덕을 닥가 네 친고의 ᄇᆰ은 교화를 츄모ᄒᆞ라 쇼졔 ᄇᆡ샤슈명ᄒᆞᆫᄃᆡ 승샹이 탄식 왈

67면

내 현의 죄를 경이 넉이미 아니로ᄃᆡ 공쥬 쳔고의 드믄 셩덕으로 세낫 아히를 ᄭᅵ쳐시니 그 보젼티 못ᄒᆞ미 이신 즉 엇디 유명 간 져ᄇᆞ리미 크디 아니리오 이러므로 잠간 녜를 굽히고 법을 눅이미니 졔ᄋᆞ는 노부의 일을 고이히 넉이디 말나 셩의ᄇᆡᆨ 등 오 인이 흠긔 니러 ᄇᆡ샤 왈 블쵸ᄋᆞ 등이 비록 혼암ᄒᆞ오나 야〃 셩의를 엇디 모ᄅᆞ리잇고 공쥬의 녕이 아름이 이신 즉 쏘ᄒᆞᆫ 명〃지듕의 감은ᄒᆞ리로소이다 승샹이 희허 탄식ᄒᆞ더라 날이 어둡도록 말숨ᄒᆞ여 쵹을 니으매 승샹과 졔공이 도라가고 댱부인이 머므러 샤인을 ᄃᆡᄒᆞ여 ᄀᆞᆯ오ᄃᆡ 존구의 바다 ᄀᆞᆺᄒᆞᆫ 셩은이 네 소원을 일우시니 수이 차복ᄒᆞ여 부모의 ᄆᆞ음을 위로ᄒᆞ라 딜ᄋᆞ를 취ᄒᆞ나 가졔를 잘ᄒᆞ여 어ᄌᆞ러오미 업게 ᄒᆞ믈 원ᄒᆞ노라 ᄉᆡᆼ이 비록 영힝ᄒᆞ미 극ᄒᆞ나 부친의 흔연ᄒᆞ미 업ᄉᆞ니 ᄆᆞ음이 황구ᄒᆞ고 양쇼져 긔식을 알고뎌 잇다감 눈을 드러 쇼져를 보ᄂᆞᆫ디라

68면

부인이 어엿비 넉여 혹ᄉᆞᄃᆞ려 왈 네 ᄆᆡ양 근노ᄒᆞ니 금일은 편히 쉬고 ᄋᆞ부로 ᄒᆞ여곰 병측을 ᄉᆞᆯ피게 ᄒᆞ라 혹시 쏘 샤인의 긔식을 알고 흔연 슈명ᄒᆞ고 부인을 뫼셔 각〃 팀소로 도라가니 양쇼졔 이에 머믈매 ᄉᆡᆼ이 쇼져로 만난 디 두 ᄒᆡ예 심ᄉᆞ를 베프미 업ᄂᆞᆫ디라 이 날 병을 칭ᄒᆞ고 쇼져로 구완을 식여 반야의 니ᄅᆞ러ᄂᆞᆫ ᄉᆡᆼ이 그윽 슈를 잡고 무ᄅᆞᄃᆡ 내 야〃긔 듕칙을 밧즙고 명이 쟝ᄎᆞᆺ 위틱ᄒᆞᄃᆡ 부인이 ᄒᆞᆫ번 졍셩으로 위문ᄒᆞ미 업고 듕인 공회예 ᄉᆡᆨ칙으로 나와 ᄂᆞᆷ의 뒤히 셧다가 즉시 드러가니 ᄉᆡᆼ이 죽어도 슬허홀 뜻이 업ᄉᆞ미라 ᄉᆡᆼ이 부인 밋으미 서어치 아니ᄒᆞ리오 그ᄃᆡ로 더브러 십ᄉᆞ 츈광을 당ᄒᆞ여 젼뎡이 만니어늘 블힝ᄒᆞ여 이 병의 죽을딘ᄃᆡ 부인이 비록 졍이 업ᄉᆞ나 신셰를 홀노 념녀ᄒᆞ미 업서 긔식이 그대도록 ᄆᆡ믈ᄒᆞ리오 ᄉᆡᆼ이 병니의 ᄆᆡ야ᄒᆞ믈 이긔디 못ᄒᆞᄂᆞ니 부인은 심폐를 긔이디 말고 ᄇᆰ이 ᄀᆞ르

69면

치라 쇼졔 뎌의 ᄆᆡᆨ바드믈 보니 슌셜이 구드나 ᄇᆡᆨ안으로 ᄃᆡᄒᆞ미 경부지ᄃᆡ 아니라 ᄉᆡᆼ

각ᄒᆞᄃᆡ 내 임의 사ᄅᆞᆷ을 셤겨 뎡도로 인도티 못ᄒᆞ나 아당ᄒᆞᄂᆞᆫ 말을 ᄒᆞ리오 ᄒᆞ여 안ᄉᆡᆨ을 정히 ᄒᆞ고 옷기ᄉᆞᆯ 념의여 날호여 ᄃᆡᄒᆞᄃᆡ 쳡이 블혜ᄒᆞ나 삼강이 듕ᄒᆞᄆᆞᆯ 어이 모ᄅᆞ며 ᄉᆞᄉᆡᆼ의 요동ᄒᆞ미 업ᄉᆞ리오마ᄂᆞᆫ 군ᄌᆡ 임의 부ᄌᆞ의 듕ᄒᆞᆫ 경과 군신의 큰 의ᄅᆞᆯ ᄇᆞ려 천금지구로ᄡᅥ 무지경박ᄌᆞ의 패려ᄒᆞᆫ ᄒᆡᆼ적을 취ᄒᆞ여 스ᄉᆞ로 뉸상의 죄인이 되고뎌 ᄒᆞ시니 쳡이 군을 ᄯᆞᆯ와 ᄉᆞᄉᆡᆼ을 ᄀᆞᆺ치 ᄒᆞᆯ디언뎡 심복ᄒᆞᆯ ᄯᅳᆺ은 업ᄉᆞᆫ 고로 ᄒᆞᆫ갓 개탄ᄒᆞ고 능히 위문치 못ᄒᆞ니 블혜ᄒᆞᄆᆞᆯ 참괴ᄒᆞᄂᆞ이다 ᄉᆡᆼ이 그 정슉ᄒᆞᄆᆞᆯ 탄복ᄒᆞ고 ᄌᆞ긔 ᄒᆡᆼᄉᆡ ᄇᆞᆺ그러오ᄆᆞᆯ ᄭᆡᄃᆞ라 칭샤 왈 혹ᄉᆡᆼ이 무지ᄒᆞ여 부형의 놉흔 경계ᄅᆞᆯ 져ᄇᆞ리고 이런 일이 이시니 진실노 부인의게 말을 쾌히 ᄒᆞᆯ ᄂᆞᆺ치 업거니와 슈연이나 텬쉬니 인녁으로 ᄒᆞᆯ 배 아니라 댱시ᄅᆞᆯ 취ᄒᆞᆫ 후 부인 심ᄉᆡ 블령ᄒᆞᆯ딘ᄃᆡ ᄉᆡᆼ의 ᄆᆞ음이 역시 편치 아니리

70면

니 그ᄃᆡ는 방신을 보듕ᄒᆞ여 슉녀의 덕을 힘ᄡᅳ고 브졀 업ᄉᆞᆫ 념녀ᄅᆞᆯ 허비티 말나 ᄉᆡᆼ이 청산과 녹슈로 ᄆᆡᆼ셰ᄒᆞ여 조강을 져ᄇᆞ리디 아니리라 쇼졔 왈 군ᄌᆡ 대인 졍훈과 엄교ᄅᆞᆯ 능히 봉ᄒᆡᆼ티 못ᄒᆞ샤 ᄉᆞ긔 ᄆᆞ춤ᄂᆡ 금일의 니ᄅᆞ럿거ᄂᆞᆯ 엇디 쳡의 블안ᄒᆞᄆᆞᆯ 개회ᄒᆞ실 배리오 당부의 심회 광풍졔월 ᄀᆞᆺ흐리니 녀ᄌᆞᄅᆞᆯ 유희ᄒᆞ여 심쳔을 ᄆᆡᆨ바드미 구챠치 아니리잇가 ᄒᆞ믈며 쳡이 블민ᄒᆞ나 ᄉᆞ족의 ᄉᆡᆼ댱ᄒᆞ여 뉵녜로 군ᄌᆞ긔 도라오니 청산의 ᄆᆡᆼ셰와 녹슈 당하의 언약은 노류쟝녀와 ᄒᆞᆯ 배라 엇디 업슈이 넉이ᄆᆞᆯ 이ᄀᆞᆺ치 ᄒᆞ리오 셜파의 긔되 츄상 ᄀᆞᆺ고 안ᄉᆡᆨ이 녈슉ᄒᆞ니 ᄉᆡᆼ이 실언ᄒᆞᄆᆞᆯ 뉘웃고 엄뎡ᄒᆞᆫ 위인을 공경ᄒᆞ며 흠복ᄒᆞ더라 ᄎᆞ후 ᄉᆡᆼ이 졈〃 ᄉᆞ려ᄅᆞᆯ 더러 일 삭이 디나매 소계ᄒᆞ고 공의게 뵌ᄃᆡ 공이 작ᄉᆡᆨᄒᆞ고 눈을 드러 보디 아니〃 ᄉᆡᆼ이 황공ᄒᆞ여 믈너 조부긔 뵌ᄃᆡ 승샹이 녜의로 경계ᄒᆞ고 니부인이 손을 잡고 타루ᄒᆞ며 ᄯᅩᄒᆞᆫ 졀칙ᄒᆞᄆᆞᆯ 마디 아니〃 ᄉᆡᆼ

71면

이 감동ᄒᆞ고 참괴ᄒᆞ더라 어시의 당부의셔 ᄐᆡᆨ일ᄒᆞ매 혼긔 일망이 ᄀᆞ려시니 진공이 샤인의 ᄒᆡᆼᄉᆞᄅᆞᆯ 통ᄒᆞᆫᄒᆞ고 당시의 션악을 의심ᄒᆞ여 죵시 혼인 일ᄉᆞ의 입을 여디 아니ᄒᆞ니 승샹이 공을 ᄎᆡᆨᄒᆞ고 스ᄉᆞ로 뉵녜ᄅᆞᆯ 출혀 셩친ᄒᆞᆯᄉᆡ 납빙지일의 공이 칭병 블긔ᄒᆞ니 승샹이 부풍후로 ᄒᆞ여곰 공의게 혼셔ᄅᆞᆯ 가져 일홈 ᄡᅳ라 ᄌᆡ촉ᄒᆞ니 공이 미우ᄅᆞᆯ ᄡᅵᆼ긔여 ᄀᆞᆯ오ᄃᆡ 대인의 엄ᄒᆞ시 현의 죄ᄅᆞᆯ 용샤ᄒᆞ시미 이대도록 ᄒᆞ믄 ᄉᆡᆼ각 밧기라 ᄎᆞᄋᆞ의 방ᄌᆞᄒᆞ미 일노조차 더으리로다 북풍휘 쇼왈 금일 납폐지일의 형이 비록 즐기디

아니시나 홀일업고 대인이 현의 죄를 모르시미 아니라 세 마디 못흔 후는 셰쇄흔 말숨을 아니시미니 이 곳 형당과 쇼뎨 등이 앙망티 못ᄒᆞ올 셩덕이니 존명을 지류ᄒᆞ미 가티 아닌디라 쌜니 일홈 두쇼셔 공이 역시 웃고 문방을 나와 혼셔를 일워 일홈 두기를 ᄆᆞᄎᆞ매 부풍휘 가져 도라와 승샹긔

72면

뵈옵고 모든 형뎨 공의 칭탁ᄒᆞ미 빅단고경의 미ᄎᆞᄃᆡ 능히 면티 못ᄒᆞ믈 보고 우어 왈 네는 협텬ᄌᆞ 녕제후ᄒᆞᄂᆞᆫ 권신이 잇더니 당금은 협조부 녕기부ᄒᆞᄂᆞᆫ 뉴현이 잇다 ᄒᆞ여 졔슉군죵이 셩의빅 일인 밧근 믈ᄒᆞᄂᆞ 니 업서 긔롱ᄒᆞ니 싱이 황공ᄒᆞ여 슉당의 긔롱의는 국공무언이오 군죵의 희언의는 화답이 흐르는 ᄃᆞᆺᄒᆞ여 도〃히 굴티 아니ᄒᆞ니 모다 웃고 긔샹언변을 ᄉᆞ랑ᄒᆞ여 도로혀 ᄋᆡ듕ᄒᆞ더라 길일이 당ᄒᆞ매 당손샹궁이 ᄯᅩ흔 혼ᄉᆞ로뻐 대ᄉᆞ로이 아디 아냐 싱의 길복을 다ᄉᆞ리디 아냣더니 ᄎᆞ일 일개 진궁의 모다 승상이 싱을 블너 습녜ᄒᆞ려 관복을 ᄎᆞ즈니 당손시 고왈 쥬공이 혼구를 다ᄉᆞ리라 ᄒᆞ신 녕이 업슨 고로 감히 쳔ᄌᆞ치 못ᄒᆞ온디라 셕일 쇼례ᄒᆞ시던 길복이 이시니 권도로 닙으시미 맛당ᄒᆞ도소이다 좌듕이 다 블쾌히 넉이더니 양쇼져 시녀 월잉이 옥함을 밧드러 당손샹궁을

73면

향ᄒᆞ여 왈 길복을 임의 ᄃᆡ후ᄒᆞ엿ᄂᆞ이다 모다 놀나 왈 뉘 지엇ᄂᆞ뇨 잉이 ᄃᆡ왈 우리 쇼졔 친히 지으시니 이 다 죄위 칭복ᄒᆞ고 진공이 광미를 영빈ᄒᆞ여 반졈 희긔 업더니 이 말을 드ᄅᆞ매는 두긋기고 아름다오믈 이긔디 못ᄒᆞ여 눈을 드러 양쇼져를 보니 옥뫼 ᄌᆞ약ᄒᆞ고 긔운이 화평ᄒᆞ여 공경ᄒᆞᄂᆞᆫ ᄉᆞ식이 옥을 잡음 ᄀᆞᆺ고 묽은 빗치 일월 ᄀᆞᆺᄒᆞ니 ᄒᆞᆫ 조각 쇽틔를 머므ᄅᆞ미 업ᄂᆞᆫ디라 공이 크게 년ᄋᆡᄒᆞ여 나아오라 ᄒᆞ여 ᄀᆞᆯ오ᄃᆡ 돈ᄋᆞ의 힝ᄉᆡ 음황무도ᄒᆞ미 극ᄒᆞ거ᄂᆞᆯ 대인이 그 명을 앗기샤 당시를 마즈나 실노 블힝이오 ᄋᆞ부의 심복대환이어ᄂᆞᆯ 네 엇디 내 녕 업시 호탕흔 가부의 ᄯᅳ졀 마치ᄂᆞ뇨 쇼졔 피셕 ᄃᆡ왈 블쵸흔 아ᄒᆡ 능히 ᄉᆞ단의 곡ᄃᆡᆨ을 아디 못ᄒᆞ고 녀ᄌᆞ의 도리를 ᄃᆡᆨ히여 관복을 다ᄉᆞ려숩더니 존괴 여ᄎᆞᄒᆞ시니 블승황공ᄒᆞ여 이 다 공이 만면의 우음이 니러나고 모든 슉 칭찬ᄒᆞ고 긔특이 넉여 ᄀᆞᆯ오ᄃᆡ 현의 호방ᄒᆞ미 양시의

74면

덕을 빗낼 시졀이로다 신뷔 비록 ᄌᆞ식이 잇다 ᄒᆞ나 덕셩의 아름다오믄 셜양 이 인을 밋디 못ᄒᆞ리라 ᄒᆞ더라 날이 느ᄌᆞ매 빅냥으로 댱쇼져를 ᄎᆔ홀ᄉᆡ 이ᄯᅢ 댱시랑이 샤인의 셔찰을 ᄃᆡ납ᄒᆞ여 보내엿더니 진공이 ᄃᆡᆯᄋᆞ 하옥ᄒᆞ고 ᄌᆞ가를 미온ᄒᆞ믈 듯고 그윽이 참괴ᄒᆞ더니 샤인의 병이 듕ᄒᆞ고 승샹이 구혼ᄒᆞ니 셰 마디 못ᄒᆞ여 혼구를 ᄀᆞ초아 신낭을 마즈니 ᄉᆡᆼ이 옥모영풍의 희긔녕농ᄒᆞ여 화쵹 ᄉᆞ이의 기력이를 뎐ᄒᆞ고 신부의 샹교를 기ᄃᆞ려 문을 즘으고 호궁ᄒᆞ여 도라와 독좌ᄒᆞ니 이ᄯᅢ 만좌 빈ᄀᆡᆨ이 신부를 보니 녕농ᄒᆞᆫ ᄉᆡᆨ틔와 홀난ᄒᆞᆫ 용치 양셩과 하채를 미혹홀 ᄌᆞ식이 이시나 풍영ᄒᆞ며 ᄆᆞᆰ은 긔질노 법 다오며 안뎡ᄒᆞ미 양시를 밋디 못ᄒᆞᄃᆡ 아릿답고 졀묘ᄒᆞ믄 승어양시라 만좨 아니 칭찬ᄒᆞ 리 업ᄉᆞᄃᆡ 진공이 죠곰도 권ᄋᆡᆨᄒᆞᄂᆞᆫ 빗치 업고 댱부인이 아미의 쳔단 근심을 ᄯᅴ여시며 승샹과 니부

75면

인이 ᄯᅩᄒᆞᆫ ᄀᆞ장 블힝이 녁여 진공이 죽기로ᄡᅥ 허티 아니턴 바를 ᄭᅵᄃᆞ라 깁히 념녀ᄒᆞ나 임의 홀일업서 강잉ᄒᆞ여 흔연ᄒᆞ더라 신부 슉소를 듁셜누 마즌 편 긔린각의 뎡ᄒᆞ고 진공이 샹궁 소츈운을 블너 ᄀᆞᆯ오ᄃᆡ 내 본ᄃᆡ 비ᄌᆞ의 근신ᄒᆞ믈 아ᄂᆞᆫ 고로 금일 대ᄉᆞ로ᄡᅥ 맛디ᄂᆞ니 댱손시 나히 임의 만코 소임이 듕ᄒᆞ여 궁듕 셰쇄지ᄉᆞ를 다 ᄉᆞᆯ피디 못홀 거시오 셜슉혜ᄂᆞᆫ 셜가 식부를 돕고 원경운은 양가 식부를 보졍ᄒᆞ니 내 이제 널노ᄡᅥ 댱시를 맛뎌 ᄒᆞᆫ갓 쟝념을 도으라 ᄒᆞ미 아니라 ᄋᆞᄌᆞ의 일편된 자최를 경계ᄒᆞ고 신부의 힝실을 ᄀᆞ르쳐 징투ᄒᆞᄂᆞᆫ 어ᄌᆞ러오미 업게 ᄒᆞᄃᆡ 만일 네 말을 듯디 아니커든 댱손시로 쳐치ᄒᆞ고 ᄯᅳᆺ과 ᄀᆞᆺ디 아니커든 내게 알외여 어그룻디 말나 소샹궁이 ᄌᆡ빅슈명이퇴ᄒᆞ니 공이 부인을 도라보아 ᄀᆞᆯ오ᄃᆡ 부인 ᄃᆡᆯᄋᆡ 나의 슬하를 님ᄒᆞ니 이 ᄯᅩᄒᆞᆫ 하ᄂᆞᆯ이라 홀일업거니와 부인이

76면

능히 ᄉᆞ졍을 존졀ᄒᆞ고 현의 냥쳐 ᄃᆡ졉을 ᄋᆡ증 업시 ᄒᆞᆫ갈ᄀᆞᆺ치 ᄒᆞ믈 원ᄒᆞᄂᆞ니 능히 이 일을 힝홀소냐 부인이 옥안이 닝담ᄒᆞ고 낭셩이 강개ᄒᆞ여 ᄃᆡ왈 명공이 쳡을 의심ᄒᆞ미 이에 미ᄎᆞ시니 쳡이 심담을 헤쳐 뵈디 못ᄒᆞ미 ᄒᆞᆫ이로소이다 슈연이나 ᄌᆞ금 이후로 션악호블 간의 간예치 마라 공의 경계를 명심ᄒᆞ리니 념녀치 마ᄅᆞ쇼셔 언파의 뉴미

셩안의 온ᄉᆡᆨ이 나타나니 이ᄂᆞᆫ 공이 힝혀 ᄌᆞ개 친딜의 인졍으로 편드ᄂᆞᆫ 일이 이실가 당부ᄒᆞ믈 골돌ᄒᆞ미라 공이 부인의 ᄉᆞ졍 업ᄉᆞ믈 모ᄅᆞ미 아니로ᄃᆡ 오히려 츄호나 개렴ᄒᆞ미 이신 즉 궁듕이 ᄌᆞ연 부인의 안면과 샤인의 통셰를 ᄡᅧ 양쇼져의 괴로오미 이실가 그 길을 엄졀ᄒᆞ미러라 승샹부〃와 모든 슉당이 군ᄌᆞ졔가지도로 샤인을 경계ᄒᆞᄃᆡ 공이 ᄒᆞᆫ 말을 니ᄅᆞ미 업ᄉᆞ니 양혹ᄉᆞ 부인이 쇼왈 의심 아니ᄒᆞᆯ 댱형과 샹궁은 당부ᄒᆞ고 엇디 진짓 당부ᄒᆞᆯ 딜ᄋᆞᄂᆞᆫ 졔가지도를 니ᄅᆞ디 아니시ᄂᆞ

77면

뇨 공이 답왈 대범 사ᄅᆞᆷ의 병이 여튼 후 약의 효험이 이시려니와 현의 외입ᄒᆞ믄 병이 고황을 팀노ᄒᆞᆷ ᄀᆞᆺᄒᆞ니 내 말이 비록 약셕 ᄀᆞᆺᄒᆞ나 효험이 업ᄉᆞ리니 텬명을 속슈ᄃᆡ지라 엇디 한셜을 ᄒᆞ리오 부뫼 나의 고집을 칙ᄒᆞ시고 졔형뎨와 삼ᄆᆡ 날노ᄡᅧ 인졍이 아니라 ᄒᆞ여 금일 혼인을 일우니 현의 병이 낫고 번화ᄒᆞ믄 됴커니와 두리건ᄃᆡ 뉘우ᄎᆞ미 이실가 ᄒᆞ노라 졔인이 탄식ᄒᆞ더라 샤인이 야〃의 블열ᄒᆞ시믈 황공ᄒᆞ나 평ᄉᆡᆼ 소원을 일우니 블승영ᄒᆡᆼᄒᆞ여 흔연ᄒᆞᆫ 담쇄 늉흡ᄒᆞ니 공이 겻눈으로 보아 혀 ᄎᆞ믈 마디 아니ᄒᆞ더라 이ᄣᅢ 삼공ᄌᆡ 남문 밧 산뎡의 내치엿더니 오란 후 샤ᄒᆞ여 도라와 길셕을 귀경ᄒᆞ며 인ᄒᆞ여 샤인의게 웃고 고ᄒᆞᄃᆡ 쇼뎨 형으로 인ᄒᆞ여 여러 슌 듕칙을 바닷더니 형이 이제 지원을 일우시니 이 ᄯᅩ 쇼뎨의 공인가 ᄒᆞᄂᆞ이다 샤인이 쇼왈 네 날노 인ᄒᆞ여 슈칙ᄒᆞᆫ 공은 업디 아니나 ᄆᆡ양 ᄉᆞ긔를 누셜ᄒᆞ니 셩

78면

공ᄒᆞᆫ 일이 업ᄉᆞᆫ디라 우형이 감샤ᄒᆞᆯ 배 업도다 공ᄌᆡ 분〃이 ᄃᆞ토아 ᄀᆞᆯ오ᄃᆡ 형이 화쳥뎐 난간의셔 쇼뎨의게 절ᄒᆞ고 졍셔를 부치실 적은 뎌 말이 업던디라 쇼뎨 ᄉᆡᆼ셰 이후로 일 삭 하옥과 ᄉᆞ십 댱 결둔과 수월 내치인 슈고를 ᄉᆡᆼ각디 아니시니 이 진짓 ᄂᆞᄂᆞᆫ 새 진ᄒᆞ매 냥궁이 ᄀᆞᆷ초이고 뎍국이 파ᄒᆞ매 모신이 망ᄒᆞᆷ ᄀᆞᆺ도소이다 샤인이 박당대쇼ᄒᆞᆫᄃᆡ 혹ᄉᆡ 군즁으로 말ᄒᆞ다가 냥뎨의 희학을 듯고 졍ᄉᆡᆨ 칙왈 군ᄌᆡ 비례블언ᄒᆞ고 비례블텽ᄒᆞ여 슈신힝도ᄒᆞ미 가ᄒᆞ거ᄂᆞᆯ 너희 분〃ᄒᆞᆫ 담논이 츈츄 오ᄃᆡᄀᆞᆺ치 어ᄌᆞ러오니 아디 못게라 신언슈심의 어려오미 이러ᄐᆞᆺ ᄒᆞ냐 이 뎨의 〈언ᄉᆡ〉 ᄉᆞ인 대참이어ᄂᆞᆯ 무ᄉᆞᆫ 념치로 스ᄉᆞ로 쟈랑 내여 희학ᄒᆞᄂᆞ뇨 샤인과 공ᄌᆡ 즉시 ᄀᆡ용샤례ᄒᆞ더라 쵹을 니으매 샤인이 신방의 니ᄅᆞ니 나위 슈막의 옥쵹이 놉핫고 금병 슈리의 미인이 단좌ᄒᆞ

여시니 싱이 깃븐 흥이 하늘

79면

굿고 즐거온 의식 바다 굿흐여 나아가 옥슈를 넌ᄒᆞ여 골오ᄃᆡ 쇼져는 명문귀족의 쥬림옥슈로 월하인연이 구든 고로 심규의 숫다온 자최 외긱을 만나니 이 엇디 텬의 아니리오 싱이 평싱 졀식을 보아 눈이 요디와 월뎐의 놀거놀 쇼져를 ᄒᆞᆫ번 보고 도로혀 인ᄉᆞ 일흐미 댱춧 엄훈을 도라보디 아냐 쳔신 만고ᄒᆞ여 인연을 일우니 일노조차 빅셰희로ᄒᆞ믈 원ᄒᆞᄂᆞ니 쇼져는 뉴싱의 금셕 ᄀᆞ튼 졍을 술피라 댱시 븟그리믈 띄여 고개를 숙이니 졀셰ᄒᆞᆫ 용안과 긔려ᄒᆞᆫ 틱되 촉하의 ᄇᆡᆨ익니 싱이 황홀넌익ᄒᆞ여 원앙금침의 지극ᄒᆞᆫ 은익 교칠의 비홀너라 명일 조됴의 공이 부모긔 문안ᄒᆞ고 닉뎐의 드러오매 샹희지영ᄒᆞ고 부인과 졔즈졔뷔 좌의 버럿더니 찬녜관 셜슉혜 원경운 이 인이 공의 압희 나아가 주왈 금일 댱시 쇼부인이 양부인을 처음 보시니 졀치 임의 ᄀᆞ줏는디라 쥬공긔 알외ᄂᆞ이다 공이 고개 조으니

80면

원샹궁이 양쇼져를 교위예 안친 후 댱쇼져를 녜복을 닙혀 청말의셔 네 번 졀ᄒᆞᆫ 후 다시 양쇼져를 인하여 돗긔 나아가 동셔로 샹딕ᄒᆞ여 피치 녜를 뭇고 ᄇᆡᆨ야흐로 양시는 우희 안고 댱시는 지ᄎᆞ 안자 좌ᄎᆞ를 뎡ᄒᆞ니 ᄒᆞᆫ 벌 빵봉관과 두 줄 옥ᄃᆡ를 양시긔 나오고 댱시는 다만 봉관화리러라 임의 녜를 파ᄒᆞ매 공이 소릭를 ᄀᆞ다듬아 말솜을 엄졍히 ᄒᆞ여 골오ᄃᆡ 텬유 일존ᄒᆞ니 위ᄎᆞ는 가국의 ᄒᆞ나흘 존ᄒᆞ는디라 오딕의 존쳡위쳐ᄒᆞ는 법은 가히 니ᄅᆞ디 못ᄒᆞ리니 댱시 비록 양시와 굿치 ᄉᆞ문일믹이나 션후 명분이 닉도ᄒᆞ니 맛당이 명분을 아라 뎡실을 공경ᄒᆞ여 법을 위월치 말고 양시 쏘ᄒᆞᆫ 화우ᄒᆞ여 놉흔 위로 교만티 말나 만일 오늘 말을 져ᄇᆞ리미 이시면 다ᄉᆞ리는 법이 등한치 아니리라 양 댱 이 인이 모발이 송연ᄒᆞ여 두 번 졀ᄒᆞ여 명을 밧더라

뉴시삼딕록 권지십

1면

어시의 당부인이 딜녀의 위인을 깁히 념녀ᄒᆞ여 ᄎᆞ후 듕인 공회예 범연이 샹딕ᄒᆞ여 죠곰도 각별이 보미 업ᄉᆞ며 소샹궁을 당부ᄒᆞ여 ᄀᆞᆯ오딕 딜ᄋᆡ 셩되 교우ᄒᆞ여 공근ᄒᆞᆫ 품이 젹으니 내 만일 일호 ᄉᆞ졍으로 가챠ᄒᆞᆫ 즉 ᄆᆞ음의 밋는 배 이셔 삼가미 업슬디라 내 ᄉᆞ졍이 업ᄉᆞ미 아니로딕 그 가다듬아 조심과쟈 ᄒᆞ여 ᄌᆞ루 샹죵ᄒᆞ믈 원티 아니ᄒᆞᄂᆞ니 그딕 맛당이 공근ᄒᆞ기로뻐 ᄀᆞᄅᆞ치고 내 침소의 셜 양 이 인과 ᄒᆞᆫ가지로 왕닉ᄒᆞ고 무샹이 츌입디 말나 ᄒᆞ라 소샹궁이 공의 부〃의 교탁을 드ᄅᆞᆯ 분 아니라 위인이 노셩ᄒᆞ고 강직ᄒᆞ미 간관의 풍치 잇ᄂᆞᆫ디라 엇디 그 딕ᄒᆞᆫ 바의 소리ᄒᆞ리오 당시의 동졍을 관쇽ᄒᆞ여 ᄌᆞ힝ᄒᆞ믈 막고 샤인이 ᄌᆞ루 니ᄅᆞ러 당시와 희학이 방ᄌᆞᄒᆞ믈 본 즉 믄득 깃거 아냐 ᄀᆞᆯ오딕 공ᄌᆡ 임의 조강의 부인이 계시나 일쳐의 팀낙ᄒᆞ미 가치 아닌

2면

디라 ᄒᆞ믈며 쳡이 쥬공의 교지ᄅᆞᆯ 밧ᄌᆞ와 공ᄌᆞ의 자최를 일 삭의 십 일 밧근 머므ᄅᆞ디 못ᄒᆞᆯ소이다 ᄒᆞ니 샤인은 본ᄃᆡ 도량이 잇ᄂᆞᆫ 댱뷔라 비록 당시의 ᄌᆞ식을 과혹ᄒᆞ나 임의 어더 집의 두어 됴셕의 샹딕ᄒᆞ니 슉소의 드믄 거슬 개회티 아냐 혹 풍졍을 춤디 못ᄒᆞ여 니ᄅᆞ럿다가도 소샹궁의 뎡식ᄒᆞᆫ 긔ᄉᆡᆨ을 본 즉 웃고 니러 도라가딕 당시ᄂᆞᆫ 본딕 제게 나은 사ᄅᆞᆷ을 싀긔ᄒᆞ거ᄂᆞᆯ 셜양이 쇼져의 유한슉뇨ᄒᆞᆫ 덕힝과 텬향염질이 옥이 ᄇᆞᆰ고 명쥬 윤틱ᄒᆞ니 저의 교〃 흘난〈ᄒᆞᆫ〉 ᄉᆡᆨ틱 ᄆᆞ춤닉 뎌의게 더으디 못ᄒᆞ믈 알고 심니의 아쳐ᄒᆞ여 안듕뎡ᄀᆞᆺ치 넉이니 셜쇼셔ᄂᆞᆫ 비록 ᄉᆡᆨ을 ᄃᆞ토아 싀오ᄒᆞ나 오히려 간셥디 아니커니와 양쇼져ᄂᆞᆫ 졍통ᄒᆞᆫ 투심이 졍확과 부월을 혜디 못ᄒᆞᄂᆞᆫ 듯 ᄌᆞ긔 위치 닉도ᄒᆞ고 궁듕 딕졉이 츙둥ᄒᆞ믈 크게 ᄒᆞᆫᄒᆞ고 소샹궁이 샤인의 자최 졀졔ᄒᆞ믈 더옥 꺼려 스ᄉᆞ로 투긔ᄅᆞᆯ 이긔디 못ᄒᆞ니 공현ᄒᆞᆫ 눈믈을

3면

쌔〃 흘니고 울〃히 미우를 펴디 아니ᄒᆞ니 샤인이 뎌의 슬허ᄒᆞ믈 보고 놀나 연고를 무ᄅᆞ니 당시 말을 아니ᄒᆞ고 쳥뉘 년쥬ᄒᆞ여 의샹이 젓ᄂᆞᆫ디라 ᄉᆡᆼ이 십분 의아ᄒᆞ여 은근이 위로ᄒᆞ고 녕운뎐의 도라와 모부인을 뫼셔 말솜ᄒᆞ다가 홀연 고ᄒᆞ여 ᄀᆞᆯ오딕 당시

드러완 지 일월니의 소친재 모친과 히ᄋᆞ 뿐이오ᄃᆡ 히ᄋᆡ 편벽ᄒᆞ미 업ᄉᆞ려ᄒᆞ옵는 고로 서로 더브러 동쳐ᄒᆞ미 ᄌᆞᆺ디 아니 ᄌᆞᆺ디 아니[5] ᄒᆞ오니 모친이 각별이 거두어 무흁ᄒᆞ시믈 ᄇᆞ라ᄂᆞ이다 궁듕 대쇼인이 양시로 구면목이라 ᄌᆞ연 쳬결ᄒᆞ여 신인을 용납디 아니미 잇ᄂᆞᆫ가 댱시 ᄆᆡ양 그윽ᄒᆞᆫ 눈믈을 ᄂᆞ리워 즐겨ᄒᆞ미 업ᄉᆞ니 모친은 친〃지의를 고렴ᄒᆞ샤 두호시믈 원ᄒᆞᄂᆞ이다 부인이 ᄎᆞ게 우어 왈 네 날을 알오미 딜ᄋᆞ를 쪄 구〃ᄒᆞᆫ ᄉᆞ정을 일월가 넉이ᄂᆞ냐 딜ᄋᆡ 임의 네 듕ᄃᆡ를 어덧고 일신의 부귀 극ᄒᆞ니 무슨 근심이 이셔 슬픈 빗치 나타나리오 놉흔 군ᄌᆞ와 어진 부인은 ᄉᆞᆼ싱

4면

화복의 ᄆᆞ음을 동티 아닛ᄂᆞ니 연고 업ᄉᆞᆫ 눈믈이 ᄀᆞ장 아름답디 아닌디라 궁듕이 양시로 쳐결ᄒᆞᆫ다 ᄒᆞ미 이 졍히 히ᄋᆞ의 본셩을 ᄃᆡ희디 못ᄒᆞ미라 군ᄌᆞ와 댱부의 소견이 아니〃 만일 딜ᄋᆞ의 우름이 긋디 아니코 너의 의심이 기러날딘ᄃᆡ 궁듕이 반ᄃᆞ시 샹풍패쇽〈ᄒᆞᄂᆞᆫ〉 일이 이시리니 이쎄 집을 진뎡ᄒᆞ고 사ᄅᆞᆷ을 졔어ᄒᆞᄂᆞᆫ 도리 아니라 히ᄋᆞᄂᆞᆫ 모ᄅᆞ미 명심ᄒᆞ여 댱부의 도량과 군ᄌᆞ의 유신ᄒᆞ믈 힘쓰고 필부의 용이ᄒᆞ믈 취티 말나 샤인이 부인의 닝뎡ᄒᆞ미 이러톳 ᄒᆞ믈 보매 무류ᄒᆞ며 또 ᄉᆡᆼ각ᄒᆞᄃᆡ 모친이 비록 ᄉᆞ졍이 계시나 혐의로오미 이셔 이러톳 ᄒᆞ시미니 댱시 ᄆᆞᄎᆞᆷ닉 잔잉ᄒᆞ도다 ᄒᆞ여 ᄌᆞ연 댱시긔 졍이 졈〃 더으나 또ᄒᆞᆫ 양시의 덕힝을 공경ᄒᆞ여 일〃은 침소의셔 쇼져로 고셔를 문답ᄒᆞ매 양시 비록 ᄌᆡ조를 쟈랑티 아니나 ᄉᆡᆼ의 뭇ᄂᆞᆫ 바를 ᄃᆡᄒᆞᆫ 즉 개〃히 슈구금심이니 탄복ᄒᆞ여 ᄀᆞᆯ오ᄃᆡ 금옥의 ᄲᅢ와 빙벽의 심댱이라 ᄉᆡᆼ이 무슨 복

5면

으로 냥미 슉녀 가인을 두엇ᄂᆞ뇨 다만 부인이 ᄉᆡᆼ의 길복을 친히 다ᄉᆞ려 ᄉᆞ긔 화평ᄒᆞ여 블호ᄒᆞ미 업ᄉᆞᄃᆡ 댱시로 더브러 일방의 모혀 샹화ᄒᆞ고 거안졔미의 부덕을 힝치 아니시ᄂᆞ뇨 졔 또 명문 녀ᄌᆞ로 ᄉᆡᆼ이 비록 ᄌᆡ취ᄒᆞ여시나 뎍거ᄒᆞᆫ 빅필이라 부인이 화우ᄒᆞᄂᆞᆫ 셩식 이신 즉 이비의 ᄭᅩᆺ다오믈 블워ᄒᆞᆯ 배 아니로ᄃᆡ 수월이 디나도록 샹졉ᄒᆞ여 흔연ᄒᆞ믈 보디 못ᄒᆞ니 부인의 힝ᄉᆞ의 흠이로다 양쇼졔 념임ᄒᆞ여 ᄃᆡ 왈 쳡이 감히 이비를 ᄇᆞ라리잇고 다만 댱시ᄂᆞᆫ 명문규옥으로 죵고의 베픔과 빙냥의 마ᄌᆞ미 이시니

---

5) ᄌᆞᆺ디 아니 : 'ᄌᆞᆺ디 아니' 반복.

쳡이 샹공의 고인이라 일ㅋㄹ나 일ㅋ르나[6] 일즉 조강의 간고를 격그미 업시 힝혀 쇼례혼 션휘 이시나 피치 ᄉ문 일믹으로 층등ᄒ미 가티 아니〃 엇디 위ᄎ 션후를 니ᄅ샤 쳡의 참괴ᄒ믈 더으시ᄂ니잇고 지어화우 두 ᄌᄂ 쳡이 원티 아니미 아니라 우흐로 부뫼 계시고 당손샹궁이 모든 궁희로 듕궤로 ᄉ폐 정식

6면

혼갈ᄀ고 법되 착난ᄒ미 업ᄉ니 쳡등의 소임이 됴셕셩정의 이실 ᄯᄅᆷ이라 방소를 ᄇ리고 무단이 한유ᄒ미 군ᄌ의 가법이 아니〃 다만 공희예 서로 보아 흐뭇거올 분이오 감히 왕형공의 신법으로뼈 존문가풍을 폐티 못ᄒ여 시러곰 긔린각의 나아가디 못ᄒ고 ᄯ 감히 청티 못ᄒ엿더니 군ᄌ의 말ᄉᆷ을 드ᄅ매 블민ᄒ믈 븟그려 ᄒᄂ니 만일 당부인이 ᄇ리디 아닐딘대 쳡이 엇디 ᄋ녀의 투정으로 화우ᄒᄂ 길을 막으리잇고 샤인이 셩모를 졍히 ᄒ여 듯기를 ᄆᄎ매 그 현텰혼 덕힝을 감탄ᄒ고 당시 이에 올디언뎡 ᄌ가는 가븨야이 움즉이디 아닐 줄 지긔ᄒ고 함쇼 왈 부인의 덕과 신듕ᄒ믈 ᄉᆡᆼ이 임의 알거니와 다만 혼가지 ᄉ족으로 피치 고해 업ᄉ니 부인이 샹원의 톄위를 말고 겸손ᄒᄂ 덕으로 형뎨ᄀ치 ᄒ미 가ᄒ도다 쇼져 아미를 ᄂ초고 날호여 ᄃ 왈 쳡이 엇디 샹원의 위로 ᄌ존ᄒ미 이시리오

7면

군직 의외지언으로 억냥ᄒ여 니ᄅ시니 답언이 업도소이다 ᄉᆡᆼ이 잠쇼러니 ᄯ 웃고 왈 금일 텬긔 늉화ᄒ고 경믈이 아름다오니 당시를 쳥ᄒ여 즐기미 엇더ᄒ뇨 쇼졔 ᄃ 왈 이 경히 블감쳥이언뎡 고소원이로소이다 샤인이 흔연이 좌우로 댱시를 쳥ᄒ니 쇼제 ᄌ가 심복 시ᄋ 월잉으로 말ᄉᆷ을 ᄂ죽이 ᄒ여 강님ᄒ믈 쳥혼ᄃ 당시 입문 수월의 양시로 졉화ᄒ믈 닉이디 못ᄒ엿더니 금일 쳥ᄒ믈 드ᄅ매 심듕의 분연ᄒ여 가지 말고져 ᄒ나 사름이 저를 엇더케 넉일가 ᄒ여 강잉ᄒ여 단장을 셩히 ᄒ고 칠보로 ᄭ며 시녀로 더브러 듁셜누의 니ᄅ니 양쇼졔 뎌의 의표와 용화를 흠익ᄒ나 그 안치와 거지를 두려ᄒ고 근심ᄒᄃ ᄉ식디 아니코 니러 마즈니 샤인이 금관치의로 안셕의 비겨 당시의 오ᄂ 양을 ᄇ라 보고 우음을 먹음어 안모의 희긔 녕농ᄒ디라 당시 뎌의 부

6) 일ㅋ르나 : '일ㅋㄹ나' 반복.

8면

부뷔 빵으로 이시믈 보매 심듕의 대로ᄒᆞ여 희음 업시 안식을 변ᄒᆞ고 노긔 표동ᄒᆞ여 거름을 머초워 도라가고져 ᄒᆞ더니 샤인이 은근이 청ᄒᆞ여 ᄀᆞᆯ오ᄃᆡ ᄆᆞᄎᆞᆷ 각듕의 일이 업고 듁풍이 한가ᄒᆞ니 부인을 청ᄒᆞ여 경믈을 ᄒᆞᆫ가지로 보고져 ᄒᆞᄂᆞ니 엇디 지류ᄒᆞ미 잇ᄂᆞ뇨 양쇼졔 말을 니어 ᄂᆞ즉이 닐오ᄃᆡ 쳡이 의식 소졸ᄒᆞ여 감히 나아가지 못ᄒᆞ고 ᄯᅩ 청ᄒᆞ여 닐위디 못ᄒᆞ엿더니 이에 빗내 니로시믈 어드니 평싱 요힝이라 잠간 더러온 자리를 도라보시믈 원ᄒᆞᄂᆞ이다 당시 뎌의 온공ᄒᆞ미 이 ᄀᆞᆺ흐믈 보고 ᄉᆞ긔를 진뎡ᄒᆞ여 돗긔 나아가니 삼인이 샹ᄃᆡᄒᆞ매 모든 궁희 보건ᄃᆡ 양시ᄂᆞᆫ 부용일지 ᄀᆞᆺ고 당시ᄂᆞᆫ 도화일지 ᄀᆞᆺ흐며 양쇼져ᄂᆞᆫ 단장이 초〃ᄒᆞ고 의상이 졍결ᄒᆞ며 뇽슈샤뎌ᄂᆞᆫ 그리디 아닐ᄉᆞ록 공교ᄒᆞ고 옥부취영은 다듬디 아닐ᄉᆞ록 셤농ᄒᆞ여 표〃

9면

히 연화의 버서나니 당시의 공교롭고 찬난ᄒᆞ믈 ᄃᆡᄒᆞ매 진짓 ᄉᆞ군ᄌᆞ 좌샹의 셩장 치복ᄒᆞᆫ 챵아 ᄀᆞᆺ흐여 인품의 ᄂᆡ도ᄒᆞ미 텬디 ᄀᆞᆺ흐니 원샹궁이 그윽이 양시를 ᄉᆞ랑ᄒᆞ며 당시를 근심ᄒᆞ여 념녜 ᄌᆞ못 깁흐ᄃᆡ 강잉ᄒᆞ여 쥬방의 분부ᄒᆞ여 쥬찬을 올녀 즐기게 ᄒᆞ니 샤인이 옥빅를 잡고 호치단슌의 뉴슈 ᄀᆞᆺ흔 말솜이 두 부인의 화협ᄒᆞ믈 권쟝ᄒᆞ며 구가 션셰 가법 션힝과 튱효녜의를 일ᄏᆞ라 효측ᄒᆞ라 ᄒᆞᆯ식 언에 근니ᄒᆞ고 ᄋᆡ증이 골나 어ᄂᆡ를 더 듕히 넉이ᄂᆞᆫ 줄 모ᄅᆞᆯ디라 양쇼져ᄂᆞᆫ 규각의 ᄉᆞ군ᄌᆡ라 임의 샤인의 후박을 개렴ᄒᆞ미 업ᄉᆞᆫ 고로 밧기 더옥 화평ᄒᆞᄃᆡ 당시 싱의 양시로 은근 졉화ᄒᆞ믈 보고 당초 알기를 ᄌᆞ긔 ᄌᆞ식이 텬하의 독보ᄒᆞ여 싱이 샹ᄉᆞ위질ᄒᆞ여 어더 침상의 은ᄋᆡ 흡연ᄒᆞ니 양쇼져의 통이 뎡코 ᄌᆞ가의 밋디 못ᄒᆞᆯ 줄 아랏다가 이제

10면

위치 ᄂᆡ도ᄒᆞ고 싱의 은근ᄒᆞ미 피ᄎᆞ 업ᄉᆞ니 심니의 쵸조ᄒᆞ믈 이긔디 못ᄒᆞ여 투긔 빅당이나 니러나ᄃᆡ 좌샹의 모든 샹궁이 잇고 샤인이 비록 흔연ᄒᆞ나 긔위 엄슉ᄒᆞ니 가비야이 심지를 현누티 못ᄒᆞ여 담쇼 ᄌᆞ약ᄒᆞ더니 셕양의 ᄒᆞᆫ가디로 니러나 부모긔 문안ᄒᆞ고 샤인이 다시 양쇼져 침소의셔 ᄉᆞ오일 화락ᄒᆞ고 긔린각의 니ᄅᆞ니 당시 이ᄣᅢ 쳔만 분뇌 흉히를 놀내여 싱을 보나 안식이 ᄂᆡᆼ담ᄒᆞ여 언어를 샹졉디 아니〃 싱이 비록

그 심지를 아나 혹ᄒᆞ미 심샹티 아닌디라 부친을 두리고 취ᄒᆞᆫ 후ᄂᆞᆫ 과도ᄒᆞ믈 아니랴 거즛 제가를 공평이 하ᄂᆞᆫ 쳬ᄒᆞ나 실은 댱시 통ᄋᆡᄒᆞ미 양쇼져긔 비티 못ᄒᆞᆯ디라 ᄃᆡᄒᆞ면 ᄆᆞ음이 어리고 졍이 므ᄅᆞ녹으니 그 쇼〃 허믈을 엇디 개회ᄒᆞ리오 나아가 운발을 ᄲᅳᆯ고 옥비를 어ᄅᆞᄆᆞᆫ뎌 희롱 왈 몸이 다ᄉᆞᄒᆞ여 장ᄃᆡ를 ᄎᆞᆺ디 못ᄒᆞ연디 오래니 쇼졔 아니 ᄉᆡᆼ의 박졍을 ᄒᆞᆫᄒᆞ미냐

11면

엇디 슬픈 빗치 잇ᄂᆞ뇨 댱시 쳥누를 먹음고 탄식 왈 낭군은 쳡을 투협ᄒᆞᆫ 녀ᄌᆞ로 알고 언단이 여ᄎᆞᄒᆞ니 쳡이 무슨 말을 ᄒᆞ리오 다만 낭군이 규각의 아ᄅᆞᆷ다온 조강 잇고 은졍이 교칠 ᄀᆞᆺ거ᄂᆞᆯ 엇디 쳡을 비례로 구ᄒᆞ미 방계곡경의 미처 구〃히 셩친ᄒᆞ여 ᄋᆞ녀ᄌᆞ의 ᄒᆡᆼ신이 일ᄉᆞ를 ᄌᆞ유치 못ᄒᆞ게 ᄒᆞ고 농듕의 가친 새 되여시나 이제 부듕의 친ᄒᆞᆫ 배 존고긔 이시나 존괴 임의 ᄉᆞ졍을 ᄭᅳᆺ쳐 쳡 보기를 ᄒᆡᆼ노ᄀᆞᆺ치 ᄒᆞ시니 ᄇᆞ라미 ᄭᅳᆺ처졋고 낭군이 양부인으로 금슬의 낙이 대아를 효측ᄒᆞ시니 쳡의 삼죵이 서어ᄒᆞᆫ디라 아디 못게라 쳡이 방년 심ᄉᆞ의 원샹궁의 졀제를 바다 긔린각 듕의셔 홍안의 ᄌᆞᄒᆞᆫ을 ᄆᆡ자 진ᄒᆞ리잇가 원컨ᄃᆡ 낭군은 쳡을 도라보내여 부모 슬하의셔 일ᄉᆡᆼ을 ᄆᆞᆺ게 ᄒᆞ쇼셔 셜파의 쥬뤼 비 ᄀᆞᆺ흐니 샤인이 위로 왈 그ᄃᆡᄂᆞᆫ 쇼년녀ᄌᆡ라 졍니 이러키 고이치 아니ᄒᆞᄃᆡ 다만 우리 궁듕 궁인이 여러 사ᄅᆞᆷ이나 인

12면

믈이 튱근뎡딕ᄒᆞ미 ᄃᆡ신과 ᄃᆡᆨᄉᆞ의 풍이 이셔 션비 계신 제브터 그 소임을 ᄉᆞᆯ피고 말을 졍히 ᄒᆞ미 됴뎡 규모와 ᄀᆞᆺ던디라 ᄒᆞ믈며 우리 형뎨를 휵양ᄒᆞ여 ᄯᅩ 대인의 맛디신 배 듕ᄒᆞ니 이제 그ᄃᆡ를 경계ᄒᆞ고 ᄀᆞᄅᆞ치미 그 소임을 다ᄒᆞ여 인가 비복의 비ᄒᆞᆯ 배 아니라 그ᄃᆡ 고이히 넉이디 말고 스ᄉᆡᆼ으로 셤겨 인심을 일치 말나 더옥 모부인의 이 ᄀᆞᆺ흐시믄 사ᄅᆞᆷ이 밋디 못ᄒᆞᆯ 셩덕이라 엇디 감탄ᄒᆞ여 봉ᄒᆡᆼ티 아니리오 댱시 ᄉᆡᆼ의 의ᄉᆡᆨ 뇌락ᄒᆞ여 ᄎᆞᆷ쇠 무익ᄒᆞ믈 보고 수용을 고쳐 화긔를 여러 ᄃᆡ 왈 쳡이 녀염ᄉᆞ 태우의 집의셔 ᄉᆡᆼ댱ᄒᆞ여 궁쳡의 거동을 보디 아냐시므로 졀제ᄒᆞ믈 고이히 넉이더니 일이 그러ᄒᆞᆯ딘ᄃᆡ 쳡의 소견이 오탹ᄒᆞ미라 엇디 개회ᄒᆞ리잇고 다만 낭군은 ᄋᆞ녀의 고혈ᄒᆞ믈 념녀ᄒᆞ여 ᄆᆞ참ᄂᆡ 져ᄇᆞ리디 마ᄅᆞ쇼셔 ᄉᆡᆼ이 쇼 왈 텬황디로ᄒᆞ나 뉴ᄉᆡᆼ이 댱시를 닛기 어려오니 다

13면

시 이런 념녀를 말디어다 당시 탄식블열ᄒᆞ니 싱이 빅단 위로ᄒᆞ고 은졍이 근권ᄒᆞ여 일노조차 긔린각 출입이 ᄌᆞ즈니 소샹궁이 깃거 아냐 샤인으로 ᄃᆞ톤ᄃᆡ 샤인이 쇼 왈 빅필의 졍은 군뷔라도 금치 못ᄒᆞ시ᄂᆞ니 샹궁이 엇디 브졀 업순 근노를 하ᄂᆞ뇨 신졍이 권〃ᄒᆞ여 이러ᄒᆞ나 조강을 니ᄌᆞ미 아니〃 모ᄅᆞ미 막디 말나 드ᄃᆡ여 빗기 누어 니러나디 아니〃 소샹궁이 홀일업서 나죵을 보아 공의게 고ᄒᆞ려 ᄒᆞ더라 네브터 셩군이 우희 이시면 현신이 나고 혼군이 이신 즉 간신이 이셔 텬니 ᄌᆞ연 응ᄒᆞᄂᆞᆫ디라 진양공쥐 셩인의 도통을 습ᄒᆞ여 요슌의 덕을 니으니 궁듕 수쳔 시녀와 허다 궁관 뇨쇽이 다 인의녜지를 잡아 슌의 팔원팔개와 공부ᄌᆞ의 칠십지 이심 ᄀᆞᆺᄒᆞ여 진 딘 이국의 교홰 대힝ᄒᆞ고 말예 하졸의 니ᄅᆞ히 녜의와 튱효로 본을 삼아 비록 블인ᄒᆞᆫ 무리 이시나 공쥬의 교화를 바든 즉 도의 도라가미 뉴쉬 동뉴흠

14면

ᄀᆞᆺᄒᆞ니 이제 비록 그 몸이 망ᄒᆞᆫ 지 오래나 공의 위덕과 당부인의 인혜ᄒᆞᆫ 티홰 공쥬를 니어 뉴풍과 션졍이 시틱어민의 의구ᄒᆞ여 궁듕 ᄂᆡ외 ᄒᆞᆫ굴ᄀᆞᆺ치 녜의 잡으믈 변티 아냣더니 일공지 당셩ᄒᆞ여 셜쇼져의 아름다오믈 빅ᄒᆞ니 능히 공쥬의 덕을 빅호고 능히 공쥬의 법을 딕힐 배오 양쇼졔 니어 드러와 덕힝과 인심이 구습을 준힝ᄒᆞ니 궁듕이 안졍ᄒᆞ여 티홰 날노 새롭더니 이제 당시 드러오매 힝식 크게 교오ᄒᆞ고 투협ᄒᆞ여 위인이 간힐ᄒᆞᆫ디라 믄득 사오나온 시비 이셔 서로 응ᄒᆞ니 이 곳 그 유모 계영과 시ᄋᆞ 츈셤이라 사ᄅᆞᆷ 되오미 흉포 싀험ᄒᆞ여 쥬인을 위ᄒᆞ여 어디리 도을 ᄠᅳᆺ이 업고 도로혀 간계를 도모ᄒᆞ여 양시를 해ᄒᆞ니 그 긔이ᄒᆞᆫ 용광과 샹원의 존듕ᄒᆞᆫ 위ᄎᆞ를 싀긔ᄒᆞ여 당시를 ᄃᆡᄒᆞ여 ᄀᆞᆯ오ᄃᆡ 우리 쇼져의 텬싱 ᄌᆞ식으로ᄡᅧ 이제 사ᄅᆞᆷ의 아ᄅᆡ 굴ᄒᆞ여 긴 날의 괴로오믈 ᄎᆞᆷ디 못ᄒᆞᆯ 배오 ᄒᆞ믈며 낭군이 신졍의

15면

잇글녀 권년ᄒᆞ시나 양부인 현미ᄒᆞ믈 본ᄃᆡ 공경ᄒᆞ시믄 쇼져긔 더으시니 엇디 두립디 아니리오 맛당이 소졔ᄒᆞ여 쇽졀 업시 인의를 힝ᄒᆞ다가 패ᄒᆞᆫ 송양공을 효측디 마ᄅᆞ쇼셔 당시 눈믈을 흘녀 왈 내 엇디 이 ᄆᆞ음이 업ᄉᆞ리오마는 궁듕의 완 지 오래디 아니

코 이목이 번다ᄒᆞᄃᆡ 심복이 업ᄉᆞ니 쟝ᄎᆞᆺ 눌노 더브러 모계ᄒᆞ리오 계영이 쇼 왈 쇼져는 ᄇᆞ졀 업시 슬허ᄒᆞ여 홍안을 샹히우디 마ᄅᆞ쇼셔 사ᄅᆞᆷ이 일을 일우미 강약의 잇디 아냐 초한이 교병ᄒᆞ매 강약이 ᄂᆡ도ᄒᆞᄃᆡ 한이 초를 이긔믄 디혜 초의셔 승ᄒᆞ미라 뎌 양시 ᄒᆞᆫ갓 담〃이 침소의셔 죵일 ᄒᆞᄂᆞᆫ 배 침션과 시셔의 ᄆᆞ음을 두고 덕인의 강약과 텬명의 역슌을 개렴ᄒᆞ미 업ᄉᆞ니 만일 요슌의 ᄒᆡ오미 업ᄉᆞᆫ 셩 곳 아니면 한 인ᄉᆞ블셩이라 가히 일계로 업시 ᄒᆞ미 ᄯᅳᆺ글 ᄡᅳ리침 ᄀᆞᆺᄒᆞᆯ 거시로ᄃᆡ 잠간 어려온 거시 이시니 이 다른 거시 아니라 그 보졍ᄒᆞᄂᆞᆫ 샹궁 원경운이 쥬공 이윤의 ᄌᆡ덕

16면

을 겸ᄒᆞ여 그 맛ᄃᆞᆫ 바의 붉고 임ᄒᆞ미 등한ᄒᆞᆫ 사ᄅᆞᆷ이 아니오 쇼져를 돕ᄂᆞᆫ 소샹궁이 ᄀᆞ장 고톄ᄒᆞ고 강직ᄒᆞ여 이런 ᄭᅬ를 들니디 못ᄒᆞᆯ 거시오 당손샹궁의 두 눈이 사ᄅᆞᆷ의 심폐를 ᄉᆞ못ᄂᆞᆫ 총명이 이시니 이런 뉴를 다래여 쇼져긔 인심이 도라오면 뎌 양시 업시ᄒᆞ믄 여반댱이라 쇼져ᄂᆞᆫ 가히 쥬효를 ᄀᆞ초아 여러 샹궁과 궁아를 블너 ᄌᆞ루 은근ᄒᆞ믈 닐위여 인심을 어드쇼셔 노야와 부인이 쇼져를 편ᄋᆡᄒᆞ샤 이제 ᄂᆞᆷ의 부실이 되여 일싱이 편티 못ᄒᆞᆯ가 슬허ᄒᆞ샤 금ᄇᆡᆨ으로 쳡등의게 ᄇᆞ쳐 쇼져의 ᄉᆞ용을 넉〃이 ᄒᆞ시니 쳔금만뵈라도 어렵디 아닐 일을 힝ᄒᆞᆫ 즉 쇼져의게 궁인이 엇디 ᄆᆞ음을 도라보내디 아니리잇고 댱시 대희 왈 유모의 말이 올ᄒᆞ니 이 계교를 ᄡᅳ리라 ᄒᆞ고 일〃은 소샹궁의 병든 ᄣᅢ를 타 당듕의 쇼연을 베프고 모든 샹궁과 셜양이 쇼져를 쳥ᄒᆞ니 셜쇼졔 졍히 태쳥뎐의셔 양쇼져로 더브러 궁듕ᄉᆞ를 의논

17면

ᄒᆞ고 당손샹궁이 모든 궁인으로 한가히 말솜ᄒᆞ더니 믄득 댱시의 쳥ᄒᆞ믈 듯고 셜쇼졔 당손샹궁을 향ᄒᆞ여 ᄀᆞᆯ오ᄃᆡ 댱쇼졔 우리 형뎨를 쳥ᄒᆞ니 당ᄎᆞᆺ 엇디 ᄒᆞ리오 당손시 팀음냥구의 왈 궁듕의 삼쇼졔 계시니 일즉은 동긔오 일즉은 동녈이라 맛당이 구고긔 문안ᄒᆞᆫ 후 경뎐의 모다 가ᄉᆞ를 ᄒᆞᆫ가지로 다ᄉᆞ리며 샹죵ᄒᆞ미 가ᄒᆞ거ᄂᆞᆯ 별쳐의 쥬셕을 베퍼 냥부인을 강굴ᄒᆞ시게 쳥ᄒᆞ미 ᄯᅳ즌 비록 됴흐나 ᄉᆞ톄 거오ᄒᆞ여 ᄀᆞ장 온당치 아니ᄒᆞ이다 셜샹궁 왈 ᄎᆞ언이 올흐ᄃᆡ 다만 셩인이 니ᄅᆞ샤ᄃᆡ 오ᄂᆞᆫ 거ᄉᆞᆯ 막디 말고 가ᄂᆞᆫ 거ᄉᆞᆯ 금치 말나 ᄒᆞ시니 댱쇼졔 됴흔 ᄯᅳᆺ으로 쳥ᄒᆞᆯ던ᄃᆡ 이 부인이 가디 아니시미 화우ᄒᆞᄂᆞᆫ 셩식 아니라 ᄒᆞᆫ번 힝ᄒᆞ시미 무방ᄒᆞ이다 이쇼졔 드ᄃᆡ여 몸을 니ᄅᆞ혀매 당손샹궁

과 셜원 이 인이 흔가지로 뫼셔 긔린각의 니ᄅᆞ니 댱시 당의 ᄂᆞ려 마자 올녀 셜양 이 인을 샹좌의 안치고 스ᄉᆞ로 쥬셕의 이셔 샤례 왈 ᄆᆞ춤 당듕이

18면

한가ᄒᆞ고 쥬찬이 잇ᄂᆞᆫ 고로 감히 존형과 양부인을 쳥ᄒᆞ여 강굴ᄒᆞ시게 ᄒᆞ니 당돌ᄒᆞ믈 이긔디 못ᄒᆞ고 여러 샹궁이 누실을 도라보믈 어드니 더옥 영힝ᄒᆞ여이다 댱손시와 셜원 이 인이 샤례 왈 쳡등이 소임이 듕ᄒᆞ고 방쇠 잇ᄂᆞᆫ 고로 무샹히 나아와 쇼져의 향긔를 텸망티 못ᄒᆞ니 그윽이 블튱ᄒᆞ믈 황괴ᄒᆞ여이다 셜양 이 쇼졔 또흔 칭샤 왈 쳡등이 의식 소졸ᄒᆞ고 향암되여 힝ᄉᆞ의 스ᄉᆞ로 말미아므미 업ᄉᆞᆫ 고로 이 ᄀᆞᆺ흔 연셕을 베퍼 부인을 쳥티 못ᄒᆞ고 울〃히 심규의 좀겻더니 쳥ᄒᆞ여 졉ᄃᆡᄒᆞ시믈 어드니 감샤ᄒᆞ이다 댱시 흔연 답샤ᄒᆞ고 모든 샹궁을 문답ᄒᆞ여 강하를 드리온 ᄃᆞᆺ 도〃히 궁치 아니ᄒᆞ니 양쇼졔 ᄂᆡ심의 두려 ᄒᆞ나 ᄉᆡᆨ이 더옥 화평ᄒᆞ더니 임의 쥬찬을 나와 즐길ᄉᆡ 금반 옥긔예 샤미 ᄀᆞ득ᄒᆞ고 금준의 아름다온 술을 부으니 마시 향긔롭고 긔운이 쳥녈ᄒᆞ여 셰샹 술 마시 아니라 좌듕이 다 고이히 넉

19면

이더니 댱손샹궁이 잔을 잡고 유〃히 텸음ᄒᆞ여 반향이 디나매 댱쇼져를 향ᄒᆞ여 ᄀᆞᆯ오ᄃᆡ 노신이 효종됴로브터 궐ᄂᆡ의 이셔 젼후의 긔이흔 진찬을 보며 먹으미 그 수를 아디 못ᄒᆞᄃᆡ 금일 진찬은 처음 보ᄂᆞᆫ 바요 또 술 마시 향긔롭고 쳥녈ᄒᆞ미 신풍향온의 뉴 아니라 원컨ᄃᆡ 츌쳐를 알고져 ᄒᆞᄂᆞ이다 계영이 〃의 잇다가 ᄉᆞ러 ᄃᆞ왈 이ᄂᆞᆫ 우리 쇼졔 스ᄉᆞ로 복녕인숨의 뉴로 ᄌᆞ작ᄒᆞ여 누룩의 오졔를 합ᄒᆞ여 술을 비저 계시니 사름의 긔운을 보호ᄒᆞ고 ᄇᆡᆨ병을 업시 ᄒᆞ여 셰간 추탁흔 술의 비흘 배 아니므로 일홈 지어 옥익년슈쥬라 ᄒᆞᄂᆞ이다 댱손시 고개 조아 왈 쇼져의 ᄌᆡ죄 놉고 술이 비록 됴흐나 우리 션비의 법이 아니라 션비 ᄌᆡ시의 셰샹 쥬ᄉᆡᆨ으로 그릇 되ᄂᆞᆫ 무리를 개탄ᄒᆞ샤 의뎍의 작쥬ᄒᆞ믈 흔ᄒᆞ여 ᄀᆞᆯ오샤ᄃᆡ 대위 엇디 의뎍을 소히 ᄒᆞ시고 술을 업시티 아니샤 사름이 미처 ᄇᆡ화 뎐티 못ᄒᆞ게 아니신고

20면

탄ᄒᆞ샤 일즉 쥬찬과 의복이 흔갈ᄀᆞᆺ치 시졀을 ᄯᆞ오고 녜를 준힝ᄒᆞ여 별이흔 ᄌᆞ장과

새 졔도를 엄히 막으시던 배라 이제 아름다온 음식과 긔이흔 술이 사름의 구복의 즐거오미 셩졍을 일케 흐니 당시의 셩인이 업순디라 유쥬무량의 블급난을 흐 리 업고 도로혀 미란흐여 그칠 줄을 모르게 흐니 네스 항온은 믈과 곳고 이 술은 신풍감노 곳흐여 사름을 혹게 흐니 이 우리 션비 치졍이 아니라 원컨디 이 술과 음식을 두 번 베프디 마르샤 션후의 법을 딕히쇼셔 드드여 좌우로 쥬방의 분부흐여 두쥬와 셩찬을 나오라 흐여 은근이 웃고 골오디 쇼졔 처음으로 궁듕의 오샤 구가 풍쇽을 아디 못흐시리니 우리 궁듕이 이국을 총졔흐여 부귀 심샹흔 졔왕부마의 비홀 배 아니로디 션비 츌궁흐신 이 일의 대승상이 공검흐시믈 니르시고 샤치흐믈 막으시니 그 명을 조차 므롯 당복과 슈식

21면

이 다 흔골곳치 규귀 이실디언뎡 넘으미 업스시던 배라 쇼졔 금일 궁듕 쥬찬을 보시고 이대로 힝흐샤 샤치흔 뜻을 길우디 마르쇼셔 당시 대참흐여 샤례 왈 므춤 부뫼 이 음식으로뻐 모든 샹궁이 쳡 수랑흐는 졍을 샤례흐라 흐실시 당돌이 베퍼더니 ᄀᄅ치믈 닙으니 감격흐고 참괴흐이다 이 술은 셰샹이 다 취흔 가온디 이시니 엇디 홀노 이 술이 해로오리오 흐여 사름의 원긔를 붓들고 유익흐미 이실가 흔 배러니 구법이 아닐던디 업시흐미 무어시 어려오리오 당손시 뎌의 무류흐믈 보고 지삼 위로 왈 노신이 쇼져를 친익흐여 긔휘흐미 업스미니 미안이 넉이디 마르쇼셔 이윽고 쥬방 쥬찬이 오르니 음식이 졍결흐고 술이 아름다오나 별노 샤미흐미 업더라 서로 권흐여 날이 느즈매 흐터질시 셜양 이인은 흔 말도 간예흐미 업시 넘긔예 후의를 칭샤흐고 도라가니 당시 당손샹궁의 저를 졀졔흐믈 크게

22면

흔흐고 븟그려 혼자 말노 수지저 왈 늙은 궁인이 분의를 아디 못흐고 핍박흐여 졔어흐믈 이곳치 흐리오 내 당〃이 이 흔을 갑흐리라 흐더라 추후 계영이 당시를 권흐여 쥬셕을 즈루 베퍼 졔궁인을 청흐여 즐기믈 구흐디 당손시는 니르도 말고 셜원 이 인이 본디 스군주의 놉흐미 잇는디라 면강흐여 녜를 잡아 뎌의 청흐므로 긔린각의 자최 즈즈나 네뫼 엄숙흐고 힝지 졍대흐여 죠곰도 틈을 엇디 못흐니 간계를 엇디 발뵈리오 흔갓 심스만 허비흐여 쥬스야탁흐더니 일계를 씨쳐 ᄀ만이 계영 츄셤의 귀예

다혀 니루고 스긔 비밀호여 흔적이 업더라 당시 추후 태청뎐과 듁셜누의 주루 나아가 말숨호여 화긔 아연호니 양쇼제 뎌를 본 죽 공경호고 샹심호여 딕졉호는 녜뫼 극진호더니 일〃은 당시 아춤 문안을 파호고 듁누의 니루매 양쇼제 일복화젼을 드러 안샹의셔 휘쇄호미 풍우 굿

23면

다가 당시를 보고 년망이 졉어 칙 스이의 끼우고 니러 맛거늘 당시 웃고 골오딕 므춤 당듕이 젹막호므로 이에 니루럿더니 부인의 음영호시는 의스를 희지으니 참괴호여 이다 양쇼제 아미를 느초아 답왈 규듕의 졸흔 의식 엇디 음영호는 직죄 이시리오 므춤 친당의 셔간을 일우다가 므춘 후 그치미니 엇디 닉외호미 이시리잇고 당시 낭연이 웃고 좌를 일워 다쇼 셜화호며 투목으로 안샹을 주루 보아 그 글시를 알고뎌 호나 핑계 업서 호더니 믄득 샤인이 됴당으로브터 드러와 금관됴복의 패옥이 쟝〃호니 표연이 승난흔 왕스진이오 분 브른 하안이라 날호여 입실호니 원샹궁이 나아가 관복을 벗기고 평복을 나오니 다시 당건 청나로 좌의 비겨 두 쇼제 샹딕호여 스긔 화락호믈 그윽이 깃거 흔연 쇼 왈 싱은 됴스의 다스호여 일신이 분주커늘 그딕닉는 이굿치 한가호니 엇디 블워 아니리오 드딕여 안샹의 칙을 쌔혀 펴보

24면

매 공교히 양쇼져의 시젼이 느려지니 샤인이 거두어 보매 대아를 찬흔 스운 일쉬라 필법이 정공호고 스의 온화호고 향염호미 삼빅 편 우희 이실디라 샤인이 크게 놀나 양쇼져를 도라보아 골오딕 혹싱이 주유로 셩졍이 동요롭디 못호여 규듕의 슈작이 드믄 고로 부인의 이런 직조를 아디 못호엿더니 브야흐로 읍귀청스를 구경호니 산쳔 졍긔와 셩당의 묘흔 거시 부인의게 쇽호믈 안디라 경모호믈 이긔디 못하리로다 쇼제 의외 뎌의 보미 되니 그윽이 참안호여 스샤 왈 졸영이 군주의 고안을 더러이미 되니 눗 둘 싸히 업거늘 도로혀 과찬호시믈 엇디 당호리잇고 원샹궁이 그 글을 보고 눈믈을 흘녀 왈 부인의 문당 필법이 비록 감히 병구치 못호나 쏘흔 만히 우리 션비와 방블호시니 엇디 감샹호믈 춤으리오 드딕여 셔루를 열고 져근 병풍을 내여와 좌듕의 펴고 구루쳐 왈 이는 우리 션비 직시의 졔부인으로 더

25면

브러 즐기시고 문직를 스랑ᄒᆞ샤 병풍을 믿ᄃᆞ라 침뎐의 두어 계시던 배라 샹부 제부인 등 슌부인 밧근 지으신 글이 이 가온ᄃᆡ 잇고 말단의 쓰신 거시 이 션비 ᄎᆞ운ᄒᆞ신 배라 공ᄌᆞ와 쇼부인ᄂᆡ 가히 고젹을 ᄒᆞᆫ번 보샤 그 문필과 화우ᄒᆞ시던 셩ᄉᆞ를 가히 구경ᄒᆞ셤 즉 ᄒᆞ니이다 샤인이 탄식 일셩의 눈믈이 흘너 옥면의 ᄀᆞ득ᄒᆞ여 병풍을 친히 방듕의 펴고 모든 슉모의 글을 보아 탄복ᄒᆞ며 공쥬의 필법이 긔이ᄒᆞ미 셔광이 휘동ᄒᆞ고 ᄉᆞ의 심원ᄒᆞ미 하히 ᄀᆞᆺ흐믈 보아 누쉬 금의를 적시니 양쇼졔 또ᄒᆞᆫ 안쉭이 쳑연ᄒᆞ고 샤인의 슬허ᄒᆞ믈 감동ᄒᆞ여 츄파의 쳥누를 먹음고 옷기슬 념의여 좌를 고치니 좌우 궁인과 원샹궁의 늣기는 소ᄅᆡ 긋디 아닛ᄂᆞᆫ디라 당시 모든 경식의 참담ᄒᆞᆷ과 고젹을 구경ᄒᆞ미 비록·귀ᄒᆞ나 ᄆᆞ음이 이에 잇디 아냐 오딕 냥목이 양쇼져 시젼의 쏘아 믄득 거두어 손의 쥐고 ᄌᆡ삼 음영ᄒᆞ니 양쇼져는 본ᄃᆡ 총명혜힐ᄒᆞᆫ

26면

녀ᄌᆡ라 그윽이 의아ᄒᆞ여 시젼을 거두어 ᄀᆞᆯ오ᄃᆡ 졸영이 족히 부인 고안의 비최셤 즉디 아니토소이다 당시 또ᄒᆞᆫ 찬양ᄒᆞ고 ᄉᆞ샤ᄒᆞ여 이윽고 도라가니 샤인은 이 ᄣᆡ 모비 슈젹을 보아 념네 다른 ᄃᆡ 잇디 아니므로 양당 이 인의 ᄉᆞ식을 아디 못ᄒᆞᄃᆡ 원샹궁이 ᄌᆞᆷ못 슬펴 좌위 고요ᄒᆞᆫ ᄣᆡ 양시를 ᄃᆡᄒᆞ여 닐오ᄃᆡ 당시 쇼부인이 언에 능녀ᄒᆞ시고 부인 시젼을 손의 드러 ᄌᆡ조의 아름다오믈 심복ᄒᆞ미 아냐 그 ᄌᆞ톄의 휘쇄ᄒᆞᆫ 거ᄉᆞᆯ 슉시ᄒᆞ여 정신 의ᄉᆡ 다른 ᄃᆡ 잇디 아니시니 ᄀᆞ장 고이ᄒᆞᆫ디라 부인은 너모 ᄆᆞ음을 안졍이 마르시고 잠간 슬피쇼셔 쇼졔 츄연 탄왈 뎨 임의 날노 더브러 일톄지인이라 엇디 다른 의심을 ᄒᆞ리오 샹궁의 념네 너모 먼디라 나타나디 아닌 일을 즈레 이러틋 ᄒᆞ미 블가ᄒᆞ니 원컨대 신언ᄒᆞ여 궁듕 ᄂᆞᆰ은 법을 샹히오디 마ᄅᆞ쇼셔 원샹궁이 탄지칭션 왈 부인의 어딘 덕이 우리 션비 후를 니어 계시니 슬프며 다힝ᄒᆞ믈 이긔디

27면

못ᄒᆞ리로소이다 슈연이나 뎍국이 강셩ᄒᆞᆫᄃᆡ 너모 어딜미 보신지칙의 가치 아니〃 잠간 경권을 쓰샤 일편도이 졍도를 ᄃᆡ히디 마ᄅᆞ쇼셔 드ᄃᆡ여 당년의 당부인과 공쥬의 ᄒᆞ던 일을 ᄌᆞ시 니ᄅᆞ고 탄왈 이제 당부인이 옥쥬의 대덕을 감화ᄒᆞ샤 셩현의 놉흔 덕을 츄복ᄒᆞ시나 당시ᄒᆞ여는 진실노 옥쥬의 셩덕을 업눌너 업시코져 ᄒᆞ시던디라 ᄒᆞ믈

며 부인이 왕희 의존ᄒᆞ미 업고 공ᄌᆞ의 소활뎐도ᄒᆞ시미 쥬공의 엄듕ᄒᆞ심과 ᄂᆡ도ᄒᆞ니 쥬공의 명달ᄒᆞ시므로도 츔소의 신텽ᄒᆞ시믈 면티 못ᄒᆞ여 계시거ᄂᆞᆯ ᄒᆞ믈며 공ᄌᆞ의 힝ᄉᆡ니잇가 부인은 조심ᄒᆞ쇼셔 소졔 옷기ᄉᆞᆯ 념의고 동용칭샤 왈 샹궁의 깁히 ᄉᆞ랑ᄒᆞ여 경계ᄒᆞ믈 닙으니 블승감격ᄒᆞ나 존고의 허믈을 드ᄅᆞ미 원이 아니오 ᄒᆞ믈며 션비ᄂᆞᆫ 엇더ᄒᆞ신 셩비시며 존고 당부인은 엇더ᄒᆞ신 슉완이시뇨 션비의 셩덕과 당부인 회과ᄒᆞ신 덕이 공ᄌᆞ의 문의 안

28면

ᄌᆞ ᄀᆞᆺ흐시니 쳡의 박덕이 시졀 범인도 밋디 못ᄒᆞ므로ᄡᅥ ᄯᅩ 당시 ᄌᆡ용긔질이 쇼〃 ᄌᆡ녀 가인이 아니나 감히 이 일을 피ᄎᆞ의 앙망ᄒᆞ리오 셩인이 임의 말을 두어 고쟈언지블쵸ᄂᆞᆫ 티궁지블테야라 ᄒᆞ시니 스ᄉᆞ로 밋디 못ᄒᆞ믈 알며 엇디 감히 비우ᄒᆞ여 ᄀᆞᆺ고져ᄒᆞ리오 맛당이 고요히 텬명을 슌ᄒᆞ여 어ᄌᆞ러온 념녀와 망녕된 의ᄉᆞᄅᆞᆯ 말고 당시 화우ᄒᆞ면 쳡이 공경ᄒᆞ여 ᄃᆡ졉ᄒᆞ고 뎨 화티 아닌 즉 조심ᄒᆞ여 질오ᄒᆞᄂᆞᆫ ᄆᆞ음을 업시ᄒᆞ미 쳡의 본심이라 뎌의 어딜믈 보나 ᄡᅥ릴 배 아니오 사오나오미 이셔도 개회티 아니리니 쟝ᄎᆞᆺ 함해ᄒᆞ믈 안들 엇디 ᄒᆞ며 ᄯᅩ 엇디 억탁ᄒᆞ여 즈레 의심ᄒᆞ리잇고 원샹궁이 칭샤ᄒᆞ믈 마디 아니ᄒᆞ더라 당시 이ᄣᅢ 양시의 필젹을 보아 ᄌᆞ못 ᄆᆞ음의 혜아리고 침소의 도라와 ᄀᆞ만이 그 ᄌᆞ톄ᄅᆞᆯ 모습ᄒᆞ니 본ᄃᆡ ᄌᆡ죄 놉고 공교ᄒᆞᆫ디라 수일ᄂᆡ의 ᄌᆞ톄 변ᄒᆞ여 양시의 필젹과 ᄀᆞᆯ히디 못ᄒᆞᆯ

29면

너라 임의 ᄭᅬᄅᆞᆯ 일우ᄃᆡ ᄉᆞ긔 극히 비밀ᄒᆞ여 소샹궁이 해 아디 못ᄒᆞ더니 일〃은 당시 듁누의 나아가니 양쇼졔 마자 ᄒᆞᆫ가지로 말ᄉᆞᆷᄒᆞ여 이윽ᄒᆞ매 당시 ᄆᆞᆫ득 좌우를 도라보아 차ᄅᆞᆯ 구ᄒᆞ니 양시의 시녀 월잉이 ᄆᆞᄎᆞᆷ ᄀᆞ의 잇다가 향다를 밧드러 드리매 당시 바다 마시고 인ᄒᆞ여 좌의 업더뎌 인ᄉᆞᄅᆞᆯ 모ᄅᆞ니 좌위 대경ᄒᆞ여 븟드러 구완ᄒᆞᄃᆡ 혼미ᄒᆞ여 말을 못ᄒᆞᄂᆞᆫ디라 양쇼졔 이 거동을 보고 앙텬ᄒᆞ여 탄식 무언이러라 궁인이 당시ᄅᆞᆯ 븟드러 누이니 눈을 ᄀᆞᆷ고 졈〃 인ᄉᆡ 흐린디라 샤인과 혹ᄉᆡ 드러와 ᄎᆞ언을 듯고 차악ᄒᆞ여 급히 ᄒᆡ독약을 나와 당시ᄅᆞᆯ 먹이니 ᄀᆞ장 오랜 후 당시 정신을 출혀 눈을 ᄡᅥ 샤인을 보고 안쉬 비 오 듯ᄒᆞᄃᆡ 죵시 말을 못ᄒᆞ니 샤인이 크게 의심ᄒᆞ고 뎌의 정ᄉᆞᄅᆞᆯ 블샹이 넉여 나와 혹ᄉᆞᄃᆞ려 왈 당시 월잉의 차ᄅᆞᆯ 먹고 긔졀ᄒᆞ미 ᄀᆞ장 고이ᄒᆞ니 잉을

져주미 엇더ᄒᆞ니잇고 혹시 왈 가치 아니ᄒᆞ다 우리

30면

궁듕이 일즉 요망ᄒᆞᆫ 복슐과 비례예 말이 업던디라 이제 당하 시녜 쥬모를 모해ᄒᆞ며 윙이 무ᄉᆞᆫ 뜻으로 이런 대악을 ᄒᆞ리오 사ᄅᆞᆷ이 화복이 됴셕의 이시니 우연이 긔운이 막히미 고이티 아니〃 모ᄅᆞ미 샹심ᄒᆞ여 나죵을 보라 샤인이 믁연블쾌ᄒᆞ나 혹ᄉᆞ의 말이 올흔 고로 즘〃ᄒᆞ고 댱시를 구호ᄒᆞ나 진공이 ᄌᆞ개 가ᄂᆡ를 어ᄌᆞ러이려 댱시를 엇는다 미온ᄒᆞ던 일을 ᄉᆡᆼ각고 공의게 ᄎᆞᄉᆞ를 고티 아니코 좌우 궁인을 당부ᄒᆞ여 말을 말나 ᄒᆞ고넌ᄌᆞ시 약을 ᄒᆞ나 댱시 인ᄒᆞ여 귀 먹고 눈 어두오며 말을 변〃이 못ᄒᆞ여 공연이 병인이 된디라 ᄉᆡᆼ이 참혹히 너기고 심하의 듕독ᄒᆞ믈 아라 월잉을 죽일 뜻이 잇더라 일노조차 듁셔루의 죵젹이 희소ᄒᆞ더니 일〃은 긔린각의셔 댱시 병을 보며 야심토록 자디 못ᄒᆞ더니 믄득 ᄒᆞᆫ 진 ᄎᆞᆫ ᄇᆞ람이 니러나며 쵹블이 ᄡᅥ디고 ᄒᆞᆫ 쇼년 장ᄉᆡᆨ 손의 비슈를 드러 방듕의 ᄢᅱ여드니 좌우의 계영 츄

31면

셤과 소샹궁이 잇더니 적이 비슈를 드러 바로 샤인을 범ᄒᆞ니 소샹궁이 황망이 몸으로 샤인을 ᄀᆞ리ᄂᆞ니 적이 ᄯᅩ 댱시를 향ᄒᆞ거ᄂᆞᆯ 계영 츄셤이 소ᄅᆡ 디르고 막으니 적이 다시 칼노 샤인을 디르랴 ᄒᆞ니 샹궁이 소ᄅᆡᄒᆞ고 막으매 칼이 소샹궁의 ᄂᆞᆺ출 질너 피 흐ᄅᆞ기를 그치디 아니나 샹궁이 죽기로ᄡᅥ 샤인을 ᄀᆞ리오니 샤인이 본ᄃᆡ 어려셔브터 칼을 됴히 넉여 샹히 보검을 ᄎᆞ고 ᄃᆞᆫ녀 몸의 ᄯᅥ나디 아니턴디라 이ᄣᆡ 적의 작난을 보고 심듕의 분노ᄒᆞ여 믄득 요하의 패검을 ᄲᅢ혀 적의 다리를 ᄒᆞᆫ번 치니 적이 소ᄅᆡᄒᆞ고 업더디거ᄂᆞᆯ ᄯᅩᆯ니 잡아 ᄆᆡ고 좌우를 브ᄅᆞ나 심야의 심엄ᄒᆞᆫ ᄂᆡ뎐의 슌경군ᄉᆡᆨ 미처 드러오디 못ᄒᆞ여 창황ᄒᆞᆯ ᄉᆞ이의 적이 임의 ᄆᆡᆫ 노흘 ᄭᅳᆫ코 용약ᄒᆞ여 ᄃᆞ라날ᄉᆡ 허리의 ᄎᆞᆫ 금낭이 ᄧᅥ러더시니 샤인이 거두어 손의 쥐고 궁관 궁노를 블너 홰블을 ᄇᆰ히고 좌우로 어ᄃᆞᄃᆡ 죵젹이 업ᄉᆞᆫ디라 혹시 ᄯᅩᄒᆞᆫ 이 변을 보고 급히 니러나 여러 공ᄌᆞ로 더브러 긔린각

32면

의 니ᄅᆞ러 본 즉 소샹궁이 피를 흘니고 인ᄉᆞ를 모ᄅᆞ며 댱시 혼절ᄒᆞ여시니 계영 등이

좌우로 붓드러 슬피 울며 샤인은 난간의 나와 촉을 붉히고 적의 요패를 본 즉 강쥐 인뎐긔라 ᄒᆞ엿고 낭듕의 셔찰 일편이 이시니 이 곳 양쇼졔 뎐긔의게 친필노 부친 글이라 권〃ᄒᆞᆫ ᄉᆞ졍과 음일ᄒᆞᆫ 셜홰 ᄎᆞ마 보디 못ᄒᆞ고 샤인과 댱시를 아오ᄅᆞ 죽인 즉 서로 모다 동쥬ᄒᆞ믈 ᄆᆡᆼ약ᄒᆞ엿ᄂᆞᆫ디라 샤인이 견파의 안ᄉᆡᆨ이 ᄌᆞ약ᄒᆞ여 말을 아니터니 혹식 임의 그 뜻을 알고 날호여 문왈 금일 대변이 여ᄎᆞᄒᆞ니 현뎨의 뜻은 쳐치를 엇디코뎌 ᄒᆞᄂᆞ뇨 샤인이 ᄃᆡ 왈 쇼졔 호탕ᄒᆞ여 여러 사ᄅᆞᆷ을 모화 졔가를 어지리 못ᄒᆞᆫ 고로 문호의 욕을 일위고 명부의 빗치 더러워 풍화를 샹히오니 엇디 야〃의 통ᄒᆞᆫᄒᆞ시미 그ᄅᆞ리잇고 진실노 허믈이 내게 잇고 양시긔 잇디 아니ᄒᆞ니 뎌를 칙홀 뜻이 업ᄉᆞᆫ디라 쳐치홀 거시 업ᄉᆞ나 다만 쇼뎨로 인ᄒᆞ여 소샹궁의 ᄉᆞᄉᆡᆼ이 위ᄐᆡᄒᆞ고 댱시 듕독

33면

ᄒᆞ여 병인이 되니 이 졍히 ᄇᆡᆨ인이 유아이ᄉᆞ로소이다 슈연이나 사ᄅᆞᆷᄃᆞ려 니를 ᄂᆞᆺ치 업ᄉᆞ니깁히 은잉ᄒᆞ여 젼두를 볼디니 야〃긔 알외디 마ᄅᆞ쇼셔 혹ᄉᆡᆨ 뎌의 뜻이 젹디 아니믈 보고 비록 간인의 모계를 아나 댱시 월잉의 차를 먹고 아조 병인이 되고 침소의 도적이 이러틋 작난ᄒᆞ니 댱시를 억탁ᄒᆞ여 지목ᄒᆞ기 어려온디라 양쇼져를 의심홀 딘ᄃᆡ 빙옥ᄌᆞ품과 츄상지개로ᄡᅥ 징통ᄒᆞ여 뎍인을 죽이며 가부를 더옥 해ᄒᆞᆫ다 ᄒᆞ리오마ᄂᆞᆫ 일시의 ᄒᆡ혹기 어려워 다만 골오ᄃᆡ 현뎨의 소견이 올흐니 젼두를 보면 ᄌᆞ연이 간졍이 발각ᄒᆞ려니와 양수의 셩덕과 ᄒᆡᆼ실이 놉히 ᄉᆞ군ᄌᆞ의 덕이 계시니 이런 음ᄆᆡ지ᄉᆞ를 엇디 츄호나 의심ᄒᆞ리오 현뎨 상심ᄒᆞ여 간졍을 술피라 샤인이 공슈ᄃᆡ 왈 형당명괴 맛당ᄒᆞ시니 쇼뎨 엇디 밧드디 아니리잇고 드ᄃᆡ여 글을 거두어 낭듕의 너코 소샹궁을 붓드러 침소로 보내고 친히 약을 달혀 지극 구호ᄒᆞ고

34면

다시 이 말을 ᄉᆞᄉᆡᆨᄒᆞ며 일ᄏᆞ르미 업ᄉᆞ니 사ᄅᆞᆷ이 그 심지를 측냥치 못ᄒᆞ더라 원ᄂᆡ 이 도적은 계영의 원족으로 본ᄃᆡ ᄌᆞ긱 노릇ᄒᆞ여 변방의셔 ᄌᆞᄉᆡᆼᄒᆞ더니 여러 번 살ᄉᆡᆼᄒᆞ고 ᄉᆞ긔 패루ᄒᆞ게 되니 경ᄉᆞ로 도망ᄒᆞ여 와셔 ᄉᆡᆼ계 간고ᄒᆞᆫ디라 계영이 쳔금으로 헌ᄒᆞ고 댱시 양시 글시를 모ᄲᅧ 셔간을 위조ᄒᆞ여 양시를 음해ᄒᆞ고 소샹궁의 강딕ᄒᆞ믈 ᄭᅥ려 도적으로 ᄒᆞ여곰 짐즛 죽이라 ᄒᆞ엿더라 미처 소샹궁을 죽이디 못ᄒᆞ여셔 샤인의 치믈 닙어 겨요 도망ᄒᆞ매 짐즛 금낭을 ᄲᅥ르쳐 뎌를 보게 ᄒᆞ니 샤인이 심하의 분연ᄒᆞ미 양

시와 월잉을 버히고뎌 ᄒᆞᄃᆡ 두리는 바는 야〃와 조부모 슉당이 다 엄경ᄒᆞ고 ᄯᅩ 양시 통우ᄒᆞ미 죄악을 밋디 아니ᄒᆞᆯ 거시오 도로혀 ᄌᆞ가의 여러 사ᄅᆞᆷ 모호믈 죄 삼고 당시를 블길히 넉일더라 스ᄉᆞ로 부형의 ᄯᅳᆺ을 알고 깁히 ᄎᆞᆷ아 그 죄악을 길워 나죵을 보아 크게 쳐치코져 ᄒᆞ매 본ᄃᆡ

35면

심지 무거오미 쳔균 ᄀᆞᆺ고 아모 난쳐지ᄉᆞ라도 능히 ᄎᆞᆷ는 셩졍이라 죵시 셩식을 부동ᄒᆞ고 한셜이 업ᄉᆞ니 졔형뎨와 좌위 그 ᄯᅳᆺ을 아디 못ᄒᆞ더라 명일 쳥신의 샤인 형뎨 공의게 문안ᄒᆞ니 공이 ᄆᆞᄎᆞᆷ 녕운뎐의 잇ᄂᆞᆫ디라 작야 경식이 요란ᄒᆞ믈 무ᄅᆞᆫᄃᆡ 샤인이 계슈 ᄃᆡ 왈 ᄌᆞ긱이 긔린각의 드러 소샹궁을 듕히 샹히와 거의 셩명을 ᄆᆞᆺ출너니 ᄆᆞᄎᆞᆷ 히ᄋᆞ의 치믈 닙어 ᄃᆞ라나니 슌경ᄉᆞ졸을 블너 잡으ᄃᆡ 죵시 엇디 못ᄒᆞᄂᆞᆫ디라 일노ᄲᅧ 요란ᄒᆞ여 대인이 놀나신가 황공ᄒᆞ여이다 공이 경아 왈 심궁의 도적이 엇디 츌몰ᄒᆞ리오 ᄀᆞ장 이샹ᄒᆞᆫ 변괴라 ᄌᆡ보를 일흐미 잇ᄂᆞ냐 샤인이 ᄃᆡ 왈 일흔 거ᄉᆞᆫ 업고 처음은 히ᄋᆞ롤 해ᄒᆞ랴 직주ᄒᆞ여 들녀드다가 소희 급히 막은 고로 그 칼을 맛고 ᄯᅩ 당시를 해ᄒᆞ려다가 히ᄋᆡ 칼노 치니 인ᄒᆞ여 ᄃᆞ라나니이다 공이 히연 왈 이런 변이 궁듕의 이시니 등한ᄒᆞᆫ 일이 아

36면

니라 슌나 ᄉᆞ졸과 위쟝이 경만ᄒᆞᆫ 죄 업디 아니토다 드ᄃᆡ여 외뎐의 나와 이 날 슌경ᄉᆞ졸을 잡아 엄칙ᄒᆞ고 다시 이런 일이 이신 즉 ᄉᆞ죄를 ᄂᆞ리올 줄노 하령ᄒᆞᆫ 후 부모긔 뵈오니 이ᄣᅢ 니부인이 풍한의 쵹샹ᄒᆞ여 미류ᄒᆞ니 모든 ᄌᆞ뷔 시호ᄒᆞ매 셜양 이 쇼졔 뫼셧더니 니부인이 문왈 당시ᄂᆞᆫ 엇디 여러 날 보디 못ᄒᆞᆯ소뇨 셜쇼졔 ᄃᆡ 왈 당시 근닉 유병ᄒᆞ여 상셕의 위돈ᄒᆞ연 지 오라이다 부인이 샤인ᄃᆞ려 왈 무슴 병이뇨 샤인이 ᄃᆡ 왈 풍한의 쵹샹ᄒᆞ여 큰 병인이 되엿ᄂᆞ이다 부인이 경왈 이러ᄒᆞᄃᆡ 노뫼 아디 못ᄒᆞ도다 진공이 웃고 위로 왈 당ᄋᆡ 비록 쇼년의 병이 이시나 오라면 ᄌᆞ연 소완ᄒᆞ오리니 현의 과도ᄒᆞᆫ 말솜을 ᄎᆡ텽티 마ᄅᆞ쇼셔 부인이 쇼 왈 내 아히 노모의 ᄆᆞ음을 위로ᄒᆞ미어니와 원간 현의 호탕ᄒᆞ믈 뮈이 넉여 당ᄋᆞ롤 블관이 알므로 금일 ᄯᅩ 말이 이러ᄒᆞ니 그 고집이 이 ᄀᆞᆺ도다 비록 블션ᄒᆞ나

37면

아ᄃᆡ 나타나미 업고 어하ᄒᆞᄂᆞᆫ 도리 편벽ᄒᆞ미 가티 아니〃 그 ᄌᆞᄋᆡ를 두터이 ᄒᆞ고 인믈을 됴제ᄒᆞ미 올흐니 너모 이 ᄀᆞᆺ흐미 원망ᄒᆞᄂᆞᆫ 긔틀을 니르혀 인뉸의 아름답디 아닌 변이 이실가 두려ᄒᆞ노라 공이 모부인 경계를 듯ᄌᆞᆸ고 오ᄃᆡ 유〃홀 ᄯᆞ름이라 원ᄂᆡ 진공이 당시 월잉의 차 먹으며 병들고 도적이 괴이ᄒᆞᆫ 셔간을 ᄡᅡ지우고 ᄃᆞ라나니 샤인이 어더 깁히 ᄀᆞᆷ초앗다 ᄒᆞ여 대개 양시의게ᄂᆞᆫ 니치 아니ᄒᆞ믈 궁듕의셔ᄂᆞᆫ 듯디 못ᄒᆞᄃᆡ 양혹ᄉᆞ 부인과 샤어ᄉᆞ 부인이 풍문으로 듯고 공을 ᄃᆡᄒᆞ여 이 일을 니ᄅᆞ고 샤인이 공을 긔이ᄂᆞᆫ 쥬의를 몰나 서로 고이히 넉이고 념녀ᄒᆞ거ᄂᆞᆯ 공이 블승차악ᄒᆞᄃᆡ 샤인의 나죵을 보아 쳐티코뎌 냥 ᄆᆡ를 당부ᄒᆞ여 번거히 뎐파티 말나 ᄒᆞ고 ᄯᅩ 역시 모ᄅᆞᄂᆞᆫ 쳬ᄒᆞ니 냥 부인이 올히 넉여 모친이 드ᄅᆞ시면 병듕 경동ᄒᆞ고 공쥬 ᄉᆡᆼ각이 더ᄒᆞ여 슬허ᄒᆞ실 줄 알고 무익지화를 아니랴 함구ᄒᆞ니 니부

38면

인이 젼혀 아디 못ᄒᆞ고 샤인을 편ᄋᆡᄒᆞ므로 ᄯᆞ로여 ᄌᆞ연 당시 병을 ᄌᆞ루 뭇고 근심ᄒᆞ니 공이 근절이 위로ᄒᆞ여 대단티 아니므로 ᄃᆡᄒᆞ더라 이윽고 문안을 파ᄒᆞ매 셜양 이 쇼제 진부의 도라올ᄉᆡ 셜쇼제 청ᄒᆞ여 태청뎐의 니ᄅᆞ러ᄂᆞᆫ 좌를 일우고 당손샹궁과 셜원 이 인이 ᄒᆞᆫ가지로 모다 작야의 긔린각 변을 의논ᄒᆞ매 셜샹궁이 샤인이 혹ᄉᆞ로 ᄒᆞ던 말을 ᄌᆞ시 뎐ᄒᆞ니 양쇼제 셔간 일을 ᄇᆞ야흐로 알고 차악ᄒᆞ여 안ᄉᆡᆨ이 져상ᄒᆞ니 당손시 탄식고 양쇼져ᄃᆞ려 왈 네 요리 단비ᄒᆞ고 경긔를 죽이며 측텬이 ᄌᆞ식을 죽여 큰일을 일우니 금일 간인이 스ᄉᆞ로 함ᄒᆞ미 쇼져의 평ᄉᆡᆼ을 ᄆᆞᆺᄎᆞ미라 ᄒᆞ믈며 공ᄌᆞ의 위인이 ᄂᆡ외 다ᄅᆞ시고 심지 무거워 가ᄇᆞ야이 나타내디 아닐ᄉᆞ록 그 치부ᄒᆞ미 클디라 ᄎᆞ후 요인이 관형찰ᄉᆡᆨᄒᆞ여 작난이 ᄯᅩ 이실 거시니 쾌 아모 곳의 미출 줄 아디 못ᄒᆞ고 소샹궁의 ᄀᆞᆺ기미 이 ᄀᆞᆺ흐니 금일 변

39면

은 션비 계시나 능히 공ᄌᆞ의 ᄆᆞ음을 프러 쇼져를 구치 못ᄒᆞ시리니 오ᄃᆡ 조심ᄒᆞ여 젼두를 보시고 약질을 샹히오디 마ᄅᆞ쇼셔 양쇼제 옷기ᄉᆞᆯ 염의고 셩안의 청누를 먹음어 ᄀᆞᆯ오ᄃᆡ 금일 샹궁의 ᄉᆞ랑ᄒᆞ여 ᄀᆞᄅᆞ치믈 닙으니 블승감격ᄒᆞ나 몸의 강샹 죄악이 명〃ᄒᆞ니 모든 궁희 비록 쳡을 앗기나 국법을 용샤키 어려오니 ᄲᅮᆯ니 대인긔 고ᄒᆞ여 법을

정히 ᄒᆞ시미 원이로소이다 당손시와 셜원 이 인이 위로 왈 부인이 누셜듕의 계시나 비기죄야라 텬되 도로혈 날이 이시리니 엇디 이런 말을 ᄒᆞ시ᄂᆞ뇨 ᄒᆞ믈며 공직 발셜티 아니시니 스ᄉᆞ로 아른 쳬ᄒᆞ미 블가ᄒᆞᆫ디라 모ᄅᆞ미 ᄉᆞ긔를 요동티 마ᄅᆞ쇼셔 쇼제 샤례ᄒᆞ고 침누의 도라와 의식 아득ᄒᆞ고 졍혼이 쒸는 듯ᄒᆞ니 스ᄉᆞ로 ᄒᆞᆫ번 죽어 더러온 욕을 닛고져 ᄒᆞᄃᆡ 누명을 신셜티 못ᄒᆞ고 죽으미 무익ᄒᆞ믈 알고 분ᄒᆞᆫ을 서리 담아 침셕의 ᄇᆞ리여 됴셕 공회예 강잉ᄒᆞ여 나아가 잠간 든여 도라

40면

오ᄃᆡ 단장을 폐ᄒᆞ고 옥뫼 시일노 쵸쳬ᄒᆞ니 공이 문왈 ᄋᆞ뷔 근ᄂᆡ 우싁이 이셔 긔식이 젼과 다ᄅᆞ니 아디 못게라 무슨 일이 잇ᄂᆞ냐 쇼제 ᄇᆡ샤 왈 몸의 쇼질이 이셔 ᄌᆞ연 평상티 못ᄒᆞ오나 엇디 우환이 이시리잇고 공이 ᄒᆞᆫ번 혀 ᄎᆞ고 샤인을 도라보니 샤인이 공이 블셔 아르신가 심하 블열ᄒᆞᄃᆡ 강잉ᄒᆞ여 듁셔루의 니ᄅᆞ니 쇼제 녹빙운환의 누쉬 진〃ᄒᆞ여 원샹궁과 무슨 말을 ᄒᆞ고 원샹궁이 손의 ᄒᆞᆫ죵숑차를 들고 쇼져를 위로ᄒᆞ여 마시믈 권ᄒᆞᄂᆞᆫ디라 샤인이 드러가매 쇼제 즉시 눈믈을 거두고 니러 마즈니 ᄉᆡᆼ이 ᄉᆞ긔 십분 ᄌᆞ약ᄒᆞ여 날호여 좌를 일우고 의관을 슈렴ᄒᆞ여 낭목이 쇼져 ᄂᆞᆺ 우희 이셔 찰시ᄒᆞ기를 식경이나 ᄒᆞ니 ᄋᆞ녀ᄌᆞ의 념티 비록 ᄉᆞ괴 업시 진듕ᄒᆞᆫ 냥인의 은익로 이러ᄒᆞ여도 오히려 븟그러오려든 ᄒᆞ믈며 쇼제 강샹의 누명을 시러 뎌의 더러이 넉이며 무상히 넉여 보는 눈이 이 ᄀᆞᆺᄒᆞ믈 샹ᄃᆡᄒᆞ여 ᄆᆞ음이 엇더ᄒᆞ리오 원통ᄒᆞᆷ

41면

과 참괴ᄒᆞ미 욕ᄉᆞ무디ᄒᆞᄃᆡ 사ᄅᆞᆷ이 니론디 심지 광원ᄒᆞ고 ᄆᆞ음이 쳘옥 ᄀᆞᆺᄒᆞ므로 안싁이 안졍ᄒᆞ여 젼혀 뎌의 이 ᄀᆞᆺᄒᆞ믈 아디 못ᄒᆞᄂᆞᆫ 듯ᄒᆞ니 샤인이 침셕을 비겨 운텬을 관망ᄒᆞ며 양쇼져를 ᄃᆡᄒᆞ여 일실의 부뷔 모다 그 해ᄒᆞ려 ᄒᆞᄂᆞᆫ 흉모를 ᄉᆡᆼ각ᄒᆞ매 모골이 송연ᄒᆞᄃᆡ 짐줏 은근ᄒᆞᆫ ᄉᆞ싁으로 쇼져의 옥슈를 잡고 우어 왈 ᄉᆡᆼ이 국ᄉᆞ의 다ᄉᆞᄒᆞ고 당시의 병을 무러 몸이 여개 업ᄉᆞ니 오래 부인을 ᄎᆞᆺ디 못ᄒᆞ니 아니 ᄉᆡᆼ으로ᄡᅥ 샹여의 호신ᄒᆞ미 잇ᄂᆞᆫ가 넉이ᄂᆞ냐 ᄉᆡᆼ이 ᄯᅩᄒᆞᆫ 부인을 ᄃᆡᄒᆞ매 만히 두립고 저허 녯날 부뷘 줄 니줄노라 셜파의 선우숨 웃기를 그치디 아니〃 쇼제 당시의 작악이 이ᄀᆞᆺ치 공교ᄒᆞ여 진실노 샤인의 신텽ᄒᆞ믈 ᄒᆞᆫ티 못ᄒᆞᆯ디라 금일 거줏 은근ᄒᆞᆫ ᄉᆞ싁과 모호ᄒᆞᆫ 언단을 드ᄅᆞ매 더옥 골경신히ᄒᆞ니 엇디 ᄒᆞᆫ연ᄒᆞᆫ 담쇼와 ᄯᅩ 쥰졀ᄒᆞᆫ 긔운이 나리오 희음 업시 옥

면의 참식이 니러나 옥슈를 ᄲᅠ리치고 좌를 잠간 퇴

42면

ᄒᆞ여 운환을 숙이고 말숨이 업ᄉᆞ니 샤인이 블너 안자 믈그름 보기를 반향의 ᄯᅩ 나아가 손을 잇글고 좌를 나오혀 웃고 왈 부인이 ᄉᆡᆼ의 박ᄃᆡ를 흔ᄒᆞ고 통을 구홀딘ᄃᆡ 이러틋 원거ᄒᆞ고 ᄆᆡ믈흔 체ᄒᆞᄂᆞ뇨 ᄉᆡᆼ이 진실노 거취를 뎡티 못ᄒᆞ여 민울ᄒᆞ도다 고인이 임의 글을 두어 고인의 은혜 듕ᄒᆞ니 ᄎᆞ마 신인의 졍을 구치 못홀노라 ᄒᆞ니 ᄉᆡᆼ이 그ᄃᆡ긔 은혜 업ᄉᆞ나 오히려 수년 부〃의 눈상이 이시니 엇디 ᄆᆡ믈ᄒᆞ고져 ᄇᆞ리미 이에 미첫ᄂᆞ뇨 쇼제 졍식 ᄃᆡ 왈 쳡이 비록 어디〃 못ᄒᆞ나 일즉 군ᄌᆞ긔 쇽현ᄒᆞ므로 비례지언과 쳔누흔 힝실을 ᄒᆞ미 업거ᄂᆞᆯ 엇디 이깃치 구박ᄒᆞ여 욕ᄒᆞ시믈 알니오 녀ᄌᆡ 냥인을 져ᄇᆞ리미 ᄉᆞ죄라 엇디 법으로 다ᄉᆞ리디 아니코 희언으로 비우ᄒᆞ여 니ᄅᆞ시리잇고 ᄉᆡᆼ이 ᄂᆡᆼ쇼ᄒᆞ고 말을 아니터니 이윽고 됴반이 오ᄅᆞ니 ᄉᆡᆼ이 흔연이 먹으ᄃᆡ 쇼제 쳐연ᄒᆞ여 음식의 ᄠᅳᆺ이 업ᄉᆞ니 원샹궁이 나아가 ᄀᆞᆯ오ᄃᆡ 부인이

43면

년일 침쉬 블안ᄒᆞ시니 모ᄅᆞ미 음식을 강잉ᄒᆞ여 긔운을 됴보ᄒᆞ쇼셔 샤인이 듯고 ᄯᅩ흔 은근이 권유ᄒᆞ더니 월잉이 차를 밧드러 나아오매 ᄉᆡᆼ이 블연 작식ᄒᆞ고 ᄎᆞᆫ 칼을 ᄲᅢ혀 잉을 상두의셔 버히니 놀난 피 쇼져의긔 ᄲᅮ리고 잉의 머리 ᄯᅡ히 ᄯᅥ러지니 ᄉᆡᆼ이 슈급을 쇼져의게 더뎌 왈 부인은 뉴ᄉᆡᆼ의 무지ᄒᆞ믈 용샤ᄒᆞ고 심복 시녀의 머리를 보라 쇼제 이를 보매 심담이 ᄎᆞᆫ 직 깃흐여 능히 긔운을 슈습디 못ᄒᆞ고 역시 좌의 업더뎌 혼절ᄒᆞ니 원샹궁이 미처 잉을 구티 못ᄒᆞ고 급히 시슈를 ᄭᅳ어 내고 일변 쇼져를 븟드러 구ᄒᆞ며 샤인을 ᄃᆡᄒᆞ여 ᄀᆞᆯ오ᄃᆡ 공ᄌᆡ 엇딘 고로 진듕 젼당의 군법 힝ᄒᆞᄂᆞᆫ 규구로 무죄흔 시아를 규방의셔 참ᄒᆞ시니 아디 못게라 무슨 쥬의시뇨 ᄉᆡᆼ이 졍식 왈 궁희 아디 못ᄒᆞ리니 도로혀 날을 고이히 넉이미 우읍도다 셜파의 낭듕의 약을 내여 양시를 구ᄒᆞ니 반향 후 쇼제 숨을 내쉬고 졍신을 출히매

44면

샤인이 침상의 빗기 누어 쇼져를 보며 미〃히 웃기를 마디 아니〃 쇼제 참분ᄒᆞ믈 이긔디 못ᄒᆞᄃᆡ 홀일업서 강잉ᄒᆞ여 니러 안즈니 ᄉᆡᆼ이 원샹궁을 도라보아 웃고 왈 앗가

위연이 칼을 희롱ᄒᆞ여 잉을 버히니 ᄇᆞ야흐로 뉘웃ᄂᆞ니 궁희는 고이히 아디 말디어다 뎌 양시 내게 조츤 사ᄅᆞᆷ이니 뎌를 과도히 ᄉᆞ랑ᄒᆞ고 날을 소원ᄒᆞ미 우리 션비를 ᄉᆡᆼ각ᄒᆞ미 아니로다 원샹궁이 정ᄉᆡᆨ 왈 쳔비지 칠 셰브터 궐듕의 드러가 옥쥬를 근시ᄒᆞ여 일즉 득죄ᄒᆞ미 업고 옥쥐 녀쥬공이 되시던 날 비ᄌᆞ와 셜궁희로ᄡᅥ 찬녜관을 삼으샤 졔왕 공쥬 오십 인을 대례를 ᄀᆞᄅᆞ쳐 집당ᄒᆞ게 ᄒᆞ시ᄃᆡ 일즉 그 녜를 위월이 ᄒᆞᆫ다 ᄒᆞ시미 업고 ᄒᆞᆫ번 일을 경만이 ᄒᆞ여 쥬공의 엄듕ᄒᆞ심과 옥쥬의 셩덕으로도 미온ᄒᆞ시믈 보디 아냣더니 이제 양부인을 보뎡ᄒᆞ매 힝혀 덕이 잇고 허믈이 업ᄉᆞ믈 경복ᄒᆞ여 이 션비의 ᄌᆞ뷔오 공ᄌᆞ의 졍실이라 ᄒᆞ여ᄡᅥ곰 비ᄌᆞ의 존

45면

경ᄒᆞ여 밧드는 배러니 공ᄌᆡ 엇딘 고로 부인긔 노ᄒᆞ온 ᄠᅳᆺ을 비ᄌᆞ의게 옴겨 금일 잉을 버히시고 니어 비ᄌᆞ를 호령ᄒᆞ시니 아디 못게라 비ᄌᆞ를 ᄆᆞ자 버히고뎌 ᄒᆞ시ᄂᆞ니잇가 노쥬지분이 군신 ᄀᆞᆺᄒᆞ니 ᄉᆞᄉᆡᆼ의 거역디 못ᄒᆞᆯ디라 죄 이시면 명뎡언슌이 다ᄉᆞ리시미 원이로소이다 공ᄌᆡ ᄉᆞᄉᆡᆨ을 ᄂᆞ초아 샤례 왈 궁희 엇디 ᄎᆞ언을 ᄒᆞᄂᆞ뇨 션비 님망의 우리 형뎨로ᄡᅥ 궁희의게 의탁ᄒᆞ시미 그 듕의를 아ᄅᆞ시미라 이제 감히 능만ᄒᆞ며 계칙ᄒᆞ미 아니로ᄃᆡ 심듕의 괴로온 회푀 이셔 친ᄒᆞ미 궁흰 고로 말이 슈습ᄒᆞ믈 일흐나 본심이 그러티 아니ᄒᆞ니 궁희는 허믈티 말디어다 인ᄒᆞ여 ᄌᆡ삼 ᄀᆡ유ᄒᆞ고 나가니 이ᄣᅢ 궁듕이 샤인이 잉을 버혀 양시를 호령ᄒᆞ믈 드ᄅᆞ매 블승차악ᄒᆞᄃᆡ 진공의 셩되 엄ᄒᆞ고 ᄠᅳᆺ이 고집ᄒᆞ여 샤인이 댱시 취ᄒᆞᆫ 후는 미안ᄒᆞ믈 속의 두어 ᄉᆞ랑이 ᄂᆡ도ᄒᆞ니 극히 서어ᄒᆞᆫ 부ᄌᆞ 간으로 ᄆᆡᄉᆞ의 깁히 치부ᄒᆞ니 그 관쳐를 닐너 알외미 가티 아냐 함개 공의게 ᄎᆞ

46면

언을 고티 아니ᄒᆞ고 샤인을 본즉 졀칙ᄒᆞ여 연고를 힐문ᄒᆞ니 ᄉᆡᆼ이 ᄒᆞᄅᆞ는 말ᄉᆞᆷ으로 취듕 고이ᄒᆞᆫ 거조를 ᄒᆞ믈 쳔만 후회ᄒᆞ노라 ᄒᆞ여 본심을 니ᄅᆞ디 아니〃 모다 웃고 왈 항쟈블살이라 ᄒᆞ니 다시 ᄒᆞᆯ 말이 업도다 ᄒᆞ더라 이ᄣᅢ 양쇼졔 샤인이 월잉을 죽이고 나가믈 보매 눈믈을 흘니고 원샹궁을 ᄃᆡᄒᆞ여 ᄀᆞᆯ오ᄃᆡ 쳡의 앙얼이 태산 ᄀᆞᆺᄒᆞ여 무죄ᄒᆞᆫ 시비 쳡의 죄로 죽고 궁희의게 ᄎᆡᆨ이 밋게 ᄒᆞ니 진실노 안면이 둣겁고 셰샹의 투ᄉᆡᆼᄒᆞ미 구챠ᄒᆞᆫ디라 당ᄎᆞᆺ 일신을 엇디 쳐치ᄒᆞ여야 가ᄒᆞ리오 원샹궁이 위로 왈 부인은

과도히 용녀티 마ᄅᆞ쇼셔 텬되 슌환ᄒᆞ니 언마ᄒᆞ여 공지 씌ᄃᆞ르시리오 다만 ᄉᆞ재 부싱티 못ᄒᆞ리니 잉의 인싱이 잔잉토소이다 쇼졔 탄식고 ᄎᆞ후로 심신이 다 비월ᄒᆞ여 사ᄅᆞᆷ이 겻ᄒᆡ 업ᄉᆞ면 긔운이 혼미ᄒᆞ니 모든 궁인과 원샹궁이 ᄯᅥ나디 못ᄒᆞ더라 이ᄯᅢ 댱시 샤인이 말을 아니나 긔ᄉᆡᆨ이 양쇼져ᄅᆞᆯ 깁히 의심ᄒᆞ여 월잉

47면

을 버히고 은졍을 끗ᄎᆞᆷ을 심하의 쾌락ᄒᆞᄃᆡ 다만 뎌의 완병이 구더 츌화ᄅᆞᆯ 면ᄒᆞ여 오히려 평안ᄒᆞᆷ을 ᄭᅴ려 ᄀᆞ만이 양시의 글시ᄅᆞᆯ 모ᄡᅧ 공의 부〃 해ᄒᆞᆷ을 비러 목인과 요예지믈을 녕운뎐과 영하뎐의 범ᄒᆞᄃᆡ 삼 인이 극히 녕니ᄒᆞ여 ᄉᆞ긔 비밀ᄒᆞ니 알 니 업더라 진공이 일〃은 녕하뎐의셔 월식을 ᄡᅴ여 텬문을 보더니 믄득 ᄒᆞᆫ 줄 괴이ᄒᆞᆫ 긔운이 뎐 좌우로브터 살긔 뎐샹뎐하의 미만ᄒᆞ여시니 공이 우연 탄왈 요인이 가ᄂᆡᄅᆞᆯ 어ᄌᆞ러이미 이 ᄀᆞᆺ도다 드ᄃᆡ여 복시ᄒᆞᄂᆞᆫ 쇼환으로 블을 잡히고 긔운나ᄂᆞᆫ ᄃᆡᄅᆞᆯ 파 여러 가지 흉예지믈을 어더 그 특ᄉᆞᄒᆞᆫ 셔젹 아오ᄅᆞ 보디 아니코 쇼화ᄒᆞ고 좌우ᄅᆞᆯ 당부ᄒᆞ여 말을 말나 ᄒᆞ고 ᄯᅩᄒᆞᆫ 부형과 ᄌᆞ데ᄅᆞᆯ 보나 ᄉᆞᄉᆡᆨ디 아니〃 그 위인이 이 ᄀᆞᆺ더라 이십여 일이 디나매 일일은 엄태감으로 더브러 이 국 졍ᄉᆞᄅᆞᆯ 의논ᄒᆞ더니 혹시 황망이 나아와 고ᄒᆞᄃᆡ 모부인이 블의예 막혀

48면

인ᄉᆞᄅᆞᆯ 아디 못ᄒᆞ시ᄂᆞ이다 공이 경왈 이 엇딘 일고 혹시 미처 ᄃᆡ티 못ᄒᆞ여셔 궁인이 니음ᄃᆞ라 부인의 위틱ᄒᆞᆷ을 보ᄒᆞ니 공이 날호여 니러 녕운뎐의 니ᄅᆞ니 부인이 아관이 긴급ᄒᆞ고 슈족이 궐닝ᄒᆞ여 인ᄉᆞᄅᆞᆯ 모ᄅᆞ고 ᄌᆞ네 븟드러 호읍ᄒᆞᄂᆞᆫ디라 공이 그 연고ᄅᆞᆯ 무ᄅᆞ니 쵀샹궁이 ᄃᆡ 왈 부인이 앗가 신식 곤뇌타 ᄒᆞ샤 잠간 침상의 취몽이 혼〃ᄒᆞ시더니 인ᄒᆞ여 몽압ᄒᆞ샤 이러ᄒᆞ시이다 공이 나아가 ᄌᆞ녀의 우름을 금ᄒᆞ고 약을 ᄡᅳ며 침을 나와 잠간 ᄉᆡᆼ되 이시믈 보고 인ᄒᆞ여 겻ᄒᆡ 안자 ᄆᆡᆨ을 슬피더니 반향이 디나매 부인이 홀연 숨을 내쉬고 졍신을 출혀 눈을 드러 공을 보고 츄연이 슬픈 빗치 잇거늘 공이 ᄯᅩᄒᆞᆫ 깃거 문왈 무슨 연고로 급히 막히뇨 부인 왈 우연이 신식 곤ᄒᆞ여 잠간 조을매 뎐샹 ᄂᆡ외예 고이ᄒᆞᆫ 갑병이 창검으로 쳡을 치니 그 ᄭᅮᆷ인 줄 모ᄅᆞ고 ᄌᆞ연 ᄆᆞ음이 숑구ᄒᆞ여 몽압ᄒᆞ니 사ᄅᆞᆷ이

49면

브루믈 아딕 능히 씌디 못흐더니 명공이 니르러 침약흐시므로브터 그 요샤의 무리 헤여뎌 졍신을 슈습흐니 흐마 면사디 못흘나소이다 공이 텸음흐다가 웃고 왈 부인이 삼십여 셰의 니르딕 말숨이 헛된 젹이 업더니 엇디 금일 이런 말을 흐느뇨 금일 몽압이 아니라 ᄀ장 듕대흔 일이니 슬피미 업디 아니리라 드딕여 이날 슉소를 녕운뎐의 흐여 밤이 고요흐고 사름이 흐터딘 후 부인을 딕흐여 굴오딕 가닉예 대변이 이시니 몬뎌 업시흔 후 술필디라 부인은 뎐샹 겹바람벽 수이를 쌔혀 보아 엇는 거술 슬펴 알냐 말고 쇼화흐딕 ᄀ장 비밀이 흐라 부인이 모골이 다 숫그러흐여 굴오딕 아디 못게라 이 무어시며 공이 엇디 아르시느뇨 공이 쇼 왈 남이 흉듕의 만권셔를 너흐매 엇디 셩니지혹 분이리오 쏘 본딕 망긔흐고 건샹을 슬피믄 우리 션조의 흐시던 배라 괴요수이 가듕을 슬피니 요샤의 긔운이 이 곳

50면

의 이션 디 일 삭이로딕 니르미 듕난흐여 발셜티 아냣더니 부인이 능히 진복디 못흐고 도로혀 그 해를 바들디라 이러므로 파내여 업시 흐라 흐노라 부인이 블승경아 왈 쳡이 십삼의 공의게 도라와 이제 니르히 궁듕이 귀슌흐고 존경흐믈 션비와 다르미 업수니 무순 연고로 가닉예 이런 변이 이시리오 공이 쇼 왈 부인의 알오미 요원흐도다 궁듕인이 부인을 해흐미 아니라 ᄌ부 가온딕셔 나니 인뉸의 대변이라 다른 일은 가히 드러내여 칙흐미 가흐려니와 츳수는 수싱이 돌녀시니 흐믈며 국법으로 다수리면 현의 죄 듕흔디라 가히 가빅야이 발셜티 못흐리라 부인이 등용칭샤흐고 공의 쳐수를 더옥 탄복흐더라 명됴의 부인이 쵀샹궁으로 더브러 공의 니르던 딕를 파 과연 흉여지믈을 만히 어더 즉시 술와 브리고 이 일을 일캇디 아니흐니 ᄌ뷔 쏘흔 아디 못흐딕 부인이 심니의 당시 작악인

51면

줄 알매 샤인이 월잉을 버히며 양시를 의심흐여 비록 발구치 아니나 그 쯧이 느뭇치 송곳 굿흐믈 혜아리매 강개흐믈 마디 아냐 탄식 왈 내 이제 친딜노 인흐여 현의 금슬의 마당이 이 굿흐니 진실노 싱젼의 진공을 볼 눗치 업고 수후의 션비긔 죄를 바들디라 맛당이 수긔를 슬펴 딜으의 병셰 진가를 볼 거시라 흐고 쯧을 뎡흐매 부인이 본딕

춍명영오ᄒᆞ미 과인ᄒᆞᆫ디라 심듕의 유의ᄒᆞ미 이신 후ᄂᆞᆫ ᄉᆞᆯ피ᄂᆞᆫ 눈이 귀신 ᄀᆞᆺ흔디라 일〃은 좌우ᄃᆞ려 닐오ᄃᆡ 딜ᄋᆡ 병 드런 디 오래ᄃᆡ 내 능히 뭇디 못ᄒᆞ엿더니 금일 ᄆᆞᄎᆞᆷ 뎐듕의 일이 업서 고요ᄒᆞ니 ᄒᆞᆫ번 긔린각의 가리라 좌위 향을 잡고 길을 인ᄒᆞ매 부인이 셔〃히 년보를 동ᄒᆞ여 긔린각의 니ᄅᆞ니 소샹궁은 이ᄣᅢ 금창이 듕ᄒᆞ여 ᄉᆞᄉᆡᆼ 듕의 이시므로 계영 츄셤의 ᄎᆞ디ᄒᆞᄂᆞᆫ 배 되여 날노 흉모를 일워 노쥬 삼 인이 함인ᄒᆞ미 방계곡경의 미

52면

처시ᄃᆡ 당시 칭병ᄒᆞ연 지 일 삭의 진공과 부인이 ᄒᆞᆫ번 무ᄅᆞ미 업고 뎨ᄉᆞ슉ᄆᆡ 우려ᄒᆞ미 업ᄉᆞ믈 앙〃ᄒᆞ여 원망ᄒᆞ나 샤인이 날노 츄연 ᄋᆡ셕ᄒᆞ미 더어 발자최 이 곳을 ᄯᅥ나디 아니코 구병을 지셩으로 ᄒᆞ니 관심ᄒᆞ여 양시 죽이믈 ᄭᅬᄒᆞ더니 이 날 슉모의 친님ᄒᆞ믈 보고 거ᄌᆞᆺ 병이 듕ᄒᆞ믈 탁ᄒᆞ여 눈을 ᄀᆞᆷ고 인ᄉᆞ를 모ᄅᆞᄂᆞᆫ 쳬ᄒᆞ니 부인이 나아가 손을 잡고 ᄀᆞᆯ오ᄃᆡ 딜ᄋᆡ 병이 엇더ᄒᆞ여 이러ᄐᆞᆺ 혼팀ᄒᆞ엿ᄂᆞ뇨 내 ᄯᅩ 신샹의 질괴 이셔 뭇디 못ᄒᆞ엿거니와 쇼년 쳥츈의 병이 이 ᄀᆞᆺ흐니 현이 비록 신졍이 참연ᄒᆞ여 의긔로 구완ᄒᆞ나 쇼년남ᄋᆞ의 ᄆᆞ음인 즉 반ᄃᆞ시 단장ᄒᆞ고 웃고 말ᄒᆞᄂᆞᆫ 거동만치 못녁이리니 긔운을 됴보ᄒᆞ여 수이 니러나라 ᄒᆞ니 이ᄂᆞᆫ 부인이 졍도로 ᄀᆞᄅᆞ쳐 듯디 아닐 줄 알고 지혜로 격동ᄒᆞ여 니러나게 ᄒᆞ미라 계영과 당시 부인의 일언의 츈몽이 ᄭᆡᆫ 듯ᄒᆞ여 당시ᄂᆞᆫ 말을 아니

53면

코 계영이 울며 왈 쇼졔 괴질을 어더 큰 병인이 되여시니 쇼비의 망극ᄒᆞ믄 니ᄅᆞ디 말고 본부 대노야와 태부인이 더옥 근심ᄒᆞ시나 증셰 가감이 업ᄉᆞ니 이를 엇디 ᄒᆞ리잇고 부인이 탄왈 ᄎᆞᄋᆡ 영혜ᄒᆞ믈 부뫼 편ᄋᆡᄒᆞ시ᄂᆞᆫ 배라 념네 엇디 그러티 아니시리오마ᄂᆞᆫ 다만 증셰 고이ᄒᆞ고 지리ᄒᆞ니 쥬공이 의심ᄒᆞ샤 병인을 두디 못ᄒᆞ리라 ᄒᆞ여 당ᄎᆞᆺ 도라 보내고뎌 ᄒᆞ시니 샤인의 은졍이 발뷜 배 아니라 여등은 모ᄅᆞ미 지셩 구호ᄒᆞ여 수이 낫게 ᄒᆞ라 드ᄃᆡ여 관형찰식ᄒᆞ여 명〃이 칭질이믈 알고 크게 애돌와 샤인의 몰나보믈 개탄ᄒᆞ고 녕운뎐의 도라와 유〃히 근심ᄒᆞᄂᆞᆫ 눈섭을 펴디 못ᄒᆞ더니 믄득 샤인이 드러와 뫼셔 말ᄉᆞᆷᄒᆞᆯᄉᆡ 부인이 문왈 내 드ᄅᆞ니 네 고이ᄒᆞᆫ 셔간을 어덧다 ᄒᆞ니 ᄒᆞᆫ번 보믈 어드랴 ᄉᆡᆼ이 머믓겨 수이 ᄃᆡ티 못ᄒᆞ더니 이윽고 ᄃᆡ 왈 괴이ᄒᆞᆫ 셔찰을 어던

디 오래나 부뫼 고디 듯디 아니실

54면

분 아니라 도로혀 쇼ᄌᆞ를 칙ᄒᆞ실 ᄃᆞᆺᄒᆞ와 감히 알외디 못ᄒᆞ엿더니 모친이 보고뎌 ᄒᆞ시니 드리ᄂᆞ이다 셜파의 낭듕으로셔 일편셔를 내여 드리니 부인이 바다 ᄒᆞᆫ번 보고 그 필젹이 방블ᄒᆞᆷ믈 공교히 넉여 ᄀᆞᆯ오ᄃᆡ 이 글을 보건ᄃᆡ 양시의 죄 등한티 아니〃 다만 양시의 위인이 슉녀녈부의 힝실이 이시니 엇디 몸소 이런 음악 대죄를 범ᄒᆞ리오 이 반ᄃᆞ시 간사ᄒᆞᆫ 사ᄅᆞᆷ이 해ᄒᆞ여 옥셕을 분변키 어려오나 네 만일 양시를 일편도이 의심ᄒᆞᆯ딘ᄃᆡ 블명혼암키 심ᄒᆞᆫ디라 녯날 졍덕년간의 양귀비의 작얼이 이 ᄀᆞᆺᄒᆞ여 하태후의 필젹을 도적ᄒᆞ여 여ᄎᆞ〃〃ᄒᆞ니 션뎨 신지ᄒᆞ샤 폐모ᄒᆞᆯ 거죄 이러나고 하시 삼족의 환이 미츨너니 션비의 ᄇᆞᆰ으시므로 요샤의 무리를 발간젹복ᄒᆞ샤 다ᄉᆞ리시니 됴뎡이 열복ᄒᆞ고 냥궁이 평안ᄒᆞ신디라 국가와 ᄉᆞ가의 쳐쳡 ᄉᆞ이 툥을 ᄃᆞ토고 권셰를 ᄡᅥ리ᄂᆞᆫ 재 이런

55면

일이 왕〃이 이시니 당금의 양시의 원억ᄒᆞ미 하낭〃 졍ᄉᆞ와 ᄀᆞᆺᄒᆞᆫ디라 슬프다 션비 잇디 아니시니 뉘 능히 양시를 구ᄒᆞ리오 슈연이나 내 능히 그 탁고를 바다 ᄉᆞ경을 ᄉᆞᆺ고 공의를 잡은 즉 뎔ᄋᆞ의 안면을 볼 ᄂᆞᆺ치 업ᄉᆞ니 이 결ᄒᆞ여 양현부의 일이 아니오 뎔ᄋᆞ의 위인이 투협ᄒᆞ고 그 좌우의 돕ᄂᆞᆫ 계영 츄셤이 심히 어디〃 아니〃 작악ᄒᆞ미 고이티 아닌디라 엇디 ᄡᅵᄃᆞᆺ디 못ᄒᆞ미 이ᄀᆞᆺ치 심ᄒᆞ뇨 샹인이 빅샤 왈 모친의 명교를 히ᄋᆡ 공경ᄒᆞ여 봉힝티 아니리잇고마ᄂᆞᆫ 다만 당시 양시를 잡으미 이신 즉 엇디 뎌리 병인이 되엿시리잇고 부인이 쇼 왈 내 너를 ᄃᆡᄒᆞ여 이 말을 ᄒᆞ미 가티 아니ᄃᆡ 임의 말이 난 후 긔이미 브졀 업ᄉᆞᆫ디라 뎔ᄋᆞ의 병이오라〈디 아〉녀 차복ᄒᆞ리니 네 모ᄅᆞ미 내 말을 헛되이 넉이디 말나 드ᄃᆡ여 연갑 ᄉᆞ이로셔 양쇼져 글시를 내여 그 셔간과 ᄒᆞᆫᄃᆡ 노코 ᄀᆞᄅᆞ쳐 왈 이 두 댱 필젹이 ᄌᆞ톄 비록 방블ᄒᆞ

56면

나 ᄌᆞ시 본 즉 ᄂᆡ도ᄒᆞ니 네 ᄯᅩᄒᆞᆫ 이목이 잇ᄂᆞᆫ디라 엇디 아디 못ᄒᆞᄂᆞ뇨 샹인이 부인의 이ᄀᆞᆺ치 녁징ᄒᆞᆷ믈 보고 글시를 보니 과연 부인 말ᄉᆞᆷ과 ᄀᆞᆺᄒᆞ여 양시의 필젹은 쳘ᄉᆞ를

드리온 듯ᄒᆞ고 그 셔간은 비록 공교히 모샤ᄒᆞ여 쥬옥 ᄀᆞᆺᄒᆞ나 대개 본법이 ᄂᆡ도ᄒᆞᆫ디라 괴이히 넉이ᄃᆡ 궁듕의 양시를 해홀 사ᄅᆞᆷ이 업고 댱시를 의심ᄒᆞᆫ 즉 ᄇᆡ야흐로 월잉의게 듕독ᄒᆞ여 병인이 되여 시니 엇디 도로혀 ᄂᆞᆷ을 해홀 힘이 이시리오 계영 츄셤은 말예 하쳔 복쳡으로 쳔고 독보ᄒᆞᆫ 문필을 모습ᄒᆞ여 이런 간모를 지으리오 이러틋 ᄉᆡᆼ각ᄒᆞ매 필젹이 비록 잠간 다르나 ᄆᆞᆺᄎᆞᆷ내 의심이 양시긔 이셔 다만 부인의 말ᄉᆞᆷ을 역ᄒᆞ여 다ᄐᆞ미 무익ᄒᆞᆫ 고로 오딕 온화이 슈응ᄒᆞ고 유〃히 믈너나니 부인이 샤인의 죵시 ᄭᆡ듯디 못ᄒᆞ믈 보고 탄식ᄒᆞ믈 마디 아니터라 이ᄣᅢ 계영 츄셤이 져히 노쥬 의심ᄒᆞ믈 듯고 무고를 ᄒᆞᆫ 디 오라ᄃᆡ 동졍이 업ᄉᆞ니

57면

심하의 두리고 념녀ᄒᆞ여 ᄀᆞ마니 뎐긔로 ᄒᆞ여곰 양쇼져 침소의 가 작난ᄒᆞ고 양시를 핍박ᄒᆞ여 더러인 즉 진공과 부인의 ᄌᆞ익 헛된 거시오 샤인은 더옥 영졀ᄒᆞ리라 ᄒᆞ여 흉계를 뎡ᄒᆞ고 ᄀᆞ만이 제 집의 나와 뎐긔로ᄡᅥ 듁셔루 ᄂᆡ실을 ᄀᆞᄅᆞ치니 뎐긔 비슈를 ᄶᅵ고 진궁의 니ᄅᆞ러ᄂᆞᆫ 진 딘 냥국 텰긔아병이 도창궁시를 잡아 부듕을 호위ᄒᆞ여 쳡〃 밀〃이 슌나ᄒᆞ니 비록 형가 셥졍의 늘나미라도 범티 못홀디라 수삼일을 여으ᄃᆡ 죵시 드디 못ᄒᆞ여 도라와 계영ᄃᆞ려 ᄌᆞ시 니ᄅᆞ니 계영이 냥구히 ᄉᆡᆼ각다가 웃고 왈 일이 그만ᄒᆞ여 그치디 못ᄒᆞ여 처음이 이시매 나죵이 업디 못ᄒᆞ리니 그ᄃᆡ 드러가기 어려올딘ᄃᆡ 슈염을 ᄲᅡᆸ고 녀의를 닙어 당부 복쳡인 쳬ᄒᆞ여 새벽을 당ᄒᆞ여 부문을 열 ᄣᅢ 허다 사ᄅᆞᆷ 듕 섯겨 드러오면 내 맛당이 쥬작문의셔 그ᄃᆡ를 마자 방듕의 숨겻다가 어두온 후 양쇼져 침당을 ᄎᆞ자 드러가 핍박ᄒᆞ

58면

여 부뷔 되면 그ᄃᆡ 복이오 우리 후환이 업고 나의 쥬인이 일ᄉᆡᆼ이 평안ᄒᆞ리니 엇디 묘티 아니리오 뎐긔 무뢰 도박ᄒᆞ던 뉴로 쳔금듕보를 밧고 졀ᄃᆡ 아미로 제게 쇽ᄒᆞ믈 드ᄅᆞ니 비록 뎡확과 부월이라도 ᄉᆞ양티 아니려든 ᄒᆞᆫ번 나룻 ᄲᅡᆸ기를 엇디 어려이 넉이리오 흔연이 조차 ᄀᆞ장 드ᄂᆞᆫ 칼노 슈염을 뮈고 거울을 드러 비최매 자최 현현ᄒᆞ니 이에 집게를 어더 알프믈 ᄎᆞᆷ고 낫나치 ᄲᅡᆸ아 흔젹을 업시ᄒᆞ고 ᄒᆞᆫ 벌 쳥의를 어더 녀복을 졍졔ᄒᆞ니 뎐긔 의픠 쥰슈ᄒᆞ고 나히 져믄 고로 도로혀 ᄒᆞᆫ낫 킈 큰 차환의 뉘라 계영이 크게 웃고 ᄣᅢ를 마초고 드러와 댱시ᄃᆞ려 ᄀᆞ만이 ᄌᆞ시 뎐ᄒᆞ니 댱시 암희 왈 내 만일

유모의 묘ᄒᆞᆫ ᄭᅬ 아니면 금일이 이시리오 뎐ᄀᆡ ᄯᅩ 쇼년쳥츈인 즉 양시로 부뷔 되미 가치 아니미 업ᄉᆞ니 족히 나의 심복 대환을 덜니라 ᄒᆞ고 ᄎᆞ일노브터 증셰 나을 와ᄒᆞ고 운동ᄒᆞ미 이시니 샤인이 깃거ᄒᆞ나 모부인 말ᄉᆞᆷ이 마ᄌᆞ

59면

믈 고이히 넉이더라 이ᄢᅢ 양쇼졔 쳔만 누명이 일신을 덥허 텬일을 볼 긔약이 업고 샤인이 시〃로 드러와 은근ᄒᆞᆫ ᄉᆞᄉᆡᆨ 가온ᄃᆡ 호슈풍녈 ᄀᆞᆺᄒᆞᆫ 노ᄉᆡᆨ과 븕은 인졍의 욕이 슌마다 층가ᄒᆞ여 수월의 미ᄎᆞ니 빙옥 ᄀᆞᆺᄒᆞᆫ 간댱이 시로 슬고 츄월 ᄀᆞᆺᄒᆞᆫ 졍신이 날노 감ᄒᆞ며 ᄭᅩᆺ ᄀᆞᆺᄒᆞᆫ 용뫼 쇠잔ᄒᆞ여 식음을 젼폐ᄒᆞ고 샹요의 몸을 더져 셰샹 인ᄉᆞᄅᆞᆯ ᄇᆞ렷더니 일〃은 월ᄉᆡᆨ이 사창의 됴요ᄒᆞ고 한풍이 슈졍념을 움즉이니 ᄣᅢ 졍히 초동망간이라 쇼졔 믈ᄉᆡᆨ이 ᄂᆡᆼ담ᄒᆞ믈 보매 회픠 더옥 샹심ᄒᆞ여 잠간 사창을 열고 텬애ᄅᆞᆯ ᄇᆞ라보아 쥬뤼 만안ᄒᆞ믈 ᄭᆡ돗디 못ᄒᆞ더니 샤인이 믄득 혼뎡 후 듕당의셔 날이 칩고 심ᄉᆡ 어ᄌᆞ러워 술을 나와 여러 잔을 먹고 듁셔루의 니〈ᄅᆞ〉러 문을 열매 양쇼졔 하늘을 우러〃 톄읍샹심ᄒᆞ믈 보매 그 용광이 월ᄉᆡᆨ을 이긔고 녹발이 허드러 옥빈을 ᄀᆞ리와시니 쇠잔ᄒᆞᆫ 거동과 쵸쳬ᄒᆞᆫ 경ᄉᆡᆨ이 ᄎᆞ마 보디 못ᄒᆞᆯ디라 비록 츔소의 혹

60면

ᄒᆞ여시나 일단 ᄋᆡ련지심이 뉴동ᄒᆞ여 잔잉ᄒᆞ미 잇더니 고쳐 ᄉᆡᆼ각ᄒᆞ매 제 스ᄉᆞ로 뉴샹의 죄인이 되여시니 뉘 타ᄉᆞᆯ 삼으리오 뎌리 슬허ᄒᆞ미 아니 흉모ᄅᆞᆯ 일워 뎐ᄀᆡ로 화락디 못ᄒᆞ믈 ᄒᆞᆫᄒᆞ민가 야애 일편도이 뎌ᄅᆞᆯ ᄉᆞ랑ᄒᆞ샤 날을 용납디 아니시니 여ᄎᆞ 대변을 감히 알외여 쳐치〃 못ᄒᆞ고 가ᄂᆡ예 편히 두미 가히 한심ᄒᆞ도다 이텨로 ᄉᆡᆼ각ᄒᆞ매 노긔 ᄆᆡᆼ동ᄒᆞ여 나아가 옥슈ᄅᆞᆯ 잡아 상〃의 ᄭᅳ어 내여 안치고 닐오ᄃᆡ 심야의 자디 아니코 문을 열고 ᄃᆞᆯ을 ᄇᆞ라니 아니 님하의 졍인을 기ᄃᆞ리미 잇ᄂᆞ냐 ᄉᆡᆼ이 무상ᄒᆞ여 ᄉᆡᆨ을 ᄉᆞ랑ᄒᆞ고 녜ᄅᆞᆯ 경히 넉이므로 금야의 그ᄃᆡᄅᆞᆯ ᄎᆞ자 니ᄅᆞ니 영졉ᄒᆞᄂᆞᆫ 거동이 업고 슬허ᄒᆞ미 여ᄎᆞᄒᆞ니 그ᄃᆡ 냥친이 무고ᄒᆞ고 우리 부뫼 듕히 넉이시미 내게 더으시니 무ᄉᆞ 일노 님풍쵸량ᄒᆞ고 ᄃᆡ월쇄루ᄒᆞ여 듕〃ᄒᆞᆫ 우ᄉᆡᆨ이 잇ᄂᆞ뇨 ᄉᆡᆼ을 죽이고 뎐ᄀᆡ로 화락디 못ᄒᆞ믈 ᄒᆞᆫᄒᆞ미로다 셜파의 눈을 놉히 ᄯᅳ고 슬허ᄒᆞᄂᆞᆫ 연고ᄅᆞᆯ 믓기ᄅᆞᆯ

61면

그치디 아니〃 쇼졔 귀예 더러온 말 아니 듯기를 원ᄒᆞᄃᆡ 능히 엇디 못ᄒᆞ고 싱을 보디 아니믈 원ᄒᆞ나 시러곰 면티 못ᄒᆞ니 뎌의 욕을 ᄃᆡ홀 말이 업고 또 감히 모딘 위풍을 항거홀 뜻이 업서 오딕 안식을 정히 ᄒᆞ고 츄파를 ᄂᆞ초아 묵연 브답ᄒᆞ니 싱이 혹 노ᄒᆞ고 혹 은익ᄒᆞ여 잇글며 ᄭᅳ어 빅단으로 희롱ᄒᆞᄂᆞᆫ 둧ᄒᆞᄃᆡ 실은 곤욕ᄒᆞ여 ᄌᆞ긔 또 스ᄉᆞ로 ᄆᆞ음을 뎡티 못ᄒᆞᄃᆡ 쇼졔 죵시 셩식을 요동티 아니〃 싱이 냥구히 희학ᄒᆞ다가 ᄉᆞ매를 ᄯᅥᆯ텨 나가니 쇼졔 이런 욕을 보고 죽디 못ᄒᆞ믈 더옥 흔ᄒᆞ더니 홀연 샹부로브터 양흑ᄉᆞ 부인이 냥샹셔 부인으로 더브러 수삼 딜ᄋᆞ를 거ᄂᆞ려 진궁의 니ᄅᆞ니 당부인이 마자 녕운뎐의셔 말솜홀ᄉᆡ 좌우로 셜양 이 인을 브ᄅᆞ니 양쇼졔 거두홀 뜻이 업ᄉᆞᄃᆡ 존명을 거역디 못ᄒᆞ여 나아가 뵈오니 양부인이 그 ᄋᆡ원ᄒᆞᆫ 거동을 보고 ᄋᆡ련 참졀ᄒᆞ믈 마디 아냐 나아오라 ᄒᆞ여 손을 잡고 탄식 왈 너의 부뷔 일ᄃᆡ 가우로 이 졍히 옥뎨 명ᄒᆞ

62면

신 빅필이어늘 도로혀 마장이 이러틋 ᄒᆞ여 규리의 욕이 밋고 딜ᄋᆞ의 금옥 ᄀᆞᆺ흔 ᄆᆞ음이 변ᄒᆞ여 누셜을 신빅홀 긔약이 업ᄉᆞ니 너의 홍안박명을 앗기고 조초 나의 무안ᄒᆞ미 숙〃과 져를 보올 ᄂᆞᆺ치 업ᄉᆞ니 나죵이 엇더ᄒᆞ리오 당형은 고이히 넉이디 마ᄅᆞ쇼셔 이 〈젼〉혀 당시를 닐위여 이런 변괴를 니ᄅᆞ혀니 엇디 애돏디 아니리오 당부인이 참슈 샤왈 쳡이 사ᄅᆞᆷ의 어미 되여 그 ᄌᆞ식을 인도티 못ᄒᆞ고 사ᄅᆞᆷ의 동녈이 되여 그 탁고를 져ᄇᆞ려 ᄉᆞ싱의 무안ᄒᆞ미 몸 둘 ᄯᅡ히 업ᄉᆞ니 그 쳐치ᄒᆞ믈 모ᄅᆞ미 아니로ᄃᆡ 이 졍히 대ᄉᆞ라 ᄌᆞ젼티 못ᄒᆞ고 공의 쳐치를 기ᄃᆞ리나 공이 ᄌᆞ시 아디 못ᄒᆞ고 드른 즉 ᄉᆞ단을 크게 니ᄅᆞ혀 ᄆᆡ양 현을 엄칙ᄒᆞ려 ᄒᆞ니 이 도로혀 보호ᄒᆞᄂᆞᆫ 도리 아니라 출하리 함구ᄒᆞ여 올흠도 그룸도 업과뎌 ᄒᆞ니 엇디 호발이나 지친의 ᄉᆞ졍을 두미 이시리오 쳡이 본ᄃᆡ 인졍이 업고 종족을 존셔ᄒᆞᄂᆞᆫ 덕이 업ᄉᆞᆫ디라 더옥 딜ᄋᆞ의 다ᄃᆞ라ᄂᆞᆫ 요슈 폐목ᄒᆞ여

63면

보디 말기를 원ᄒᆞ니 그 졍의 서어ᄒᆞ믈 가히 알디라 엇디 부인의 ᄃᆡ언을 고이히 넉이리오 다만 양ᄋᆞ의 졍시 잔잉ᄒᆞ고 원통ᄒᆞ미 운텬의 ᄉᆞᄆᆞᆺᄎᆞ니 현의 후박을 개렴ᄒᆞ미

아니라 그 누셜 벗기믈 싱각ᄒᆞ니 계괴 업ᄉᆞ미 아니로ᄃᆡ ᄣᅢ 밋디 못ᄒᆞ여시니 양ᄋᆞ를 위ᄒᆞ여 통셕홀 ᄯᆞ름이로소이다 양쇼제 니러 ᄇᆡ샤 왈 이 곳 쳡의 운쉬 긔구ᄒᆞ미니 엇디 〈슉모와〉 존고의 과렴ᄒᆞ시믈 승당ᄒᆞ리잇고 쳡이 힝신을 놉히 못ᄒᆞ고 쳐ᄉᆡ 밋브미 업서 사ᄅᆞᆷ의 의심이 이에 밋고 욕이 부모긔 밋츠니 ᄒᆞᆫ번 결ᄒᆞ여 븟그러오믈 씻고뎌 ᄒᆞ오나 누셜을 벗디 못ᄒᆞᆫ 연고로 초로잔명을 결티 못ᄒᆞ고 ᄂᆞᆺ출 드러 인뉴의 ᄐᆞᆷ수ᄒᆞ니 진실노 무지ᄒᆞ미 토목도곤 심ᄒᆞ도소이다 언파의 쳥뉘 비 오 듯 의샹이 저즈니 좌위 탄식ᄒᆞ고 양부인이 더옥 ᄋᆡ참ᄒᆞ여 역시 타루 왈 현마 엇디 ᄒᆞ리오 딜ᄋᆡ 일시 속으미 이시나 본ᄃᆡ 총명ᄒᆞ고 식견이 관대ᄒᆞ니 ᄭᆡᄃᆞ르미 머디 아닐디라 조급히 싱각ᄒᆞ여

64면

쇄옥낙화홀 ᄯᅳᆺ을 두디 말고 와신상담ᄒᆞ여 부견텬일ᄒᆞ믈 긔약ᄒᆞ라 너의 덕으로ᄡᅥ 텬되 엇디 ᄆᆞᄎᆞᆷ늬 ᄆᆡ몰ᄒᆞ시리오 쇼제 오열묵〃ᄒᆞ고 좌듕이 다 위로ᄒᆞ며 다쇼 셜화ᄒᆞ여 밤이 깁흐매 양부인이 쇼져를 어엿비 넉여 그 손을 잡아 니러나 왈 금일 딜ᄋᆞ로 더브러 듁셔루의 가 ᄒᆞᆫ가지로 자고 됴용이 회포를 위로ᄒᆞ리라 냥샹셔 부인이 ᄯᅩᄒᆞᆫ 웃고 왈 형이 딜ᄋᆞ를 ᄯᆞ라 가시니 쇼데 ᄯᅩ 형을 ᄯᆞ라 가리라 드ᄃᆡ여 두 부인이 쇼져를 ᄃᆞ리고 쵹을 ᄇᆞᆰ혀 듁셔루의 니ᄅᆞ니 이ᄣᅢ 뎐긔 녀복을 닙고 진궁의 드러와 계영의 방의 김초여 날이 어두오매 ᄀᆞ만이 듁누의 니ᄅᆞ러 보니 방듕의 쵹영이 ᄇᆞᆰ고 원샹궁이 허다 궁아로 더브러 침뎐의셔 화로의 향다를 달히고 범ᄉᆞ를 분부ᄒᆞ여 ᄌᆞ못 번요ᄒᆞᆫ디라 ᄀᆞ만이 당ᄐᆞᆷ의 ᄲᅩ이여 보니 샹궁이 범ᄉᆞ를 다 뎡ᄒᆞᆫ 후 난함의 나와 궁아로 쇼롱을 들녀 쇼져의 오믈 마즈려 기ᄃᆞ리매 졍히 방

65면

듕이 젹연ᄒᆞ니 뎐긔 ᄐᆞᆷ을 타 년망이 입실ᄒᆞ여 보매 병댱이 겹〃ᄒᆞ고 옥상의 칙금을 포셜ᄒᆞ여 이향이 코흘 거ᄉᆞ리니 뎐긔 깃브믈 이긔디 못ᄒᆞ여 칼을 품고 상 밋ᄐᆡ 업드여 쇼져를 기ᄃᆞ리더니 이윽고 쵹농이 됴요ᄒᆞ며 인셩이 요〃ᄒᆞ여 냥위 부인과 쇼제 ᄎᆞ례로 방듕의 드러와 좌를 일우니 원샹궁이 영졉ᄒᆞ여 두 부인이 밤을 디내랴 ᄒᆞ믈 알고 즉시 상탁을 여러흘 드려와 노코 침금을 펼식 화쵹이 휘황ᄒᆞ고 궁애 분〃ᄒᆞ여시녀 쇼연이 쇼져 침상을 옴겨 잠간 믈니려 ᄒᆞ다가 ᄒᆞᆫ 소ᄅᆡ 애고〃ᄒᆞ니 방듕 쇼댱이

다 놀나 나아가 보매 상하의 쇼년남ᄌᆡ 손의 비슈를 들고 상을 들치고 내ᄃᆞ르니 모다 일시의 소ᄅᆡ 디ᄅᆞ고 창황ᄒᆞᄃᆡ 냥 샹셔 부인이 셩ᄉᆡᆨ을 브동ᄒᆞ고 급히 양쇼져를 잇그러 당 ᄉᆞ이에 피케 ᄒᆞ니 적이 방황ᄒᆞ다가 뛰여 ᄃᆞ라나니 궁듕 ᄂᆡ외 딘동ᄒᆞ여 어드ᄃᆡ ᄆᆞ춤ᄂᆡ 죵뎍이 업ᄉᆞ니 진공이 이 변을 듯고 더

66면

옥 차악ᄒᆞ여 졔ᄌᆞ로 더브러 ᄂᆡ뎐의 드러와 좌를 뎡ᄒᆞ고 냥 ᄆᆡ의 니ᄅᆞ러시믈 보고 문왈 현ᄆᆡ 등은 엇디 니ᄅᆞ럿ᄂᆞ뇨 양부인 왈 쇼ᄆᆡ 등이 월ᄉᆡᆨ을 타 이에 니ᄅᆞ러 양딜의 우환을 슬피 넉여 ᄎᆞ데로 더브러 그 침소의셔 밤을 디내고 위로코뎌 ᄒᆞ다가 의외예 여ᄎᆞ〃〃ᄒᆞᆫ 경ᄉᆡᆨ이 이시니 사ᄅᆞᆷ으로 ᄒᆞ여곰 심신이 다 비월ᄒᆞᆫ디라 비록 여러 사ᄅᆞᆷ이 이시나 적이 쇼년건ᄋᆞ로 비슈를 가져시믈 두려 분황ᄒᆞᆯ ᄉᆞ이에 ᄃᆞ라나니이다 공이 팀음ᄒᆞ다가 ᄀᆞᆯ오ᄃᆡ 궁듕 심쳐의 도적이 이ᄀᆞᆺ치 ᄌᆞ루 들입ᄒᆞ여 됴곰도 긔탄ᄒᆞ미 업ᄉᆞ니 반ᄃᆞ시 이 가온ᄃᆡ 연괴 잇도다 젼일 슌경ᄉᆞ졸이 임의 듕칙을 바닷거ᄂᆞᆯ 엇디 감히 틱만ᄒᆞ여 두 번 그ᄅᆞᆺᄒᆞ미 이시리오 당〃이 도적이 먼니 아니 이시리니 지혜로 잡을 거시라 좌우로 ᄒᆞ여곰 홰블노 군졸을 다 브ᄅᆞ라 ᄒᆞ고 뎐녕ᄒᆞ여 밧그로 슌경을 더옥 엄히 ᄒᆞ라 ᄒᆞ며 ᄂᆡ궁의셔 요란이 구디 말나 ᄒᆞ

67면

니 다 헤여져 나간 후 공이 오딕 심복 군졸 수ᄇᆡᆨ 인을 검극을 잡아 뎐하의 ᄃᆡ후ᄒᆞ라 ᄒᆞ고 합문을 닷고 쵹을 ᄇᆞᆰ혀 죠용이 졔 부인으로 말솜ᄒᆞ니 양부인이 냥샹셔 부인이 도적을 보고 피ᄒᆞᆯ ᄯᅳᆺ이 업서 양쇼져를 ᄀᆞᆷ초던 쥬의를 무ᄅᆞ니 냥부인 왈 도적이 칼을 들고 양시 침상 아ᄅᆡ 숨어시니 그 ᄯᅳᆺ을 측냥티 못ᄒᆞᆯ디라 타인은 해티 아니ᄒᆞ려니와 양시ᄂᆞᆫ 욕ᄒᆞ미 업ᄉᆞᆫ 즉 그 명을 해ᄒᆞ리니 긔미를 보아 ᄉᆞᆺ출 혜아릴디라 이러므로 쇼졔 적을 보고 딜부를 급히 ᄀᆞᆷ초앗ᄂᆞ이다 진공이 뎜두 왈 현ᄆᆡ 의논이 금옥 ᄀᆞᆺ도다 금야의 냥ᄆᆡ로 더브러 텰야토록 회포를 니ᄅᆞ고 쥬찬으로 즐기리니 ᄌᆞ부와 졔인이 ᄒᆞᆫᄃᆡ 모드라 궁인이 승명ᄒᆞ여 쥬방의 분부ᄒᆞ니 슈유의 옥반금긔에 팔딘경댱을 올니〃 공이 호샹을 ᄌᆞ작ᄒᆞ고 모든 ᄌᆞ네 좌우의 뫼셔 술이 반감의 니ᄅᆞ러ᄂᆞᆫ 냥부인이 양쇼져의 슬픈 졍ᄉᆞ와 괴로온 회포

68면

ᄋᆡ련ᄒᆞ여 탄식 왈 만일 공쥐 계실딘ᄃᆡ 가ᄂᆡ 엇디 이러ᄒᆞ리오 공이 참연 역식ᄒᆞ여 양쇼져를 나아오라 ᄒᆞ여 손을 잡고 위로 왈 현ᄋᆡ 블명패려ᄒᆞ나 내 일즉 셩식을 요동ᄒᆞ미 업고 네 현의 졍실지위로 만가ᄒᆞᆫ 친권이 그 원통ᄒᆞᆷ을 알미 빅일 ᄀᆞᆺᄒᆞ니 엇딘 고로 수쳑ᄒᆞ고 용녀ᄒᆞ여 ᄉᆞᄉᆞ로 ᄉᆞᆺ고뎌 ᄒᆞᄂᆞ뇨 현이 비록 가뷔나 내 ᄯᅩᄒᆞᆫ 현의 엄뷔라 네게 소관이 가ᄇᆡ얍디 아니〃 내 말을 신텽ᄒᆞ고 무상ᄒᆞᆫ 누셜노ᄡᅥ ᄉᆞᄉᆞ로 신샹의 비겨 욕ᄃᆞ이 ᄉᆡᆼ각디 말나 금일 내 말을 듯디 아닌 즉 안젼의 용납디 아니리라 ᄃᆞᄃᆡ여 압히 노힌 쥬찬을 나와 쇼져를 권ᄒᆞ여 먹이고 ᄉᆞ랑ᄒᆞᄂᆞᆫ 졍이 진졍으로 나니 쇼졔 이ᄯᅢ 놀난 ᄉᆡᆨ이 츤 직 ᄀᆞᆺ고 늣기ᄂᆞᆫ 눈믈이 바다 ᄀᆞᆺᄒᆞ여 몸 둘 ᄯᅡ히 업ᄉᆞᄃᆡ 홀노 방듕의 이시미 두려워 슉모 오슬 븟드러 나아오매 진공의 무ᄋᆡ홈과 좌듕의 탄셕ᄒᆞ미 지극ᄒᆞ나 샤인은 양시 간뷔 드럿던가 의심ᄒᆞ나

69면

ᄉᆞᆨ을 부형이 알가 두려 관을 숙이고 어두온 ᄃᆡ 안자 일언을 아니〃 양시 엇디 그 ᄠᅳᆺ을 모ᄅᆞ리오 더옥 욕ᄉᆞ무지ᄒᆞᄃᆡ 존구 경계를 감은ᄒᆞ여 ᄌᆡ빈샤은ᄒᆞ고 감히 ᄂᆞᆺ출 드디 못ᄒᆞ니 공이 졀칙ᄒᆞ여 평신ᄒᆞ게 ᄒᆞ니 강잉ᄒᆞ여 주시ᄂᆞᆫ 거슬 맛보고 긔운을 진뎡ᄒᆞ더니 ᄀᆞ장 오래매 죵각의 경괴 ᄌᆞ자 오경의 니ᄅᆞ고 슌경ᄉᆞ졸의 소ᄅᆡ ᄒᆞᆫ갈ᄀᆞᆺ치 엄ᄒᆞ여 뎐듕의 ᄎᆞᆨ이 진코뎌 ᄒᆞ니 공이 좌우로 명촉을 도〃고 졔부인을 다 입실ᄒᆞ라 ᄒᆞᆫ 후 합문을 열고 뎐하 시위당졸을 블너 뎐녕 왈 궁듕의 도적이 여러 번 츌입ᄒᆞ니 반ᄃᆞ시 외통ᄂᆡ뎐ᄒᆞᄂᆞᆫ 일이 이시리니 이 졍히 상하의 수믄 도적이라 여둥이 ᄲᆞᆯ니 긔린각을 에워ᄡᆞ고 방〃곡〃이 뒤여 남녀노쇼를 뭇디 말고 다 잡아 ᄃᆡ령ᄒᆞᄃᆡ 만일 일호나 소리ᄒᆞ미 이시면 군법을 안ᄒᆞ리라 이ᄯᅢ 궁듕ᄂᆡ외 ᄌᆞ긱과 도적이 들미 대변이라 인〃이 경황ᄒᆞ더니 공의 ᄒᆞᆫ 소ᄅᆡ 호령

70면

이 나매 모든 ᄉᆞ졸이 공의 엄ᄒᆞᆷ을 두리미 쥬아부 군듕 ᄀᆞᆺᄒᆞᆫ디라 엇디 ᄐᆡ만ᄒᆞ리오 일시의 일천 힛블을 잡아 긔린각을 ᄡᆞ니 공이 몬뎌 샤인으로 ᄒᆞ여곰 수십 환시를 거ᄂᆞ려 다 검극을 잡혀 긔린각 ᄂᆡ실 문을 ᄃᆡ희여 당시로 놀나디 아니케 ᄒᆞ라 ᄒᆞ니 그 녜듕ᄒᆞ미 이 ᄀᆞᆺ더라 이ᄯᅢ 〈뎐긔〉 양쇼져를 겁칙고뎌 듁셜루 침상 밋히 업드엿다가 일

이 공교ᄒᆞ여 여러 부인이 모다 상을 옴기니 일이 패루ᄒᆞ여 쒸여 ᄃᆞ라날제 그 쓧을 일우디 못ᄒᆞ고 계영의 쳔금회뢰를 져ᄇᆞ리디 못ᄒᆞ여 양시를 해코뎌 ᄒᆞᄃᆡ 사ᄅᆞᆷ이 만코 심ᄉᆡ 경황ᄒᆞ여 ᄎᆞᆺ디 못ᄒᆞ고 잡힐가 쏄니 ᄃᆞ라나 먼니 숨엇더니 처음은 궁듕이 딘동ᄒᆞ여 홰블과 인셩이 쟈〃 ᄒᆞ니 뎐긔 오히려 ᄆᆞ음의 겁ᄒᆞ여 기동을 블마 집 우희 업듸여 드ᄅᆞ니 뎐듕의셔 숫두어리ᄂᆞᆫ 소ᄅᆡ 나고 모든 군ᄉᆡ 서로 웨여 왈 쥬공이 녕ᄒᆞ샤 도적이 불셔 ᄃᆞ라나실 거시니

71면

슈고로이 엇디 말고 ᄉᆞᆫ나를 엄히 ᄒᆞ라 ᄒᆞ신다 ᄒᆞ니 제군이 일시의 소ᄅᆡ를 응ᄒᆞ여 밧그로 헤여지니 뎐긔 ᄇᆞ야흐로 계영의 방을 ᄎᆞ자가매 계영 등이 마자 방의 드리고 실계ᄒᆞ믈 크게 애ᄃᆞᆯ와 녀복을 밧고아 머므럿더니 믄득 무수 군병이 긔린각을 듕〃 텹〃이 빠고 힝각과 하난을 낫나치 뒤니 뎐긔 이때 ᄂᆞᆯ개 이셔도 ᄂᆞ디 못ᄒᆞᆯ디라 쇽졀 업시 군병의 잡히여 명이 경ᄀᆞᆨ의 ᄆᆞᆺ게 되니 심담이 쒸놀고 의ᄉᆡ 궁진ᄒᆞ여 일신이 함뎡의 들며 유확의 ᄲᆞ딘 ᄃᆞᆺᄒᆞ고 계영 츄셤이 창황ᄒᆞ더니 임의 공의 명이 무론남녀ᄒᆞ고 잡으라 ᄒᆞ여시매 모든 위쟝과 나졸이 옥셕을 분변티 아냐 잡아 ᄆᆡ니 뎐긔 소ᄅᆡ 딜너 왈 쳡은 당부 양낭으로 우리 쇼져 병환을 문후ᄒᆞ라 니ᄅᆞ러시니 이제 본부의셔 기ᄃᆞ리시미 급ᄒᆞᆯ디라 원컨ᄃᆡ 쳡을 밧비 도라가게 ᄒᆞ쇼셔 제군이 즐왈 너ᄂᆞᆫ 엇던 사ᄅᆞᆷ이완ᄃᆡ 담 큰 톄

72면

ᄒᆞᄂᆞ뇨 쥬공의 엄녕지하의 너를 노흐랴 ᄒᆞ고 모든 위쟝이 뎌의 탹급ᄒᆞ믈 보고 더옥 ᄃᆞᆫ〃이 ᄆᆡ니 뎐긔 본ᄃᆡ 힘이 센 고로 ᄆᆡᆫ 노흘 긋고 ᄃᆞ라나고뎌 ᄒᆞ니 모다 크게 소ᄅᆡᄒᆞ고 별노 활착ᄒᆞ여 뎐하의 와 고ᄒᆞᄃᆡ 긔린각 복부를 잡아 ᄃᆡ령ᄒᆞᄃᆡ 도적은 업고 오ᄃᆡᆨ 녀류 ᄉᆞ십여 인을 잡아 ᄃᆡ령ᄒᆞ엿ᄂᆞ이다 공이 드ᄃᆡ여 블을 ᄇᆞᆰ히고 형벌 긔구를 ᄀᆞ초라 ᄒᆞ여 위의를 버리고 모든 복부를 ᄎᆞ례로 졈검ᄒᆞ여 뎐긔의게 미처ᄂᆞᆫ 좌위 고 왈 ᄎᆞᄂᆞᆫ 댱시랑 부듕 차환이로라 ᄒᆞᄃᆡ 쥬공의 뎐지 ᄂᆡ의ᄂᆡ 소루ᄒᆞ미 잇게 말나 ᄒᆞ시므로 아오라 잡아왓ᄂᆞ이다 공이 눈을 드러 뎐긔를 숙시ᄒᆞ니 그 거동이 웅위ᄒᆞ고 건장ᄒᆞ여 녀ᄐᆡ 업고 텬뎡의 망건 뻣던 흔젹이 은연ᄒᆞᆫ디라 공이 대경대로ᄒᆞ여 좌우를 ᄭᅮ지저 급히 몸을 뒤니 과연 옷속의 비슈를 ᄀᆞᆷ초앗시니 뎐상뎐하의 허다ᄒᆞᆫ 사ᄅᆞᆷ이 놀

나디 아니 리 업더라 극형으로 엄문ᄒᆞ니 뎐긔 본ᄃᆡ

73면

일ᄉᆡᆼ 놈을 해ᄒᆞᆯ디언뎡 놈은 저를 거우디 못ᄒᆞ여 쥬ᄉᆡᆨ탕ᄌᆞ로 헛도이 ᄃᆞᆫ니다가 금일 이 ᄀᆞᆺᄒᆞᆫ 엄형을 당ᄒᆞ여 공의 위풍과 신명ᄒᆞ믈 보니 엇디 감히 은휘ᄒᆞ리오 블하삼십여당의 복툐ᄒᆞᄃᆡ 쇼인은 과연 협ᄉᆞ 뎐긔라 당부인 유모 계영으로 친쳑인 고로 서로 알오미 잇더니 당부인이 진부의 드러오매 뉴샤인 조강부인 양시 현미ᄒᆞ고 권듕ᄒᆞ믈 써려 금빅을 주고 양시 업시ᄒᆞᆯ 계교를 ᄀᆞᄅᆞ치니 처엄 긔린각의 드러 작난ᄒᆞ고 금일 나로ᄉᆞᆯ 쌥고 녀복을 닙으미 다 본심이 아니오 계영 등 지촉ᄒᆞᆫ 배라 일이 패루ᄒᆞ니 엇디 은휘ᄒᆞ리잇고 ᄒᆞ니 좌위 차악ᄒᆞ고 공이 진노ᄒᆞ여 즉시 계영 등을 잡아 엄문ᄒᆞ니 본ᄃᆡ 흉험ᄒᆞᆫ 괴믈이라 ᄒᆞᆫ갈ᄀᆞᆺ치 발명 왈 뎐긔ᄂᆞᆫ 쳡 등의 소ᄆᆡ평ᄉᆡᆼ이라 반ᄃᆞ시 양쇼져 회뢰를 바다 쳡의 노쥬를 모해코뎌 ᄒᆞ미니 죽어도 원민ᄒᆞ여이다 공이 격상대즐 왈 이런 뉴를 두어 오히려 간악ᄒᆞᆫ 말을 ᄒᆞ니 쌜니 극

74면

형을 져조라 모든 ᄉᆞ예 텽녕ᄒᆞ여 각별 엄형ᄒᆞ니 ᄒᆞᆫ 매예 피육이 후란ᄒᆞ고 셩혈이 좌우의 쁘리니 십여 당이 넘디 못ᄒᆞ여 이 녜 각〃 딕툐ᄒᆞ여 당초브터 모계ᄒᆞ던 일을 개〃히 알외니 군관 셕경이 문방을 잡아 툐ᄉᆞ를 ᄡᅥ 올니매 공이 보니 ᄒᆞ여시ᄃᆡ 신쳡 계영은 본ᄃᆡ 당부 쳥의로 시랑부인 은혜를 닙ᄉᆞ와 쇼져 휵양ᄒᆞᄂᆞᆫ 소임을 맛디시니 쥬인 위ᄒᆞᆫ 졍셩이 ᄉᆞ디를 ᄉᆞ양티 아니ᄒᆞ올디라 쇼제 구가의 드러오시매 쥬공과 부인이 ᄌᆞ익ᄒᆞ시고 샤인이 비록 듕ᄃᆡᄒᆞ시나 양부인 통권이 쥬인 우ᄒᆡ 이셔 ᄒᆞ믈며 소샹궁이 우리 노쥬를 졀제ᄒᆞ여 일ᄉᆞ를 ᄌᆞ유티 못ᄒᆞ게 ᄒᆞ니 울〃히 농듕의 가친 새 되여 긴 날의 ᄎᆞᆷ고 견ᄃᆡ미 어려온 고로 쇼제 일야 번뇌ᄒᆞ여 해를 쐬를 의논ᄒᆞ시매 쳔비 등이 과연 모계ᄒᆞ여 뎐긔로 의논ᄒᆞ고 양쇼져 글시를 우리 쇼제 ᄒᆞᆫ번 보고 그 ᄌᆞ톄를 모습ᄒᆞ여 간부셔를 지으시고 소샹궁을 뎐긔 칼노 해ᄒᆞ여 젼제코져 ᄒᆞ시

75면

더니 샤인이 칼노 뎐긔를 치시믈 닙어 ᄉᆞ긔 패루ᄒᆞᆯ가 ᄃᆞ라나며 짐즛 금낭을 써르쳐 셔간을 보게 ᄒᆞ고 쇼제 쏘 듁셔루의 가 월잉의 드린 차를 마시고 거즛 업더뎌 긔졀ᄒᆞ

ᄂᆞᆫ 쳬ᄒᆞ여 낭군이 잉이 모해ᄒᆞ민가 의심ᄒᆞ샤 그 후 듁셔루의 가 잉을 버혀 양쇼져긔 효시ᄒᆞ니 이 천비 등 혼자 ᄒᆞᆫ 일이 아니라 인명을 샹히오고 원억ᄒᆞᆫ 사ᄅᆞᆷ을 잡으니 텬되 엇디 무심ᄒᆞ리잇고 금일 ᄉᆞ긔 패루ᄒᆞ니 죽으믈 원ᄒᆞᄂᆞ이다 ᄒᆞ엿더라 공이 ᄇᆡ야흐로 샤인이 잉을 버히믈 알고 더옥 히연ᄒᆞ여 드ᄃᆡ여 삼 인을 내여 가 버히라 ᄒᆞ니 이윽고 세 낫 슈급을 헌ᄒᆞ더라 공이 ᄒᆞ여곰 내여 가 효시ᄒᆞ고 드ᄃᆡ여 샤인을 블너 계하의 ᄭᅮᆯ니고 칙왈 네 비록 나히 어리나 일즉 시셔를 닑어 삼강오샹의 뉸을 알니〃 양시 현미ᄒᆞ여 허믈이 업고 미인을 구ᄒᆞᆯ딘ᄃᆡ 텬하의 녀ᄌᆡ 젹디 아닐디라 비례로 댱시를 구ᄒᆞ여 어더 나의 가뎡을 어ᄌᆞ러이고 문호의 블힝ᄒᆞ믈 ᄭᅵ치니 이제 계영 등의 쵸ᄉᆞ

76면

ᄅᆞᆯ 보니 네 ᄯᅩ 한심ᄒᆞ미 업ᄂᆞ냐 ᄒᆞᆫ 댱시를 말ᄆᆡ아마 이런 변을 니ᄅᆞ혀니 이 도시 너의 죄라 월잉이 댱시를 치독ᄒᆞ미 이신 즉 그 죄 블용쥐라 맛당이 명졍언슌이 죄를 밀월 곳이 업ᄉᆞᆫ 후 법을 ᄡᅳ미 가ᄒᆞ거ᄂᆞᆯ 댱시 거ᄌᆞᆺ 병을 몰나 보고 잉을 의심ᄒᆞ미 양시를 밋디 아니미니 죄 기죄로 양시를 칙디 아니코 도로혀 잉을 죽이ᄃᆡ 상머리의셔 버혀 졍실의게 효시ᄒᆞ고 양시 죄를 치부ᄒᆞ여 이런 대ᄉᆞ를 내게 의논치 아니ᄒᆞ고 ᄋᆞ부의 죽기만 죄오니 이 진실노 잔잉박힝ᄒᆞᆯ 분 아니라 블쵸ᄒᆞ미 심ᄒᆞ니 듕히 다ᄉᆞ렴 즉 ᄒᆞᄃᆡ ᄉᆡᆼ각ᄒᆞ미 이셔 용샤ᄒᆞ여 강뎡의 보내ᄂᆞ니 다시 글을 닑어 님군 셤길 도리와 아비 속이디 아닐 힝실을 ᄇᆡ화 허믈을 고친 후 도라오라 인ᄒᆞ여 샤인을 ᄭᅳ어 내치고 드ᄃᆡ여 날이 ᄇᆞᆰ은 후 부모긔 문안ᄒᆞ고 ᄎᆞᄉᆞ를 알외니 졔인이 놀나며 공의 디혜를 탄복ᄒᆞ더라 일문이 다 모든 후 시비로 댱시를 블너 명ᄒᆞ여

77면

듕텽의 ᄭᅮᆯ니고 그 죄목을 닐너 들니고 ᄒᆞᆫ낫 교ᄌᆞ를 ᄀᆞ초아 댱시를 보내니 댱시 비록 간교ᄒᆞ나 이 부귀가 교ᄋᆞ로 일ᄉᆡᆼ 놈을 업슈이 녁이고 사ᄅᆞᆷ을 안하의 보다가 공의 수죄ᄒᆞᄂᆞᆫ 엄싀과 족당의 히연ᄒᆞᄂᆞᆫ 빗출 보고 골돌ᄒᆞᆫ 노ᄒᆞ옴과 참안ᄒᆞᆫ 념티 모착디 못ᄒᆞ여 눈믈을 흘니고 ᄋᆡᄆᆡᄒᆞ믈 발명ᄒᆞ니 존고 당부인이 좌의 이셔 공의 노긔 졈〃 더으믈 보고 좌우를 ᄭᅮ지저 댱시를 교ᄌᆞ의 너허 댱부로 보내고 인ᄒᆞ여 구고긔 청죄 왈 쳡의 연고로 딜ᄋᆞ를 닐위여 환난이 ᄎᆞ경의 니ᄅᆞ니 존하의 뵈올 ᄂᆞᆺ치 업ᄂᆞ이다 구괴 위로 왈 이 현ᄋᆞ의 금슬의 마당이오 양시 익이 듕ᄒᆞ미니 현뷔 엇디 청죄ᄒᆞ미 이시리

오 ᄒᆞ더라 샤인이 야〃의 내치믈 바다 믈너 외뎐의 나오니 궁관이 임의 쇼긔와 안마를 ᄀᆞ초아 강뎡으로 힝ᄒᆞ믈 청ᄒᆞ매 ᄉᆡᆼ이 탄왈 내 일즉 부모 슬하를 ᄯᅥ나미 업더니 ᄉᆞ식 고이ᄒᆞ여 야〃의 내치시미 되니 홀일업ᄂᆞᆫ디라 명대로 믈너

78면

가 ᄒᆡ노ᄒᆞ시믈 기ᄃᆞ릴 거시라 감히 조부모긔 뵈디 못ᄒᆞ고 공의게 다시 하딕디 못하여 녕하뎐을 ᄇᆞ라 ᄉᆞᄇᆡᆨᄒᆞ고 믈긔 올나 강뎡을 향ᄒᆞ니라 진공이 당시를 내치고 양쇼져를 블너 위로ᄒᆞ며 권의ᄒᆞᄂᆞᆫ 졍이 유하젹ᄌᆞ ᄀᆞᆺᄐᆞ니 쇼졔 블승감격ᄒᆞ나 당시 츌화를 만나고 샤인이 득죄ᄒᆞ여 먼니 내치믈 황공ᄒᆞ여 심식 평샹티 못ᄒᆞ니 공이 더옥 긔익ᄒᆞ더라 드ᄃᆡ여 소샹궁의 졍직홈과 피해ᄒᆞ믈 블샹이 너겨 의약을 힘ᄡᅥ ᄉᆡᆼ도를 어드니 면젼의 블너 위로ᄒᆞ고 월잉의 시슈를 거두어 후히 무더 그 원억ᄒᆞ믈 표ᄒᆞ라 ᄒᆞ니 궁듕이 열복ᄒᆞ고 가ᄂᆡ 슉쳥ᄒᆞ매 당손시 등이 블승힝열ᄒᆞ고 양태샹 부듕의셔 ᄇᆡ야흐로 ᄌᆞ시 알고 챠경챠희ᄒᆞ여 공의 신명ᄒᆞᆫ 현덕을 탄복ᄒᆞ며 녀ᄋᆞ의 일ᄉᆡᆼ을 다시 념녀치 아니터라 공이 당시의 혼셔와 봉치를 ᄎᆞ자 블디ᄅᆞ고 당샹셔 부ᄌᆞ를 쳥ᄒᆞ여 계영 등 툐ᄉᆞ를 뵈여 왈 돈ᄋᆞ의 호탕ᄒᆞ고 블명ᄒᆞᆫ 힝ᄉᆞ를 두

79면

려ᄒᆞ고 녕ᄋᆞ의 위인을 지긔ᄒᆞ여 혼인을 허치 아냣더니 가친이 녕ᄋᆞ를 보디 아니신 고로 나의 고집으로 ᄋᆞᄌᆞ를 칙ᄒᆞᄂᆞᆫ가 그릇 넉이샤 혼인을 허ᄒᆞ시니 녕이 내 집의 오난 지 일 년이 못ᄒᆞ여 변을 지어 환난이 이 디경의 미ᄎᆞ니 이 ᄎᆞ마 ᄉᆞ족의 일이 아니라 머므러 두미 어려온 고로 도라보내ᄂᆞ니 인형은 녕녀를 경계ᄒᆞ여 ᄀᆡ과ᄒᆞ게 ᄒᆞ고 날을 ᄒᆞᆫ티 말나 시랑이 대참ᄒᆞ고 ᄯᅩᄒᆞᆫ 홀 말이 업서 샤례 왈 아등이 반ᄉᆡᆼ을 인친의 후의 이시니 녀ᄋᆞ로ᄡᅥ 녕낭의 건즐을 소임ᄒᆞ매 졍의 더옥 관슉홀가 ᄒᆞ더니 ᄎᆞ경을 보니 참괴ᄒᆞ고 블힝ᄒᆞ믈 이긔디 못ᄒᆞᄂᆞ니 엇디 녀ᄋᆞ의 블쵸ᄒᆞ믈 아디 못ᄒᆞ고 명공을 고이히 넉이리오 공이 ᄯᅩᄒᆞᆫ 은근이 화답ᄒᆞ여 ᄉᆞ긔 ᄌᆞ약ᄒᆞ고 당부인이 시랑을 보매 도로혀 무안이 넉이더라 시랑이 도라가 녀ᄋᆞ를 크게 칙ᄒᆞ고 샹셔부뷔 ᄯᅩᄒᆞᆫ 그 말을 ᄌᆞ시 드ᄅᆞ매 대경ᄒᆞ여 당시를 졀칙ᄒᆞ여 츌화를 ᄒᆞᆫ티 말고 ᄀᆡ과ᄒᆞ여 어딘 ᄃᆡ 나아

80면

가믈 경계ᄒᆞ딕 홀노 시랑부인 김시 그윽이 ᄒᆞᆫ을 품어 녀ᄋᆞ를 잔잉히 넉이고 진공을 원망ᄒᆞ여 모녜 보구ᄒᆞ믈 ᄉᆡᆼ각ᄒᆞ더라

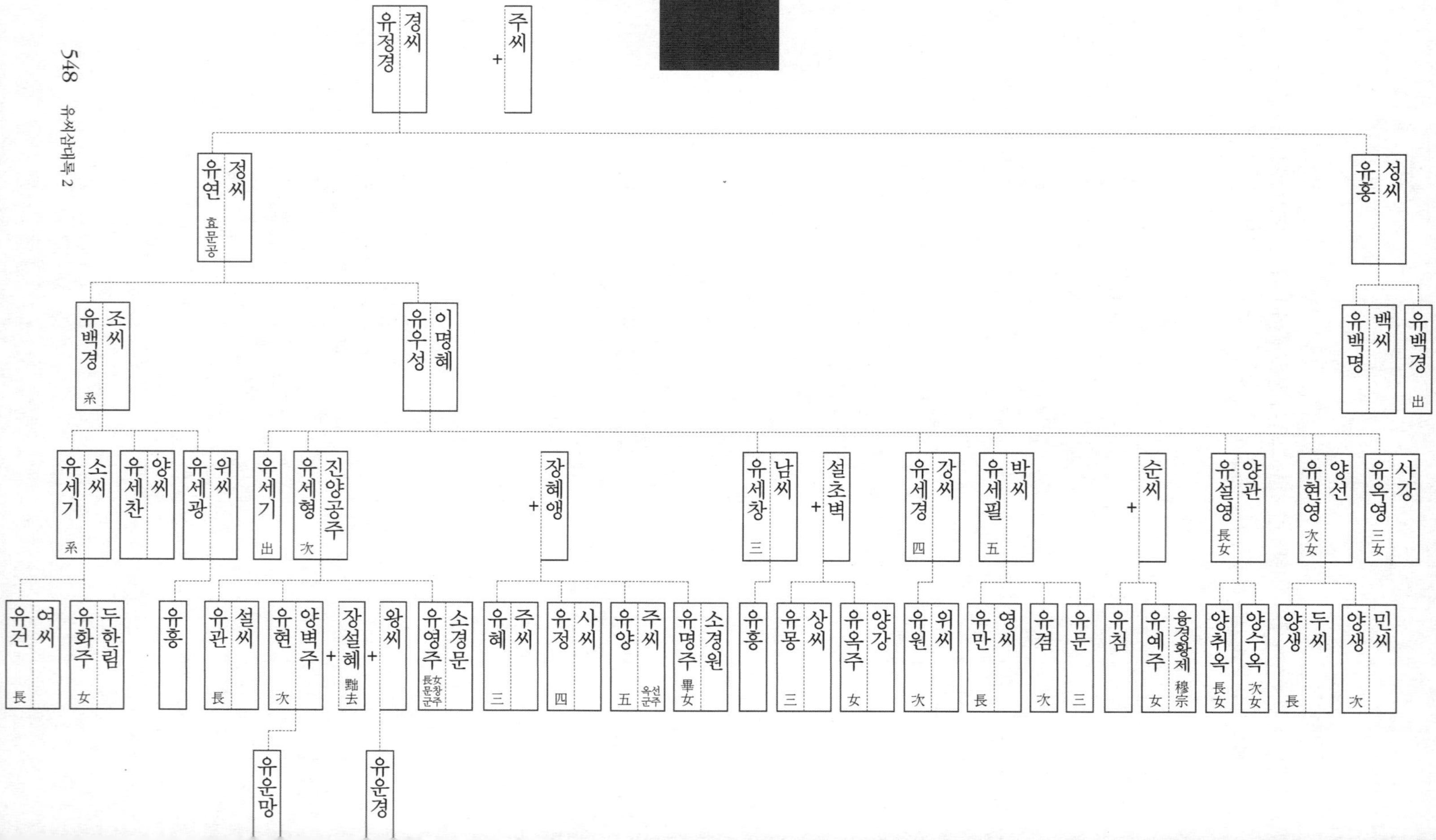
유정경 경씨
주씨
유연 정씨 효문공
유홍 성씨
유백경 조씨 系
유우성 이명혜
유백명 백씨
유백경 出
유세기 소씨 系
유세찬 양씨
유세광 위씨
유세기 出
유세형 진양공주 次
장혜앵
유세창 남씨 三
설초벽
유세경 강씨 四
유세필 박씨 五
순씨
유설영 양관 長女
유현영 양선 次女
유옥영 사강 三女
유건 여씨 長
유화주 두한림 女
유흥
유관 설씨 長
유현 양벽주 次
장설혜 黜去
왕씨
유영주 소경문 長女 문창군주
유혜 주씨 三
유정 사씨 四
유양 주씨 五 옥선군주
유명주 소경원 畢女
유흥
유몽 상씨 三
유옥주 양강 女
유원 위씨 次
유만 영씨 長
유겸 次
유문 三
유침
유예주 융경황제 女 穆宗
양취옥 長女
양수옥 次女
양생 두씨 長
양생 민씨 次
유운망
유운경